John R. Betz

Au lendemain des Lumières
La vision postlaïque de J. G. Hamann

Traduction de
After Enlightenment
The Post-Secular Vision of J. G. Hamann

par
Christiane Pagot († 2016), Corinne Banziger,
Denyse Vanzo, Lavinia Mia Gouget et Gérald Pech

Editions LA LUMIERE
en arrangement avec
WILEY-BLACKWELL

Au lendemain des Lumières
La vision postlaïque de J. G. Hamann.

Traduction de : *After Enlightenment: The Post-Secular Vision of J. G. Hamann.* 2009, Wiley-Blackwell.
Tous droits réservés © 2009 John R. Betz

Présente publication réalisée en arrangement avec Wiley-Blackwell.
Tous droits réservés.

Editions La Lumière (collection « Réforme », volume n°5, 1ᵉ édition, juin 2017, France), 7, avenue Saint-Exupéry, 81990 Le Séquestre (Tarn), France.
ISBN : 978-2-9538885-9-1 (papier)

Dépôt légal : Juin 2017.

Prix indicatif : 48 euros HT.

Imprimé par Lulu.com.

Ce livre peut être commandé directement sur Internet :
http://aulendemaindeslumieres.fr
Pour tout contact, écrire à l'adresse email :
editions.lalumiere@gmail.com

Au lendemain des Lumières :
La vision postlaïque de J. G. Hamann

John R. Betz

Quelque chose paraissait seulement qui brûlait de soi-même en répandant la terreur.

Sagesse 17:6

Il n'était pas la lumière, mais il parut pour rendre témoignage à la lumière. Cette lumière était la véritable lumière, qui, en venant dans le monde, éclaire tout homme.

Jean 1:8-9

Et nous tenons pour d'autant plus certaine la parole prophétique, à laquelle vous faites bien de prêter attention, comme à une lampe qui brille dans un lieu obscur, jusqu'à ce que le jour vienne à paraître et que l'étoile du matin se lève dans vos cœurs.

2 Pierre 1:19

Table des matières

TABLE DES MATIÈRES 5
PREFACE 9
REMERCIEMENTS 15
ABRÉVIATIONS 19
INTRODUCTION 21
    Des ténèbres notoires : La lecture des feuilles sibyllines 33
    Une brève histoire de l'érudition 42
    Hamann et la théologie moderne 51
    Objectif et survol 53
PARTIE I: LA FORMATION D'UN SOCRATE CHRÉTIEN 59
CHAPITRE 1: LA VIE ET LES ŒUVRES DE HAMANN (1731–1788) 61
    La fabrication d'un philologue 63
    La conversion de Hamann 69
    La querelle de Hamann avec Berens 73
    Hamann et Kant 76
CHAPITRE 2: LES ECRITS DE LONDRES : DE LA GLOIRE DE LA ....
CONDESCENDANCE TRINITAIRE 83
    Pensées nocturnes : De l'interprétation de l'Ecriture 85
    La gloire dans les « oripeaux » de l'Ecriture 93
    Méditations bibliques 96
    « Réflexions sur les cantiques chrétiens » 110
    "Fragments" et "prophéties" 114
CHAPITRE 3 : UNE RELECTURE TYPOLOGIQUE DE SOCRATE : DE LA FOI,
LA RAISON ET L'HISTOIRE 127
    Le prophète et l'idole 131
    De l'ironie socratique à l'humour chrétien 136
    Vers une philosophie de l'histoire 141
    Une propédeutique ouverte sur de véritables lumières 151
    Convertir Hume : La connaissance « par la foi seule » 161
    Kant, Hamann et le prétendu "fiasco des manuels de physiques pour enfants" 164
PARTIE II : CROISADES DU PHILOLOGUE 173
CHAPITRE 4 : VIE ET ŒUVRES (1760-1774) 175
    Contre la purification du langage 176
    Le mage et « le chevalier de la foi » 179

Les croisades du philologue 184
De « Salomon de Prusse » et de la tragédie du lycée 195
La connexion Hamann–Herder 198
Un chef d'œuvre satirique et d'autres écrits 207

CHAPITRE 5 : VERS UNE POÉTIQUE CHRISTOLOGIQUE : UNE NOUVELLE ESTHÉTIQUE DES ECRITURES ET DE LA CRÉATION 215
Kleeblatt hellenistischer Briefe : Du style des Ecritures 223
Aesthetica in nuce : Du langage de la création 235
Les dithyrambes d'un Dionysos chrétien 244
Voir toutes choses à travers Christ 254
Vers une poétique christologique 260

CHAPITRE 6 : A PROPOS DE L'ORIGINE DU LANGAGE : HAMANN CORRIGE SON DISCIPLE HERDER 269
Recension de la Preisschrift de Herder par Hamann 275
Le retour d'Aristobule 280
Boutades et doutes philologiques 284
Dernière volonté et testament du chevalier en croisade 302
Le mystère du langage : L'Alpha et l'Omega 312

PARTIE III : MASQUES ET TEXTES ÉNIGMATIQUES 315

CHAPITRE 7 : VIE ET ŒUVRE DE HAMANN DE 1775 À 1780 317
Lettres hiérophantiques 318
Vie de famille : Le portrait d'un hédoniste chrétien 323
Deux piécettes : Du tabernacle du langage 329

CHAPITRE 8 : LA PAROLE À LA SIBYLLE : DU MYSTÈRE PROTOLOGIQUE ET ESCHATOLOGIQUE DU MARIAGE 339
Le mystère du mariage : Un verum signaculum creatoris 341
Essai d'une sibylle sur le mariage 348
« Tabliers de feuilles de figuier » : De la honte invétérée de la raison 351

CHAPITRE 9 : FRAGMENTS D'UNE SIBYLLE APOCRYPHE: DE LA RELIGION RATIONNELLE ET APOCALYPTIQUE 361
Doutes (à propos de la raison) et idées (à propos du corps mystique de Christ) 364
Konxompax : Une lettre apocryphe adressée à Lessing 376

PARTIE IV : MÉTACRITIQUES : RAISON, RELIGION NATURELLE ET POLITIQUE LAÏQUE 413

CHAPITRE 10 : VIE ET ŒUVRE DE HAMANN DE 1780 À 1784 415
Les « jumeaux » de Hamann de 1784 417
Hamann et Jacobi 420

DEVÊTEMENT ET TRANSFIGURATION 422
« BAIGNOIRES MÉTACRITIQUES » ? 432
CHAPITRE 11 : LA MÉTACRITIQUE DE KANT : HAMANN DÉCONSTRUIT LE RÊVE TRANSCENDANTAL 437
LA « MYSTIQUE » TRANSCENDANTALE : PREMIÈRE RECENSION DE LA *CRITIQUE DE LA RAISON PURE* 444
LA MÉTACRITIQUE : L'HISTOIRE DES PURISMES DE LA RAISON EN QUELQUES MOTS 462
LA « PRIORITÉ GÉNÉALOGIQUE » DU LANGAGE 473
LE LANGAGE COMME SACREMENT 484
CHAPITRE 12 : POLITIQUE MÉTACRITIQUE : DE LA JÉRUSALEM DE MENDELSSOHN ET DE L'ETAT LAÏQUE MODERNE 493
UNE SYNTHÈSE DE LA *JÉRUSALEM* DE MENDELSSOHN 501
GOLGOTHA ET *SCHEBLIMINI* : PAR UN PRÊCHEUR DANS LE DÉSERT 516
BÂTIR SUR LE SABLE : LA BABEL DES DROITS NATURELS MODERNES 521
LA DÉFENSE DU JUDAÏSME FACE À LA RAISON LAÏQUE 537
OU LE VÉRITABLE CONTENU DE LA VÉRITABLE JÉRUSALEM 537
PERSPECTIVE DE DIALOGUE JUDÉO-CHRÉTIEN 553
PARTIE IV : UN VOYAGE FINAL : LA DERNIÈRE VOLONTÉ ET LE TESTAMENT DE HAMANN 557
CHAPITRE 13 : HAMANN - SA VIE, SON ŒUVRE (1785-1788) 559
LE CERCLE DE MÜNTER 560
LES « DICTATEURS DE LA RAISON PURE » 563
UN EXEMPLE TYPE DE LA GRANDEUR DU CHRISTIANISME DANS LE *KNECHTSGESTALT* 566
UNA SANCTA ECCLESIA 571
UN MYSTÉRIEUX TESTAMENT FINAL 572
LE VOYAGE DE RETOUR À LA MAISON 585
CONCLUSION : APRÈS LA POSTMODERNITÉ : HAMANN DEVANT LE TRIUMVIRAT POSTMODERNE 591
HAMANN ET LA POSTMODERNITÉ 592
HAMANN FACE À NIETZSCHE 604
HAMANN FACE À HEIDEGGER 616
HAMANN FACE À DERRIDA 625
UN POST-SCRIPTUM EN GUISE DE CONCLUSION FACE À LA POSTMODERNITÉ 637
INDEX 639

PREFACE

Le but de ce présent ouvrage est double. D'une part, il cherche à illuminer la vie et les écrits d'une figure notoirement obscure, Johann Georg Hamann (1730–1788), dont l'influence était vaste dans sa propre époque – il était même considéré avec révérence comme le « Mage du Nord » – mais qui n'est généralement connue aujourd'hui, le cas échéant, qu'indirectement, par association avec son protégé Johann Gottfried Herder (1744–1803), le courant Anti-Lumières et le mouvement littéraire connu sous le nom de *Sturm und Drang*. En bref, ce livre cherche à recouvrer une figure importante mais négligée – dans l'espoir également de corriger une idée erronée courante sur Hamann, savoir celle selon laquelle il aurait été un « irrationaliste, » voire (comme certains l'ont suggéré à tort) le fondateur de l'irrationalisme moderne. D'autre part, de manière plus constructive, cet ouvrage cherche à tirer les implications de l'interaction de Hamann avec ses amis et ses contemporains qui comprenaient certains des principaux esprits éclairés des Lumières allemandes, tels que Kant, Lessing et Mendelssohn. Plus spécifiquement, il cherche à montrer dans quelle mesure les arguments éclairés de Hamann à l'encontre des philosophes des Lumières – les *Aufklärer*[1] – l'ont, en fait, emporté. En outre, dans la mesure où Hamann a prophétisé la fin des Lumières, anticipant ce que Frederick Beiser a appelé le « destin de la raison, » ce livre le présente comme une sorte de prophète postmoderne, c'est-à-dire quelqu'un qui était déjà, bien que de manière anachronique, en conversation avec la postmodernité. C'est en cela tout spécialement, sera-t-il défendu ici, que se trouve sa pertinence prophétique inouïe au-delà de son temps et touchant à notre propre époque.

Dans la mesure où ce livre place Hamann en dialogue avec la postmodernité (qui partage le même manque de confiance que chez Hamann dans le pouvoir de la raison autonome ou de la raison seule

---

[1] N.d.t. : Philosophes des Lumières allemands.

de déterminer une quelconque signification ultime, voire même la nature de la raison elle-même), à certains égards, il représente un prolongement de la dissertation doctorale de l'auteur. A l'exception de cette similitude thématique, le présent ouvrage est néanmoins une œuvre entièrement nouvelle et différente. Il a été élaboré à partir d'un sentiment du besoin – que ma dissertation n'avait pas comblé – d'une présentation complète de la vie et des œuvres de Hamann – sans laquelle ses diverses maximes et déclarations gnomoniques, prises hors de leur contexte, sont souvent si obscures qu'elles peuvent devenir inintelligibles. De même, le présent ouvrage est né à la suite de ma prise de conscience de ce que la méthodologie employée dans ma dissertation, qui cherchait à organiser les idées de Hamann suivant un ensemble de thèmes (et, par conséquent, dans de nombreux cas hors de leur contexte), était inadéquate ; et de ce qu'aucun ouvrage sur Hamann qui espèrerait le rendre compréhensible selon ses propres termes – ou aller au-delà d'une simple collection de citations et d'aphorismes – ne peut se dispenser d'un traitement approfondi de ses écrits et des circonstances particulières qui les ont occasionnés.

En conséquence, en tentant de présenter, autant que possible, Hamann tout entier – tant l'homme que son œuvre – l'auteur a choisi une approche similaire à celle suivie par Gwen Griffith-Dickson dans sa traduction-commentaire sans précédent, *Hamann's Relational Metacriticism* (1995), qui présente une étude détaillée et une analyse perspicace de certains des écrits les plus importants de Hamann. La différence principale entre l'étude présente et celle de Griffith-Dickson, hormis la thématique du post-sécularisme traitée ici et les préoccupations plus explicitement théologiques, réside toutefois dans le fait que le présent ouvrage est plus global dans son approche (avec notamment l'inclusion de textes supplémentaires jusqu'ici non traduits, provenant principalement des Ecrits de Londres de Hamann et de ses écrits appelés Ecrits sur les Mystères), mais aussi, par nécessité, plus sélectif en ce qui concerne le choix des passages traduits ainsi que du niveau des commentaires apportés. En tout état de cause, l'auteur est grandement redevable à l'ouvrage de Griffith-Dickson, qui demeure une référence précieuse pour les études de Hamann. Les lecteurs devraient impérativement le consulter pour y trouver ce qui manque dans ce présent volume – il en est de même pour les très bonnes traductions richement annotées de Kenneth Haynes qui sont parues plus récemment sous le titre *Hamann: Writings on Philosophy and Language* (2007).

PREFACE

Quant au titre principal du présent ouvrage, peut-être quelques remarques s'imposent-elles. Car des titres de cette sorte sont maintenant devenus, bien entendu, quelque peu un cliché, et rappellent les titres d'autres livres, parmi lesquels se trouvent notamment *After Virtue* (1981) d'Alasdair MacIntyre, et plus récemment *After Writing* (1998) de Catherine Pickstock. Avec *After Virtue*, le présent ouvrage partage la conviction selon laquelle les efforts des Lumières pour fonder la moralité sur la raison seule ont échoué, et que la seule voie pour avancer consiste, d'une certaine manière, à aller au-delà des Lumières, c'est-à-dire plus loin et au-delà de l'illusion dorlotée selon laquelle la raison seule est capable de constituer un fondement suffisant pour la morale ou la culture. Dans *After Virtue*, l'auteur a aussi proposé, comme moyen d'aller de l'avant, de regarder de nouveau à la tradition (que la plupart des penseurs des Lumières ont rejetée comme source de sagesse), notamment à l'exemple de Sainte Bénédicte qui, parmi d'autres, nous rappelle puissamment qu'à travers Christ, et non par la raison laïque, la sainteté de vie est possible.

Dans ce présent ouvrage, à la suite de Hamann, qui a prophétisé le destin nihiliste des Lumières alors à son apogée il y a plus de deux siècles, un argument similaire mais explicitement « métacritique » est avancé, savoir : Toute notion de raison *laïque*, qui prétendrait être épurée de la tradition, est une illusion, puisque la raison elle-même est un produit de la tradition; et étant donné cette dépendance, les personnes raisonnables devraient porter attention tout spécialement à la tradition inspirée de la parole prophétique (et à la Parole qu'elle désigne) qui vient en aide à la raison comme une « lampe qui brille dans les ténèbres, » et qui est d'autant *plus certaine*, et en définitive, *plus fructueuse* (Esaïe 55:11) que les principes et (d'après Hamann) les « œuvres mortes » de la seule raison. Ainsi, étant donné l'importance énorme que Hamann attache au langage (en tant que « mère » de la raison et, en tant que telle, comme le point focal de son débat avec les penseurs des Lumières), le présent ouvrage partage avec *After Writing* de Pickstock le désir d'aller au-delà des conceptions déconstructives postmodernes et instrumentales modernes non inspirées du langage – afin de parvenir ultimément à une conception renouvelée du langage, incluant le texte de la création, en tant que prophétie (que, à la suite de Hamann, l'on pourrait définir comme « une parole à la créature à travers la créature »). Si donc ces deux livres – *After Virtue* et *After Writing* – ne sont pas explicitement traités dans ce qui suit, c'est parce que le présent ouvrage s'accorde implicitement avec les thèses qui y sont défendues.

Dans le même temps, le titre du présent ouvrage pourrait se prêter à quelques comparaisons avec *Enlightenment's Wake* (1995) de John Gray – avec toutefois cette différence qui a toute son importance : Le fait que dans la conclusion, après un bref rapprochement avec le « triumvirat postmoderne, » le présent ouvrage poursuit résolument une direction *postlaïque* (et donc implicitement une direction eschatologique) qui s'éloigne de la postmodernité (puisque cette dernière ne représente rien de plus que la conclusion nihiliste logique de la modernité laïque) et s'oriente vers Christ. Accessoirement, s'il désire comprendre ce qui est en jeu ici et avoir un excellent panorama des Anti-Lumières en général, le lecteur est renvoyé à l'ouvrage de Graeme Garrard, *Counter-Enlightenments, From the Eighteenth Century to the Present* (2006). Mais d'où vient, pourrait-on se demander, la légitimité d'utiliser un titre aussi audacieux et de faire des déclarations aussi fortes, en conjonction avec une figure aussi obscure et apparemment de si peu d'importance? Une telle démarche sera défendue, du moins implicitement, dans le reste de cet ouvrage.

Dans la mesure où le présent ouvrage cherche à libérer Hamann d'une relative obscurité, à le mettre au-devant de la scène en raison de sa pertinence, et à le placer en dialogue avec des problématiques et des sujets de préoccupation contemporains, il comporte aussi, ou plutôt nécessairement, certaines limitations. Car il a été élaboré comme une introduction globale à Hamann et ses écrits (avec une attention particulière portée à sa pertinence postlaïque) et non à l'ensemble substantiel de littérature de seconde main le concernant. Les citations d'autres universitaires spécialistes de Hamann qui sont données au passage, généralement dans le but d'éclairer un texte difficile, ne devraient pas, par conséquent, être prises comme si elles représentaient de façon exhaustive les études académiques sur Hamann qui ont été produites dans le siècle passé, et initiées plus ou moins par l'ouvrage en deux volumes de Rudolf Unger, *Hamann und die Aufklärung* (1911). Les sources qui ont contribué à enrichir la connaissance de l'auteur sur le sujet sont bien plus nombreuses que ce qui peut être reconnu ici. Pour une étude plus poussée des œuvres académiques pertinentes, le lecteur est renvoyé, par conséquent, à la bibliographie en ligne sur la littérature concernant Hamann disponible à l'adresse suivante http://members.aol.com/agrudolph/bib.html.

Quant au texte lui-même, je mentionne que le Chapitre 2 est une

PREFACE

version révisée d'un article qui est paru originellement dans *Pro Ecclesia* 14 (printemps 2005). Les traductions qui ont été incorporées dans ce volume reposent toujours sur la meilleure édition critique disponible – l'édition standard des œuvres de Hamann, qui est citée à travers tout le livre et qui est celle de Josef Nadler en 6 volumes (1949–1957); l'édition standard de la correspondance de Hamann étant celle de Walther Ziesemer et Arthur Henkel (1955–1975). Bien que les traductions d'O'Flaherty, Griffith-Dickson et Haynes aient été occasionnellement consultées, sauf indications contraires, toutes les traductions sont de mon cru. Quant à l'utilisation prolifique et quelque peu idiosyncratique par Hamann des tirets, ce qui présente une certaine analogie avec d'autres genres de littérature de cette période, par exemple *Tristram Shandy* de Laurence Sterne, ces tirets ont été conservés comme dans les textes originaux. Du fait de la nature hautement rhétorique, passionnée et énergique du style de Hamann, ils tendent à être utilisés soit pour réguler l'élocution en ajoutant des pauses ou des ruptures, soit pour communiquer un sens d'intensité au niveau des sentiments ou de sublimité dans le contenu. D'autres accentuations inhabituelles telles que l'utilisation des majuscules ou du style italique (par exemple, DIeu pour GOtt, ou DIEU pour GOTT) ont également été conservées.

Et voici une dernière remarque sous forme d'avertissement. Il est possible que je n'aie pas rendu un service à Hamann en écrivant ce livre, car j'ai fait ce qu'il avait explicitement demandé que l'on ne fît pas : J'ai écrit ce qui, à certains égards, pourrait être considéré comme une hagiographie. Comme il le dit dans l'un de ses derniers ouvrages, dans une humilité typique : « Ne vous inquiétez pas si vous m'ajoutez un bras ou en rajoutez un à ma renommée. La mesure de ma 'grandeur' n'est ni celle d'un géant, ni celle d'un ange, ni une main plus large qu'une main humaine normale. S'il-vous-plaît, ne dessinez pas des moustaches sur ma vie, à moins que je ne puisse encore rire avec vous, afin que le monde ne soit pas forcé à transfigurer un pécheur rongé par la pourriture en lui conférant l'identité d'un 'saint.' » Ainsi, dans sa première publication, les *Socratic Memorabilia*, il signale également qu'il n'est qu'un « poteau indicateur » et qu'il est « trop raide pour accompagner ses lecteurs dans le cours de leurs réflexions » – c'était là une décision qu'il suivirait rigoureusement jusqu'à la fin par l'utilisation d'un *pseudonyme* dans ses écrits, adhérant strictement aux paroles de Jean-Baptiste : *Illum oportet crescere, me autem minui* [il faut qu'Il croisse, et que je diminue] (Jean 3:30). Mais des poteaux indicateurs – spécialement à une époque de grande confusion intellectuelle et morale, au moment où le Siècle de la raison, après avoir fièrement refusé le don de la *lumière* de la foi, s'est jeté inévitablement tout droit dans le nihilisme – méritent d'être vus. Et c'est ultimement dans ce but, pour servir de signe des temps, que ce livre est proposé.

Juillet 2008

REMERCIEMENTS

C'est le lot commun de tout livre que d'avoir de nombreuses personnes impliquées dans sa réalisation – famille, amis, mentors et collègues – qui ont soit exercé une influence formatrice sur l'auteur, soit contribué d'une façon ou d'une autre à son achèvement, et je souhaite les remercier de manière spécifique. En premier lieu, je désire exprimer ma gratitude toute particulière envers trois spécialistes qui ont joué un rôle de mentor à différents stades de mon travail, et dont l'amour pour Hamann, comme une influence vivifiante, lui a insufflé la vie. Ils ont distillé en moi une conscience de son importance durable. Envers chacun d'eux je demeure profondément redevable. Le premier d'entre eux est James C. O'Flaherty, le doyen des spécialistes américains de Hamann, qui m'a introduit à Hamann lors de mes études de deuxième cycle à l'Université de Wake Forest. Bien que théologien de formation diplômé de l'Ecole de Théologie de Chicago, O'Flaherty était aussi un homme de lettres distingué. Il était, en outre, un honorable érudit de Virginie, appartenant à une catégorie qui semble avoir disparu de notre monde, et il manquera beaucoup à ceux qui ont eu le privilège de le connaître. Je souhaite également exprimer ma profonde gratitude au théologien systématique de Tübingen, Oswald Bayer, qui m'a gracieusement pris sous son égide à une période difficile de ma vie, m'a fait faire mes premiers pas dans la théologie luthérienne en 1991-1992, a guidé ma recherche doctorale, organisé un colloque inestimable sur la *Metakritik* de Hamann au semestre de printemps 1997, et m'a prodigué des conseils utiles à différentes étapes de la rédaction de ce livre. Enfin, je tiens à exprimer mes remerciements à John Milbank, que j'ai rencontré fortuitement à Marbourg il y a presque dix ans, et qui a transformé ma thèse en un dialogue avec la postmodernité, et a enrichi de manière incalculable ma conscience de l'importance de Hamann dans l'interaction avec la raison laïque moderne (et postmoderne).

Parmi les autres personnes dont les suggestions pour le livre ont été utiles – personnes que j'estime bien plus encore pour leur amitié – je souhaite remercier David Hart et Grant Kaplan. Je voudrais aussi remercier mes collègues du Département de Théologie de l'Université Loyola dans le Maryland – tout spécialement Steve Fowl, Fritz Bauerschmidt et Trent Pomplun d'avoir engagé avec moi, pendant pratiquement une décennie, une conversation stimulante, et prodigué de précieux conseils. Merci aussi à Graham McAleer pour ses excellentes discussions philosophiques, et à Paul Richard Blum d'avoir accepté mes demandes de traduction occasionnelles de certains textes. Parmi les autres personnes qui ont pris le temps de lire cet ouvrage sous une forme précoce, ou qui, d'une façon ou d'une autre, ont été un soutien supplémentaire, je souhaite remercier Reinhard Hütter de l'Ecole de Théologie Duke et Cyril O'Regan de l'Université Notre Dame. Merci aussi au Programme Fulbright qui m'a octroyé une bourse d'étude à Tübingen en 1996-1997, et pour le Centre des Humanités de l'Université Loyola de m'avoir accordé un congé sabbatique en tant que professeur débutant en 2003. Merci aussi à Claire Mathews McGinnis, directrice du Centre, d'avoir été une merveilleuse voisine et collègue – et ne serait-ce que pour un cours récent de mise à niveau en hébreu.

Merci également à Vitold Jordan, qui m'a ouvert les yeux; à Hank Hilton SJ et Peter Ryan SJ; à Jeff Perry de SLFC, qui connaît très bien les Lumières et, sans le savoir, m'a été d'un grand soutien, et à Jim Murphy et à des amis de CCSFX. Merci, enfin, à ma famille : A maman et papa de Saint Louis pour toutes les années pendant lesquelles ils m'ont témoigné leur amour généreux; à mon frère David, qui, en plus d'être doué d'une intelligence supérieure, est l'ami le plus loyal qu'un homme puisse avoir; à maman et papa Wells, Frances Graham, et Michael et Heather, qui habitent tous à Winston-Salem; à Christopher, actuellement à Palo Alto; et à ma famille élargie à Salem, dans l'Oregon (qui se trouve également aujourd'hui à Salt Lake City et à Cambridge, en Angleterre), ainsi qu'à Minneapolis, San Diego et en Caroline du Sud. Merci aussi à Emma d'avoir enduré un père distrait pendant de si nombreux mois. Et merci, par-dessus tout, à mon épouse, Laura, le rayon lumineux de ma vie, qui est un rappel quotidien de ce qu'il existe, en effet, sans l'ombre d'un doute, un Père céleste, un « Père des lumières, » qui donne des dons « excellents et parfaits » (Jacques 1:17) à tous ceux qui mettent leur confiance en lui. Son amour et son soutien ont été sans faille, une image de l'amour qui ne périt jamais, et il va sans dire que c'est à elle que je dédie ce livre.

Et merci, en dernier lieu, à Rebecca Harkin, Karen Wilson, Bridget Jennings, Annette Abel, Zeb Korycinska et Mary Dortch pour leur abondante aide tout au long de la réalisation de ce livre jusqu'à sa publication – notamment à Marie, à la fois pour sa saisie minutieuse

REMERCIEMENTS

du texte et pour ses conseils constamment avisés. Merci aussi à Susan Szczybor de son aide régulière sur un certain nombre de choses, et enfin, et ce n'est pas le moins important, à Peggy Feild d'avoir traité de si nombreuses requêtes de prêts de livres universitaires.

AU LENDEMAIN DES LUMIERES

Abréviations

Les abrévations suivantes sont utilisées dans les notes infrapaginales pour désigner des ouvrages fréquemment cités :

G-D	Gwen Griffith-Dickson, *Hamann's Relational Metacriticism* (Berlin: de Gruyter, 1995).
HH	*Johann Georg Hamanns Hauptschriften Erklärt* (Gütersloh: Bertelsmann, 1956–1963), vol. II, édité par F. Blanke et L. Schreiner; vol. V, édité par E. J. Schoonhoven et M. Seils; vol. VII, édité par L. Schreiner.
HMK	Oswald Bayer, *Verunft ist Sprache. Hamanns Metakritik Kants* (Stuttgart-Bad Cannstatt: Fromann-Holzboog, 2002).
JGH	James C. O'Flaherty, *Johann Georg Hamann* (Boston: Twayne, 1970).
JP	Søren Kierkegaard, *Journals and Papers*, 7 volumes, édité et traduit par Howard V. Hong et Edna H. Hong (Bloomington: Indiana University Press, 1967–1978).
KSA	Friedrich Wilhelm Nietzsche, *Kritische Studien Ausgabe*, édité par G. Coli et M. Montinari (Berlin: de Gruyter, 1988).
LS	Johann Georg Hamann, *Londoner Schriften*, édité par Oswald Bayer et Bernd Weissenborn (Munich: C. H. Beck, 1993).
N	Edition historico-critique (Vienne: Herder, 1949–57). Johann Georg Hamann, *Sämtliche Werke*, 6 volumes, édité par Josef Nadler.
NB	Josef Nadler, *Johann Georg Hamann 1730–1788: Der Zeuge des Corpus mysticum* (Salzbourg: Otto Müller Verlag, 1949).
SM	James C. O'Flaherty (éditeur), *Hamann's Socratic Memorabilia: A Translation and Commentary* (Baltimore, Maryland: Johns Hopkins University Press, 1967).
ZH	Johann Georg Hamann, *Briefwechsel*, 6 volumes, édité par Walther Ziesemer et Arthur Henkel (Wiesbaden: Insel, 1955–75).

AU LENDEMAIN DES LUMIERES

Introduction

Hamann - un homme, semble-t-il, à l'épreuve du temps – a su anticiper chaque époque...
Jean Paul[1]

La confusion créée par le kantisme nous a fait perdre des années... Ce penseur immensément sage et profond, ce prophète, nous ne l'avons ni reconnu ni écouté.
Friedrich Schlegel[2]

Hamann a gardé sa renommée, et cette renommée a même grandi. C'est l'un des chrétiens et des défenseurs du christianisme les plus authentiques de ce siècle.
Wilhelm Dilthey[3]

  L'auteur et critique allemand Johann Georg Hamann (1730-88), révéré des contemporains comme le *Mage du Nord*, est surtout connu de nos jours pour son importante contribution aux Anti-Lumières, son influence sur le mouvement préromantique *Sturm und Drang* ou encore sur Johann Gottfried Herder, dont l'influence fut à son tour décisive pour l'essor de la philosophie postkantienne. En bref, Hamann est plus souvent connu par association de courants d'idées que pour ce qu'il a lui-même dit ou écrit. Cela est regrettable – car ses ouvrages passionnants, publiés sous des noms d'emprunt, où foisonnent les allusions hermétiques et les finesses d'un grand esprit occupent une place unique dans toute la littérature allemande; c'est

---

[1] Jean Paul, *Vorschule der Ästhetik*, édité par Wolfhart Henckmann (Hambourg: Felix Meiner Verlag, 1990), p. 379.
[2] Friedrich Schlegel, *Deutsches Museum* III, p. 51, dans *Kritische Neuausgabe*, volume 6, édité par Hans Eichner (Munich: Verlag Ferdinand Schöningh, 1961), p. 628 : "Mit der Kantischen Verwirrung haben wir Jahre, die für Deutschland unwiederbringlich wichtig waren, verschwendet. Diesen großen weisen Tiefdenker, den Hellsehenden haben wir nicht gekannt und beachtet."
[3] Wilhelm Dilthey, *Gesammelte Schriften* (Leipzig et Berlin: B. G. Teubner, 1936), volume 17, p. 102.

regrettable en raison aussi d'une personnalité fascinante, que Kierkegaard, admiratif, qualifiait « d'hyperbole de toute la vie, »[4] regrettable, enfin et surtout, de par la richesse de son esthétique théologique, ses critiques très perspicaces de la raison séculière – d'où, aujourd'hui encore, l'extraordinaire actualité de sa pensée.

Mais si Hamann n'a pas reçu l'attention qu'il méritait peut-être, il a, en une certaine occasion du moins – le 18 novembre 1993 –, atteint un auditoire plus vaste grâce à un débat publié dans le *New York Review of Books* qui opposait deux honorables sommités, à savoir le célèbre historien des idées Isaiah Berlin (plus proche du renard que du hérisson) et James C. O'Flaherty, doyen du Centre Américain de Recherches sur Hamann (plus proche du hérisson que du renard). Leur débat était motivé par la publication, cette même année, d'une monographie décapante de Berlin, fondée sur une étude antérieure intitulée *The Magus of the North: J. G. Hamann and the origins of Modern Irrationalism*.[5]

Même si Berlin voit en Hamann l'un « des rares critiques parfaitement originaux des temps modernes, » il s'inscrit néanmoins dans l'héritage intellectuel de ses opposants, ce qui infléchit en conséquence sa lecture de l'œuvre.[6] Ainsi, selon Berlin, Hamann est non seulement « irrationnel » par principe, mais également « le pionnier de l'anti-rationalisme dans tous les domaines. »[7] De fait, sa propre généalogie de la modernité fait apparaître Hamann comme un obscurantiste antimoderne que les progrès de la raison séculière ont peut-être à juste titre abandonné en route.

Malgré la vaste érudition de Berlin qui a certes droit à notre admiration, il faut déplorer une absence d'analyse en profondeur des thématiques de Hamann ou de prise en compte des cinquante ans de recherches sur son œuvre, ce qui depuis a conduit à des conclusions

---

[4] *JP* II 1543 (n.d., 1837), (*Pap.* II A 623).
[5] Isaiah Berlin, *The Magus of the North: J. G. Hamann and the Origins of Modern Irrationalism*, édité par Henry Hardy (New York: Farrar, Straus & Giroux, 1993); réimprimé dans *Isaiah Berlin, Three Critics of the Enlightenment: Vico, Hamann, Herder* (Princeton, New Jersey: Princeton University Press, 2000).
[6] Berlin, *Three Critics*, p. 257.
[7] Ibid.

INTRODUCTION

très différentes. Au lieu, en effet, de confiner Hamann au rôle d'un penseur irrationnel ou simplement réactionnaire, la recherche moderne en est venue à considérer Hamann comme fondamentalement progressiste dans un certain sens – ou, selon les termes d'Oswald Bayer, un « représentant de la radicalité des Lumières. »[8] Mise à part la réintroduction d'une personnalité mise au rancart, le présent ouvrage vise à montrer certaines facettes d'une pensée en avance sur son temps – et plus précisément, qui savait aller au-delà des Lumières concernant la nature et l'étendue de la raison autonome, pour en envisager toutes les conséquences philosophiques, religieuses, politiques, culturelles et esthétiques.

Un prophète, nous le savons, est, hormis par quelques disciples, rarement reconnu à son époque; en accord avec l'axiome de l'Evangile (Marc 6:4), sa propre ville de Königsberg l'ignorait – même si Kant, un ami personnel qui se situait à peu près à l'extrême opposé de sa pensée, lui vouait un grand respect. Mais ses admirateurs incluaient quelques-uns des plus éminents poètes et philosophes allemands, dont les noms aujourd'hui encore dominent l'histoire des idées. Pour Goethe, le plus célèbre des poètes allemands, collectionneur de ses écrits, il était unique *(cette tête unique)*[9], mais « l'esprit le plus brillant de son temps » (*der hellste Kopf seiner Zeit*)[10], autrement dit rien de moins que « le père littéraire » du peuple allemand.[11] Pour Herder et

---

[8] Oswald Bayer, *Zeitgenosse im Widerspruch: Johann Georg Hamann als radiklaer Aufkliirer* (Munich: Piper Verlag, 1988).

[9] Comme Goethe l'exprime en français à Charlotte von Stein, le 17 septembre 1784, dans *Werke*, volume 4 (Weimar, 1890), section 6, pp. 359s: "J'ai toujours aimé beaucoup les feuilles sibyllines [sic] de ce mage moderne et cette nouvelle production ... Il y a des bons mots impayables, et des tournures tres sérieuses qui m'ont fait rire presque à chaque page ... Je me trouve très heureux d'avoir le sens qu'il faut pour entendre jusqu'à un certain point les idées de cette tête unique, car on peut bien affirmer le paradoxe qu'on ne l'entend pas par l'entendement." Cité dans *HH* I, p. 20.

[10] Kanzler Friedrich von Müller, *Unterhaltungen mit Goethe*, édité par R. Grumach (Weimar, 1982), p. 109 (extrait de la section 18 décembre 1823). Voir aussi la collection intitulée *Johann Georg Hamann: "Der hellste Kopf seiner Zeit,"* éditée par Oswald Bayer (Tübingen: Attempto Verlag, 1998).

[11] D'après les mots de Goethe lors de sa découverte des écrits de Vico : "C'est véritablement une belle chose qu'un peuple puisse se revendiquer d'une telle paternité

Jacobi, ses plus proches disciples, il était un mentor révéré et un ami. Pour Friedrich Schlegel, Jean Paul et F. W. J. Schelling, il dominait son époque comme prophète et visionnaire. Pour Hegel, auteur de la première critique de l'ensemble de son œuvre, qui parut en 1828, il possédait « un génie pénétrant.»[12] Kierkegaard, enfin, son dernier grand admirateur, se « délectait » en lui et estimait « qu'il était peut-être avec Socrate l'un des esprits les plus brillants de tous les temps.»[13] En somme, à en juger par leurs témoignages, il semble que Hamann, de toute évidence l'auteur le plus obscur de l'histoire littéraire allemande, était cependant le plus « éclairé. » Il est dès lors d'autant plus absurde que si peu de gens, même dans le monde de la culture, aient entendu parler de lui. Rappelons ici les propos roboratifs de Kierkegaard concernant le destin de Hamann :

> L'originalité de son génie éclate dans ses phrases brèves, et la vigueur de la forme adhère complètement au jaillissement d'une pensée. Cœur et âme, il se concentre jusqu'à la dernière goutte de son sang sur un seul mot, et c'est la protestation passionnée d'un génie de haute volée contre un mode de vie préétabli. Pauvre Hamann, tu as été réduit par Michelet à une sous-section (de la littérature). Que ta tombe ait jamais été signalée, je ne sais; mais je sais pourtant que par des moyens honnêtes ou non, tu as été enclavé dans l'uniformité d'une sous-section, et ramené dans le rang[14].

---

littéraire; Hamann deviendra un jour un codex similaire pour les Allemands." Voir *Italienische Reise* (Weimar, 1890) (lettre de Naples, 5 mars 1787), section 1, p. 31.

[12] G. W. F. Hegel, "Hamanns Schriften," *Jahrbücher für wissenschaftliche Kritik* (1828); réimprimé dans *Berliner Schriften, 1818–1831*, volume XI de *Werke*, édité par E. Moldenhauer et K. M. Michel (Frankfurt am Main: Suhrkamp Verlag, 1986), p. 325.

[13] Søren Kierkegaard, *The Concept of Anxiety*, édité et traduit, avec introduction et notes, par Reidar Thomte (Princeton, New Jersey: Princeton University Press, 1980), pp. 178, 198; *JP* II 1555 (n.d., 1844), (*Pap.* V B 45); (n.d., 1844), (*Pap.* V B 55:14).

[14] Søren Kierkegaard, *Concluding Unscientific Postscript*, traduit par Howard Hong et Edna Hong (Princeton, New Jersey Princeton University Press, 1980), p. 224. La référence concerne Karl Ludwig Michelet, un hégélien qui écrivit un paragraphe sur Hamann dans son *Geschichte der letzten Systeme der Philosophie in Deutschland* (1837).

Un sort injuste certes; mais la réactualisation de la pensée de Hamann vient à point nommé. Nous pourrions affirmer qu'aujourd'hui, après plus de deux cents ans de cheminement des Lumières, après l'effondrement des fondements théoriques et moraux de l'humanisme laïque, d'ailleurs conformes aux prévisions de Hamann, il est possible de mesurer toute l'étendue et l'importance prophétique de ce qui pourrait s'y substituer selon *sa* vision. Car sa « métacritique » dévastatrice de Kant et de la «*foi*» des Lumières en la raison font de Hamann, à plusieurs égards, un précurseur chrétien de la philosophie postmoderne – au point même d'imposer, je pense, en dernier ressort, un choix entre une postmodernité laïque et une théologie « postlaïque. » Mais avant cela, il importe de dépasser les « Lumières » elles-mêmes – un terme pris ici, et nonobstant la diversité des opinions, dans le sens d'une époque affiliée à « une approche rationnelle cohérente des grandes questions religieuses, éthiques, tout autant que théologiques et philosophiques.»[15] Plus précisément, cela demandera de faire appel à la pensée d'un homme des « *Lumières* » aussi célèbre que Kant (à l'évidence le plus important philosophe de cette époque-là), à J. D. Michaelis (père de la critique biblique moderne), Lessing (le plus important dramaturge allemand et critique des Lumières) et Mendelssohn (sans conteste le principal théoricien de la relation Eglise/Etat). Mais ce qui distingue nettement la recherche actuelle des évaluations classiques des Lumières, c'est que la perspective choisie n'a rien de lointain, mais confronte ces mêmes Lumières à une personnalité de l'époque, homme de grande culture et de plus ami personnel de Kant et de Mendelssohn.

Etant donné la persistance des principes des Lumières dans le discours officiel, au point qu'ils ne sont pratiquement jamais contestés dans la culture populaire, leur dépassement ne peut être considéré comme un acquis. De fait, comme Charles Taylor l'a fait observer, cette entreprise implique d'investir rien de moins qu'une citadelle d'idées bien établies appelée la « citadelle de la raison laïque »[16] qui, depuis

---

[15] *JGH*, p. 150.
[16] Voir le post-scriptum de by Charles Taylor, dans Paul J. Griffiths et Reinhard Hütter (éditeurs), *Reason and the Reasons of Faith* (New York et Londres: T. & T. Clark, 2005), p. 23. Voir aussi Charles Taylor, *A Secular Age* (Cambridge, Massachusetts:

une position apparemment imprenable, domine le paysage, soit l'ensemble de la société moderne. A la clef, un impératif : « Remettre en question l'autorité, » en particulier la tradition religieuse (afin de lui substituer l'opinion personnelle au titre de guide infaillible, sans prendre en compte la formation morale de l'individu), un guide accepté sans le moindre esprit critique. Tout l'édifice est en quelque sorte mandaté par le philosophe Emmanuel Kant dont l'essai révolutionnaire de 1784 salue les Lumières comme un progrès sans précédent de l'humanité, progrès de la raison sur l'ignorance, la superstition, la déférence aveugle à l'égard de l'autorité, et le caractère immature d'une « volonté auto-régulée de s'assumer. »[17] Cette avancée a donc été mercantilisée avec succès, à l'égal de toute autre idéologie du passé : Des individus rationnels (qui ne voudrait être du nombre?) n'ont plus aucun besoin d'être guidés par les instances hétéronomes de la religion et de la tradition, mais peuvent être guidés par la raison seule et s'en remettre entièrement à elle.

Il est presque impossible de contester le succès de ces doctrines, si compatibles avec notre orgueil (voir la première tentation en Eden), et dont l'expansion tous azimuts n'a jamais été aussi rapide qu'aucune autre religion universaliste.[18] Elles constituent de fait la pierre de

---

Belknap Press, 2007).
[17] Voir Kant, "What is Enlightenment?" dans James Schmidt (éditeur), *What is Enlightenment? Eighteenth-Century Answers and Twentieth-Century Questions* (Berkeley: University of California Press, 1996), pp. 58–64.
[18] A cet égard, l'idéologie des Lumières – dont la doctrine de la liberté, poussée à son extrême, s'est graduellement transformée en un volontarisme purement subjectif et n'est plus liée à des normes universelles de rationalité (comme c'était encore le cas avec Kant) – représente l'antithèse moderne de l'islam : Tandis que ce dernier promeut une soumission universelle aux dépens de la liberté individuelle, la première se propage elle-même par l'aplatissement de la liberté des individus et de leur « droit de choisir » comme relevant de leur autorité la plus haute qui puisse être imaginée, *id quo maius cogitari nequit*. L'un est sous-tendu, à la base, par une doctrine de la liberté impériale venant *d'en haut* (c'est-à-dire celle de la puissance infiniment déterminante de la volonté divine); l'autre, par une doctrine, ultimement, de la liberté anarchique, chthonienne *d'en-bas* (à savoir, la plasticité infinie de la volonté humaine). En bref, l'un est une doctrine du volontarisme divin, l'autre, son inversion, une doctrine du volontarisme humain; tandis que l'islam donne toute la gloire à Dieu, sans aucun doute aux dépens de la dignité créatrice et de la liberté de l'*imago Dei*, l'autre donne

INTRODUCTION

touche de la civilisation occidentale moderne, et rendent compte de tout, depuis une méfiance assez générale à l'égard de « la religion instituée » jusqu'à « la séparation radicale entre l'Eglise et l'Etat, » issue d'une lecture tendancieuse de « la clause institutionnelle » de la Constitution des Etats-Unis (impliquant un mandat d'inadmissibilité de toute forme de loi naturelle ou théologie naturelle, autrement dit, l'athéisme admis *de facto* comme religion d'Etat, ce qui aurait été aussi impensable que déconseillé par les anciens et la grande majorité des hommes des Lumières eux-mêmes). Toutes dérivent de la doctrine première des Lumières, formulée en regard des prétendues « guerres de religion »[19] qui leur servent en permanence de sombre toile de fond, laquelle doctrine stipule que la religion devrait être une affaire privée, restreinte au domaine de la croyance individuelle, sans droit aucun d'expression politique - et contre laquelle chacun doit sans cesse se mettre en garde, par respect pour la pureté de l'espace laïque réservé à la pensée laïque bien accueillie et seule autorisée à dominer.

Il y aurait peu de critiques sérieux, ni Hamann lui-même, pour rejeter les principes *tout court* des Lumières – à savoir les principes de la représentation du peuple ou de la liberté de religion. Mais dans la mesure où les Lumières ont proposé une doctrine de la raison sans la nécessité d'aucune foi, une vision de la société sans la nécessité d'une tradition, et une politique sans référence obligée à aucun Dieu (la source de toute lumière et de tout ce qui existe), Hamann estimait que l'appellation les « Lumières » était fausse, injustifiée. Cette philosophie reposait en effet sur des principes déficients aussi bien au niveau de l'histoire qu'au niveau ontologique et noétique. En bref, loin de symboliser l'aube d'une nouvelle ère lumineuse, elle représentait une « lumière du Nord » trompeuse d'où naîtrait une nouvelle ère d'obscurité spirituelle. Il est certain que les *Aufklärer* se pensaient

---

toute la gloire à l'homme aux dépens de Dieu. Telle est la tragique dialectique de notre époque, sans que l'on puisse espérer voir une quelconque rédemption, tant que l'on ne voit pas en Christ la gloire *de Dieu* dans la gloire de la perfection *de l'homme* (2 Corinthiens 4:6).

[19] Les prétendues « guerres de religion » sont décrites, en fait, comme des guerres d'états-nations par William Cavanaugh, " 'A fire strong enough to consume the house': the wars of religion and the rise of the state," *Modern Theology* 11/4 (octobre 1995), pp. 397–420.

comme des guides, des « gardiens » en charge des « dépendants » non encore libérés de l'ignorance qui fonde la superstition, et de l'hétéronomie de la tradition. Pour Hamann, ils étaient tout autre chose : Non pas les sauveurs envoyés vers un monde plongé dans l'obscurité, victime d'une parodie d'attente religieuse de type laïque, mais des démagogues hypocrites déguisés en anges de lumière (cf. 2 Corinthiens 11:14).[20]

L'hypocrisie s'enracinait, selon lui, dans la doctrine de la raison, que les hommes des Lumières affirmaient en particulier être libre – « pure » – des contingences de l'histoire et de la tradition. Hamann y voyait une absurdité, ne fût-ce que d'un point de vue philosophique. La raison était par essence, et non par accident, une question de langage; et celui-ci avait de toute évidence partie liée avec l'histoire et la tradition. Ce fut précisément à partir de ces fondements douteux, incertains, que les hommes des Lumières prétendirent se passer de la tradition, mais en réalité pour s'arroger l'autorité jusque-là transmise par la révélation historique – de sorte que l'appareil des Lumières pouvait, sans autre procès, se considérer comme une autorité supérieure à Moïse. De plus, et Hamann l'a prophétiquement perçu, ces hommes ont cherché à promouvoir à partir de là un programme politique spécifique, en vue d'inaugurer une société nouvelle, purement laïque, puisque dépourvue de toute histoire, apte non seulement à se dispenser de la révélation divine, mais aussi à fonctionner comme si Dieu n'existait pas (*etsi Deus non daretur*). Hamann a ainsi prévu que l'utopie politique des Lumières ferait émerger une société athée à toutes fins utiles, – société pour laquelle toute révélation, si vraie fût-elle, tout témoignage, si saint fût-il, seraient foncièrement irrecevables, incompatibles avec les intérêts du gouvernement, tolérés peut-être à la marge comme des opinions subjectives, strictement personnelles et donc sans légitimité aucune dans les affaires de l'Etat ou en matière de politique publique.

Mais Hamann a cependant envisagé le coût d'une rupture si radicale entre la raison et la tradition religieuse (c'est-à-dire entre la philosophie et la théologie), à savoir l'abdication même de la raison et

---

[20] Cf. Esaïe 58:6; 60:1–2; 61:1.

la création dans la foulée d'un vide moral, car, pour lui, il ne peut y avoir d'intégrité de la raison sans l'apport de l'histoire et de la tradition (la raison, disait-il, possède sa propre généalogie), et la raison ne peut parvenir aux *lumières* en dehors de la grâce et de la révélation. Se contenter de la faible lumière de la seule raison, en refusant la lumière surnaturelle de la foi capable de clarifier les choses, n'amènerait aucun « chiliasme cosmopolitique » mais bien plutôt, selon une prophétie de Hamann antérieure de cinq années à la Révolution française, de nouvelles formes de violence perpétrées par les gens visiblement soumis à la « tutelle » des hommes des Lumières. Voici sa réponse au célèbre essai de Kant :

> Les Lumières de notre siècle sont une simple lumière du Nord, en vertu de laquelle aucun chiliasme cosmopolitique ne peut être prophétisé hormis ce qui peut être prophétisé en bonnet de nuit et assis au coin du feu. Tout le discours vide et les raisonnements au sujet de personnes sous tutelle qui serviraient de gardiens à des gardiens eux-mêmes dépendants mais équipés de *couteaux de chasse* et de poignards, tout ce discours est comme un clair-de-lune froid et stérile qui n'éclaire d'aucune lumière l'esprit paresseux, et ne réchauffe pas l'homme sans volonté – de sorte que toute la réponse à la question posée (« Qu'est-ce que les Lumières ? ») se réduit à une illumination *opaque* pour tout être sous tutelle qui marche en plein midi.[21]

Dans la terminologie de Hamann, les « Lumières » pèsent toujours leur poids d'ironie, en raison de la différence entre la définition laïque que leur donnaient ses contemporains et sa propre acception théologique du mot. La première dénotait un éveil à la « lumière naturelle, » dite immanente, de la raison, régulièrement conçue en termes *univoques*, autrement dit sans aucune analogie avec une lumière divine ni subordination à cette dernière, appelée Logos. Par ailleurs, ce même terme de « lumières » évoquait pour Hamann la

---

[21] C'est moi qui souligne en gras. Hamann à Christian Jacob Kraus, dans ZH V, p. 291. Cf. Traduction et notes de Garrett Green dans Schmidt, *What is Enlightenment?*, pp. 145–153.

présence surnaturelle de la transcendance, comme une lumière dans les ténèbres, comme l'étoile de Bethléhem, mais en tout cas quelque chose *de plus* que la raison ne peut saisir, ni anticiper à elle seule. En bref, leur lumière pouvait se qualifier d' « auto-illumination »; la sienne, en revanche, indiquait la présence surnaturelle du *don* du Saint-Esprit (Luc 11:13), sans qui nos raisonnements sont obscurs, faibles et confus. Comme le dit le psalmiste : « Par ta lumière nous voyons la lumière » (Psaumes 36:9).

Il est entendu que *si* la lumière de la raison n'est pas interprétée en termes séculiers, mais théologiques, c'est-à-dire comme un don divin (que chacun s'approprie uniquement à ce titre), et donc comme l'obscur début d'une participation imméritée à la lumière divine qui ne peut être complète sans la lumière de la foi, *alors* son opposition dialectique à la lumière de la raison reste et demeure injustifiée. Comparée à la relation entre nature et grâce (équivalent ontologique de la relation noétique entre raison et foi), la lumière de la foi pourrait apparaître comme la parfaite *illumination* de ce que la raison discerne de façon indistincte, selon la définition donnée par Henri de Lubac, et conforme à la tradition antique et médiévale : « La double relation du *datum optimum* de la création au *donum perfectum* de la divinisation. »[22] En bref, raison et foi, deux dons différents, peuvent, tout comme la nature et la grâce, être compris par analogie, avec l'avantage de préserver une sorte de relation, sans que ne s'effondre ce qui les différencie.

Cependant, il ne s'agit pas là, soyons clair, de la doctrine moderne de la raison; Hamann ne s'opposait pas à cette doctrine ancienne très équilibrée, qui admettait les limitations de la raison et donc la nécessité de la foi et de la révélation. Mais à l'époque des Lumières, la doctrine de la raison était précisément marquée par la disparition de tout espace analogique entre nature et grâce, ou raison et foi. Contrairement à une doctrine antique et médiévale qui admettait la participation analogique de la raison à une lumière divine ou Logos, la doctrine moderne prône une rationalité autonome, n'admet aucune lumière par-delà la sienne, aucune autorité par-delà le volontarisme

---

[22] Voir Henri de Lubac, *A Brief Catechesis on Nature and Grace* (San Francisco: Ignatius Press, 1984), p. 50.

privé dans lequel elle finit inévitablement par se désintégrer. Si, par conséquent, Hamann a tendance à opposer la foi à la raison, il faut souligner qu'il ne critique pas la raison en soi, envisagée comme un don de Dieu et l'un des éléments essentiels du « lien social »[23] - parallèlement au langage et à la religion – mais seulement son mauvais usage, en particulier lorsqu'elle prend rang d'« absolu » de façon présomptueuse et hypocrite, pour se dissoudre, en l'absence de toute autre instance supérieure, et étant donnée sa dépendance culturelle et linguistique, dans les goûts et préjugés du moment. C'est donc sous cet éclairage, sous l'aspect ironique d'une contestation de *cette* doctrine spécifique de la raison qu'il faut comprendre le caractère obscur et la forme dialectique de son oeuvre – depuis ses oracles cryptés jusqu'à ses « nuages » de savants laconismes. C'est en fait un mode d'expression, une manière de refléter, dans un miroir tendu vers l'extérieur, l'idée que ses contemporains, les *lumières* de la philosophie des Lumières « sont dans les ténèbres. »

Si le style hermétique, chantourné et plein d'allusions de Hamann fait corps avec sa protestation contre la prétention de ses contemporains à instruire *directement*, sans médiation historique, ni références à une tradition ou à la révélation, mais à l'aune de leurs seuls pouvoirs naturels, ce style remplit aussi une fonction positive dans le cadre de sa propre tradition. Alors que les *Aufklärer* puisaient leurs doctrines dans le modèle cartésien des idées claires et distinctes, Hamann s'inspirait d'un paradigme entièrement différent, à savoir un modèle biblique, prophétique. De l'obscurité antérieure à la création, lorsque Dieu dit : « Que la lumière soit! » (Genèse 1:3); à l'obscurité et aux épais nuages du Mont Sinaï d'où Moïse, le visage rayonnant, émergea pour donner la Loi (Exode 20:31; 34:29); puis à la lumière de la Parole faite chair, « qui brille dans les ténèbres » (Jean 1:5 et suivants); et enfin à la sûre parole prophétique « qui brille dans un lieu obscur » (2 Pierre 1:19), etc., l'ensemble de l'œuvre de Hamann joue en quelque sorte sur le contraste entre les notions séculières et théologiques de lumière, d'obscurité et ce qui passe généralement pour une authentique illumination. Hamann résume plus tard tout cela dans un article non publié où il cite Horace : « Non fumum ex fulgore

---

[23] N III, p. 231.

sed ex fumo dare LUCEM. »[24] En d'autres termes, tandis que les hommes des *Aufklärer* affirmaient pouvoir éclairer – selon les mots du *Baltimore Sun*, « Lumière pour Tous » – Hamann ne voyait là qu'obscurité et fumée. Lui, de son côté, produisait de l'obscur intentionnellement, dans l'espoir d'apporter de la lumière, car dans un monde déchu, la véritable illumination spirituelle présuppose la reconnaissance d'un besoin, d'un manque, voire la confession d'avoir été jusqu'ici « dans la nuit » sur le plan intellectuel et spirituel (Esaïe 9:2; Matthieu 5:3).

Les chapitres suivants sont donc consacrés à une personnalité qui adopta face à son siècle une démarche résolument ironique et prophétique; elle garde valeur de contestation face à tout ce qui de nos jours passe pour une pensée des « Lumières. » Il est certain que la philosophie postmoderne a finalement été confrontée à la métacritique de la « raison pure » qui largue la laïcité moderne, privée de fondements, dans un quelque chose appelé « la raison seule »; en conséquence celle-ci s'accompagne d'une foi en la raison bien inférieure à la confiance qui lui était accordée autrefois. Mais malgré l'effondrement de la *raison* laïque – ce qui semble vérifier les prophéties de Hamann – le *sécularisme* dogmatique perdure, même en l'absence de raisons convaincantes. De violents débats en témoignent, en particulier en Amérique, entre les tenants de la tradition religieuse et ceux qui, au nom d'un état purement laïque, voudraient éliminer toute trace d'influence religieuse de la sphère publique et de la politique. Ces derniers exigent une absolue séparation entre le privé et le public, entre la croyance religieuse et le devoir politique – le tout étant sanctuarisé à l'aide du mantra suivant : « Il vaut mieux laisser la religion en dehors de la politique. » Mais ces débats n'interrogent guère sur la cohérence de ces exigences – à savoir la possibilité de justification au plan philosophique de la notion d'un ordre politique fondé sur une rationalité affranchie de la tradition. Hamann s'inscrivait en faux contre cette possibilité. Dans sa perspective, alors qu'il voyait poindre le vide derrière cette notion, une rationalité susceptible d'exister indépendamment de la tradition était

---

[24] N III, p. 347. Tiré de Horace, *Ars Poetica* : « Pas de fumée venant de l'éclair, mais de la fumée pour donner la *lumière* » (souligné en italique par Hamann).

jugée totalement infondée et vaine, quelque chose d'insoutenable si ce n'est au prix d'une fiction idéalisée – un ignoble mensonge moderne, disons – réduite à la dimension de ce que Nietzsche nommait « la volonté de puissance. » Il a, en conséquence, prophétisé que les Lumières, théoriquement dépouvues d'appui, car adossées à une rationalité illusoire, s'achèveraient dans le nihilisme. Au regard de ces penseurs, cela faisait de Hamann un « irrationaliste »; mais le développement de la philosophie et de la culture à notre époque en fait plutôt un prophète malgré lui. Voilà pourquoi, sans même parler de ses vues perspicaces sur un grand nombre de sujets – dont la foi, la raison, l'exégèse biblique, l'histoire, la révélation, le langage, la poésie, le génie artistique, la sexualité, le paganisme, le judaïsme et les mystères de christianisme – la parole de Hamann, par-delà son siècle, s'adresse encore à nous aujourd'hui.

DES TÉNÈBRES NOTOIRES : LA LECTURE DES FEUILLES SIBYLLINES

Une discussion du style pourrait être superflue dans le cas d'autres auteurs pour lesquels le style ne coincide que de manière fortuite avec le contenu du message communiqué; mais chez Hamann elle est inévitable. Comme O'Flaherty l'a observé, « Quiconque aborde la pensée de Hamann doit forcément se confronter avec la difficile mais fascinante question de son style. »[25] D'un côté, cela est dû à l'importance extraordinaire que Hamann attachait à la question du style. Il déclarait à la suite de Buffon : « Le style est l'homme même. »[26] Similairement, il disait à son fils :

> Mon cher enfant, je te recommande la *loi évangélique de l'économie* en paroles et dans l'écriture : Rendre compte de tout mot *vain, superflu* – et *l'économie du style*. Ces deux mots mystiques recèlent tout l'art de penser, et de vivre. Tout ce à quoi pensait Demosthène lorsqu'il répétait trois fois le même mot se trouve contenu à mes yeux dans les

---

[25] *JGH*, p. 100.
[26] N IV, p. 424.

deux mots *économie et style*.[27]

D'un autre côté, la nécessité de discuter du style de Haman est due au fait que dans l'histoire des Lettres allemandes, aucun écrit, en faisant éventuellement abstraction du corpus hermétique de Jacob Böhme, n'a été regardé immédiatement comme étant sombre, obscur, voire inintelligible. Comme Bayer le reconnaît, « le préjugé a persisté de manière tenace jusqu'à ce jour : Hamann est obscur. Quiconque a entendu parler de lui ou du sobriquet dont il était affûblé, le *Mage du Nord*, l'associe à une mystérieuse obscurité.»[28] En effet, comme l'affirme H. A. Salmony, «aucune œuvre en langue allemande n'est aussi difficile à comprendre que chacun des écrits de Hamann.»[29]

Une telle appréciation d'Hamann n'est en rien propre aux lecteurs modernes, néanmoins. Comme l'observe Eckhard Schumacher, « depuis les premières critiques dans les années 1760 jusqu'aux entrées dans les lexiques d'aujourd'hui, en passant par les histoires littéraires du XIXe siècle, les textes de Hamann ont été diversément caractérisés comme étant obscurs au superlatif, comme le paradigme de l'inintelligibilité. »[30] Comme l'a exprimé généreusement un critique des *Socratic Memorabilia* de Hamann, « aucun *alchimiste*, aucun *Jacob Böhme*, aucun *enthousiaste fou* ne pourrait rien dire ni écrire de plus inintelligible et d'absurde que ce que l'on peut lire ici. »[31] De même, le premier article sur Hamann paru dans un lexique de 1811

---

[27] ZH V, p. 88; cf. ZH V, p. 177. Démosthène aurait dit que l'élément le plus important dans l'art de la parole est « premièrement, la prestation [*hypokrisis = actio*], deuxièmement, la prestation, et troisièmement la prestation. » L'expression « économie de style » fait référence à Matthieu 12:36s. Voir Bayer, *Zeitgenosse im Widerspruch*, p. 41.

[28] Bayer, *Zeitgenosse im Widerspruch*, p. 20.

[29] H. A. Salmony, *Hamanns metakritische Philosophie* (Zollikon: Evangelischer Verlag, 1958), pp. 15–16.

[30] Eckhard Schumacher, *Die Ironie der Unverständlichkeit: Johann Georg Hamann, Friedrich Schlegel, Jacques Derrida, Paul de Man* (Frankfort: Suhrkamp Verlag, 2000), p. 89. La description suivante du style de Hamann et de l'histoire de sa réception suit celle de Schumacher, pp. 89–102.

[31] *Hamburgische Nachrichten aus dem Reiche der Gelehrsamkeit*, vol. 57 (1760), p. 452.

parle du « chaos obscur de son style mystique et artificiel... [de] ses mystérieuses allusions, ses excursions fanatiques, ses *bons mots* affectés, ses citations déroutantes, son usage exagéré des textes bibliques, sa manière de s'exprimer déconnectée, déséquilibrée, métaphorique, qui sont simplement quelques unes des erreurs qu'il empile allègrement sur ses lecteurs comme si elles étaient des parures. »[32] Et un siècle plus tard, Ludwig Reiners concluerait comme suit : « En comparaison avec les écrits de Hamann, la *Phénomonologie de l'Esprit* de Hegel est ... une lecture qui sied parfaitement à un temps de vacances. Car avec Hamann, quelque chose de nouveau apparaît : Une obscurité intentionnelle, créée. »[33]

De telles conclusions pourraient sembler exagérées s'il n'y avait pas les propres déclarations de Hamann allant dans le même sens. Par exemple, dans sa propre recension, sous un pseudonyme, de ses propres *Socratic Memorabilia*, non seulement cite-t-il la critique de Hamburg sans y opposer aucun démenti, mais aussi se qualifie-t-il lui-même d'«inintelligible,» d'«obscur,» de «cryptique» et même de «dérangé »; il compare d'ailleurs ses écrits « à une estampe *japonaise* ou *chinoise* avec de *folles et effrayantes* silhouettes dont aucune personne *rationnelle* ne peut saisir la signification. »[34]

Compte tenu d'un tel autoportrait, l'on ne sera pas surpris d'entendre les accusations habituelles d'« obscurité » et d'inintelligibilité portées à son encontre; l'on ne sera pas non plus surpris de la thèse de Berlin de l'irrationnalisme de Hamann. En effet, étant donné l'intention apparente de Hamann *de ne pas être compris*, il est légitime de se demander si tout effort de le comprendre est condamné à l'échec dès le depart. Comme un critique aussi savant que Lessing l'a exprimé à Herder,

> Je ne [présumerais] pas comprendre [Hamann] à tous égards; pour le

---

[32] Schumacher, *Die Ironie der Unverständlichkeit,* citant le *Lexicon deutscher Dichter und Prosaisten,* édité par Karl Heinrich Jördens, vol. VI (Hildesheim, 1811).
[33] Ludwig Reiners, *Stilkunst: Ein Lehrbuch der deutscher Prosa,* nouvellement édité par Stephan Meyers et Jürgen Schiewe (Munich: C. H. Beck, 1991), p. 265.
[34] N II, pp. 86ss; cf. sa remarque à Herder, ZH III, p. 38, « Ha! Ha! De telles figures allégoriques froissées, confuses et anormales sont devenues mon élément; sans elles, je ne peux ni respirer, ni penser. »

moins, je ne saurais être sûr de le comprendre ou non. Ses écrits semblent être des tests d'humanité pour ceux qui clament être des polyhistoriens. Ils requièrent véritablement un peu de connaissance de tout [*Panhistorie*].[35]

Si cela était vrai pour Lessing, dont l'érudition et la familiarité avec les débats de son époque étaient pratiquement sans égal, les lecteurs d'aujourd'hui ne peuvent pas espérer mieux s'en sortir. Le fait de savoir que Hamann n'était souvent pas même compris par ses amis n'est pas non plus encourageant. Ainsi, le *Teutsche Merkur* réfère à lui en 1775 comme le chef de file d'une secte, « qui a réussi à attirer de nombreux admirateurs qui le révèrent sans le comprendre. »[36] Certes, celui-là même qui le reconnut le premier comme le *Mage du Nord*, Friedrich Carl von Moser, confesse à Herder : « J'admire le visionnaire Hamann sans le comprendre. »[37] Ainsi Jacobi également confesse à Hamann : « Je n'ai pas été capable de saisir votre méthode obscure... »[38] Et, ajoutant à l'absurdité, à plusieurs occasions, même Hamann admet qu'il ne se comprend pas lui-même.[39]

Toutefois, comme O'Flaherty l'a fait remarquer, en mettant en exergue l'existence de plusieurs collections d'adages de Hamann, de telles perceptions « doivent immédiatement être comprises sous l'éclairage du fait que, dispersées dans toute sa prose généralement obscure, se trouvent de nombreuses expressions succinctes et épigrammatiques qui méritent d'être mentionnées. »[40] Selon le mot de Jean Paul à Friedrich Schlegel, « J'ai lu une phrase [de Hamann] et l'ai rangée dans un coin, et j'ai assez d'œufs à couver dans ma tête. »[41] Et,

---

[35] Lettre de Lessing à Herder, 25 janvier 1780, *Lessings Briefe* (Berlin et Weimar: Aufbau Verlag, 1967), p. 463.
[36] *Fortsetzung der kritischen Nachrichten vom Zustande des teutschen Parnassus*. Dans *Der Teutsche Merkur*, 18/2 (décembre 1774), pp. 174ss.
[37] ZH IV, p. 480.
[38] ZH VI, pp. 233ss. (17 janvier 1786).
[39] Voir, par exemple, ZH IV, p. 202 (2 juillet 1780); ZH V, p. 358 (11 février 1785); ZH VI, p. 269 (15 février 1786); et ZH VII, p. 157 (22–23 avril 1787).
[40] *JGH*, p. 100.
[41] Jean Paul, *Sämtliche Werke*, édité par Eduard Berend (Berlin: Akademie Verlag, 1952), vol. 6, pp. 258ss.

il est vrai, au milieu de l'épaisse obscurité de son style, l'on trouvera ici et là de nombreux aphorismes magnifiques qui resplendissent, en quelque sorte, dans les ténèbres. Comme Matthias Claudius le remarque, « il s'est drapé dans une robe de minuit, mais les petites étoiles dorées qui brillent ici et là sur cette robe le trahissent et séduisent, de sorte que l'on ne regrette pas l'effort [requis pour le comprendre]. »[42] De même, Mendelssohn émet le conseil suivant aux lecteurs éventuels dans sa recension des *Croisades du Philologue* de Hamann : « Puisque vous pourriez être tentés, contre votre volonté, de jeter ce petit volume étrange et n'aurez pas la patience de chercher le désert pour les lieux véritablement agréables qu'il offre, permettez-moi de charmer votre attention avec quelques exemples. »[43]

Ce n'était pas que Hamann fût incapable d'une prose limpide, ou qu'il trouvât rarement une expression heureuse. Ce qui est certain, c'est l'apparition de quelque chose de nouveau – *novum* – dans l'histoire de la littérature occidentale, car voici un écrivain qui semble défier intentionnellement toute tentative pour le comprendre. Sans prétendre percer le mystère de son style, chose sans doute impossible, nous pouvons au moins risquer une explication de son étrange manière d'écrire.[44] Sous un angle négatif, ce serait un calcul destiné à montrer que la pensée des *Aufklärer* n'est pas aussi lumineuse que ses auteurs ne le croient, et à contraindre ses tenants à admettre leur ignorance pour les rendre plus ouverts à la lumière de la foi qui (selon Hamann) leur manque cruellement. Et c'est aussi très précisément une tentative pour rétablir la distance – abolie par les Lumières – entre la raison et les mystères de la foi – une tentative, en bref, pour sauvegarder ces derniers *en tant que* mystères, car ils empêchent toute réduction à la « seule raison. » Sous un angle positif, ce serait un lien entre les écrits difficiles de Hamann et un style dépeint comme volontairement « sublime » – visant à faire émerger la lumière de

---

[42] Matthias Claudius, *Sämtliche Werke* (Munich: Winkler Verlag, 1968), p. 23.
[43] Moses Mendelssohn, "Rezensionsartikel in *Briefe, die neueste Literatur betreffend* (1759–1765), édité par Eva J. Engel, dans *Gesammelte Schriften: Jubiläumsausgabe*, vol. 5/1 (Stuttgart-Bad Cannstatt: Friedrich Frommann Verlag, 1991), p. 559.
[44] Pour plus de précisions sur le style de Hamann, voir spécialement l'introduction d'O'Flaherty aux *SM*, pp. 61–85.

l'obscurité – et qui impressionne dans la mesure même où vous avez d'abord éprouvé une douleur équivalente dans l'interprétation.[45] Comme l'explique Goethe,

> Dans le but de réaliser l'impossible, il prend tous les éléments; les perceptions les plus profondes, les plus mystérieuses, où la nature et l'esprit se rencontrent en secret, des éclats éclairants de compréhension pleins d'illumination, qui rayonnent d'une telle rencontre, des images chargées de signification suspendues dans ces régions, des adages provocateurs provenant d'auteurs sacrés et profanes, et tout ce qui pourrait encore être ajouté au sens de l'humour – tout cela constitue la magnifique totalité de son style, ses communications.[46]

Il est clair que Goethe était fasciné par le syle éclairant de Hamann; et, étant donné des expressions comme « des éclairs lumineux de compréhension, » il suggère fortement que sa lecture était une espèce d'expérience « sublime. »[47] Mais ce qu'il percevait également, c'est que les paroles oraculaires de Hamann reçues «d'en haut,» en quelque sorte, tendent à aller de pair avec un sens de l'humour terre-à-terre notoire, ce qui appelle d'autant plus une considération de l'œuvre de Hamann. En effet, ce qui rend le style de Hamann encore plus original est sa tendance au bathos, c'est-à-dire sa tendance, précisément aux moments les plus sublimes de ses textes, à céder au comique, au trivial, au ridicule ou même à l'obscène, marquant par là une «interruption dans le style» ou *Stilbruch*.[48] D'un côté, cela semblerait

---

[45] Dans une certaine mesure, c'est aussi un style intentionnellement parabolique qui, à dessein, tient à distance le lecteur vain, hostile ou sinon préoccupé, mais recueille un retour inespéré de la part de ceux qui sont correctement disposés à écouter le message qu'il contient (cf. Marc 4:1–20).
[46] Goethe, *Dichtung und Wahrheit*, livre XII, dans *Werke*, 14 volumes, édité par E. Trunz (Hambourg: Christian Wegner Verlag, 1961), vol. 9, p. 515.
[47] Cf. N II, p. 208, où Hamann parle d'« éclairs monosyllabiques,» comme si la sublime vocation de la poésie était de les produire.
[48] Comme O'Flaherty l'exprime dans *SM*, p. 78 : « Plus le concept est élevé... plus il semble trouver ses délices à le juxtaposer avec ce qui est bas, excentrique ou même trivial. Par exemple, quand il réfère à la naissance virginale de Christ, il invoque un

contredire l'affirmation selon laquelle Hamann cherchait à atteindre une sorte de «style sublime.» Car, se demandera-t-on, qu'est-ce que le sublime, l'élevé a à voir avec le trivial et ce qui est élémentaire? D'un autre côté, cependant, comme nous le verrons, Hamann se contente simplement de suivre un précédent théologique. Il est certain que nous n'avons plus affaire ici avec la conception classique du sublime, comme dans Longine. Avec Hamann, il s'agit plutôt d'un style spécifiquement chrétien – un «style» qu'il trouvait caractéristique du Dieu trine dans l'économie du salut, un «style» dans lequel «le plus élevé» apparaît de manière choquante avec «le plus bas,» l'offensif et même le méprisable, au point de paraître interchangeable avec ce dernier.[49]

Certes, les explications précédentes, qui suggèrent qu'il existe une «logique» cachée dans le style de Hamann, n'allègeront pas la frustration inévitable de le lire et d'essayer de le comprendre. Comme Jean Paul nous le rappelle, «le grand Haman est un vaste ciel rempli d'étoiles téléscopiques, avec de nombreuses nébuleuses qu'aucun œil n'apercevra.»[50] Ou, comme Friedich Schlegel l'a observé de manière similaire, «avec sa profondeur divinatoire, il se distingue au milieu de la littérature de son époque, pour laquelle son orientation religieuse particulière était d'emblée aliénante et d'autant plus inaccessible, étant donné que ses feuilles sibyllines et ses pressentiments hiéroglyphiques sont d'autant plus voilés dans le sombre vêtement des allusions symboliques.»[51] Goethe aussi était profondément conscient des défis

---

médecin charlatan anglais qui avait proposé une théorie absurde de la naissance virginale.» Voir N II, p. 75. Cf. N II, p. 213, où, immédiatement après avoir cité la traduction par Luther du *Te Deum*, « Ô Roi de gloire, *Seigneur Jésus-Christ* ! Tu es le *Fils* éternel de *Dieu le Père*, » Hamann dit : « L'on prononcerait un jugement blasphématoire, si l'on blâmait nos spirituels sophistes d'être des diables stupides, qui estiment le Législateur des Juifs autant que la *tête d'un âne*, et les proverbes de leur maîtres compositeurs autant que des *excréments d'une colombe.*»
[49] Ainsi, compris dans de tels termes, à la suite de la compréhension qu'avait Luther du *sub contrario*, le style de Hamann reflète le style choquant, rationnellement incompréhensible d'un Dieu qui est devenu non seulement chair, mais péché même (voir Jean 1:14; 2 Corinthiens 5:21).
[50] Paul, *Vorschule der Ästhetik* I, §14; *Sämtliche Werke*, volume 4, p. 220.
[51] Friedrich Schlegel, "Geschichte der alten und neuen Literatur," dans Hans Eichner

herméneutiques posés par chacune des publications de Hamann, qui requièrent de complètement « renoncer à ce qui est ordinairement appelé compréhension » :

> Si maintenant l'on n'est pas capable de l'approcher dans les profondeurs, ni de se promener avec lui dans les hauteurs, ni de saisir les images qu'il a en tête, ni de découvrir, à partir d'un éventail de littérature infini, le sens exact d'une référence à laquelle il fait simplement allusion, les choses ne font que devenir encore plus brumeuses et plus sombres autour de nous à mesure que nous l'étudions; et avec les années, ces ténèbres continueront de croître, parce que ses allusions pointaient, à un degré exceptionnel, vers les circonstances spécifiques qui prévalaient dans la vie et la littérature de l'époque. Dans ma collection, j'ai quelques pages de texte imprimées dans lesquelles, de sa propre plume, il citait les passages auxquels ses allusions référaient. Une fois consultés, elles émettent tout à nouveau une double lumière, qui paraît très agréable, bien que l'on doive renoncer complètement à ce qui est ordinairement appelé compréhension. Pour cette raison, de telles feuilles méritent d'être appelées sibyllines, parce qu'il est impossible de les traiter en et par elles-mêmes, mais que l'occasion où l'on pourrait, par hasard, recourir à leurs oracles doit être attendue.[52]

Malgré cela, les grands esprits de l'époque ont, tout comme Goethe, reconnu dans le style de Hamann l'expression du génie, et non les délires d'un exalté. En accord avec les effets sublimes recherchés par Hamann, la nuit de l'ignorance a été traversée d'éclairs de d'intelligibilité qui ont donné lieu à un degré correspondant de plaisir au cœur même de la souffrance de l'interprétation.[53] Goethe s'en faisait le témoin : « Chaque lecture de Hamann apporte quelque chose de nouveau, car le sens de chaque passage nous touche et nous stimule de

---

(éditeur), *Kritische Neuausgabe* (Munich: Verlag Ferdinand Schöningh, 1961), vol. 6, p. 378.
[52] Goethe, *Dichtung und Wahrheit*, vol. 9, p. 515.
[53] Cf. N II, p. 208, où Hamann parle d'« éclairs monosyllabiques, » comme si la sublime vocation de la poésie était de les produire.

INTRODUCTION

mille manières.»⁵⁴ Ils appréciaient aussi l'ironie d'une inspiration magique (sic) - ses efforts pour faire jaillir la lumière de l'obscurité - dans un siècle où les « lumières » étaient marquées au coin de la facilité et de la prétention. Goethe fait observer en référence à l'une des maximes de Hamann que : « La clarté consiste en une juste distribution de lumière et d'ombre, » et il ajoute : « Notez-le bien ! »⁵⁵

Nous le voyons, la célèbre « obscurité » de Hamann recèle quelque chose qui n'a rien à voir avec une incapacité d'écrire de façon compréhensible. En premier lieu, elle s'éloigne consciemment des normes littéraires du néo-classicisme français (d'où son importance pour Goethe et le mouvement *Sturm und Drang*). En second lieu, la nature prophétique de son style et le plaisir ressenti dans la «souffrance» qu'il engendre devraient s'inscrire dans le contexte d'un intérêt général à cette époque pour le sublime considéré comme cadre littéraire, et ce dès la traduction par Nicolas Boileau du *Peri Hypsous* de Longine, paru en 1672. De fait, étant donné la familiarité de Hamann avec Longine et Lowth – *Lectures on the Sacred Poetry of the Hebrews* (1753) – qui insistent sur le cactère sublime de la poésie hébraïque, Hamann fut logiquement le premier à introduire à dessein dans la littérature allemande un «style sublime» caractérisé, à l'instar de la poésie hébraïque, par des thèmes nobles, une prolifération de figures symboliques, des allusions au fantasmagorique, le mystère, la concision et la véhémence dans l'expression.⁵⁶ En conséquence, la qualité sublime de son style doit en dernière instance être admise comme une fonction de son imitation de la Parole de Dieu, cette *lumière* qui «brille dans l'*obscurité*» (Jean 1:5), «la parole *prophétique* qui brille dans un lieu *obscur*» (2 Pierre 1:19). Ainsi, afin d'écarter les voiles de son style et avoir accès à son logos intérieur, il importe de sonder les profondeurs du style divin du Logos dont le sien est une imitation. Le style divin tend en effet à provoquer son auditoire (Jean 6:60), à défier la compréhension rationnelle (1 Corinthiens 1:18ss), car

---

⁵⁴ Goethe, *Dichtung und Wahrheit,* dans *Werke*, volume 9, p. 515.
⁵⁵ Goethe, *Maximen und Reflexionen*, dans *Werke*, volume 12, p. 412; voir ZH VI, p. 235.
⁵⁶ Pour plus d'informations sur la connexion Hamann–Lowth, l'on se reportera au Chapitre 5.

il s'enveloppe d'une mystérieuse forme parabolique, mais devient intelligible à ceux qui sont disposés à l'accueillir et à le suivre de très près (Matthieu 13:10ss), tels les disciples, et qui savent discerner «sous les déguisements,» selon ses propres termes, les rayons de la gloire céleste.»[57]

UNE BRÈVE HISTOIRE DE L'ÉRUDITION

Les amis de Hamann, notamment Herder, Jacobi, Hippel, Kraus et également Goethe, s'efforcèrent de publier une édition complète de ses œuvres vers la fin de sa vie. Mais leurs efforts se confrontèrent à des difficultés, dont la première était de savoir comment contourner l'humilité de Hamann qui résistait à cette idée, sans mentionner ses réponses pleines d'humour et rebutantes à leurs propositions. Par exemple, lorsque Herder lui demanda son avis sur la question, Hamann lui suggéra d'appeler la maison d'édition « Les charlataneries d'un hammam » (*Saalbadereien*), et le premier volume, « Première petite cuvette » (*Erstes Wannchen*).[58] Il va sans dire que Herder rejeta ces suggestions.[59] Que Hamann ait émis ces suggestions en plaisantant ou non (il y a de bonnes raisons de croire qu'il était très sérieux), il réalisait que ses propres écrits étaient peut-être trop difficiles pour mériter d'être publiés; qu'il n'écrivait jamais pour le public de toute façon, excepté ironiquement, ayant écrit pour les lecteurs individuels qui «savaient nager» (en référence à son style «archipèlagique»); et qu'une édition rassemblant de telles «feuilles volantes» et occasionnelles était presque, en elle-même, une contradiction dans les termes.[60]

Les amis et admirateurs de Hamann qui avaient toujours l'intention d'éditer ses écrits après sa mort n'ignoraient pas ces difficultés. Ils étaient eux-mêmes bien conscients des sérieux défis herméneutiques auxquels tout lectorat futur aurait à faire face. Comme nous l'avons vu, ils réalisaient aussi que le caractère

---

[57] N II, p. 171.
[58] ZH V, p. 204. Plus de détails sur la signification de ces titres sont donnés au Chapitre 10.
[59] ZH V, p. 248.
[60] Voir N II, p. 61.

INTRODUCTION

notoirement obscur de son style, dans lequel ils éprouvaient eux-mêmes beaucoup de difficultés à pénétrer, ne ferait que s'épaissir avec le temps. Cela rendait d'autant plus pressante la question de savoir si une quelconque édition pourrait être publiée sans un commentaire approfondi – sans parler de la question de savoir qui l'on pourrait trouver et persuader pour entreprendre une tâche aussi herculéenne.

Dans le même temps, certaines des plus brillantes lumières d'Allemagne s'impatientaient de plus en plus de ne voir paraître aucune édition. Jean Paul se plaignait de ce que Hamann restait « un grand sphinx, comme l'Egyptien, à demi enterré dans le sable.»[61] Ainsi, en 1804, il aborda le sujet avec insistance avec Jacobi, lui demandant : «Qu'adviendra-t-il de Hamann? [C'est-à-dire de la publication de ses œuvres] – Dîtes quelque chose de clair! Je peux supporter de voir toutes choses mourir – car elles reviendront – mais pas un génie.»[62] De la même façon, en 1807, Schelling remercia Jacobi de lui avoir fait connaître «les écrits de cet esprit puissant et original» [*urkräftigen Geistes*], l'encourageant soit à publier lui-même les écrits de Hamann, soit au moins à continuer de promouvoir leur publication par le bouche-à-oreille.[63] Vers la fin de l'année 1812, néanmoins, il n'y avait toujours pas d'édition, et ne désirant pas que Hamann tombât plus profondément dans l'oubli, Friedrich Schlegel écrivit à Jacobi pour lui demander une sélection d'écrits de Hamann qu'il voulait publier dans son journal *Deutsches Museum*. En réponse, Jacobi lui envoya l'œuvre confessionnelle de Hamann à ses débuts, *Biblische Betrachtungen*, que Schlegel publia alors avec l'introduction suivante, dans laquelle il expliquait à ses lecteurs pourquoi quelqu'un d'aussi profond que Hamann pouvait, malheureusement, continuer d'être si obscur :

> Hamann est moins célèbre que [Lessing and Lavater]. Les gloires d'être auteur le laissaient absolument impassibles. Entièrement préoccupé uniquement de chercher et de découvrir la vérité et la vraie

---

[61] Jean Paul, *Sämtliche Werke*, volume 3, 4, p. 45 (2 janvier 1801).
[62] Jean Paul, *Sämtliche Werke*, volume 3, p. 274 (lettre du 30 janvier 1804).
[63] F. W. J. Schelling, *Sämtliche Werke*, édité par K. F. A. Schelling (Stuttgart et Augsbourg: J. G. Cotta'scher Verlag, 1856–61), I, volume 7, p. 293.

sagesse, il communiquait ce que son esprit perspicace avait sondé et trouvé, écrivant la plupart du temps de manière anonyme dans des tracts humoristiques individuels, comme dans des feuilles sybillines dispersées, qui ici et là semblaient obscurs en raison de la plénitude de son érudition et de son intelligence, et de leur profonde signification... Pour cette raison, seul un très petit nombre était capable de comprendre et de saisir la valeur de l'esprit de Hamann. Ses écrits sont restés en partie inconnus, et une collection complète est une chose rare en littérature. Ces dernières années, cependant, le souhait a été exprimé de voir paraître une nouvelle édition de ses œuvres. Pourtant, il est difficile de croire que de tels efforts spéciaux doivent être requis pour Hamann...; pour un auteur, qui était peut-être le plus original, et sans conteste l'un des plus profonds et érudits que le XVIIIe siècle ait produit en Allemagne! – Mais l'on connaît le flot de la littérature allemande et ce qui l'entraîne; comment les choses légères flottent en surface et comment les choses les meilleures et les plus nobles sont oubliées si facilement et repoussées dans le vortex de l'insouciance générale.[64]

La décision de publier des extraits sélectionnés du *Biblische Betrachtungen* de Hamann, qui constitue l'œuvre la plus conséquente parmi les « Ecrits de Londres » de Hamann, était un choix prudent, puisqu'elle contient le cœur de sa vision théologique; contrairement aux écrits plus tardifs de Hamann, elle a aussi l'avantage d'être écrite dans une prose claire et accessible. Il est certain que c'était un début modeste, mais des avancées significatives allaient bientôt suivre. En 1816, un ami de Jacobi et membre de l'Académie des sciences, Friedrich Roth, publia une édition en deux volumes de sélections tirées des Ecrits de Londres, intitulée *Johann Georg Hamanns Betrachtungen über die Heilige Schrift* [Les méditations de Johann Georg Hamann sur les Saintes Ecritures]. Trois années plus tard, en 1819, Friedrich Cramer publia un recueil d'aphorismes intitulé *Sibyllinische Blätter des Magus in Norden (Johann Georg Hamann's), Nebst mehrern Beilagen*. Cependant, le tournant décisif

---

[64] Friedrich Schlegel, « Hamann als Philosoph, » *Deutsches Museum III* (1813), pp. 33–52.

des événements eut lieu avec la première édition de Roth, *Hamanns Schriften*, qui parut en sept volumes entre 1821 et 1827 et incluait une sélection modeste de la correspondance de Hamann.[65] Les écrits de Hamann étaient enfin disponibles au public; et l'on peut appréhender une partie de la signification intellectuelle et culturelle de cet accomplissement en considérant le fait que la première édition bénéficia de la recension substantielle en deux parties de nul autre que Hegel qui rédigea approximativement soixante-quinze pages qui marquèrent le début, à proprement parler, des études académiques sur Hamann.[66]

La disparition de Hegel en 1831 et de Goethe en 1832 marqua la fin de la grande période classique et philosophique de l'Allemagne, et le testament philosophique et littéraire de Haman fut à nouveau menacé de tomber dans l'oubli. Moins de dix ans plus tard cependant, Hamann se signala à l'attention de Kierkegaard (peut-être par le travail de révision de Hegel) dont le journal, surtout entre 1836 et 1837, contient nombre de références à Hamann qui servait de modèle à sa propre philosophie religieuse et à ses expériences d'humoriste.[67] Kierkegaard voue dans toute son œuvre une plus grande admiration à Hamann qu'à tout autre auteur moderne, non seulement pour «sa profonde sensibilité et son énorme génie» ou pour le fait qu'il soit «le plus grand humoriste de la chrétienté,» c'est-à-dire «le plus grand humoriste du monde,» mais aussi pour la richesse de sa personnalité qu'il décrivait avec admiration comme «l'*hyperbole* de toute la vie.»[68] L'admiration de penseurs aussi différents que Hegel et Kierkegaard (qui représentent précisément, à bien des égards, la même différence qu'entre les deux disciples de Hamann qu'étaient Herder et Jacobi)

---

[65] *Hamanns Schriften*, 7 volumes. (Berlin: Reimer, 1821–7). Le huitième et dernier volume, édité par G. A. Wiener, contenant une annexe et une concordance, ne parut pas avant 1842.
[66] Hegel, « Hamanns Schriften, » pp. 275–352. La critique de Hegel est traitée dans Stephen N. Dunning, *The Tongues of Men: Hegel and Hamann on Religious Language and History* (Missoula, Montana: Scholars Press, 1979), spécialement pp. 103–136.
[67] Voir John R. Betz, «Hamann before Kierkegaard: a systematic theological oversight, » *Pro Ecclesia* 16 (été 2007), pp. 299–333.
[68] *JP* II 1681 (n.d., 1837), (*Pap.* II A 75); II 1543 (n.d., 1837), (*Pap.* II A 623).

pour Hamann est en soi assez remarquable. Le plus extraordinaire est cependant que chacun d'eux – Herder, Jacobi, Goethe, Schelling, Hegel et Kierkegaard – s'est revendiqué comme l'héritier ou l'interprète final de Hamman, à croire que leurs lettres de créance littéraires, philosophiques ou spirituelles en dépendaient. Telle est l'obscure et puissante influence, plus ressentie que visible – à l'image d'un trou noir opérant derrière ou entre les étoiles familières – qui le révèle en creux, *ex negativo*, comme l'un des mystérieux et obscurs centres de gravité de la vie intellectuelle de son temps.

Cependant, si Hamann reste aujourd'hui encore une figure obscure, cela se comprend aisément. La première raison en est qu'il échappe à toute classification précise : Est-il un philosophe ? Un théologien ? Un prophète ? Un humoriste ? Un homme de lettres, un critique littéraire ? Ou le tout à la fois ? En se situant ainsi à la marge de toutes les disciplines, il n'est en général intégré par aucune. Par ailleurs, l'intention même de Hamann n'est pas d'écrire pour le public ou de se faire un nom, car l'histoire de Babel ne lui est que trop familière.[69] En troisième lieu, nous l'avons vu, il doit largement cette méconnaissance de sa personne par le public à une production irrégulière et très sophistiquée qui même à son époque passait pour la quintessence de «l'obscur et du déroutant» (selon l'expression de Mendelssohn), et donc d'autant plus difficile – sinon impossible – à comprendre aujourd'hui.

Tout cela n'a pas empêché les citations de Hamann dans des ouvrages de référence et d'étude où il est diversement décrit comme un

---

[69] Voir l'observation attentive de Kierkegaard, *JP* II 1700 (n.d., 1837) : « Maintenant je perçois pourquoi l'humour véritable ne peut être saisi dans un roman comme l'ironie le peut, et pourquoi il cesse par là d'être un concept de vie, simplement parce que ne pas écrire fait partie de la nature du concept même, puisque cela trahirait une position trop conciliante envers le monde (ce qui est la raison pour laquelle Hamann remarque quelque part qu'il n'y a fondamentalement rien de plus ridicule que d'écrire pour les gens). Tout comme Socrate n'a laissé aucun livre, Hamann n'a laissa que le nombre de livres rendus nécessaires par la rage qu'éprouve la période moderne contre l'écriture, et, qui est plus, que des ouvrages occasionnels»; cf. *JP* II 1701 (n.d.) : « Car comment Hamann aurait-il pu jamais penser à publier l'ensemble complet de ses œuvres – lui qui, en accord complet avec Pilate, à qui il a déclaré qu'il était le plus grand philosophe, a dit : 'Ce que j'ai écrit, je l'ai écrit.'"

pré-romantique,[70] un précurseur de Herder (ou peut-être de Schleiermacher),[71] un « dogmaticien fantaisiste, »[72] un précurseur de la théologie dialectique,[73] et à l'occasion un mystique.[74] Si certaines de ces classifications sont plus ou moins exactes, d'autres peuvent induire en erreur. Le lien entre Hamann et Schleiermacher réclamererait par exemple une définition immédiate, car pour Hamann la foi reste du domaine du créé – un effet de la Parole (*fides creatura verbi*), dans la ligne de Romains 10:17, et non l'inverse (*verbum creatura fidei*).[75] La catégorie la plus trompeuse de toutes reste assurément, comme il en a été touché mot plus haut, celle d'Isaac Berlin qui voit en Hamann un «irrationaliste,» voire même le «fondateur de l'irrationnalisme moderne.»

Car si Isaac Berlin est un historien des idées de très grande valeur, sa classification est extrêmement loin du compte – ou alors il faudrait considérer non seulement Hegel comme irrationnel en raison de sa critique des Lumières, mais aussi Schelling et Kierkegaard pour avoir attaqué le rationalisme particulier de Hegel, ou Wittgenstein qui a critiqué le positivisme de George Edward Moore; sauf à admettre, évidemment, que la rationalité d'une époque donnée – ici, le rationnel laïque des Lumières – constitue une autorité à ce point évidente en soi, à ce point universelle qu'elle échappe totalement au questionnement et à la critique. D'où l'importance de réaffirmer que chez Hamann, le

---

[70] Voir, par exemple, les études classiques de M. H. Abrams, *The Mirror and the Lamp: Romantic Theory and the Critical Tradition* (New York: Norton, 1958) et *Natural Supernaturalism: Tradition and Revolution in Romantic Literature* (New York: Norton, 1971). Voir aussi Isaiah Berlin, *The Roots of Romanticism*, édité par Henry Hardy (Princeton, New Jersey: Princeton University Press, 1999).
[71] Wilhelm Dilthey, «Vom Aufgang des geschichtlichen Bewusstseins. Jugendaufsätze und Erinnerungen," dans *Gesammelte Schriften* (Leipzig et Berlin: B. G. Teubner, 1936), vol. 11, pp. 1–39.
[72] Karl Barth, *Kirchliche Dogmatik* (Zurich: Theologischer Verlag, 1986), I/1, p. 294.
[73] Voir, par exemple, H. E. Weber « Zwei Propheten des Irrationalismus: Joh. G. Hamann and S. Kierkegaard als Bahnbrecher der Theologie des Christusglaubens, » *Luthertum* [*Neue Kirchliche Zeitschrift*] 28 (1917), pp. 23–58, 77–125.
[74] Telle était l'opinion, par exemple, de Ludwig Giesebrecht. Voir *HH* VII, p. 40.
[75] En ce qui concerne la différence entre Luther et Schleiermacher à cet égard, voir Oswald Bayer, *Autorität und Kritik* (Tübingen: Mohr-Siebeck, 1991), pp. 156–168.

vitriol occasionnel de la rhétorique n'est jamais dirigé contre la raison en elle-même, considérée par lui comme un don de Dieu, mais contre un usage idolâtre qui en transgresse les limites naturelles, quand, par exemple, elle empiète sur les mystères de la foi ou cherche à les réduire à la sphère du rationnel. Il est certain que, dans la défense des mystères de la Trinité, de Christ et des Ecritures, Hamann penchait vers le fidéisme (en pleine période des Lumières, tout écrivain chrétien tendait à marquer la *différence* entre foi et raison), mais il affirme néanmoins, en accord avec la quasi totalité de la tradition chrétienne, que «la *foi* a besoin de la *raison,* tout comme la raison a besoin de la foi.»[76] Il est d'ailleurs possible de déclarer avec Oswald Bayer que Hamann était *plus* rationnel que ses contemporains, une sorte de «penseur radical des Lumières» («radical *Aufklärer*») car, en la matière, il *dépassait* Kant en soumettant la raison à un examen *métacritique*. Il dévoilait, ce faisant, les présupposés – les « articles de foi » – latents mais niés par tout rationalisme a priori dogmatique, et ce quels que fussent leur criante évidence ou leur prétendu raffinement transcendental. Hamann signalait en particulier ce que les Lumières ignoraient presque, savoir les contingences historiques et les « impuretés » du langage et de la métaphore qui pénètrent toute pensée supposée «pure.» A cet égard, j'estime que la « déconstruction » postmoderne ne fait que prolonger la métacritique introduite par Hamann il y a deux siècles, avec cette différence – majeure – que la métaphysique déconstructive de Hamann se situe dans une perspective *téléologique*. L'abaissement de la raison autonome et de tous les systèmes de pensée orgueilleux (dans le sens de 2 Corinthiens 10:5) n'a pas pour but de plonger la raison dans le désespoir, mais de la préparer à la foi en la sauvant du suicide théorique, avec un objectif final qui ne peut être que *donné*. C'est avec la conscience du nihilisme auquel la raison laïque aboutirait si elle était livrée à ses propres ressources que Hamann a souhaité accélérer sa dissolution, mais de manière surtout à lui faire plus radicalement appréhender ses propres limites; ainsi la raison pouvait-elle, en quelque sorte, naître de nouveau, tout ensemble par l'humble acceptation de la lumière de la foi et par une sensibilisation qui rend vivante son admission dans la

---

[76] *ZH* VII, p. 165.

révélation. Rien de tout cela ne fait de Hamann un « irrationnaliste » (à moins d'être un partisan du dogme laïque, heureux de maintenir des illusions théoriques à propos de la raison autonome pour des motifs de politique laïque).

L'aspect le plus provocant et le plus contestable de la thèse de Berlin tient cependant au fait qu'il voit en Hamann «la source oubliée d'un mouvement qui a fini par engloutir toute la culture européenne.» Autrement dit, Hamann, fondateur de l'irrationalisme moderne, aurait inauguré un enchaînement de causalités qui a culminé dans les atrocités du nazisme.[77] S'il s'agit bien du même Hamann, à ne pas confondre avec *Haman*, personnage du Livre d'Esther, il faut savoir que c'était un ami du philosophe juif Moses Mendelssohn; qu'il a dénoncé la persécution des Juifs;[78] appelé le judaïsme «la mère biologique du christianisme évangélique,»[79] et passionnément défendu l'élection d'Israël contre l'antisémitisme qui, à ses yeux, s'inscrivait dans la religion naturelle *des Lumières*. Il existait, à n'en pas douter, un côté *Blut und Boden*, une touche du ténébreux irrationalisme propre au romantisme allemand dans les rassemblements aux flambeaux des Nazis à Nuremberg; et peut-être l'insistance de Hamann sur les affects et les passions en rupture avec la norme esthétique du rationalisme a t-elle une *lointaine* connexion avec cela. Mais la «solution finale,» ne l'oublions pas, était un calcul *rationnel*, opéré de sang-froid, un *syllogisme* démoniaque d'une catégorie que Hamann stigmatise ainsi : « Ramper sur son ventre ou marcher à quatre pattes.»[80] En d'autres termes, les horreurs du nazisme peuvent tout aussi bien être imputées, dans le cadre d'une autre généalogie, à la *politique arithmétique* du philosophe Berlin, bureaucratique et impersonnelle, et passionnément dénoncée par Hamann, sans parler de l'émergence de la laïcité moderne elle-même.

Ces erreurs d'interprétation ont, fort heureusement, été corrigées,

---

[77] Isaiah Berlin, « The Magus of the North, » *New York Review of Books* (21 octobre 1993), p. 64.
[78] Voir, par exemple, N I, p. 319 : «Jésus a-t-Il cessé d'être le roi des Juifs? L'inscription sur sa croix a-t-elle été changée? Ne persécutons-nous pas dans son peuple?»
[79] N III, pp. 356ss.
[80] N III, p. 218.

car dès le milieu du XXe siècle la recherche a été relancée tout d'abord avec l'édition critique en six volumes de Josef Nadler (1949-57), un commentaire ambitieux mais incomplet en cinq volumes (1956-63) et les premières études et traductions de Hamann en anglais par Walter Lowrie, Ronald Gregor Smith, William Alexander et surtout James C. O'Flaherty.[81] Cettte renaissance s'est poursuivie en Allemagne sous la bannière du spécialiste de théologie systématique Oswald Bayer de l'Université de Tübingen; après une monographie intitulée *Zeitgenosse im Widerspruch* (1988), il a produit plusieurs commentaires et éditions nouvelles, dont une des premiers écrits de Hamann, les *Londoner Schriften* (1993), et plus récemment une édition des ouvrages de métacritique sur la philosophie kantienne, parue en 2002 sous le titre *Vernunft ist Sprache: Hamanns Metakritik Kants*[82] Depuis les années 1990, Hamann a connu un regain d'intérêt en Grande-Bretagne et aux Etats-Unis, grâce aux théologiens John Milkbank, Catherine Pickstock et Graham Ward, qui (avec Jacobi) ont découvert en Hamann une source unique d'«orthodoxie radicale.»[83]

---

[81] Parmi les ouvrages en anglais, voir Walter Lowrie, *Johann Georg Hamann: An Existentialist* (Princeton, New Jersey: Princeton Theological Seminary Press, 1950); Ronald Gregor Smith, *Johann Georg Hamann: A Study in Christian Existence, With Selections from his Writings* (Londres: Collins, 1960); W. M. Alexander, *Johann Georg Hamann: Philosophy and Faith* (La Hague: Martinus Nijhoff, 1966); James C. O'Flaherty, *Unity and Language: A Study in the Philosophy of Johann Georg Hamann* (Chapel Hill: University of North Carolina Press, 1952), *Hamann's Socratic Memorabilia: A Translation and Commentary* (Baltimore: Johns Hopkins University Press, 1967), *Johann Georg Hamann* (Boston: Twayne, 1979), qui est à ce jour la meilleure introduction succincte à la pensée de Hamann; et *The Quarrel of Reason with Itself: Essays on Hamann, Michaelis, Lessing, Nietzsche* (Columbia, Caroline du Sud: Camden House, 1988).

[82] Voir Bayer, *Zeitgenosse im Widerspruch;* voir Oswald Bayer et Christian Knudsen, *Kreuz und Kritik: Hamanns Letztes Blatt: Text und Interpretation* (Tübingen: J. C. B. Mohr, 1983); voir Johann Georg Hamann, *Londoner Schriften*, édité par Oswald Bayer et Bernd Weissenborn (Munich: C. H. Beck, 1993); Oswald Bayer, *Vernunft ist Sprache: Hamanns Metakritik Kants* (Stuttgart-Bad Cannstatt: Frommann Holzboog, 2002).

[83] John Milbank, Catherine Pickstock et Graham Ward (éditeurs), *Radical Orthodoxy: A New Theology* (Londres: Routledge, 1999); voir aussi John Milbank, *The Word Made Strange: Theology, Language, Culture* (Oxford: Blackwell, 1997).

L'accès à ses œuvres s'est encore élargi avec la traduction et le commentaire de Gwen Griffith-Dickson, *Hamann's Relational Metacriticism* (1995), et plus récemment la traduction annotée de Kenneth Haynes, *Hamann: Writings on Philosophy and Language* (2007).[84]

HAMANN ET LA THÉOLOGIE MODERNE

L'écrivain chrétien Hamann est assez comparable à une sorte de prophète des temps modernes qu'il peut s'avérer utile de situer dans un contexte théologique plus large. Aux dires de Karl Barth, par exemple, dans l'histoire de la théologie, il fait figure, aux côtés de Luther, de « dogmaticien fantaisiste.»[85] Et il n'est assurément pas un théologien ordinaire. « Je ne suis pas un théologien,» avoue-t-il en se comparant au prophète Amos, «mais un berger qui cultive des sycomores» (Amos 7:14).[86] Il n'est pas davantage un critique littéraire, ni un philosophe, ni un humoriste, car il cumule toutes ces compétences. Ne répondant à aucune classification précise, il est parvenu à échapper à l'attention de presque toutes les disciplines, y compris la théologie.

Pour les théologiens qui ont analysé son œuvre, tel Hans Urs von Balthasar, qui lui consacre tout un chapitre (Hamann est le seul protestant traité) dans son esthétique théologique, *The Glory of the Lord*, cela est très regrettable. Selon le témoignage poignant de Balthasar :

> Au seuil de la modernité, une figure se dresse, unique, plus tragique que nulle autre... Car en elle semblent converger toutes les lignes – les attributs d'un luthérianisme strict, les signes d'une éducation et d'une culture classiques, auxquels s'ajoute une esthétique théologique qui allait les réunir dans un véritable affrontement – mais cela dit, Hamann

---

[84] Gwen Griffith-Dickson, *Hamann's Relational Metacriticism* (Berlin: de Gruyter, 1995) (G-D); Kenneth Haynes, *Hamann: Writings on Philosophy and Language* (Cambridge: Cambridge University Press, 2007).
[85] Karl Barth, *Kirchliche Dogmatik* (Zurich: Theologischer Verlag, 1986), I/1, p. 294.
[86] N II, p. 115.

reste une figure en marge de son temps et l'initiateur d'une pensée qui ne s'est jamais vraiment épanouie.[87]

Von Balthasar poursuit : «Hamann fut le seul à comprendre que le vrai problème était l'élaboration d'une *théorie de la beauté* capable de combler toutes les aspirations de la beauté païenne du monde et d'en donner, dans le même temps, toute la gloire à Dieu en Jésus-Christ.»[88] Et par conséquent, ayant à l'esprit le destin de la théologie moderne, il se plaint : «Avec ce peu de besoins, Hamman aurait pu devenir le mentor et 'l'esprit familier' de l'idéalisme allemand (au lieu de Schleiermacher), ce qui aurait accru d'autant sa réelle influence historique et façonné le climat théologique pour plus d'un siècle.»[89]

Parallèlement au débat possible sur le degré d'influence historique de Hamann, surtout auprès des philosophes post-kantiens,[90] il ne fait aucun doute que, mis à part quelques cercles luthériens, cette influence sur la théologie moderne a été négligeable. La brève et singulière fusion qui caractérisa Hamann (entre une esthétique théologique d'une très haute densité visant à embrasser toute l'histoire humaine, la littérature et la culture, et un christocentrisme sans compromis), cette unité finit par se scinder en deux orientations antithétiques : D'une part, une théologie subjective des émotions et de la culture dans la veine romantique de Schleiermacher, et d'autre part une théologie dialectique, dogmatique, objective, dans la tradition de

---

[87] Hans Urs von Balthasar, *The Glory of the Lord: A Theological Aesthetics*, volume 1: *Seeing the Form* (San Francisco: Ignatius, 1982), p. 80 (traduction révisée).
[88] Ibid., p. 8 1.
[89] von Balthasar, *The Glory of the Lord* (San Francisco: Ignatius, 1985), vol. 3, p. 277.
[90] A l'instar de Frederick Beiser et de John Milbank, je soutiens que son influence sur l'histoire de la philosophie, bien qu'elle ait été relayée de manière obscure, a été, en fait, profonde. Voir John Milbank, "The theological critique of philosophy in Hamann and Jacobi," dans Milbank et al. *Radical Orthodoxy*, p. 23 : «Ce n'est pas ... que Hamann eût pu être, à la place de Schleiermacher, la figure centrale du XIXe siècle, ni que Hamann et Jacobi soient négligés parce que leur influence a été malheureusement faible. Au contraire, ... leur influence a été phénoménale : Souterraine et cachée peut-être, mais objectivement encore identifiable.» Voir aussi Frederick Beiser, *The Fate of Reason: German Philosophy from Kant to Fichte* (Cambridge, Massachusetts: Harvard University Press, 1987), pp. 16–43.

Kierkegaard ou du premier Karl Barth. Si la première orientation emprunte trop au monde, la seconde lui emprunte trop peu, autrement dit trop peu au témoignage analogique de la nature et de l'histoire, jusqu'à réduire la plénitude de la foi chrétienne à ce que Pannenberg nomme « une garantie subjective.»[91] En bref, ce qui fut perdu de vue, c'était une synthèse entre le christocentrisme protestant (avec son côté sentimental et subjectif) et l'universalisme catholique (avec son objectivité et sa vision sacramentelle de la réalité). Et si nous reconsidérons l'esthétique théologique de Hamann, c'est bien cette dernière synthèse que Balthasar réclamait pour sa propre théologie christocentrique et analogique de l'histoire et de la culture.

A la suite du catholique von Balthasar, deux des récupérations théologiques de Hamann ont été le fait du luthérien Oswald Bayer et de l'anglican John Milbank; le modeste retour de Hamann dans la théologie est dû, dans une large mesure, à leurs efforts – chacun ayant orienté vers la récupération d'un aspect particulier de sa pensée. Balthasar, par exemple, permet de redécouvrir l'importance de Hamann pour une esthétique théologique. Bayer, lui, révèle l'importance de sa métacritique de la modernité et sa capacité d'inspirer la théologie luthérienne d'aujourd'hui. Milbank met en lumière sa pertinence comme précurseur d'une « Orthodoxie Radicale» et initiateur d'interactions théologiques avec toutes les formes de la pensée séculière, en particulier ces permutations qui apparaissent dans la philosophie postmoderne (mais en aucun cas post-séculière).

OBJECTIF ET SURVOL

Dans la continuité de cette tradition de la recherche académique

---

[91] En effet, le résultat ironique de la théologie de Barth, dans ses efforts nobles par ailleurs de protéger le christianisme de la critique historique, est que non seulement il a détaché la foi biblique de l'histoire objective, mais a aussi poussé le subjectivisme en théologie vers de nouveaux extrêmes, où la proclamation de l'Evangile est réduite à une « saga, » quelque chose de situé entre histoire et mythologie, et la foi à un pari subjectif. Pour une critique pénétrante de Barth à cet égard, voir Wolfhart Pannenberg, *Wissenschaftstheorie und Theologie* (Frankfort-sur-le-Main: Suhrkamp Verlag, 1973), pp. 266–77.

sur Hamann et dans une recherche de synthèse de ses perspectives importantes et variées, le présent ouvrage se propose d'atteindre deux objectifs. D'une part, il tente de présenter la pertinence de Hamann pour l'histoire de la théologie, et ses vues théologiques sur tout un éventail de thématiques – allant de la création, à l'histoire, en passant par l'exégèse biblique, la Trinité, la relation entre foi et raison, le langage, la poésie, la sexualité humaine, les religions païennes, la relation entre judaïsme et christianisme. D'autre part, étant donné que Hamann a été un penseur hautement attachant et prophétique, qui semble avoir mystérieusement prédit notre propre époque, le présent ouvrage cherche à mettre ses idées sous une lumière contemporaine, notamment en raison de la puissante réponse théologique qu'il offre à la philosophie et la culture modernes et postmodernes. En effet, mon objectif final est de présenter Hamann comme le fondateur, au milieu du Siècle des Lumières, d'une théologie distinctivement postmoderne et postlaïque.

L'obscurité de Hamann dans le monde anglophone et francophone m'amène, cependant, dans cet ouvrage, à présenter une introduction complète de sa vie et de ses écrits – en incluant le traitement de textes comme les Ecrits de Londres et son *Mysterienschriften*, qui sont des éléments fondamentaux de sa vision chrétienne de la réalité, mais n'ont jamais été ou n'ont été que partiellement traduits en anglais ou en français. En conséquence, le présent ouvrage comprend cinq parties; chacune traite d'un nombre d'ouvrages correspondant à une certaine période de sa vie, et s'accompagne d'un chapitre biographique pour les situer dans leur contexte. Ces chapitres sont rendus indispensables d'abord par l'absence de toute biographie substantielle en anglais ou en français, ensuite par le caractère inintelligible de l'œuvre de Hamann en dehors des circonstances qui en rendent compte; et enfin, selon la maxime de Hamann, cettte œuvre ne peut se comprendre qu'au travers de l'homme lui-même, ce qui dans son cas se vérifie à un degré tout à fait exceptionnel.

La Partie I, «La formation d'un Socrate chrétien,» débute par un chapitre sur la conversion de Hamann et sur les démêlés qui s'en suivirent avec Kant. Ensuite, le Chapitre 2 met essentiellement l'accent sur les textes confessionnels de Hamman à partir de 1758, avec en particulier le récit de sa conversion à Londres, d'ou le titre d'«Ecrits de Londres.» Ces textes exposent les raisons fondamentales des publications suivantes, d'où leur importance, car leur inspiration directe, très personnelle et leur *lyrisme privé* plantent le décor en vue d'un futur «fait d'auteur» sur un mode très indirect, à caractère nettement *dramatique et public;* les premiers ouvrent en fait l'accès aux secondes. Le Chapitre 3 aborde la première œuvre majeure : *Socratic Morabilia* (1759), qui peut s'entendre comme le deuxième grand assaut contre les Lumières, après le *Discours sur les Sciences et les Arts* (1750) de Rousseau, et présente surtout une «apologie» de la foi chrétienne devant le tribunal de la raison. Il s'adresse à deux de ses amis – Christoph Berens et Emmanuel Kant – qui essayèrent de «le ramener à son bon sens» et de le détourner de sa nouvelle «passion» pour qu'il soutienne la cause et les idéaux des Lumières. Je termine ce chapitre par une discussion sur deux des prétendues «lettres d'amour» de Hamann à Kant, composées à peu près à la même époque, quand ce dernier a proposé à Hamann de rédiger ensemble un manuel de physique pour enfants. Le projet n'aboutit pas, en raison surtout de l'irrésistible ironie provoquée chez Hamann par cette proposition, et dont il fit part à Kant, de sorte que toute l'affaire est aujourd'hui connue sous le nom de «*The Kinder physik fiasco.*»[92]

La Partie II, «Les Croisades du Philologue,» s'intéresse à une collection de travaux divers (Chapitre 5), avec entre autres le manifeste pré-romantique de Hamann *Aesthetica in nuce* (1762) qui eut une grande influence, et poursuivait sa croisade littéraire contre ses contemporains, en particulier J. D. Michaelis, orientaliste et critique biblique de Göttingen. En résumé, ces écrits exposent «l'esthétique» de Hamann, en relation avec la «perception» de la Parole de Dieu dans la création et l'Ecriture, et dans cette limite précise, ils reprennent le thème original des «Ecrits de Londres.» Ils placent aussi la totalité du concept de critique artistique et litttéraire sous un éclairage ironique, en l'opposant au jugement eschatologique de Christ, l'ultime «critique d'art» *à qui* (Hamann emprunte ici la tournure de Kant, mais en l'inversant) «tous doivent se soumettre.» A propos de thèmes similaires, le Chapitre 6 analyse le prétendu *Herderschriften* de Hamann, rédigé à l'occasion du prix accordé à Herder pour son essai sur l'origine du langage, publié en 1772, et qui est la réponse de Hamann à chaque théorie immanente et autonome du langage proposée par son disciple renégat – du moins sur cette question. A ce titre, ces ouvrages ne se bornent pas à développer l'anthropologie

---

[92] Voir Beiser, *The Fate of Reason,* pp. 32–33.

artistique présentée dans *Aestetica in Nuce,* mais ont, je le prétends, un rôle théologique primordial à jouer face aux thèses postmodernes du langage.

La Partie III concerne les prétendus *Mysterienschriften* de Hamann. Comme ce nom le suggère et en accord avec le caractère sublime du sujet, ces ouvrages tendent à être plus cryptiques et difficiles encore que les autres. Le Chapitre 8 expose, à la suite de l'apôtre Paul, le mystère du mariage comme une préfiguration du double mystère eschatologique et cosmologique de Christ et de son Eglise. Un autre mystère d'une étonnante importance pour Hamann sollicite ici sa pensée : Le mystère de la honte et de ce que la raison considère comme «honteux.» Le Chapitre 9, avec le *Konxompax* au titre étrange, se rapporte plus directement à l'histoire, car Hamann répond, d'une part, à un renouveau d'intérêt pour les religions païennes et, d'autre part, à la popularité de la franc-maçonnerie parmi ses contemporains – dont, il faut le noter, Johann August Starck et Gotthold Ephraïm Lessing. Ces textes soulignent en particulier la différence observée par Hamann entre la représentation plénière du mystère chrétien et l'ultime pauvreté de la religion naturelle et de l'ésotérisme pseudo-religieux des Lumières.

La partie IV englobe, au chapitre 10, un débat à propos du texte *Dévêtement et Transfiguration* où Hamann révèle en dernier ressort la véritable nature et les objectifs de son œuvre d'écrivain. Les chapitres-clés présentent sa tardive métacritique de Kant et de Moses Mendelssohn. D'où l'attrait particulier du Chapitre 11 pour les amateurs de la philosophie kantienne, puisqu'il contient l'analyse – la toute première! – de *La Critique de la Raison pure* (1781) et sa *Metakritik über den Purismum der Vernunft* (1784). Ces critiques très pointues de la philosophie de Kant s'attaquent implicitement à toutes les formes d'idéalisme transcendental. Le Chapitre 12 traite d'un texte de Hamann que Hegel estimait être le plus important de tous. Rédigé la même année que la *Metakritik* et pensé comme son alter ego, *Golgotha and Scheblimini* est essentiellement une mosaïque métacritique de l'ouvrage de Mendelssohn *Jerusalem oder über religiöse Macht und Judentum* publié en 1783. Malgré sa grande estime pour Mendelssohn qu'il ne voulait pas offenser, Hamann craignait beaucoup que sa vision de Jérusalem ne réduise le judaïsme à l'état d'une religion purement naturelle – jusqu'à même confondre Jérusalem avec un état laïque moderne. Aussi s'adresse-t-il à son ami avec la voix d'un prophète, pour l'appeler à retourner au véritable esprit du judaïsme en tant que religion prophétique.

INTRODUCTION

La partie V s'ouvre sur un dernier chapitre biographique concernant les trois dernières années de la vie de Hamann, plus précisément sur les préparatifs d'un voyage à l'intérieur d'un cercle d'intellectuels catholiques et d'admirateurs réunis à Münster autour de la princesse Amalia von Gallitzin. C'est au cours de ces années-là, grâce aux observations d'autres personnes, que nous voyons émerger la vraie stature sprituelle de Hamann, jusqu'alors dissimulée sous de nombreux masques et pseudonymes. Tout se focalise sur un texte écrit peu avant sa mort et destiné à devenir son testament littéraire, ou si l'on veut, sa prétendue «page finale.» Il s'agit opportunément de son ouvrage le plus complexe, un monument cryptique d'une extrême densité, essentiel pour la compréhension de l'auteur chrétien. A partir des autres chapitres, la conclusion «Après la postmodernité : Hamann devant le triumvirat postmoderne» apporte la preuve de ce que Hamann est un penseur qui a diversement anticipé – et de façon surprenante – la philosophie de Nietzsche, de Heidegger et de Derrida, par le biais d'une alternative chrétienne convaincante.

Lors même que le présent ouvrage est conçu comme un tout, avec un développement continu, sa structure autorise à en détacher tel ou tel chapitre au gré d'un intérêt particulier. Par exemple, l'intérêt pour les fondamentaux de Hamann conduit surtout aux chapitres 2 et 9. Le lyrisme des textes analysés au chapitre 2 en fait aussi le plus accessible. Pour ceux qui préfèrent sa pratique luthérienne radicale de Hume ou de sa doctrine de l'ignorance socratique, les chapitres 1 et 3 seront les plus pertinents. Les chapitres 2 et 5 atttireront plutôt les lecteurs intéressés par son esthétique théologique. L'herméneutique biblique comme alternative à des approches simplement rationnelles ou historico-critiques sera étudiée avec profit dans les chapitres 2, 5 et 12. L'étude de Hamann sur le langage poussera le lecteur vers les chapitres 5 et 6; la critique de Kant, vers le chapitre 11; son appréhension du rapport entre judaïsme et christianisme et les possibilités d'un dialogue judéo-chrétien, vers le chapitre 12; enfin, ceux qui veulent connaître sa vie spirituelle, son enseignement et son influence de père spirituel se reporteront au chapitre 13.

AU LENDEMAIN DES LUMIERES

PARTIE I

La formation d'un Socrate chrétien

AU LENDEMAIN DES LUMIERES

1
La vie et les œuvres de Hamann 1731–1788

Ma mère est une paysanne illettrée et moi, comme vous le savez, un sauvage du Nord, sans rime ni raison, qui n'entend rien à la poésie, ni aux syllogismes, ni aux bonnes manières, ni aux maximes.

Hamann à Jacobi[1]

Hamann... Un vrai πᾶν *(mélange) d'harmonie et de discorde, de lumière et d'ombre, de spiritualisme et de matérialisme.*

Schelling[2]

L'inscription sur un poêle de tuiles dans la Taverne de Kold de Fredensborg s'applique parfaitement à Hamann : allicit atque terret (il attire et terrifie en même temps).

Kierkegaard[3]

Hamann naquit le 27 août 1730 en Prusse orientale, dans la ville portuaire de Königsberg (Kalingrad).[4] Son père, Johann Christoph

---

[1] ZH V, p. 463.g
[2] F. W. J. Schelling, *Sämtliche Werke*, édité par K. F. A. Schelling (Stuttgart et Augsbourg: J. G. Cotta'scher Verlag, 1856–61), I, volume 10, p. 171.
[3] *JP* II 1546 (*Pap.* II a, 442) (22 mai 1839).
[4] Le présent chapitre s'appuie sur les sources suivantes : L'autobiographie de Hamann donnée dans *Londoner Schriften*, édité par Oswald Bayer et Bernd Weissenborn (Munich: C. H. Beck, 1993) (*LS*), pp. 313ss; C. H. Gildemeister, *Johann Georg Hamann's des Magus in Norden, Leben und Schriften*, 6 volumes (Gotha: Friedrich Andreas Perthes, 1857–1873); Josef Nadler, *Johann Georg Hamann 1730–1788: Der Zeuge des Corpus mysticum* (Salzbourg: Otto Müller Verlag, 1949) (NB); et James C. O'Flaherty, *Johann Georg Hamann* (Boston: Twayne, 1979) (*JGH*).

61

Hamann, était de Lausitz et exerçait le métier de chirurgien thermaliste dans la vieille ville; sa mère, Maria Magdalena Nuppenau, native de Lübeck, était une femme pieuse, de faible constitution. L'aîné des deux fils fut prénommé Hamann comme son oncle paternel, Johann Georg (1697-1733), écrivain d'un certain renom dû à un dictionnaire poétique, réédité encore en 1765, dans la foulée d'un roman baroque populaire, et à une collection de cantiques dont certains furent mis en musique par Georg Philipp Telemann et l'un d'eux par Georg Friedrich Händel.

Elevé, de façon assez prophétique, dans la vieille cité thermale, rue du Saint-Esprit, Hamann évoque avec bonheur et beaucoup d'émotion son enfance et ses parents. Dans un extrait daté de 1778, *Apologie meines Cretinen,* il raconte qu'un certain chancelier avait demandé à son père s'il ne désirait pas recevoir le titre de docteur ou de conseiller, ce à quoi son père avait répondu : « Votre excellence, j'ai déjà un titre... il y a quelques semaines, j'ai été le principal porteur du drap funéraire pour l'enterrement de mon beau-frère, et les gens criaient derrière moi : 'voilà *le chirurgien de la vieille ville!*' Il y a quelques jours, je suivais le convoi funèbre de l'un de mes patients et autour de moi des gens disaient : 'Voilà *le chirurgien de la vieille ville!*' Que ce soit en tête ou à l'arrière, je suis toujours 'le chirurgien de la vieille ville,' et je souhaite donc vivre et mourir comme tel. »[5]

L'humilité de son père, son métier et surtout sa baignoire de thérapeute firent une profonde impression sur Hamann. « Ne vous étonnez pas si cette baignoire dont l'impartialité fut un jour chantée par un poète est aussi sacrée (pour moi) que l'art des sage-femmes de Phainarethe... l'était pour Sophronicus » (c'est-à-dire Socrate).[6] Des années plus tard, il fait observer à Jacobi qu'il vénère la baignoire paternelle comme Socrate vénérait le siège de sage-femme de sa mère, et ajoute quelques lignes d'un poème grec choisies un temps comme épitaphe : « Celui qui baigne... baigne toujours / Le pire ou le meilleur des hommes / Dans la même baignoire. »[7] Ces remarques

---

[5] N III, p. 324. Le titre de ce texte réfère au petit frère de Hamann, qui souffrait de maladie mentale et en mourut prématurément.
[6] N III, p. 324.
[7] ZH V, p. 331.

apparemment d'importance mineure sont cependant hautement significatives pour comprendre l'auteur; car c'est ainsi qu'il envisageait sa propre vocation de Socrate chrétien; il concevait sa production littéraire comme des « baignoires métacritiques » dans lesquelles il voulait laver les pieds des hommes de son temps (cf. Jean 13:5).

LA FABRICATION D'UN PHILOLOGUE

Malgré la condition modeste des parents de Hamann, ils firent tous leurs efforts pour lui donner une instruction; il eut des maîtres dès son plus jeune âge, en particulier pour l'étude des langues dont le grec, le français et l'italien; il obtint un diplôme de philologie qui influa de façon décisive sur son développement intellectuel et ses dispositions. Cette éducation n'en fut pas moins assez hasardeuse, son premier professeur de latin le lui ayant, par exemple, enseigné sans utiliser de grammaire, ce à quoi Hamann devait plus tard imputer la nature chaotique de ses propres expériences de lecture et d'écriture. Malgré tout, il devint un remarquable traducteur des textes classiques – au point même que son second professeur le regardait comme un prodige en grec et en latin. Ses progrès dans les langues furent cependant freinés par des lacunes dans des matières aussi importantes que l'histoire, la géographie et l'écriture, et à l'origine, selon lui, de ses difficultés dans l'organisation et l'expression de ses pensées, un domaine qu'il ne maîtrisa jamais complètement.

Bientôt, après le bref service d'un tuteur qui avait succédé à beaucoup d'autres, il fut envoyé dans une école privée, où il réussit bien, et devint premier de sa classe. A cette époque, il fut introduit à l'étude de la philosophie, de la théologie, des mathématiques et de l'hébreu, de sorte que sa tête devint « un stand d'exposition plein d'articles complètement nouveaux.»[8] Doté d'une curiosité encyclopédique qu'il assimila plus tard à de la dispersion, il s'inscrivit à l'Université de Königsberg au printemps de 1746. Après avoir cru d'abord à une vocation théologique, il y renonça rapidement et se sentit plutôt attiré vers les Belles Lettres et la littérature classique, en particulier tout ce qui était français. Comme il le dit lui-même :

---

[8] *LS*, p. 321.

> Ce qui m'a empêché d'aller vers la théologie et toutes les disciplines austères, c'est une propension pour les choses anciennes, pour la critique – puis pour les arts raffinés, la poésie, le roman, la philologie, les écrivains français et leur talent pour l'art poétique, la peinture, la description, pour les plaisirs de l'imagination, etc.[9]

Il donne toutefois une raison plus prosaïque pour ne pas avoir choisi la théologie, à savoir qu'il avait un problème d'élocution, en plus d'une pauvre mémoire, de la corruption du clergé, de la haute idée qu'il se faisait de sa vocation – et de sa sensibilité à l'hypocrisie – même s'il confesserait plus tard un manque de foi en «la source de tous les bienfaits,» dont il aurait pu s'attendre à recevoir ce qui lui manquait pour pouvoir surmonter tous les obstacles.[10]

A l'université, Hamann (comme Kant avant lui) fut un élève de Martin Knutzen (1713-1751), professeur de logique et de métaphysique, réputé dans toute l'Europe pour sa manière particulière de combiner le piétisme au rationalisme de Wolff. L'homme le plus respecté fut cependant le professeur de physique et membre de l'Académie de Berlin, Karl Heinrich Rappolt (1702-1753), qu'il admirait pour son humour, sa connaissance des écrivains latins, ses poèmes, et malgré son opposition ouverte au piétisme, la simplicité de sa sagesse chrétienne.[11] Il se fit de nombreux amis à l'université, parmi lesquels les plus notables furent Samuel Gotthelf Hennings (1725–87), Johann Gotthelf Lindner (1729–76) et Johann Christoph Berens (1729–92) ; et il collabora avec ces deux derniers à un hebdomadaire féminin – le *Daphné*[12] – inspiré du *Tatler* anglais, qui tint l'affiche pendant presque un an. Que le *Daphné* ait ou non «fait partie des meilleures publications du siècle,» selon les termes de Nadler, ce fut la première contribution de Hamann en tant que rédacteur, et même si l'ensemble de la publication était «agréable et léger,» bien en phase avec l'optimisme ambiant des Lumières, ses articles publiés sous un pseudonyme «apportaient clairement à la revue sa note la plus

---

[9] *LS*, p. 323.
[10] *LS*, p. 322.
[11] *LS*, p. 322.
[12] Au sujet de la contribution de Hamann au *Daphné*, voir N IV, pp. 15ss.

sérieuse en matière de religion et d'éthique.»[13]

Au cours de sa formation, Hamann étudia le droit et semble avoir un temps envisagé la carrière de magistrat; mais en 1752 il quitta l'université sans diplôme, se désignant lui-même comme *atrium liberalium cultor* [adorateur du tribunal libéral] et *homme de lettres* pour trouver un emploi au titre de *Hofmeister* (professeur particulier) dans la petite noblesse de la Baltique.[14] Son milieu familial lui permit d'accéder à des postes à Livonia et plus tard à Courland. Mais il désirait surtout un emploi à Riga, où il espérait rejoindre ses amis Berens (natifs de la ville où sa famille tenait un commerce) et Lindner (enseignant et recteur, dès 1753, de l'école de la cathédrale). En attendant, il employa ses loisirs à satisfaire sa boulimie intellectuelle, au point de presque se ruiner pour l'achat de livres que ses amis (surtout Linder) étaient chargés de lui procurer. Il lut Descartes (sujet de l'un de ses essais), l'historien Chladenius, le jésuite français Rapin et l'Anglais Shaftesbury.[15] Il traduisit Rapin : *Réflexions sur l'Eloquence, la Poétique, l'Histoire et la Philosophie* (1786) et les deux premiers essais de Shaftesbury extraits de *Characteristics of Men, Manners, Opinions* (1711); le premier concernait l'exaltation religieuse, et le second, entre autres choses, le droit qu'a la raison d'examiner les enseignements de la tradition.[16]

Comme le confirment ces traductions et les notes personnelles de Hamann à cette époque, Rapin et Shaftesbury eurent une influence décisive sur sa formation intellectuelle. Rapin, dont Hamann possédait les ouvrages, servit d'ancrage à sa connaissance de l'histoire de la philosophie et de la patristique. Il lui fournit aussi une source bibliographique pour sa bibliothèque qui ne cessait de s'agrandir, avec les œuvres d'Agrippa von Nettesheim, Albertus Magnus, Francis

---

[13] Voir NB, p 43; *JGH*, p. 20. Pour un traitement plus approfondi de la contribution de Hamann au *Daphné*, voir Bernhard Gajek, « Hamanns Anfänge, » *Eckart* 29 (1960), pp. 113–118. Voir aussi Wolfgang-Dieter Baur, «Johann Georg Hamann als Religionspublizist, » *Neue Zeitschrift für systematische Theologie*, 31 (1989), pp. 141–164.
[14] NB, p. 43.
[15] Au sujet de l'étude de Hamann sur Descartes, voir N IV, pp. 221ss.
[16] Pour les traductions par Hamann de Rapin et Shaftesbury, voir N IV, pp. 45–91. Voir aussi les notes textuelles de Nadler, pp. 466s, 473s.

Bacon, Tommaso Campanella, Copernic, Galilée, Gassendi, Hobbes, Giordano Bruno, Machiavel et Raymond Lull.[17] De plus, selon Nadler, Hamann avait trouvé dans les écrits du jésuite, non seulement un portrait adéquat de Socrate (sujet de son premier ouvrage important) et une attitude critique envers des motifs religieux *vis-à-vis* du rationalisme dogmatique, mais aussi la notion de condescendance divine (*Herunterlassung*) devenue logiquement le thème essentiel de sa pensée et de ses écrits.[18] Inversement, l'influence de Shaftesbury s'avéra négative (sinon au début, du moins à la fin), dans la mesure où il représentait ce déisme que Hamann devait passer sa vie à combattre. Et de fait, ses écrits le rattachent de façon exemplaire à Voltaire, Diderot et Bolingbroke comme ennemis de la foi et de la révélation. Hamann n'en a pas moins demandé jusqu'en 1766 à Herder de lui envoyer autant d'ouvrages de Shaftesbury qu'il pourrait en acquérir, car il représentait à ses yeux un modèle pour son propre style imagé et satirique.[19]

En plus de ses traductions de Rapin et de Shaftesbury, Hamann travailla à deux autres traductions intéressantes à cette même période. La première révèle sa préoccupation (que nous pouvons assimiler à une attitude conciliante) des «libres penseurs» des Lumières : C'est celle d'un court texte très polémique d'un Italien, le Comte Alberto Radicati (1698-1737), intitulé *La Religion Muhammedane compare à la païenne de l'Indostan par Ali-Ebn-Omar, Moslem*.[20] Il semble s'agir

---

[17] N IV, p. 466. A l'évidence, certains de ces auteurs furent plus influents que d'autres. Pour l'instant, l'on pourrait se contenter de remarquer l'importance des philosophes de la Renaissance, Bruno (1548–1600) et Campanella (1568–1639). A propos du premier, Hamann affirmait que son principe (originellement dans Cusa) de la *coincidentia oppositorum* [coïncidence des contraires] avait bien plus de valeur que toute la critique de Kant (ZH IV, p. 462); en ce qui concerne Campanella, l'on pourrait remarquer sa doctrine – qui se retrouve de façon précoce chez Raymond Sebon et était fondamentale dans la vision chrétienne de Hamann – selon laquelle Dieu se révèle à travers les livres analogues de la nature et des Ecritures.
[18] N IV, p. 467. Voir aussi NB, pp. 59s.
[19] N IV, pp. 474s.
[20] Avant Voltaire, Radicati était l'un des plus hostiles opposants européens au judaïsme et au christianisme traditionnels. En 1726, soupçonné par l'Inquisition, il prit refuge an Angleterre, où il noua des liens d'amitié avec Anthony Collins et Matthew

d'une traduction d'une lettre en arabe rédigée par un certain musulman, Ali-Ibn-Omar, à un certain brahmane nommé Cing Kniu (sic), où vient s'insérer, assez étrangement, l'épigraphe suivante de Lactance : «Ne vaut-il pas mieux vivre comme du bétail que d'adorer des divinités si impies, profanes et sanguinaires ?»[21] L'intérêt de Hamann pour cet ouvrage n'est pas clair. Cela dit, il constituait un défi direct à son travail, au moment où sa foi chrétienne n'était encore pour lui qu'un nom, une abstraction – et ce texte le conduisit par la suite à étudier le Coran en arabe. Non seulement, en effet, cet ouvrage exalte l'islam en tant que religion naturelle de la raison, mais il affirme aussi directement que les Ecritures hébraïques (et chrétiennes), comme aussi les Ecritures védiques, «sont une compilation de fables mal agencées, sans lien entre elles, sans ordre, aussi étrangères que dépravées, portant offense aux sens comme à la raison, et qui outragent le Dieu tout-puissant.»[22] A cet égard, Radicati compare un récit védique, qu'il attaque violemment et juge blasphématoire, avec le récit biblique de l'Exode, tous deux décrivant, selon lui, un Dieu qui punit injustement des peuples pour des attitudes qu'Il a lui-même provoquées (par exemple, l'endurcissement du cœur de Pharaon). Quelle qu'ait été la réaction de Hamann à cet ouvrage de Radicati à cette période de sa vie, il était révélateur de l'attitude favorable des

---

Tindal, deux des déistes anglais les plus véhéments. En 1733, après un bref emprisonnement, il s'enfuit à Paris, puis aux Pays-Bas, où il mourut, apparemment après s'être rétracté. L'ouvrage dont il est discuté fut publié à Londres en français en 1737. Voir les notes de Nadler, N IV, pp. 480s.

[21] Tiré de Lactance, *The Divine Institutes,* I, 21, dans *Ante-Nicene Fathers,* volume 7 (Peabody, Massachusetts: Hendrickson Publishers, 1994). Le but de cette lettre, qui contient une biographie introductive à Mahomet, est de convaincre Cing Kniu que ses préjugés contre l'islam sont entièrement injustifiés, étant donné l'absurdité de ses propres croyances, c'est-à-dire sa propension à croire certaines histoires incroyables, et même scandaleuses des Veda, au sujet du divin. L'auteur prétend ensuite que la religion de Mahomet et le témoignage du Coran sont, en comparaison, le reflet de la raison saine.

[22] N IV, p. 202. L'évaluation positive de l'islam en tant que religion de la raison, qui ne requiert rien d'autre au-delà de la raison, tels que les miracles, la Trinité ou la résurrection de Christ, était un lieu commun pendant l'époque des Lumières.

Lumières face à l'islam (reconnu proche d'une religion de la raison) et d'une hostilité en retour envers le judaïsme (allant logiquement jusqu'à l'antisémitisme) et le christianisme (dans la mesure où il est d'origine judaïque), ce qui prépara le terrain à la conversion de Hamann et à sa défense passionnée de la Bible hébraïque contre les critiques «éclairées» de l'époque. En effet, alors que les *penseurs des Lumières* bataillaient pour *séparer* le christianisme du judaïsme et épurer le christianisme en une religion naturelle (nous le verrons), Hamann chercha à défendre la révélation positive autrefois donnée à Israël, et à réaffirmer le caractère *indissoluble* du lien prophétique qui les unit.

Les recherches intellectuelles de Hamann à cette époque ne l'empêchaient pas de s'immerger dans l'étude du commerce, des affaires, en partie sous l'influence de son ami Berens, qui espérait le recruter dans l'entreprise familiale. Mais la dernière et la seule traduction publiée pour cette période est celle de Plumard de Dangueil, *Remarques sur les avantages et les désavantages de la France et de la Grande-Bretagne, par rapport au commerce et aux autres sources de puissance des états* (1754). Cette traduction avait été demandée par Berens dans le but de développer le commerce dans la Baltique et de promouvoir les intérêts d'une classe marchande en pleine croissance. Hamann avait ajouté en annexe un substantiel essai (sa première publication) à la gloire du marchand, pensé comme le soldat de l'avenir, dont «l'arme commerciale» promet la fin de la guerre et une nouvelle ère de paix; en tant que noble figure de l'avenir, il promet aussi la fin des injustices sociales et l'instauration d'un authentique commonwealth.[23] Même si cette incursion dans la théorie économique est la première et la dernière de Hamann, ses opinions en ce domaine semblent n'avoir jamais varié, et devaient plus tard influer sur sa critique des stratégies économiques de Frédéric le Grand.

---

[23] N IV, pp. 225–242. Voir aussi NB, pp. 65s. Hamann avait déjà lu le *Discours sur l'origine et les fondements de l'inégalité parmi les hommes* de Rousseau, et son essai représente, dans une certaine mesure, une réponse au *Discours*.

LA CONVERSION DE HAMANN

Au cours de son *Hofmeisterzeit* (tutorat) (1752-1756), Hamann se familiarisa avec les différents courants intellectuels de son temps, ce qui, en Allemagne, le désigna bientôt comme un important médiateur (en particulier pour Kant) de philosophes contemporains tels Rousseau et Hume. Le cours de sa vie privée restait cependant déterminé par son amitié avec Berens. De retour de Paris, Berens, la tête pleine d'idées issues des Lumières, projetait de confier à Hamann une sorte de poste d'attaché de presse pour l'entreprise de son père. Cela consisterait à accompagner Berens dans des voyages à Saint-Pétersbourg et Londres, apparemment pour négocier des affaires au bénéfice de la ville de Riga. Mais les choses se précipitèrent, car en Europe la Guerre de Sept Ans (1757-1763) était sur le point d'éclater, de sorte que Hamann, envoyé seul à Londres, fit un séjour assez long à Königsberg pour s'occuper de sa mère malade jusqu'à sa mort prématurée.[24] Le 1er octobre 1756, il se mit en route pour Londres, manifestement sans hâte (prévoyant peut-être qu'il n'était pas raisonnable de traiter des affaires en temps de guerre); il s'arrêta longuement à Berlin, où il fit la connaissance d'éminents *penseurs des Lumières*, dont Moses Mendelssohn avec qui il échangerait bientôt une correspondance très nourrie et animée, puis à Lübeck pendant presque deux mois, dans la famille de sa mère. Finalement, tard le soir du 18 avril 1757, il arrivait à Londres via Bremen, Amsterdam et Rotterdam.

Hamann n'a malheureusement pas laissé de notes sur la nature de sa mission (peut-être avant tout commerciale ou en partie diplomatique).[25] Nous savons pourtant qu'elle incluait une prise de

---

[24] A sa mort, Hamann composa un texte commémoratif rempli d'éloges, *Denkmal*, qu'il inclua dans son *Kreuzzüge des Philologen* (1762). Voir N II, pp. 233–238.
[25] O'Flaherty conjecturait (*JGH*, p. 22), à l'instar de Nadler, que la mission de Hamann était à la fois commerciale et diplomatique, et donc *handelspolitisch*. En conséquence, Hamann fut envoyé à Londres dans le but d'obtenir un accord commercial au nom des villes portuaires baltiques qui cherchaient une plus grande indépendance vis-à-vis de la Prusse. L'hypothèse de Hamann et Berens, qui s'avéra correcte, était que la Guerre de Sept Ans laisserait la Russie au contrôle de la Prusse orientale (incluant Königsberg). Apparemment, ce qu'ils ne voyaient pas, c'était que

contact avec l'ambassade de Russie qui échoua complètement. Laissons Hamman la raconter :

> Lorsque je fis part de la nature de mes affaires à mes interlocuteurs attitrés, ils s'étonnèrent de leur importance, et plus encore de la manière dont elles étaient conduites, mais peut-être surtout du choix de la personne à qui elles étaient confiées. Revenus de leur surprise, ils se mirent à sourire – et firent connaître sans ambages leur opinion sur ceux qui m'avaient envoyé...[26]

Déconcerté, Hamann adressa une brève lettre à l'ambassadeur de Russie dont la réponse, bien que très aimable, confirma l'inutilité de la mission. Ce fut le début d'une spirale descendante qui s'acheva avec la conversion de Hamann : «J'étais déprimé, chancelant, comme étourdi, sans une âme avec qui partager mon fardeau, capable de me conseiller ou de m'aider.»[27]

N'ayant plus aucune raison de rester à Londres et désargenté, Hamman raconte avoir été proche du «désespoir» et avoir cherché à oublier ses ennuis dans de «vains amusements.» Il eut alors l'idée de se procurer un luth, dont il savait jouer, et d'essayer de gagner sa vie comme musicien. Peu après, il rencontra un riche joueur de luth anglais qui, pour un temps, le prit en charge : «Je mangeais gratuitement, je buvais gratuitement, je faisais l'amour gratuitement, je voyageais gratuitement; je vivais entre gloutonnerie et réflexion, entre lecture et vagabondage, entre activité et complète oisiveté...»[28] Du moins pensait-il avoir trouvé ce qu'il cherchait, et il se rassurait : «Il peut te rendre célèbre, c'est une personne au moins avec qui tu peux échanger, tu as une maison dans laquelle tu peux te distraire, jouer du luth, exercer sa profession, et être aussi heureux que lui.»[29] Il admet cependant ne trouver le repos nulle part, alors qu'il avait changé

---

l'Angleterre allait traiter alliance avec la Prusse, anticipant *ipso facto* les relations avec les villes baltiques qui étaient alors sous occupation russe. Voir NB, p. 22.
[26] *LS*, p. 337 (N II, pp. 34s).
[27] *LS*, p. 338 (N II, p. 35).
[28] *LS*, p. 339 (N II, p. 37).
[29] *LS*, p. 339 (N II, pp. 36s).

de domicile treize fois dans l'année. Tout fut réglé lorsqu'il découvrit que son protecteur avait une relation homosexuelle; il alla s'installer dans une taverne, puis loua une chambre dans une pension de Malborough Street où il résida à partir du 8 février 1758.[30]

C'est là, sans un sou en poche, avec une dette de £300 et une santé chancelante qu'il commença une lecture intensive de la Bible. Voici ce qu'il en dit :

> Je voulais m'enfermer dans cette maison, et je cherchais à me réconforter sans rien d'autre que mes livres, dont je n'avais encore lu qu'un petit nombre, ou que j'avais lus sans beaucoup de considération, ni en avoir fait bon usage. En même temps, Dieu m'inspira l'idée

---

[30] La troisième partie en question était un riche «baron» nommé Senel, et toute l'affaire concernant la dispute de Hamann avec lui est connue sous le nom de «l'affaire Senel.» Il a été spéculé que Hamann avait fini par avoir des relations sexuelles avec son patron, et qu'il quitta la maison de ce dernier par jalousie. Voir H. A. Salmony, *J. G. Hamanns metakritische Philosophie* (Bâle: Zollikon Verlag, 1958). Mais les preuves corroborant cette hypothèse font défaut. Voir Wilhelm Koepp, "Hamanns Londoner Senelaffiire, Januar 1758" dans *Zeitschrift für Theologie und Kirche* 57 (1960), pp. 92–108; 58 (1961), pp. 68–85. En effet, le point de vue de Hamann sur l'homosexualité est très clair : Bien qu'il excuse les tendances homoérotiques de Socrate en raison de son contexte païen et de sa sensibilité esthétique, c'est-à-dire un désir de voir une harmonie de la beauté intérieure et extérieure (voir N II, pp. 67s), il dénigre systématiquement la cour de Frédéric le Grand pour sa «tolérance» et sa licence homosexuelles. Un exemple de sa rhétorique aiguisée dans la matière peut être trouvé dans N III, p. 30. En outre, comme nous le verrons au Chapitre 8 vis-à-vis de la *Scheidekunst* [couture] moderne, la vision qu'avait Hamann de la réalité est fondamentalement nuptiale, y compris au niveau de la philosophie, telle qu'elle s'exprime en termes d'une coïncidence d'opposés (*coincidentia oppositorum*), où le mariage symbolise typologiquement le mystère central de l'union hypostatique des natures divine et humaine en Christ, et ultimement le mystère eschatologique de l'union de Christ et de son Eglise, dans la droite ligne des enseignements de Paul (Ephésiens 5:31s). Voir aussi ZH VII, p. 158 : « Ce que Dieu a joint ensemble, aucune philosophie ne peut les séparer; tout comme peine à s'unir ce que la nature a séparé. Le divorce et la sodomie sont des péchés contre la nature et la raison [–] les formes philosophiques élémentaires du péché originel, des œuvres mortes des ténèbres [–] avec l'*Organis* de notre vie interne et externe, notre être physique = nature et l'être métaphysique = raison. »

d'obtenir une Bible... alors que j'y avais auparavant été indifférent.[31]

Ayant pu finalement trouver une Bible à sa convenance (sans doute la Bible d'Oxford de 1755), il commença à la lire le 13 mars 1758, mais sans grands résultats. Le jour des Rameaux, soit six jours plus tard, il reprit sa lecture et comprit peu à peu que Dieu, en quelque sorte, *s'adressait à lui* et que l'auteur de la Bible est aussi l'auteur de sa propre existence.[32] Quelques semaines plus tard, au soir du 31 mars, alors qu'il lisait le chapitre 5 du Deutéronome, il « s'absorbe dans de profondes réflexions à propos d'Abel dont Dieu dit : 'la terre *s'ouvrit* pour recevoir le *sang* de ton *frère'*–» [33] et soudain

> Je sentis battre mon cœur, j'entendis une voix soupirer et gémir au fond de moi, pareille à la voix du sang, la voix d'un frère assassiné, une voix qui voulait venger son sang si par moments je ne l'écoutais pas et continuais à me boucher les oreilles. Cela justement qui fit de Caïn un continuel fugitif. Je sentis mon cœur se soulever, déborder de larmes, et je ne pouvais plus – je ne pouvais plus cacher à Dieu que j'étais le meurtrier de mon frère, le meurtrier de son Fils unique.[34]

Voilà ce qui est au centre de la conversion de Hamman : D'abord un sentiment de culpabilité (« moi aussi je suis Caïn ») qui fait place à une profonde assurance de pardon et de paix (selon le modèle de Matthieu.5:3-4). A peine avons-nous « entendu le sang du Rédempteur crier dans notre cœur que nous ressentons que le terrain a déjà été arrosé..., que le même sang vengeur demande grâce pour nous. »[35] Hamann assimile également sa conversion à un échange :

> Mon fils! Donne-moi ton cœur! – Le voici, mon Dieu! Tu l'as réclamé, aussi aveugle, dur, rocailleux, trompé et obstiné qu'il fût. Purifie-le, recrée-le, et qu'il devienne le lieu où ton bon Esprit travaille. Il m'a si souvent trompé quand il était entre mes mains que je ne souhaite plus

---

[31] *LS*, p. 342 (N II, p. 39).
[32] *LS*, p. 59 (N I, p. 4).
[33] *LS*, p. 343 (N II, p. 41).
[34] Ibid.
[35] *LS*, pp. 138s (N I, p. 78).

le reconnaître comme mien. C'est un léviathan que toi seul peux dompter – puisses-tu y demeurer pour qu'il connaisse la paix, la consolation et la bénédiction.[36]

Il déclare, en bref, que Dieu l'a vidé « d'un vase dans un autre » (cf. Matthieu 9:17).[37] Puis,

> L'Esprit de Dieu a continué, malgré ma grande faiblesse, malgré une longue résistance organisée contre son témoignage et ses incitations, à me révéler de plus en plus le mystère de l'amour divin et le bienfait de la foi en notre miséricordieux et seul Sauveur.[38]

Cette conversion se traduisit sur le champ par un flot de méditations lyriques sur la Bible, d'abord intitulées *Tagebuch eines Christen* (Journal intime d'un chrétien), mais connues depuis lors sous l'appellation d'« *Ecrits de Londres.* » Nadler en parle en termes incisifs : « Voilà... les confidences d'une âme à propos de la plus grande expérience qu'elle puisse avoir : (Devenir) un enfant de Dieu. »[39] En même temps, selon Nadler, leur contenu exalte « l'ensemble de la création, la nature, l'histoire, le royaume de Dieu, et le royaume de l'homme. »[40] Le temps fort de cette conversion, c'est que loin d'amener à un retrait du monde, elle amène à s'y engager plus intensément. Ainsi, après avoir achevé les *Ecrits de Londres* en quelques mois à peine, n'ayant plus rien qui le retienne à Londres, Hamann s'embarqua pour Riga le 27 juin 1758, et non sans un certain à-propos, sur un navire de guerre.

LA QUERELLE DE HAMANN AVEC BERENS

A son retour dans la famille de Berens, Hamann, malgré l'échec de sa mission, reçut un accueil chaleureux; il fut entendu que cet échec ne

---

[36] *LS*, p. 345 (N II, pp. 42s).
[37] Ibid.
[38] *LS*, p. 343 (N II, pp. 40s).
[39] NB, p. 76.
[40] N II, p. 198; NB, p. 78.

lui incombait pas. Il reprit donc rapidement son travail, par un échange de lettres avec Berens resté à Saint-Pétersbourg, tout en assumant le rôle familier de précepteur pour les plus jeunes membres de la famille. Mais, si tout était en apparence redevenu normal, Hamann, lui, avait visiblement été transformé. Il en fit part à son frère dans une lettre de cette époque qui résume sa nouvelle attitude suite à sa conversion :

> Dieu ne désire pas nous entendre, nous recevoir et nous connaître, si ce n'est en son Fils... Je ne t'écris pas comme un exalté (*Schwärmer*) ou un pharisien, mais comme un frère incapable de t'aimer avant de connaître et aimer Dieu; mais qui aujourd'hui te souhaite de tout son cœur d'aller bien, et qui, ayant appris à prier, n'oubliera pas de prier pour toi aussi... Un cœur n'aime ses frères qu'à travers Dieu seul... Si nous ne connaissons pas Jésus, nous n'allons pas plus loin que les païens. Comme le dit l'apôtre Jacques, tous les miracles, tous les mystères et toutes les œuvres de foi et de vraie religion sont réunis dans le digne nom de chrétien que nous portons. Ce digne nom qui est le nôtre est la seule clef (de la connaissance) qui ouvre le ciel et l'enfer, les lieux élevés et les profondeurs du cœur humain... Maintenant, je vis sur la terre avec plaisir, le cœur léger, sachant que la sainteté renferme des promesses pour la vie présente et pour celle à venir, et qu'elle est utile pour toutes choses (1 Timothée 4:8). Depuis que je connais la Parole de Dieu comme le remède, le vin qui peut seul rendre le cœur heureux et faire resplendir le visage comme l'huile, comme le pain qui fortifie le cœur de l'homme, je ne suis ni un misanthrope, ni un hypocondriaque, ni un accusateur de mes frères ou un Ismaël de la divine providence...[41]

Pendant son séjour dans la maison des Berens, il continua à satisfaire sa curiosité intellectuelle, avec la lecture entre autres, de Batteux, Kant, Klopstock, Lessing, Ramler, Wieland et Winckelmann dont le livre *Gedanken über die Nachahmung in der Malerei und Bildhauerkunst* était paru en 1756.[42] A cette époque, il s'intéressait

---

[41] ZH I, pp. 242s.
[42] Gildemeister, *Johann Georg Hamann*, vol. 1, pp. 155s.

davantage cependant à Catharina Berens (1727-1805), l'amie de sa sœur, en qui il voyait l'épouse que Dieu lui destinait.[43] Il écrivit à Christophe, alors à Saint-Péterbourg, pour lui demander la permission de l'épouser.[44] La réponse surprenante qui lui arriva en janvier 1759 fut un « non » catégorique. Hamann avait sans doute donné à Berens quelques détails de sa conversion à Londres, sans ignorer l'hostilité de son ami pour toutes les formes d'« exaltation »; peut-être avait-il aussi parlé de son intérêt décroissant pour une profession commerciale. Il en fut néanmoins choqué, profondément blessé, et retourna à Königberg peu de temps après.

La vraie nature du désaccord entre Hamann et Berens nous est révélée dans une lettre à Lindner, leur ami commun, en mars de la même année. Hamann identifie ici la source du problème : L'aversion de Berens pour sa conversion, sa crainte de perdre un ami et un collaborateur dans la cause des Lumières, ce qui avait valu à Hamann le conseil paternaliste suivant : « Ne conserve pas plus de religion qu'il n'est nécessaire, »[45] et à Berens la réponse suivante : « Ce conseil prudent rappelle celui de la femme de Job, qui n'avait pas l'intention de maudire Dieu mais de le *bénir*. »[46] Et il poursuit :

> Si, pour notre ami, mon état d'esprit mérite une grande commisération, ne le laisse pas prendre mon exaltation [*Schwirmerey*] pour quelque chose d'aberrant qui ne pourrait pas lui arriver (aussi bien...). Je suis un léopard, et son savon ne changera pas mes taches... Tous ses compliments me blessent beaucoup plus que ses remarques les plus caustiques. Il cherche à détecter si je suis encore sain d'esprit et ambitieux. Si un exalté est toujours un fou, demande-lui... si au vu de ses objectifs... il ne devrait pas se reconnaître fou lui-même. ... S'il veut savoir ce que je fais maintenant, dis-lui que je « luthérise »; car il faut agir. Ce moine adonné à l'aventure a dit à Augsbourg : « Me voici – je ne puis faire autre chose. Que Dieu me soit en aide. Amen. »[47]

---

[43] Voir *LS*, p. 435 (N II, pp. 52s).
[44] Voir *LS*, pp. 434s (N II, pp. 52s).
[45] ZH, p. 306.
[46] Ibid.
[47] ZH, p. 307.

Berens, l'entrepreneur enthousiaste, était à l'évidence perturbé par l'absence d'ambition de Hamann; celui-ci en était conscient, mais ne pouvait recommencer à œuvrer pour « le dieu de ce monde » (2 Corinthiens 4:4). La rupture était consommée : Au lieu de travailler pour les êtres humains, il voulait travailler pour Dieu : « Le meilleur choix que nous puissions faire (dans cette vie) est de travailler pour Dieu; vivre parce qu'Il le veut; travailler parce qu'Il le veut; prendre du repos. »[48] D'où ces propos : « Ma vocation n'est pas d'être un homme d'affaires; ni un fonctionnaire; ni un homme du monde ... Le travail du chrétien, c'est la lecture de la Bible et la prière... »[49] Mais la dégradation de sa relation avec Berens ne signifiait pas rupture, et chacun des deux s'efforçait encore amicalement de convertir l'autre à ses vues. Hamann s'en ouvrit à Lindner en ces termes :

> Je ne reconnais pas la véhémence de ton que vous détectez dans la lettre de notre ami. Je ne vois partout qu'un effet de son amitié, et cela même m'apparaît comme un don de Dieu aussi bien qu'une épreuve. Berens avertit ou promet qu'il ne me perdra pas de vue; et je ne le perdrai pas non plus de vue, ni sa famille. Mais il ne devrait pas s'inquiéter à mon sujet plus que je ne m'inquiète de lui. Je lui concède ses affaires; il devrait me concéder mes loisirs...[50]

HAMANN ET KANT

La mésentente entre Hamann et Berens ne mit pas un terme à leur amitié, à preuve le départ immédiat de Berens, à peine rentré de Saint-Pétersbourg, pour Königsberg où il voulait le raisonner. Selon Nadler, il ne s'agissait plus pour Berens d'un problème avec Catharina ou

---

[48] ZH, p. 307.
[49] ZH, p. 309.
[50] ZH I, pp. 303s. Que Hamann réfère à ses loisirs est une réaction significative aux buts purement commerciaux de son ami. Cela se reflète également dans le sous-titre de sa première principale publication, les *Socratic Memorabilia*, et dans le fait que, après être retourné à Königsberg pour s'occuper de son père malade, il n'eut pas de travail stable pendant quatre ans. Parallèlement, comme le fait remarquer O'Flaherty, d'autres facteurs contribuèrent à cet état d'inactivité, en particulier l'occupation russe de Königsberg pendant toute cette période de quatre ans. Voir *SM*, p. 30.

l'entreprise familiale, mais d'un ami qu'il aimait visiblement beaucoup et ne voulait pas perdre.[51] Dans sa noble tentative de « sauver » son ami, c'est le distingué professeur Emmanuel Kant lui-même qu'il recruta. Etant, tout comme Hamann, en relation avec Kant, Berens estimait que le respect de Hamann pour le professeur âgé pouvait lui être utile.[52] Il semble en fait que Kant ait été le dernier atout dans son jeu pour ramener Hamann à son bon sens, réprimer sa malheureuse « exaltation » et le remettre au service des Lumières. Il organisa donc un dîner qui les réunit tous un soir de juillet dans une auberge de campagne, le « Windmill » (le Moulin-à-vent) situé à l'extérieur de Königsberg. La soirée fut de l'avis de tous assez difficile. Kant savait à peine dans quoi il s'engageait (cela ressemblait assez à une querelle d'amoureux), et Hamann, pour sa part, n'était en aucune façon préparé à abandonner sa foi qui ne pouvait s'accorder avec les principes fondamentaux des Lumières (dont Kant était le représentant intellectuel et Berens le représentant commercial). Il décrivit plus tard la rencontre à son frère en ces termes :

> Au début de la semaine j'étais en compagnie de Herr B. et Maître Kant à l'auberge du Windmill où nous avons pris un repas campagnard. Nous ne nous sommes pas revus depuis. Soit dit en confidence – notre relation n'a pas encore retrouvé l'intimité d'autrefois, et nous nous contrôlons le plus possible afin de n'en rien laisser paraître. Je recommande la suite de cette joute à la providence de Dieu à laquelle je crois; je demande et j'espère [recevoir] de lui la sagesse et la patience nécessaires.[53]

Quelques semaines plus tard, Berens et Kant, appelés plus tard simplement « les deux, » firent une nouvelle tentative, cette fois dans

---

[51] NB, p. 95.
[52] Dès avril 1756, Hamann appelle Kant « un homme à l'intellect supérieur » (*ein fürtreffl icher Kopf*), et dans une lettre à Lindner écrite peu de temps après, il parle de la dissertation de Kant sur un ton évident d'approbation. Voir ZH I, pp. 191, 198. Que Hamann ait connu Kant personnellement à ce stade est clair comme l'indiquent d'autres lettres écrites à cette période. Voir ZH I, pp. 224, 226, où à deux occasions différentes, il mentionne qu'il l'a salué en compagnie d'autres amis. Voir NB, p. 96.
[53] ZH I, p. 362. Voir *SM*, p. 56.

la maison de Hamann. Kant proposa à Hamann de traduire une partie de l'*Encyclopédie* de Diderot, et ils décidèrent de s'en entretenir chez Kant quelques jours plus tard. La rencontre n'eut jamais lieu. Hamann écrivit une lettre à Kant, lettre que Nadler appelle « un moment historique » dans la vie intellectuelle du XVIIIe siècle.[54] Hamann commence la lettre en exonérant Kant de son engagement involontaire dans toute cette affaire. Puis il blâme Berens; Berens qui n'aurait pas dû l'inciter à libérer ses sentiments – irritabilité, rage et jalousie – contre Kant aussi, qu'il a exposé « au danger de s'approcher aussi près d'un homme envahi par ses obsessions avec une puissance de pensée et d'émotion qu'une personne saine ne possède pas. »[55] « Voilà, » dit Hamann, « ce que je voulais murmurer à l'oreille de votre partie adverse (Berens), lorsque je vous ai remercié de l'honneur de votre première visite. »[56]

Tels furent les débuts d'une étrange relation entre Kant et Hamann; leur correspondance initiale permettra néanmoins à l'entreprise socratique de voir le jour. Hamann n'hésite pas à suggérer que si Kant est Socrate, et Berens Alcibiade, Kant devrait alors avoir à disposition la voix d'un génie (c'est-à-dire un *daimon* socratique) pour s'instruire, en l'occurrence Hamann lui-même. Hamann admet que ce rôle lui sied, révélant ainsi un remarquable degré de confiance en ses propres capacités intellectuelles, au vu de la stature de son correspondant. Parallèlement, il désire dissiper tout soupçon de prétention, et demande à Kant de le supporter tout au long de sa lettre et de l'entendre « comme la voix d'un génie sortant d'un nuage. » La patience de Kant a sans nul doute été mise à rude épreuve, étant donnée surtout l'impertinence de Hamann : « J'écris dans un style épique, car vous ne pouvez pas encore lire un langage lyrique. »[57] De plus, Hamann ridiculise jusqu'aux articles proposés à la traduction par Kant, montrant clairement son absence d'intérêt pour ce genre de

---

[54] ZH I, p. 373.
[55] ZH I, p. 373. Comme Nadler le fait remarquer, en s'enorgueillissant de sa nouvelle amitié avec Kant (avec lequel il passa une bonne partie de son temps entre ses visites à Hamann), il ne fait aucun doute que Berens a provoqué la jalousie de Hamann. Voir NB, p. 99.
[56] ZH I, p. 373.
[57] ZH I, p. 374.

service à rendre à la cause future des Lumières. A la fin, après avoir chassé de son esprit l'idée du rôle de Kant dans toute l'affaire, il déclare : « Je ne peux que m'amuser du *choix d'un philosophe* pour m'amener à modifier ma position. Je regarde la meilleure démonstration de la même manière qu'une jeune fille raisonnable lit une lettre d'amour, et considère un discours baumgartien comme une amusante façon de conter *fleurette.* »[58]

Il est cependant permis de s'interroger sur l'accueil réservé par Kant à ce genre de commentaires; il faut en réalité considérer comme un témoignage posthume à la générosité et à la magnanimité de Kant le fait que leur amitié dura toute leur vie. Mais si Kant s'était trouvé mêlé à une querelle entre amis, ce ne fut pas sans avantages pour lui. Car dans sa lettre dictée par l'émotion, Hamann ne se borna pas à susciter de pertinentes questions sur l'absence de fiabilité de la raison, mais l'important est qu'il pourrait avoir fourni à Kant les prémices de son opposition à Hume. De fait, Hamann puise dans les idées de Hume dans le but précis de défendre le principe durement attaqué de la foi : « Hume, ce philosophe très raffiné, possède la foi nécessaire pour (simplement) manger un œuf ou boire un verre d'eau. »[59] De plus, il se sert de Hume pour tirer un parallèle fondamental de type paulinien (et luthérien) entre la fonction de la raison et celle de la loi. « La raison, » dit-il, n'est pas donnée pour nous rendre sages, mais pour nous convaincre de notre folie et de notre ignorance; tout comme la loi mosaïque fut donnée aux Juifs non pour les rendre justes, mais pour les rendre plus conscients de leurs péchés. »[60] Enfin, il extrait un passage de l'ouvrage de Hume, *Enquiry concerning Human Understanding* dans lequel Hume, « comme Saül parmi les prophètes, » dit, sans le vouloir, la vérité

> de ce que la *Religion chrétienne* fut non seulement accompagnée de miracles, mais qu'aujourd'hui encore aucune personne raisonnable ne saurait y adhérer sans la présence d'un miracle. La raison seule est incapable de nous convaincre de sa véracité; et quiconque est poussé par

---

[58] ZH I, p. 378.
[59] ZH I, p. 379.
[60] Ibid.

la *Foi* à y donner son assentiment est conscient d'un miracle constant dans sa propre personne, miracle qui subvertit tous les principes de sa raison, et le rend déterminé à croire à ce qui est le plus contraire à la coutume et à l'expérience.[61]

Il faut simplement admettre que de telles observations ont impressionné le Kant de l'époque précritique, y compris la remarque impromptue de Hamann sur le devoir d'armer les « yeux faibles » de la raison avec les verres d'une « imagination esthétique. »[62] Dans la mesure justement où Hamann se servait de Hume, il peut, après tout, s'être révélé comme le génie présent derrière la philosophie critique de Kant, avec son évaluation critique des limites de la raison. Cela dit, ce scepticisme quant aux aptitudes de la raison constitue à peu près le seul point commun entre les deux hommes : Alors que Hamann voit dans le scepticisme de Hume une ouverture à la foi, suivant la direction prônée par le personnage Philon dans la conclusion des *Dialogues sur la religion naturelle*, Kant, lui, redouble d'efforts pour postuler la foi à l'intérieur de la raison pratique. Mais toutes leurs divergences n'ont pas entamé leur amitié (contrairement à la relation entre Hamann et Berens), et c'est donc Kant lui-même qui, vers la fin d'octobre, rendit visite à Hamann pour lui annoncer le départ de Berens. Hamann en fait part à Lindner en ces termes : « Les choses en sont à ce point entre Kant et moi que je m'attends soit à une relation

---

[61] ZH I, p. 180. David Hume, *Enquiries Concerning Human Understanding and Concerning the Principles of Morals*, édité par P. H. Nidditch (Oxford: Clarendon Press, 1995), p. 131.

[62] ZH I, p. 380. Cf. la remarque de Hamann à Lindner à propos de Kant, faite en octobre 1759 (ZH I, p. 425) : « Il fait appel au *tout* pour prononcer des jugements sur le monde. Mais cela requiert une connaissance qui ne peut plus être une simple *mosaïque* [d'éléments épars]. Déduire les fragments à partir du *tout* s'apparente à la déduction du connu à partir de l'inconnu. Un philosophe qui me demande de voir le *tout* présente une requête tout aussi difficile que celle de quelqu'un qui me demanderait de voir les pensées de son *cœur* au moment où il m'écrit. Le tout est précisément caché à mes yeux, comme l'est votre cœur. Ou supposez-vous sinon que je suis un dieu ? » Et il est bien vrai qu'à mesure que sa pensée mûrissait et entrait dans sa phase « critique, » Kant finit par adopter précisément le point de vue de Hamann selon lequel la connaissance théorique avait des limites.

très proche, soit à une relation très distante. »[63]

C'est à ce moment, soit au cours des deux dernières semaines d'août 1759, que Hamann fit paraître sa réponse à Kant et Berens sous la forme d'un important ouvrage, les *Socratic Memorabilia*. Le manque d'éditeurs en ville retarda cependant sa publication de plusieurs mois, et dans l'intervalle Kant avait proposé à Hamann la rédaction d'un manuel de physique pour enfants. La suggestion ne pouvait mieux convenir au sens de l'humour de Hamann : L'honorable professeur, qui écrit pour des gens savants, désirait maintenant écrire pour des enfants; Hamann saisit l'occasion de faire connaître à Kant ses propres conceptions sur la pédagogie et la meilleure manière de communiquer une théorie de la nature.[64] En particulier, il lui rappelait la nécessité de se mettre au niveau des enfants pour être leur maître, et orientait directement vers la miséricorde divine présente dans la nature et dans l'Ecriture – sujet des *Ecrits de Londres*– comme modèle adéquat. Cependant, le projet échoua. La première raison étant que Kant était, sans aucun doute, las de recevoir des leçons; la deuxième, qu'il avait probablement pris conscience de l'inutilité – selon la terminologie du monde – de Hamann.

A cette même époque, parurent les *Socratic Memorabilia* « compilés » par un anonyme « amoureux de l'ennui pour l'ennui du public, » et dédiés, curieusement, à la fois à « personne » et à « deux » personnes. Pour Hamann, « personne » ne désignait « aucune personne en particulier » dans le public auquel l'ouvrage était dans un sens destiné, mais dont il ne tirerait certainement rien et qui par conséquent l'ennuierait. Les véritables destinataires étaient en fait Kant et Berens; Hamann espérait qu'eux au moins le comprendraient (car selon un calcul juste et même délibéré, ce message serait en effet plus ou moins indéchiffrable et stupéfiant pour le grand public). Or ce message, même enveloppé de nombreux voiles et allusions symboliques, était simple : Il ne voulait, à aucun prix, se reconvertir aux idéaux des Lumières. Son espoir était, tout au contraire, de voir ses amis expérimenter une conversion de même type au christianisme

---

[63] Voir ZH I, pp. 425, 440. Pour marquer un geste supplémentaire de bonne volonté, Kant commença également à envoyer à Hamann quelques unes de ses notes de lecture.
[64] ZH I, pp. 444–453.

orthodoxe, conversion qui les « libèrerait » de leur « esclavage » involontaire à l'idéologie de leur temps.

Inutile de dire que Kant ne renonça jamais à son allégeance aux Lumières (ni Berens, à notre connaissance), de sorte que ce fut un échec pour les *Socratic Memorabilia*, mise à part leur magistrale défense du principe de la foi. Leur recension parue dans l'influente revue de Mendelssohn et Nicolai, *Briefe, die neueste Literatur betreffend,* leur donna cependant un impact historique (*Wirkungsgeschichte*). En parallèle avec cette recension dont l'influence fut positive, Nicolai et Mendelssohn sollicitèrent la contribution de Hamann comme éditeur de leur journal.[65] L'offre était alléchante, car Hamann avait désespérément besoin d'un emploi et aurait aimé une collaboration intellectuelle aussi stimulante. Mais il lui aurait fallu s'installer à Berlin, le centre détesté des Lumières et fief de Frédéric le Grand, le roi-philosophe du domaine de Sans Souci, que Hamann identifiait symboliquement à Babel et prenait pour cible dans son œuvre naissante. Des années plus tard, il se confierait à Jacobi : « Ma haine de Babel est vraiment la clef de voûte de toute mon œuvre... »[66] Fidèle à ses principes, il refusa l'offre et resta à Königsberg dont le potentiel éditorial se limitait, à l'époque, à une modeste revue hebdomadaire intitulée *Wochentliche Königsbergische Frag - und Anzeigungs- Nachrichten.*

---

[65] Voir la lettre de Thomas Abbt à Mendelssohn (28 avril [21 juillet] 1762) : « Votre idée qu'il [Hamann] devrait être embauché est excellente. Dans une des lettres de H[amann], il se trouve des idées qui sont pertinentes pour au moins dix lettres [par exemple, *Briefe die neueste Litteratur betreffend*]."

[66] ZH VI, p. 235. De manière similaire, à peu près à la même période, il parle de Berlin comme d'un « Bedlam français ou une Babel chaldéenne, » et dit qu'il n'échangerait pas toute la gloire de Salomon contre le lot de Lazare » (ZH VI, p. 259); cf. ZH III, p. 124. Plus généralement, en ce qui concerne la compréhension chez Hamann de Berlin comme d'une Babel, voir Gildemeister, *Johann Georg Hamann*, vol. 1, p. 199, et *JGH*, p. 136.

2

Les Ecrits de Londres : De la gloire de la condescendance trinitaire

Quel drame! De la majesté à l'humiliation, de la divinité au niveau le plus profond de la misère humaine – Quel drame pour le Créateur et tout le cortège, l'ordre de la création; le monde, les anges et les hommes participent tous du mystère : Observateurs, acteurs, mécènes. Tout est accompli – ce mot de passe, prononcé par l'homme de Dieu à Golgotha, a rendu la nature inaudible, créé un nouveau ciel et une nouvelle terre, transfiguré Dieu, transfiguré l'homme, et révélé au monde entier, aux anges et aux hommes, que Dieu est juste et que tous seraient justifiés par la foi en lui.

« Réflexions sur les cantiques »[1]

Dans le sillage de Hans Urs von Balthasar, ce chapitre s'attache à l'esthétique théologique de Hamann, dont la perception de la gloire de Dieu est définie par le terme *kenosis* ou rayonnement de la miséricorde de Dieu (ce qui fait de Hamann l'une des sources majeures du projet théologique de von Balthasar lui-même). Si le schème classique supposerait de traiter l'esthétique de Hamann à la lumière de son *Aesthetica in nuce* (1762), je me concentrerai plutôt ici sur ses « Ecrits de Londres» composés à un rythme insensé après sa conversion à Londres en 1758. C'est en effet la première fois que Hamann articule une sorte d'« herméneutique de la miséricorde, » qui, à partir de la méditation de l'Ecriture, amène à une vision trinitaire de

---

[1] *LS*, p. 373 (N I, p. 270). Bien que le chapitre suivant et toutes les références supplémentaires aux *Ecrits de Londres* s'appuient sur cette édition, j'inclus entre parenthèses des références à l'édition de Nadler.

toutes choses en termes de *présence kénotique de la transcendance* (présence rayonnante, diffuse). A cet égard cependant, et en dépit de son importance historique et de son impact en qualité d'épigramme, l'*Aesthetica in nuce* affiche avant tout un manifeste, un condensé des idées exprimées pour la première fois à Londres.

Par delà leur affinité avec l'esthétique théologique de Hamann, les *Ecrits de Londres* sont intéressants à plus d'un titre. Tout d'abord, l'intuition fondamentale de la miséricorde divine exprimée dans ces textes sous une forme lyrique est la source d'une sensibilité profondément anti-gnostique qui inspire tout, depuis son esthétique (y compris sa vision de la création et du langage) jusqu'à sa « métacritique » tardive de la raison pure; d'où leur caractère indispensable pour comprendre ses écrits ultérieurs. En second lieu, cette série de méditations sur l'Ecriture est en soi exemplaire de sa pratique de l'allégorie représentative de types, pratique qui le distingue non seulement vis-à-vis de la critique biblique rationaliste des Lumières, mais également de sa propre tradition luthérienne généralement moins encline à l'exégèse figurative; en conséquence, cette pratique de l'interprétation allégorique anticipe sa propre perception prophétique et typologique de l'histoire dans toutes ses publications ultérieures.

En troisième lieu, ces écrits contestent les notions modernes de subjectivité dans la mesure où Hamann n'accorde pas au sujet individuel une identité préexistante, le *cogito*, mais une identité de type langagier – et dans l'idéal – forgée par les textes bibliques, de sorte que le sujet est construit, pour ainsi dire, *ex auditu* par la Parole de Dieu. En quatrième lieu, ces écrits, les premiers à séparer Hamann, l'ancien avocat et architecte raté des Lumières, de Hamann, le *Mage du Nord*, ont ainsi fourni une riche documentation pour l'histoire des conversions. Comme Bayer et Weissenborn l'ont d'ailleurs noté, ils représentent un apport littéraire et culturel de premier ordre, comparable, par sa valeur spirituelle et son étendue, aux *Confessions* d'Augustin. Car au terme de multiples recherches dans les livres de la sagesse antique et moderne jugés « sans réconfort, » Hamann se tourne de la même manière vers l'Ecriture, et, saisi par sa profondeur cachée, y découvre l'allégorie spirituelle de sa vie. Toute la pensée de Hamann, en particulier du fait qu'elle se focalise sur une défense de l'inspiration et des richesses allégoriques de la Bible hébraïque par opposition aux néologistes, reprend, sous des aspects modernes, le combat d'Augustin contre le manichéisme – tout comme son argumentation face aux déistes récapitule celui d'Augustin face aux platoniciens. A l'instar de ce dernier, Hamann s'étonnait, par exemple, à propos du christianisme, de l'humilité radicale qu'il proclame – par lequel Dieu non seulement s'incarne mais est et demeure, en tant que Logos, intimement (nous le verrons) et discrètement présent à la création. Il y a, enfin, un avantage indéniable à commencer par ces textes qui contrairement aux suivants, sont personnels et directs, rédigés dans une prose accessible et claire.

Les *Ecrits de Londres* furent composés entre mars et juillet 1758, date à laquelle Hamann retourna à Riga et par la suite à Königsberg. Ils comprennent un petit texte intitulé *Ueber die Auslegung der heil. Schrift* [De l'interprétation de l'Ecriture Sainte]; un long commentaire lyrique sur l'Ecriture intitulé *Biblische Betrachtungen eines Christen* [*Méditations bibliques* d'un chrétien]; un récit autobiographique de la conversion de Hamann, *Gedanken über meinen Lebenslauf* [Réflexions sur le cours de ma vie]; *Gedanken über Kirchenlieder* [Réflexions sur les cantiques]; une petite collection intitulée *Brocken* [*Fragments*]; *Betrachtungen über Newtons Abhandlung über die Weissagungen* [Observations sur le traité de Newton sur les prophéties];[2] et une longue prière de conclusion. Mis à part le premier texte « De l'interprétation de l'Ecriture Sainte » et les « Observations sur le traité de Newton, » qui ne sont pas datés, tous les textes ont été composés dans cet ordre. Je les présente pourtant dans un ordre différent : D'abord l'autobiographie de Hamann, commencée le 21 avril, le jour même où il achève ses *Méditations bibliques*. Puis je traite dans l'ordre : « De l'interprétation de l'Ecriture Sainte, » les *Méditations bibliques*, « Réflexions sur les Cantiques, » « Fragments » et « Observations sur le Traité de Newton. »

PENSÉES NOCTURNES : DE L'INTERPRÉTATION DE L'ECRITURE

Nous avons déjà évoqué le cours des évènements ayant conduit à la

---

[2] Il ne s'agit pas d'Isaac Newton le physicien, mais de Thomas Newton (1704–1782), l'évêque de Bristol. Le titre complet du traité de Newton est *Dissertations on the Prophecies, Which have remarkably been fulfilled, and at this time are fulfilling in the world* (Londres, 1754–1758).

conversion de Hamann, et nous savons donc qu'il est allé à Londres en 1757, sans doute pour conclure un accord commercial au profit de l'entreprise de Christoph Berens à Riga. Peu après, le projet ayant échoué pour des raisons inconnues, il tomba dans une pauvreté et une oisiveté désespérées, voyageant d'un lieu à l'autre pendant presque un an. A un certain moment, il commença une lecture consciencieuse de l'Ecriture et « s'enfonça, » selon sa propre expression, « dans l'enfer de la connaissance de soi. »[3]

> Ma solitude, la perspective d'une pauvreté absolue et de la mendicité... en bref, mon état de dénuement et l'ampleur de mes soucis avaient détruit mon goût des livres. Ils étaient une bien pauvre consolation, ces amis que j'estimais nécessaires à mon existence et dont la compagnie m'absorbait tellement que je les voyais comme l'unique soutien et la parure de la destinée humaine. Dans le tumulte de mes passions qui me submergeaient... je ne cessais de demander à Dieu un ami, un ami sage, sincère, dont je ne reconnaissais plus l'image... un ami capable de me donner une clef pour mon cœur, le fil qui me conduirait hors du labyrinthe. Dieu soit loué ! J'ai trouvé cet ami dans mon cœur, où il s'est glissé alors que j'en ressentais tout le vide, l'obscurité et la désolation. A ce moment-là, j'avais lu l'Ancien Testament en entier une fois, et le Nouveau Testament deux fois... Parce que je voulais prendre un nouveau départ, il me semblait commencer à percevoir un voile qui couvrait ma raison et mon cœur et avait maintenu le livre fermé la première fois. Je me mis donc à le lire avec plus d'attention, de façon plus ordonnée, avec une plus grande avidité, puis à mettre mes réflexions par écrit à mesure qu'elles se présentaient.[4]

C'est ainsi que virent le jour les *Méditations bibliques*, commentaire de l'Ecriture de plusieurs centaines de pages qui allait l'occuper le mois suivant. Au début des *Méditations*, Hamann note qu'il les entreprit sous l'influence de James Hervey (1714-1758), lui-même auteur d'un commentaire biblique populaire intitulé *Meditations and Contemplations* (1748), que Hamann avait lu dès

---

[3] N II, p. 164.
[4] *LS*, p. 342 (N II, p. 39s).

1756.⁵ Il mentionne également l'auteur de *Night Thoughts*, Edward Young (1681-1765) qu'il appelle le « cygne vénérable, » cité beaucoup plus fréquemment dans les *Ecrits de Londres* que tout autre écrivain. Mais si ces auteurs fortifiaient sa foi, leurs ouvrages pâlissaient en comparaison des Ecritures elles-mêmes. Selon son propre témoignage,

> J'oubliai tous mes livres sur [les Ecritures], j'avais même honte de les avoir jamais comparés au livre de *Dieu*, de les avoir placés côte à côte, et de lui en avoir préféré un autre. Je découvris l'unité de la volonté divine dans la rédemption de Jésus-Christ; toute l'histoire, tous les miracles, tous les commandements et les œuvres divines convergeaient vers cet objectif : Conduire l'âme humaine hors de l'esclavage de la servitude, de l'aveuglement, de la folie et de la mort vers le plus grand bonheur, les plus grandes bénédictions; mais aussi vers l'acceptation de biens dont la grandeur, dès qu'ils sont révélés, doit nous bouleverser plus que notre propre indignité ou la possibilité de nous en rendre dignes.⁶

Ayant commencé à percevoir la profondeur allégorique des Ecritures hébraïques, Hamann chercha à s'identifier au peuple d'Israël: « Je reconnus mes propres méfaits dans l'histoire du peuple juif, j'y lus l'histoire de ma propre vie, et je remerciai Dieu de sa patience envers ce peuple, le sien, car rien de moins qu'un tel exemple ne pouvait justifier une telle espérance. » Il ajoutait : « Celui qui comparerait ma vie au récit du voyage d'Israël découvrirait qu'ils correspondent l'un à l'autre en tous points. »⁷

Tout le récit de la conversion de Hamann tourne cependant, nous l'avons vu, autour de l'histoire de Caïn et Abel. En effet, de même que David reconnut son crime dans la parabole de Samuel (2 Samuel 12:7), Hamann reconnut dans le meurtre d'Abel sa propre culpabilité dans le sacrifice sanglant de Jésus-Christ. En d'autres termes, c'est par une transposition soudaine, imprévue, de la part de l'Ecriture elle-même

---

⁵ Voir *JGH*, p. 25; Commentaire d'Oswald Bayer et de Bernd Weissenborn, *LS*, p. 452; ZH I, p. 134.
⁶ *LS*, p. 343 (N II, p. 40).
⁷ *LS*, p. 345 (N II, p. 42).

(le terme employé plus tard sera celui de « métaschématisme »)[8] que Hamann découvrit en l'Ecriture « la vie et la dynamique » (Hébreux 4:12), et que, d'une manière étrange, elle s'adressait aussi à lui. Il aimait par conséquent opposer aux railleries des critiques ces lignes d'Horace : « Quid rides ? Mutato nomine de te fabula narratur » – « Pourquoi ris-tu ? Change seulement le nom et l'histoire parle de *toi*. »[9] En particulier, il en vint à faire l'expérience de ce que la Bible hébraïque possède le pouvoir involontaire de faire disparaître les prétentions, au point même de séparer « âme et esprit, jointures et moëlles » (Hébreux 4:12), démontrant par là son autorité de Parole de Dieu au moment où les rationalistes de l'époque la contestaient en même temps que son authenticité historique – dans l'incapacité où ils étaient de se voir eux-mêmes déjà introduits dans l'Ecriture et jugés par *elle*, soit au travers de la personne de Caïn, comme Hamann le découvrit pour lui-même, soit de la personne d'Adam en quête d'une connaissance sans obéissance, soit encore dans les bâtisseurs de Babel cherchant à « se faire un nom » pour eux-mêmes (Genèse 11). De plus, dans la mesure où la Parole de Dieu pouvait créer l'unité à partir de l'informe, du néant de sa vie, Hamann était heureux de parler du travail de l'Esprit de Dieu dans la Parole comme d'une *creatio ex nihilo*, autorisant par la même occasion le parallèle entre le travail de Dieu dans la Création et celui de Christ dans la Rédemption (cf. 1 Corinthiens 4:6).

---

[8] L'utilisation par Hamann provient de la première épître de Paul aux Corinthiens (4:6), où Paul dit qu'il a « appliqué figurativement » (μετεσχηματισα) ses paroles à Apollos et à lui-même – non pas pour son propre bénéfice, mais afin que, par des moyens indirects, les Corinthiens en viennent à réaliser que son message (qui les enjoignait de ne pas concevoir de l'orgueil dans des responsables humains, versets 3:5–4:5) s'applique spécifiquement à eux.

[9] C'est Hamann qui souligne. Voir ZH VI, p. 272 (à Jacobi) : "Quid rides? de TE fabula narratur." Voir Horace, *Satires* I/1, 69s: "Quid rides? mutato nomine de te fabula narratur," dans *The Complete Odes and Satires of Horace*, traduction, avec introduction et notes, par Sidney Alexander (Princeton, New Jersey: Princeton University Press, 1999), p. 193. Voir aussi ZH I, p. 396 (à Lindner) : « Pourquoi riez-vous ? Vous-même êtes l'homme de la fable. » Voir la discussion de Bayer dans *Autorität und Kritik: Zur Hermeneutik und Wissenschaftstheorie* (Tübingen: Mohr-Siebeck, 1991), p. 20.

A la suite d'Oswald Bayer, voici maintenant une herméneutique en opposition frontale avec les courants d'interprétation du sujet moderne; en fait, une herméneutique qui bouleverse les évaluations modernes de la subjectivité, qu'elles soient de type cartésien, romantique ou transcendental. Car il n'est plus question de *ma* manière de comprendre un texte (en tant qu'identité complète, présente en soi, prétextuelle), mais plutôt de la manière dont *le texte me* perçoit et *me* construit.[10] En d'autres termes, selon Bayer, « c'est l'Ecriture qui m'interprète, et non moi qui l'interprète. »[11] D'où un changement de priorité : Le sujet moderne, l'en soi (au travers du doute systématique de Descartes ou de la perception de l'unité transcendantale chez Kant) est dessaisi au profit du texte qui donne au sujet une nouvelle *représentation* de lui-même, un *métaschème* qui constitue ou reconstitue son identité à l'aide des symboles et paraboles du récit concerné. Hamann inverse ainsi la formule d'Albrecht Bengel (qu'Eberhard Nestle placerait plus tard au début de son édition du Nouveau Testament grec) : « *Te totum applica ad textum: rem totam applica ad te.* Il y a un ὕστερον πρότερον dans cette phrase. Le premier doit être le dernier. Plus le chrétien reconnaît que ce livre raconte sa propre histoire, plus il a de zèle pour la lettre de la Parole.[12] En d'autres termes, l'exégèse biblique ne consiste pas avant tout à considérer l'interprétation de l'Ecriture comme un objet d'enquête historico-critique, comme si en comprendre le sens dépendait des ressources intellectuelles que chacun peut faire intervenir (par une sorte de pélagisme exégétique). Il s'agit plutôt pour chacun de s'appliquer à l'interprétation et d'y appliquer ses dons, *tout d'abord* parce qu'elle l'interpelle personnellement et que *son* autorité sur lui, l'interprète, a été fermement établie – lorsqu'il reconnaît que l'Ecriture s'interprète, pour ainsi dire, elle-même (*sacra scriptura sui ipsius interpres*) selon les termes de Luther, et interprète (met en coupe réglée) ceux qui prétendraient le faire depuis une position en surplomb.[13] Hamann conclut donc sa brève autobiographie par de

---

[10] Voir Oswald Bayer, *Autorität und Kritik*, pp. 19s.
[11] Oswald Bayer, *Autorität und Kritik*, p. 22.
[12] ZH II, p. 9.
[13] Voir Luther, *Werke. Kritische Gesamtausgabe* (Weimar: H. Böhlaus, 1906–1961),

chaleureux remerciements pour les trésors découverts dans la Parole de Dieu (Matthieu 13:44) :

> J'en viens à ma conclusion, à partir des preuves tirées de ma propre expérience, avec de sincères remerciements à Dieu pour sa Parole qui sauve, Parole qui s'est vérifiée comme la seule et unique lumière pour venir à Dieu, mais aussi pour la connaissance de soi; cette Parole est comme le don le plus valable de la grâce divine, laquelle surpasse la nature et tous ses trésors autant que notre esprit immortel surpasse le limon de chair et de sang; comme la plus saisissante et vénérable révélation des mystères les plus profonds, les plus sublimes, les plus merveilleux de la nature de Dieu – que ce soit dans le ciel, sur la terre ou en enfer – nantie de tous ses attributs et de sa sainte volonté, tout particulièrement envers nous, misérables êtres humains... comme le seul pain, la seule manne pour notre âme, dont un chrétien ne peut pas davantage se passer que l'homme terrestre des nécessités et de la subsistance quotidiennes – de fait, j'avoue que cette Parole de Dieu accomplit autant de merveilles dans l'âme d'un chrétien consacré, érudit ou sans instruction, que dans celle des personnages qu'elle décrit; je confesse encore que la signification de ce livre et la foi en son contenu ne deviennent accessibles que par le même Esprit, savoir Celui qui a inspiré ses auteurs; et enfin, que les « soupirs inexprimables » suscités dans nos cœurs sont de la même nature que les images inexprimables éparpillées dans toutes les Saintes Ecritures avec une prodigalité bien supérieure à celle des semences de la nature et de ses différents règnes.[14]

D'après ce passage, l'herméneutique de Hamann se fonde de toute évidence au plan méthodologique sur la *claritas interna Spiritus Sancti* : La compréhension de l'Ecriture requiert impérativement d'être éclairé par le même Esprit Saint qui l'inspira à l'origine. A proprement parler, il n'existe pas de lecture de l'Ecriture extérieure à ce cercle qui soit autre chose qu'une confirmation des préjugés de chacun, un *Gaukelspiel* (jeu d'illusions) de la raison avec elle-même –

---

volume 7, p. 97.
[14] *LS*, pp. 345–346 (N II, p. 43).

et nous verrons que Hamann conserve ce même regard sur les livres de la nature et de l'histoire qui, selon lui, sont hermétiquement fermés à un esprit purement rationnel. A l'intérieur de ce cercle, cependant, c'est-à-dire après que le lecteur se sera soumis à son examen rigoureux, l'Ecriture deviendra « vivante et dynamique, » capable de miracles dans le cœur de ses lecteurs; de cette manière, elle se révèle comme la Parole de Dieu, autrement dit la même Parole efficace du Créateur qui a dit : « 'Que la lumière soit,' et la lumière fut » (Genèse 1: 3).

Hamann note dans ses débats avec Longin sur le caractère sublime de la Parole de Dieu : « Longin trouvait merveilleux que Moïse fasse parler le Très-Haut et que ce qu'Il dit arrive. »[15] Comme nous le verrons, c'est à cette sublime puissance de créativité de la Parole que tous les actes *mimétiques* de la mise en scène littéraire chrétienne de Hamann font en définitive référence. Mais comme en témoigne la citation ci-dessus, Hamann délaisse même la comparaison avec la création, car l'Ecriture est aussi supérieure à la nature que l'esprit l'est à la chair et au sang : « La nature est merveilleuse, qui peut l'oublier ? Mais qui comprend son langage [;] ? L'homme naturel la croit muette et sans vie. Mais l'Ecriture, la Parole de Dieu, la Bible, est plus merveilleuse encore, plus parfaite; (elle est) la nourrice qui nous donne notre première nourriture, le lait qui nous fortifie... »[16] En outre, il dit que l'Ecriture est de plus « l'arbre de vie, dont les feuilles guérissent les gens et dont les fruits nourrissent les âmes. »[17]

Il va sans dire que de telles convictions à propos de l'autorité de l'Ecriture et de la constitution scripturaire du soi mettaient Hamann en conflit direct avec son époque, l'ère de la « raison » et de la « critique » auxquelles, selon les mots de Kant, « tout, » y compris l'Ecriture, « doit se soumettre. »[18] C'est donc à bons droits que Dilthey a vu en Hamann le Pascal du XVIIIe siècle, Hamann dont la conversion

---

[15] *Biblical Meditations*, dans *LS*, p. 73 (N I, p. 15).
[16] *LS*, p. 152 (N I, p. 91); voir aussi p. 109 (N I, p. 49) : « La nature s'évanouit devant ta Parole. Voilà le lieu très saint[;] la création entière n'est qu'un parvis en comparaison avec ce que nous voyons dans ta Parole. »
[17] *LS*, p. 152 (N I, p. 92). Voir Apocalypse 22:2.
[18] Kant, *Critique of Pure Reason,* traduction de Norman Kemp Smith (New York: St Martin's Press, 1965), p. 9.

face à Kant et aux hommes des Lumières est assez comparable à celle de Pascal *face à* Descartes et aux débuts du rationalisme moderne. Car ici le Dieu des philosophes n'est pas celui d'Abraham, d'Isaac et de Jacob; et il n'existe aucune connaissance admissible des Ecritures divines en dehors de l'Esprit, qui est donné par Christ. Hamann déclare ainsi en des termes proches de ceux de Pascal : « Sans la foi en Jésus-Christ il est impossible de connaître Dieu (et) quel être aimant, infiniment bon et bienveillant (Il est). »[19] Ce qui distingue le plus le Dieu des chrétiens de celui des philosophes tient cependant à l'extraordinaire étendue de son amour pour les humains. Pour Hamann, « toute la sagesse de Dieu, son omnipotence et tous ses autres attributs semblent n'être que les instruments de son amour pour l'homme. »[20] « Le païen, le philosophe, dit-il encore, reconnaît la bonté, la majesté, l'omnipotence, la sainteté de Dieu; mais il ignore tout de *l'humilité* de son *amour pour l'homme.* »[21] Pour Hamann, « cette préférence pour les êtres humains, les insectes de la création, se situe au tréfonds de la révélation divine, » que la raison n'a aucun moyen de sonder, pas plus d'ailleurs *a fortiori* le fait que « Jésus ne s'est pas contenté de devenir un homme, mais (a condescendu à) devenir l'un des plus pauvres et des plus pitoyables d'entre eux. »[22]

De telles thèses, concèdons-le, ne sont pas l'apanage de Hamann. Mais nous ne voyons nulle part dans l'histoire du christianisme, pas même chez Irénée, une si profonde insistance sur l'humilité comme attribut de la nature divine, et cet attribut ne bénéficie nulle part d'une logique aussi impeccable pour l'étendre à *toutes* les personnes de la Trinité. L'humilité du Saint-Esprit est ainsi décrite en termes des plus frappants, après l'humilité du Fils, « qui, au nez et à la barbe de l'orgueilleux petit empire de la raison, a produit un livre tel que la Parole, dans lequel, semblable à un (esprit) fou et fantasque, voire (un esprit) profane et impur, Il a transformé des évènements mineurs et dignes de mépris en une histoire du ciel et de la terre (1 Corinthiens

---

[19] *LS*, p. 346 (N II, p. 43).
[20] *LS*, p. 346 (N II, p. 43).
[21] ZH I, p. 394.
[22] *LS*, p. 346 (N II, p. 43).

1:25). »23 Un autre jour, il ajoute : « De fait, la Bible entière semble avoir eu pour but exclusif de nous enseigner le royaume [*Regierung*] de Dieu au travers de lieux communs… Tout ce qui apparaît improbable et absurde à la logique terrestre se révèle invariablement et indéniablement sûr et réconfortant pour le chrétien. »24

LA GLOIRE DANS LES « ORIPEAUX » DE L'ECRITURE

Ce qui précède permet d'identifier au moins deux effets durables de la conversion de Hamann : D'une part, une profonde perception des abysses allégoriques, jointe à la capacité critique de transformer la puissance « métaschématique » de l'Ecriture en œuvre de l'Esprit-Saint (et la critique humaine semble bien pâle en comparaison); d'autre part, une consécration personnelle et radicale à Christ, devenu le centre de sa vie, car « lorsque notre âme trouve en lui son centre, elle lui reste fidèle en tous ses mouvements; tout comme la terre reste fidèle au soleil, l'âme de même reste fidèle (à Christ)… »25 Il est très vrai que, selon les observations de von Balthasar, « Hamann n'a jamais dévié d'un iota de son christocentrisme cohérent et sans failles. »26

Mais l'originalité de Hamann dans l'histoire du christianisme vient, ici encore, d'une très forte insistance sur l'humilité divine – au point d'en faire la lunette de vue au travers de laquelle est appréhendée toute l'économie du salut, depuis l'œuvre du Père dans la Création, jusqu'à

---

[23] Ibid.
[24] *LS*, p. 349 (N II, pp. 45s).
[25] *LS*, p. 349 (N II, p. 46).
[26] Hans Urs von Balthasar, *The Glory of the Lord: A Theological Aesthetics* (San Francisco: Ignatius, 1985), volume 3, p. 246 (traduction modifiée). Voir, par exemple, *LS*, p. 431 (N II, p. 48), où Hamann dit : « Il serait davantage possible de vivre sans son cœur et sa tête que de vivre sans lui. Il est la tête de notre nature et de tous nos pouvoirs, et la source du mouvement, qui ne peut pas plus rester immobile dans un chrétien que ne le peut le pouls dans un homme vivant. Cependant, le chrétien seul est un être humain vivant, et en outre un être vivant éternellement immortel, parce qu'il vit et se meut et a son être en Dieu … » Cf. la remarque de Hamann à Lindner, ZH I, p. 341 : « Le chrétien fait tout en Dieu; manger et boire, voyager d'une ville à une autre, résider là pendant un an … sont des préoccupations et œuvres divines. »

celle du Fils dans la Rédemption, et de l'Esprit dans l'inspiration de l'Ecriture. D'où les premiers mots de sa préface herméneutique « De l'interprétation de l'Ecriture » : « Dieu un auteur ! » – – < Le Créateur du monde et Père des êtres humains est nié, réprouvé, l'homme-Dieu a été crucifié, l'inspirateur de la Parole de Dieu est ridiculisé et blasphémé. > L'inspiration de ce livre est un acte d'abaissement et de miséricorde tout aussi grand que la création par le Père et l'incarnation du Fils. »[27] L'emploi de tirets ici, comme dans tous ses ouvrages, augmente l'amplitude des termes et opère un gros-plan magistral sur le mystère de la miséricorde divine – comme pour laisser entendre que le christianisme est lui-même une sorte de religion à mystères, littéralement « hermétiquement fermée » ($\mu\acute{\upsilon}\omega$) aux non-initiés, à savoir les orgueilleux rationalistes qui se tiennent « devant le temple » (*pro-fanum*) des mystères chrétiens (doctrines, textes, sacrements), drapés dans une incrédulité méprisante. Il est clair qu'avec ces tirets, et le *stylus atrox* des écrits suivants, son intention est précisément de repousser « les contempteurs lettrés » du christianisme qui prétendent juger ses mystères sur la base de la seule raison. La suite de ses propos le démontre :

> Autant un animal est incapable de lire les fables d'Esope, de Phèdre et de La Fontaine – ou même s'il le pouvait – il ne pourrait exprimer des jugements aussi dégradants sur le sens des histoires et leur justification ainsi que l'ont fait les êtres humains par leurs critiques et leurs théories au sujet du livre de Dieu.[28]

Aux yeux de Hamann, il apparaît à nouveau que loin d'être immédiatement accessible à la raison ou à la critique biblique moderne, l'Ecriture ne peut être étudiée sans l'Esprit d'humilité qui en a imprégné la rédaction : « Un coeur humble est la première condition

---

[27] *LS*, p. 59 (N I, p. 4) (les crochets entourent du texte qui a été rayé mais qui a été reproduit ici néanmoins); sur la même page, voir aussi : « La Parole de cet Esprit est une œuvre aussi grande que la Création, et un mystère tout aussi grand que la rédemption des êtres humains[;] en effet, cette Parole est la clef des œuvres de la Création et des mystères de la Rédemption. »
[28] *LS*, p. 59 (N I, p. 4).

requise et la préparation la plus indispensable à la lecture de la Bible. »[29] Car c'est d'abord l'humilité qui permet de discerner, sous la forme humble des « oripeaux » de l'Ecriture, habituellement méprisés ou traités de purement humains par les rationalistes, un moyen divin de salut et d'illumination :

> Nous nous retrouvons tous dans un cachot boueux semblable à la citerne où Jérémie se trouvait emprisonné. De vieux chiffons servirent de cordes pour le sortir de là; il leur devait donc son salut et en était reconnaissant. Ce n'est pas leur apparence, mais les services rendus et l'usage qu'il en faisait qui lui sauvèrent la vie. (Jérémie 38: 11-13.)[30]

Et, bien entendu, la comparaison avec la Personne de Christ va de soi pour Hamann. Car Christ a aussi pris une forme humble, la forme d'un serviteur (rejeté pour la même raison), mais en qui les pauvres en esprit sont capables de voir le Sauveur. Selon Balthasar,

> Le même émerveillement de Hamann devant la figure du Christ serviteur en qui Dieu se dépouille réapparaît quand il la contemple dans les Saintes Ecritures, car ici les « vieux chiffons » deviennent des cordes pour faire remonter l'homme piégé tel Jérémie dans la citerne boueuse, et il faut alors avec Paul se risquer à parler de la folie et de la faiblesse de Dieu.[31]

Après avoir réfléchi aux humbles éléments employés par Christ pour guérir l'aveugle (Jean 9:6), Hamann se reporte à la description du comportement de David à la cour du roi de Gath : « Alors il changea de comportement; il se montra comme fou à leurs yeux, et fit devant eux des extravagances; il faisait des marques sur les battants des portes et laissait couler sa salive sur sa barbe » (1 Samuel 21:13-14). Hamann s'intéresse surtout à la réaction d'Akisch (versets 14-15) :

---

[29] Ibid.
[30] *LS*, p. 59 (N I, p. 4). Cf. ZH I, p. 341, où Hamann dit à Lindner : « Permettez-moi de me vanter de ces vieux haillons. Ces vieux haillons m'ont sauvé de la fosse, et j'en suis fier comme Joseph était fier de sa tunique de plusieurs couleurs. »
[31] von Balthasar, *The Glory of the Lord,* volume 3, p. 251.

« Akisch dit à ses serviteurs : 'Vous voyez bien que cet homme a perdu la raison; pourquoi me l'amenez-vous ? Est-ce que je manque de fous pour que vous m'ameniez celui-ci et me rendiez témoin de ses extravagances ? Faut-il qu'il entre dans ma maison ?' » Hamann pose alors la question suivante : « Qui peut lire l'histoire de David sans trembler, sans éprouver une crainte respectueuse [*Zittern der Ehrfurcht*] [l'histoire de quelqu'un] qui a des gestes incontrôlés, joue au bouffon, marque les battants des portes, (et) bave dans sa barbe, sans entendre dans le jugement d'Akisch un écho de la pensée d'un plaisantin ou d'un sophiste incroyant de notre temps ? »[32]

Ce qui frappe immédiatement ici, c'est le langage traversé de crainte et de tremblements qu'adopte Hamann devant ce passage; car l'histoire de David et d'Achisch, présentée *comme la Parole de Dieu*, défie l'approche rationnelle et va carrément à contre-courant des pensées rationnelles sur ce que devrait être un passage divinement inspiré. Et déjà se profilent certaines des raisons qui ont poussé Kierkegaard à commencer son étude d'Abraham *Fear and Trembling* par une citation de Hamann. L'intérêt de Hamann se focalise toutefois sur la façon dont le jugement d'Akisch trouve écho dans celui des critiques de Dieu à chaque époque, notamment ceux des Lumières, dont les penseurs chassent l'Ecriture de leur esprit exactement comme Akisch chasse David de son royaume. Pour Hamann ce passage est doublement effrayant, puisque ce geste équivaut à un blasphème (cf. Matthieu 12:24-31). Dieu n'en a pas moins choisi précisément cette histoire très improbable et d'une manière générale ce *style* non moins invraisemblable (celui de l'Ecriture, celui de Christ et celui de l'Eglise fondée par des pêcheurs); les réflexions de Hamann s'achèvent par conséquent très opportunément sur une citation de Paul à propos de la forme ironique que prend l'élection (1 Corinthiens 18:26-28).

MÉDITATIONS BIBLIQUES

Alors que « De l'interprétation de la Sainte Ecriture » est un bref exposé de sa méthode, les *Méditations bibliques* de Hamann en sont l'application sous forme d'un long commentaire biblique. Là encore, la

---

[32] *LS*, p. 61 (N I, p. 5).

préface de ses *Méditations* contient des réflexions herméneutiques sur la bonne manière de comprendre la Bible, et par exemple celle-ci : « La nécessité pour les lecteurs d'adopter le même état d'esprit que l'auteur ... est une règle aussi nécessaire dans le cas présent que pour d'autres livres. »[33] Si difficile ou impossible que cela soit pour un auteur humain, ce ne l'est pas pour Dieu selon Hamann, « car l'Esprit Saint est promis à tous ceux qui supplient le Père céleste. »[34] Une fois encore, c'est la seule manière qui permet d'entrer dans le cercle de la compréhension. Ce cercle n'est pas limitatif, comme pourrait le suggérer une forme de lecture piétiste, car au contraire il donne accès à tout. La Bible est à ses yeux la clef de l'interprétation de livres plus vastes telles la nature et l'histoire. Et dans les « Fragments, » il déclare ceci : « La nature et l'histoire sont ... les deux grands *commentarii* sur la Parole divine; cette dernière est, en outre, la seule clef donnant accès à la connaissance des deux. »[35] Il continue dans la même veine :

> Dieu s'est révélé aux êtres humains dans la nature et dans sa Parole. Les ressemblances et les liens entre ces deux révélations n'ont pas encore été discernés; et personne n'a encore suffisamment expliqué ou pénétré (leur) harmonie, alors qu'elle pourrait ouvrir un large champ (d'investigation) à une saine philosophie.[36]

En faisant abstraction des conjectures sur une éventuelle inclusion de ce passage dans la collection d'écrits de Hamann prêtés à Schelling (membre de l'Académie des Sciences de Munich) par Jacobi (alors président de l'Académie), il montre clairement ce que sera l'itinéraire philosophique de Schelling. Il en va de même du passage suivant : « Les deux révélations s'interprètent (et) se confortent l'une l'autre, sans pouvoir se contredire autant que ne le feraient peut-être les

---

[33] *LS*, p. 66 (N I, p. 8).
[34] Ibid.
[35] *LS*, p. 411 (N I, p. 303). En même temps qu'il parle ici de l'Ecriture en tant que clef d'interprétation de la nature et de l'histoire, Hamann parle également de la foi dans de tels termes, comme nous le verrons dans les *Socratic Memorabilia*. Cf. *LS*, p. 307 (N I, p. 246) : « Sans la foi, nous ne pouvons pas même comprendre la Création et la nature ... »
[36] *LS*, p. 66 (N I, pp. 8s).

explications de la raison. Il y aurait, inversement, une très grande contradiction et un faux usage de la raison si (d'aventure) elle désirait *se révéler elle-même.* »37 Autrement dit, Hamann estime que la raison serait très dévoyée si elle souhaitait se voir *elle-même* dévoilée dans la nature. Or c'est là ce qui sépare de façon cruciale Hamann (avec, par extension, le Schelling de la dernière période) de Kant, Hegel comme aussi de toute forme de philosophie transcendentale. Dans cette philosophie, la raison est en effet moins une faculté qui *interprète* la réalité qu'une capacité de *constituer* la réalité et d'en poser les règles. Alors au lieu d'accentuer l'inféodation au monde en prenant la raison pour mesure de toutes choses de préférence à la révélation, Kant et l'idéalisme allemand ferment précisément la porte au monde extérieur de sorte que nul n'y rencontre plus autre chose que la raison, rien d'étranger à la raison et au domaine de la raison, rien hormis, dans le cas de Kant, un « x transcendental » dont nul ne peut rien savoir et qui (selon Hamann, Jacobi et John Milbank) pourrait aussi bien « n'être rien. »38

La lecture de la Bible par Hamann est donc tout sauf un étroit biblicisme; elle a, au contraire, ouvert les livres par ailleurs « scellés » de la nature et de l'histoire.39 Joachim Ringleben l'exprime ainsi : « La Bible a été pour lui le livre au-dessus de tous les livres; le livre *des* livres : *Liber instar omnium.* Son contenu lui ouvrit les yeux sur toute parole prononcée; et il revoyait partout Celui-là même que la Bible révèle.40 En bref, « la Bible était son *Hen,* parce qu'elle lui ouvrait le *Pan* [la totalité de la réalité]. »41 C'est en de tels termes qu'il faut

---

[37] *LS*, p. 67 (N I, p. 9). C'est moi qui souligne.
[38] Voir John Milbank, "The theological critique of philosophy in Hamann and Jacobi," dans John Milbank, Catherine Pickstock et Graham Ward (éditeurs), *Radical Orthodoxy: A New Theology* (Londres: Routledge, 1999), p. 26.
[39] Voir *LS*, p. 209 (N I, p. 148) : « Quel livre scellé que le nature elle-même sans l'interprétation de son Créateur et de l'Esprit. »
[40] Joachim Ringleben, "'Rede, daß ich dich sehe': Betrachtungen zu Hamanns theologischem Sprachdenken," dans *Neue Zeitschrift für systematische Theologie und Religionsphilosophie* 27 (1985), p. 222.
[41] Ringleben, "Gott als Schriftsteller: Zur Geschichte eines Topos," dans Oswald Bayer (éditeur), *Johann Georg Hamann: 'Der hellste Kopf seiner Zeit'* (Tübingen: Attempto Verlag, 1998), p. 37. Voir *LS*, p. 132 (N I, p. 72) : « Dieu a tout révélé dans

comprendre l'étroite connexion entre l'Ecriture et l'esthétique dans la pensée de Hamann, ou entre une herméneutique de la Parole et une herméneutique du monde. Cette terminologie spécifique rend compte des appelations tardives de « philologue » ou « d'amoureux de la Parole » qu'il s'attribua dans leur sens à la fois le plus large et le plus restreint, sans négliger l'étonnante remarque faite au lendemain de sa conversion : « Pour moi chaque livre est une Bible. »[42]

Mais si la Parole de Dieu « ouvre » les livres de la nature et de l'histoire, qui sinon resteraient « scellés, » l'inverse se vérifie également: Une vision du monde séparée du regard de la foi, privée de la lunette de vue de la Parole, en bref, une vision du monde adossée à la seule raison ne pourra que très difficilement construire quoi que ce soit, et encore moins discerner une quelconque signification ou un Logos dans le spectacle du réel. Au vu de l'incapacité de donner corps aux phénomènes, et plus encore d'entendre le Verbe qui nous parvient au travers d'eux, tout devient illusoire :

> Quel Néant, quelle fumée, quel Rien pestilentiel représente à nos yeux notre vie lorsque la raison fait le compte de nos jours! Quel Tout, quel trésor, quelle éternité quand la foi en fait le compte...Tout est sagesse dans ton ordre du monde dès que nos esprits sont ouverts par l'Esprit qui inspire ta Parole. Tout est labyrinthique, tout est chaos, si nous voulons voir par nous-mêmes. Le mépris de ta Parole nous rend plus misérables qu'aveugles... Cependant, nos yeux ont le regard perçant de l'aigle, (comme) éclairés par des anges, quand tout nous est révélé dans ta Parole, Dieu d'amour ![43]

Les *Ecrits de Londres* laissaient apparaître, dèjà, une *conviction première* dans la pensée de Hamann, à savoir qu'une véritable esthétique dépend de la foi en la Parole créatrice de Dieu; si elle fait

---

Sa Parole »; p. 136 (N I, p. 75) : « Quels mystères de notre nature sont clarifiés dans la Parole de Dieu. Sans elle, l'être humain entier semble n'être rien d'autre que de la terre, informe et vide, ténèbres sur la surface de l'abîme. »
[42] ZH I, p. 309.
[43] *LS*, p. 131 (N I, pp. 70s). A ce sujet, voir Georg Baudler, "Im Worte Sehen." *Das Sprachdenken Johann Georg Hamanns* (Bonn: H. Bouvier Verlag, 1970).

défaut, la raison est incapable de rendre la réalité substantielle ou de lui donner son unité, et moins encore d'apprécier la configuration providentielle de ce qu'elle perçoit – au point de ne laisser, de manière ultime, d'autre alternative que le choix entre la foi et le nihilisme, entre une esthétique du Tout et une esthétique du vide.[44]

Un autre aspect de son esthétique consiste non seulement à scruter tout le corpus de la nature et de l'histoire à la lumière de l'Ecriture, mais par une extension de la règle scripturaire – qui tout entière concerne Christ (Luc 24:27) – à considérer toute l'économie de la nature et de l'histoire comme un témoignage aussi mystérieux et merveilleusement varié à la Parole faite chair.[45] Ce témoignage est assurément plus visible dans l'histoire d'Israël, les prophéties et les allégories de la Bible hébraïque qui annoncent la venue du Verbe incarné avec une clarté croissante depuis la Torah jusqu'aux petits prophètes. Mais la générosité de la vision de l'histoire qu'avait Hamann est telle que le témoignage à la Parole inclut pour Hamann – comme pour Photios, jusqu'aux « langage et locutions fleuries des païens. »[46] A cet égard, il faudrait admettre qu'il a obéi au commandement paulinien « d'amener toutes choses captives à l'obéissance de Christ » (2 Corinthiens 10:5). D'où le plaisir particulier de Hamann face aux prophéties involontaires de l'histoire, dites tantôt par un grand-prêtre tel Caïphe : « Il vaut mieux qu'un seul homme meure pour le peuple » (Jean 18:14), tantôt par un sceptique comme Hume, capable de donner une définition somme toute légitime de la foi, en disant du christianisme qu'un miracle permanent est requis « pour croire ce qui est le plus contraire à la coutume et à l'expérience. »[47]

---

[44] Pour avoir un aperçu d'un développement approfondi des perspectives de Hamann à ce sujet, voir Conor Cunningham, *Genealogy of Nihilism: Philosophies of Nothing and the Difference of Theology* (Londres: Routledge, 2002).
[45] Dans une certaine mesure, sa compréhension de l'histoire est fondamentalement sous-tendue par le principe d'analogie. Voir *LS*, p. 106 (N I, p. 47), où Hamann dit : « La vérité est une; néanmoins, elle possède d'innombrables analogies et expressions. » Cf. *SM* (N II, p. 61), où il cite Young : « L'*analogie*, le guide le plus sûr pour l'homme ici-bas. »
[46] N II, p. 172. Voir aussi Ringleben, "Rede daß ich dich sehe," p. 222.
[47] Voir David Hume, *Enquiries concerning Human Understanding and Concerning*

Pour Hamann, puisque donc Christ représente en lui-même le contenu de toute la prophétie et le sens dernier de l'histoire, Il est la clef des mystères propédeutiques du pagaïsme et du judaïsme. Von Balthasar commente Hamann ainsi : « Le judaïsme et le paganisme s'orientent tous deux vers cette unique Parole qui les accomplit en révélant, au travers du mystère de sa propre solitude, la gloire première de ce Dieu qui s'est humilié par amour... »[48] L'histoire devient tout entière une économie unique de la miséricorde divine, orientée vers le mystère central de Christ qui paraît comme un simple serviteur, le roi-serviteur. Un mystère qui s'éclaircit davantage dans certains psaumes et dans le serviteur souffrant d'Esaïe, mais pour Hamann, tout philologue – soit tout être passionné par la Parole – peut également le découvrir dans la mythologie et la poésie de l'Antiquité, comme par exemple l'Odyssée où Ulysse, le roi d'Ithaque, paraît à sa cour déguisé en mendiant par Athéna (déesse de la sagesse).[49] Hamann, dans un passage saisissant, compare le Dieu d'Israël aux dieux de la mythologie grecque :

> Dans Osée, Dieu ne dit-Il pas : « Je suis comme une teigne pour Ephraïm, comme une carie pour Juda (5:12) » ? Ne se transforme-t-Il pas souvent en une pluie d'or pour gagner l'amour d'un peuple et d'une âme ? Sa justice n'est-elle pas jalouse à propos des entrailles de sa miséricorde et de son amour pour les enfants des hommes ? Et quels grands projets n'a-t-Il pas dû avoir pour aveugler – je dois parler comme un homme – la première (sa justice). Combien de démarches d'amour de sa part pour nous y rendre sensibles et nous garder fidèles. Ne doit-Il pas nous enlever, nous contraindre malgré lui ? Dites-moi, serait-il jamais venu à l'esprit des païens de changer la gloire de

---

the Principles of Morals, édité par P. H. Nidditch (Oxford: Clarendon Press, 1995), p. 131.
[48] Hans Urs von Balthasar, *The Glory of the Lord: A Theological Aesthetics*, volume 1 (San Francisco: Ignatius, 1982), pp. 80s.
[49] N II, p. 211; cf. N II, p. 68: « Les païens étaient accoutumés à de telles contradictions [c'est-à-dire le sub contrario de *l'amour divin*], depuis les fables astucieuses de leurs poètes, jusqu'à ce que leurs sophistes, comme les nôtres, les condamnent comme ils le feraient pour un parricide que l'on commet contre les principes élémentaires de la connaissance humaine. »

l'Olympe en l'image d'un bœuf qui mange de l'herbe?[50] Ainsi, là où Platon ne voit que des mensonges corrupteurs, Hamann parle d'une compréhension voilée de la miséricorde divine; là où la modernité dénonce de ridicules anthropomorphismes, Hamann discerne des allusions à des dimensions incroyables et à l'apparente extravagance de l'amour divin. Il n'hésite pas même à comparer les « prodigalités » de Zeus, comme autant d'anticipations chimériques, avec les faits historiques de ce que « notre religion nous a révélé » (Philippiens 2:7).[51] Et il déclare, par exemple :

> Même les païens savaient entremêler une part de ces mystères avec leur mythologie. Jupiter s'est changé en un misérable coucou frissonnant, à moitié-mort, et dégoulinant de pluie afin d'obtenir les faveurs de sa femme légitime – et les Juifs et les chrétiens rejettent leur roi au motif qu'il glousse comme une poule autour de ses poussins, défendant d'une manière humble et douce son droit d'aimer.[52]

---

[50] ZH I, p. 352. La « pluie d'or » est une allusion à l'histoire de Danaë et à la manière dont Zeus est entré dans sa chambre; et la référence à la justice de Dieu est une allusion à Héra, la femme de Zeus, qui représente la justice et l'ordre, et que Zeus a trompée par ses transformations; le bœuf fait référence au viol d'Europe. Voir Harry Sievers, *Johann Georg Hamanns Bekehrung* (Zurich: Zwingli Verlag, 1969), pp. 126–135.
[51] ZH I, p. 352.
[52] Voir Matthieu 23: 37. ZH I, p. 394. Il est remarquable, ici et en de nombreux endroits dans les *Méditations bibliques*, que Hamann ne reproche jamais aux Juifs d'avoir rejeté Christ, sans le reprocher aux chrétiens eux-mêmes. Voir, par exemple, LS, p. 125 (N I, p. [65]) : « Comment pouvons-nous [parler] de la cécité des Juifs et de leur entêtement sans honte, sans blasphème, sans crainte, à la vue de notre propre attitude – nous chrétiens, à qui Dieu a révélé infiniment plus, ne vivons-nous pas dans la même idolâtrie à laquelle les Juifs ont succombé; dans la même incrédulité dans laquelle ils étaient emprisonnés; dans le même aveuglement, malgré le témoignage de leurs sens, le témoignage de Moïse et la volonté expresse de Dieu telle qu'elle avait été révélée à travers les commandements, bénédictions et châtiments. Oh, Dieu ! Si leur jugement a été aussi terrible, combien [terrible] sera le nôtre[?] Si Jérusalem a connu une telle fin, quelle sera la chute de Babel ? »

Nous sommes ici aux racines de l'œuvre de Hamann et de son opposition au rationalisme des Lumières : « L'extravagance » de la grâce divine, « pierre d'achoppement pour les Juifs et folie pour les païens » (1 Corinthiens 1:23). Le plus remarquable reste toutefois que chez Hamann cette apparente folie ne s'applique pas seulement à la forme de serviteur (*Knechtsgestalt*) du Fils, mais aussi à l'humilité de l'Esprit Saint, lequel adopte la même *Knechtsgestalt* dans la rédaction de l'Ecriture, s'abaissant à parler au travers des êtres humains, et, qui plus est, par l'intermédiaire de la culture et des récits d'un peuple ancien que, dans certains cas, aucun individu rationnel ou même moral ne pourrait espérer comprendre. La seule différence en la matière est l'objet de l'offense : L'incarnation et la crucifixion du Fils portent en effet atteinte à « la saine logique » et à « la bonne philosophie, » tout comme l'Esprit offense le « bon goût » et le « bon style. » Aux yeux de Hamann, il faut s'émerveiller de ce que l'Esprit, comme le Fils, soumet l'inspiration à l'examen et au jugement du monde – en l'occurrence, le jugement des critiques littéraires sèchement appelés « les grands-prêtres dans le temple du bon goût. »[53] « Il n'est pas ici question, nous dit-il, d'une révélation qu'un Voltaire, un Bollingbroke ou un Shaftesbury [ni même, pourrions-nous ajouter, des critiques plus récents tel Christopher Hitchens, à notre avis] trouveraient acceptable; ce serait flatter leurs préjugés, leur fine intelligence, voire leurs lubies politiques et morales... »[54] En effet, « l'idée même que le Très-Haut puisse honorer les humains d'une

---

[53] Voir N II, p. 205.
[54] *LS*, p. 68 (N I, p. 10). Le sentiment de Voltaire et son hostilité plus nocive vis-à-vis du judaïsme traditionnel et du christianisme en général s'expriment notamment dans son *Sermon of the Fifty*, édité par J. A. R. Séguin (New York: R. Paxton, 1962), pp. 11s: « S'il est possible de déshonorer la divinité par des fables absurdes, alors que ces fables périssent à jamais ... Vous savez, mes frères, quel sentiment d'horreur nous saisit lorsque nous lisons ensemble les écrits des Hébreux, en nous concentrant uniquement sur tous ces traits qui offensent la pureté, la charité, la bonne foi, la justice et la raison universelle – traits qui non seulement se retrouvent dans chaque chapitre, mais, pour couronner le tout, sont aussi sublimés ... Fort heureusement, l'absurdité ici surpasse le barbarisme; mais, une fois de plus, ce n'est pas ici que je souhaite examiner ce qui est ridicule et impossible. Je me restreins uniquement à ce qui est exécrable. »

révélation spéciale semble à ces plaisantins si incongrue, si extraordinaire qu'ils s'enquièrent avec le pharaon de ce que ce Dieu veut... »[55] Car le type de gens « qui font suffisamment confiance à leurs intuitions pour se dispenser de l'instruction divine auraient trouvé des défauts à toute autre révélation et n'ont (en conséquence) besoin d'aucune révélation. Ce sont les gens en bonne santé qui n'ont pas besoin de médecin » (cf. Luc 5:31).[56]

Cependant, Hamann inscrit tout cela dans le jugement ironique et mystérieux de la providence.[57] Car ceux qui, tel Pharaon, déprécieraient la révélation et prétendraient passer jugement sur l'Ecriture confirment très précisément la vérité de l'Ecriture : « Dieu s'oppose aux orgueilleux, mais Il fait grâce aux humbles » (Jacques 4:6) – de la même manière que l'Ecriture elle-même est « scellée » à l'exégèse rationaliste, et que le « Rocher de Christ » (1 Corinthiens 10:4), présent par anticipation dans la Torah (Exode 17:6; Nombres 20:11), est « résistant et dur » pour les incroyants, mais « source d'eau vive » (Jean 4:10, 7:38) pour ceux qui « le frappent » par la foi.[58] Pour Hamann, Dieu est content d'apparaître comme un bouffon aux yeux du monde, dans le droit fil des propos de Paul sur l'ironie de l'élection divine (1 Corinthiens 1:18ss); et rappelons-nous l'exemple saisissant du comportement de David devant Akisch, roi de Gath en 1 Samuel 21:

> L'Esprit-Saint est devenu ici l'historien des gestes humains, désordonnés et même impurs, afin de flouer Akisch et David; ce dernier s'est déguisé; l'Esprit de sainteté et de sagesse – – David fait des marques sur les battants des portes – – – – – – – Le Saint-Esprit ne se borne pas à parler, à écrire comme un homme – – mais comme moins qu'un homme – – comme un fou, un fou qui extravague – – mais Il ne prend cette attitude que devant les ennemis de Dieu – – peindre les *battants* des *portes* avec des signes que nul Akisch ne pouvait déchiffrer, des signes pris pour l'écriture d'un débile – – de

---

[55] *LS*, pp. 67–8 (N I, pp. 9–10).
[56] Ibid. C'est moi qui souligne.
[57] Ibid.
[58] Voir Grégoire de Nysse, *The Life of Moses* (Mahwah, New Jersey: Paulist Press, 1978), p. 87.

plus, Il laisse couler sa salive sur sa barbe. Il semble se contredire et se souiller lui-même avec un récit qu'Il a inspiré en tant que la Parole de Dieu. Il emploie les mensonges d'un Abraham, l'inceste de Lot et transforme l'homme agréable à Dieu en un personnage qui, pense-t-on, s'expose au plus grand châtiment de Dieu.[59]

Rien de plus choquant toutefois, d'après l'interprétation allégorique de Hamann, que le message ultime de ce passage biblique : Il ne concerne pas seulement David, mais l'Esprit Saint et le « style » de l'Ecriture Sainte – de quoi comprendre l'emploi par ailleurs excessif des tirets. Dans la foulée, cela nous donne l'une des clefs de l'étrange sémiotique *propre au style* de Hamann, appliquée à ses écrits ultérieurs, et de *son* accueil par le public. A l'instar de l'Esprit de Dieu, il fait des grimaces et met des masques; lui aussi se cache sous l'apparence d'un fou, et ce fou tague les portes avec des signes bizarres, des allusions, des chiffres – non par pure excentricité, mais comme une posture adéquate, étudiée, face à un auditoire fièrement rationnel, telle une expérience de *mimétisme,* une « imitation esthétique, » une mise en scène fidèle de la folie divine à une époque qui se voulait l'incarnation des « Lumières. » Cette imitation alla de fait assez loin pour que Hamann ait souhaité encourir le même jugement que Christ lui-même subit de la part des maîtres de la Loi (cf. Marc 3:20). Des années plus tard, il dirait à Herder en des termes des plus choquants : « L'idéal de mon embryon (ici ses « ceintures de feuilles de vigne »), au cas où il naîtrait, attirera sur lui l'inévitable jugement suivant : *'Il a un esprit impur.'* »[60]

En tout cas, « l'extravagante » humilité de l'Ecriture, que Hamann imitera, est calculée, selon lui, de manière à irriter les orgueilleux rationalistes, ce qui, dans ce cadre précis, fait de la forme de l'Ecriture une affaire d'élection divine et illustre le plaisir de Dieu consistant à cacher le royaume aux « sages et aux intelligents » pour le révéler aux enfants (Matthieu 11:25) – plus sages que la moyenne des *partisans des Lumières,* car les enfants, au moins, se savent *dépendants* et n'ont pas oublié de demander leur pain quotidien :

---

[59] *LS*, p. 160 (N I, p. 99).
[60] ZH III, p. 305. Cf. N II, p. 200.

> Car... nous constatons qu'il a plû à Dieu de cacher son conseil (aux) êtres humains... de manière à circonvenir les sages de ce monde, les MAÎtres (sic) du monde; ainsi Dieu a-t-Il transformé les humbles, les gens méprisés, en fait les choses qui ne sont point, selon la parole des apôtres, en instruments de son conseil secret et de sa volonté cachée.[61]

En même temps, l'humilité de l'Ecriture a pour Hamann un autre objectif, nettement plus concret, puisque précisément adapté à notre sensibilité et à notre faiblesse intellectuelle. Voilà qui explique la forme narrative de l'Ecriture et les paraboles employées par Christ. « L'Ecriture, » nous dit-il, « ne peut nous parler qu'en paraboles, parce que toute notre connaissance relève du sensible, du figuratif, et que l'intellect et la raison transforment partout les images des choses en allégories et en signes porteurs de concepts supérieurs, abstraits et spirituels. »[62] A ses yeux, il n'existe pas d'approche purement rationnelle de la vérité, même au niveau des principes philosophiques; la raison communique par l'intermédiaire du sensible, par images et symboles. En vertu de cette approche, il rejettera plus tard la méthodologie transcendentale appliquée par Kant à la critique de la philosophie. Hamann observe néanmoins que la sagesse providentielle de Dieu qui condescend à investir la sensibilité au moyen de récits et de paraboles compréhensibles par tous – et non par les seuls érudits ou les scientifiques –, cette sagesse donc ne semble pas pouvoir être comprise par des critiques prétentieux :

> Dieu a consenti autant que possible à s'adapter aux tendances et aux concepts des êtres humains, voire même à leurs préjugés et à leurs faiblesses. Cette qualité d'amour, dont l'Ecriture Sainte regorge, est ridiculisée par les esprits faibles qui préfèrent une sagesse humaine ou la satisfaction de leur curiosité... un consentement au goût du jour... à la Parole divine. Comment s'étonner... que l'Esprit de l'Ecriture soit rejeté avec la même indifférence, si l'Esprit, en effet, semble aussi

---

[61] *LS*, p. 219 (N I, p. 158).
[62] *LS*, p. 219 (N I, pp. 157s). Cf. p. 173 (N I, p. 112): « Les créatures finies sont capables de voir la vérité et l'essence des choses uniquement en paraboles. »

silencieux et inutile que le Sauveur devant Hérode lequel, malgré sa grande curiosité et son espoir de le voir, le renvoya volontiers... à Pilate. (Luc 23:7-11.)[63]

Hamann s'étonne une fois encore de ce que le Saint-Esprit subisse le même traitement que le Fils de Dieu aux mains de ses juges, puisque ses écrits furent écartés par Voltaire comme étant des contes absurdes qui offensent la raison et méritent d'être ridiculisés et dédaignés. Selon Hamann cependant, ce procédé mystérieux ne s'arrête pas au rejet du Fils et du Saint-Esprit, mais va même jusqu'au rejet de la Création laquelle est une déclaration de l'amour du Père qui s'est ainsi humilié lui-même.

Quoi qu'il en soit, en regard de ces mystérieuses correspondances, Hamann s'est aperçu que les opérations de la Trinité économique font appel à une appréhension entièrement nouvelle de la beauté et de la gloire : « Gloire ,» comme l'explique von Balthasar, « a ici le sens de *kénose*, une renonciation non seulement de la part du Fils incarné, mais aussi du (Père) qui, en créant, atteint le néant, et du Saint-Esprit qui se dissimule, selon les termes saisissants de Hamann 'sous toutes sortes de haillons et chiffons,' ou 'sous les débris' de la lettre de l'Ecriture. »[64] Autrement dit, Hamann percevait dans cette coïncidence d'antinomies – gloire et *kénose*, majesté et humiliation – présente en Christ, un trait mystérieusement commun à *toutes* les Personnes de la Trinité : Cette gloire partagée s'illustre justement dans cette humilité partagée, cette *kénose* réciproque, offrant, pourrait-on dire, un aperçu spéculatif de la vie « périchorétique » qu'elles connaissaient dans l'éternité. De plus, toujours selon Hamann, la *kénose* réciproque des Personnes divines témoigne d'une façon très spécifique de l'*unité* de la nature divine, comme si c'étaient, dans un certain sens, autant *l'humilité* partagée des trois Personnes divines que tout autre de leurs attributs qui font que la Trinité est *une*. Hamann décrit en termes

---

[63] *LS*, pp. 68s (N I, pp. 10s).
[64] von Balthasar, *The Glory of the Lord*, volume 1, pp. 80s. Cf. *LS*, p. 251 (N I, p. 190): « Après l'abondance de Dieu dans la nature, qui a émergé à partir de rien, il n'y a pas de plus grande création que la transformation [dans l'Ecriture par le Saint-Esprit] des concepts et impressions humains en mystères célestes et divins; cette omnipotence [qui transforme] le langage humain en pensées du Chérubin et du Séraphim. »

frappants l'unité des opérations de la Trinité *ad extra* :⁶⁵ « Il est constitutif de l'unité de la révélation divine que l'Esprit de Dieu [sic] se soit abaissé et départi de sa majesté à l'instar du Fils de Dieu qui prit la forme d'un serviteur, et comme aussi la totalité de la création, œuvre de la plus grande humilité. »⁶⁶ Voici, pour ainsi dire, l'intuition fondamentale de la pensée de Hamann – à telle enseigne que les *Méditations bibliques* sont en essence une série d'observations occasionnées par un verset ou un récit particulier, à la lumière de ce même thème central :

> Jusqu'où Dieu le Père ne s'est-Il pas abaissé lorsque, après avoir donné forme à un morceau d'argile, Il l'anima de son souffle. Jusqu'où Dieu le Fils ne s'est-Il pas abaissé : Il devint un homme, le dernier de tous, Il prit la forme d'un serviteur (*Knechtsgestalt*), Il devint le plus misérable des hommes, et fut fait péché pour nous... Jusqu'où le Saint-Esprit ne s'est-Il pas abaissé quand Il devint un historien des évènements les plus locaux, les plus insignifiants, les plus méprisables du monde pour révéler dans son propre langage, dans sa propre histoire, selon ses propres méthodes, les projets, les mystères et les voies du Tout-Puissant?⁶⁷

Alors, tout naturellement, le lecteur rencontrera dans les *Méditations bibliques* des expressions ayant presque la forme d'un mantra du genre : « Qui s'étonnera de la miséricorde de Dieu

---

⁶⁵ N.d.t. : Selon ses énergies, sa manifestation vers l'extérieur.
⁶⁶ N II, p. 171.
⁶⁷ *LS*, pp. 151–2 (N I, p. 91). Hamann était bien conscient, bien entendu, et aurait affirmé que la Création est une œuvre coopérative de toutes les Personnes de la Trinité (à la lumière de Genèse 1:2 et de Jean 1:3, etc.); néanmoins, il attribue la Création, d'une manière spéciale, au Père qui, similairement, « descend, » pour ainsi dire, « en atteignant le néant. » Voir, à cet égard, p. 196 (N I, p. 135) : « Dans le but d'indiquer l'unité des Personnes divines, se trouve toujours dans l'Ecriture une confusion [*Verwechselung*] des œuvres par lesquelles elles se révèlent. Le Dieu trine a créé le monde, mais l'œuvre de la création est attribuée de manière spéciale au Père; le Dieu trine était le rédempteur du monde, [pourtant] le Fils béni seul est devenu un être humain et a souffert pour nous – sans que cela exclue la communion des deux autres Personnes dans l'œuvre de notre rédemption... »

quand... »⁶⁸ En réalité, Hamann s'émerveille partout dans son œuvre devant la *profondeur* de l'amour divin qui le pousse à nier – du moins en apparence – sa propre divinité.⁶⁹ Et par exemple, si la création d'Adam est déjà un acte de miséricorde en soi (Genèse 2:7), qu'elle soit ou non prise dans son sens littéral (car le sens littéral sert justement à dévaloriser son propos), Hamann surenchérit en signalant la manière dont Dieu fait miséricorde à l'Adam *déchu*. Son style devient poignant: « Dieu ne laisse pas apparaître l'attribut qui pourrait terrifier l'homme pécheur. Il nie à ce moment son omniscience; Il compatit à l'aveuglement d'Adam : 'Adam, où es-tu ?' »⁷⁰ Même lors du bannissement d'Adam et Eve hors du jardin d'Eden, Hamann trouve des traces de cette compassion, de cet amour de Dieu, lorsqu'Il revêt leur honte d'« habits de peau » (Genèse 3:21), acte assimilable à une « consolation prophétique » en vue du jour où les êtres humains seront revêtus du Saint-Esprit.⁷¹

Mais si le premier principe de l'herméneutique de Hamann est la notion bien comprise de la miséricorde divine, il partage avec les Pères de l'Eglise un second principe selon lequel le Nouveau Testament révèle ce qui est occulté dans l'Ancien (« vetus in novo patet, novum in vetere latet »). Il l'exprime ainsi : « Toute la loi de Moïse était tout simplement une symbolique de la connaissance et de la vérité plus tard révélées en Christ. »⁷² De même, il dit à cet égard, en citant l'Apocalypse : « *Le témoignage de Jésus est l'esprit de la prophétie*' (Apocalypse 19:10). A travers toute l'Ecriture Sainte, cette règle est la pierre d'angle qui doit être la pierre de touche pour tous les exégètes. »⁷³ Il s'émerveille, par exemple, de l'obéissance d'Abraham (Genèse 22), gardienne du mystère que voici : Dieu, le Père, imiterait un jour Abraham, le père de la foi; il s'émerveille de même avec l'histoire de Joseph, dont la vie est presque une allégorie transparente de Christ; puis avec Josué, autre type de Christ; puis avec le livre de

---

⁶⁸ *LS*, p. 96 (N I, p. 37).
⁶⁹ Voir *LS*, p. 144 (N I, p. 83) : « Dieu ressent une sympathie humaine lorsque les êtres humains luttent avec lui; Il oublie qu'Il est Dieu, Il oublie son omnipotence ... »
⁷⁰ *LS*, p. 77 (N I, p. 18).
⁷¹ *LS*, p. 78 (N I, p. 19).
⁷² *LS*, p. 291 (N I, p. 230).
⁷³ *LS*, p. 97 (N I, p. 39).

Ruth, assez riche en lui-même pour conserver la Bible tout entière; avec Samuel enfin, dont l'apparition préfigure la résurrection de Christ (1 Samuel 28:13).[74] Mais selon Hamann, « le Saint-Esprit ne s'est révélé nulle part avec autant de joie que dans l'histoire de David, » car là, « chaque chapitre présente un récit de la rédemption de l'homme. »[75]

« RÉFLEXIONS SUR LES CANTIQUES CHRÉTIENS »

Si nous considérons maintenant les « Réflexions sur les cantiques chrétiens, » nous parvenons à comprendre que l'ultime objectif de la miséricorde divine est notre déification. Car

> Tout comme Dieu nous a fait miséricorde, afin d'être semblable à nous en toutes choses, ... de même l'homme devrait être exalté, élevé au-dessus de toute créature finie, et transfiguré en Dieu lui-même. Dieu devint fils de l'homme et héritier de la malédiction, de la mort et du destin des êtres humains; l'homme devrait donc aussi devenir un fils de Dieu, seul héritier du ciel, et uni à Dieu aussi pleinement que la plénitude de la divinité a habité le corps de Christ. »[76]

Voici d'autres propos de la même veine :

> Jusqu'à quel niveau d'humanité, de faiblesse et d'abaissement Dieu ne condescend-Il pas à cause de nous ? ... Il s'est fait être humain afin de faire de nous des dieux. – – Il nous donne tout ce qu'Il possède – – Rien ne lui serait plus cher que son Fils et son Esprit – – tout ce qu'Il possède est à moi – – et en retour ? « Mon fils, donne-moi ton cœur. »[77]

---

[74] *LS*, p. 94 (N I, p. 35); pp. 98–100 (N I, pp. 41–3); p. 121 (N I, p. 60); p. 146 (N I, p. 85).
[75] *LS*, p. 164 (N I, p. 103); p. 163 (N I, p. 102).
[76] *LS*, p. 375 (N I, p. 272).
[77] *LS*, p. 356 (N I, p. 253); voir Proverbes 23:26.

Il faut noter que Hamann n'hésite pas à employer justement le langage de la divinisation, *theosis*, à l'instar de Pères de l'Eglise comme Irénée et Athanase. Mais l'aspect le plus digne d'intérêt ici et qui s'avère le plus profond de toute sa pensée initiale, c'est le fait que cette insistance patristique sur la *theosis* se conjugue avec sa propre insistance sur la *kénose* (renonciation) en reprenant l'image heureuse du « merveilleux échange » (*commercium mirabile*) si particulier à Luther : « Est-il possible de concevoir un partage supérieur, un plus grand échange ? N'y a t-il rien de plus étonnant que l'union de Jésus-Christ et de Dieu avec nous, puisqu'Il s'est volontairement réduit à rien (*sich vernichtigt*) afin de nous élever jusqu'au trône et à la majesté de Dieu ... ? »[78]

Pour Hamann, l'interprétation luthérienne de l'échange – *commercium* – ne se limite pas nécessairement à la relation entre *homo peccator* et *Deus justificans*, ce par quoi la justice divine devient la nôtre, mais peut aussi, dans ses profondeurs proprement mystiques, être compris comme notre participation à la nature divine (2 Pierre 1:4). Car selon la conclusion naturelle de Hamann, seul ce niveau étonnant de gloire est en adéquation avec la profondeur de la miséricorde divine : « Qui aurait cru que Dieu se dirait honoré par notre obéissance et jouirait de sa gloire au travers de notre communion avec lui et notre participation à sa nature (?). »[79] Par delà l'idée que « cette participation à la nature divine était le propos ultime de l'Incarnation, » Hamann affirme aussi qu'elle est préfigurée par la relation entre notre corps et notre âme.[80] A ceci près que l'union de l'âme avec Dieu – dessein du Créateur selon l'indication de l'Ecriture, dès le moment où Adam est doté d'un souffle de vie directement par le souffle de Dieu (Genèse 2: 7) – cette union donc est « incomparablement plus parfaite. »[81] « N'oublions jamais, nous dit Hamann, que notre nature, venue à l'être de par ce souffle de vie, a un lien très étroit d'appartenance à Dieu, de sorte qu'elle ne peut atteindre la perfection et le bonheur si ce n'est par le retour à son

---

[78] *LS*, p. 103 (N I, p. 40).
[79] *LS*, p. 74 (N I, p. 16).
[80] *LS*, p. 370 (N I, p. 268).
[81] *LS*, p. 73 (N I, p. 15).

origine, à sa source... »[82] Il dit encore, de manière similaire :

> Si (l'âme), par comparaison avec Dieu, n'est elle-même qu'un souffle de Dieu, combien ne devons-nous pas grandir au travers de lui, être bénis en lui... Quand les extrémités de nos membres et les limites de nos organes sensoriels, avec toutes leurs sensations, sont comparées à l'envol dont nos âmes ici même sont déjà capables, quelles visions et images excessives ne devons-nous pas avoir d'un être destiné à devenir Un en Dieu, comme le Père est dans le Fils, et le Fils dans le Père. (Jean 17: 21.)[83]

Que Hamann soit ou non considéré comme un mystique – s'il l'était, il n'appartenait certainement à aucune des diverses catégories monastiques – cela soulève des questions quant à sa connaissance de la tradition mystique ou à son rapport à elle.[84] Le mysticisme dans son

---

[82] Ibid. Malgré toute son insistance sur la condescendance divine, Hamann n'est pas, par conséquent, opposé aux notions de l'ascension mystique en tant que telle; il est opposé seulement à une ascension qui n'est pas portée sur les ailes de la condescendance divine, c'est-à-dire une théologie de la gloire dans le sens luthérien du terme. En fait, l'on pourrait dire qu'il affirme que le mystère de la *kénose* divine et de la *théose* humaine, c'est-à-dire le séjour temporel de Dieu dans notre humanité et notre séjour éternel (*epektasis*) dans l'infini divin, sont une et même chose. Voir p. 363 (N I, p. 261): « Par une relation mystérieuse, plus intime avec l'être le plus élevé, la créature la plus petite, la plus finie et la plus faible est ainsi capable de devenir plus heureuse et plus grande que les chérubins ou les séraphins, ce qui la transforme en Dieu. »

[83] *LS*, p. 370 (N I, p. 268).

[84] L'étude savante luthérienne, dans le respect de sa propre tradition, a eu tendance, en grande partie, à nier de telles affirmations, quand elles n'ont pas été complètement ignorées, en invoquant précisément la doctrine de Hamann de la condescendance divine et sa propre « sensualité. » Voir, par exemple, Helmuth Schreiner, *Die Menschwerdung Gottes in der Theologie Johann Georg Hamanns* (Tübingen: Katzmann Verlag, 1950), pp. 46–47. Ainsi, Schreiner peut dire : « L'absorption de l'humanité dans la divinité, la dissolution de la divinité dans l'âme humaine ... l'identité entre Dieu et l'âme – aucune trace de tout cela ne peut être trouvée chez Hamann. » Il ne fait aucun doute que cette estimation est correcte si l'on prend comme définition du mysticisme une identité absolue avec Dieu, ce que les mystiques orthodoxes de la tradition chrétienne, en dépit de leur langage évocateur, n'ont jamais

cas n'est pas *à la* Schleirmacher (argument de Dilthey), mais dans la tradition de l'Eglise primitive, celle de Paul et Ignace d'Antioche, qui s'est poursuivie pendant la période byzantine (avec, par exemple, Gregory Palamas) et le siècle d'or espagnol (par exemple, chez Thérèse d'Avila). Il serait, certes, difficile de savoir si Hamann était très conscient de l'existence de ces personnalités tardives, et au vu de la disparité des contextes (le luthérien Hamann écrit en pleine période des Lumières), leur association même paraît incongrue. Il ne faudrait pourtant pas s'étonner qu'il parle des *topoi* tellement mystiques de l'Eglise d'Orient, par exemple la demeure de Dieu dans l'âme (Jean 14:23), la transfiguration des chrétiens en Christ (Matthieu 17:1ss); ou encore qu'il s'adresse à Dieu dans le langage du mariage mystique, plus courant en Occident : « Sans toi je ne suis rien; tu es mon tout (*mein ganzes Ich*). »[85] De fait, même s'il parle le plus souvent d'adoption divine, il faut noter qu'il se définit comme « le trésor et l'épouse de Christ. »[86]

Malgré tout, ce qui fait ici encore de Hamann un puissant porte-parole de la tradition luthérienne, c'est qu'il attribue la possible expérience de tout cela à la seule grâce de la miséricorde préalable de Dieu, faute de laquelle le christianisme devient aisément, par torsion, une sorte d'ascétisme prométhéen. Dans son commentaire de Genèse 11, il écrit : « Allons, dit Dieu, descendons du ciel. C'est ici le moyen par lequel nous nous sommes approchés du ciel. La miséricorde de Dieu envers la terre; aucune tour de la raison dont le sommet touche au ciel... »[87] En bref, pour Hamann il n'existe pas de *Schblimini* (*marchepied*, cf. Psaumes 110:1), hormis Golgotha (Matthieu 27:33),

---

maintenu (car la distance analogique n'est jamais supprimée, la créature ne devient jamais le Créateur.) Dans le même temps, cela laisse de côté la question de savoir si la « sensualité » de Hamann n'est pas avant tout un produit de *son mysticisme*; et si sa notion d'échange n'est pas fondamentalement reliée, au-delà de Luther, à la tradition du mariage mystique. En effet, Hamann soulève des questions en ce qui concerne le fait que la propre théologie de Luther du *commercium* requiert d'être interprétée dans cette direction, au-delà du langage de la justification – et sans le déplacer –, comme Tuomo Mannermaa et d'autres luthériens finlandais l'ont suggéré.

[85] *LS*, p. 157 (N I, p. 96); p. 390 (N I, p. 287). Cf. Galates 2:20.
[86] *LS*, p. 358 (N I, p. 255).
[87] *LS*, p. 89 (N I, p. 30).

pas de gloire sans abaissement (cf. Jean 12:24), tout comme il n'y a pas d'élévation possible de la créature sans l'humilité de Christ, clef de l'économie du salut et logique de toute ascension (cf. Philippiens 2: 6-11; Ephésiens 4:10).

"FRAGMENTS" ET "PROPHÉTIES"

Mis à part leur ordre qui va de un à dix, les « Fragments » de Hamann manquent fort commodément d'organisation, du moins patente. Au lieu de cela, ses réflexions préliminaires *in medias res* commencent avec le récit des cinq mille personnes nourries par le Christ qui s'adresse ensuite aux disciples : « Ramassez les morceaux qui restent afin que rien ne se perde » (Jean 6:12). Comme toujours avec Hamann, le titre et la péricope sont chargés de sens. Le titre indique la topographie de toutes ses futures publications qui, effectivement, seront petites, apparemment insignifiantes, en fait une simple collection de fragments; simultanément, la péricope montre toutefois son espoir que ses propres fragments persuaderont de façon toute aussi surprenante, l'espoir que ses propres « créations » sans doute jugées également insignifiantes, même méprisables par les gens sensés, pourront cependant, avec le secours de Dieu, engendrer une vigoureuse défense de la foi chrétienne. De plus, cela va presque sans dire ici, le fait de convoquer cette histoire particulière révèle un peu de son sens singulier de l'humour chrétien qui se délecte des moyens employés par la providence pour contredire les calculs et les attentes rationnels. « Il y a ici un jeune garçon qui a cinq pains d'orge et deux poissons. Mais qu'est-ce que cela pour tant de gens ? » (Jean 6:9).

Hamann enrichit cependant cette histoire d'une autre strate de signification allégorique : Les cinq pains d'orge représentent en effet les cinq sens, et leur multiplication la victoire des arts et des sciences sur le temps. « Quelle réserve de savoir, » dit-il, « dans le développement historique de la connaissance... N'est-il pas étonnant que notre esprit soit capable de métamorphoser la pauvreté de nos sens en une richesse si grande qu'elle force notre émerveillement (?) »[88] Hamann reconnaît clairement la dignité des arts et des

---

[88] *LS*, pp. 406s (N I, pp. 298s).

sciences, se rangeant ainsi *aux côtés de* ses contemporains dans ces domaines. Mais il se refuse en même temps à entretenir les notions exaltées de la raison qui étaient communes à son époque, à savoir une raison indépendante des sens. Car « quel est le fondement de toutes les sciences ? Elles se fondent sur cinq pains d'orge, sur cinq sens. Et nous partageons *ces cinq sens* avec les animaux qui ne sont pas rationnels. Ainsi donc, non seulement toutes les réserves de la raison, mais même le trésor de la foi s'arriment à cette réserve. »[89]

Le sens de ces déclarations en appelle à l'anthropologie et l'épistémologie de Hamann, puis s'inscrira dans tous ses ouvrages ultérieurs : Les êtres humains peuvent bien se partager le monde des idées en tant qu'image de Dieu; le pouvoir de la raison, qui nous distingue des animaux, n'en repose pas moins sur les informations sensorielles – à cette différence qu'elle transfigure cette information « en allégories et signes de concepts abstraits, spirituels et plus élevés. »[90] En d'autres termes, nous ne sommes pas des anges; nous n'avons pas des intuitions pures, sauf par l'œuvre de la grâce; et la raison ne peut être dissociée des sens ni de son rôle d'interprétation *en regard* des documents de la nature, de l'histoire et des traditions, sauf à s'engager dans l'élaboration d'une *entia rationis*. A cet égard, la position de Hamann ne se démarque guère de la future *Critique de la Raison pure* de Kant (*genetivus objectivus* !) et des illusions dialectiques auxquelles elle se prête. En réalité, Hamann émet *avant* Kant (mais en sens inverse de sa célèbre maxime) l'idée que sans le témoignage des sens, la raison est aveugle : « Notre raison ressemble à Tiresias, ce prophète aveugle de Thèbes qui prophétisait à partir du vol des oiseaux décrit (d'abord) par sa fille Manto. »[91]

Il est incontestable qu'à un certain niveau l'empirisme de Hamann

---

[89] *LS*, p. 406 (N I, p. 298).
[90] *Biblical Meditations*, dans *LS*, p. 219 (N I, p. 158).
[91] Voir Kant, *Critique de la Raison pure*, B 75: « Des concepts sans contenu [des sens] sont vides; des intuitions sans concepts sont aveugles. » Puisque cette section de la *Critique* est consacrée aux concepts de l'entendement, il serait plus exact ici de parler, comme Kant le fait dans la dialectique transcendentale, d'illusion transcendentale, du fait que cela est le propre d'un mauvais usage de la raison. Tirésias est un personnage de la mythologie grecque qui, entre autres, a prophétisé le patricide d'Œdipe. Voir *LS*, p. 539.

est dans la continuité de l'axiome classique d'Aristote : L'intellect ne contient rien que les sens n'aient contenu auparavant (« nihil in intellectu quod non prius fuerit in sensu »).[92] Mais cet empirisme découle tout autant de l'enseignement paulinien sur la foi et de tout ce que signifiait l'Incarnation. C'est ainsi qu'il renvoie, d'une part, aux paroles de l'apôtre : « La foi vient de ce qu'on entend, et ce qu'on entend vient de la parole de Christ » (Romains 10:17), et, d'autre part, à celles de Christ adressées aux disciples de Jean-Baptiste : « Allez rapporter à Jean ce que vous entendez et ce que vous voyez » (Matthieu 11:4).[93] De fait, c'est là, dans l'Incarnation, que se trouve la source de sa profonde sensibilité anti-gnostique; c'est en définitive sur ce socle théologique de l'Incarnation que Hamann construira sa « métacritique » de la philosophie transcendantale kantienne. Plus précisément, il critique la tendance gnostique réapparue dans le rationalisme moderne, car elle dédaigne le sensoriel et, à l'instar de Platon dans le *Phaedon*, le corps lui-même :

> Combien plus grand est le péché de l'homme quand il se plaint de son corps comme d'une prison, des limites imposées par les sens et d'une insuffisance de lumière... Pour un esprit fait pour le ciel, le monde visible peut bien être un paroxisme de désolation, et la nourriture que Dieu nous donne tout aussi insuffisante et pauvre, (pourtant) ils sont bénis, et nous avec eux par un Dieu mystérieux, tout-puissant, auteur de miracles et que nous chrétiens appelons notre Dieu; car Il s'est révélé avec la plus grande humilité et le plus grand amour.[94]

L'opposition de Hamann aux rationalistes de son temps n'est donc pas due à une sous-estimation de la raison. Il s'agit plutôt de contrer le *mauvais usage* de la raison qui les empêche de discerner la révélation accordée aux sens dans la création, en Christ, dans les sacrements, et, nous l'avons vu, dans le texte de l'Ecriture. Ce qui est, certes, compréhensible à un certain niveau; car sans la lumière de la foi, la raison ne pourrait jamais espérer trouver l'*ens infinitum* dans le fini, le

---

[92] Voir ZH VII, p. 166.
[93] *LS*, p. 406 (N I, p. 298).
[94] *LS*, p. 406 (N I, p. 299).

Saint-Esprit dans les « oripeaux » de l'Ancien Testament, la gloire de Dieu dans la *forma servi* de Christ, et moins encore Dieu tout entier dans les fragments de l'Eucharistie. Mais si la raison dans sa quête d'unité et de complétude est presque naturellement disposée à mépriser la *pluralité* des sens,[95] Hamann détecte ici un égarement de la raison dès lors qu'elle affirme pouvoir atteindre une certaine unité de façon indépendante. S'inspirant des paroles de Paul (1 Corinthiens 13:12), il dit : « *Nous vivons de petits morceaux* (de vérité). *Nos pensées ne sont que des fragments*. En fait, toute notre connaissance est une mosaïque. »[96]

Les fragments individuels qui suivent rassemblent des sujets divers, bien qu'assez proches des *Fragments philosophiques* de Kierkegaard, dans la mesure où ils traitent de questions de nature plus philosophique – soit l'amour de soi, la connaissance de soi, la liberté et le bonheur, le problème du mal, et la relation du corps à l'esprit. Mais ils ont également un contenu théologique, puisque hormis des sujets comme la prophétie et la providence, les questions philosophiques de Hamann requièrent en dernier ressort des réponses théologiques.

Le premier et plus long fragment de Hamann aborde la question de la liberté, perçue par Hamann comme étant dépendante de l'amour propre: « Cet amour de soi est au cœur de notre volonté, d'où proviennent toutes nos inclinations et tous nos désirs, qui ensuite y retournent, comme le feraient les veines et les artères. Nous ne pouvons pas davantage *penser* sans la conscience que nous ne pouvons *vouloir* sans elle. »[97] Incidemment, Hamann anticipe ici le « Je pense » qui, chez Kant, accompagne toutes nos représentations. Il explore aussi la connexion intime entre pensée et volonté, *intellectus* et *voluntas*. Le plus intéressant reste cependant son argumentaire quasi-augustinien sur la nature de la liberté : Elle existe, mais (là est le paradoxe) au profit d'un désir *involontaire*, à savoir l'amour propre, et *cette nécessité* dans laquelle nous puisons notre liberté est un désir naturel qui finit par nous amener à Dieu. Pour employer les termes

---

[95] Comme Aristote l'exprime dans le livre XII de la *Métaphysique* (1076a), en citant l'Illiade : « La règle du grand nombre n'est pas bonne; qu'il y ait un dirigeant. »
[96] *LS*, p. 407 (N I, p. 299).
[97] *LS*, p. 407 (N I, pp. 299ss).

d'Edward Young cité par Hamann dans ce contexte : « Homme, aime-toi toi-même / Cela seul prive les agents libres de toute liberté.»[98] Autrement dit, si la liberté sert par nécessité l'amour propre, ce désir naturel ne peut être accompli que par la connaissance de soi; car pour s'aimer soi-même, il faut se connaître. Et voici l'argument-surprise : Comme justement l'individu *ne peut* se connaitre (*contra* Rousseau), et qu'il *ne peut* en réalité se connaître en dehors de Dieu, puisque nous sommes *imago Dei* (Genèse 1:26), nous ne pouvons vraiment nous aimer nous-mêmes sans connaître Dieu. En conséquence, la loi de l'amour de soi nous emmène tout naturellement au-delà de nous-mêmes vers Dieu. « *Partant de là,* » nous dit Hamann, « *chacun peut constater* à quel point l'ego (la personne) trouve par nécessité son ancrage en son Créateur; que la connaissance de soi échappe à notre pouvoir, *que pour l'évaluer il faut pénétrer jusqu'au trône du Dieu absolu, seul habilité à révéler et à résoudre le mystère de notre nature.* »[99]

Dans le troisième fragment, il poursuit ses méditations sur la profonde miséricorde de Dieu envers les hommes dans toutes leurs situations, ce qui s'étend même à la filature du poil de chèvre (Exode 35:25ss). « Dans l'histoire, les lois et coutumes des peuples, » dit-il, « nous découvrons, si je puis dire, le *sensum communem* de la religion. Tout ... nous pointe du doigt vers notre vocation et le Dieu de grâce.»[100] Et si le moindre brin d'herbe en témoigne, demande Hamann, comment la moindre des actions humaines pourrait-elle avoir moins de sens ? Pour lui, tout a un sens, en particulier les actes symboliques de notre vie:

---

[98] *LS*, p. 408 (N I, p. 300).
[99] *LS*, p. 409 (N I, p. 301). Ainsi, l'amour de soi, qui est le fondement de la possibilité de la concupiscence, naturellement et, pour ainsi dire, inévitablement (en présence de la foi et en l'absence du péché), est précisément ce qui unit la créature à Dieu. En effet, l'amour de soi, qui rend possible le péché, est également, presque ironiquement, le moteur naturel de l'extase. Ainsi, dans *De l'amour de Dieu*, Bernard de Clairvaux non seulement commence sa description des phases de l'amour par l'amour de soi, mais y retourne également, bien que ce soit sous une forme transfigurée : L'amour de soi pour l'amour de Dieu.
[100] *LS*, p. 411 (N I, p. 303).

LES ECRITS DE LONDRES

> C'est un ecclésiastique anglais, Derham, qui tenta le premier d'introduire l'onction de grâce dans la doctrine de la nature; nous attendons encore celui qui, dans le domaine de la nature, nous révèlerait non pas le Dieu de la raison pure et simple, si je puis dire, mais le Dieu de l'Ecriture Sainte; celui qui nous démontrerait que tous ses trésors ne sont qu'une allégorie, une repésentation mythologique des systèmes célestes – exactement comme tous les évènements historiques sont les ombres d'évènements secrets et de merveilles révélées.[101]

Ce passage pris de manière isolée pourrait donner l'impression que Hamann était en quelque sorte un platonicien. En fait, cette citation se fonde sur la perception qu'avait Hamann de la miséricorde divine, qui ne laisse rien être spécifiquement du monde, car tout y est signe potentiel de la présence de Dieu. Comme le dit Hans-Martin Lumpp, par opposition aux visions caricaturales du christianisme présenté comme une forme de gnosticisme d'un ailleurs, « parce que Dieu est entré dans le monde, dans l'histoire humaine, *c'est là* qu'Il s'adresse aux êtres humains; ce monde (*das Diesseitige*) est d'une importance et d'une signification insurpassables.»[102] En raison justement de la miséricorde divine, il n'existe aucune séparation de type platonique, aucun χωρισμός, entre le fini et l'éternel, ce monde et un autre; tout au contraire, le ciel *et la terre* témoignent de la présence kénotique, la gloire immanente de la transcendance.

Le passage précédent pourrait néanmoins signifier la dénégation de toute réelle distinction entre la théologie naturelle et la théologie révélée; Hamann contribue d'ailleurs à créer cette impression quand il ne découvre rien de moins que « le Dieu de grâce » au travers de toute

---

[101] *LS*, p. 412 (N I, p. 304). Il s'agit ici de William Derham (1657–1735), un ecclésiastique anglais dont l'œuvre, *Physico-Theology: A Demonstration of the Being & Attributes of God, from His Works of Creation*, parut en 1712. Cette œuvre populaire fut traduite en allemand en 1764 et est, incontestablement, l'une des cibles des réfutations par Kant des preuves physico-théologiques dans sa *Critique de la Raison pure*. Voir *LS*, p. 540.
[102] Voir Hans-Martin Lumpp, *Philologia Crucis: Zu Johann Georg Hamanns Fassung von der Dichtkunst* (Tübingen: Max Niemeyer, 1970), p. 135.

la nature et toute l'histoire. Mais là encore, toute coïncidence entre les deux théologies est *stricto sensu* une question de grâce, une question d'esthétique *donnée* par l'Esprit de Christ lui-même, car une réconciliation de ce genre ne peut s'accomplir qu'en lui. Dans le huitième fragment, Hamann l'exprime ainsi : « *Tous* les aspects de la nature sont des rêves, des façades, des énigmes qui ont leur sens, un sens secret. Le(s) livre(s) de la nature et de l'histoire ne sont autres que des *cryptogrammes*, des signes cachés qui requièrent la même clef que celle de l'interprétation de l'Ecriture, à savoir son inspiration. »[103] En somme, sans l'illumination de l'Esprit-Saint, les livres de la nature et de l'histoire demeurent, comme la Bible elle-même, « scellés. » Voici sa conclusion :

> Quelle est la différence entre la religion naturelle et la religion révélée? Si je comprends bien, c'est la différence entre l'œil d'un homme qui voit un tableau sans rien comprendre à la peinture, au dessin ou à l'histoire représentée, et l'œil d'un artiste, ou entre l'oreille naturelle et l'oreille musicale.[104]

Le quatrième fragment traite du problème du mal, d'une façon qui n'est pas particulièrement originale : Est bon ce qui maintient ou restaure la santé du corps, de l'âme et de leurs connexions; est mal ce qui les corrompt ou les détruit. Plus digne d'attention est l'inversion que Hamann impose à la question traditionnelle. Car « au lieu de demander: D'où vient le mal ? » nous devrions ... inverser la question et nous étonner que des créatures finies soient capables d'être bonnes et heureuses. Or c'est là le vrai mystère de la sagesse, de l'amour et de l'omnipotence divins. »[105] Le plus important est que Hamann ne s'attarde pas sur la réalité du mal, ni la difficulté à l'expliquer, mais conclut sur une allégorie de la vie chrétienne comme la seule manière de donner un sens au problème.[106]

---

[103] *LS*, p. 417 (N I, pp. 308ss).
[104] *LS*, p. 411 (N I, pp. 303ss).
[105] *LS*, p. 413 (N I, p. 305).
[106] L'allégorie fait intervenir un monarque et son enfant préféré, qui est abandonné temporairement au royaume de ses ennemis, mais qui porte, de manière indélébile, le sceau royal et est secouru dans tous les dangers qu'il traverse par un ami invisible qui

Parmi les fragments restants, le sixième revêt un sens particulier en raison de sa manière d'anticiper Kierkegaard et surtout de son mémorial lyrique sur Abraham dans *Peur et tremblement*. Voici en miniature le germe du célèbre ouvrage du philosophe et son interprétation du « chevalier de la foi. » Le fragment se réduit à une seule phrase très dense : « Quand chacun considère toute la force, la présence d'esprit, la rapidité, dont nous sommes par ailleurs incapables, que la crainte d'un danger extraordinaire nous inspire, nous pouvons comprendre la grande supériorité du chrétien sur l'homme naturel, sûr de lui, car le premier cherche la bénédiction avec crainte et tremblement. »[107] En plus de ce passage, qui a certainement attiré l'attention de Kierkegaard, un autre a également capté son intérêt dans le troisième fragment : Il traite des prophéties involontaires de Hamann:

> Ne pourrait-on dire de Socrate, avec ses références à l'esprit qui le gardait, ce que (l'Ecriture) dit de Pierre : « Il ne savait ce qu'il disait » (cf. Marc 9:6) ? Ou de Caïphe, qui prophétisa et proclama les vérités divines sans que lui-même ou ses auditeurs aient la moindre perception de ce que l'Esprit de Dieu disait au travers de lui ? L'étrange histoire de Saül et de Balaam en est une illustration; même parmi les idoles, et jusqu'aux instruments pris à l'enfer, la révélation de Dieu est manifeste; lui-même en fait ses serviteurs, au même titre que Nebucadnetsar.[108]

Comme vu précédemment dans les *Méditations bibliques*, le thème des prophéties involontaires marche de pair avec l'interprétation radicale de la miséricorde divine, dont la profondeur exclut la possibilité d'échapper aux desseins ultimes de Dieu, en d'autres termes, le fait que toutes choses rendent, malgré elles, témoignage à la vérité divine (en application radicale de la doctrine du *privatio boni*).

Malgré l'enthousiasme à peu près constant de Kierkegaard à propos de Hamann, il pense cependant que ce passage du troisième fragment

---

rendra justice au temps désigné.
[107] *LS*, p. 416 (N I, p. 308).
[108] *LS*, p. 412 (N I, p. 304).

va trop loin et frise le blasphème.[109] Il n'est pas possible de décider ici de la justesse de ce jugement.[110] Mais si Kierkegaard y voit la dérive d'un humour excessif, il faut noter le sérieux de Hamann pour lequel tout est, consciemment ou non, au service de Dieu. Et si même les ennemis de Dieu disent, sans le savoir, la vérité, combien plus ses serviteurs ne seront-ils pas les prophètes des choses divines! Telle est d'ailleurs la teneur du huitième fragment : « Nous sommes tous aptes à prophétiser. »[111] Pour Hamann, l'être humain qui est en Christ a tout simplement pour vocation de *révéler Dieu*. Au vu de son insistance, il n'est pas surprenant qu'il se soit intéressé aux *Dissertations on the Prophecies* de Thomas Newton qu'il lisait à l'époque.

Les premières « observations » de Hamann réaffirment les découvertes faites au travers de son expérience personnelle : « Chaque récit biblique est une prophétie – qui s'accomplit au cours de chaque siècle, dans chaque être humain. Il n'est que d'ouvrir la Bible pour croire à l'omniprésence et à l'omniscience de l'Esprit de Dieu, et les sentir. » Il enchaîne avec une saisissante connexion entre les doubles significations (littérale et spirituelle) de l'Ecriture et la nature composite de l'être humain, de sorte que l'Ecriture, en tant qu'œuvre divine, est étrangement analogue à l'*imago Dei* : « Chaque histoire porte l'image de l'humain, un corps, qui est ordinaire, fait de terre et de cendres, qui en est la lettre raisonnable; mais aussi une âme, qui est l'esprit donné par Dieu, souffle de sa bouche, lumière et vie, laquelle brille dans l'obscurité et ne peut y être enfermée. »[112] Hamann cherche, d'une part, à montrer ici le caractère obtus de l'exégèse rationnelle quand elle touche à l'Ecriture, car celle-ci échappe à sa compréhension tout comme Christ savait se retirer de la foule (Luc 4:30). D'autre part, Hamann insiste à nouveau sur l'humilité du Saint-Esprit, qui est, pour ainsi dire, incarné, dissimulé sous la forme de la lettre raisonnable.

---

[109] Voir *JP* II 1693, p. 257 : L'humour peut, par conséquent, se rapprocher du blasphème; Hamann préfère entendre contre son gré la sagesse de la bouche de l'âne de Balaam ou d'un philosophe que d'un ange ou d'un apôtre.
[110] Un développement plus poussé de la relation entre Hamann et Kierkegaard peut être trouvé dans John R. Betz, "Hamann before Kierkegaard: a systematic theological oversight," *Pro Ecclesia XVI* (été 2007), pp. 299–333.
[111] *LS*, p. 417 (N I, p. 308).
[112] *LS*, p. 421 (N I, p. 315). Voir Jean 1:5.

Selon ses termes, « l'Esprit de Dieu se révèle dans sa Parole ... sous la forme d'un serviteur (*Knechtsgestalt*) – Il est chair – et demeure parmi nous plein de grâce et de vérité. »[113]

Hamann retourne ainsi au thème qui l'avait fasciné dès le début de ses *Méditations bibliques* : La miséricorde de l'Esprit Saint, dont le travail dans la rédaction de l'Ecriture est similaire à l'œuvre miséricordieuse du Fils. En effet, tout comme « tous les trésors de la sagesse » (Corinthiens 2:3) se retrouvent dans le Christ de chair, il existe une richesse identique dans les récits du Saint-Esprit. L'histoire de Noé, par exemple, lui révèle, cachés comme en une semence, « les mystères du royaume des cieux. »[114] Dès lors, le patriarche lui-même est une image de Dieu (Psaumes 78:65), dont l'ivresse réfère au mystère de la vigne (Jean 15:1). Le rire de Cham devant la nudité de son père est typique du même esprit qui ridiculisait les disciples le jour de la Pentecôte. En marchant à reculons pour couvrir dignement leur père (Genèse 9:23), Sem et Japhet représentent les nobles tentatives des Juifs (au moyen de la Loi) et des Grecs (au moyen de la philosophie) pour sortir l'être humain de sa condition d'homme déchu. Mais « ils étaient ignorants de leur propre corruption – ainsi ils ne firent rien d'autre que de la couvrir d'une sorte de manteau. C'est tout ce que leurs épaules pouvaient porter. Leur justice, leur force, leur sagesse ne pouvaient rien faire d'autre. »[115] Et, cela va sans dire, l'arche typifie le salut au travers de Christ. Hamann discute ensuite des prophéties sur Ismaël, qui est simplement « un nom, une ombre, un type, un signe que Dieu a placés, »[116] et il reformule une notion assez fréquente dans les *Méditations bibliques*, à savoir que la race humaine se divise finalement en deux lignées, en conformité avec la prophétie initiale de Genèse 3:15. Cette séparation ne se limite pas à Isaac et à Ismaël, car, selon Augustin, elle était déjà préfigurée avec Caïn et Abel, avec la bénédiction de Sem et Japhet, la malédiction de Cham (et de Canaan), etc. Cette séparation s'illustre non seulement dans l'histoire

---

[113] *LS*, p. 421 (N I, p. 315). Voir Jean 1:14.
[114] *LS*, p. 421 (N I, p. 315).
[115] *LS*, pp. 422ss (N I, pp. 316ss). Il va sans dire que Hamann ne veut pas dire que la Loi n'est pas révélée, ni qu'elle n'est qu'une invention humaine.
[116] *LS*, p. 424 (N I, p. 318).

des nations, mais aussi dans chaque histoire individuelle, dans la mesure où ces destinées parallèles de l'humanité se reflètent dans les choix individuels qui les façonnent.

La dernière section des *Observations* laisse de côté l'impressionnant *Traité* de Newton; ces « Prophéties concernant les Juifs » contiennent quelques-unes des remarques les plus étonnantes à propos de l'élection d'Israël et de la relation entre Juifs et chrétiens. L'élection d'Israël était dèjà affirmée dans les *Méditations bibliques* :

> Dieu a sans aucun doute trouvé pleinement conforme à sa sagesse de lier cette grande révélation de lui-même à un être humain en particulier, puis à sa progéniture, et enfin à un peuple particulier... Nous ne pouvons pas plus sonder les raisons de l'élection que nous ne savons pourquoi il lui a plu de créer [le monde] en six jours, alors qu'Il aurait pu tout aussi bien le créer en un instant par un acte de sa volonté.[117]

D'où « l'importance plus grande de l'histoire de ce peuple vis-à-vis de notre religion que celle d'aucun autre peuple. »[118] Cela est d'autant plus vrai pour Hamann que l'histoire d'Israël est un type courant de la rédemption de l'homme. « Les Juifs, » dit-il, seront toujours un miroir où se reflète, telle une énigme, le mystère divin de la rédemption de l'humanité. »[119] Pour Hamann comme pour Paul qu'il suit fidèlement (Romains 9-11), Israël est plus qu'un simple type de rédemption, plus qu'un type de l'Eglise (comme le voudrait un strict supercessationisme); il représente plutôt la réalité historique du peuple de Dieu, l'olivier sur lequel sont greffés les Gentils (Romains 11: 17). De fait, le mystère du salut des païens est lié d'une façon unique au destin de ce peuple particulier. De plus, Hamann s'oppose aux chrétiens tentés par l'arrogance : « N'avons-nous pas crucifié tout comme eux le Fils de Dieu [?] Ne creusons-nous pas les tombeaux des prophètes qu'ils ont tués [?] Pouvons-nous, chrétiens, lire Abdias sans angoisse [?] Ne sommes-nous pas, nous les païens, menacés de la

---

[117] *Biblical Meditations*, dans *LS*, p. 68 (N I, p. 10).
[118] *LS*, p. 69 (N I, p. 11).
[119] *LS*, p. 425 (N I, p. 319).

même fin [?] Nous qui sommes greffés sur l'olivier naturel [?] »[120] Enfin, prophétisant contre son propre peuple à presque deux siècles de distance, il s'écrie : « Jésus a-t-Il cessé d'être le roi des Juifs [?] L'inscription sur sa croix a-t-elle été changée? Ne sommes-nous pas ses persécuteurs en persécutant son peuple? »[121] Hamann n'était visiblement que trop prophétique, et il est permis de regretter que sa foi *historique* roborative, qui définissait le judaïsme comme « la mère biologique du christianisme évangélique »[122] n'ait pas prévalu face à la religion *abstraite* des Lumières (qui, au nom du pluralisme religieux et de la tolérance, ont *éradiqué* toute notion de l'élection d'Israël) mais ait été au contraire reléguée aux marges de la pertinence.

---

[120] *LS*, p. 425 (N I, p. 319).
[121] Ibid.
[122] N III, pp. 356ss.

AU LENDEMAIN DES LUMIERES

3
Une relecture typologique de Socrate : De la foi, la raison et l'histoire

[Hamann] a su le mieux parler de Socrate.

Kierkegaard[1]

Hamann trouvait un vrai plaisir à proposer à ses contemporains insatiables de savoir, lèche-assiettes, son vase de cigogne au long cou.

Kierkegaard[2]

Mais l'histoire tout entière est peut-être ... une énigme qui ne sera pas résolue à moins de labourer avec une autre génisse que notre raison.

Hamann[3]

Composés pendant les deux dernières semaines d'août 1759, les *Socratic Memorabilia* sont la première salve de « l'œuvre atypique » de Hamann (à distinguer des *Ecrits de Londres*). Le contexte de leur genèse est maintenant connu : Ils furent rédigés en réponse aux efforts de Kant et de Berens pour canaliser « l'enthousiasme » de Hamann et le réengager dans la cause des Lumières. Mais l'examen ne se bornait pas à la foi personnelle de Hamann; il incriminait aussi, implicitement, la foi chrétienne à laquelle il venait de retourner avec ferveur. Les *Socratic Memorabilia* représentent ainsi tout ensemble une défense dynamique, vibrante de sa foi personnelle (le *fides qua*) et une apologie des croyances chrétiennes (le *fides quae*) en regard de la *Religionskritik* [critique de la religion] des *Aufklärer*. Il va sans dire

---

[1] *JP* II 1555 (n.d., 1844), (*Pap.* V B 45).
[2] *JP* II 1681 (n.d., 1837), (*Pap.* II A 75).
[3] N II, p. 64.

qu'au vu des préjugés intellectuels de l'époque, l'espoir de voir valider sa défense était mince, et celui de convertir Kant et Berens au christianisme orthodoxe, presque nul. Pour avoir quelques chances de succès, il devrait communiquer de façon indirecte, et rien ne lui semblait mieux répondre à cet objectif que la figure de Socrate à qui les hommes des *Aufklärer* référaient comme à un proto-rationaliste, avant-coureur des Lumières et champion toutes catégories de leur cause.[4]

Le portrait de Socrate peint par Hamann n'était certes pas le premier; ni même le seul de cette époque.[5] La singularité des *Socratic Memorabilia* est néanmoins le produit d'une perspective renseignée par l'expérience de conversion de Hamann et par un scepticisme à la mesure du rationalisme ambiant. Ainsi, par opposition au Socrate des *Lumières,* qui tend à refléter leurs préjugés rationalistes, le Socrate de Hamann est étrangement biblique et même proto-chrétien. En conséquence, tout l'ouvrage est gouverné par une analogie explicite entre paganisme et christianisme – à titre de « type » et d'« accomplissement » – ce qui *eo ipso* met en cause les prétentions des *Lumières* à représenter le renouveau ou la maturité de la sagesse classique. Reprenant les méthodes d'exégèse allégorique et typologique employées dans les *Ecrits de Londres*, il lit Socrate en termes de typologies multiples dont chacune contredit un concept typique des Lumières, mais il introduit aussi, sous leur nez, un élément particulier de la foi chrétienne.[6] Et par exemple, il confronte

---

[4] Pour une discussion plus poussée du culte de Socrate chez les Lumières, voir Benno Böhm, *Sokrates im achtzehnten Jahrhundert. Studien zum Werdegange des modernen Persiihnlichkeitsbewußtseins* (Leipzig, 1929). Voir *HH*, p. 17.

[5] Au moment de sa composition, Hamann lisait une traduction française populaire des *Memorabilia* de Xénophon, qui avaient été traduits en allemand plusieurs décennies plus tôt, intitulés *The Likeness of a True and Non-Pedantic Philosopher, or the Life of Socrates.* Voir *SM*, p. 59.

[6] Bien que l'allégorie et la typologie puissent être vaguement catégorisées ensemble dans le même registre, dans la mesure où toutes les deux ont une signification qui va au-delà du sens littéral, l'on pourrait les distinguer comme suit : Tandis que dans le cas de l'allégorie, la forme historique particulière qu'elle revêt tend à être sans importance au regard du contenu moral ou spirituel qui est transmis, dans le cas de la typologie, un contenu historique donné est précisément le sens voulu. Voir *HH* II, p.

leur orgueilleux rationalisme à la profession d'ignorance de Socrate qui, à ses yeux, préfigure l'humilité de la foi (1 Corinthiens 8:2); face à leur chère autonomie, il interprète la déférence de Socrate envers son *daimon* comme une préfiguration des directives offertes aux chrétiens par le Saint-Esprit; face à leur vanité, il présente l'humble apparence de Socrate comme une préfiguration du *Knechtsgestalt*[7] du Fils de l'Homme (cf. Esaïe 53:3). En dernier lieu, il apparente la mort injuste de Socrate à une participation au destin des prophètes et des martyrs et même à une préfiguration païenne de l'injuste comdamnation et de la mort de Christ. En bref, il contredit si complètement ses contemporains et utilise si bien Socrate à ses propres fins que le protecteur et le précurseur des Lumières se révèle être un protecteur et un précurseur de l'orthodoxie chrétienne.[8]

A côté du détournement de la pensée socratique, Hamann en a pratiqué un autre par le biais d'un célèbre sceptique et « ennemi » du christianisme, David Hume, dont il s'est servi avec autant d'ironie que de Socrate. C'est en effet à partir des remarques de Philon dans la conclusion des *Dialogues sur la religion naturelle* que Hume le transfigure en un Jean-Baptiste parmi les philosophes, un Jean-Baptiste dont le scepticisme indique le chemin de la foi en montrant, au final, le caractère totalement infondé – et en conséquence l'hypocrisie – du rationalisme dogmatique des Lumières. Car si, selon le raisonnement de Hamann, le scepticisme de Hume devrait pouvoir desservir la métaphysique, pourquoi ne pourrait-il avec autant de force dévastatrice s'opposer aux dogmes et aux brillantes certitudes des hommes des Lumières ? Montrer le statut fragile d'un quelconque dogme rationaliste conférait précisément au scepticisme de Hume la capacité de démontrer la légitimité philosophique de la « croyance, » terme que Hamann traduisait naturellement par le mot « foi » (*Glaube*). La question n'est pas de savoir si Hume aurait autorisé cette traduction, car son scepticisme suffit à montrer une sorte de foi

---

14.
[7] N.d.t. : Forme de serviteur.
[8] Voir *SM*, p. 6 : « Cette pensée, bien entendu, n'est pas l'originalité de Hamann. Elle avait été défendue par de nombreux Pères de l'Eglise, dont Justin Martyr, Lactance, Minutius Félix. » Voir aussi p. 83.

naturelle (à distinguer de la foi surnaturelle) en jeu dans l'expérience quotidienne et dont la raison – malgré son autonomie présumée et sa prééminence sur la foi – ne peut faire litière. Autrement dit, en l'absence de la foi, il est non seulement « impossible de plaire à Dieu » (Hébreux 11:6) ou d'être « revêtu de justice » (Romains 4:6), mais pour Hamann, il est aussi impossible de *savoir* quelque chose avec certitude par-delà des vérités mathématiques et les jugements analytiques de la logique. En conséquence, une nouvelle torsion épistémologique du « *sola fide* » de Luther lui permet d'affirmer qu'il ne peut pas davantage exister de *connaissance* si ce n'est « par la foi. »

La foi est donc indispensable à la raison, pour ce qui est de se fier aux sens, au monde phénoménal ou à la raison elle-même; mais cette foi, chrétienne en toute objectivité, est plus encore, pour Hamann, la clef de voûte de la compréhension de l'histoire comme révélation, idée que développeront ultérieurement, *mutatis mutandis,* les philosophes Schelling et Hegel. Si la raison, en effet, réclame une foi naturelle pour asseoir ses propres enquêtes et entretenir au plan heuristique son désir naturel de vérité (par ailleurs exposée aux soupçons, à preuve les démonstrations de Marx, Nietzsche et Freud), elle demande aussi l'illumination de la foi surnaturelle pour comprendre à la fois *que* l'histoire consiste en un déploiement de la révélation, et *quel* est exactement son contenu en fait de révélation. A cet égard, les *Socratic Memorabilia* rappellent les *Ecrits de Londres*. A ceci près que ces derniers avaient un caractère privé, lyrique et ne furent jamais destinés à la publication; en revanche, les *Socratic Memorabilia* s'offrent au public sous une forme très stylisée, dramatique, à la fois prophétique, masquée, ironique, biaisée, pleine d'aphorismes et d'allusions : En bref, sous la même forme curieuse qui marque toute cette prétendue paternité littéraire de Hamann. Pour le dire autrement, si les deux ouvrages relèvent d'une même et unique vision, les *Socratic Memorabilia* sont la première expérience de communication indirecte de leur auteur et dérivent en dernier ressort de la conviction selon laquelle « la communication de la foi ne doit pas être calquée sur l'offre d'une marchandise. »[9]

De toute évidence, la communication indirecte de la foi devient

---

[9] *ZH* VII, p. 176.

chez Hamann une prise de parole au moyen d'une oeuvre publiée et des masques de Socrate, Kant et Berens, qui tous trois apparaissent indirectement comme des sophistes. Mais il y a plus, en raison de l'abondance de périphrases dans toute l'œuvre, selon le même modèle de détournement. Par exemple, Christ, jamais nommé de façon directe, est « le Galiléen du comploteur julien »; similairement, Paul est « le grand pédagogue des Gentils, » et ainsi de suite. Hamann emploie même des procédés identiques de périphrases et d'antonomasies en référence à des personnages antiques, modernes ou contemporains. Les sophistes deviennent des « polyhistoriens, » les penseurs des Lumières des « Crétois »; Pierre le Grand est le « Scythe »; un sceptique est un « Hume »; Kant devient curieusement le « Gardien de la Monnaie royale »; et Kant et Berens pris ensemble sont simplement appelés « le tandem. »[10]

LE PROPHÈTE ET L'IDOLE

A l'instar de toutes ses autres publications, le titre des *Socratic Memorabilia* dissimule l'objectif de Hamann sous une forme cryptée. Il le dit à Jacobi : « Le titre n'est pas une simple enseigne, mais le *nucleus in nuce*, le grain d'où sortira tout le plant. »[11] L'une de ses dernières œuvres fait ainsi référence au titre en termes organiques, comme à « une graine microcosmique, un œuf orphique » qui produit quelque chose, mais ici dans le langage des mystères.[12] Dans tous les cas, son projet dépasse de loin le développement organique de ses ouvrages, tel un rejeton issu d'une graine; il veut signifier qu'ils possèdent un pouvoir vital de transformation pour ceux qui les ont convenablement digérés (cf. Ezéchiel 3:1ss), précisément dans la ligne de la parobole du semeur (Marc 4; Matthieu 13). Quant au titre lui-même, son sens profond est lié au sous-titre provocateur, avec un seul indice concernant l'auteur de l'œuvre : « Compilation pour ennuyer le

---

[10] Voir *HH* II, p. 18; voir *SM*, pp. 70ss.
[11] *ZH* VI, p. 137; cf. C. H. Gildemeister, *Johann Georg Hamann's des Magus in Norden, Leben und Schriften*, 6 volumes (Gotha: Friedrich Andreas Perthes, 1857–1873), volume 5, p. 501 : « Pour moi, le titre est le visage, et la préface la tête sur laquelle je passe le clair de mon temps. »
[12] N III, p. 373.

public, par un amoureux de l'ennui. » Ce titre laisse déjà entrevoir l'ironie qui propulse toute l'œuvre; un « amoureux de l'ennui, » c'est-à-dire quelqu'un en apparence mal préparé pour ce genre de travail, mais qui va faire disparaître « l'ennui du public. » Si la manière de se désigner fait ironiquement allusion à la période de chômage que traversait Hamann, elle masque aussi ses intentions très sérieuses *vis-à-vis* de Kant et Berens, et d'une façon plus railleuse *vis-à-vis* d'un public insatiable, sans cesse entraîné d'un spectacle à l'autre, et de fait « apprenant toujours, » mais « jamais capable de parvenir à la connaissance de la vérité » (2 Timothée 3:7).

Vient ensuite la curieuse « double consécration à personne et à deux (personnes). » « Personne » signifie ici le « personne en particulier » du public anonyme; « les deux personnes » sont Kant et Berens. A quoi Hamann ajoute une épigraphe tirée de Persius, pour compléter l'illustration du titre : Ô les préoccupations de l'humanité ! Que de vanité dans les choses ! Qui va lire cela ? – Est-ce à moi que tu parles ? – personne, par Hercule! – – Personne ? – Peut-être deux, ou peut-être *personne*. »[13] Le fait que l'épigraphe commence par une obscure citation d'un autre satiriste romain, Lucilius, et continue avec un dialogue imaginaire à propos d'un lectorat éventuel révèle quelque chose du style très indirect de Hamann, de son goût pour la satire, de l'auditoire visé, des « deux » en question et de son anticipation de l'accueil limité que son œuvre allait rencontrer. La page d'introduction donne un lieu de publication inventé, Amsterdam, lequel est un autre stratagème mais peut-être aussi une suggestion voilée, du fait que les choses ne sont pas toujours ce qu'elles semblent être (c'est le cas pour la fausse conception couramment admise du rationalisme présumé de Socrate).[14]

La première dédicace « au public ou à personne, les gens bien connus » est suivie d'une citation en grec de la pièce satirique d'Euripide, *Cyclopes* : « Où est *personne ?* » (ὁδ' ΟΨΤΙΣ ποῦ

---

[13] Persius, *Satires* I, lignes 1–3, dans Auli Persii Flacci, *Satirarum Liber cum scholiis antiquis edidit, Otto Jahn* (Hildesheim: Georg Olms Verlagsbuchhandlung, 1967), p. 6
[14] Nadler, néanmoins, l'on devrait le noter, attribue le lieu fictif de publication à une erreur dans l'histoire de la publication de l'œuvre. Voir N II, p. 383.

'στιν;). Il est difficile de savoir ce que Hamann entend ici concernant sa relation au public : Se range-t-il aux côtés des cyclopes contre le théâtral « personne en particulier » qui désigne le public? La procédure est aussi typique qu'irritante (pour des lecteurs non ciblés tel Hegel, par exemple) et demande un labeur de pontife, ce à quoi Hamann fera plus tard appel, pour cette procédure qui consiste à relier méthodiquement une référence historique ou traditionnelle à une interprétation contemporaine – connexion sans doute perdue pour un lecteur quelconque, mais dont la soudaine réalisation vise à générer « une parole prophétique » – telle une étincelle jaillie du frottement de deux morceaux de bois – pour les lecteurs particuliers auxquels il pense, à savoir Kant et Berens.[15] Mais si le texte de Hamann ne peut avoir le même effet pyrotechnique sur les lecteurs d'aujourd'hui, le contexte homérique de référence est très éclairant. Il met en scène un épisode entre Odyssée et Polyphème, le roi des cyclopes (livre IX de l'*Odyssée*), où le héros pris au piège dans l'antre du monstre, l'ennivre avec une offrande de vin, lui déclare par ruse s'appeler « personne, » lui crève l'œil pendant son sommeil, puis s'échappe. Aux cris poussés par Polyphème, les autres cyclopes viennent lui demander ce qui se passe et si quelqu'un essaye de le tuer; le stupide cyclope répond : « 'Personne' est en train de me tuer... » Hamann semble ici prendre les traits d'Odyssée affrontant le Cyclope, autrement dit la philosophie myope et extravagante de l'*Encyclopédie*. Car l'offrande présentée au héros de Homère est dans ce cas présentée au public curieux et facile à duper des *Lumières*, avec l'espoir de vaincre le monstre (c'est-à-dire l'idéologie des Lumières) et libérer deux de ses amis, deux individus qui, tels les compagnons d'Odyssée, ont été dévorés par lui, autrement dit involontairement entraînés puis absorbés par l'idéologie de l'époque.

Cette première dédicace est donc une ruse : Hamann offre au public un traité sur Socrate afin de chasser son ennui, d'amuser sa curiosité insatiable, encyclopédique, tout en sachant qu'il ne pourra pas digérer sa petite offrande, car elle n'est pas en accord avec les goûts, ni les préjugés du moment. Mais tout cela obéit à un plan bien défini; de fait, les *Socratic Memorabilia* se veulent un vomitif : Aussi

---

[15] Voir *HH* II, p. 11.

bien pour Kant et Berens que pour le public, dont Hamann espère qu'il regurgitera ses amis qui ont été consumés dans le service de sa vanité. (Là se situent justement la motivation existentielle chrétienne de son œuvre et, par conséquent, sa valeur de modèle pour Kierkegaard). S'il traite le public par la dérision, c'est par la voix d'un prophète qui méprise une idol-ologie monstrueuse ayant cherché à s'approprier la personnalité de deux de ses amis. Le début de sa dédicace en fait foi :

> *Vous* vous faites un nom et n'avez besoin d'aucune preuve de *votre* existence; *Vous* devenez croyant, sans le moindre miracle pour le mériter; *Vous* êtes honoré, et n'en avez aucune notion, ni le moindre sentiment. *Nous savons qu'aucune idole n'existe dans le monde. Vous* n'êtes pas non plus un homme, mais *Vous* avez pris forme humaine par nécessité, et la superstition a fait de vous un dieu. *Vous* êtes pourvu d'yeux et d'oreilles, mais ils ne voient ni n'entendent; et l'œil artificiel et l'oreille artificielle que *Vous* fabriquez sont à l'instar des *Vôtres*, aveugles et sourds (Proverbes 9:13). *Vous* devez tout savoir et n'apprenez rien; *Vous* devez juger de tout, et ne comprenez rien; *Vous* apprenez sans cesse, sans jamais arriver à la connaissance de la vérité (2 Timothée 3:7); *Vous* rêvez (*dichtest*), avez du travail à faire, êtes à l'étranger ou peut-être dans votre lit lorsque *Vos* prêtres vous appellent à voix haute, et *Vous* êtes supposé leur répondre ainsi qu'à celui qui se rit d'eux par le feu. Des sacrifices *Vous* sont apportés chaque jour et consumés pour *Vous* par d'autres, afin de rendre *Votre* existence probable au vu de *Votre* copieux régime. Si haïssable que *vous* soyez, *Vous* vous faites aimer de tous, aussi longtemps du moins que personne ne se présente devant *Vous* les mains vides. Comme le philosophe, je me jette aux pieds avertis d'un tyran. Mon offrande consiste uniquement en petits gâteaux à partir desquels un dieu tel que *Vous* a un jour *éclaté*. Laissez donc cette offrande à deux de *vos* adorateurs, que je désire, au moyen de cette pilule, purifier du service de *Votre vanité*.[16]

---

[16] N II, p. 59. La première référence renvoie à 1 Corinthiens 8:4, où Paul cite une source inconnue, disant : « Nous savons qu''aucune idole n'existe réellement dans le monde.' » La seconde renvoie à 1 Rois 18:27ss, où Elie est confronté aux prophètes de Baal. La troisième renvoie au philosophe Aristippe de Cyrène, qui avait plaidé pour

L'important pour les *Socratic Memorabilia*, c'est d'abord d'offrir une apologie de la foi de Hamann, puis de libérer Kant et Berens de leur involontaire dévotion à une idole stupide et insensible – dans ce cas précis, le public « éclairé » - mais néanmoins myope (« un seul œil ») qui impose son allégeance et consume leurs offrandes en échange de leur approbation et ovations – qu'il s'agisse, dans le cas de Kant, de conférences ou de publications, ou dans le cas de Berens, d'efforts pour enrichir la classe marchande. Les allusions à Elie et Daniel mettent en évidence le rapprochement opéré par Hamann : Il est, tout comme eux, un prophète en conflit avec une idole, un faux « dieu » entouré d'une secte très répandue de faux prophètes, les penseurs des *Lumières*, parmi lesquels il compte deux de ses amis, adorateurs sans le vouloir.

Dans tous les cas de figure, les Lumières, loin d'être purement rationnelles dans la pensée de Hamann, sont elles-mêmes une sorte de secte religieuse, avec ses prêtres, ses dogmes, ses slogans et des communicants nourris à l'autel de la raison.[17] Quant à l'allusion à Daniel faisant éclater le dragon avec une offrande de « poix, de graisse et de cheveux, » elle correspond à l'offrande d'Odyssée aux cyclopes. Enfin, en parallèle avec la référence comique à Aristippe se jetant aux pieds « avertis » de Dionysios, le tyran – sans parler de la violente satire de Daniel contre les « dieux » babyloniens – l'on y voit à la fois le sens de l'humour propre à Hamann et sa conviction que l'humour chrétien est la réponse adéquate à la nature foncièrement absurde de l'idôlatrie, aussi sophistiquées et « rationnelles » que puissent être ses variations.

---

quelque chose auprès du tyran Dionysios, fut rejeté, et fut l'objet du ridicule d'un spectateur en se jetant lui-même aux pieds du tyran, et prononça cette réponse comique : « Ne me blamez pas; blamez Dionysios qui a des oreilles à ses pieds » (Voir *HH* II, p. 68). La quatrième renvoie au livre apocryphe, *Bel et le Dragon*, où Daniel « prit du poix, de la graisse et des cheveux, et les fit bouillir ensemble pour en faire des gâteaux, avec lesquels il nourrit le dragon. Le dragon les mangea et éclata. Et Daniel dit : 'Voyez ce que vous avez adoré !' » (v. 27).
[17] Cf. *HH* II, pp. 63ss.

DE L'IRONIE SOCRATIQUE À L'HUMOUR CHRÉTIEN

La seconde dédicace adressée « aux deux » s'ouvre sur une autre épigraphe, extraite cette fois d'*Electre* de Sophocle : « – C'est une modeste offrande, n'en doutez pas, mais c'est tout ce que j'ai » (σμικρα μεν ταδ' αλλ' ομως ά'χω).[18] En parallèle à la double dédicace, cette offrande exprime une double intention : Si Hamann espère faire éclater l'idole, c'est-à-dire déconstruire l'idéologie des Lumières, il espère aussi « purifier » ses amis du « service » de sa « vanité. » Hamann ne pouvait être sûr que Kant et Berens avaleraient la pilule, le « médicament » (l'on se souviendra qu'il concevait ses textes comme des outils thérapeutiques inspirés de la profession de son père, soit de « petites baignoires » où il pourrait donner à ses contemporains un bain métacritique des plus nécessaire). Il n'en espérait pas moins pouvoir en appeler à leur amitié, d'où l'allusion voilée à l'amitié entre Alexandre et Aristote qui introduit sa seconde dédicace : « Le public en Grèce lit les *Memorabilia* d'Aristote consacrés à l'histoire naturelle des animaux, et Alexandre les comprenait. Là où un lecteur ordinaire pourrait ne voir que de la *boue,* un sentiment d'amitié, pourrait, messieurs, vous aider à découvrir dans ces pages une microscopique forêt. »[19]

Ici encore, nous constatons que les *Socratic memorabilia* ne sont pas destinés du tout au public, mais aux « deux » personnes que l'amitié pourrait aider à voir ce qui se cache ici sous les apparences. En fait, même s'ils s'étonnent de n'y voir rien d'autre que « de la *boue* » microscopique, leur amitié agrandira ces mondes en miniature, ces mondes chargés de sens que le public, ignorant des circonstances personnelles liées à la genèse de l'œuvre, ne saura voir ni

---

[18] N II, p. 61.
[19] La référence à Alexandre et Aristote provient de Bacon (*De dignitate et augmentis scientiarum*, 1623), qui semble s'être légèrement trompé. Dans les sources classiques, il semble qu'Alexandre ait exprimé son mécontentement à son enseignant de ce que ce dernier avait disséminé parmi le peuple non pas l'histoire des animaux (περὶ τὰ ζῷα ἰστορίαα), mais sa *Métaphysique*. Voir *HH* II, p. 72.

comprendre.[20] Hamann veut de toute façon laisser entendre que les *Socratic Morabilia* sont un ouvrage beaucoup plus complexe qu'ils ne pouvaient l'imaginer au premier abord, avec de nombreuses strates de sens quasi invisibles mais accessibles à l'amitié, semblables à une clef herméneutique – et un peu comparables à l'empathie générée par le Saint-Esprit qui ouvre à la compréhension des Ecritures.

Cela dit, saisir un texte scripturaire en profondeur requiert quelquefois de percer l'écorce rugueuse de la lettre pour découvrir le *sensus spiritualis* qu'il contient; Hamann rapproche cette démarche de l'interprétation de son propre texte qui réclame lui aussi de percer l'épaisse ironie dont il s'enveloppe : « J'ai parlé de Socrate en termes socratiques. L'*analogie* était l'âme de ses inférences, et *l'ironie* en était le corps. L'incertitude et la confiance peuvent aussi bien me caractériser; mais ici il faut les considérer comme des imitations esthétiques. »[21] Pour Hamann, le terme « analogie » désigne essentiellement l'art de la comparaison, dont nous avons déjà vu plusieurs exemples, surtout celui de Socrate lui-même comme « type » de Christ, ou encore les enseignements de Socrate « analogues » à ceux de Paul. Quant à l'ironie, elle réfère à une double perspective : D'un côté, l'art socratique du questionnement (du grec εἴρομαι); de l'autre, l'art de la simulation (du grec εἴρων - hypocrite), comme pour

---

[20] A cet égard, les *Socratic Memorabilia* et l'« œuvre » littéraire de Hamann peuvent formellement être considérés comme une sorte d'« écrits des mystères, » qui ne peuvent pas être compris en dehors d'une initiation secrète aux circonstances interpersonnelles particulières qui les ont occasionnés. Dans une certaine mesure, ces écrits sont construits sur le même modèle que « l'écrit des mystères » de Dieu lui-même (tel que Hamann le vit dans l'Ecriture et la Création), dont la signification est « cachée aux sages et aux savants, » c'est-à-dire aux *Aufklärer*, « mais révélée aux petits enfants » (Matthieu 11:25). Par conséquent, la même herméneutique qui prit corps à partir des *Ecrits de Londres* est à l'œuvre ici. Comme l'exprime plus tard Hamann au sujet du style de l'Ecriture, qu'il imite : « Si le style divin choisit ce qui est insensé – le trivial – le primitif – dans le but de rendre honteuses la force et l'ingénuité de tous les auteurs profanes, alors des yeux qui sont illuminés, inspirés, armés de la jalousie d'un ami, d'un confident, d'un amoureux sont requis pour reconnaître, dans un tel déguisement, les rayons de la gloire céleste » (N II, p. 171).
[21] N II, p. 61.

quelqu'un qui semble vouloir dire une chose, mais qui veut dire précisément le contraire. L'ironie des *Socratic Morabilia* répond essentiellement à cette deuxième définition, puisque Hamann ne se présente sous les traits du Socrate « rationnel » et « savant » que pour rappeler aux hommes des *Lumières* l'*ignorance* professée par Socrate.

Il importe de noter en même temps que dans la vision de Hamann l'ironie est non seulement recommandée par le christianisme, mais en est aussi une composante *essentielle,* ce qui l'autorise à y donner libre cours. La doctrine luthérienne du *simul iustus et peccator* en offre un bon exemple. C'est également vrai dans la mesure où, pour Hamann, Dieu apparaît *sub contrario* dans toute l'économie du salut, ce que la Croix de Christ manifeste de façon très particulière (cf. 1 Corinthiens 1:18 et 2 Corinthiens 55:21). La sagesse du monde subit ici la contradiction de plein fouet, au point d'être « rendue folle » puisque tout s'oppose à ce que cela *semble* être et – pour une sensibilité païenne telle que Nietzsche – ce qui *est supposé* être. Ici « la folie est sagesse, » « la faiblesse est force, » « l'humilité est gloire, » « le plus petit est le plus grand, » et nous pourrions ajouter « ce qui est brisé redevient complet, » etc. La perspective de Hamann intègre l'ironie – et même l'humour – à toute l'économie du salut, au point que les « dieux » du monde sont « déboutés » en ce domaine.[22] Cela s'applique en particulier au diable, dont les paroles se retournent contre lui lorsque, dans sa première et naïve prophétie, il déclare à Adam et Eve, avec l'intention de les corrompre en permanence, qu'ils seront « comme des dieux » (Genèse 3: 5); car c'est précisément ce qui est arrivé à leurs descendants en Christ, rendus désormais « participants de la nature divine » (2 Pierre 1:4).[23] Tout cela a fait l'objet d'un célèbre compte-rendu d'Augustin, contenu tout entier dans l'ironique formule : *Felix culpa*. Hamann se trouve ainsi habilité à déclarer : « Le chrétien a besoin de l'humour pour humilier le diable.

---

[22] Voir ZH I, pp. 344ss.
[23] Bien entendu, le moyen de la déification n'est pas celui prescrit par le diable et pris par Adam et Eve, qui a été une tentative de s'approprier la divinité à travers la désobéissance, mais plutôt la voie de Christ, « qui n'a pas regardé son égalité avec Dieu comme une proie à arracher » (Philippiens 2:6), et qui par là a montré le chemin de la déification (cf. Jean 10:34ss) à tous ceux qui le suivraient (Philippiens 2:7-11).

Cette figure de style a la première place dans la rhétorique paulinienne, et c'est avec elle que Dieu a chassé nos premiers parents du paradis, non pour se moquer d'eux, mais pour se moquer du tentateur. »[24] Il trouve un autre exemple d'ironie dans l'Ecriture au moment où David tue Goliath *avec sa propre épée* (1 Samuel 17:51). Cet outil de rhétorique assigne une identité spécifique à toutes les publications de Hamann. Et, comme nous l'avons vu, Hamann associe clairement l'ironie aux prophètes : « L'ironie répandue parmi les fils de l'incrédulité semble faible en comparaison de l'usage qu'en font les prophètes »[25] Il est évident qu'aux yeux de Hamann l'ironie socratique (ignorance = sagesse) se trouve parachevée dans l'ironie du christianisme (la folie de la Croix = la sagesse divine). Seul ce sens plénier de l'ironie permettait de voir dans l'analogie « l'âme » des enseignements socratiques.

Le reste de la dédicace a trait aux disparités entre la description de Socrate par Hamann et celles de *Xénophon* et *Platon*, le respect de ces derniers pour Socrate étant marqué respectivement par la « superstition » et « l'enthousiasme. » Selon Hamann, tous deux revêtent Socrate d'une beauté incompatible avec son apparence et ses modes d'expression : « Comparé aux styles de Xénophon et de Platon, celui de Socrate semblerait avoir été l'œuvre d'un sculpteur, et son mode d'expression plus plastique que *pittoresque.* »[26] En revanche, Hamann propose son travail « mimétique » comme une représentation plus fidèle, étant donné que loin d'adopter les approches « directes » de Xénophon et de Platon, il cherche à reproduire le mode indirect de communication propre à Socrate : « Il m'aurait été plus facile de m'approcher plus près de ces *païens* en imitant leur manière directe. »[27] En guise de démonstration, Hamann réfère de façon oblique à deux auteurs anglais contemporains, Henry St John, vicomte de Bolingbroke et Shaftesbury, ce qui permet de mieux connaître ses intentions : « Il a fallu me contenter, pour voiler ma religion, des concoctions d'un *St John* patriotique [c'est-à-dire

---

[24] ZH I, p. 339.
[25] ZH II, p. 23.
[26] N II, p. 80.
[27] N II, p. 61.

Bolingbroke] et d'un *Shaftesbury* platonicien, le premier en faveur de l'incroyance, et l'autre d'une déviance de la foi. »²⁸ En d'autres termes, tandis que Bolingbroke et Shaftesbury étaient contraints de cacher leur irréligion, leur apostasie à l'égard du christianisme orthodoxe, Hamann, lui, était au contraire poussé à dissimuler sa foi chrétienne dans une époque d'incrédulité.

Hamann termine ensuite par un conseil de prudence, disant « aux deux » que « Socrate n'était en rien un critique moyen, » comme s'il voulait dire, que pour saisir le sens des textes de Hamann, ils seraient bien avisés de suivre l'exemple de Socrate, lecteur admiratif des écrits tout aussi peu systématiques et notoirement obscurs d'Héraclite :

> Il [Socrate] séparait les ouvrages d'Héraclite qu'il comprenait de ceux qu'il ne comprenait pas, et allait du compréhensible à l'incompréhensible au moyen de déductions adéquates et raisonnables. Socrate parlait à ce propos de lecteurs capables de nager. Une convergence d'idées et de sensations internes à cette vivante élégie de philosophe rassemblait ses maximes en un groupe d'îlôts, mais sans les ponts et les voies d'accès de la méthode qui auraient pu les unir en une communauté.²⁹

La description des œuvres d'Héraclite constitue, à l'évidence, une manière elliptique de décrire son propre style et le genre de lecteurs qu'il lui faut : Des lecteurs capables de trouver seuls les connexions nécessaires. Ernst Jünger parle donc de Hamann comme d'un homme qui « pense des archipels reliés par des connexions sous-marines. »³⁰ Il ne faudrait pas pourtant croire que Hamann était désorganisé ou incapable d'une expression systématisée (même si sa première autobiographie semble le suggérer). A l'instar de Socrate, il laisse au contraire ses lecteurs opérer les connexions, afin de ne pas s'immiscer dans leurs réflexions, mais plutôt de soutenir leurs efforts de compréhension, selon une procédure maïeutique. Il se confie à ce

---

[28] Ibid. Voir *SM*, p. 192, et *HRM*, p. 402.
[29] N II, p. 61.
[30] Ernst Jünger, *Blätter und Steine*, 3ᵉ édition (Hambourg: Hanseatische Verlagsanstalt, 1942), Aphorisme n°87, cité dans *SM*, p. 74.

propos dans une lettre à Kant datant de cette époque : « Mon style imitatif obéit à une logique plus rigoureuse et à des connexions plus étroites que n'en laissent apparaître les concepts d'esprits plus vifs [que le mien]. »[31]

VERS UNE PHILOSOPHIE DE L'HISTOIRE

Si un auteur s'est jamais lancé *in media res,* en forçant son lecteur à nager, c'est bien Hamann, et sa prétendue « introduction » n'y change rien. Elle débute par une obscure anecdote touchant ostensiblement à l'histoire de la philosophie, dans laquelle Pierre le Grand tombe aux pieds d'une statue de Richelieu et offre « à la pierre muette la moitié de son vaste royaume » :

> L'histoire de la philosophie a subi un sort semblable à celui de la statue du ministre d'Etat français. Un grand artiste a montré ce que son ciseau de sculpteur pouvait en faire; un monarque, au *nom* porté par tout un siècle, couvrit la dépense et admira l'œuvre d'art de l'un de ses sujets; par ailleurs, le Scythe, que sa profession faisait voyager et qui, tels Noé ou le Galiléen de Julien le visionnaire, devint *charpentier* pour être le Dieu de son peuple – ce Scythe avait une faiblesse, dont le seul souvenir le rendit immortel. Il courut vers la statue et offrit généreusement à la pierre muette la moitié de son vaste royaume, à condition qu'elle puisse lui montrer comment gouverner l'autre moitié de ce royaume. Au cas où cette histoire deviendrait mythique, – savoir le fait d'enlacer un mentor inerte, totalement désintéressé, et qui opéra des merveilles, – ce fait anecdotique sera transfiguré en un conte de fée semblable à la relique de la vie de Pygmalion. A un moment impossible à fixer, *le créateur de son peuple*, dans le langage qui nous caractérise, devra être compris de façon aussi poétique qu'un *sculpteur* peut l'être *de sa femme.*[32]

Maintenant, nous savons pourquoi Hamann exige « des lecteurs

---

[31] ZH I, p. 378 (traduction d'O'Flaherty); voir aussi N IV, p. 423.
[32] N II, p. 62.

qui sachent nager »; non seulement ce passage est-il plein d'allusions étranges, mais, en outre, l'incertitude règne dès le début quant à l'usage que les lecteurs doivent faire de l'histoire de la philosophie. Mais si au terme d'un grand travail d'exégèse, quelqu'un peut découvrir les connexions « sous-marines, » il devient alors clair que Hamann critique ici, sous une forme elliptique, le traitement infligé par ses contemporains à l'histoire de la philosophie. Comme dans le cas du Richelieu sculpté par Girardon, ils ont transformé le testament vivant de l'histoire, perçu par Hamann comme le déroulement du drame de la communication divine de la révélation de Dieu lui-même *aux* êtres humains *par l'intermédiaire d'*êtres humains, en un artefact figé, muet – en une idole propre à orner le « temple du savoir, » mais non à transmettre une vraie sagesse, semblable de ce fait à la statue de Girardon qui démontre l'habileté de l'artiste. La référence de Hamann à « notre histoire devenant mythologie » semblerait témoigner de contemporains qui menacent de changer l'histoire en une construction poétique, semblable à la femme de Pygmalion, une refonte conforme à leurs goûts et à leurs préjugés, sans aucune conscience du sens de l'histoire – qui es*t en soi* révélation. Voici sa vision exprimée en ses propres termes :

> Il y a vraiment une idole dans le temple du savoir, une image portant une inscription : *Histoire de la philosophie*; une histoire qui n'a pas manqué de grands-prêtres, ni de lévites; *Stanley et Brucker* nous ont donné des colosses tout aussi étranges et inachevés que la statue de la beauté qu'un Grec a sculptée à partir des charmantes qualités de toutes les belles jeunes filles, dont les impressions lui fournissaient un dessein et une occasion. Elles sont toujours très admirées et recherchées par les connaisseurs des arts, qui les considèrent comme des chefs-d'œuvres; des gens de bon sens, d'autre part, les ridiculisent en silence, et les réduisent au rang de monstres fantastiques, de chimères, ou passent leur temps à les parodier dans des sketches théâtraux.[33]

---

[33] N II, p. 62. Hamann fait référence à Thomas Stanley (1625–1678), qui a produit une *Histoire de la Philosophie* en quatre volumes (1655–1662), et à Johann Brucker (1696–1770), un disciple du philosophe Christian Wolff (n.d.t. : Wolff était un

Il est certain que beaucoup de penseurs des Lumières tournés vers la politique, et se voulant « créateurs de leur peuple, » ont été impressionnés par ces œuvres « fantastiques, » et comme Pierre le Grand ont cherché auprés d'elles des oracles pour leurs ambitieux programmes cosmo-politiques. Dans la foulée, ils ont fait appel à Socrate en tant que réformateur et icône de la raison afin d'y gagner une certaine crédibilité historique. Mais dit Hamann, à la fin du jour, ces histoires manquent autant de vie et de capacité de communiquer que la statue sculptée par Pygmalion, tombé amoureux de sa propre création; ce sont des compositions chimériques, de bizarres reflets de l'époque, qui loin de révéler l'histoire pour ce qu'elle est – savoir un drame qui expose la manière dont Dieu se révèle à l'homme – l'obscurcit plutôt. Ce dont nous avons besoin alors, ce n'est pas d'une « colossale » *histoire de la philosophie* en plusieurs volumes tel l'ouvrage de Stanley et Brucker – qui sont tout aussi incapables d'interpréter leurs colosses que les devins de Babylone étaient incapables d'interpréter le colosse rêvé par Nabucadnetsar (Daniel 2) – mais plutôt d'une *philosophie de l'histoire* pouvant nous éclairer sur ce que le *mystère* de l'histoire *révèle*.

Deux déductions de première importance sont maintenant possibles. D'abord le fait que pour Hamann l'étude de l'histoire, comme celle de l'Ecriture, est une science de type herméneutique; autrement dit, l'histoire fait sens, elle porte une révélation, d'où la nécessité de l'interpréter – mais non de façon strictement rationnelle, car cela supprimerait la possibilité pour elle de révéler quelque chose *de plus* que la raison. Là encore, la meilleure herméneutique devra, comme pour la Bible, participer du génie de l'Esprit Saint. En second lieu, si l'histoire fait tout entière sens, le paganisme portera lui aussi la trace – même obscure – du Dieu qui s'est révélé. Le sens de l'histoire

---

philosophe leibnizien qui soutenait qu'il est possible de fonder la connaissance sur la pure déduction), qui a produit une *Historia critica philosophiae a mundi incunabulis ad nostrum usque aetatem deducta* (1742–1744) en cinq volumes. Hamann fait aussi référence au célèbre peintre grec, Zeuxis, dont le tableau « Hélène, » commandé par la ville de Croton, était un personnage composite rassemblant les traits de cinq belles jeunes filles. Voir *SM*, pp. 114–115.

s'avère dès lors dépasser à la fois en profondeur la seule capacité d'évaluation rationnelle (par opposition à l'historiographie séculière) et en étendue toutes les attentes d'un fondamentalisme étroit. Voici la description proposée par Hamann :

> Tout comme César verse des larmes devant la statue du jeune Macédonien, et que ce dernier, [debout] au tombeau d'Achille, évoque jalousement un héraut de gloire semblable à celui du *Minnesänger* aveugle : De même Erasme plie un genou moqueur devant le saint Socrate, tandis que la muse hellène de notre von Bar est contrainte de déranger le fantôme comique d'un *Thomas Diafoirus* afin de nous prêcher la vérité souterraine suivante : Il y a eu de saints hommes [*göttliche Menschen*] parmi les païens; nous ne devrions pas mépriser la masse de ces témoins; le ciel les a oints pour être ses messagers et interprètes; et ils ont été consacrés avec précision la même vocation parmi leurs peuples que celle des prophètes parmi les Juifs.[34]

Après avoir lancé son appel à une authentique philosophie de l'histoire, Hamann laisse entendre qu'à cet égard, les méthodes de la science moderne ne seront d'aucune utilité. L'un de ses nombreux aphorismes l'exprime d'ailleurs ainsi : « Comme la nature nous est donnée pour nous ouvrir les yeux, l'histoire nous est donnée pour ouvrir nos oreilles. »

Et il ajoute : « Analyser un corpus et un évènement jusqu'en ses composants originels signifie chercher à avoir un aperçu de la nature invisible de Dieu, de sa puissance éternelle et de sa divinité. »[35] Autrement dit, si Hamann a critiqué l'historiographie séculière

---

[34] N II, p. 64. Les références renvoient à Erasme qui, en lisant et admirant les dernières paroles de Socrate, s'est, dit-on, exclamé sur le ton de la plaisanterie : « Saint Socrate, priez pour nous ! »; à Georg Ludwig von Bar (1702–1767), un poète gréco-francophile, qui écrivait en français, et, parmi ses œuvres, composa un poème qui met en scène Thomas Diafoirus, un personnage ridicule de la pièce de Molière, *Le Malade imaginaire*, qui, dans un poème de von Bar, loue les grands païens de Grèce et de Rome comme des « divins hommes » que le ciel a choisis pour être ses « porte-paroles, » tels les prophètes parmi les Juifs. Voir *HH* II, p. 95
[35] N II, p. 64.

moderne pour son insensibilité à l'histoire, c'est-à-dire son refus d'entendre le Logos au travers d'elle, ici il critique la méthode analytique de la science moderne qui prétend pénétrer les secrets de la nature et de l'histoire sans aucun respect de « la puissance éternelle et de la nature de Dieu » (cf. Romains 1: 20). Son but pourtant n'est pas de dénigrer cette science, mais de dénoncer une méthode qui, sans se satisfaire des phénomènes tels qu'ils apparaissent au plan sensoriel, ne réussit pas pour autant à percevoir au travers d'eux une révélation de la personne divine. En réalité, elle traite les phénomènes comme des contre-vérités (attitude que Nietzsche relève dans sa critique du concept « d'apparence »); en conséquence, ce qui se veut le grand aboutissement de sa recherche d'une vérité purement supra-sensible, n'aboutira, en définitive, à rien du tout. Hamann s'engage un peu dans cette voie dans une parabole adressée à Kant : « La Vérité ne s'est pas laissé approcher de très près par des bandits de grand chemin; elle s'est rendue de plus en plus opaque au point même de faire douter quiconque de jamais découvrir son corpus. Quelle terreur au moment où, après s'être obstinés dans leur propre démarche, ces hommes se trouvaient soudain face à ce fantôme terrifiant, la vérité. »[36]

Hamann, en d'autres termes, cherche à démontrer que faire l'économie de la nature, de l'histoire et de la Divinité telle qu'elle s'y révèle, pour aller à la découverte d'une pure vérité métaphysique, aboutira en tout et pour tout, conformément à ce que ses ouvrages prédisent de plus en plus, à une réalité spectrale de paysages irréels (Descartes), d'illusions insulaires (Kant), et enfin à un nihilisme ontologique (Heidegger). Au bout du compte, quand le monde sensible en vient à paraître illusoire, parce qu'il a cessé d'être « parlant » et n'est plus perçu comme une révélation divine, sa réalité – quelle qu'elle soit – dépend de plus en plus de l'aptitude de l'homme moderne à le « consolider » sous une forme poétique. Selon Hamann, « celui qui ne croit pas à Moïse et aux prophètes ... ne sera jamais qu'un poète à contre-courant de son savoir et de sa volonté, comme *Buffon* pour l'histoire de la création et *Montesquieu* pour l'histoire de l'empire romain. »[37] Autrement dit, le Logos de la création ayant cessé

---

[36] ZH I, p. 381.
[37] N II, p. 64.

d'être perçu par la foi se trouve réduit au *mythos* de notre propre fabrication. Un siècle plus tard, Nietzsche irait largement dans le même sens, même s'il a pleinement embrassé le nihilisme poétique imposé par la mort de Dieu. La terminologie de Hamann devient ensuite dramatique : « Toutes les superstitions possibles se mettent en place dans une vacance de la pensée. »[38]

L'historiographie sécularisée rencontre un autre problème, identifié par Hamann comme étant, malgré les énormes récits dèjà mentionnés, celui de la totalité. Dans quel sens, en effet, l'historiographie moderne peut-elle être appelée une science, si elle s'enracine dans des archives fragmentaires du passé, et que même son objet est fondamentalement incomplet ? Que penser dans ce contexte de la perte d'un très grand nombre de textes religieux, tels, par exemple, ceux des gnostiques du IIIe siècle ? La question peut irriter les amateurs de « christianismes alternatifs » en mal de preuves, mais Hamann, bizarrement, n'en avait cure. Car si tout est gouverné par la providence divine, y compris le nombre de cheveux de notre tête, cela s'applique très certainement aussi à la composition et à la tradition d'un canon de l'Ecriture. Et si le Saint-Esprit est capable de remettre en mémoire tout ce qu'il est nécessaire de savoir (Jean 14:26), un chrétien n'a aucune raison de s'agiter à propos de telle ou telle portion de l'histoire qui a été perdue ou oubliée :

> Si aucun moineau ne tombe à terre à l'insu de notre Dieu, la perte d'aucun monument [littéraire] des anciens temps ne nécessite de se lamenter. Sa providence ne devrait-elle pas s'étendre aux textes, puisqu'Il est lui-même un auteur, et que l'Esprit de Dieu a recensé avec tant d'exactitude la valeur de ces premiers livres interdits, livres qu'un pieux zèle, au nom de notre religion, a confiés au feu ? Nous admirons Pompée pour avoir disposé des écrits de son ennemi Sertorius, et cet acte nous paraît prudent et noble; pourquoi dès lors ne pas admirer le Seigneur qui a permis la disparition des écrits d'un Celsius ? C'est donc avec raison qu'à propos de tous les livres de quelque importance

---

[38] Voir Nietzsche, "Nachgelassene Fragmente," dans *Kritische Studienausgabe*, édité par G. Coli et M. Montinari (Berlin: de Gruyter, 1988), vol. 7, p. 466.

pour nous, j'affirme que Dieu a montré au moins autant de soin que César n'en a montré pour le manuscrit lorsqu'il sauta dans la mer, ou Paul pour son parchemin à Troas (2 Timothée 4:13).[39]

Voilà le genre de réaction que nous pouvons augurer de la part de Hamann pour toute recherche d'un canon des textes et des « évangiles » gnostiques qui auraient été perdus : S'ils avaient eu une signification spirituelle profonde ou fourni un supplément nécessaire à ceux que nous possédons dèjà, le Saint-Esprit les aurait préservés aussi jalousement que les évangiles et épîtres neotestamentaires canoniques qui sont beaucoup plus anciens. En fait, en regard de cette conception exaltée de la souveraineté divine, toute destruction des textes gnostiques par l'Eglise primitive, à supposer qu'elle ait jamais eu lieu, aurait été considérée comme un jugement de la providence.

Mais selon Hamann, quel sort réserver alors aux fragments historiques restants ? Dans tous les cas de figure, il est clair qu'il ne faut pas suivre l'exemple des historiens modernes, si bien documentés et qui ont enregistré les faits avec un si grand sens du devoir, mais sans aucune idée d'une possible signification beaucoup plus étendue de ces faits. Et c'est dans ce contexte que Hamann fait une allusion ironique aux talents d'un légendaire « artiste » parvenu après de multiples essais à faire passer une lentille par le chas d'une aiguille :

> Alors l'artiste qui a réussi l'exploit de faire passer une lentille par le chas d'une aiguille n'était pas assez expert pour pratiquer son art ? L'on aimerait poser cette question à tous les savants qui ne savent pas davantage utiliser les ouvrages des anciens que notre artiste ses lentilles; si nous avions plus de documents que ce dont nous disposons jusqu'ici, nous serions nous-mêmes obligés de jeter nos cargaisons par-dessus bord, de mettre le feu à nos bibliothèques, ou d'agir comme les Hollandais avec leurs épices.[40]

---

[39] N II, p. 64. Apparemment, à un certain stade du siège d'Alexandrie, César fut forcé d'abandonner son navire et sauta dans la mer, nageant d'une seule main et tenant d'importants papiers militaires au-dessus de l'eau. Voir *HH* II, p. 99.

[40] N II, p. 65. Dans le but de mieux contrôler les valeurs marchandes dans leurs échanges commerciaux, les Hollandais avaient l'habitude de jeter les épices en excès

Le point important de ce passage, approuvé, soit dit en passant, par Nietzsche, est que les historiens modernes n'ont pas une meilleure idée du sens de l'histoire (c'est-à-dire de l'usage à faire de toutes ces nombreuses données) que l'artiste n'en avait de l'usage de ses lentilles.[41] Une connaissance plus étendue du passé ne ferait cependant aucune différence. Le problème est que personne n'a jamais abordé la question de l'histoire sous un angle philosophique; personne, en d'autres termes, n'a su produire une *philosophie de l'histoire* satisfaisante. Cela ne signifie pas que les Lumières n'avaient pas de doctrine de l'histoire : Pour eux, le sens de l'histoire était le progrès, l'émergence hors de l'obscurantisme et de la superstition pour entrer dans la lumière de la raison qu'eux seuls (en tant que proto-hégéliens) possédaient (pour parodier Colossiens 1:13). C'était aussi au nom de leur doctrine du progrès que les éléments « irrationnels » de l'histoire, à savoir les visions, les oracles, en bref tous les miracles singuliers ou les révélations inhabituelles, étaient mis au rang du mythe et de la superstition, ce qui soulignait une fois encore le penchant des penseurs des Lumières pour une laïcité à l'état pur.[42]

---

par-dessus bord.

[41] Nietzsche, dans *Die Philosophie im tragischen Zeitalter der Griechen* (1873), dit : « Rarement la race humaine a-t-elle produit un bon ouvrage dans lequel le chant de combat de la vérité, le chant de l'héroïsme philosophique est entonné avec une liberté intrépide – et, comme cela arrive souvent, ces livres disparaissent plutôt rapidement. Quoi qu'il en soit, nous ne devrions pas nous en plaindre, mais bien plutôt nous exercer à entendre les mots diligents de consolation que Hamann adresse à ces personnes instruites qui se plaignent des ouvrages perdus. Car l'artiste qui a réussi l'exploit de faire passer une lentille par le chas d'une aiguille n'était-il pas assez expert pour pratiquer son art ? L'on aimerait poser cette question à tous les savants qui ne savent pas davantage utiliser les ouvrages des anciens que notre artiste ses lentilles » (la traduction est de moi-même). Voir *KSA*, volume 1, p. 811.

[42] Comme Hamann l'exprime : « La transmission d'un oracle divin ne dit pas grand'chose à un philosophe de la modernité comme [le ferait] l'apparition d'une comète. D'après lui, dès que l'on aborde les oracles, les apparitions, les rêves et les météores similaires [c'est-à-dire les présages], [de la même espèce que ce que l'on peut trouver] dans le livre que nous tend ce peuple le plus insensé dans ce qui subsiste des Grecs et des Romains, l'on devrait soit exciser ces contes de fées de ses enfants et de ses nourrices (puisque tous les siècles passés ne sont, en comparaison avec notre

Dans la perspective de Hamann, tout cela rend précisément la conception de l'histoire entièrement inadéquate, car non seulement les Lumières passent-elles rapidement sur tout ce qui ne se coule pas dans le moule du progrès ou ne peut être appréhendé par un lecteur du XVIIIe siècle – tels les oracles surnaturels, les visions, les miracles, les révélations particulières – mais elles se trompent en prenant pour acquis le fait que la *raison* est la mesure de toutes choses, y compris de l'histoire elle-même (autre anticipation de Hegel). Hamann se plaint, en conséquence, de l'absence d'une authentique philosophie de l'histoire, semblable à celle que Schelling, à différents égards influencé par Hamann, tenta d'élaborer à plusieurs reprises. Elle les rendrait conscients du fait que l'histoire révèle quelque chose qui va *plus loin* que la raison et requiert donc *plus* que la raison, à savoir, la foi – la foi en une révélation effectivement supra-rationnelle – reconnue principe premier et *sine qua non* de son interprétation :

> Je suis surpris que personne n'ait encore tenté la même recherche en faveur de l'histoire que celle de Bacon pour la physique. Bolingbroke conseille à ses étudiants de hausser l'histoire ancienne au niveau du paganisme des dieux ou d'un lexique de poésie. Il se peut que toute l'histoire soit plus mythique que ne l'imagine ce philosophe, un livre scellé comme la nature, un témoignage mystérieux, une énigme impossible à résoudre sans le travail d'une autre génisse que notre raison.[43]

A ce point de rencontre des idées, l'appel de Hamann à une philosophie de l'histoire revêt une importance presque indiscutable et ouvre la voie à des réflexions philosophiques plus sérieuses sur l'histoire en tant que révélation (ce malgré la teneur finalement rationnelle de celle-ci chez Hegel). Cet appel représente aussi une ligne de fracture dans notre compréhension de l'histoire, c'est-à-dire entre

---

siècle présent, que des enfants et des nourrices dans l'art de l'expérience et de la pensée), soit les admirer de la même façon que l'on admire les fioritures littéraires de nos poètes alpins » (N II, p. 69).
[43] N II, p. 65. Hamann a à l'esprit ici les *Letters on the Study and Use of History* (1738; 2nde édition, 1752) de Bolingbroke. Voir *HH* II, p. 100.

une lecture chrétienne de l'histoire, une « ère » reliant la Chute à l'*eschaton* (sens premier de séculier, « *saeculum* ») et une vision laïque moderne de l'histoire comme autant d'exemples univoques du « progrès comme tel. »[44] Plus concrètement, le choix oppose une lecture pluri-dimensionnelle de l'histoire comme « une succession diachronique d'allusions et de références, »[45] – soit une prophétie qui alterne entre « type » et « accomplissement » avec toutes les ombres et extrapolations implicites du sens – à une vision séculière unidimensionnelle de l'histoire, sans autre finalité que ce que le progrès socio-technologique est supposé apporter d'une époque à l'autre (sous forme d'avancées, évidemment). En résumé, il y a, d'un côté, une conception chrétienne de l'histoire semblable à un poème divin inachevé, dont le sens n'apparaît qu'en partie, et une vision séculière composée de moments discontinus qui, faute d'un rôle à jouer dans un poème ou une histoire plus vaste, et n'exprimant que la banalité du « progrès comme tel, » s'avèrent à la fois chargés de sens et absurdes.

Quoi qu'il en soit, la conception prophétique de l'histoire nous permet de comprendre que Hamann ne voit pas dans Socrate une simple figure du passé dont seule la Grèce antique peut rendre compte. Sa vision de Socrate ressemble encore moins à celle des « Athéniens de l'époque moderne » des *Lumières* : « S'ils croient vraiment en Socrate, alors ses déclarations témoignent contre eux. Ces nouveaux Athéniens sont la progéniture de ses accusateurs et des fabricants du poison [qui l'a tué], et ce sont des calomniateurs et d'atroces meurtriers encore plus creux et plus stupides que leurs pères. »[46] Il le voit plutôt, par analogie avec sa vision de toute l'histoire, à la lumière de la foi, laquelle révèle une dimension et une signification prophétique de la vie de Socrate inaccessible à la seule raison.

---

[44] Voir John Milbank, *Theology and Social Theory: Beyond Secular Reason* (Oxford: Blackwell, 1990), pp. 9ss. Dans une perspective chrétienne, par conséquent, le mot « laïque » dans son usage moderne devrait réellement être placé entre guillemets, puisqu'une corruption de son sens original s'est produite.
[45] Voir John Milbank, *The Word Made Strange: Theology, Language, Culture* (Oxford: Blackwell, 1997), pp. 278s.
[46] N II, p. 67.

UNE PROPÉDEUTIQUE OUVERTE SUR DE VÉRITABLES LUMIÈRES

Rappelons que, pour Hamann, les dimensions prophétiques de la vie et de l'œuvre de Socrate englobaient entre autres choses son ignorance, son esprit tutélaire et sa mort injuste, toutes composantes supposées désigner le christianisme. Dans le même temps, Socrate reste un masque pour Hamann lui-même dans ses tractations avec Kant et Berens. Il mentionne, par exemple, un bienfaiteur de Socrate du nom de Criton, lequel, voyant en lui un jeune homme prometteur, lui donna, avec les meilleures intentions du monde, une série de sophistes pour tuteurs. Ce que nous savons de l'attitude future de Socrate envers les sophistes révèle assez clairement un résultat qui n'était pas recherché. Selon Hamann, « la succession d'hommes et de femmes assignés à la formation de Socrate et sans nul doute rétribués par Criton forme une liste impressionnante; pourtant Socrate est resté ignorant. »[47] Mais ce détail biographique voulu par Hamann avait clairement un but : Criton n'est autre que son riche bienfaiteur Berens, Socrate le prometteur Hamann, et Kant l'un des sophistes devant participer au programme de rééducation de Hamann. Nous avons ici, autrement dit, un parfait exemple de « métaschématisme » dans lequel Hamann représente ses interlocuteurs sous un jour différent – savoir une forme de parabole – semblable à celle où Samuel (en 2 Samuel 12) fait apparaître David, avec des effets tragiques.

Il est peu probable que « le tandem » en question aurait apprécié la comparaison; mais à peine Hamann a-t-il reconnnu l'insulte qu'il leur en demande pardon, car il portera lui-même, plus qu'eux, le fardeau de son ignorance : « L'impertinente confession impliquée ici était jusqu'à un certain point une insulte, mais il ne faudrait pas oublier qui était le bon candidat, puisque lui-même en était le plus accablé. »[48] En d'autres termes, Hamann prévoit que sa consécration à l'orthodoxie chrétienne et son scepticisme à l'égard des Lumières seront mal accueillis; mais il s'encourage à l'idée que les contemporains de Socrate ont précisément eu la même réaction face à sa profession

---

[47] N II, p. 70.
[48] N II, p. 70.

d'ignorance :

> L'opinion de Socrate peut se réduire à ces paroles dures, quand il déclarait aux sophistes, ces intellectuels de son temps : Je ne sais rien. Ces paroles devinrent une épine dans leurs yeux et un fouet sur leur dos. Toutes les *intuitions* de Socrate, qui se résumaient aux *expectorations* et *sécrétions* de son *ignorance*, leur semblaient plus terrifiantes que la chevelure de Méduse, le nombril d'Egide.[49]

Loin donc d'être le champion historique du rationalisme, Hamann conclut avec ironie que Socrate aurait épouvanté les hommes des *Aufklärer*. Sa thèse était au fond que l'ignorance professée par Socrate n'était pas un déguisement destiné à mettre les Athéniens en fureur (ce que suggère l'interprétation de Nietzsche) mais un sentiment qui l'affectait lui-même profondément, comme une sorte de maladie particulière qui était à l'origine de son enseignement et de sa sagesse préternaturelle et que seul pouvait mesurer celui qui l'avait connue lui-même.

> Socrate semble avoir autant parlé de son ignorance qu'un hypochondriaque de sa maladie imaginaire. Tout comme la connaissance de cette maladie permet de connaître le malade et de le comprendre, la sympathie envers l'ignorance semblerait nécessaire pour avoir une idée de l'ignorance de Socrate.[50]

Or les hommes des Lumières semblent justement, étant donné leur soif d'un savoir « encyclopédique » (un genre que Hamann compare au Cyclope stupide),[51] se montrer incapables de mesurer ou de comprendre. Car ils sont fiers, peu désireux de s'humilier et d'aboutir à une confession similaire, à savoir qu'à la fin du jour, malgré tous les volumes que compte l'*Encyclopédie*, ils ne savent presque rien. C'est justement là le comique de la chose. Et c'est aussi la raison qui devrait les obliger à abandonnerr toute prétention à être les vrais disciples de

---

[49] N II, p. 73.
[50] N II, p. 70.
[51] Cf. N III, pp. 72ss; la note de Nadler dans la rubrique « encyclisch » (N VI, p. 113).

Socrate à l'époque de la modernité. Dans leur perspective « éclairée, » la sagesse consiste à reconnaître dans l'autonomie d'un individu un agent rationnel – *sapere aude !* (« osez penser par vous-même! »), ce dont Kant fera plus tard une notion d'engagement : « Ayez une confiance parfaite dans vos propres opinions. » Socrate attribuait à la sagesse une signification très exactement contraire. Hamann trouve particulièrement remarquable que ce *renversement* de la sagesse conventionnelle ait été anticipé par l'oracle d'Apollon de Delphes :

> La formule « *Connais-toi toi-même !* » sur la porte du célèbre temple enjoignait à tous les visiteurs d'offrir un sacrifice au dieu de la sagesse et de le consulter pour leurs affaires ordinaires. Tout le monde lisait, admirait et connaissait ce dicton *par cœur*. On le portait sur le front comme la pierre où il était gravé, sans en comprendre le sens. La divinité riait sans doute dans sa barbe dorée lorsque, à l'époque de Socrate, la délicate question lui était posée pour savoir qui de tous les hommes de ce temps-là était le plus sage. *Sophocle* et *Euripide* ne seraient jamais devenus d'aussi grands modèles pour le théâtre sans leur fine analyse du cœur humain. Mais *Socrate* les dépassait en sagesse, car il était allé plus loin dans la connaissance de soi, et savait qu'il ne savait rien.[52]

En d'autres termes, les sages savent qu'ils ne savent rien. Voici donc l'ironie, la divine plaisanterie à l'origine de la philosophie occidentale : Le dieu rit, car Socrate, tout en professant l'ignorance, était en fait le plus sage de tous. Hamann rit aussi, car ce jugement, apparemment insensé, rend insensé et expose à la honte toute l'érudition pompeuse et la sagesse conventionnelle du monde (cf. 1 Corinthiens 1:18). De plus, par delà l'ironie, Hamann apprécie que chacun soit témoin de la victoire de la prophétie sur la raison, ce qui correspond précisément au sens de sa propre œuvre prophétique, à savoir que certaines notions échappent à la seule raison, trop bornée, trop embrumée, trop peu inspirée, en bref trop *privée de lumière* pour les comprendre, mais qui sont néanmoins essentielles à la vraie signification de l'être humain.

---

[52] N II, p. 71.

Mais si Hamann s'enchante du jugement comique du dieu, la connaissance de soi reste à ses yeux une question extrêmement sérieuse. Vers cette époque, ses lettres à Kant essayent, semble-t-il, de lui donner un aperçu de la profondeur de son expérience de conversion : « La connaissance de soi est la chose la plus difficile, la plus haute, la plus simple et la plus fondamentale de l'histoire naturelle, de la philosophie et de la poésie. »[53] De même, « aucune somme de thaumaturgie esthétique ne peut suffire à remplacer le sentiment immédiat, et rien, si ce n'est le *descensus ad in feros* [*Höllefahrt*] de la connaissance de soi, ne pave le chemin de notre déification. »[54] Dans tous les cas, Hamann ne considère pas ce terme comme l'expression typique du mal, et pas davantage comme un éveil à son propre potentiel de rationalité (*à la* Kant). C'est au contraire une profonde sensation qu'il associe à une sorte de renaissance :

> L'ignorance de Socrate était une *sensation* [*Empfindung*]. Entre une sensation et une doctrine, la différence est plus considérable qu'entre un animal vivant et son squelette. Même si les sceptiques d'hier et d'aujourd'hui parviennent à se draper entièrement dans la peau de lion de l'ignorance socratique, leur *voix* et leurs *oreilles* les trahissent. S'ils ne savent rien, pourquoi le monde a-t-il besoin d'une savante démonstration de cette ignorance ? Leur hypocrisie est comique et ils n'en ont pas honte. Un tel besoin d'éloquence pour se convaincre soi-même de son ignorance ne peut que dissimuler une solide antipathie à l'égard de la vérité ainsi dévoilée.[55]

Au point où nous sommes parvenus, Hamann a déjà signalé une analogie entre le paganisme et le christianisme par le biais d'une ironie (visible dans le jugement d'Apollon) qui met en lumière la « folie » chrétienne. Quant à l'ignorance de Socrate perçue comme un profond sentiment ou une sensation (les Lumières y étaient aussi peu sensibles que les Athéniens de l'Antiquité), Hamann va maintenant y découvrir une nouvelle analogie, cette fois avec la vertu chrétienne de l'humilité.

---

[53] ZH I, p. 374.
[54] N II, p. 164.
[55] N II, p. 73

Mais ce qui lui semble le plus merveilleux dans cette ignorance professée par Socrate, c'est qu'elle lui permet d'être connu du dieu, anticipant ainsi un enseignement chrétien consigné par Paul en 1 Corinthiens 8:2-3 :

> Concernant la profession d'ignorance de Socrate, je ne connais pas de témoignage qui soit un sceau plus honorable et une clef mieux adaptée que l'oracle du grand *docteur des Gentils* : Ει δε τις δοκει ειδεναι τι ουδεπω ουδεν εγνωκε καθως δει γνωναι Ει δε τις αγαπα ΘΕΟΝ ουτος εγνωται υπ αυτον. « *Si quelqu'un croit connaître quelque chose, il ne connaît pas encore comme il faut connaître. Mais si quelqu'un aime Dieu, celui-là est connu de lui* » – cette parole peut se comparer au fait qu'Apollon voyait en Socrate un *sage*. Mais comme le germe de toute notre sagesse naturelle doit se dégrader et s'anéantir dans l'ignorance, et que de cette mort, de ce rien doivent jaillir la *vie* et la *nature* d'une connaissance supérieure toute nouvellement créée, – le *nez* d'un sophiste n'y a pas encore accès.[56]

En d'autres termes, les penseurs des Lumières, comme les sophistes, croyaient savoir quelque chose. Au niveau du réel, cependant, ils n'ont pas encore commencé à connaître comme ils le devraient; dans le cas contraire, ils s'humilieraient et confesseraient leur ignorance à l'instar de Socrate. Mais ils sont orgueilleux et en conséquence aveugles à l'une des plus importantes révélations du paganisme, laquelle coïncide avec l'enseignement de l'apôtre (et d'Origène) : C'est le fait que la vraie sagesse ne consiste pas à *savoir* et à savoir l'étendue de son savoir, mais à aimer Dieu, à confesser humblement son ignorance (ses péchés), avec pour conséquence d'*être connu* de Dieu. A tout cela fait écho la parole du psalmiste : « Car l'Eternel est élevé : Il voit les humbles, et Il reconnaît de loin les orgueilleux » (Psaumes 138:6; Matthieu 7:23).

De fait, le contraste que Hamann voudrait soumettre à l'attention de Kant et de Berens oppose une connaissance de type mondain, qui « enfle » (1 Corinthiens 8:2) et accrédite la gloire de celui qui sait, à une connaissance supérieure, chrétienne et socratique, qui ne vise pas

---

[56] N II, p. 74.

à s'emparer et à s'approprier le savoir, selon le modèle donné en Genèse 3, et ne fait rien par ambition personnelle – (« esprit de parti, » Philippiens 2:3), mais se glorifie *ironiquement* dans les faiblesses et les limitations (2 Corinthiens 12:9) qui rendent l'esprit réceptif à la lumière divine et à la sagesse. C'est là, et non dans un fier rationalisme que se situe le vrai chemin vers la lumière. Dans un ouvrage postérieur, Hamann dira : « Le vrai génie ne connaît que sa dépendance et sa faiblesse ou les limites de ses dons. »[57] Mais Hamann note, là encore, l'échec des Lumières qui n'ont pas su suivre l'exemple de Socrate, alors même que ces philosophes se vantent d'être ses disciples à l'époque moderne :

> Les nombreux imitateurs de Socrate à notre époque, avec les maîtres patentés du public et les saints patrons des arts et des mérites injustement célèbres, n'ont pas encore réussi à rivaliser avec leur modèle et tous ses aimables défauts. Etant donné qu'ils s'éloignent infiniment du testament de son ignorance, il faut s'émerveiller de toutes les gloses et lectures inventives de leur démon anti-socratique autour des leçons et vertus de notre maître à tous, considérées comme les embellissements de la traduction *libre*; et il est tout aussi dangereux de leur faire confiance que de les suivre.[58]

Tel est bien le clivage entre le Socrate de Hamann et celui des Lumières. Il s'ensuit une estimation radicalement différente des objectifs de la raison. Les Lumières lui assignent la mise en cause de l'autorité de la tradition au nom de la libre information, ce qui remplace *de facto* l'autorité de la tradition par celle de l'individu autonome sans tenir compte de son éducation morale. Pour Hamann, à l'inverse, la raison sert précisément à déconstruire tout savoir orgueilleux qui se prétend un savoir, cette sorte de connaissance qui est réellement une *doxa* mais s'oppose à la foi, afin de permettre l'acquisition de la véritable connaissance qui naît de l'humilité et conduit à l'amour (1 Corinthiens 8:1ss). Pour Hamann, la philosophie ne commence vraiment qu'à condition d'expérimenter la *souffrance*

---

[57] N II, p. 260.
[58] N II, p. 260.

des limites de la raison, après une initiation à la lumière de la foi au travers d'une sorte de *docta ignorantia*; et dans cette limite il propose un modèle de renaissance épistémologique selon un paradigme conforme à celui de la conversion spirituelle décrite dans l'Evangile de Jean : « Si le grain tombé en terre ne meurt, il reste seul; mais s'il meurt, il porte beaucoup de fruit » (Jean 12:24). Hamann confronte en substance l'autonomie rationnelle insensible et *dépourvue de clarté* qui a été popularisée par les Lumières, à la voie annoncée par l'ignorance socratique qui s'accomplit dans l'humilité chrétienne; une voie *féconde,* car sensible à la présence *éclairante* de l'Esprit-Saint.

Telle est donc l'ironie dont s'accompagnent tous les discours modernes sur « les Lumières »; telle est aussi la fausse conception de Socrate entretenue par les *Aufklärer* qui ne savent ni apprécier à sa juste valeur l'ignorance socratique, ni reconnaître l'espèce d'inspiration complice de cette ignorance « comme s'il était le seul d'entre les oiseaux de nuit de sa mère patrie à être perché sur le casque de Minerve. »[59] Dans la foulée, Hamann établit une nouvelle liaison typologique, qui rappelle les premiers apologètes chrétiens tel Justin Martyr, en comparant l'esprit tutélaire de Socrate, son *daimon*, au génie du Saint-Esprit :

> Qu'est-ce qui chez *Homère* compense son ignorance des règles de l'art, qu'Aristote inventa à sa suite, et qui chez *Shakespeare* compense soit son ignorance, soit son mépris de ces mêmes règles ? A cela une seule réponse, unanime : Le *génie*. De toute évidence, Socrate pouvait se payer le luxe d'être ignorant; il pouvait faire confiance à la science de son génie propre, qu'il aimait et craignait comme un dieu, dont la *paix* signifiait plus pour lui que toute la raison des Egyptiens et des Grecs réunis, dont la voix lui inspirait confiance, et dont le *vent* (comme le docte charlatan Hill en a fourni la preuve) peut rendre l'interprétation creuse d'un Socrate aussi féconde que le sein d'une vierge pure.[60]

---

[59] N II, p. 76.
[60] N II, p. 75. Cf. Philippiens 4:7. John Hill (1716?–1775), pharmacien, botaniste, médecin et écrivain qui proposa une théorie de la naissance virginale par l'effet du vent. Voir *SM*, pp. 78ss.

D'une part, Hamann anticipe ici un thème qu'il développera dans son *Aesthetica in nuce*, celui du génie et de la créativité véritable, en contraste avec une approche purement rationnelle de la nature et des arts qui, à ses yeux, caractérise les Lumières. Celle-ci est dictée par les règles de la raison; celle-là sans être antinomienne, est guidée par le génie. D'autre part, il faut noter que Hamann enrôle à nouveau Socrate comme témoin de la foi chrétienne, non seulement par le biais d'une connexion entre l'humilité féconde de Socrate et celle de Marie, mais aussi par une connexion entre Socrate et Paul : Le génie de Socrate, son « dieu » comptait plus pour lui que toute raison et lui offrait une « paix » qui « surpasse toute intelligence » (Philippiens 4:7).

Ces connexions typologiques mettent en pleine lumière l'argument majeur des *Socratic Morabilia* : Socrate est plus un proto-chrétien qu'un proto-philosophe des Lumières; aussi, *face à* ces *derniers*, Hamann peut-il se revendiquer comme le plus authentique des disciples de Socrate. Car si les hommes des Lumières n'ont pas su apprécier l'ignorance de Socrate comme une forme de sensation (une préfiguration du sentiment ou de la passion subjective de la foi), ils n'ont pas davantage apprécié sa dévotion indéniablement religieuse envers son *daimon* (préfiguration du Saint-Esprit qui guide les chrétiens). De plus, ils sont totalement incapables de voir le point essentiel de la dialectique socratique, car loin de flatter le sentiment d'autonomie du sujet en tant qu'être de raison, Socrate a pour but de lui faire admettre ses faiblesses épistémologiques et un sentiment correspondant de dépendance (par opposition justement aux propositions de Kant dans son *Essai sur l'entendement humain* paru en 1784, soit vingt-cinq ans plus tard). Hamann l'exprime à sa manière, en assimilant les hommes des *Lumières* aux Athéniens (car, selon lui, ces hommes-là, loin d'être les disciples de Socrate, sont en fait les héritiers modernes de ceux qui l'ont tué) :

> Les Athéniens étaient curieux. Un ignorant est le meilleur médecin pour cette érotomanie. Comme tous les gens curieux, ils étaient enclins à *communiquer* et devaient donc s'attendre en permanence à être interrogés. Mais ils étaient plus aptes à inventer et à transmettre qu'à juger et à retenir. Aussi Socrate avait-il toujours des occasions de compenser leur manque de mémoire et de jugement, ou de les mettre en garde contre la frivolité et la vanité. En bref, Socrate attirait ses concitoyens hors des labyrinthes de leurs savants sophistes pour les amener à une *vérité enfouie dans un lieu secret*, à une *sagesse secrète*, loin des autels-idoles de leurs prêtres dévoués et politiquement rusés,

jusqu'au culte d'un *Dieu inconnu*.[61]

Hamann se voit clairement sous le même jour; car la position de Socrate vis-à-vis des Athéniens ressemble à la sienne vis-à-vis des tenants des Lumières. Kierkegaard en a fait la remarque : « La relation avec ses contemporains (est comparable) à celle de Socrate avec les sophistes (qui pouvaient donner leur avis sur *tout*). »[62] Et cette comparaison vaut aussi bien pour la technique que pour les objectifs des différents agents. D'un côté, l'ignorance de Socrate (alliée en apparence à sa laideur) intensifiait la réflexion de ses interlocuteurs; de l'autre, les écrits de Hamann, malgré leur apparence de folie et leur caractère offensif, montrent en fait un travail d'introspection que reflètent de savants miroirs. De plus, si Socrate cherche, sous couvert d'ignorance, à guider ses interlocuteurs vers « une sagesse secrète, » qui surpasse la compréhension rationnelle, Hamann, après avoir aussi amené une confession de dépendance, voulait, quant à lui, « que le laïque tombe sur sa face, invoque Dieu et confesse la présence réelle de Dieu en nous. »[63] C'est là cette secrète sagesse inaccessible aux orgueilleux laïcs, précisément parce que seule l'humilité permet de l'atteindre. Le psalmiste en parle en particulier dans le contexte d'une confession de culpabilité : « Tu veux que la vérité soit au fond du cœur: fais donc pénétrer la sagesse au-dedans de moi ! »(Psaumes 51:8).

En bref, face à ses contemporains, Hamann estimait être un authentique Socrate chrétien – et à ce titre un disciple plus authentique de Socrate. En vertu de quoi toute son œuvre était dirigée de manière (dans le cadre d'une dialectique explicitement socrato-chrétienne) à conduire ses lecteurs vers une humble confession d'ignorance et de dépendance les amenant à une forme véritable de connaissance de soi, puis vers une sagesse secrète et *mystérieuse*, inaccessible au genre de raison *pro-fane* [*sic*] fièrement arborée par les hommes des *Lumières*. De plus, en tant que Socrate *chrétien*, il montrait que la vie de Socrate attire les regards vers le Christ, à la fois

---

[61] N II, p. 76.
[62] *JP* II 1547 (*Papier* III B 17).
[63] ZH I, pp. 396.

par son apparence humble et sa mort injuste, sans parler de son enseignement analogue à la sagesse chrétienne de Paul qui en est l'accomplissement (Actes 17:22ss; 1 Corinthiens 8:2-3). S'il en est ainsi, si Socrate peut faire office de figure prophétique de Christ et de hérault de la sagesse chrétienne, alors, selon Hamann, il mérite d'être compté parmi les prophètes. Pour lui, comme pour tant d'apologètes des premiers temps, il est vraiment possible de parler, à cet égard, d'une similitude de type analogique entre Juifs et Gentils :

> Platon disait sans ménagement aux Athéniens que les dieux leur avaient donné Socrate pour les convaincre de leur folie et les encourager à devenir ses égaux par la vertu. Dans le cas où quelqu'un ne voudrait pas accepter Socrate au nombre des prophètes, il faut lui poser la question suivante : « Qui est le père des prophètes ? » Et celle-ci : « Notre Dieu ne s'est-Il pas appelé lui-même le Dieu des Gentils, et n'a -t- Il pas montré qu'Il l'était? »[64]

En guise de conclusion, Hamann croise une dernière fois le fer avec les penseurs des Lumières, espérant, contre toute espérance, libérer Kant et Berens de l'idéologie de leur temps. S'ils se rangeaient à son avis, il fallait qu'ils soient préparés à l'offense qui en résulterait; car tout serviteur de la vérité finissait par offenser le Cyclope borgne du public, comme en témoigne le cas de Socrate. Si toutefois ils ne sont pas taillés pour supporter l'ascèse de la vérité, ou manquent du courage nécessaire pour rompre avec l'idéologie dominante, ou ne désirent pas participer, en tant que prophètes, au témoignage de l'histoire, ils se verront contraints de renoncer à toute ressemblance avec Socrate et se contenter de « lécher les assiettes » des dieux de ce monde :

> Celui qui n'est pas prêt à vivre de *miettes* et d'*aumônes* ou de *produits volés*, voire même à se passer de tout pour tenir une *épée*, celui-là ne convient pas pour le service de la vérité. Puisse-t-il – le plus tôt possible! devenir un homme du monde, raisonnable, utile, bien éduqué, ou apprendre à s'incliner et à lécher les assiettes : Ainsi se

---

[64] N II, pp. 76ss.

protègera-t-il, pour le restant de sa vie, de la faim et de la soif, des galères et de la ruine. Et s'il est vrai que DIEU lui-même, comme nous le lisons dans la *bonne confession* qu'Il fit devant Pilate; s'il est vrai, *donc*, que Dieu lui-même devint homme et entra *ainsi* dans le monde, *afin de rendre témoignage à la vérité* : Alors il n'est pas besoin d'être omniscient pour prévoir qu'Il ne quitterait pas le monde aussi dignement que Socrate, mais qu'Il mourrait d'une mort plus honteuse et cruelle que le *parricide du roi très chrétien*, Louis le *Bien-Aimé*, qui est l'arrière-petit-fils de Louis le *Grand*.[65]

CONVERTIR HUME : LA CONNAISSANCE « PAR LA FOI SEULE »

La manière dont Hamann fait de Socrate un précurseur du christianisme a ainsi quelque chose de nouveau et de subversif à la fois: Il ne se contente pas de priver les Lumières de leur champion favori, mais il les introduit dans une voie qui les amène à embrasser la foi même qu'ils pensaient devoir rejeter au nom de la raison et de l'esprit socratique. Si les *Socratic Memorabilia* s'avèrent plus subversifs et plus ironiques encore, c'est dû au fait que Hamann y réitère l'expérience – bien que brièvement – avec le philosophe David Hume, son principal correspondant en la matière. Le lien le plus évident entre Socrate et Hume est l'ignorance du premier face au scepticisme du second. Pourtant, selon ce qui précède, Hamann est obligé de dénier au scepticisme de Hume une véritable valeur d'exemplarité quant à l'ignorance socratique. En fait, il reproche au sceptique son hypocrisie et son insolence sans objet, ce qui n'a pratiquement rien en commun avec le caractère humble de l'ignorance socratique authentiquement comprise.

Néanmoins, dans le contexte d'une étude critique de Hume, Hamann reconnaît au scepticisme moderne son moment de vérité, ce qui en fait aussi un allié involontaire du christianisme, à savoir que nombre de nos acquis, comme, par exemple, notre propre existence ou

---

[65] N II, p. 82. Comme le remarque O'Flaherty, en janvier 1757, François Damiens tenta d'assassiner Louis XV (le Bien-Aimé) et fut torturé pendant plusieurs mois avant d'être finalement exécuté (*SM*, p. 204).

la réalité d'un monde extérieur, sont des *credenda*, c'est-dire des réalités indémontrables en soi et par conséquent proposées *stricto sensu* à notre *croyance* :

> Notre propre existence et celle de tout ce qui nous entoure, hors de nous, sont pure affaire de croyance et ne peuvent faire sens d'aucune autre manière. Quoi de plus certain que la fin de la vie d'un homme, et y a-t-il une vérité plus universellement connue et plus attestée que celle-là ? Cependant, personne n'est assez sage pour le croire, hormis celui qui, comme Moïse nous l'explique, est [particulièrement] instruit par Dieu lui-même pour avoir conscience qu'il doit mourir. La croyance, par conséquent, n'a pas à être démontrée, et à l'inverse une proposition peut être prouvée de façon parfaitement incontestable, sans être pour autant un objet de croyance.[66]

Hamann présente ici, dans une concision qui lui est typique, deux remarques aux conséquences très importantes. Tout d'abord, non seulement certaines choses ne requièrent aucune démonstration rationnelle, mais elles ne s'y prêtent même pas; c'est le cas de notre connaissance du monde extérieur. Il ne nous est pas connu par la raison – à l'instar d'un syllogisme auquel nous savons répondre – mais par la foi. De fait, plus nous tentons de démontrer sa réalité au plan rationnel – à la manière, par exemple, de Descartes – plus nous nous en montrons étonnamment incapables, car son existence même (distincte de ses structures essentielles) reste insaisissable. Ce premier point souligne non seulement la *différence* entre foi et raison (comme modes de connaissance distincts), mais aussi la *primauté* de la foi quant aux formes premières de la connaissance. Pour Hamann, la raison a besoin de la foi, ou du moins d'une forme rudimentaire de foi, afin de « savoir » quelque chose avec un minimum de certitude.[67] Le second point marque tout autant la différence entre foi et raison, car les choses qui *peuvent* être suffisamment démontrées ou que nous ne penserions jamais à contredire ne mobilisent pas pour autant une foi

---

[66] N II, p. 73. Deutéronome 31:14ss.
[67] Voir la lettre de Hamann à Kant, citée plus haut : « Hume rend la foi nécessaire s'il devait [simplement] manger un œuf et boire un verre d'eau » (ZH I, p. 379).

de notre part. Tel est le cas, par exemple, de notre propre mort : Nous nous savons mortels, mais avons tendance à ne pas le croire. Par conséquent, Hamann en déduit une différence non seulement générique entre raison et foi, mais encore une incapacité de la raison de rendre compte de la foi. Etant donné cette inaptitude de la raison de rendre compte de la foi, qui a une origine entièrement différente, la foi n'est pas susceptible de la moindre critique de la part de la raison. Hamann l'exprime ainsi :

> Certaines des preuves appliquées aux diverses vérités sont aussi invalides que les applications mêmes de ces vérités; il y a toujours la possibilité d'accepter la preuve d'une proposition sans approuver la proposition même. Les raisons d'un *Hume* peuvent être pleinement convaincantes ou réfutées uniquement à l'aide de principes dérivés [*Lehnsätze*] et de doutes; mais la foi est gagnante et perdante dans les deux cas, que vous traitiez avec le plus habile et le plus verreux des hommes de loi ou le plus honorable des procureurs. La foi n'est pas l'œuvre de la raison et ne peut donc succomber à aucune de ses attaques; la *foi*, en effet, résulte aussi peu d'une argumentation que le *goût* et la *vue*.[68]

Le sens historique de cette assertion ne peut faire aucun doute pour un homme tel que Kierkegaard. Hamann écrit en pleine période des Lumières et s'attache donc à démontrer qu'en plus de la spécificité de la foi et de son caractère irréductible à la raison, elle ne dépend d'aucun prérequis rationnel pour juger de son ouverture à la démonstration ou même de sa probabilité. Qui plus est, ses prémisses étant d'un tout autre ordre que celles de la raison, aucune preuve logique, raisonnable, ne peut lui être opposée à son détriment. Voilà comment « la foi gagne autant qu'elle perd » face à des arguments à charge ou à décharge.

Mais même si Hamann garantit ici la légitimité de la foi vis-à-vis de la raison, il ne faudrait pas en déduire qu'il était irrationnel par définition, ou d'une certaine façon opposé à la raison, voire même fidéiste dans le sens courant de ce terme. Car si Hamann met en cause

---

[68] N II, pp. 73ss.

la raison, la contestation porte essentiellement sur une forme excessivement puritaine de rationalité laïque, résumée par les mots « raison pure, » et qui présume, non sans hypocrisie, pouvoir se passer de la foi. Dans ce contexte, il serait légitime de voir en lui un défenseur de la raison, car il comprend intuitivement que sans la foi, la raison elle-même et toute l'activité cognitive des êtres humains se retrouvent sans défense face au scepticisme et au nihilisme. C'est dans ce sens, dans le sens d'une application épistémologique radicale de la doctrine luthérienne du salut, qu'il devient légitime de parler – à la suite de John Milbank – non plus uniquement de salut par la foi seule – mais aussi de connaissance « par la foi seule. »[69]

KANT, HAMANN ET LE PRÉTENDU "FIASCO DES MANUELS DE PHYSIQUES POUR ENFANTS"

Dans l'histoire des Lettres allemandes, la brève correspondance qu'entretinrent Kant – sans aucun doute, le plus grand des philosophes allemands, l'autre et le seul prétendant sérieux au titre de « Socrate allemand » – et Hamann durant la fin de l'automne 1759 est sans conteste l'une des plus intéressantes. Au nombre des circonstances qui entourent cet épisode, Kant avait récemment envoyé à Hamann un exemplaire de son bref essai sur la théodicée, « Versuch einiger Betrachtungen über den Optimismus. »[70] Et, dans le même temps, Hamann attendait l'arrivée des premiers exemplaires publiés des *Socratic Memorabilia* à Königsberg. L'on peut supposer que Kant n'avait pas encore lu l'« apologie » socratique de Hamann; et nous ne savons ce qu'il en a jamais fait. En tout état de cause, leur correspondance à cette époque-là représente une continuation de leur dialogue animé qui commença lorsque Kant tenta de « reconvertir » Hamann aux Lumières au mois de juillet de la Même année, ayant

---

[69] Voir John Milbank, « The theological critique of philosophy in Hamann and Jacobi » dans John Milbank, Catherine Pikstock et Graham Ward (éditeurs), *Radical Orthodoxy: A New Theology* (Londres: Routledge, 1999), p. 23.
[70] Voir Frederick Beiser, *The Fate of Reason: German Philosophy from Kant to Fichte* (Cambridge, Massachusetts: Harvard University Press, 1987), p. 30.

suggéré, entre autres choses, que Hamann traduise des portions de *l'Encyclopédie* de Diderot, suggestion que Hamann repoussa vertement. Plusieurs mois plus tard, Kant suggéra à Hamann qu'ils collaborent, de manière assez curieuse, sur un projet de livre de physique pour enfants. En réponse, Hamann rédigea trois « lettres d'amour » ironiques et quelque peu amères; et ce fut ainsi le début de ce qui est maintenant connu sous le nom de « fiasco *Kinderphysik,* » dans lequel le plus grand philosophe d'Allemagne ferait carrément le jeu du plus grand humoriste chrétien.[71]

Les premières lettres commencent avec une épigraphe d'Horace et continuent plus ou moins là où les *Socratic Memorabilia* se sont arrêtés:

> – – Ah! Miser,
> Quanta laboras in Charybdi
> Digne puer meliore flamma!
> Horat.[72]

En d'autres termes, Hamann suggère là que Kant est une pauvre âme, dont les labeurs philosophiques sont vains, parce qu'il est entraîné par un monstrueux tourbillon qui, en l'occurrence, est l'idéologie en vogue du siècle. Kant mérite un meilleur sort, bien entendu, mais son cheminement intellectuel actuel est condamné au naufrage. Dans l'ouverture même de la lettre, Hamann écrit : « Les bienfaiteurs qui [s'enorgueillissent de] vos mérites devraient hausser les épaules de pitié s'ils savaient que vous vous promeniez enceinte d'un *livre de physique pour enfants...* ainsi je prends pour acquis... le fait que vous m'en avez parlé avec ferveur. » Le reste de la lettre est ponctué de sarcasmes similaires, comme lorsque Hamann note l'audacité de la proposition de Kant :

---

[71] En 1763, Hamann inclua les deux premières de ses lettres à Kant dans un supplément publié à ses *Cinq Lettres Pastorales sur la Tragédie de l'Ecole*, les intitulant « *Zugabe zweener Liebesbriefe an einen Lehrer der Weltweisheit, der eine Physik für Kinder schreiben wollte* » (N II, pp. 369–74).
[72] ZH I, p. 444. Oh ! Pauvre âme / Quel labeur en Charybde / Jeunesse digne d'une meilleure flamme !

> Vous [devez] avoir certaines raisons de supposer que vous aurez la bonne fortune du succès là où tant d'autres ont échoué... Autrement, vous n'auriez pas à cœur d'adopter un projet quand le destin de vos prédécesseurs pourrait vous effrayer et vous en détourner. En vérité, vous êtes un maître en Israël si vous pensez que c'est une petite chose que de vous transformer en un enfant, en dépit de toute votre érudition ! Ou avez-vous plus confiance dans les enfants, quand votre audience d'adultes éprouve des difficultés à vous suivre patiemment dans la rapidité de vos pensées ? Puisque, en outre, votre proposition requiert une connaissance exceptionnelle du *monde des enfants*, qui ne s'acquiert ni dans les [cercles] galants, ni dans les cercles académiques, tout cela me semble si fantaisiste que, par simple inclination pour le fantastique, je risquerais d'avoir un œil au beurre noir pour être monté sur un cheval aussi fougueux et imprudent.[73]

Peut-être Hamann avait-il raison de dire que Kant n'avait pas suffisamment considéré les difficultés liées à la redaction d'un livre pour enfants, aussi nobles qu'aient pu être ses intentions. Comme le dit Hamann ensuite, « prêcher aux intellectuels est aussi facile que de tromper des gens honnêtes ... [mais] un philosophe baptisé saura qu'il faut bien plus de compétences pour écrire à l'attention des enfants que l'esprit d'un Fontenelle et un style séducteur. »[74]

Le point le plus profond qu'avance Hamann, néanmoins, est que Kant a trébuché à son insu sur le mystère de la condescendance divine, avec laquelle la proposition d'écrire quelque chose de si noble en contenu pour des enfants présente une analogie :

> S'arranger pour recevoir une louange de la bouche des enfants et des nourrissons! – Prendre part à un tel honneur et à un tel goût n'est pas une affaire *ordinaire* : L'on doit commencer non en *dérobant des plumes colorées*, mais avec un dépouillement volontaire de soi de toute sa supériorité en âge et en sagesse, et avec une renonciation à toute vanité. Un livre philosophique pour enfants, par conséquent,

---

[73] ZH I, p. 445.
[74] Bernard le Bovier de Fontenelle (1657–1737).

apparaîtrait aussi simpliste, insensé et insipide qu'un livre *divin* écrit pour des êtres humains. Testez-vous vous-même : Avez-vous assez à cœur d'être l'auteur d'une théorie de la nature simpliste, insensée et insipide? Si c'est le cas, alors prenez courage, car vous êtes aussi un *philosophe pour enfants*. Vale et sapere *AUDE!*[75]

C'est ainsi que finit la première lettre. Que Kant ait proposé quelque chose de si proche du cœur de Hamann et lui ait offert une opportunité aussi propice de préciser sa compréhension du christianisme est plutôt extraordinaire, car si le mystère du christianisme est essentiellement le mystère de la folie de l'amour condescendant de Dieu pour l'homme, alors comment mieux présenter ces mystères que par le moyen même de la discussion que Kant avait proposée? Si, à ce stade, cependant, Kant ne parvenait pas à voir que le langage de la condescendance divine – de la création, de l'économie du salut, des Ecritures – ne pourrait jamais simplement être le langage de la raison, alors il n'y aurait essentiellement plus rien à dire de plus, et ils auraient, en toute amitié, à emprunter des chemins différents.

A en juger d'après le sarcasme de Hamann manifesté dans sa première lettre, il semblerait qu'il n'ait jamais eu la moindre intention d'accepter la proposition de Kant. Mais dans la seconde lettre, néanmoins, après avoir bénéficié d'un temps de réflexion plus conséquent, il semble, au moins brièvement, avoir considéré l'idée suivante : Kant et lui auraient simplement à s'entendre sur le contenu et la méthode à retenir. Mais là encore, qu'il ait été ou non sérieux sur ce projet, ce qui intéressait le plus Hamann, c'était la pertinence de la proposition en tant qu'allégorie au travers de laquelle il pouvait communiquer sa compréhension du christianisme, comme lorsqu'il suggère comment ils devraient procéder :

> La grande loi régulant les méthodes d'éducation des enfants consiste

---

[75] L'expression *sapere aude*, dont Kant fait un usage particulier vingt-cinq plus tard dans son essai « What is Enlightenment? » vient originellement d'Horace, *Odes* I, 27. Il va sans dire que, pour Hamann, elle n'a jamais eu le sens que Kant lui attribuait.

donc en la chose suivante : Que l'on doive condescendre à leur faiblesse; que l'on devienne leur serviteur si l'on veut devenir leur maître; quee l'on les suive si l'on veut les gouverner; que l'on apprenne leur langage et ce qui les anime si l'on veut les pousser à nous imiter. Et pourtant il est possible à la fois de ne pas *comprendre* ce principe pratique et de ne pas l'*appliquer* dans la pratique, à moins, comme le dit le dicton de la vie quotidienne, d'être passionné par les enfants et de les aimer sans même savoir pourquoi. Ressentez-vous parmi vos inclinations profondes la faiblesse de cette sorte d'amour pour les enfants? Si tel est le cas, alors l'*Aude* viendra à vous très facilement, et le *sapere* coulera également; et au bout d'une période de six jours vous pourrez devenir l'auteur d'une œuvre honnête, utile et belle pour enfants – ce n'est pas à dire qu'un T – –, ni encore moins un courtisan de Phyllis, vous féliciteront pour cela, par gratitude.[76]

D'un côté, comme le note Beiser, Hamann reprend le programme d'éducation de Rousseau énoncé dans *Emile* : « La méthode correcte d'éducation est de se mettre soi-même dans la position de l'enfant. »[77] En même temps, cependant, Hamann cherche clairement à indiquer ici, à travers une allégorie, quelque chose à propos de l'amour radical de Dieu pour les êtres humains, qui le fait condescendre à notre faiblesse, pour devenir notre serviteur, pour apprendre notre langage, etc. – tout cela dans le but d'élever les êtres humains jusqu'aux hauteurs de la participation à la nature divine. Bien entendu, comme Hamann le reconnaît, tout auteur qui oserait imiter le style de Dieu, qui se drape d'humilité et s'accommode de la faiblesse et des limitations humaines, ne peut pas s'attendre à recevoir la louange des intellectuels hautains (tels que Celse, Porphyre, Nietzsche et autres). Au contraire, pour Hamann, qui anticipe Kierkegaard, il est presque axiomatique que *plus* l'imitation sera *véritable*, plus l'offense causée sera grande.

En prenant pour modèle le langage humble des Ecritures, Hamann poursuit en suggérant à Kant de prendre la « pierre angulaire rejetée » du récit de la création mosaïque comme point de depart, « puisqu'il

---

[76] ZH I, p. 446.
[77] Beiser, *The Fate of Reason*, p. 32.

contient l'origine de toutes choses, » et puisqu' « une approche historique de la science est toujours meilleure qu'une approche logique. »[78] En outre, il serait plus utile de commencer par ce qui est familier aux enfants. Mais en dépit de tout cela, Hamann ne nie pas les incohérences apparentes du récit. Au contraire, pour lui, il est presque axiomatique que l'Ecriture ne soit pas à la hauteur des attentes rationnelles, pas plus que la Croix ne satisfait aux préjugés philosophiques. « Une personne marquée par la sagesse conventionnelle, » dit-il, « lira les trois premiers chapitres de la Genèse avec les mêmes yeux avec lesquels l'astronome réputé [c'est-à-dire Galilée] a regardé le ciel. Naturellement, ils lui apparaîtront remplis de concepts excentriques et d'anomalies. »[79] Même ainsi, conseille Hamann, Kant « ne devrait pas avoir honte de monter le cheval rigide de l'histoire mosaïque, » et de présenter l'histoire naturelle dans les termes de ce récit.[80]

A en juger d'après le contenu de la troisième lettre de Hamann, il semble que, dans les deux premières, il ait dû, après tout, avoir offensé Kant qui, en toute vraisemblance, avait dû prendre le ton ironique de Hamann comme signifiant un rejet de sa proposition. Ainsi, comme dans les *Socratic Memorabilia,* Hamann débute sa troisième lettre en invoquant leur amitié : « Mon honoré ami, le titre n'est pas un mot vide pour moi, mais une source de devoirs et de délices qui se répondent mutuellement. Que vous puissiez juger ce qui est enfermé dans cette lettre à partir de cette perspective. »[81] Hamann dit clairement que, selon lui, une véritable amitié requiert occasionnellement que les paroles soient assaisonnées de sel; et de fait, il dira à Kant, qu'au lieu d'être offensé, « vous devez me repousser aussi énergiquement que je vous ai attaqué; et resister aussi fortement à mes préjugés que j'ai attaqué les vôtres : Sinon votre amour de la vérité et de la vertu sera aussi méprisable que les arts d'une

---

[78] Ibid. face à la référence que fait Hamann à « la pierre angulaire rejetée, » l'on notera une fois de plus la symétrie qu'il perçoit entre le rejet dont souffre le Fils (dans la chair) et celui dont l'Esprit souffre (dans la lettre).
[79] ZH I, p. 446.
[80] Ibid.
[81] ZH I, p. 448.

maîtresse. »⁸² Dans la progression de sa lettre, pourtant, il est clair que le projet ne se résume à rien. Hamann est frustré du silence de Kant et irrité qu'il n'ait pas pris au sérieux ses lettres précédentes. « Si nous souhaitons nous libérer du même joug, » dit-il, « nous devons avoir la même pensée. La question est de savoir si vous allez vous élever à hauteur de mon orgueil ou si je vais m'abaisser au niveau de votre vanité? »⁸³ Il est certain que l'impertinence des remarques de Hamann suggérerait qu'il n'a jamais pris au sérieux la proposition de Kant. Mais désormais ses raisons étaient également claires : Non seulement avaient-ils des méthodologies très différentes; mais ils avaient aussi des conceptions différentes de la nature – de la création – en tant que telles. Selon Hamann en effet,

> La nature est un livre, une lettre, une fable (au sens philosophique du terme) ou ce que vous voudrez d'autre. A supposer que nous en connaissions toutes les lettres du mieux possible; que nous saurions en déchiffrer les syllabes et prononcer chaque mot; que nous connaissions même sa langue de rédaction originelle – – Est-ce vraiment suffisant pour comprendre un livre, en tirer des jugements, en définir le caractère ? En d'autres termes, l'interprétation de la nature implique plus que de la physique. Celle-ci n'en est que l'ABC; la nature constitue une équation impossible à calculer, un mot hébreu écrit uniquement avec des consonnes, auxquelles il faut ajouter des voyelles.⁸⁴

Que Kant ait pris ou non tout cela à cœur – et compris qu'aux yeux d'Hamann le grand livre de la nature est en dernier ressort inintelligible sans l'aide du Saint-Esprit répandu dans le cœur de ceux qui croient en Jésus-Christ (Romains 5:5) – voilà ce qu'il est impossible de savoir. L'important ici est simplement de savoir que le projet d'un livre de physique pour enfants – autrement dit un livre sur la nature – développa les réflexions déjà en germe chez Hamann sur la nature de la création en général, et qui aboutirent bientôt au manifeste

---

[82] Ibid.
[83] ZH I, pp. 449ss.
[84] ZH I, p. 450.

appelé à un grand retentissement : L'*Aesthetica in nuce*. Il n'est pas même exagéré de dire que cette interprétation de la création, telle qu'il la développe dans l'*Aesthetica in nuce*, apparaît déjà « en miniature » à la fin de sa lettre, lorsqu'il dit que « la création n'est pas une œuvre de vanité, mais d'humilité, de miséricorde. »[85]

---

[85] ZH I, p. 452.

AU LENDEMAIN DES LUMIERES

PARTIE II
Croisades du philologue

AU LENDEMAIN DES LUMIERES

4
Vie et œuvres
1760-1774

D'une manière merveilleuse, profonde et obscure, Hamann a pénétré les ultimes abysses où le langage, la religion et la poésie se rejoignent.

Wilhelm Dilthey[1]

Si Königsberg était une assez modeste ville portuaire de Prusse Orientale – mais fière de son université Albertina et de Kant, son philosophe – dans l'imaginaire religieux assez effervescent d'un Hamann, son nom évoquait certainement Sion, autrement dit « la montagne du roi »; et c'est de là, de façon assez commode, et fort du sentiment d'obéir à un ordre de la providence, qu'il mena toute sa vie une campagne littéraire contre les Lumières alors incarnées dans le « despote éclairé » de Sans Souci, Frédéric le Grand et sa cour d'architectes et de maîtres-maçons, les « pyrgotectes » de Berlin-Babel. Ce qui mérite d'être relevé surtout à propos de cette « croisade, » c'est qu'il la mena en tant que philologue – un ardent adepte de la Parole, au sens littéraire et théologique du terme. De fait, c'est précisément sous l'inspiration de la Parole (dans son sens johannique) qu'il développa une passion plus grande encore pour les langues et les cultures du monde. En plus des langues qu'il connaissait (latin, grec, hébreu, anglais, français et italien), il s'immergea dans l'arabe pour pouvoir lire le Coran, et ajouta à son répertoire l'espagnol, le portugais, le letton et même le chaldéen.[2]

---

[1] Wilhelm Dilthey, *Gesammelte Schriften* (Leipzig et Berlin: B. G. Teubner, 1936), volume 11, p. xvi.
[2] Pour des références, voir Rudolf Unger, *Hamanns Sprachtheorie im Zusammenhang seines Denkens* (Munich: C. H. Beck, 1905), p. 131.

CONTRE LA PURIFICATION DU LANGAGE

La « croisade » littéraire de Hamann prit vraiment son essor en 1760 avec diverses contributions à un hebdomadaire obscur appelé *Wochentliche Königsbergische Frag- und Anzeigungs-Nachrichten*, dont son *Essai sur une question académique* (*Versuch über eine akademische Frage*), *Notes diverses sur l'ordre des mots dans la langue française* (*Vermischte Anmerkungen über Wortfügung in der französischen Sprache*), et opportunément, au moment de Noël, *Les Mages de l'Orient, à Bethléhem* (*Die Magi aus Morgenlande, zu Bethlehem*). Malgré quelques écrits de Kant lui-même, les textes sophistiqués de Hamann n'étaient guère à leur place dans ce qui se limitait à un tabloïde. Aux dires de Nader d'ailleurs, c'était comme si ces derniers eux-mêmes « se trouvaient dans une mangeoire. »[3]

Les deux premiers essais prennent tout leur sens dans la mesure où ils témoignent de l'empirisme de Hamann et de ses options correspondantes sur le langage. Dans son *Essai* par exemple, il s'inscrit netttement dans la ligne de Locke et de Hume : « La nature de nos pensées prend appui sur nos impressions et les sensations qui s'y rattachent. »[4] De là, étant donné l'aspect sensoriel du langage, il n'y a qu'un pas vers les *Miscellaneous Notes* (*Notes diverses*) : « La richesse de toute connaissance humaine repose sur des échanges de paroles (Wortwechsel). »[5] Tout en soulignant l'importance du langage pour la pensée – il cite, en effet, Edward Young : « Discours, canal de la pensée ! Discours, également critère de la pensée ! »[6] – et fidèle à cette connexion, il compare de façon saisissante la nature de la finance à la « monnaie » du langage :

> L'argent et le langage sont deux objets dont l'investigation est aussi profonde et abstraite que leur usage est universel. Ils ont entre eux plus de liens que ce que nous pourrions en attendre. La théorie de l'un

---

[3] NB, p. 120.
[4] N II, p. 123.
[5] N II, p. 129.
[6] Ibid.

explique la théorie de l'autre; au point qu'ils sembleraient issus de principes communs. La richesse de toute connaissance humaine repose sur un échange de mots; et c'est un théologien d'une grande finesse d'esprit qui a défini la théologie – cette sœur aînée des hautes sciences – comme une grammaire du langage de la Sainte Ecriture. Par ailleurs, tous les biens de la vie civile ou de la vie en société réfèrent à l'argent comme à une mesure universelle telle que même Salomon, selon certaines traductions, est supposé l'avoir déjà utilisée.[7] (Ecclésiaste 10:19.)

Ces propos de Hamann signifient vraisemblablement (sans négliger ses autres ouvrages sur le langage), parmi les sens qu'il a voulu véhiculer, que les unités monétaires, telles les pièces de monnaie par exemple, s'usent à force d'être employées et doivent être frappées à nouveau; de même le langage peut perdre sa signification profonde, comme lorsqu'une métaphore tombe dans le langage courant; dans ce cas, le langage doit être estampillé à nouveau par le pouvoir du génie poétique. Si dans d'autres ouvrages, en particulier dans son *Aesthetica in nuce*, Hamann traite directement du génie poétique, les deux essais en question visent à identifier ce qui tire le langage vers le bas et appelle à un renouvellement, à savoir une approche excessivement rationnelle qu'il attribue à l'influence de l'Académie française.[8] Les exemples de cette approche dominante englobent les réformes envahissantes de l'orthographe qui prétendent se mêler à la matrice du langage naturel, en « corrigeant » des « erreurs » supposées (pratique que Hamann déplore profondément), avec une préférence pour des

---

[7] Ibid. Le « théologien à l'intelligence pénétrante » est Luther. Dans une note de bas de page, Hamann réfère à Ecclésiaste 10:19 : « et l'argent satisfait à tous les besoins, » et à la fois au *de Moribus*, V, 8 et au *de Republica* d'Aristote : στοιχεῖον καί πέρας τῆς ἀλλαγῆς.

[8] Une telle influence est évidente, par exemple, dans le fait que le président de l'Académie de Berlin était le rationaliste français Pierre-Louis Moreau de Maupertuis, qui en 1754 avait proposé une théorie purement utilitariste de l'origine du langage, une théorie qui, en définitive, provoquerait la propre contribution de Hamann sur le sujet lorsque l'Académie soulèverait de nouveau la question en 1771. Voir *JGH*, pp. 123ss; voir, plus généralement, pp. 112–122.

termes très sophistiqués et des concepts abstraits, une adhésion réductrice à des normes rationnelles d'expression artistique – en bref, tout ce qui conspire à « dépouiller un langage de sa puissance originelle. »[9] En conséquence, son *Essai* dénonce « le mal qui consiste à mêler le langage à la foi pure dans des symboles et formules » qui ont pris l'avantage sur la racine puissante et à nouveau recherchée d'un mot, ou sur la généalogie infinie d'un concept. »[10]

Les *Miscellaneous Notes* de Hamann publiées vers la fin de 1760 sont de la même veine. Comme le titre l'indique, il s'agit de l'ordre des mots dans la langue française. Par opposition avec la syntaxe française assez rigide, la syntaxe allemande est comme le latin capable de grandes variations. Hamann cite l'exemple suivant : « Er hat mir das Buch gegeben » et note ses multiples variantes dont chacune souligne le sens de la phrase de façon particulière : « Mir hat er das Buch gegeben, » « Das Buch hat er mir gegeben » ou « gegeben hat er mir das Buch. »[11] Ses comparaisons ne visaient pas à dénigrer le français qu'il parlait couramment; il s'agissait plutôt de montrer que la force d'une langue est fonction jusqu'à un certain point de sa liberté d'expression. De la même manière, une règlementation excessive qui impose des normes esthétiques ou un langage politiquement correct sous couvert d'un décret de type rationnel ou idéologique en arrive à priver une langue de sa force originelle; en bref, elle l'ampute de tout son potentiel poétique. En guise d'illustration, Hamann a représenté au verso de la première page un coq avec une baguette dans une griffe et une partition de musique dans l'autre, essayant de diriger deux jeunes coqs, probablement des chapons, dans l'exécution de cantiques.[12] Il cherche à démontrer, mais avec plus de clarté et de passion dans l'*Aesthetica in nuce*, qu'une approche à dominante rationnelle du langage met le locuteur dans l'incapacité de s'exprimer avec l'autorité créative dont il est lui-même doté. Il achève son *Essai* par une référence à deux génies français de la finance, Maximilien de Béthune Sully et Jean-Baptiste Colbert, avec en toile de fond l'analogie

---

[9] *JGH*, p. 114.
[10] N II, p. 126.
[11] N II, p. 131.
[12] Voir *JGH*, p. 113.

initiale entre argent et langage:

> La purification d'une langue la prive de sa richesse naturelle, tout comme une rectitude trop fastidieuse des termes lui ôte sa force et sa virilité. – Dans une grande ville comme Paris, il n'y aurait pas de difficulté à trouver à n'importe quel moment quarante personnes parfaitement averties de ce qui est pur et bon dans leur langue maternelle, et de plus indispensable à la monopolisation d'un matériau de seconde main, sans valeur. – Une fois au cours des siècles, cependant, il arrive qu'un don de Pallas – une image en forme d'homme – tombe du ciel, avec pleine autorité pour gérer le trésor public de telle ou telle langue avec sagesse – comme un Sully, ou avec une grande habileté à le faire croître, tel un Colbert.[13]

LE MAGE ET « LE CHEVALIER DE LA FOI »

Parmi les premières contributions à la revue hebdomadaire *Wochenliche Königsberische*, *The Magi from the East, at Bethlehem* (référence au récit des sages de Matthieu 2:1-12 dans l'Evangile) s'avère important pour une tout autre raison : Il contient, en effet, des idées qui sont à l'origine de la philosophie de Kierkegaard, en particulier de grands concepts tels le « chevalier de la foi » et la « suspension téléologique de l'éthique. » L'ouvrage vit le jour à l'occasion de deux événements contemporains qui se produisirent en même temps; il y eut d'abord une expédition danoise au Moyen-orient pour l'étude des langues orientales (1761-1767), expédition dirigée par Karsten Niebuhr et sponsorisée par le roi de Danemark à la requête de l'orientaliste de Göttingen, Johann David Michaelis (1717-1791), ostensiblement dans le but d'éclairer le texte biblique; le second évènement fut le voyage du Capitaine Cook dans la Mer du Sud afin d'observer un rare transit de Vénus au-delà du soleil.[14] Mis à part

---

[13] N II, p. 136.
[14] James C. O'Flaherty, "East and West in the thought of Hamann," dans *The Quarrel of Reason with Itself: Essays on Hamann, Michaelis, Lessing, Nietzsche* (Columbia, Caroline du Sud: Camden House, 1988), pp. 63, 109, 113. Les essais dans cette collection jettent une précieuse lumière sur Hamann, sur son contexte contemporain et

l'intérêt personnel de Hamann pour les langues et les littératures orientales, la coïncidence de ces deux évènements aurait revêtu une grande importance pour un certain nombre de raisons. Avant tout, elle lui aurait démontré l'existence d'une confiance fondamentale en la capacité de la raison (que ce soit au travers de la critique historique moderne ou de l'astronomie moderne) d'« éclairer, » et dans le cas présent, d'« illuminer » la nature des choses (telles les langues anciennes des textes bibliques ou la nature de l'univers); le tout puissamment symbolisé par la quête de « l'étoile du matin, » entendue comme une métaphore des Lumières en soi.[15] De toute façon, avec la prédisposition de Hamann à l'ironie et à l'humour quand il se représentait les Lumières et leur façon d'interpréter « l'illumination, » la coïncidence entre ces deux évènements offrait une occasion prophétique à valeur de symbole. Ainsi, envers et contre le rationalisme de ses contemporains fascinés par Venus, « l'étoile du matin, » et les progrès scientifiques générés par leur dévotion à la lumière de la raison, Hamann entretient ses lecteurs de la signification souverainement importante d'une autre étoile, celle de Bethléhem, laquelle rend témoignage à *l'unique* étoile du matin : Jésus lui-même (Apocalypse 22:16). Mais alors que la première apparaît au long des grands chemins de la raison et de la recherche scientifique, la découverte de l'autre étoile a lieu en restant sur le chemin étroit, obscur et apparemment irrationnel de la foi. Pour Hamann, et selon l'exemple des sages d'Orient, le chemin de la foi, loin d'être logique, clairement rationnel, met souvent au défi tous les calculs (de la raison):

> Mes réflexions actuelles cesseront à l'endroit même où est couché le petit enfant, celui dont la naissance mystérieuse tint en haleine les anges et les bergers, et que les mages d'Orient, guidés par un signe

---

son importance pour les Lettres allemandes (et la philosophie) en général.

[15] Ce n'est pas que Hamann fût opposé à de telles investigations; car il accorde, lui aussi, à la raison son domaine propre. Bien plutôt, ici et à travers ses écrits, il désirait mettre en question une confiance démesurée dans le pouvoir de la raison pour dévoiler soit la nature ultime des choses, soit la signification ultime des textes bibliques, au-delà de l'éclairage que pourraient apporter respectivement les sciences naturelles modernes ou la critique historique moderne.

extraordinaire, se hâtèrent d'aller adorer à Bethléhem. Parvenus à destination, ils exprimèrent sans doute leur joie sous la forme de solécismes, comme c'est souvent le cas sous l'effet de passions soudaines et violentes. Si la muse d'un poète aussi heureux et un critique d'art à l'esprit non moins vif osaient célébrer l'entrée des bergers à l'étable dans un opéra comique, je pourrais alors être autorisé à commémorer les sages à l'aide de quelques pensées qui feront brûler quelques graines d'un luxuriant arôme socratique.[16]

L'intérêt éventuel de ce texte pour Kierkegaard apparaît clairement ici : La foi est plus une affaire de passion que de raison et tend, dans une perspective rationnelle, à s'exprimer par solécismes. La suite du texte est plus pertinente encore. Hamann déclare ne pas vouloir explorer les enseignements ni l'origine des mages, mais faire simplement quelques observations – cela ne manque pas d'intérêt – sur le sens *moral* de leur pélerinage; et il faut lier ce contexte aux propos suivants : « La vie humaine semble consister en une série d'actions symboliques qui rendent l'âme capable de révéler sa nature invisible... »[17] Mais parce que « le simple contenu d'une action ne peut jamais révéler sa vraie valeur, » nous jugeons finalement celle-ci à l'aune de motivations et de conséquences supposées.[18] Or c'est précisément en regard de « cette loi de l'expérience et de la raison » que la décision des pèlerins de faire ce voyage n'apparaît pas sous un jour favorable :

> A en juger par leurs propres paroles, la raison de leur voyage nous donne le sentiment d'une illusion ancienne, un mythe auquel ils tiennent comme à une sûre parole prophétique – sans parler des ennuis qu'ils ont provoqués en tant que citoyens, et l'injustice commise envers leur patrie, compte tenu de leur extravagant respect pour un roi étranger. Quant aux conséquences de leur entreprise, il est logique pour les mères, qui ont dû se lamenter du massacre de leurs enfants, de soupirer aussi face à l'impertinence et à la dureté de ces étrangers. Le

---

[16] N II, p. 139. Il s'agit ici du poète et critique Klopstock.
[17] Ibid.
[18] Ibid.

roi des Juifs fut forcé, dès après sa naissance, de fuir, car ses adorateurs avaient révélé le lieu et le moment de sa naissance à Hérode, l'Antéchrist au pouvoir, qui était un menteur et un meurtrier. Tremblez ! Mortels induits en erreur, qui prétendez être justes sous prétexte que vos intentions sont nobles ! »[19]

Selon Hamann donc, notre justice n'est pas le fruit de nos bonnes intentions qui peuvent avoir des résultats involontaires mais néanmoins catastrophiques (appelons cela une « loi des effets imprévus »), comme dans le cas des mages. Pour des raisons similaires, personne ne peut miser sur le bon fonctionnement d'un « système » personnel (dans le sens d'une construction mentale qui nous guide), car il se peut qu'il soit un jour jugé sévèrement et considéré comme de la pure fantaisie (ce pourrait être le cas aujourd'hui de l'astronomie des mages). Il ne faudrait pas davantage être guidé par l'opinion publique, ni chercher sa justice dans une sagesse formelle (ce dont les mages donnent ici un contre-exemple). La justice d'un acte provient plutôt, pense-t-il, d'une source complètement différente, c'est-à-dire de la foi (cf. Genèse 15:6; Romains 4:3); il présente ensuite une sorte de formule applicable à la vie entière : « Prenez courage ! Vous mortels abusés [*betrogne*] qui désespérez à la vue des effets douloureux de vos bonnes œuvres et ressentez les morsures au talon de votre victoire ! La volonté de la providence doit s'avérer plus urgente pour vous que les élucubrations de vos contemporains et de la génération à venir. »[20]

Ainsi, pour Hamann, il existe une différence d'ordre générique entre la vie d'un chrétien et celle d'un incroyant; la première n'est dirigée ni par la raison – ou, du moins, ni par la seule raison – ni par l'opinion publique; elle ne se sent pas davantage concernée par le jugement de la postérité. Son existence est doublement cachée : D'abord « avec Christ en Dieu » (Colossiens 3:3) en tant que principe subjectif de ses actes symboliques; ensuite par rapport aux conséquences objectivement imprévisibles de nos actes qui, nous l'espérons, contribueront (même très modestement) au royaume de

---

[19] N II, p. 140.
[20] Ibid.

Dieu (1 Pierre 2:4). En d'autres termes, puisque nous pouvons prévoir les suites de nos actions et que nous tissons seulement, pour ainsi dire, « l'envers du tapis, » comme l'exprime Hamann dans *Aesthetica in nuce*, sans jamais voir le résultat ultime du travail, la vie d'un chrétien est nécessairement une vie de foi, sans cesse nouvelle, imbriquée dans les desseins de la providence (Romains 8:28).[21] Dans ce même contexte, les propos suivants anticipent ce qui sera la quintessence de la pensée de Kierkegaard dans son mémorial d'Abraham :

> Il existe des actions d'un ordre supérieur, sans analogie avec les statuts de ce monde... Car, outre la fin du voyage, le voyage tout entier [*Wandel*] d'un chrétien est aussi le chef-d'œuvre (Éphésiens 2:10) du génie inconnu, que le ciel et la terre ont connu et reconnaîtront comme l'unique créateur, rédempteur et sustenteur transfiguré en une forme humaine.[22]

L'ouvrage s'achève avec une centaine de passages scripturaires qui témoignent du contraste entre la vie de foi ordinairement cachée et la transfiguration de cette même vie en gloire :

> Notre vie, est-il dit, est cachée avec Christ en DIEU. Mais lorsque Christ – notre vie – paraîtra, alors nous, nous paraîtrons aussi avec lui dans la gloire. Et ailleurs encore : Pour cette raison le monde ne vous connaît pas, car il ne l'a pas connu. Ce que nous serons n'a pas encore été manifesté; mais nous savons que lorsqu'Il paraîtra, nous serons semblables à lui parce que nous le verrons tel qu'Il est. Réellement, oui, réellement; Il viendra de telle manière qu'Il apparaîtra dans la gloire avec ses saints, et dans sa splendeur avec tous ceux qui croient en lui. Quelle joie infinie alors pour ceux qui désirent ardemment sa venue, joie qui surpassera celle des enthousiastes de l'Orient au moment où ils ont vu l'étoile! Et comme le dit le texte original de notre foi, aussi emphatique que simple : « Ils furent saisis d'une très grande

---

[21] Voir N II, p. 199; voir John Milbank, *The Word Made Strange: Theology, Language, Culture* (Oxford: Blackwell, 1997), p. 74.
[22] N II, p. 140.

joie » (εχαρησαν χαραν μεγαλην σφοδρα).²³

En résumé, avec *Le Mage d'Orient* en vue et le sixième fragment de Hamann (se reporter au chapitre 2), il n'est pas surprenant de voir Kierkegaard citer Hamann dans la citation d'introduction au texte *Crainte et tremblement* (même si la citation concerne un autre aspect de l'œuvre de Hamann, à savoir sa pratique de la communication indirecte). Car Hamann est à maints égards une source ignorée de la philosophie de Kierkegaard : Qu'il s'agisse de son interprétation du « chevalier de la foi, » de sa notion de « la suspension téléologique de l'éthique, » jusqu'à sa pratique de la communication indirecte, sa doctrine du « paradoxe » et ses « fragments » anti-systématiques, anti-hégéliens. Hamann exprime cela de façon merveilleuse dans *Le Mage d'Orient* sur un mode proto-anti-hégélien : « Le système d'aujourd'hui, qui apporte la preuve de vos présupposés, sera le conte de fées de demain. »²⁴

LES CROISADES DU PHILOLOGUE

Les affaires de Hamann prirent un meilleur tour, lorsqu'un talentueux éditeur du nom de Johann Jakob Kanter s'installa dans la ville et publia en 1761 la série suivante de ses écrits. Parmi eux son « Elégie, en forme de circulaire sur la musique religieuse » (*Klaggedicht, in Gestalt eines Sendschreibens über die Kirchenmusick*), peut-être un message indirect à son ancienne fiancée, n'a presque aucun lien avec la musique religieuse, et traite principalement de sa perception du lien entre le sacré et le profane. A la même époque, il publia également « Projet français » (*Französisches Projekt),* traduction d'une satire sur l'état actuel de la philosophie française qu'il estimait avoir besoin d'une « inoculation de bon sens »;²⁵ *Nuages* (*Wolken*), dont le titre comprenait une double

---

²³ N II, pp. 140ss. Colossiens 3:3; 1 Jean 3:2.
²⁴ N II, pp. 140ss.
²⁵ L'auteur du texte original, *L'Inoculation du bon sens,* était un Français, Nicholas Josef Selis. Voir NB, p. 139; *JGH*, p. 139.

allusion à la comédie d'Aristophane et à la seconde venue de Christ (Marc 13:26); l'ouvrage se présente comme une réaction humoristique aux analyses des *Socratic Memorabilia* et des *Idées Chimériques* (*Chimârische Einfälle*), ces dernières étant une réaction à une critique de *Julie, ou la Nouvelle Héloïse* de Rousseau, publiée dans *Briefe* de Nicolai et Mendelssohn et qui signale la croissante opposition de Hamann à la revue qui avait précédemment tenté de le recruter.

L'année suivante, en 1762, Hamann poursuivit sa polémique contre la critique littéraire contemporaine avec plusieurs textes intitulés « Auteurs et critiques d'art » (*Schriftsteller und Kunstrichter*) et « Lecteurs et critiques d'art » (*Leser und Kunstrichter*). Comme leurs titres respectifs le suggèrent, ces textes donnent de nombreux éclairages sur la compréhension qu'il avait de lui-même en tant qu'auteur et sur sa compréhension de la dynamique qui s'obtient parmi les auteurs, lecteurs et critiques. Ils suggèrent plus spécifiquement que cette dynamique, dans l'ensemble, est une dynamique déchue (qui reflète la relation faussée entre l'auteur de la création et les lecteurs humains du texte); que l'auteur écrit son livre en ayant le lecteur à l'esprit, au point de se renier; et que le rôle du critique moderne est, en revanche, trop souvent un exercice présomptueux dans son jugement, quand le jugement devrait être réservé ultimement au *seul* critique eschatologique qui n'est personne d'autre que Christ.

La plus importante publication de 1762 est cependant de loin une collection de textes variés intitulée *Croisades du Philologue* (*Kreuzzüge des Philologen*). Alors que, nous dit Nadler très justement, les *Socratic Memorabilia* construisaient une propédeutique pour une philosophie de l'histoire (c'est-à-dire une lecture de l'histoire avec les yeux de la foi), les *Croisades du Philologue* ne font rien de moins qu'esquisser une philosophie chrétienne de toutes les langues, les littératures et les arts poétiques.[26] Les premières impressions révèlent une étonnante collection : En première page, le « philologue » (c'est-à-dire Hamann) se présente lui-même en effigie sous la forme du dieu Pan à tête cornue.[27] Les mots « croisades » et « philologue » ont de

---

[26] NB, p. 126.
[27] Voir ZH II, p. 125. Il va sans dire que, si la nature pieuse de ses écrits antérieurs tels

multiples sens. Par « croisade, » Hamann entend certainement une continuation de sa campagne littéraire contre les Lumières – campagne menée sous le signe de la Croix. Et de fait, l'ouvrage permet surtout une intensification des hostilités, ce que laisse présager l'épigraphe portant une citation des *Eglogues* de Virgile : *– – – erunt etiam altera bella, atque iterum ad Troiam magnus mittetur Achilles.*[28] Mais en même temps, l'inscription évoque le style « cruciforme » de tout l'ouvrage; Hamann parle ailleurs de « désarmer » ses lecteurs au travers de « l'obéissance esthétique à la Croix. »[29] Enfin, dans une lettre de 1763 à Nicolai, il précise que le titre est une « plaisanterie de province, » ce qui jette une certaine lumière sur son style labyrinthique. Ce titre, dit-il, fait référence à « l'habileté » des chevaliers teutons de Prusse qui construisaient des labyrinthes près de leurs forteresses (chacune jouant le rôle d'une Jérusalem fantoche) et s'amusaient après leurs beuveries – *post pocula et crapulas* – à les traverser en courant; ils prétendaient par ces jeux, ces simulacres de « croisades, » se libérer de toute obligation de défendre la véritable ville de Jérusalem.[30]

Quant au terme de « philologue, » il réfère bien évidemment à l'intérêt de Hamann pour les langues et les littératures antiques. D'où les appels presque constants aux poètes, orateurs et philosophes de Rome et de la Grèce, parmi lesquels Horace, Perse, Ovide, Lucrèce, Cicéron, Quintilien, Pindare, Platon, Porphyre et Démosthène, pour ne

---

que *The Magi from the East, at Bethlehem* a suscité l'enthousiasme des piétistes pour Hamann, il était sûr que ce geste les offensât. Comme pour ses autres masques et apparences, néanmoins, l'illustration de Pan est un bon exemple de ce que l'intention de Hamann était précisément de ne pas avoir d'adeptes, de ne pas être le fondateur d'une école, mais d'être un insensé pour Christ. Son choix de se dépeindre spécifiquement sous la forme d'une image tronquée de Pan, c'est-à-dire un Pan précoce sans ses parties inférieures, est lié au thème d'*Aesthetica in nuce* : Sa polémique contre l'herméneutique excessivement rationnelle et tronquée de ses contemporains des Lumières et son ode panéen aux sentiments et aux passions.
[28] N II, p. 113. « Il y aura d'autres guerres, et une fois de plus le grand Achille sera envoyé à Troie. »
[29] N III, p. 234.
[30] ZH II, p. 195. Voir aussi G-D, p. 77.

citer que certains des plus connus. Le sens étymologique du terme, assez significatif pour déterminer la forme et le contenu de toutes les publications de l'auteur, démontre que Hamann n'a pas simplement « la passion des mots » mais « la passion de la Parole » au sens johannique de fervent du Verbe « qui a été fait chair et a habité parmi nous » (Jean 1:14). Enfin, en tant que « critique » et « adepte passionné des Ecritures, » il se distingue dans le sens spécifique d'Hébreux 4:12-13 :

> La Parole de Dieu est vivante et efficace, plus tranchante qu"une épée quelconque à deux tranchants, pénétrante jusqu'à partager âme et esprit, jointures et moëlles; elle juge les sentiments et les pensées du cœur. Aucune créature n'est cachée devant lui mais tout est nu et découvert aux yeux de celui à qui nous devons rendre compte.

Nul ne saurait exagérer l'importance de ce verset pour la perception que Hamann a de lui-même en tant qu'écrivain chrétien. Plus qu'une simple assertion sur la puissance transformatrice de l'Ecriture telle qu'elle a été expérimentée par Hamann lui-même à Londres, il y voit l'essence même de la critique (au sens de « séparation ») et le point central de toute son œuvre : Son désir est que ses propres paroles, inspirées, participent de cette puissance pénétrante de la Parole; que lui-même, comme « métacritique, » soit un instrument du dernier critique, celui de la fin des temps, c'est-à-dire Christ, qui juge « l'œuvre » de chacun (2 Corinthiens 5:10) et à la critique infaillible duquel, malgré tout le respect dû à Kant, « tous doivent se soumettre. »[31] Et comme il le dit dans une palinodie de fantaisie concernant la recension par Mendelssohn des *Croisades* :

> Que dire maintenant du goût du philologue ? L'appellation désigne d'abord un fervent adepte de la Parole vivante, puissante, à double tranchant, pénétrante, divisant jointures et moëlle, critique, devant qui aucune créature n'est cachée, car la visibilité de toutes est patente à ses yeux; ensuite, brillant sur la bannière de sa collection aérienne,

---

[31] Kant, *The Critique of Pure Reason* [*La critique de la raison pure*], traduction anglaise de Norman Kemp Smith (New York: St Martin's Press, 1965), A xi, p. 9.

apparaît ce signe d'offense et d'absurdité par lequel le critique d'art le plus insignifiant triomphe avec Constantin et conduit l'oracle du jugement à la victoire.[32]

Ainsi, alors que les *Socratic Memorabilia* se voulaient une imitation esthétique de Socrate afin que Hamann devienne un instrument divin d'introspection, autrement dit un révélateur de l'hypocrisie de ses amis, capable de susciter en eux un sentiment de leur propre ignorance, et par là même de les préparer au message chrétien, ici dans les *Croisades du philologue*, il s'attelle à une critique explicitement chrétienne, placée sous le signe de la Croix et par conséquent sous une apparence de folie et d'offense (1 Corinthiens 1:18ss). Par cette renonciation formelle qui l'exclut de l'équation, il espère permettre à ses lecteurs de réfléchir, et dans la mesure du possible, communiquer la puissance correctrice et transformatrice de la Parole de Dieu. Le dernier indice des intentions de Hamann apparaît au verso de la page, avec un passage de l'Eccésiaste en hébreu : « [Les paroles des sages sont] données par un seul maître » (Ecclésiaste 12:13). La suite du verset et son contexte font toute la lumière : « Les paroles des sages sont comme des aiguillons, et rassemblées en un recueil, elles sont comme des clous plantés; elles sont données par un seul Maître. Méfie-toi, mon fils, de toute parole qui va au-delà. » Nous pouvons en déduire que les propres paroles de Hamann sont de cette nature : Elles sont inspirées par le seul Berger, Christ (Jean 10), et, « comme des clous plantés, » sont destinées à être des aiguillons pour ses contemporains incrédules, jusqu'à ce que la véritable « étoile du matin, » porteuse de la *véritable* lumière, « s'élève dans leurs cœurs » (2 Pierre 1:19).

En accord avec la « folie » du témoignage de Hamann, l'assortissement de textes de cette collection est proprement déroutant, lui aussi. Il contient des réimpressions de plusieurs productions plus réduites de 1760 et 1761, des poèmes plus anciens, (peut-être à dessein) peu flatteurs, une eulogie pour sa mère, un précédent essai en latin à propos du sommeil et des rêves, quelques

---

[32] N II, p. 263.

« Grignotages, » sorte de critique satirique de la récente théodicée rédigée par Robinet dans l'ouvrage *De la nature*, et un « index pour la seule lettre p » émaillé d'amusantes facéties comme celle-ci :

> Paul, un auteur obscur, qu'un *docteur en droit* de Padoue voulait prostituer en raison de son infâme obscurité (p. 148); *philologue* partit en voyage et fit des observations chez les paysans de Latvia (p. 215); des désirs d'avoir une pelle à vanner (p. 197); au moyen d'exemples et de paraboles avertit un petit grignoteur se trouvant sur les Champs Elysées d'*aliena cornua fronti addita* (p. 197); se compare au cheval d'Alexandre le Grand (p. 174); à un oiseau (p. 148); possède des livres en mauvais état dans sa bibliothèque; (p. 212); parle par prosopopées avec le cadavre de sa mère (p. 235); avec un archange (p. 201); est furieux contre un spinozisme esthétique (p. 177); contre un matérialisme exégétique (p. 203); s'édifie avec un dictionnaire arabe comme antidote à l'ennui (p. 183); affecte un style empêtré de charabia et parle cependant de perfection classique (p. 215); les *philologues* sont des banquiers (p. 130); les *philosophes* sont des partis prétentieux (p.211); les *prophètes* incluent Hérode et Caïphe (p.205); une *Pythie* est une prophétesse dont les cheveux se dressent sur la tête (p.189). *Cetera desunt.*[33]

Il va sans dire que cet « index » comique réclamerait quelques éclaircissements; il montre en tout cas que Hamann est beaucoup plus qu'un pieux adepte du tractarianisme de la Haute Eglise, un homme qui – ce que Kierkegaard appréciait profondément – délivrait sans fléchir un message des plus graves, en tant qu'*humoriste* chrétien, et en accord avec l'interprétation paulinienne de la folie comme la représentation de la véritable sagesse. Mais si une grande partie de cette collection est une compilation de matériaux exaltés, le lecteur peut en inférer que telle était bien l'intention de Hamann, comme si tout cela était regroupé afin de mettre en route deux nouveaux ouvrages qui forment le cœur de toute sa production : *La feuille de trèfle des lettres hélléniques* (*Kleeblatt hellenistischer Briefe*) et le

---

[33] N II, pp. 239–240. La pagination est celle de Hamann et réfère à l'édition originale de 1762.

texte qui fait sans doute le plus autorité : *Esthétique en miniature : une rhapsodie en prose cabalistique* (*Aesthetica in nuce: Eine Rhapsodie in Kabbalisticher Prose*).[34] Ces deux ouvrages prolongent sa réflexion sur la nature du style, de la création et de la critique d'art, même s'il met davantage l'accent sur une esthétique (ou herméneutique) de la création et de l'Ecriture.[35] Il s'attache, en particulier, à développer les dimensions prophétiques de ces deux textes jumeaux contre la critique rationnelle et obtuse des Lumières; la sensibilité stoïcienne a, en effet, rendu celles-ci insensibles au témoignage des sens et des passions (le langage même par lequel, selon Hamann, Dieu condescend à parler à ses créatures), et au fait que la création, l'histoire et l'Ecriture représentent, dans tous les cas de figure, beaucoup plus qu'un miroir tendu aux vérités rationnelles. D'où l'impossibilité de les appréhender, et encore moins de les sonder, à l'aune de la seule raison.

Quant aux titres de ces ouvrages, le premier, *La feuille de trèfle des lettres hélléniques,* se justifie plus ou moins par lui-même. Il comporte trois lettres : La première concerne le grec *koinè* ou dialecte courant dans lequel le Nouveau Testament a été rédigé; la deuxième critique la philologie non inspirée des contemporains de Hamann; la troisième touche à l'exégèse biblique et ouvre le débat avec J. D. Michaelis, fondateur de la critique biblique moderne et créateur de la première revue dans ce domaine, *Orientalische und Exegetische Bibliothek.*[36] Tout comme Kant et Berens permettent de comprendre les *Socratic Morabilia*, Michaelis est ici la clef-de-voûte de l'œuvre, et plus encore de l'*Aesthetica*. Et c'est à lui qu'est adressée l'épigraphe par ailleurs cryptique de Lucrèce : « Tu mihi supremae praescripta ad candida calcis currenti spatium praemonstra, cal-lida musa, Calliope, requies hominum divomque voluptas, te duce ut insigni capiam cum laude

---

[34] Voir ZH II, pp. 125, 128. Voir Hans-Martin Lumpp, *Philologia Crucis: Zu Johann Georg Hamanns Fassung von der Dichtkunst* (Tübingen: Max Niemeyer, 1970), p. 20.
[35] J'emploie les termes « esthétique » et « herméneutique » ici comme étant plus ou moins interchangeables dans la mesure où, pour Hamann, la création est, de manière similaire, matière à interprétation, et puisque la compréhension des Ecritures requiert similairement un certain type de perception.
[36] Voir Lumpp, *Philologia Crucis,* p. 20.

coronam. »[37] En d'autres termes, Michaelis est ici la Calliope d'Hamann, c'est-à-dire la muse qui a inspiré ces deux ouvrages. Mais si l'éloge de Michaelis n'est pas totalement dépourvu de franchise, car Hamann respectait ses talents de philologue, il est clairement présenté sur un mode ironique, Hamann ayant la ferme intention de l'emporter dans la contestation philologique.

Le titre du second ouvrage, *Aesthetica in nuce: Eine Rhapsodie in kabbalistischer*, est plus intrigant. La première chose à remarquer est qu'il est emprunté à deux précurseurs dont l'un, Alexander Gottlieb Baumgarten (1714-1762), philosophe wolffien, a donné dans son œuvre inachevée *Aesthetica* ses lettres de créance à « l'esthétique » comme discipline à part entière, et dont Hamann accepte la définition originelle de science traitant de la sensation ou de la perception (αἴσθησις).[38] En même temps, ce titre fait allusion à l'œuvre de Christoph Otto Schönaich, dont *Die ganze Aesthetik in einer Nuss, oder neologisches Wörterbuch*, un ouvrage satirique contre Klopstock, fut publié en 1754.[39] Mais si le titre est emprunté, dans la perspective de Hamann, il assume beaucoup d'autres significations supplémentaires, puisque la « miniature, » la « coquille de noix » renferme tout ensemble la forme extérieure (la rugosité de son propre *stylus atrox*) et le contenu (le message prophétique, destiné à être mangé et digéré).[40] Mais quel est ce message prophétique ? Et quelle est l'« esthétique » particulière offerte ici aux lecteurs ? Le titre en fait aussi état, de façon cryptique : Il s'agit d'une perception de la forme dialectique de la révélation qui transmet l'exaltation dans le misérable, le sublime dans ce qui est humble, la sagesse au travers de la folie, etc.

---

[37] N II, p. 168. Traduction : « Irez-vous devant et me montrerez-vous le chemin pendant que je courrai ma course jusqu'à la ligne blanche de ma destination finale, qui est clairement tracée devant moi ? Oui, toi, Calliope, muse infiniment habile, repos de l'homme et délice de dieu, afin que, conduit par toi, je puisse gagner la couronne avec des louanges illustres. » Lucrèce, *De rerum natura*, livre 6, vv. 92–5, traduit par W. H. D. Rouse (Cambridge, Massachusetts: Harvard University Press, 1982).
[38] Pour plus de détails sur la connexion entre Hamann et Baumgarten, voir G-D, pp. 79ss.
[39] G-D, p. 432.
[40] Cf. Ezéchiel 3:1ss, où Ezéchiel digère le rouleau et qu'« il était dans sa bouche comme du miel. »

Disons que le titre choisi est une allusion sentencieuse à ce que ses contemporains – pour cause de préjugé rationaliste – étaient justement *incapables de voir* : La gloire de Dieu cachée dans la *kénose* de la création; la gloire de Dieu cachée en Christ qui « n'avait ni beauté, ni éclat pour attirer nos regards » (Esaïe 53:2); la gloire de Dieu cachée surtout dans le « grandiose paradoxe »[41] de la Croix; enfin la gloire de Dieu cachée dans l'humble lettre de l'Ecriture, assez souvent sous une forme tout aussi offensante. Le titre offre tout autant, à coup sûr, une allusion humoristique à Hamann lui-même, qui est une « noix très dure à casser, » un homme avec qui il faut être patient si l'on veut dépasser l'aspect rébarbatif, offensant de son style (*stylus atrox*), puis digérer le contenu sublime de son message.

Le titre, au moins, peut être décodé; le sous-titre de même, dans lequel cette esthétique sera, paraît-il, « une rhapsodie dans une prose cabalistique. » Certes, il faut se demander comment un résumé si concis, si miniaturisé, pourrait en même temps être une rhapsodie; mais c'est là que brille justement un peu de l'humour de Hamann. Cela dit, « rhapsodique » et « cabalistique » possèdent, en plus de leur sens original, des connotations spécifiques liées à la polémique entre Hamann et Michaelis. La « rhapsodie » est l'art des ménestrels de la Grèce antique qui récitaient des poèmes épiques avec quelquefois une grande ferveur, dans un style désordonné. De fait, ils transmettaient moins des idées nouvelles qu'ils n'interprétaient de façon intemporelle leur poésie traditionnelle. Voilà pourquoi la fin de l'ouvrage projette un peu de clarté sur le titre, car Hamann cite l'*Ion* de Platon, où Socrate réfère aux rhapsodes comme aux interprètes des interprètes (οἱ ῥαψῳδοί – ἑρμήνεων ἑρμενείς).[42] C'est également la raison pour laquelle, dans le même contexte, Hamann dit que sa « nouvelle esthétique » est aussi « l'ancienne. » Il soutient en l'occurrence que, lui aussi, à l'instar d'un ménestrel, deviendra « l'interprète des interprètes. » A un certain niveau, cette perception

---

[41] Voir Nietzsche, *Nachgelassene Fragmente* (Frühjahr, 1884), dans *KSA*, volume 11, p. 86. Cf. *Jenseits von Gut und Böse*, §46, dans *KSA*, volume 5, p. 67.
[42] Un point clef dans la discussion de Platon (535a) est que les poètes sont des interprètes de Dieu, ce qui signifie ici que Hamann est un interprète des interprètes de Dieu, lesquels sont, dans ce cas, plus spécifiquement, les auteurs des Ecritures.

de soi va de pair avec celle de la science considérée essentiellement comme une question d'herméneutique, d'interprétation, et avec l'idée que toute philosophie délibérément adossée à un a priori distinct d'une tradition écrite est soit hypocrite, soit pervertie. Pour être plus précis, il se voudra « l'interprète des interprètes » dans un double sens: Parallèlement à l'interprète de l'Ecriture (dans laquelle Dieu s'auto-interprète), il sera aussi l'exégète du principal exégète de l'Ecriture, à savoir Michaelis.[43] Il faut, par ailleurs, tenir compte de l'étymologie du mot « ῥάπτειν » qui signifie « coudre ou coudre ensemble, » ce qui décrit de façon adéquate le style consciemment hyper-textuel de Hamann. En dernier lieu, le mot réfère ironiquement à un passage d'un ouvrage de Michaelis, où il critique certaines épîtres du Nouveau Testament que la tradition attribue à Paul, en raison d'un manque de « rigoureuse démonstration » et de leur aspect de simples « rhapsodies » construites à partir de compositions antérieures.[44] Une « rhapsodie » selon Hamann imite donc délibérément et défend implicitement ce que Michaelis juge indigne des Ecritures sacrées.

Conformément à son sens, le terme « cabaliste » est plus cryptique et donc potentiellement plus trompeur. Il faut d'abord noter qu'il correspond parfaitement au sens de l'humour chez Hamann, en particulier dans des notions aussi fortement antithétiques que « hermétisme, » « ésotérisme, » « cryptographie » et surtout « obscurité » dans l'esprit de ses contemporains « éclairés. » Ce terme de « cabaliste » traduit à l'évidence – mis à part l'obscurité de son style – le côté secret, mystique de ses écrits, très semblable au sens présumé mystérieux de la Torah pour les spécialistes de la Cabale, dès lors inaccessible au lecteur profane et non éclairé.[45] Il faut noter ensuite que le sens premier du mot « Cabale, » qui veut dire « transmission » ou « traduction, » fait écho aux termes « rhapsodie » et « interprétation » tels que Hamann les entend. Le terme suggère enfin l'extraordinaire importance mystique conférée par Hamann et par les cabalistes au langage humain, en particulier à l'hébreu, comme

---

[43] Voir G-D, p. 82.
[44] Voir Lumpp, *Philologia Crucis*, p. 31. Le passage vient de l'ouvrage de Michaelis, *Einleitung in die Göttlichen Schriften des neuen Bundes* (Göttingen, 1750), p. 289.
[45] Voir Lumpp, *Philologia Crucis*, p. 31.

reflétant « le langage créateur de Dieu » à l'origine.⁴⁶ Enfin, l'adoption de ce terme par Hamann exprime une contestation intentionnelle – même si quelque peu facétieuse – de l'opinion de Michaelis sur la Cabale qu'il jugeait absurde. Comme Michaelis le déclare dans son *Beurtheilung der Mittel, welche man anwendet, die ausgestorbene Hebräische Sprache zu verstehen* de 1757 :

> Les Juifs accordent à l'hébreu une valeur particulièrement sacrée et d'origine entièrement divine, allant jusqu'à appliquer cette valeur aux plus petites caractéristiques des lettres, sans parler du cabaliste qui cherche en elles de vains mystères. Ils leur attribuent la vertu divine d'exprimer l'essence des choses; depuis lors, une longue suite de chrétiens crédules ont obéi au même principe.⁴⁷

Il apparaît clairement alors que Hamann a l'intention de venir au secours de ces chrétiens « crédules, » car, pour lui comme pour Paul (2 Timothée 3:16), toute l'Ecriture est sainte et inspirée jusqu'au dernier iota et au dernier trait de lettre (cf. Matthieu 5:18).⁴⁸ Il va de soi, évidemment, que pour un exégète moderne tel Michaelis, tout le problème est là : Sa perspective « rationnelle » l'empêche de mesurer jusqu'à quel point des langues historiquement contingentes, en continuelle évolution – et moins encore des traits de lettre isolés sur une page – pourraient jamais être porteurs de la vérité éternelle.

Un examen plus attentif révèle pourtant que le sous-titre de *l'Aesthetic in nuce* est une déclaration cryptée issue de la polémique contre Michaelis; les deux devises de l'ouvrage devraient donc être interprétées dans ce sens. La première est tirée de Juges 5:30 : « du butin en vêtements de couleur, brodés; deux vêtement brodés pour le cou du vainqueur. » Le verset appartient au Cantique de Déborah, l'un des plus anciens passages de l'Ancien Testament et sûrement l'un des plus haïssables pour une sensibilité moderne. Elle présente Jaël, « la plus bénie d'entre les femmes, » qui sous couvert d'hospitalité offrit un

---

⁴⁶ Voir Gershom Scholem, *Major Trends in Jewish Mysticism* (New York: Shocken Books, 1946), p. 17.
⁴⁷ Cité dans Lumpp, *Philologia Crucis,* p. 31.
⁴⁸ Cf. N III, p. 105.

refuge au général cananéen Sisera, afin de lui planter un pieu dans la tempe pendant son sommeil (Juges 4:17ss), ce qui assura aux Israélites la victoire sur les Cananéens. En bref, c'était le genre de passages que les hommes des Lumières avaient coutume de supprimer (tel Thomas Jefferson) ou de condamner (comme Voltaire). Le sens du passage dans le contexte précité est désespérément obscur. Nous pouvons être sûrs pourtant que Hamann ne craignait pas de froisser la sensibilité de ses contemporains « éclairés »; à ses yeux, même cet épisode devait servir d'exemple de la condescendance du Saint-Esprit qui ne craignait pas de révéler les mystères divins au travers même de détails aussi troublants de l'histoire d'Israël. Mais si Lumpp est dans le vrai, il s'agit ici encore d'une référence spécifique à Michaelis : Tout comme les femmes attendaient le butin de la victoire, Hamann attend l'édition de la seconde partie de l'ouvrage de Lowth intitulé *Conférences sur la poésie sacrée des Hébreux* édité par Michaelis (la première édition était parue en 1759 avec d'amples commentaires de Michaelis).[49] Le problème est qu'il n'y aura pas de butin, car le général Sisera est mort; de même en est-il, nous dit Hamann, de la lecture de l'Ancien Testament par Michaelis, car cette lecture est dépourvue de la vie accordée par l'Esprit, qui seul dévoile le sens de l'Ecriture. La seconde devise est plus claire. Elle est tirée du Livre de Job, au moment ou Elihu prend la parole :

> Au dedans de moi, c'est comme du vin qui n'a pas d'issue; comme des outres neuves qui vont éclater. Je parlerai pour respirer à l'aise, j'ouvrirai mes lèvres et je répondrai. Je n'aurai point égard à l'apparence et je ne flatterai personne; car je ne sais pas flatter : mon Créateur m'enleverait bien vite. (32:19-22.)

DE « SALOMON DE PRUSSE » ET DE LA TRAGÉDIE DU LYCÉE

La cible ultime de la croisade philologique de Hamann, toutefois, était le roi de Prusse, Frédéric le Grand (1712–1786).[50] Le philosophe

---

[49] Voir Lumpp, *Philologia Crucis*, p. 33.
[50] Pour une discussion plus approfondie de la relation entre Hamann et Frédéric le

francophile de Sans Souci avait pris le pouvoir en 1740 et s'était très vite entouré de courtisans français, y compris celui qui fut pendant un temps son « grand vizir, » Voltaire.[51] En réponse au despotisme « éclairé » du roi, et dans un acte d'audace politique, Hamann avait, en 1761, publié anonymement, sous la forme d'un ouvrage séparé, plusieurs essais satiriques en français sous le titre *Essais à la Mosaique*. Apparemment, le roi refusait de lire l'allemand et ne le parlait pas très bien, et ainsi ces essais auraient probablement mieux attiré son attention. Le premier était intitulé « Lettre néologique et provinciale sur l'inoculation du bons sens » et développe le thème abordé dans un essai antérieur de Hamann, intitulé « Projet français. » Le deuxième, intitulé « Glose Philippique, » en plus d'être une version raffinée du premier essai, réfère au « Philippique » de Démosthène et spécifiquement à une anecdote à propos du roi Philippe de Macédoine qui, en refusant d'honorer la requête d'une pauvre femme, est censé avoir reçu la réponse tranchante suivante : « Cessez alors d'être roi ! » (« Desine ergo rex esse! »).[52]

Comme l'on pourrait le pressentir, le ton général de ces « lettres » est celui de la défiance impertinente – comme lorsque Hamann suggère, de manière provocatrice, que Voltaire est un membre de l'« académie de Satan. » Et c'est dans le même esprit qu'il lance une satire féroce contre Frédéric une décennie plus tard dans une lettre inédite « Au Salomon de Prusse, » et dans une lettre finale cryptique de 1773 portant le curieux titre : « Lettre perdue d'un sauvage du Nord à un financier de Pe-Kim. »[53] Le principal but de ces lettres

---

Grand, voir *JGH*, p. 136ss.
[51] N II, p. 281.
[52] N II, p. 278.
[53] N II, p. 297, p. 299; N III, pp. 55ss. Hamann s'adresse au roi comme à Salomon, d'après l'ode de Voltaire au « Salomon du Nord, » qui « amène la lumière, » mais indique aussi ses relations adultérines avec des dieux étrangers. Comme l'exprime Hamann dans *Glose Philippique*, « il ne vous est pas permis d'abandonner la foi des pères et de vos neveux au profit du bon sens des prostituées d'Ashdod, d'Ammon et de Moab. Il n'est pas convenable de prendre le pain de la bouche des enfants et de le jeter aux petits chiens, de négliger votre vigne à Baalhamon, et de vous dandiner avec des muses étrangères (dont les bouches produisent de la pure écume et dont les bras droits sont ceux du mensonge et de la séduction). – Salomon, le roi d'Israël, n'a-t-il

prophétiques, qui ne parvinrent jamais à l'attention du roi, est d'appeler Frédéric hors de ses liaisons adultérines et idolatres avec la philosophie française (à cause desquelles il reproduit le péché de Salomon) pour revenir au christianisme; à cette fin, Hamann suggère même (sur le ton de la plaisanterie ?) au roi de recuter des jésuites pour débarrasser la Prusse des influences païennes.[54]

La majorité des batailles de Hamann, cependant, ne faisaient pas intervenir le roi directement, mais plutôt les critiques littéraires de sa capitale. En 1763, par exemple, Hamann fut de nouveau provoqué à répondre au journal de Nicolai, cette fois-ci en défense de son ami Lindner, le recteur d'une école de Riga. En 1762, Lindner avait publié un livre sur la tragédie de l'école, contenant de nombreuses « pièces véritablement inférieures, » que les éditeurs du *Briefe* furent prompts à tourner en dérision.[55] Les problématiques pédagogiques abordées et leur connexion avec le grand thème chrétien de la condescendance divine étaient familières à Hamann depuis le « fiasco du Kinderphysik, » et il répondit ainsi avec *Cinq Lettres Pastorales sur la Tragédie de l'Ecole* (*Fünf Hirtenbriefe das Schuldrama betreffend*), auxquelles il annexa les deux premières lettres de sa correspondance antérieure avec Kant. Il commence par citer Jean 6:9, qu'il avait précédemment cité dans ses « Fragments » : : « Un de ses disciples, André, le frère de Simon Pierre, lui dit : 'Il y a ici un garçon qui a cinq pains et deux poissons. Mais qu'est-ce que cela représente pour tant de personnes ?' » Le point avancé par Hamann, comme l'atteste le miracle qui va suivre où Jésus nourrit les cinq milles, est que, dans une perspective divine, la maigre contribution d'un enfant non seulement a de l'importance, mais est capable de confondre les attentes d'un adulte raisonnable (ou, dans ce cas, un critique littéraire éclairé). C'est pourquoi la folie des enfants ou leurs productions écolières ne doivent pas être méprisées, car

> chaque école est une montagne de DIEu [sic], comme Dothan, rempli

---

pas péché de la sorte ? » (N II, p. 293, traduction d'O'Flaherty).
[54] N II, pp. 304ss; NB, p. 179.
[55] NB, p. 122.

de chevaux et de chariots de feu entourant tous Elisée. Par conséquent, ouvrons nos yeux et veillons attentivement à ne pas mépriser l'un de ces petits, car le royaume des cieux leur appartient et leurs anges voient continuellement la face de leur Père céleste – –[56]

En d'autres termes, non seulement les enfants se tiennent sous la protection céleste, aussi érudite que puisse être la critique qui se déploie contre eux, mais ils peuvent aussi, pour Hamann, être prophètes des choses de Dieu. En effet, « leurs états d'apprentissage scolaire, » dit-il, « serviront un jour de modèle pour les temples des Muses »; car leur humilité est la mesure du futur « tabernacle des actes » de Dieu.[57] Ce qui équivaut à dire que le royaume de Dieu réclame un changement de perspective, car non seulement faut-il apprendre à condescendre à s'abaisser au niveau des enfants, ce qui en soi est « un *examen rigorosum*, » mais doit-on aussi apprendre à voir, dans leurs réalisations burlesques, qu'un philosophe des Lumières comme Diderot serait enclin à ridiculiser, une image de l'élection divine : Dieu trouve son plaisir dans les choses folles et humbles, et dans les choses qui ne sont pas, dans le but de confondre les « sages » et les choses qui sont (1 Corinthiens 1:27-28).[58] Tels sont l'ironie et l'humour chrétiens qui inspirent les propres productions littéraires de Hamann, qui sont petites, en apparence insignifiantes, voire méprisables aux yeux des luminaires plus petites de son époque, mais qui, avec la bénédiction de Dieu – tout comme les fragments de l'Evangile – produiront, espère-t-il, une récolte plus grande que ce qu'un critique rationnel aurait pu anticiper, parce que Dieu triomphe à travers la folie de la Croix.

LA CONNEXION HAMANN–HERDER

L'année 1764 marqua une nouvelle étape dans la production littéraire de Hamann. Les Russes avaient finalement quitté Königsberg

---

[56] N II, p. 356. Le texte de Hamann est un cento, une mosaïque de passages de l'Ecriture. Voir 2 Rois 6:11–17; Matthieu 18:1–11.
[57] N II, p. 356.
[58] N II, pp. 358, 367.

après la Paix de Hubertsbourg, et l'éditeur de Hamann, Kanter, reçut la permission des autorités prussiennes de démarrer un nouveau périodique. Le journal fut intitulé *Königsbergsche Gelehrte und Politische Zeitungen*, et Hamann devint son éditeur et le rédacteur en chef.[59] Cette année-là marqua aussi le commencement d'une nouvelle – pour l'histoire intellectuelle allemande – et extraordinairement profonde amitié : Celle entre le « Socrate » allemand et son disciple, le « Platon » allemand.[60] En 1762, Johann Gottfried Herder (1744–1803) était arrivé en ville sous la charge d'un médecin militaire russe qui le préparait à une carrière dans la médecine; ses intérêts graviteraient rapidement autour de la philosophie et de la théologie; cependant et quelque part entre la maison d'édition Kanter (qui avait publié un de ses poèmes antérieurs) et ses rencontres avec le chirurgien de la ville (le père de Hamann), il fit la connaissance de Hamann.[61] Vers la fin de l'année 1764, Hamann était devenu le tuteur de Herder, en ce qui concerne l'anglais et l'italien, et très rapidement ils devinrent des amis intimes. Mais s'ils avaient l'un pour l'autre du respect, la reconnaissance par Hamann des dons que possédait Herder n'affecta pas leur relation qui resta celle d'un mentor et de son disciple plein d'admiration pour le premier. Par exemple, Herder écrit :

> Très cher Hamann, si seulement vous saviez combien je chéris chaque petite bribe [*Flick und Zettel*] que je reçois de vous, certainement que vous n'en déchireriez aucune... En outre, dans chacune de vos lettres se trouve *un* mot qui me parle si profondément... Une fois de plus, je vous demande vos brillantes étincelles, et vous promets en retour de vous donner dès que possible mes gouttes d'eau.[62]

---

[59] NB, pp. 123ss. Parmi les nombreux livres dont il fit la recension, se trouvaient *De la nature* de Robinet, *Erklürung des Briefes and die Hebrüer* de Michaelis, et *Beobachtungen über das Gefühl des Schönen und Erhabenen* de Kant. Voir N IV, pp. 257–435.
[60] Voir ZH V, p. 217.
[61] NB, pp. 150ss.
[62] ZH III, pp. 60–61. En guise de conclusion de sa lettre, Herder va jusqu'à dire : « Mes salutations et une bise à vos deux enfants, et vous, Mage du Nord, dites seulement un mot, afin que mon épouse puisse bientôt en porter un aussi. »

De même, en ce qui concerne la perception de son rôle vis-à-vis de Hamann, Herder réfère à lui-même comme à « un conducteur de chameau turc, qui voyage en marchant devant dans le but de collecter des pommes sacrées pour sa sainte bête de route, qui porte le Coran. »[63] Et en ce qui concerne leur connexion commune avec Kant, il écrit : « Kant semble être complètement en retrait par rapport à moi ! Mais il parle de vous avec respect [*Achtung*]. »[64] Vers la fin de l'année, cependant, grâce à une recommandation de Hamann, Herder se vit proposer un poste à l'école de Lindner à Riga. Les années suivantes, ils se rencontreraient occasionnellement, mais leur amitié, après 1769, allait, en grande partie, se transposer dans une correspondance qui durerait toute leur vie, ce que Nadler appelle « l'un des exemples les plus précieux de personnalité et d'humanité du XVIIIe siècle. »[65]

Dans le même temps, sur le front familial, la santé du père de Hamann avait régulièrement décliné, ainsi que celle de sa mère. Avec le prélude de ce qui paraissait être une dépression temporaire, et plus tard deviendrait un cas plus sérieux de maladie mentale, le frère de Hamann avait démissionné de son poste à l'école de la cathédrale, et était retourné à la maison. Ce fut pour Hamann une source de profonde préoccupation. Au début, il sembla ne pas avoir compris la nature sérieuse de la maladie de son frère, et avait espéré qu'il reprendrait vite sa vocation d'enseignant; effectivement, pendant une période, son frère prit un poste de chef de maison [*Hofmeister*]. Mais les choses se détériorèrent graduellement, au point que son frère eut, lui aussi, besoin de soins. Et ce fut au milieu de telles circonstances, dans le but de soutenir davantage sa famille, que le père de Hamann employa une jeune femme du nom d'Anna Regina Schumacher (1736–1789). Elle n'était ni instruite, ni de la même classe sociale que Hamann, mais leur relation devint bientôt intime, sans qu'ils se fiancient ni consomment leur relation dans le mariage; ils maintinrent

---

[63] NB, p. 153; ZH II, p. 315.
[64] NB, p. 153; ZH II, p. 265.
[65] NB, p. 154; cf. p. 193: "Les lettres de Hamann à Herder sont en elles-mêmes suffisantes pour justifier d'être rendues à la vie et commémorées par la postérité. L'on a rarement vu un génie en instruire un autre de manière aussi candide, aussi bienveillante et aussi stricte. Et rarement un génie s'est-il laissé instruire par un autre génie de si bon gré, de manière aussi intelligente et sur un pied d'égalité."

plutôt un prétendu « mariage de conscience » (*Gewissensehe*). Quelles qu'aient été les raisons de Hamann, cet arrangement fut une cause de consternation autant pour ses amis que ses critiques, et demeure jusqu'à ce jour un des aspects les plus étranges de sa vie.[66] En laissant de côté les questions de probité morale, l'on devrait néanmoins garder à l'esprit que Hamann se sentait encore intérieurement lié par une promesse de mariage à Catherina Berens, son « Aspasie, » la femme qu'il croyait que Dieu lui avait prédestinée; et que, par conséquent, selon Nadler, il est possible que Hamann ait considéré son renoncement au mariage comme une forme d'abnégation.[67] Dans un ouvrage ultérieur, Hamann suggère également les raisons énoncées par Paul (1 Corinthiens 7:26), et laisse entendre que son refus de se marier doit être interprété en termes d'une opposition « apocalyptiquement » légitime à un état prussien illégitime, dont le roi était un laïque et dont il refusait de reconnaître les lois relatives au mariage, telles qu'elles sont formulées dans le *Codex iuris Friderician*i. Par ailleurs, étant donné leur différence de statut social, Hamann confia à Herder qu'il était « intérieurement convaincu » qu'un mariage ne favoriserait pas le bonheur de Regina et le bonheur de leurs enfants.[68] Certes, rien de tout cela n'allège complètement l'offense; mais, comme nous le verrons, l'une des caractéristiques de la piété de Hamann était qu'il ne voulait pas l'alléger. Au contraire, à de nombreux égards, il cherchait intentionnellement à apparaître pire que ce qu'il n'était en réalité (d'où son autoportrait dans lequel il apparaissait sous la figure de Pan), voyant cette démarche plus appropriée au véritable christianisme et au discipulat que les normes bourgeoises d'un état chrétien hypocrite.

Si la vie de Hamann avait été plutôt troublée et pleine de

---

[66] Voir *JGH*, pp. 26ss.
[67] NB, p. 160.
[68] Voir N III, pp. 199ss; ZH III, p. 263. Pour une discussion plus approfondie, voir G-D, pp. 248ss. L'interprétation la plus idéalisée, dans tous les cas, est celle de Nadler : « La nouvelle attirance qu'il éprouvait pour Anna Regina ne remplaçait pas l'ancienne attirance qu'il avait pour Catharina, mais fusionnait avec cette dernière pour former une seule mélodie, presque comme une harmonie entre l'amour céleste et l'amour terrestre » (N IV, p. 485).

revirements jusqu'à maintenant, après l'échec d'un voyage en vue de trouver un emploi en tant que tuteur de la princesse de Hesse en 1763, et une courte période de travail en tant que secrétaire et traducteur pour un ami à Mitau entre 1765 et 1766, les choses se stabilisèrent finalement en 1767. Car ce fut cette année-là, grâce à l'aide directe de Kant, qu'il obtint son premier emploi stable de traducteur avec la Direction Générale de l'Accise et l'Administration douanière de Königsberg. Etant donné les polémiques passées de Hamann contre l'Etat prussien, ce poste était aussi ironique que désagréable : Sous la supervision de bureaucrates français importés, les nouveaux oppresseurs, non seulement travaillait-il pour le roi, mais contribuait-il même à collecter les taxes pour son compte. Cela dit, le poste fut une bénédiction, en lui assurant un revenu suffisant pour lui permettre d'acheter une maison à la périphérie de la ville, où lui et Regina purent établir leur ménage, avec le frère de Hamann, dont ils prirent soin jusqu'à sa mort prématurée en 1778. Au bout de quelques années, ils eurent un fils, Johann Michael (né en 1769), puis trois filles, Elisabeth Regina (née en 1772), Magdalena Katharina (née en 1774) et Marianne Sophie (née en 1778). A en juger à partir de la correspondance de Hamann, leur foyer semble avoir été un foyer très heureux. Néanmoins, du fait que leur maison était éloignée de son lieu de travail, Hamann fit l'acquisition d'un petit local *am alten Graben*, qui était plus près de son bureau; et ce fut là, la majeure partie du temps, qu'il reprit son travail d'écrivain.

Bien qu'occupé plus que jamais, Hamann continua son travail d'éditeur du journal de Kanter jusqu'à 1776, rédigeant de nombreuses recensions supplémentaires. En ce qui concerne l'histoire des idées, peut-être que sa contribution la plus significative au journal fut-elle sa traduction partielle du *Traité sur la nature humaine* de David Hume, qui fut publiée en 1771 sous le titre de *Pensées nocturnes d'un sceptique (Nachtgedanken eines Zweifl ers)*.[69] Son importance, qui est chargée de signification, tient au fait que Kant l'aurait presque certainement lue, dix ans avant la publication de la *Critique de la*

---

[69] N IV, pp. 364–70. La traduction du *Traité* de Hume concerne la prétendue « conclusion du livre, » section I, 4, 7. Voir Oswald Bayer, *Vernunft ist Sprache: Hamanns Metakritik Kants* (Stuttgart: Frommann-Holzboog, 2002), p. 44.

raison pure. Et cela, associé aux *Socratic Memorabilia* de Hamann et à leur correspondance durant cette période, contribua au fameux « réveil » de Kant de ses « torpeurs dogmatiques. » En effet, Hamann était probablement la source la plus importante de connaissance de Hume pour Kant, depuis ses premières correspondances avec Kant en 1759 jusqu'à sa traduction partielle en 1780 des *Dialogues concernant la religion naturelle* de Hume, que Kant lut et apprécia grandement, au point d'encourager sa publication.[70] S'ajoutant à son travail pour le journal, plusieurs autres traductions furent entreprises par Hamann durant cette période, dont une étude sur la goutte publiée en 1770 et trois essais publiés conjointement en 1774 portant sur les « Lettres sur l'étude et l'usage de l'histoire » de Bolingbroke, les « Remarques sur les lettres de Lord Bolingbroke » de James Hervey et sur les « Observations sur Tacite » de Thomas Hunter.[71]

Cependant, les écrits les plus importants de Hamann de cette époque sont les prétendus *Herderschriften* qui sont consacrés au langage et à ses origines. Les philosophes des Lumières, avec la contribution d'intellectuels de toute l'Europe, s'intéressaient beacoup à cette question. William Warburton, l'évêque de Gloucester, avait traité ce sujet dans *The Divine Legation of Moses* (1738), où il postulait une origine divine du langage.[72] L'abbé Condillac l'attribuait aux cris d'animaux dans son *Essai sur l'origine des connaissances humaines* (1746). Dans la même veine, l'*Essai sur l'origine des langues* de Rousseau, rédigé entre 1749 et 1755 (mais publié en 1782), en faisait l'expression des passions : « Ce n'est ni la faim, ni la soif mais l'amour, la haine, la pitié, la colère qui leur arrachèrent les premiers mots. »[73] Maupertuis, président français de l'Académie de Berlin, après avoir

---

[70] N III, pp. 245–74. En l'occurrence, cette dernière traduction ne fut jamais publiée, parce qu'une autre traduction était déjà parue. Il demeure que c'était la première traduction des *Dialogues* que Kant aurait lue (juste avant l'apparition de sa *Critique de la raison pure*).
[71] NB, p. 342.
[72] Pour une discussion contemporaine des idées de Warburton sur le langage, voir John Milbank, *The Word Made Strange*, pp. 55–63.
[73] Jean-Jacques Rousseau, *Essay on the Origin of Languages*, traduit du français par John H. Moran, dans *On the Origin of Language*, introduction d'Alexander Gode (Chicago: University of Chicago Press, 1986), p. 12.

rejeté la prétendue « haute hypothèse » (celle d'une origine divine), essaya d'établir une synthèse entre les approches rationnelle et empirique dans sa *Dissertation sur les différents moyens dont les hommes se sont servis pour exprimer leurs idées* (1754.).[74] Un membre de la même Académie, Johann Peter Süqmilch, prit la défense de la « haute » hypothèse dans son livre *Versuch eines Beweises, daß die erste Sprache ihren Ursprung nicht von Menschen, sondern allein vom Schöpfer erhalten habe*, qui fut composé en 1756, mais publié seulement en 1766.

Vers la fin de l'année 1769, l'Académie de Berlin cherchait clairement une résolution au débat lorsqu'elle annonça un concours avec un appel à contributions en réponse à la question suivante en deux parties : « En supposant que les êtres humains aient été laissés à leurs propres facultés naturelles, seraient-ils en condition d'inventer le langage ? Et, si tel était le cas, par quel moyen réussiraient-ils à l'inventer ? »[75] Cette question arrivait à point nommé pour Herder qui avait réfléchi sur le sujet depuis quelques temps, et il remporta le prix avec un essai soumis à la dernière minute, *Abhandlung über den Ursprung der Sprache*, qui fut achevé en décembre 1770 et publié ensuite par l'Académie en 1772. Néanmoins, Hamann n'accueillit pas l'essai primé de son disciple avec le même degré d'enthousiasme, mais craignait qu'il ne s'était « prostitué avec les beaux esprits de son siècle et avec leur *bon ton*. »[76] Ce furent là les circonstances de ce qui est appelé le *Herderschriften* de Hamann qui commence par plusieurs recensions qui parurent originellement dans le *Königsbergische gelehrte und politische Zeitungen*, et que Hamann publia ensuite avec un supplément en 1772 sous un pseudonyme d'emprunt. La première était une recension d'un autre article anonyme soumis à l'Académie par Dietrich Tiedemann, intitulé « Essai d'explication de l'origine du langage » (*Versuch einer Erklärung des Ursprungs der Sprache*); la

---

[74] En 1755, Maupertuis publia un autre ouvrage traitant le même thème, *Réflexions philosophiques sur l'origine des langues et sur la signification des mots*.
[75] Pour davantage de précisions sur ce sujet et sur le contexte des *Herderschriften* de Hamann, voir G-D, pp. 154ss, et Frederick C. Beiser, *The Fate of Reason: German Philosophy from Kant to Fichte* (Cambridge, Massachusetts: Harvard University Press, 1987), pp. 130ss.
[76] ZH III, pp. 16s.

deuxième était une recension du *Preisschrift* de Herder.[77]

Que la recension par Hamann du *Versuch* de Tiedemann lui fasse ou non justice (Beiser, quant à lui, le considère comme une contribution remarquable), cette recension est excessivement brève.[78] Tiedemann définit le langage comme une « collection de sonorités » instrumentales destinées à communiquer des pensées prélinguistiques. Et ainsi Hamann demande amèrement : « Pourquoi ne pas aller de l'avant et l'appeler une machine ? »[79] Il est clair que Hamann a peu d'égard pour les explications matérialistes du langage, qu'il soit fonction des parties du discours ou qu'il ait émergé d'une « nécessité [logique] de connexion des sonorités avec des représentations. »[80] En ce qui concerne la première alternative, voici ce que dit Hamann, sur un ton d'apparente ironie : « L'*origine du langage humain* et l'*invention* du *Partium Orationis* sont aussi différentes l'une de l'autre que la raison, la logique et Barbara Celarent. »[81] Le problème avec l'autre explication est non seulement qu'il n'existe pas de concepts prélinguistiques qui, une fois qu'ils sont formés, doivent être ensuite connectés à des signes visibles ou audibles – puisque les concepts sont d'abord fonction du langage – mais aussi que la prétendue « explication » conduit à s'interroger en premier lieu sur la relation mystérieuse entre la pensée et le langage. Par conséquent, Hamann « laisse les lecteurs, qui ont un niveau d'instruction dépassant le *collège* [*die mehr als Primaner sind*], et qui ne sont pas des journalistes soudoyés, se rendre compte par eux-mêmes à quel point la philosophie de l'auteur est insipide et banale. » Ajoutant l'insulte à la blessure, Hamann assène alors : « Hormis le fait qu'il [Tiedemann] ne peut concevoir le langage que suivant la perspective de la *grammaire*, il ne semble même pas avoir correctement maîtrisé cette dernière dans sa propre langue maternelle. »[82] De là, Hamann conclut sa critique en espérant qu'il

---

[77] N III, pp. 13–24.
[78] Voir G-D, p. 164; et Beiser, *The Fate of Reason*, p. 135.
[79] N III, p. 15.
[80] N III, p. 16.
[81] Ibid. « Barbara Celarent » vient de la première ligne d'un célèbre poème syllogistique, et est donc entièrement en lien avec la raison et la logique.
[82] N III, p. 16.

aura davantage de choses et vraisemblablement de meilleures choses à dire à propos du *Preisschrift* de Herder.

Il s'avéra que Hamann fut amèrement déçu. Il avait espéré que Herder mettrait en pièces le naturalisme de Tiedemann et défendrait avec succès la « haute » hypothèse de Süßmilch. Mais au lieu de cela, son propre disciple finit par tourner en dérision la « haute » hypothèse et épouser le naturalisme même que Hamann méprisait. Bien que Hamann ait commencé sa critique de Herder dans sa recension, sa réponse exhaustive fut donnée dans deux ouvrage indépendants qui furent composés à peu près en même temps : *La dernière volonté et le testament du Chevalier de la Rose-Croix concernant l'origine divine et humaine du langage* (*Des Ritters von Rosencreuz letzte Willensmeynung über den göttlichen und menschlichen Ursprung der Sprache*), qui présente les propres opinions de Hamann sur l'origine du langage, et ses *Idées Philologiques et Doutes concernant un Essai récompensé par un Prix Académique* (*Philologische Einfälle und Zweifel über eine akademische Preisschrift*), dans lequel il corrige le *Preisschrift* de Herder comme il le ferait pour une composition d'un écolier.[83] Le premier texte, dont le titre fait allusion à la fois aux

---

[83] En l'occurrence, *Idées Philologiques et Doutes* ne fut jamais publié, ultimement, semble-t-il, par respect pour Herder (voir leur échange à ce sujet, ZH III, pp. 36–42). Initialement, cependant, Hamann avait cherché à le publier avec son attaque cinglante contre Frédéric, *Au Salomon de Prusse*. L'ouvrage ayant été rejeté par Kanter, Hartung et, assez étrangement, par la loge maçonnique locale (voir N III, pp. 61–65), Hamann tenta même de le publier au travers de Nicolai à Berlin. N'ayant reçu aucune réponse de ce dernier, il fit alors publier, sous la forme d'un manifeste, son presque impénétrable *Monologue d'un auteur* (*Selbstgespräch eines Autors*) sous le pseudonyme chinois ridicule de Mien-Man-Hoam (N III, pp. 67–79). Après que Nicolai l'eut rejeté, il fit alors publier une autre parodie, *Au Sorcier de Kadmonbor* (*An die Hexe zu Kadmonbor*), dans laquelle Nicolai, manquant d'un *museus sinicus*, demande prétendûment à un sorcier de l'aider à traduire la correspondance du Mandarin (c'est-à-dire Hamann), et à ce moment là sa lettre se transforme soudainement en un monologue, et le destinataire en un Alecto à deux faces (une des Furies), « avec un œil de veau ressemblant à celui de la déesse Junon, et un œil larmoyant d'une chouette (N III, pp. 81–86). Hamann, derrière le personnage de Nicolai, clôt alors sa lettre en suggérant que Mien-Man-Hoam (c'est-à-dire Hamann) suive l'exemple de son ancêtre Haman à la potence (Esther 7:10), faisant un des nombreux jeux de mots sur son propre mauvais nom (see N III, p. 173). Bien entendu,

armoiries luthériennes (qui dépeignent une croix dans une rose) et au courant rosicrucien d'un contemporain, Johann August Starck (1741–1816), présente les vues matures de Hamann sur le langage vu comme en même temps naturel et surnaturel, humain et divin. Le second est, selon l'expression de von Balthasar, « une caricature dévastatrice » du naturalisme de Herder.[84] Mais même si Hamann se permet de corriger l'essai de son ancien étudiant, d'après Nadler, c'était comme si sa main droite corrigeait sa main gauche; en effet, Hamann et Herder travaillaient ensemble de manière si étroite que Hamann restait l'enseignant de Herder, tandis que ce dernier continuait d'être le consolateur de Hamann et son porte-parole pour la prochaine génération.[85]

UN CHEF D'ŒUVRE SATIRIQUE ET D'AUTRES ÉCRITS

La correspondance ultérieure entre Hamann et Herder montre qu'ils restèrent en bons termes, reliés mutuellement par une amitié intime. Par exemple, vers la fin de l'année 1773, Hamann écrivit à son ami pour lui annoncer la publication de son chef d'œuvre humoristique *Nouvelle Apologie de la Lettre h* (*Neue Apologie des Buchstaben h*).[86] De manière beaucoup plus modeste que ce que le

---

en mettant de côté les absurdités, si Nicolai avait publié l'ouvrage de Hamann, il aurait très certainement fait face à la censure et probablement eu des conséquences fâcheuses pour Hamann lui-même. NB, pp. 203ss; N III, pp. 423s.

[84] Hans Urs von Balthasar, *The Glory of the Lord: A Theological Aesthetics* (San Francisco: Ignatius, 1985), volume 3, p. 248. Cela ne signifie pas que Hamann rejette l'hypothèse naturelle entièrement, mais uniquement une hypothèse naturelle qui exclurait le surnaturel (en tant qu'origine du naturel).

[85] NB, p. 195. Cf. p. 194 : « Ce fut véritablement une spirale dans laquelle leurs vies intellectuelles partagées s'enroulaient, en s'éloignant toujours plus haut l'une de l'autre dans leur mouvement ascendant. C'est à partir de leur interaction et de leur coordination mutuelles que Hamann et Herder, spécialement durant cette période, élaborèrent tous leurs écrits. »

[86] Le « nouveau » dans le titre est simulé, tout comme le lieu avancé de la publication, Pise. Kant, pour sa part, apprécia tant la pièce qu'il espérait que Hamann continuerait d'écrire dans cette même veine. Voir *JGH*, p. 120; NB, p. 214.

titre laisserait entendre, la *Nouvelle Apologie* fut occasionnée par un ouvrage récent sur la religion, *Betrachtungen über die Religion*, d'un rationaliste contemporain, Christian Tobias Damm. Ce dernier ouvrage ne concernait que partiellement l'orthographe, mais étant donné la sensibilité de Damm qui était un rationaliste zélé, armé de peu de patience pour les aspetcs contingents et arbitraires du langage ou de la religion, le h muet final (comme dans les mots *Rath* ou *Muth*) qui, d'après lui, n'avait pas de but phonétique ostensible, devait disparaître.[87] Peu d'occasions auraient été aussi adaptées au sens de l'humour, à l'ironie et à la juste indignation de Hamann; c'est pourquoi il s'empressa de défendre la pauvre lettre : Premièrement sous le nom de « Heinrich Schröder, » un vieil instituteur de Königsberg, qui feint d'en savoir quelque chose sur l'orthographe; et ensuite dans la vocalisation de la lettre h elle-même.

Dans la première partie de l'ouvrage, Hamann découpe en morceaux les affirmations de Damm, notamment celles concernant la clarté et la cohérence de sa position. Entre autres, Hamann fait remarquer que Damm devrait, dans le même élan, se débarrasser de toutes les consonnes doubles, par exemple, « ll, le ß, tt, mm, nn, » qui sont encore plus difficiles, voire impossibles à prononcer.[88] Il fait aussi ressortir l'hypocrisie de Damm, étant donné qu'il fait *arbitrairement* abstraction des doubles consonnes de son propre nom. Alors pourquoi, demande Hamann, cette hostilité singulière, *fanatique* et assurément *irrationnelle* vis-à-vis de la petite lettre h ? Par ailleurs, Hamann prédit que si les réformes de Damm devaient un jour percer,

---

[87] Ainsi, Damm s'insurge contre cette pratique « barbare, » « inutile » et « sans fondement » qu'il considère comme un embarras international, et qui consiste à « n'écrire aucune lettre qui ne puisse être prononcée, et par conséquent, à confier à la prononciation des lettres le rôle de juge unique et suprême en matière d'orthographe... » Car, « Quiconque est infidèle dans l'orthographe de la petite lettre h est infidèle et injuste de son plein gré dans les grandes révélations et les grands mystères de la religion humaine saine, pratique et universelle » (cité par Hamann, N III, pp. 91, 93). En d'autres termes, Damm considérait l'écriture comme un miroir parfait du langage, et à cet égard, comme nous le verrons, la critique par Hamann de Damm et de sa défense de « l'écriture » est quelque peu comparable à la déconstruction par Derrida de la pureté du « langage. »
[88] N III, p. 94.

si notre prononciation devait se plier au même destin que notre religion, où les deux sont rendues conformes au lit de Procuste d'une norme universelle autoritaire prétendûment « rationnelle, »

> alors il est aisé de prédire le sort de notre langue maternelle. Quelles divisions ! Quelle confusion babylonienne ! Quel embrouillamini de lettres ! [*Buchstabenmengerey*]. Toute la diversité des dialectes et de leurs *siboleths* [*sic*] se déverserait dans les livres de chaque province, et quel barrage [jeu de mot sur *Damm*, le mot anglais étant *dam*] pourrait arrêter ce déluge orthographique ?[89]

En d'autres termes, en dehors du dépeçage, de l'émasculation et de l'affaiblissement du langage qui s'ensuivraient, aucune règle d'orthographe rationnelle ne pourrait rendre compte de l'important volume d'élements arbitraires dont le langage est constitué, ni suffire à imposer des normes universelles sur quelque chose qui est de part en part déterminé par l'histoire, la tradition et l'étymologie, par des idiomes et dialectes qui sont toujours particuliers et contingents. Dès lors, Hamann affirme d'emblée de manière humoristique et sévère, compte tenu de l'incompréhension de Damm au sujet de ce fait,

> Je préfèrerais dix fois mieux parler à un homme aveugle des *premier* et *quatrième* jours du récit de la création de Moïse, ou m'essouffler à parler à un homme sourd de l'harmonie d'un petit rossignol et d'un castré français, plutôt que discuter encore avec un opposant qui n'est même pas capable de voir qu'un langage humain pratique, vocal, universel, la raison humaine et la religion humaine, sans principes *arbitraires*, sont leur propre *four de glace*.[90]

C'est-à-dire que, pour Hamann, la notion d'une langue essentiellement ahistorique et universelle, le *desideratum* des maîtres d'orthographe rationnels, est *une contradictio in adjecto* – tout comme la notion d'une rationalité ahistorique universelle et la notion d'une religion ahistorique universelle, mais prétendûment

---

[89] Ibid.
[90] N III, p. 97.

« naturelle. »

La combinaison du laconisme du langage de Hamann et du caractère expansif de son argument avancé ici est frappante; en effet, l'on voit dans cette dernière citation un parfait exemple de la façon dont, à contre-courant des philosophes des Lumières, il s'efforçait d'atteindre un style sublime en imitation de la profondeur allégorique et de la puissance parabolique de la Parole de Dieu – un style qui pourrait être décrit comme un « grain élastique, » difficile à mastiquer et à digérer au début, mais contenant des profondeurs de signification potentielle qui doivent encore se déployer et apparaître. Car, en si peu de mots à propos d'un sujet en apparence aussi étroit et secondaire qu'est l'orthographe, l'on peut trouver l'essentiel de toute sa critique des Lumières.[91]

La vaste implication de tout cela est que, pour Hamann, l'attaque fanatique des maîtres d'orthographe sur la petite lettre h représentait parfaitement l'esprit de l'époque et son combat contre tout ce qui offense la « raison, » et qu'il cherchait ainsi pareillement à exciser, que ce soient le mystère de l'Incarnation, le mystère de la Croix ou le mystère d'un Dieu qui est un, tout en étant trois. En conséquence, la première partie de l'ouvrage se clôt par une invective contre l'hypocrisie de Damm, la pauvreté de la raison pure et la stupidité meurtrière du siècle, qui se permet d'éliminer du langage naturel une image mystérieuse de l'Esprit du Dieu invisible.

Dans un postlude satirique, la lettre h commence alors à parler d'elle-même de sa propre voix. Elle prophétise contre les réformateurs en disant : « Vous, petits prophètes de Bohème-Bréda ! Ne soyez pas étonnés que je parle dans une voix humaine, comme cette bête de somme muette [c'est-à-dire l'âne de Balaam], dans le but de vous punir pour votre transgression. Votre vie est ce que je suis – un souffle. »[92] En effet, pour Hamann, la lettre muette h, qui est une

---

[91] Comme O'Flaherty l'observe très justement à propos de la *Nouvelle Apologie*, cette œuvre est non seulement le meilleur exemple persistant de l'ironie et de l'humour de Hamann, mais également en même temps remarquable pour sa combinaison de détails micrologiques et des principes métaphysiques les plus larges. Nulle part ailleurs Hamann n'a-t-il aussi bien réussi à équilibrer un sujet d'une telle importance sur une base aussi étroite (*JGH*, p. 120).
[92] N III, p. 105. L'épithète « petits prophètes de Bohème Breéda » est tirée de la

offense à la raison, porte le symbole non seulement de la vie, de l'âme et de l'esprit humain créateur invisible, mais également, de manière ultime, du souffle créateur de Dieu, dont la présence humble, kénotique dans les Ecritures, la création et la vie des chrétiens inspirés ne pouvait pas non plus être appréhendée par les réformateurs des Lumières.[93] En outre, selon lui, la tentative d'exciser la lettre h était symptomatique d'une tentative à plus large échelle, présentée au nom de l'établissement d'un Etat purement séculier, d'exciser l'Esprit même dont la présence invisible est l'origine de tout langage humain et de toute société – laissant le croupion d'une langue artificielle et d'une société artificielle qui sont *eo ipso* dénuées d'esprit et de vie (Jean 6:63). En conséquence, la *Nouvelle Apologie* exprime l'appel de Hamann pour une restauration poétique du langage en tant que véhicule de l'inspiration, en tant que support de communication des choses humaines et divines, duquel tout renouveau culturel dépendrait également. Car, comme il le reconnaissait avec vivacité, un peuple suit la même évolution qu'une langue, étant donné que la culture d'un peuple est *essentiellement* et non arbitrairement fonction du langage, ses formes de discours. C'est pourquoi, dans le même ordre d'idée, d'après l'estimation de Hamann, la falsification par les *Lumières* du langage, cette matrice sacrée, n'est pas une affaire mineure. Bien plutôt, en vertu de ce qu'il représentait, cette falsification menaçait d'épuiser l'ensemble de la culture européenne – du moins, dans la mesure où, au nom de la raison laïque, l'Esprit de Dieu (symbolisé par le h muet), source de toute créativité et de toute inspiration, est excisé fanatiquement du discours public.

D'après la classification de Nadler, le groupe suivant des écrits de Hamann comprend trois textes, qui commencent avec son *Supplément aux Memorabilia du Socrate Béni* (*Beylage zun Denkwürdigkeiten des seligen Sokrates*), qui fut écrit vers la fin de 1772 et est une reprise du thème original de sa vocation d'écrivain. L'œuvre fut occasionnée par la *Nouvelle Apologie de Socrate* (*Neue Apologie des Socrates*) de

---

polémique de Friedrich Melchior Grimm, *Le Petit Prophète de Biihmischbroda* (1753).
[93] N III, p. 106.

Johann August Eberhard, dans laquelle l'auteur, un théologien libéral de Halle (et qui fut plus tard professeur de Schleiermacher) défendait l'idée selon laquelle les païens ne sont pas damnés. Ce n'était néanmoins pas cet aspect de l'argumentation d'Eberhard que Hamann trouvait provocateur, étant donné sa propre approche positive de Socrate dans les *Socratic Memorabilia*, et sa propre largesse à l'égard du paganisme en général (qui prenait sa source dans sa compréhension de la providence divine et de l'action prophétique du Saint-Esprit à travers l'histoire humaine). Il s'agissait plutôt de la présentation purement rationnelle que faisait Eberhard de Socrate en tant que « prosélyte de nos bouffons et moralistes modernes, » présentation expurgée des aspects religieux et prophétiques sur lesquels Hamann avait insisté précédemment. De fait, Hamann réalisait que l'apologie d'Eberhard n'était pas tant une défense du paganisme qu'une attaque du christianisme traditionnel, tandis que son propre traitement de Socrate se voulait précisément une *praeparatio evangelica*.[94] Ainsi, sous la forme d'une recension comique écrite sous la plume d'« un ecclésiastique de la Souabe, » il prend la défense à la fois de l'orthodoxie chrétienne et, accessoirement, des frères de Herrnhut.

Les *Prolégomènes sur l'Interprétation la plus Récente du plus Ancien Document de la Race Humaine* (*Prolegomena über die neueste Auslegung der ältesten Urkunde des menschlichen Geschlechts*) de Hamann appartiennent au même groupe. Ecrits au début de l'année 1774 sous le pseudonyme de « Christianus Zacchaeus » à un certain « Apollonium philosophum, » les *Prolégomènes* se veulent une recommandation à Kant (Apollonius philosophus) du *Document le plus ancien de la race humaine* de Herder.[95] Hamann et Kant avaient auparavant correspondu au sujet de l'œuvre de Herder, et Hamann proposait maintenant de publier cette correspondance.[96] En plus d'affirmer son accord avec Herder, dont il

---

[94] N III, p. 114.
[95] N III, pp. 123ss; voir NB, p. 224. Le pseudonyme et l'épithète choisis pour Kant font référence à un texte de l'Eglise primitive intitulé *Consultationum Zacchaei Christiani et Apollonii Philosophi*.
[96] Cf. ZH III, pp. 82–90.

s'enorgueillit tout comme Isaac l'avait fait d'Esaü, ainsi que d'attester l'importance de la Genèse en tant que « document historique, » Hamann fait un certain nombre d'observations frappantes concernant le langage et l'Ecriture, parmi lesquelles ce qui suit : « Le langage et l'Ecriture [Schrift] sont les organes et les conditions les plus incontournables de tout apprentissage humain, plus essentiels et absolus que ne le sont les yeux pour la vue et les sons pour l'ouïe. »[97] (A partir de là, comme nous le verrons, il n'y a plus qu'un pas vers la « métacritique » ultérieure qu'entreprendrait Hamann des « purismes » et d'une méthode a priori de la philosophie critique de Kant.) La principale thématique de l'ouvrage, par conséquent, comme le titre et les références aux Pères de l'Eglise tels que Cyrile d'Alexandrie et Lanctance le suggèrent, est un retour aux origines, « aux éléments fondamentaux des oracles de Dieu » (Hébreux 5:12).[98] Mais comme pour tous les ouvrages de Hamann, celui-ci avait également une motivation particulière, en l'occurrence celle de critiquer les doctrines douteuses d'un contemporain, Johann August Starck. En effet, tout comme Herder avait renouvelé chez Hamann l'intérêt pour l'histoire primordiale, ce furent les affirmations de Starck concernant les origines du christianisme qui conduisirent Hamann à l'étude plus intense de l'Eglise primitive.[99] Et ce fut largement en réponse à Starck que la prochaine et la plus cryptique série d'écrits de Hamann, ses *Mysterienschriften*, fut conçue.

---

[97] N III, p. 130.
[98] N III, p. 125.
[99] Hamann avait déjà une connaissance des Pères à travers sa première étude de Rapin, ainsi que des philosophies de Platon et des néoplatoniciens, comme par exemple Plotin, Porphyre et Jamblique. D'après Nadler, cependant, personne n'était aussi important à ses yeux que « le sage, » Philon, dont il avait acquis les œuvres dès 1763. Voir NB, p. 253. Dans tous les cas, guidé par *De rebus Christianorum ante Constantinum Magnum Comentarii* de Johann Lorenz Mosheim, qui furent publiés en 1753, il citait maintenant librement Justin, Minucius Félix, Clément, Origène et Cyril d'Alexandrie, Lactance, Irénée, Photios, Tertullien, Eusèbe, et coll. Voir N III, p. 152; voir aussi NB, pp. 187s, 197.

AU LENDEMAIN DES LUMIERES

5
Vers une poétique christologique : Une nouvelle esthétique des Ecritures et de la création

> *L'œuvre théologique de Hamann,* Aesthetica in nuce, *le place en toile de fond de tout le mouvement idéaliste qu'il couvre mystérieusement de son ombre et que, tout aussi mystérieusement, il dépasse.*
>
> Urs von Balthasar[1]

> *Ni l'acribie dogmatique des orthodoxes pharisiens, ni l'exubérance poétique des libres esprits sadducéens ne renouvelleront la mission de l'Esprit qui poussa les saints hommes de Dieu à parler et à écrire, à temps et à contre-temps (ευκαιρως ακαιρως).*
>
> Aesthetica in nuce[2]

> *... Chrétien ou poète. Ne soyez pas surpris si je vous dis que les deux termes sont synonymes.*
>
> Hamann à Lindner[3]

Pendant longtemps, l'*Aesthetica in nuce : Eine Rhapsodie in Kabbalistischer Prose*[4] de Hamann, un texte d'une importance primordiale qui figure dans son recueil *Les Croisades du philologue* a

---

[1] Hans Urs von Balthasar, « Laikale Stile » dans *Herrlichkeit: Eine Theologische Ästhetik* II/2 (Einsiedeln: Johannes Verlag, 1962), p. 603.
[2] N II, p. 211. Johann G. Hamann, « *Aesthetica in nuce, Rhapsodie en prose cabalistique,* » traduction de Henry Corbin (Paris: Mesures, 1939), p.52. Il est possible de traduire ευκαιρως ακαιρως par « en toute occasion, favorable ou non. » Cf. 2 Timothée 4:2.
[3] ZH I, p. 367.
[4] N.d.t. : *Aesthetica in nuce, Une rhapsodie en prose cabalistique.*

été considéré comme un manifeste du mouvement préromantique connu sous le nom de *Sturm und Drang*, ce qui est assez réaliste.[5] Il est donc pertinent de décrire Hamann comme un défenseur de l'« homme sensible » (pour reprendre le titre du célèbre ouvrage d'Henry Mackenzie), de l'artiste individuel et des droits du génie par opposition à une approche excessivement rationnelle de la nature et de la créativité de l'homme. Hamann le fait d'ailleurs remarquer de manière frappante : « La nature agit par les sens et les passions. Celui qui en mutile les organes, comment pourra-t-il la sentir ? »[6] Par conséquent, l'*Aesthetica* peut être lue comme une critique sévère à l'encontre de la critique d'art et de la critique littéraire de l'époque, dépourvues de passion et donc mornes, et de leurs représentants, incapables de voir la création comme étant l'œuvre d'un génie (contrairement à la pensée de Descartes, il s'agit de bien davantage qu'une simple machine ou qu'un système de tourbillons) et incapables de voir que la raison seule, s'étant stoïquement débarrassée des sens et des passions, ne suffit pas à faire naître ou à reproduire les exploits propres au génie créateur.

Par extension, l'*Aesthetica* peut également être lue comme une accusation prophétique de la philosophie moderne dans son ensemble qui est basée sur des fondements anthropologiques douteux (avec Descartes) et manifeste en conséquence une *insensibilité* apathique à l'égard de tout ce qui échappe au contrôle du sujet moderne. En effet, une fois que l'on accepte les principes de la philosophie moderne et que la raison finie du sujet moderne devient la mesure de toute la réalité, les perfections invisibles de Dieu ne se *manifestent* plus dans et à travers « ses ouvrages » (Romains 1:20). Autrement dit, une fois que le lien analogique entre ce qui est visible et ce qui est invisible est brisé et que Dieu n'est plus présent dans le paysage de la philosophie théorique, il n'est plus possible de concevoir une esthétique

---

[5] Voir par exemple l'étude classique de M. H. Abrams, *Natural Supernaturalism: Tradition and Revolution in Romantic Literature* (New York et Londres: Norton, 1971), pp. 400ss.
[6] N II, p. 206. N.d.t. : Johann G. Hamann, « *Aesthetica in nuce, Rhapsodie en prose cabalistique,* » traduction de Henry Corbin (Paris: Mesures, 1939), p.47.

théologique, c'est-à-dire de voir l'infini dans le fini. De plus, une fois que le lien mystérieux qui unit l'infini et le fini est rompu (pour Hamann, c'était là ce qui caractérisait la *Scheidekunst*[7] de la modernité) et que tout ce qu'il y a de mystérieux est rangé soit dans la catégorie du « surnaturel » (pour ceux qui possèdent encore un semblant, même anodin, d'imagination religieuse), soit dans celle de l' «irréel » (pour ceux qui en sont totalement dépourvus), la seule réalité qui persiste est inévitablement réduite à ce qui est « en notre pouvoir, »[8] *a priori* ou au moyen de la technologie. Les *Méditations* de Descartes le laissent présager dès les premières pages, alors qu'il se livre à un fantasme d'automutilation qui révèle à la fois la dimension pathologique et la violence, plus contestable, de la philosophie moderne en général[9] : « Je me considérerai moi-même comme n'ayant point de mains, point d'yeux, point de chair, point de sang, comme n'ayant aucuns sens, mais croyant faussement avoir toutes ces choses. Je demeurerai obstinément attaché à cette pensée; et si, par ce moyen, il n'est pas en mon pouvoir de parvenir à la connaissance d'aucune vérité, à tout le moins il est en ma puissance de suspendre mon jugement. »

Néanmoins, en appliquant une grille de lecture aussi synthétique au texte de Hamann, du moins si l'on s'en contente, nous risquerions de négliger non seulement sa vision incontestablement chrétienne de la restauration des sens et des passions, mais aussi le débat exégétique qui existait entre lui et J. D. Michaelis, le père fondateur de la critique biblique moderne, débat indispensable à la compréhension de l'œuvre dans son ensemble. Même lorsque Hamann exalte la poésie et le génie poétique, il faut garder à l'esprit le contexte : Il s'agit d'une réponse à l'approche historico-critique des Ecritures de Michaelis, et en

---

[7] N.d.t. : *L'art de la séparation*. Habituellement utilisé en chimie, ce terme désigne chez Kant la décomposition analytique du complexe en ses éléments simples.
[8] Voir à ce propos von Balthasar, *Cordula oder der Ernstfall* (Einsiedeln: Johannes Verlag, 1987), pp. 64ss, où il aborde le thème de la « séparation du mystère en deux. »
[9] Descartes, *The Philosophical Writings,* volume 2, traduction de J. Cottingham, R. Stoothoff et D. Murdoch (Cambridge: Cambridge University Press, 1984), p. 15. Voir à ce propos Max Horkheimer et Theodor W. Adorno, *Dialectique de la raison,* traduction d'Eliane Kaufholz (Gallimard, 1983). Descartes, *Méditations métaphysiques,* traduction de Claude Clerselier (Paris, 1641).

particulier à son édition de 1758, fortement annotée, des écrits de Lowth sur la poésie sacrée des Hébreux, initialement publiés en latin en 1753 (*De sacra poesi Hebraeorum praelectiones academicae*),[10] ainsi qu'à son refus de reconnaître que les Ecritures revêtent un sens mystique et typologique, alors que Hamann et Lowth le défendaient.[11]

Il faut admettre qu'un débat sur l'exégèse biblique semble restrictif ici, au vu de la multitude et de la diversité des sujets abordés : La création, la créativité de l'homme, l'origine du langage et les canons de la poésie. Souvenons-nous cependant qu'à la suite de sa conversion, Hamann envisageait la Bible comme une clef mystique permettant d'ouvrir l'ensemble de la réalité et de concevoir la nature et l'histoire, à savoir le monde extrabiblique, comme un livre rempli de signes et de typologies prophétiques inspirés par le Logos qui œuvre constamment, à l'image de la Bible elle-même. C'est la raison pour laquelle selon Hamann, plutôt que de limiter notre perception, la Bible a ouvert de mystérieuses dimensions de sens qui sont par ailleurs « scellées » au rationalisme des exégètes modernes prétendument « éclairés » (selon Matthieu 11:25). Joachim Ringleben l'exprime ainsi : « La Bible est devenue son *Un* en révélant le *Tout*. »[12] Pour Hamann, la Bible, au sens cabalistique plus large, contient les principes fondamentaux de toutes choses, les alphabets avec lesquels celles-ci sont écrites, ce qui explique pourquoi il est si tragique de constater des erreurs

---

[10] D'ailleurs, une grande partie des commentaires de Michaelis a été intégrée à la traduction de Lowth en anglais, en 1787. Voir Robert Lowth, *Lectures on the Sacred Poetry of the Hebrews,* traduction de G. Gregory, FAS (Boston: Joseph T. Buckingham, 1815). N.d.t. : *De sacra poesi Hebraeorum praelectiones academicae* : Explications académiques sur la poésie sacrée hébraïque.

[11] Etant donné que Michaelis avait un statut de commentateur, l'on pourrait supposer que ce qui opposait Hamann à Michaelis l'opposerait également, de manière implicite, à Lowth; en réalité, non seulement Hamann partage-t-il de nombreuses positions de Lowth, mais aussi marque-t-il une distinction entre les deux hommes dans les premières pages de l'*Aesthetica*, les comparant au grain et au blé.

[12] Joachim Ringleben, « Gott als Schriftsteller: Zur Geschichte eines Topos » dans *Johann Georg Hamann: 'Der hellste Kopf seiner Zeit,'* édité par Oswald Bayer (Tübingen: Attempto Verlag, 1998), p. 37. Cf. *LS*, p. 132 (N I, p. 72): « God has revealed everything in his Word." [N.d.t. : « Dieu a révélé toutes choses dans sa Parole.»]

exégétiques à cet égard (comme celles qu'il relève chez Michaelis). En effet, si ces erreurs mènent à une distorsion de la compréhension du texte biblique, elles mèneront inévitablement à une distorsion de notre perception de toutes choses. La raison ultime qui pousse Hamann à « nettoyer l'aire de la littérature sainte » et à séparer le « grain » des écrits de Lowth du « blé » du commentaire de Michaelis est sa volonté de « nettoyer les portes de la perception, »[13] à l'image de son contemporain William Blake à qui il ressemble à certains égards.

En adoptant ce type d'approche de l'*Aesthetica*, l'on comprend soudain la cohérence de la transition, apparemment abrupte, qu'effectue Hamann lorsqu'il passe de l'exégèse biblique à la création et la créativité de l'homme (si l'on regarde pour ainsi dire le dessous du tapis, il semble que ces deux éléments ne vont pas de pair). C'est tout aussi vrai pour la transition du thème du langage humain à celui de la création, puisqu'il conçoit le premier comme une réponse interprétative à la seconde (cf. Genèse 2:20) et pour le passage du langage à la poésie, puisqu'il considère, comme Lowth, qu'à l'origine ils ne faisaient qu'un : « La poésie est la langue maternelle du genre humain. »[14] De plus, Hamann, reprenant la pensée de Lowth, pensait que la question du langage en tant que poésie est aussi une question religieuse puisqu'elle concerne les origines.[15] Pour Hamann en effet, l'aspect religieux constitue le dénominateur commun de tout langage et en particulier du langage poétique, puisque ce dernier est, dans son

---

[13] N II, p. 197. Voir *The Complete Poetry and Prose of William Blake*, édition David V. Erdman (Londres: Doubleday, 1988), p. 39: "If the doors of perception were cleansed everything would appear as it is: infinite." Pour plus d'éclairage, voir l'étude de Matthew J. A. Green, *Visionary Materialism in the Early Works of William Blake: The Intersection of Enthusiasm and Empiricism* (New York: Palgrave Macmillan, 2005). N.d.t. : W. Blake, « Le mariage du ciel et de l'enfer », *Œuvres complètes*, volume III, traduction de Pierre Leyris (Paris: Aubier-Flammarion), p. 173. « Si les portes de la perception étaient nettoyées, toute chose apparaîtrait à l'homme telle qu'elle est, c'est-à-dire infinie. »

[14] N II, p. 197. N.d.t. : Johann G. Hamann, « *Aesthetita in nuce, Rhapsodie en prose cabalistique,* » traduction de Henry Corbin (Paris: Mesures, 1939), p. 39.

[15] Voir Lowth, *Leçons sur la poésie sacrée des Hébreux*, traduction de Sicard (Lyon: Imprimeries Ballanche, 1812), p. 32 : « Si nous voulons remonter à l'origine la plus reculée de la Poésie, c'est au sein de la religion que nous devons la chercher. »

essence même, en dépit de toutes les distorsions et les confusions subies, un reflet de l'*imago Dei*[16] en réponse au Logos, Parole parmi les paroles, à l'origine de la création. (Jean 1:3; Colossiens 1:16).

C'est sur ce fondement théologique que Hamann construit ses recherches « philologiques, » un fondement qui lui permet de définir la poésie profane comme une sous-catégorie de la poésie prophétique et de déclarer en toute sincérité, au nom d'une expérience radicalement chrétienne : « Pour moi, chaque livre est une Bible. »[17] Néanmoins, étant donné que la Bible reste le *liber instar omnium*,[18] le « livre des livres, » et plus encore, le plus poétique des livres, comme Lowth et Hamann l'affirment, elle doit forcément comporter une sorte de canon esthétique. Autrement dit, de manière assez mystérieuse, la Bible représente pour Hamann la mesure de tout type de poésie et de littérature. D'une part, cette vision des choses lui permet d'éviter les écueils d'un biblicisme renfermé sur lui-même et de passer de la Bible au monde de la littérature, du sacré au profane, avec beaucoup de naturel. D'autre part, il peut ainsi prouver toutes choses à la lumière des Ecritures qui restent pour lui la Parole ultime et mystérieuse parmi toutes les paroles du monde.

Par conséquent, l'analogie est le fil rouge de l'*Aesthetica*, le lien qui rassemble toutes les réflexions de Hamann : Une analogie entre l'interprétation des Ecritures et celle de la création; une analogie entre le langage poétique de la création et le langage poétique des hommes; une analogie entre la poésie des Ecritures et celle de la littérature du monde; et enfin, une analogie entre la critique divine et la critique humaine qui préfigure la critique eschatologique ultime, à savoir le jugement (du grec κρίνειν) de Christ. Il faut admettre qu'à la première lecture, l'*Aesthetica* semble dépourvue d'une véritable structure, mais en y regardant de plus près, le texte s'avère très complexe et structuré (comme le sont d'ailleurs tous les écrits de Hamann) et révèle, au fur et à mesure de la progression des différents éléments entremêlés qui le constituent, une logique incontestable : Des Ecritures, Hamann nous mène vers la création, puis vers la poésie. Par conséquent, je

---

[16] N.d.t : Image de Dieu.
[17] ZH I, p. 309.
[18] N.d.t. : Le livre qui a la plus grande valeur de tous.

continuerai en analysant la compréhension qu'avait Hamann des Ecritures comparée à celle de Michaelis, en m'appuyant sur son œuvre *Trèfle de lettres hellénistiques*[19] qui servira de préambule aux thèmes abordés par l'*Aesthetica*; nous verrons ensuite, dans le cadre d'un débat autour de l'*Aesthetica*, comment une exégèse spécifique de la Bible s'étend à une exégèse spécifique de la nature avec laquelle la première entre en conformité; enfin, je synthétiserai l'esthétique des Ecritures, de la création et de la poésie de Hamann en termes de poétique christologique à proprement parler.

Si les précédentes remarques permettent de repérer certains fils conducteurs qui sillonnent l'*Aesthetica*, révélant au final un tissage complexe aux fils enchevêtrés, il me paraît nécessaire d'ajouter quelques précisions sur le style de l'œuvre. En effet, si, comme je l'ai suggéré, le texte est porteur d'une structure aussi complexe que « belle, » elle se dissimule aux yeux des lecteurs, couverte par les vagues impétueuses, les dithyrambes à Dionysos, du style « sublime » et oraculaire de Hamann. Nous avons déjà évoqué ce style de manière générale et lorsque nous avons abordé les *Mémorables socratiques*. Néanmoins, le style de Hamann se manifeste différemment ici, devenant encore plus prophétique, énergique et déclamatoire, en accord avec les observations de Lowth lorsqu'il évoque la sublimité de la poésie hébraïque. Les observations de Lowth concordent si parfaitement avec le style de Hamann qu'il est pertinent d'en citer un extrait assez long :

> Ces observations s'appliquent remarquablement à la poésie hébraïque, car l'esprit humain peut-il concevoir rien de plus grand, de plus sublime, de plus animé, de plus gracieux même et de plus élégant que les compositions sacrées des poètes hébreux qui, par la pompe des expressions et la magnificence de leur poésie, s'élèvent presque à la hauteur ineffable de leurs sujets, et dont quelques-uns, plus anciens que les personnages fabuleux des poètes grecs, surpassent ceux-ci autant en sublimité qu'en antiquité ? Si nous voulons remonter à l'origine la plus reculée de la poésie, c'est au sein de la religion que nous devons la chercher. Cet art, en effet, ayant sa source dans la

---

[19] N.d.t. : Titre original : *Kleeblatt hellenistischer Briefe*.

nature, ne s'étant soumis que tardivement aux préceptes et aux règles, n'appartenant point à un siècle ou à un peuple en particulier, mais au genre humain tout entier, doit être attribué à l'exaltation des affections de l'âme, dont le caractère naturel est d'éclater au dehors par des expressions relevées, vives, absolument étrangères aux lois du langage ordinaire; d'interrompre, dans la fougue qui l'anime, la suite du discours par des repos très marqués; de lancer, pour ainsi dire, à coups précipités, des phrases énergiques, pressées, pénétrantes; de couper et de moduler en quelque sorte le discours de différentes manières, suivant la diversité des états et des mouvements de l'âme [...]. Quoi de plus vraisemblable que de supposer que les premiers essais d'une poésie encore informe furent consacrés à la gloire du Créateur, par les transports d'une âme enflammée ?[20]

Depuis le XVIIIe siècle, il n'est assurément pas un seul lecteur de Hamann qui n'ait pas apprécié, déploré ou du moins commenté l'excentrisme de son style, certains le considérant comme sombre et énigmatique, mais profond; d'autres, dans le sillage des *Aufklärer*,[21] comme un bon exemple de l'irrationalisme dont il faisait preuve. Néanmoins, la description de Lowth nous révèle que, par-dessus tout, le style de Hamann est une imitation timide de celui, à la fois sublime et oraculaire, qui caractérise, selon à la fois Hamann que Lowth, la poésie sacrée des Hébreux.

---

[20] Lowth, *Leçons sur la poésie sacrée des Hébreux*, traduction de Sicard (Lyon: Imprimeries Ballanche, 1812), pp. 32ss. Cf. John Milbank, *The Word Made Strange: Theology, Language, Culture* (Oxford: Blackwell, 1997), p. 65 : « Par conséquent, Lowth met l'accent sur ce qu'il appelle le style sentencieux (un terme emprunté à Cicéron) de la poésie hébraïque, visible par-dessus tout dans sa 'brièveté', porteur d''un effet plus énergique et pénétrant', simple et direct, et pourtant marqué, pour cette raison précise, par une 'obscurité' fascinante [...]. »
[21] N.d.t. : Philosophes des Lumières allemands.

KLEEBLATT HELLENISTISCHER BRIEFE :[22]
DU STYLE DES ECRITURES

L'épitaphe qui introduit le *Kleeblatt hellenistischer Briefe* de Hamann montre, elle-aussi, que son style se veut l'imitation de celui, inspiré et par conséquent sublime et énergique, des Ecritures. Elle reprend le passage de Romains 15:15 : τολμηρότερον δέ ἔγραψα (« Je vous ai écrit avec une sorte de hardiesse »). Si l'objet de la comparaison n'est nommé que dans la troisième lettre pour les raisons évoquées dans le chapitre précédent, elle est clairement dirigée contre Michaelis. On le voit notamment dans la citation au verso, où Hamann s'adresse à lui avec ironie en reprenant les paroles de Lucrèce à la muse Calliope, comme si Michaelis était sa propre « muse »: « C'est toi Calliope, Muse ingénieuse, que je demande pour guide, afin d'arriver au but fameux que je me suis proposé; toi qui fais le doux repos des hommes et le charme délicieux des dieux : Ne me quitte donc point dans le bel effort de ma course, c'est à toi à qui je serai redevable de la couronne immortelle qui m'attend. »[23] Comme toujours, Hamann fait preuve d'une ironie cinglante. Il n'a nulle intention de gagner la « couronne, » c'est-à-dire de se forger une réputation académique, ce qu'il a clairement établi dès le début de son parcours d'écrivain, et la comparaison de Michaelis à Calliope doit, elle aussi, être comprise au sens ironique, puisque Michaelis n'a fait que provoquer une réponse plus « hardie, » plus inspirée, de la part de Hamann.

La première lettre s'ouvre sur la réponse de Hamann à l'ouvrage d'érudition biblique *Observationes sacrae in novi foederis libros*[24] de Georg David Kypke, un orientaliste originaire de Königsberg, paru en 1755. Pour Hamann, le titre de l'œuvre est mal choisi puisqu'à ses yeux, les observations de l'auteur ne sont rien de plus qu'un « pique-nique d'auteurs profanes. » Il fait la satire du présupposé selon lequel la simple étude d'un texte sacré suffit à donner à cette étude un certain

---

[22] N.d.t. : Trèfle de lettres hellénistiques.
[23] *Les Œuvres de Lucrèce : contenant la philosophie sur la physique, où l'origine de toutes choses*, tome second, traduction de Jacques Parrain des Coutures (Paris: Thomas Gillain, 1692), p. 337.
[24] N.d.t. : Observations sacrées dans le Nouveau Testament.

caractère sacré en citant un verset dans Aggée : « Si quelqu'un porte dans le pan de son vêtement de la chair consacrée, et qu'il touche avec son vêtement du pain, des mets, du vin, de l'huile, ou un aliment quelconque, ces choses seront-elles sanctifiées ? Les sacrificateurs répondirent : Non ! » (Aggée 2:12)[25] Par voie de conséquence, il soulève la question de savoir quel type d'exégèse doit s'appliquer dans le cas d'un texte sacré, autrement dit, quel est le critère qui permet de définir l'exégèse comme sacrée et non profane.

Cette première lettre traite également du style du Nouveau Testament, et c'est à ce moment-là qu'il élève le débat philologique de son époque à un niveau supérieur :

> Le débat sur le langage et le style du Nouveau Testament ne m'est pas totalement étranger, et je doute que le seul art de la philologie suffise à concilier les opinions contradictoires qui existent à ce propos. Il faudrait non seulement savoir ce qu'est le grec de qualité, comme l'a dit un critique, mais aussi ce qu'est le langage en tant que tel; non seulement savoir ce qui caractérise l'éloquence d'un auteur classique, mais aussi ce qu'est le style en tant que tel. Dans les deux cas, nous manquons cruellement de perspicacité philosophique [...], nous avons grand besoin d'une philosophie supérieure.[26]

Que Hamann soit lui-même l'auteur de cette « philosophie supérieure » ou non – dans son œuvre, l'on ne trouve rien qui ressemble de près ou de loin à un traité systématique sur quelque thème que ce soit – il indique l'importance d'une telle philosophie (et, au bout du compte, d'un telle théologie) du langage et la nécessité d'en avoir une. Dans cette perspective, même la « langue commune, » le *koiné* du Nouveau Testament, est révélatrice à ses yeux. Premièrement, il nous fournit des éléments de contexte entourant la rédaction du Nouveau Testament : Il a été écrit dans la Palestine hellénisée et sous occupation romaine, par des personnes qui n'étaient nullement les « *literati* de leur *seculi*. »[27] Pour Hamann, c'est

---

[25] N II, p. 169.
[26] N II, p. 169.
[27] N II, pp. 169ss. N.d.t. : Les savants de leur siècle.

précisément le fait de pouvoir définir plus ou moins le lieu et l'époque de la rédaction du Nouveau Testament qui renforce sa fiabilité et sa crédibilité. Deuxièmement, il nous montre que « ces livres n'ont pas été écrits pour les Grecs (1 Corinthiens 1:22-23) et pour les érudits » dans le langage de la raison pure (pour lequel la clarté abstraite est un *desideratum*[28]). Ils sont au contraire « impurs » historiquement parlant, puisqu'ils sont marqués par les différents points de vue et préjugés de leurs auteurs. Pourtant, aussi déconcertant que cela puisse paraître aux rationalistes endurcis (qui considèrent que la forme extérieure, sensible et historique doit être séparée d'un contenu purement rationnel avec lequel elle n'entretient finalement aucun lien), Hamann considère, dans une perspective théologique, que ce matériau impur, cet amas d'incertitudes historiques, est justement ce qui constitue le trésor sacré des Ecritures.[29] Le christianisme se distingue donc, selon lui, par « une nouvelle langue et un saint style » :

> Quelle que soit l'assemblée de chrétiens à laquelle vous vous joignez, le langage qu'ils utilisent dans le lieu saint révèlera leur patrie et leur généalogie – et leur identité de branches païennes greffées sur un tronc juif παρα φυσιν[30]. Plus l'orateur est édifiant, plus son schibboleth galiléen sera audible; plus il y a de feu, plus il y a de vin, ce nectar des Canaries que raillent les Ismaélites – ces enfants de nos Eglises selon la chair – (il est écrit χλευαζοντες ελεγον, οτι γλευκους μεμεστωμενοι εισι[31]), et plus la rosée du matin descendra, de laquelle le soleil de la justice se lèvera avec sous ses ailes la guérison – – En bref, ce qu'il y a d'oriental au milieu de notre style formel pointera vers le berceau de notre race et de notre religion, de telle sorte que nous ne devrions pas être étonnés du goût esthétique de certains d'entre nos porte-paroles chrétiens *si aures* (en reprenant les paroles d'un beau latiniste hispaniste de notre époque) *perpetuis tautologiis, Orienti iucundis,*

---

[28] N.d.t. : Objet très désiré.
[29] N II, p. 170 : « Dès lors que notre manière de penser devient influençable, dès lors que nous expérimentons un semblant de transition dans nos passions, la façon dont nous exprimons nos concepts s'en voit affectée. »
[30] N.d.t. : Qui va à l'encontre des lois naturelles.
[31] N.d.t. : Ils sont pleins de vin doux (Actes 2:13).

> *Europae invisis laedant, pruden-tioribus stomachaturis, dormitaturis reliquis.*[32]

Néanmoins, l'argument plus essentiel que cherche à développer Hamann dans cette lettre est que l'abaissement kénotique du Saint-Esprit envers les idiosyncrasies de l'histoire des hommes, qui est à son tour un exemple de l'unité de la révélation divine à travers l'économie du salut, est illustré par la banalité du langage dans lequel est écrit le Nouveau Testament et par la diversité de personnalités de ses auteurs. En effet, cet abaissement révèle, nous l'avons vu, le mystère de l'humilité divine commune à toutes les personnes de la Trinité (et explique également la signification plus profonde du mot « trèfle » dans le titre du tryptique de Hamann). Selon ses propres termes, qui résument l'essentiel des thèmes qu'il aborde dans ses *Londoner Schriften*, « l'abaissement de l'Esprit de DIEu *[sic]* qui s'est dépouillé de sa majesté pour parler à travers le style des saints hommes qu'Il a inspirés est le propre de l'unité de la révélation divine, au même titre que l'abaissement du Fils de Dieu devenu serviteur, au même titre que l'immense humilité que reflète la création tout entière. »[33] Au vu d'une humilité si extraordinaire, Hamann ajoute : « Le simple fait d'admirer Dieu [...] dans la nature est peut-être un affront comparable à celui que ferait à un sage la populace en se permettant de le juger d'après [la qualité] de son manteau. »

Pourtant, d'après Hamann, il s'agit précisément du type d'erreurs qu'ont tendance à commettre les exégètes rationnels comme Michaelis en raison du regard profane qu'ils portent sur les Ecritures lorsque, ne réussissant pas à appréhender ce « mystère » par définition « caché » aux « profanes, » soit ils choisissent d'écarter les écrits de l'Ancien Testament qu'ils qualifient de « fables absurdes » indignes de l'Être Suprême, [34] soit, comme les théologiens rationalistes (et plus tard

---

[32] N II, pp. 170ss. Le latiniste dont parle Hamann ici est Michaelis : « En nous rabattant les oreilles avec leurs éternelles tautologies, ils séduisent l'Orient, se rendent détestables en Europe, irritent les plus discriminants et ennuient profondément tous les autres. » Voir N II, p. 406 pour la source supposée de la citation dans le commentaire de Michaelis sur les écrits de Lowth.
[33] N II, p. 171.
[34] Voir Voltaire, *Sermon des cinquante* (1749), pp. 3-4.

Rudolf Bultmann), ils tentent de séparer la forme « mythologique » des Ecritures de ce qui relève du contenu moral ou existentiel. En d'autres termes, la raison, incapable d'appréhender le mystère de l'Incarnation ou de percevoir le Fils de Dieu dans son abaissement, ne peut pas non plus discerner la gloire du Saint-Esprit dans la *Knechtsgestalt*[35] qu'Il revêt à travers les Ecritures. C'est la raison pour laquelle Hamann admet volontiers que, d'un point de vue purement rationnel, le sens profondément spirituel des Ecritures, « caché aux sages et aux intelligents » (Matthieu 11:25) ne peut être perçu par les lecteurs profanes, à savoir ceux qui n'ont pas la foi, autrement que comme une « folie, » à l'image de la prédication de la Croix (1 Corinthiens 1:18s), plein de contradictions et d'apparentes erreurs de langage :

> Si donc l'auteur divin choisit pour style ce qui est risible – insipide – ignoble pour confondre la force et l'ingéniosité de tous les auteurs profanes : Alors il faut toutefois les yeux illuminés, zélés, armés de jalousie, d'un ami, d'un confident, d'un amant pour reconnaître les éclats de la gloire céleste à travers un tel déguisement. Un exégète bien connu a dit : *DEI Dialectus, Soloecismus.*[36] – C'est valable ici aussi : *Vox populi, vox DEI.*[37] – L'empereur dit schismam [sic] et les dieux de la terre se préoccupent rarement d'être maîtres du langage. La négligence du style de César fait sa sublimité.[38]

Ce passage indique au moins trois choses. Premièrement, l'humilité dont se revêtent les Ecritures et qui caractérise de fait toutes les actions de la Trinité économique ne peut être appréciée, selon

---

[35] N.d.t. : L'aspect de serviteur.
[36] N.d.t. : Dieu utilise un langage incorrect.
[37] N.d.t. : La voix du peuple est la voix de Dieu.
[38] N II, p. 171. Hamann fait ici allusion à l'Empereur Sigismond, qui aurait déclaré lors d'une session du concile de Constance (1411-1437) : « Nous ne voulons pas de schismam, » c'est-à-dire de schismes, dans l'Eglise. Lorsqu'on le reprit sur la prononciation du mot latin, lui indiquant qu'il fallait dire « schisma, » il rétorqua : « Je suis le Roi des Romains et supérieur aux lois de la grammaire. » Cf. Martin Seils, *Johann Georg Hamann : Eine Auswahl aus seinen Schriften* (Wuppertal: Brockhaus Verlag, 1987), p. 268.

Hamann, que par un cœur humble et bien disposé, que l'on conçoive cet état d'esprit comme un effet de l'illumination – l'authentique mise en lumière – par le Saint-Esprit ou comme un prérequis de cette illumination. Deuxièmement, cela montre que le style divin manifeste une parfaite indifférence à l'égard des « grammatologies » du monde, c'est-à-dire que Dieu n'est en aucune manière obligé de se conformer à une quelconque logique transcendante ou à ce qui est possible selon la perception humaine. Troisièmement, ce passage révèle l'admiration profonde qu'éprouvait Hamann pour Paul et tout particulièrement pour son discours sur la folie de la Croix : « Mais Dieu a choisi les choses folles du monde pour confondre les sages [...], les choses faibles du monde pour confondre les fortes [...] les choses viles du monde et celles qu'on méprise, celle qui ne sont point, pour réduire au néant celles qui sont » (1 Corinthiens 1:27s).

L'on comprend alors pourquoi Hamann continue sa lettre en citant la célèbre affirmation de Paul dans 2 Corinthiens 4:7, passage qu'il applique à la qualité terrestre du style divin : « Nous portons ce trésor, comme le disait Paul, ἐν ὀστρακίνοις σκεύεσιν, ἵνα ἡ ὑπερβολὴ τῆς δυνάμεως ᾖ τοῦ θεοῦ, καὶ μὴ ἐξ ἡμῶν, »[39] ajoutant : « Soyons certains que le *stylus curiae*[40] du royaume des cieux, en particulier lorsqu'on le compare à celui des cours asiatiques, reste le plus doux et le plus humble. »[41] En effet, déclare-t-il, « l'apparence extérieure de la lettre ressemble davantage au petit d'une ânesse, cette bête de somme, qui n'a jamais été dompté, qu'aux fiers étalons qui causèrent la mort de Phaéton – *nec nomina novit equorum*. »[42] Par conséquent, l'éclairage de l'humilité divine est nécessaire pour pouvoir juger du style du Nouveau Testament :

---

[39] N.d.t. : dans des vases de terre, afin que cette grande puissance soit attribuée à Dieu, et non pas à nous.
[40] N.d.t. : Le style de la curie.
[41] N II, p. 171.
[42] Ibid. Hamann évoque ici Phaéton, le fils d'Hélios, qui, incapable de conduire les chevaux de son père, faillit brûler la terre avant d'être frappé par Zeus. Il fait également référence à l'ânon sur le dos duquel Christ entra à Jérusalem (Matthieu 21:1ss). N.d.t. : *nec nomina novit equorum* : Il ne se souvient plus du nom des chevaux.

Tous les manuels de rhétorique s'accordent à dire que le style journalistique et le style épistolaire appartiennent tous deux à un *humili generi dicendi*,[43] dont il ne reste que peu d'exemples en grec ancien. Et pourtant, c'est à ce goût qu'il faut juger les livres du Nouveau Testament, et c'est en cela qu'ils sont dans un certain sens authentiques.

La lettre se termine sur une histoire amusante que Hamann avait relevée au cours de ses lectures sur l'Empire ottoman. Elle offre un résumé parlant de sa compréhension de l'inspiration divine et de son regard sur les Ecritures qui en découle :

> J'ai lu dernièrement, pour changer un peu, l'histoire du Prince Dimitri Kantemir au sujet de l'Empire Ottoman, et j'ai découvert hier quelques récits concernant Misri Efendi, le Shah de Perse sous Ahmed II et Mustapha II. Le souvenir récent que j'en ai et le plaisir que j'ai pris à lire ces passages me poussent à conclure [mes observations] en évoquant cet homme extraordinaire qui fut, dit-on, un poète talentueux et, en secret, un chrétien. Le mufti, qui n'eut pas l'audace de juger de ses chants lui-même, aurait dit : « Leur signification et leur sens ne sont connus que de DIEu et de Misri » – – Le mufti ordonna également que ses poésies soient recueillies afin de pouvoir les examiner. Il les lut – les jeta au feu – et émit la fatwa suivante : « Quiconque parle et croit comme Misri Efendi doit être brûlé, excepté Misri Efendi lui-même, et lui seul; car il n'est pas possible d'émettre une fatwa à l'encontre de ceux qui sont saisis par l'inspiration. » Que pensez-vous, cher Monsieur, du mufti ? Ne fait-il pas honte à bien des papes et à bien des critiques ?[44]

En guise de conclusion, Hamann se met alors lui-même dans la peau de Misri, suggérant que, vu l'absurdité de ses propres écrits, il a été inspiré de manière similaire et mérite donc que les critiques appartenant au mouvement des Lumières lui épargnent une fatwa. « Faites ce que vous voulez de cet affreux capharnaüm, mais pas de

---

[43] N.d.t. : Style rhétorique pauvre.
[44] N II, pp. 172s.

fatwa ... » Hamann achève alors la boucle, puisqu'il termine la lettre en revenant à son point de départ concernant les *Observationes sacrae* de Kypke : Finalement, ce qui est considéré comme banal, à savoir le style du Nouveau Testament (et, par voie de conséquence, ses propres écrits chaotiques) revêt en fait un caractère sacré, alors que ce qui est appelé sacré, à savoir les *Observationes sacrae* de Kypke, est en fait banal et profane.

Dans sa deuxième lettre, Hamann se concentre moins sur l'exégèse biblique que sur celle d'auteurs classiques, notamment Homère, Pindare, Euripide, Quintilien, Platon et Aristote.[45] Néanmoins, il se préoccupe là encore de l'emploi d'une interprétation adéquate dans le domaine des lettres classiques et ce sont principalement l'intellectualisme stérile et la philosophie terne de son époque, incapables de discerner l'esprit de génie qui a dicté les écrits anciens, qui provoquent sa colère :

> La colère me fait perdre toute raison, cher Monsieur, quand je pense qu'un don de Dieu aussi noble que les sciences a été dévasté, déchiré par des grands esprits dans les cafés et piétiné par des moines paresseux dans des congrès académiques [*Messen*]; – et que de jeunes gens ont pu tomber amoureux de cette vieille fée sans dents ni cheveux – ou peut-être avec de fausses dents et de faux cheveux – qui porte le nom d'érudition.[46]

La véhémence des propos que Hamann dirige contre les sciences de son époque est comparable au *Discours sur les sciences et les arts* de Rousseau, publié dix ans plus tôt seulement, en 1750, dont Hamann

---

[45] Concernant les deux derniers, Hamann écrit : « A mon avis, Platon et Aristote doivent être considérés respectivement comme des modèles de philosophie éclectique et encyclique et être lus et comparés en tant que tels. Ils font figure de Charybde et de Scylla, et nous aurons de la chance si nous parvenons à les éviter, comme cela fut expliqué à Ulysse – l'on dit de Leibniz qu'il n'était pas assez systématique, et de Wolff qu'il n'était pas assez éclectique. Néanmoins, l'on constate bien souvent, après analyse plus approfondie, que les choses sont en réalité l'opposé de ce qu'elles paraissaient initialement être. – Aristote est un modèle d'illustration; Platon, de couleur. » (N II, p. 175.)
[46] N II, p. 177.

partage sans aucun doute certaines préoccupations. Néanmoins, son accusation porte davantage sur l'approche qu'ont tendance à adopter ses contemporains vis-à-vis de l'histoire, une approche dépourvue d'inspiration et d'un sens du temps vivant – ou de ce que Heidegger nommerait *Zeitlichkeit*[47]; à cet égard, *mutatis mutandis*,[48] l'on peut dire qu'il anticipe ainsi les critiques similaires de Heidegger à l'encontre de l'historicisme moderne. Hamann pose donc la question suivante :

> Peut-on comprendre le passé sans rien comprendre du présent ? – – Et qui pourrait prétendre tirer du présent les principes adéquats sans une certaine connaissance du futur ? Le futur détermine le présent, et celui-ci détermine le passé, de la même manière que la fin détermine la nature et l'utilisation des moyens.[49]

Il suggère, en effet, que sans le pouvoir synthétique (et, en fin de compte, divin) de l'inspiration poétique, l'histoire ressemblera à la vallée des ossements que décrit Ezéquiel :

> Le domaine de l'histoire m'a toujours fait penser à cette grande vallée remplie d'ossements – – Et voyez ! Ils étaient complètement desséchés. Aucun autre qu'un prophète ne pouvait prédire que ces os seraient revêtus de nerfs et de chair et couverts de peau. – – Mais il n'y avait point en eux d'esprit – – jusqu'à ce que le prophète prophétise et parle à l'Esprit selon la Parole de Dieu.[50]

Telle est donc l'importance de l'inspiration poétique (et, en fin de compte, divine); sans elle, l'histoire elle-même (ainsi que les livres des anciens) sera semblable à une vallée d'ossements dépourvus de vie et de toute capacité de parler. C'est la raison pour laquelle Hamann déclare que pour comprendre l'histoire, une sorte de divination, *vis divinandi*, est nécessaire, afin de discerner ce qu'elle sera dans le futur

---

[47] N.d.t. : Temporalité.
[48] N.d.t. : Une fois effectués les changements nécessaires.
[49] N II, p. 175.
[50] N II, p. 176. Voir Ezéchiel 37.

et ainsi d'apporter un éclairage sur ce qu'elle signifie au présent.⁵¹

La première et la deuxième lettre annoncent la troisième où, pour la première fois, l'on comprend que Hamann visait Michaelis depuis le début. Il l'admire certes pour ses talents de philologue :

> Il n'est que peu d'auteurs tels que Monsieur Michaelis en Allemagne qui aient accompli tant de choses et possèdent la capacité d'en accomplir bien plus encore, dont les œuvres méritent la reconnaissance, et les promesses ou leur accomplissement, l'expectative du lecteur. Sa compréhension aussi extensive qu'intensive est d'une rare perspicacité qui s'accompagne, en plus, d'un don pour les transmettre.⁵²

Néanmoins :

> En dépit de son mérite indéniable en tant qu'auteur, je détecte dans les écrits qui me sont parvenus, dans les plus anciens comme dans les plus récents, un πρωτον φευδος qui m'a paru plus frappant que d'habitude, concernant son évaluation des [méthodes] inadéquates [employées] pour enseigner la langue hébraïque. Sa manière de penser tout entière en est tellement imprégnée qu'il m'est tout simplement impossible de mettre le doigt dessus, comme il serait impossible à quiconque de dire dans le champ de Jizreel : C'est Jézabel !⁵³

Autrement dit, Hamann cherche ici à identifier de manière indirecte Michaelis avec Jézabel, l'ennemie jurée d'Elie et, plus généralement, de l'esprit prophétique; parallèlement, la référence à 2 Rois 9 concernant la mort de Jézabel et la tentative infructueuse de l'enterrer, teintée d'humour noir, indique que l'endémicité du *proton*

---

⁵¹ N II, p. 175.
⁵² N II, p. 179.
⁵³ Ibid. Dans une note de bas de page, Hamann fait également référence à Apocalypse 2:20-23. Parmi les ouvrages que Hamann vise ici figurent la grammaire hébraïque de Michaelis et son œuvre *Beurtheilung der Mittel, welche man anwendet, die austestorbene Hebriiische Sprache xu verstehen.* Voir G-D, p. 432.

*pseudos*⁵⁴ de Michaelis est telle qu'il n'est aucun aspect de son œuvre qui en soit exempt.

Malheureusement, ce que Hamann entend par ce *proton pseudos* n'est pas très clair; comme il le dit lui-même sur le ton de la plaisanterie, en faisant référence aux restes de la dépouille de Jézabel, il ne peut mettre le doigt dessus. Cela dit, il existe certainement un lien avec la croisade « idéaliste » que cherche à réaliser Michaelis pour « redonner vie à l'hébreu en tant que langue morte » en revenant à ses racines philologiques, ce qui implique un examen philologique minutieux des langues arabes et sémitiques en général. Cela ne signifie pas que Hamann, philologue lui-même, minimisait l'importance de la connaissance des langues anciennes. Au contraire, Michaelis, en sa qualité de « Calliope » de Hamann, fut l'une des raisons qui l'incitèrent à commencer à étudier l'arabe lui-même. Hamann ne manqua pas non plus d'apprécier les efforts de Michaelis pour raviver le langage des Ecritures puisqu'il s'agit d'une préoccupation qu'il partageait avec lui. La divergence de leurs points de vue porte plutôt sur ce qui fait la pertinence d'une méthode exégétique de la Bible et qui permettra de « raviver » les « langues mortes » de la Bible; dans la perspective de Hamann, les méthodes rationalistes de Michaelis à elles seules ne parviennent malheureusement pas à provoquer cette résurrection tant désirée. Il avait clairement Michaelis en tête lorsqu'il écrit :

> Etant donné tous les moyens artificiels qu'il est possible d'utiliser [pour raviver la langue hébraïque], voilà où vous pourriez très bien en arriver : A ne plus comprendre ni les Ecritures, ni la puissance de DIEU, ni son inspiration, ni son interprétation qui ne dépend pas de principes philosophiques. Les origines du dialecte hébraïque pourraient donc être aussi stériles que l'utérus de Sarah : - les linguistes les plus compétents sont quelquefois les exégètes les plus incapables; - les législateurs les plus stricts peuvent être ceux qui brisent leurs tables de la loi, ou devenir borgnes par la faute de leurs enfants.⁵⁵

---

⁵⁴ N.d.t. : L'erreur initiale et fondamentale.
⁵⁵ N II, pp. 182ss.

En résumé, les méthodes philologiques, aussi nombreuses soient-elles, sont incapables de compenser le manque d'inspiration. Sans elle, le langage de la Bible hébraïque sera stérile et sans vie et aucune recherche critique ne sera à même de percer les nombreux voiles qui dissimulent son sens.[56]

---

[56] Cela ne veut pas dire que la méthode historico-critique soit inutile, puisqu'elle est en mesure d'apporter un éclairage historique. Pour Hamann, suivant l'idée de Bacon, elle ne peut néanmoins pas être considérée comme un principe exclusif d'interprétation du texte biblique, premièrement en raison de la perspective divinement inspirée qu'offrent les Ecritures, qui d'une certaine manière englobe tous les temps et tous les âges et qui fait éclater toute perspective historique finie (ce qui rend une analyse purement historique de la signification des Ecritures peu pertinente). Hamann relève la citation suivante de Bacon (N II, p. 202) : Parce que les sentences des Ecritures « embrassent les vicissitudes de tous les siècles, en vertu d'une prescience éternelle et certaine de toutes les hérésies, de toutes les contrariétés, de tous les différents états par lesquels l'Eglise doit passer [...], la vraie manière de les interpréter n'est pas de les prendre dans la latitude la plus apparente et dans le sens qui se présente d'abord, ni considérer seulement à quelle occasion les paroles ont été dites, ni encore de chercher le sens précis dans l'enchaînement d'un passage avec ce qui précède et ce qui suit; mais, pour bien les entendre, il faut concevoir qu'elles embrassent, non pas seulement en totalité et collectivement, mais aussi de manière distributive par telle phrase ou par tel mot, une infinité de ruisseaux et de veines de doctrines destinées à arroser les diverses parties de l'Eglise et les âmes des fidèles une à une : Car c'est avec beaucoup de raison qu'on a observé que les réponses de notre Sauveur à un assez grand nombre de questions qu'on lui proposait ne semblent pas être trop *ad rem* [n.d.t. : *ad rem* = qui concorde avec le thème de la question], et paraissent comme inappropriées. Cette manière de répondre est fondée sur deux raisons : La première, connaissant les véritables pensées de ceux qui l'interrogeaient, non pas simplement par leurs discours, à peu près comme nous pourrions le faire, nous autres hommes, mais immédiatement et par lui-même, est que c'était en conséquence à leurs pensées et non à leurs discours qu'Il répondait; l'autre est qu'Il ne parlait pas seulement à ceux qui étaient alors présents, mais également à nous qui vivons aujourd'hui, aux hommes de tous les temps et de tous les lieux, à qui son Evangile devait être prêché. Cette thèse est soutenue partout dans les Ecritures. » (Francis Bacon, *De la dignité et de l'accroissement des sciences,* Livre IX, 3, traduction de F. Riaux (Paris: Charpentier, 1845). Deuxièmement, d'après Hamann, la méthode historico-critique qu'utilise Michaelis ne permet pas de constater que «tous les sens, qu'ils soient littéraires ou grammaticaux, charnels ou dialectiques, capernaïtiques [n.d.t. : capernaïtique = qui croit à la transsubstantiation et interprète littéralement les

AESTHETICA IN NUCE : DU LANGAGE DE LA CRÉATION

L'*Aesthetica in nuce* de Hamann est beaucoup de choses à la fois. Elle est d'une part le discours d'une « noix » (Hamann lui-même), un morceau de prosopopée hilarant, où Hamann interrompt brusquement sa diatribe passionnée pour apostropher Michaelis, en l'acclamant sur un ton sarcastique : « Ô Rabbin très hautement instruit ! »[57] Ces éléments dévoilent le sens de l'humour de Hamann. D'autre part, elle est une « rhapsodie en prose cabalistique, » comme l'indique le sous-titre de l'œuvre. Dans le chapitre précédent, j'ai proposé plusieurs significations plus profondes que peut revêtir cette phrase, notamment le fait que la prose de Hamann, à l'image de celle des cabalistes, est dotée d'un caractère sombre et hermétique, comprenant des sphères de signification inattendues. Néanmoins, bien qu'elle recèle de nombreux aspects mystérieux, il faut souligner que l'*Aesthetica* est avant tout la suite du débat exégétique qui oppose Hamann à Michaelis et qu'elle doit par conséquent être comprise en tant que telle. Ici, contrairement au *Trèfle* où il identifie Michaelis comme son rival sur le plan philologique, Hamann initie sa propre croisade philologique qui s'oppose à celle de Michaelis ; et alors que dans le *Trèfle*, il ne faisait qu'esquisser les liens qui unissent les Ecritures, la poésie et la création (et la meilleure manière possible de les interpréter), il les dessine ici de manière plus visible.

---

paroles de Jésus données à Caphernaüm sur le pain de vie] ou historiques, sont mystiques au plus haut niveau et dépendent de déterminations et de circonstances tellement éphémères, spirituelles, arbitraires et fortuites que personne ne peut en sonder les profondeurs sans d'abord monter au ciel […] » (N II, p.203). Hamann fait référence à l'expédition philologique au Moyen-Orient que promouvait Michaelis lorsqu'il écrit : « Il ne faut pas hésiter à traverser la mer pour se rendre dans les contrées où de telles ombres vivaient, y ayant, depuis hier ou avant-hier et pendant des centaines de milliers d'années – mystères ! – cru, parlé et souffert. » Mais il remarque avec sécheresse à propos de ces ombres que « tout ce que peut nous dire l'histoire du monde dans son amplitude ne pourra excéder la taille de la plus petite des pierres tombales ou ce qu'Echo, cette nymphe connue pour sa mémoire défaillante, pourra retenir pendant un court moment sur l'échelle temporelle » (ibid).
[57] N II, p. 201.

Le texte s'ouvre sur une épigraphe de Horace, que Hamann utilise pour réfuter de manière implicite Michaelis, d'autres théologiens rationalistes et, de manière plus générale, la foi que ses contemporains placent dans la capacité de la raison d'expliquer les mystères du texte des Ecritures par une approche historico-critique :

> Je hais la foule des profanes et la tiens écartée. Gardez vos langues recueillies : Prêtre des Muses, je chante pour les vierges et les jeunes garçons des hymnes qu'on n'avait pas encore entendus. Les rois redoutables ont cent empire sur le troupeau de leurs sujets; les rois sont eux-mêmes sous l'empire de Jupiter, le glorieux vainqueur des Géants, qui, de son sourcil, ébranle l'univers.[58]

C'est dans cette perspective qu'il en appelle à sa muse, l'incitant à saisir une « pelle » afin de nettoyer l'« aire » des Ecritures des rebuts de la critique de Michaelis : « Fi de la lyre ! – Fi du pinceau ! – Une pelle pour ma Muse, qui déblaiera l'aire de la littérature sainte ! »[59] Abstraction faite de l'amusante image de la Muse de Hamann brandissant une pelle, il fait référence ici aux paroles de Jean-Baptiste : « Il tient en sa main la pelle à vanner et séparera le grain de la paille. Il amassera son grain dans le grenier, mais il brûlera la paille dans un feu qui ne s'éteint jamais » (Matthieu 3:12, français courant). C'est précisément ce but que Hamann se propose d'atteindre dans l'*Aesthetica*, à savoir séparer le grain des écrits de Lowth du blé du commentaire de Michaelis. Au cas où nous n'aurions pas encore reconnu la principale cible de sa critique, il continue en saluant Michaelis par un jeu de mot sur son nom : « Salut à l'Archange sur les reliques de la langue de Canaan ! – sur de belles ânesses, il vainc à la couse; – mais le sage idiot de la Grèce emprunte à Euthyphron de fiers étalons pour le dialogue philologique. »[60]

---

[58] Horace, *Odes* III, 1, traduction de François Villeneuve (Paris : Belles Lettres, 1976).
[59] N II, p. 197. N.d.t. : Johann Georg Hamann, « *Aesthetica in nuce, Une rhapsodie en prose cabalistique* » dans *Aesthetica in nuce, métacritique du purisme de la raison pure et autres textes*, traduction de Romain Deygout (Paris : Librairie philosophique J. Vrin, 2001), p78.
[60] Ibid.

VERS UNE POETIQUE CHRISTOLOGIQUE

Comme le remarque Lumpp, il faut noter que Michaelis n'est pas décrit comme étant assis sur le dos de la Parole vivante de Dieu mais (en référence à l'un des ouvrages de Michaelis, *Beurtheilung der Mittel, welche man anwendet, die ausgestorbene Hebräische Sprache zu verstehen*[61]) sur les reliques d'une langue ancienne que l'on ne peut s'empêcher de qualifier de morte d'un point de vue purement historico-rationaliste.[62] En d'autres termes, ce n'est pas sur un trésor vivant qu'il trône mais sur les ossements dont parle le texte des Ecritures; il se voit dans l'incapacité d'en tirer autre chose que les maigres résultats de sa recherche philologique. L'allusion faite à Michaelis montant de belles ânesses, qui évoque le passage de Juges 5:10, est moins évidente; mais si l'on en croit Lumpp, elle est porteuse de toute la critique de Hamann à l'encontre de Michaelis *in nuce*. Hamann veut sans doute dire par là que la réputation de Michaelis n'est pas le fruit de sa propre inspiration mais qu'il l'a acquise en chevauchant les « belles ânesses » des écrits de Lowth, ou, ce qui est pire encore, qu'elle a pour but de gagner le prix d'un concours philologique.[63] Il faut néanmoins souligner un point plus important encore : Ce que Michaelis ne voit pas, c'est que la langue de la Bible hébraïque n'est pas morte – *ausgestorben*– mais qu'elle est précisément la langue que Dieu choisit comme son propre tabernacle et son trône-chariot divin. L'épître aux Hébreux qualifie la langue des Ecritures de « vivante et efficace » (4:12). C'est précisément cet aspect que Michaelis est incapable de discerner : Sans le don divinement inspiré de l'interprétation (cf. 1 Corinthiens 12:10), il ne peut pas voir l'Esprit prophétique de Dieu qui établit sa demeure au milieu des éléments aléatoires et apparemment arbitraires du langage des hommes.

Aux yeux de Hamann, l'élément le plus indispensable à l'exégèse biblique est l'inspiration; il en appelle ici encore à son modèle habituel, Socrate, le « sage idiot de la Grèce, » en citant Hermogène du *Cratyle* de Platon : « Le fait est, Socrate, que tu m'as tout bonnement l'air, à la

---

[61] N.d.t. : Evaluation des méthodes employées pour comprendre la langue hébraïque.
[62] Hans-Martin Lumpp, *Philologia Crucis: Zu Johann Georg Hamanns Fassung von der Dichtkunst* (Tübingen: Max Niemeyer, 1970), p. 43.
[63] Lumpp, *Philologia Crucis*, p. 44.

façon des inspirés, de te mettre soudain à chanter des oracles. »[64] Socrate répond que son inspiration a dû lui venir d'Euthyphron, ce devin inspiré, rempli de « divine sagesse, » avec lequel il venait de converser et qu'ils tenteraient peut-être plus tard d'exorciser cette inspiration, « après avoir découvert un homme habile à ce genre de purification, soit un prêtre, soit un sophiste. » On peut supposer que Hamann cherche par cette analogie à suggérer qu'il est lui-même inspiré, qu'il chante lui aussi des oracles prophétiques et qu'il est par conséquent un meilleur exégète que Michaelis. Pour ce qui est des étalons d'Euthyphron auxquels Hamann fait référence pour étayer son débat, une note de bas de page correspondante nous fournit un indice concernant leur signification. Hamann y cite en effet Bacon, « [s]on Euthyphron, » lorsqu'il écrit : « Comme les hiéroglyphes sont plus anciens que les lettres, de même aussi les paraboles ont précédé les arguments. »[65] Si donc l'inspiration de Hamann est divine, elle est aussi empruntée à Bacon.

De là, Hamann poursuit en suggérant que le problème des critiques bibliques modernes est leur incapacité de discerner la nature même de la poésie et plus généralement des écrits inspirés, puisqu'ils appliquent obstinément des canons d'exégèse rationnels à des textes inspirés dont la source est bien plus ancienne que des raisonnements abstraits. Il le formule ainsi dans sa célèbre citation : « La poésie est la langue maternelle du genre humain; de même que l'horticulture est plus vieille que l'agriculture; la peinture que l'écriture; le chant que la déclamation, les paraboles que les raisonnements; le troc que le

---

[64] Platon, *Cratyle*, traduction de Louis Méridier (Paris : Belles Lettres, 1976). Pour bénéficier d'une traduction des notes en grec et en latin dans l'*Aesthetica*, voir G-D, pp. 409-431 ou J. M. Bernstein (éditeur), *Classic and Romantic German Aesthetics* (Cambridge: Cambridge University Press, 2003), pp. 1–23.

[65] N II, p. 197. Comme le souligne Lumpp (p.46), Bacon est l'« Euthyphron » de Hamann à plusieurs égards, notamment en vertu de sa vision radicalement empiriste, son rejet de la scolastique abstraite et du rationalisme qui en découle, ses aphorismes et l'affirmation d'une double révélation, parfaitement harmonieuse, à travers la nature et les Ecritures. En effet, « tous deux considèrent l'histoire comme une action de Dieu, comme une prophétie et comme un accomplissement » (p.47). Voir Sven-Aage Jorgensen, « Hamann, Bacon, and tradition, » *Orbis Litterarum* 16 (1961), pp.48-73 pour une étude à propos de Hamann et de Bacon.

commerce. »⁶⁶ C'est dans ce contexte essentiel, où les « sens et les passions parlent et ne comprennent rien d'autre que des images » - et où les « images [...] forment tout le trésor de la connaissance et du bonheur humains » - que nos premiers parents ont ouvert la bouche pour la première fois, pour émettre des « sentences ailées. »⁶⁷ Hamann suggère qu'il faut comprendre les oracles de nos premiers parents comme une réponse au premier oracle de la création : « Que la lumière soit ! » Car c'est avec ces paroles que « commence la sensation de la présence des choses. »⁶⁸ Tous ces éléments indiquent que pour Hamann, le langage des hommes est fondamentalement poétique puisqu'il est à l'origine une réponse inspirée au langage divin de la création, à savoir une réponse oraculaire à un Dieu oraculaire. En effet, notre capacité d'exprimer une nature invisible à travers une forme visible et de façonner le monde au travers des paroles qui sortent de notre bouche, comme le fait Dieu, est ce qui constitue la dignité de l'être humain qui vient couronner la création de Dieu. Hamann écrit, citant Minilius, que « chacun est l'exemple de DIEU à petite échelle » (*Exemplumque DEI quisque est in imagine parva*).⁶⁹

L'on voit donc que la manière dont Hamann conçoit le langage est étroitement liée à sa compréhension de la poésie qui entretient à son tour un rapport étroit avec sa compréhension de la création. Cette dernière n'est pas juste une manifestation perceptible de la gloire divine, mais une parole kénotique adressée « à la créature à travers la créature » :

> Parle, que je Te voie ! Ce souhait fut réalisé par la Création, qui est une parole [*Rede*] adressée à la créature par la créature; car un jour le dit au jour, et une nuit le dit à la nuit. Ce mot d'ordre [*Losung*] passe par chaque climat jusqu'au bout du monde, et dans chaque dialecte on

---

⁶⁶ N II, p. 197. N.d.t. : J.G. Hamann, « *Aesthetica in nuce, Une rhapsodie en prose cabalistique,* » p. 79.
⁶⁷ Ibid.
⁶⁸ Ibid.
⁶⁹ N II, p. 198. N.d.t. : J.G. Hamann, « *Aesthetica in nuce, Une rhapsodie en prose cabalistique,* » p. 79.

entend sa voix.[70]

En plus de la référence au Psaume 19, ce passage contient une référence à un concept propre au Moyen-Age et à la Renaissance que l'on peut rencontrer dans les œuvres d'Alain de Lille et de Raymond Sebon, à savoir le *liber naturae*[71] ou « livre de la nature, »[72] comme on le voit dans les vers célèbres d'Alain de Lille, *Omnis mundi creatura / Quasi liber et pictura / Nobis est et speculum*.[73] De plus, d'après Bayer, la formule employée ici définit admirablement la doctrine chrétienne de la création, puisqu'elle rend justice à la fois à l'immanence de Dieu (sa proximité avec la nature) et à sa transcendance (sa liberté à l'égard de la nature). En effet, d'une part, Dieu se place à une certaine distance du monde, en vertu de la *liberté* dont Il use dans ses rapports avec lui (la création est « une parole adressée *à* la créature »); d'autre part, en vertu de son *amour*, Il établit un lien intime avec le monde, au point d'y entrer et de parler à travers lui (la création est « une parole adressée à la créature *à travers* la créature »). D'après Bayer, il faut finalement comprendre la création elle-même à travers Christ, le *Schöpfungsmittler*,[74] puisqu'en lui, ces

---

[70] Ibid. Cf ZH I, p. 393 : « La Création est une parole qui s'étend comme une corde d'un bout à l'autre du ciel. » La première partie de ce passage, plus obscure, fait référence à une histoire concernant Socrate qui nous est parvenue par Erasme et, avant lui, par Apulée. Voir Erasme, *Apophthegmata* III, 70. Voir Lumpp, *Philologia Crucis*, p. 55. L'histoire nous rapporte que Socrate s'adresse un jour au fils d'un homme riche selon ces termes : *loquere igitur, adolescens, ut te videam* [N.d.t. : Parle donc jeune homme, que je te voie] – c'est-à-dire dans le but de « voir » son talent. Par conséquent, Hamann veut dire dans ce contexte que la création accomplit (a déjà accompli, pour être plus précis) de manière similaire le désir de la créature de voir les « perfections invisibles » de Dieu (cf. Romains 1:20).
[71] N.d.t. : Le livre de la nature.
[72] Voir notamment Oswald Bayer, *Schöpfung als Anrede: Su einer Hermeneutik der Schöpfung*, 2ᵈᵉ édition (Tübingen: Mohr-Siebeck, 1990). Voir aussi Joachim Ringleben, « 'Rede, daβ ich die sehe': Betrachtungen zu Hamanns theologischem Sprachdenken, » *Neue Zeitschrift für systematische Theologie und Religionsphilosophie* 30 (1988), pp. 209–224.
[73] Citation tirée de Bayer, *Schöpfung als Anrede*, p.5. N.d.t. : Toute la création / Telle un livre et une image / Est un miroir pour nous.
[74] N.d.t. : Médiateur de la création.

deux aspects sont parfaitement réunis : A la fois l'autorité et la liberté divines de Dieu lorsqu'Il parle *à* la créature, et son humanité lorsqu'Il parle « à la créature *à travers* la créature. » Luther a offert un résumé de cette identité dans sa réflexion sur la divinité et l'humanité de Christ (1540), « Ibi creator et creatura unus et idem est. »[75]

Bien que ce qui précède serve à établir un fondement à la doctrine chrétienne de la création, Hamann reconnaît que nous ne sommes pas nécessairement en mesure d'expérimenter la création de la manière dont il le décrit, en raison de notre condition d'êtres humains déchus :

> La faute peut bien se situer où elle le veut (en-dehors ou à l'intérieur de nous); la nature ne nous laisse pour tout usage que des [vers désordonnés] *Turbatverse* et les *disiecti membra poetae*. Les collecter relève de la tâche du savant; les interpréter, de celle du philosophe; les imiter – ou, travail plus audacieux encore – – les rétablir est la modeste part du poète.[76]

En d'autres termes, nous ne sommes plus en mesure, en tant qu'êtres humains déchus, d'expérimenter la création en termes de parole de Dieu « à la créature à travers la créature. » Nous ne percevons plus que des fragments du poème original, et nous ne savons plus les lire. Le travail des érudits et des scientifiques, si important soit-il, ne pourra jamais que rassembler les lettres, pour ainsi dire. Hamann l'explique à Kant en ces termes : « La physique n'est rien que l'alphabet. La Nature est une équation de grandeur inconnue; un mot hébraïque qui est écrit avec de simples lettres,

---

[75] Oswald Bayer, *Schöpfung als Anrede*, p. 18; cf. Oswald Bayer, *Zeitgenosse im Widerspruch: Johann Georg Hamann als radikaler Aufklärer* (Munich: Piper Verlag, 1988), pp. 96ss; pour en savoir plus sur la contestation de Martin Luther, voir *Werke. Kritische Gesamtausgabe* (Weimar: H. Böhlaus, 1906–1961), volume 39/II, pp. 105s. N.d.t. : *Ibi creator et creatura unus et idem est* : Ici, le créateur et la créature ne forment qu'un.

[76] N II, pp. 198s. Cette citation, tirée des *Satires* de Horace (I, 4, v.62), *disiecti membra poetae* ("les membres du poète déchiqueté") renvoie au destin d'Orphée qui fut déchiqueté par les Ménades. Il symbolise donc dans ce contexte, par métonymie, les vers désordonnés et fragmentaires de la création.

auxquelles l'entendement doit rajouter des points [voyelles].»[77] Le philosophe peut certes tenter de les interpréter, mais, comme Hamann le suggère ici, seul le poète peut espérer rendre au poème son intégrité originelle et ainsi accomplir son intention initiale.

L'on pourrait penser que Hamann fait allusion ici à tout poète capable d'offrir une nouvelle vision et une nouvelle perception du monde à travers ses paroles. Il est vrai que le langage poétique en général, aussi subjectif soit-il dans sa forme, et pour involontaire que ce soit, participe très certainement du désir de traduire le texte original, afin que nous puissions enfin à nouveau comprendre le sens du monde en termes de révélation divine, une révélation « à la créature à travers la créature. » Néanmoins, dans notre contexte post-lapsarien, il apparaît clairement que selon Hamann, même les « traductions » poétiques les meilleures seront pauvres et incomplètes, car le langage a lui aussi connu la chute à Babel, où il a perdu une partie de son pouvoir révélateur original, sa capacité de « traduire » la « langue angélique » de la création et de révéler la divinité dans et par l'homme. Ainsi surgissent les formes tronquées du langage que nous utilisons pour tenter de comprendre le monde. Dans un passage bien connu pour sa difficulté, Hamann écrit :

> Parler, c'est traduire – d'une langue angélique en une langue humaine, c'est-à-dire des pensées en mots, – des choses en noms, – des images en signes, qui peuvent être soit poétiques ou cyriologiques, soit historiques, symboliques ou hiéroglyphiques – soit encore philosophiques ou caractéristiques. Cette façon de traduire (ou de parler) ressemble plus que toute autre à l'envers des tapis. « Elle montre l'étoffe, mais non l'adresse de l'ouvrier»; ou à une éclipse de soleil que l'on observe dans un récipient rempli d'eau.[78]

---

[77] ZH I, p. 450. N.d.t. : Johann Georg Hamann, « Lettre à Emmanuel Kant » dans *Aesthetica in nuce, métacritique du purisme de la raison pure et autres textes*, traduction de Romain Deygout (Paris : Librairie philosophique J. Vrin, 2001), p. 129.
[78] N II, p. 199. Voir la première section de l'œuvre de J. G. Wachter, *Naturae et Scripturae Concordia. Commentatio de literis ac numeris primaevis aliisque rebus memorabilibus cum ortu literarum coniunctis* (Copenhague, 1752) pour bénéficier d'une analyse des multiples sens que Hamann avait à l'esprit. La citation, 'And shews the stuff ..." [N.d.t.: Elle [la prose dégradante] montre l'étoffe, mais non l'adresse de

VERS UNE POETIQUE CHRISTOLOGIQUE

Tout d'abord, Hamann souligne ici que tout langage est invariablement une sorte de traduction, qu'il s'agisse de traduire nos propres pensées, la « langue angélique » de la création ou, plus simplement et plus prosaïquement, le ressenti que nous avons de notre environnement immédiat. Un langage purement spontané n'existe donc pas pour Hamann. Le langage est plutôt ce qui nous permet de traduire des pensées en paroles ou des images en signes. Son second argument, en accord avec sa position selon laquelle le texte de la création est la manifestation des pensées de Dieu, consiste à dire que toutes les « traductions » ne bénéficient pas du même niveau d'inspiration. En conséquence, comme l'indique la classification de Johann Georg Wachter, le langage peut revêtir plusieurs formes : Poétique, cyriologique, historique, symbolique, hiéroglyphique, etc.[79]

D'après Lumpp, l'expression « Elle montre l'étoffe, mais non l'adresse de l'ouvrier, » selon l'usage qu'en fait Hamann, s'appliquerait aux deux dernières formes de langage, à savoir le langage caractéristique ou celui de la philosophie abstraite, qui révèlent certains éléments du texte de la création mais, comme l'« envers des

---

l'ouvrier] est issue des *Poems* d'Earl de Roscommon (Londres, 1717), p. 9. Voir Xavier Tilliette, "Hamann und die Engelsprache: Über eine Stelle der Aesthetica in nuce" dans *Acta des Internationalen Hamann-Colloquiums*, édition Bernhard Gajek (Francfort: Vittorio Klostermann, 1979), pp. 66–77 pour une étude plus poussée de ce passage qui résume les travaux de recherche déjà effectués à ce sujet. N.d.t. : J.G. Hamann, « *Aesthetica in nuce, Une rhapsodie en prose cabalistique,* » p.81-82.
[79] Lumpp, dans son ouvrage *Philologia Crucis* (p. 57), écrit que l'on pourrait comprendre le fait que Hamann reprenne la classification de Wachter de la manière suivante : Par poétique et cyriologique, il entend un langage qui représente les choses elles-mêmes (il cite Wachter : « Non [...] sina [...] sed rerum ipsarum imagines » – N.d.t. : Pas de signes mais les choses elles-mêmes représentées); par symbolique, un sens allégorique qui se situe « entre la chose et le signe, » en quelque sorte dissimulé sous la forme des choses (« sub ... rerum naturalium formis ... allegoricum sensum recondere, ... ingenii ... solertia cognoscibilem »); par historique, une relation entre une chose et un signe qui se caractérise par une référence étymologique; par hiéroglyphique, une sorte de typologie; et par philosophique et caractéristique, des langages conceptuels et alphabétiques qui ne reflètent plus les choses elles-mêmes mais leur sont attribués de manière arbitraire et artificielle. Il n'est pas certain que Hamann adhérât complètement à la thèse de Wachter, qui concevait ces différentes formes en termes de différents stades dans l'histoire.

tapis, » ne sont pas en mesure de dévoiler la véritable intention et le talent artistique qui se cachent derrière. L'image de l'éclipse solaire tend à montrer que ces formes de langage constituent en réalité les traductions les plus maladroites, n'étant que le reflet le plus pâle des choses elles-mêmes.[80]

L'on comprend mieux pourquoi, dans les paragraphes suivants de l'*Aesthetica*, dans la même veine que Bacon, son « Euthyphron, » Hamann critique avec tant de virulence la prolifération de termes philosophiques abstraits qu'il considère comme des « idoles » muettes et sans vie qui forment un véritable obstacle à ce que l'on peut percevoir du Créateur à travers ses œuvres. Pour cette même raison, il rejette les raisonnements abstraits de son époque qui « ont inondé le texte de la nature, pareilles au déluge, »[81] et en appelle au « flambeau de Moïse, » savoir la lumière de la Torah, qui « illumine même le monde intellectuel, » lui aussi pourvu de « son ciel et [de] sa terre. »[82] Il indique ainsi que le langage inspiré des Ecritures, qui, de tous les ouvrages poétiques, est la traduction la plus exacte du texte de la création, dévoile ce que le langage philosophique abstrait ne parvient pas à révéler. En résumé, Hamann mène sa croisade philologique sur deux fronts à la fois et ceux-ci, bien que différents, sont complémentaires. D'une part, il lutte contre les abstractions de la philosophie moderne qui forment un véritable obstacle au Logos, qui parle dans la création et à travers elle; d'autre part, il combat le criticisme biblique moderne qui jette un voile similaire sur les profondeurs allégoriques du Logos, qui parle à travers le texte biblique.

LES DITHYRAMBES D'UN DIONYSOS CHRÉTIEN

L'un des aspects les plus marquants de l'*Aesthetica*, illustré par le

---

[80] Voir Lumpp, *Philologia Crucis*, p. 58.
[81] N II, p. 207. N.d.t. : J. G. Hamann, « *Aesthetica in nuce, Une rhapsodie en prose cabalistique,* » p. 92.
[82] N II, p. 199. N.d.t. : J. G. Hamann, « *Aesthetica in nuce, Une rhapsodie en prose cabalistique,* » p. 82.

VERS UNE POETIQUE CHRISTOLOGIQUE

portrait qui figure sur la première de couverture des *Croisades*, où Hamann se représente lui-même sous la forme du dieu-satyre Pan, doté d'une silhouette robuste et de cornes, est que Hamann, en évoquant Dionysos, blâme ses contemporains pour leur rationalisme stérile qui, à ses yeux, a fait d'eux des critiques d'art incapables. A grand renfort d'hyperboles, il leur écrit : « Ne vous aventurez pas dans la métaphysique des Beaux-Arts sans vous être accomplis dans les orgies et les mystères d'Eleusis. Les sens viennent de Cérès, les passions de Bacchus; – les anciens parents nourriciers de la belle Nature. » S'inspirant du poète romain Tibulle, il s'exclame : « Bacche ! veni ducisque tuis e cornibus vua / Pendeat, et spicis tempora cinge Ceres ! » (« Bacchus, viens, une grappe savoureuse pendant à tes cornes / Et toi, ceins tes tempes d'épis, ô Cérès »).[83] Il est évident que Hamann n'est pas ici en train d'invoquer des dieux païens, ni d'excuser la luxure, mais plutôt d'utiliser Cérès et Dionysos comme figures des sens et des passions dont il veut restaurer la dignité. Pour venger les méfaits d'une philosophie qui « ment à en mourir, » les a exclus de la recherche de la vérité et de fait, a « éliminé la nature » tout en prônant paradoxalement une imitation artistique de cette même nature suivant le style classique, Hamann lance une invective en usant du style métaphorique et de la passion qui lui sont propres :

> « La nature fait sentir ses effets au moyen des sens et des passions. Celui qui mutile ses instruments, comment pourra-t-il sentir ? Des tendons [*Sennadern*] paralysés sont-ils disposés au mouvement ? – Votre philosophie qui ment à en mourir a éliminé la nature, et pourquoi demandez-vous que nous l'imitions ? [...] Oui, vous, les fins critiques d'art ! Vous demandez toujours ce qu'est la vérité et vous prenez la porte, n'ayant pas la patience d'attendre une réponse à cette question – Vos mains sont toujours lavées, que vous vouliez manger du pain ou que vous ayez prononcé des condamnations à mort – Pourquoi ne demandez-vous pas aussi comment vous avez éliminé la nature ? – Bacon vous accuse de la torturer à coup d'abstractions. Si Bacon témoigne de la vérité, eh bien, vous le lapidez – et vous jetez

---

[83] N II, p. 201. N.d.t. : J. G. Hamann, « *Aesthetica in nuce, Une rhapsodie en prose cabalistique,* » p. 84.

des mottes de terre et des boules de neige sur son ombre. »[84]

Une fois de plus, Hamann cite Bacon, son « Euthyphron, » se positionnant ainsi clairement du côté de la tradition empiriste britannique, par opposition au cartésianisme et au stoïcisme de la tradition continentale moderne qui considère la nature, les sens et les passions comme invariablement trompeuses et problématiques plutôt que d'y voir une source de connaissance et de créativité, ce qui les mène à des formes d'idéalisme toujours plus transcendantales (de Descartes à Husserl en passant par Kant). En effet, telle est, aux yeux de Hamann, la tendance « puritaine » et fondamentalement gnostique de la philosophie continentale moderne qui se caractérise par le rejet des sens et des passions, et donc de la vérité que, justement, les sens révèlent, ainsi que par la volonté d'en faire complètement abstraction. Hamann illustre de manière très pertinente cet aspect en utilisant l'image de Pilate se lavant les mains pour attester son innocence avant de livrer Christ à la mort, alors que là, devant ses yeux, l'idéal et le réel ne formaient qu'un en la personne de Christ. Une fois encore, l'on distingue ici le fondement profondément christologique de la critique de Hamann face au rationalisme abstrait de son époque : Le divin et l'humain, le spirituel et le matériel, le sensible ne font qu'un en Christ. C'est la raison pour laquelle Hamann déclare, dans la même veine que Bacon, que les sens sont *plus* fiables que les abstractions, puisqu'il conçoit ces dernières comme arbitraires, alors que les sens constituent l'expression immédiate des idées divines, « les vrais caractères du Créateur de toutes choses, tels qu'Il les a gravés; – et déterminés dans la matière, en lignes vraies, correctes et déliées. »[85] Hamann l'exprime

---

[84] N II, p. 206. N.d.t. : J. G. Hamann, « *Aesthetica in nuce, Une rhapsodie en prose cabalistique,* » p. 90.
[85] Voir Bacon, *Novum organum* I, aphorisme CXXIV: « Quant à ces petits mondes imaginaires, et singes du grand, que l'imagination humaine a tracés dans les philosophies, nous déclarons sans détour qu'il faut les effacer entièrement. Que les hommes conçoivent donc une fois (et c'est ce que nous avons déjà dit), quelle différence infinie se trouve entre les fantômes de l'entendement humain et les idées de l'entendement divin. Les premiers ne sont autre chose que des abstractions purement arbitraires; au lieu que les dernières soient les vrais caractères du Créateur de toutes choses, tels qu'il les a gravés; - et déterminés dans la matière, en lignes vraies,

ainsi : « Chaque impression de la nature en l'homme n'est pas seulement un souvenir, mais également une caution de cette vérité fondamentale : Qui est le SEIGNEUR. »[86]

Dans tous les cas, Hamann considère, comme Bacon, que l'usage « naturel » des sens a été perverti par celui, « contre-nature, » des abstractions, à savoir une philosophie qui n'est capable de tirer aucune certitude des sens mais cherche la vérité dans l'abstraction.[87] C'est cet usage « contre-nature » des abstractions qu'il dénigre lorsqu'il s'exclame :

> « Qu'il vienne une muse comme le feu du fondeur et la lessive des blanchisseurs ! (Malachie 3:2) – – Elle osera purifier l'usage naturel des sens de l'utilisation contre-nature des abstractions qui mutilent aussi gravement nos concepts des choses que le nom du Créateur est opprimé et blasphémé. Je vous parle, Grecs, si vous vous croyez plus sages que les chambellans à la clef gnostique; – essayez de lire une fois l'*Iliade*, après avoir préalablement enlevé les deux voyelles par l'abstraction, et dites-moi votre avis sur l'intelligence et l'harmonie du poète : Μηνιν ΄ειδε Θε΄ Πηλι΄δε΄ ΄Χιλησς [Ch-nte l- c-lère, déesse, du Pléi-de -chille].[88]

---

correctes et déliées. Ainsi, en ce genre comme en tant d'autres, la vérité et l'utilité ne sont qu'une seule et même chose; et si l'exécution, la pratique doit être plus estimée que la simple spéculation, ce n'est pas en tant qu'elle multiplie les commodités de la vie, mais en tant que ces utiles applications de la théorie sont comme autant de gages ou de garants de la vérité. » Francis Bacon, *Novum Organum, with Other Parts of the Great Instauration*, Paul Carus Student Editions, volume 3 (Chicago and LaSalle, Illinois: Open Court, 1994); traduction de J. A. C Buchon, *Œuvres philosophiques, morales et politiques de François Bacon* (Paris : Auguste Desrez, 1840), p. 312.

[86] N II, p. 207. N.d.t. : J. G. Hamann, « *Aesthetica in nuce, Une rhapsodie en prose cabalistique*, » p. 91.

[87] Hamann fait essentiellement référence ici aux philosophies qui cherchent une « 'unité au sein du concept universel' en faisant abstraction 'du contingent et du particulier'. » Voir Oswald Bayer, "Die Geschichten der Vernunft sind die Kritik ihrer Reinheit," dans *Acta des vierten Internationalen Hamann-Kolloquiums* (Francfort-sur-le-Main: Peter Lang, 1987), pp. 26s.

[88] N II, p. 207. La phrase complète en grec est la suivante : μηνιν ἀειδε θεά Πηληιάδεω΄ Αχιλησς. N.d.t. : « *Aesthetica in nuce, Une rhapsodie en prose*

Une fois de plus, Hamann fait appel à sa muse, mais cette fois ce n'est pas une pelle mais un feu du fondeur (cf. Matthieu 3:11ss) qu'il lui demande. Il est frappant de noter avec Griffith-Dickson que Hamann procède ici à une transvaluation totale des différentes conceptions philosophiques de la purification communément admises (qu'elles soient platoniciennes, stoïques ou cartésiennes), étant donné qu'« il ne s'agit pas de purifier les abstractions de l'influence des sens mais plutôt l'inverse : L'usage *naturel* des sens doit être purifié de l'abus et même de la violence des abstractions. »[89] Hamann entreprend d'expliquer que cette purification est devenue nécessaire parce que les sens ont été dénigrés, ce qui constitue non seulement une mutilation de nos puissances, mais également un blasphème envers le Créateur qui les a conçus. Il vise tout particulièrement les « Grecs, » à savoir ses contemporains rationalistes qui se sont excessivement imprégnés de l'ascétisme et du gnosticisme de la philosophie grecque. Car même s'ils n'ont pas recherché la gnose en appliquant littéralement la castration à leur corps (cf. Matthieu 19: 12), la violence de leur abstraction des sens et des passions équivaut à la castration des puissances moindres de leur âme, en faisant en quelque sorte des eunuques qui, s'ils peuvent se targuer d'être « rationnels, » sont incapable de saisir le génie poétique d'Homère qui chante la légendaire colère d'Achille.

Néanmoins, comme le suggère la fin du passage, leur incapacité à saisir le langage poétique d'Homère et surtout le langage poétique de la création dans la Bible hébraïque s'explique principalement par leur incapacité, prônée par leur propre canon d'exégèse purement rationnelle, à saisir Christ, qui seul peut ouvrir leur intelligence. De manière significative, Hamann retire donc l'alpha et l'oméga du texte d'Homère, comme pour montrer, par analogie, que la poésie des Ecritures et de la nature sera dépourvue de sens si l'on retire Christ, *l'*Alpha et l'Omega par excellence (Apocalypse 1:8). « Toutes les couleurs du plus beau monde pâlissent, » écrit-il, « dès que vous étouffez cette lumière, le premier enfant de la création. »[90] Hamann

---

cabalistique, » p. 91-92.
[89] G-D, p. 114.
[90] N II, p. 206. Cf. Colossiens 1:15; 2 Corinthiens 4:6. N.d.t. : J. G. Hamann,

développe un argument similaire lorsqu'il fait allusion aux « petit[s] et [...] grand[s] » (*masora magna et masora parva*) commentaires que les Massorètes ajoutèrent au texte de la Bible hébraïque durant le VIIIe siècle sous la forme de notes et des fameux points voyelles : « Regardez ! La petite et la grande Massores des sages de ce monde ont inondé le texte de la nature, pareilles au Déluge. Toutes les beautés et les richesses ne devaient-elles pas devenir eau ? »[91] Certes, il est question ici d'ajouter des éléments au texte et non pas de les supprimer, mais l'argument fondamental de Hamann reste le même : En effet, si les Massorètes sont connus pour ce qu'ils ont *apporté* aux Ecritures avec leurs points, leurs gloses et leurs commentaires, ce qu'ils ont sans conteste *omis*, d'un point de vue chrétien, est bien évidemment Christ, le *res significata*[92] –et donc, ironiquement, le seul élément indispensable à la compréhension des Ecritures hébraïques qu'ils recherchaient avec tant d'assiduité (cf. Luc 24:27; Galates 4:2ss).

Ensuite, ayant défendu les sens et démontré qu'une esthétique solide (des Ecritures et de la création) inclut nécessairement Christ, Hamann s'applique à défendre les passions de manière très complète, reprenant sa diatribe à l'encontre de la philosophie moderne fondamentalement prude et masochiste qui conçoit la connaissance en termes d'abstention épistémique (comme le soutient la philosophie de Descartes et, plus tard, celle de Kant et Husserl) et même l'envisage comme une forme de violence que l'on s'inflige à soi-même (comme le montrent les premières pages des *Méditations* de Descartes : « Je me considérerai moi-même comme n'ayant point de mains, point d'yeux, point de chair, point de sang, comme n'ayant aucuns sens [...] »). Encore une fois, il souligne l'ironie absurde du fait que ses contemporains, suivant l'idéologie classique, continuent de prôner l'imitation de la nature par l'art, alors que leurs préjugés épistémologiques impliquent qu'il faut les nier, c'est-à-dire se détacher du témoignage naturel des sens et des passions de manière ascétique et méthodologique :

« *Aesthetica in nuce, Une rhapsodie en prose cabalistique,* » p. 91.
[91] N II, p. 207. Voir G-D, p. 439. N.d.t. : J. G. Hamann, « *Aesthetica in nuce, Une rhapsodie en prose cabalistique,* » p. 92.
[92] N.d.t. : *res significata* : Le signifié.

« Vous rendez la nature aveugle pour qu'elle vous serve de guide ! Ou plutôt vous vous êtes arrachés vous-mêmes les yeux par épicurisme pour que l'on vous prenne pour des prophètes qui ne tirent de rien leur imagination et leur interprétation. – Vous voulez régner sur la nature, et vous vous liez vous-même pieds et mains avec le stoïcisme, pour pouvoir chanter d'une voix de fausset de manière d'autant plus touchante sur les liens de diamant du destin dans vos assortiments de poésies. Si les passions sont membres du déshonneur, arrêtent-elles pour autant d'être des armes de la virilité ? Comprenez-vous la lettre de la raison mieux que ne le fit pour la lettre de l'Ecriture ce chambellan allégorique de l'Eglise alexandrine en se faisant châtrer pour conquérir le ciel ? Ceux qui se rendent le plus coupables envers eux-mêmes, le prince de cet Eon les prend souvent comme favoris; – – ses bouffons sont les ennemis les plus acharnés de la belle nature, qui certes a des corybantes et des [galles][93] comme chanoines, mais également des esprits forts comme véritables admirateurs. »[94]

Une fois de plus, Hamann use de métaphores sexuelles pour blâmer le stoïcisme de ses contemporains qu'il compare à des castrés. Eux qui affirment dominer sur la nature, ils se sont lié eux-mêmes

---

[93] N.d.t. : Dans la traduction de Romain Deygout, le terme utilisé ici est « gaulois, » qui est l'une des deux interprétations possibles de la pensée de l'auteur. Pour plus de cohérence avec ce qui suit, nous avons choisi de le modifier par « galles, » en référence aux prêtres castrés dont parle Lucrèce.
[94] N II, p. 208. Lorsque Hamann parle d'épicurisme ici, il ne fait pas référence au sens hédonique qui était souvent attribué à ce terme, mais au poète épicurien Lucrèce, très populaire à cette époque, qui chante dans *De rerum natura* à propos de prêtres castrés appelés galles et de la déesse Cybèle, la « grande Mère »; les corybantes étaient les danseurs qui lui vouaient un culte. Simultanément, Hamann joue sans aucun doute sur la figure du double sens avec « galles » et « gaulois, » faisant référence aux philosophes français à la cour de Frédéric II, le prince du monde, comme vicaire du Prince du Monde (voir 2 Corinthiens 4:4, Ephésiens 2:2, 1 Jean 5:19). De manière générale, comme le fait remarquer Kenneth Haynes (*Writings on Philosophy: Johann Georg Hamann*, édité et traduit par Kenneth Haynes (Cambridge: Cambridge University Press, 2007), p. 80) et comme semble le suggérer le lien avec Lucrèce, l'épicurisme était à l'époque de Hamann associé à l'athéisme. N.d.t. : J. G. Hamann, « *Aesthetica in nuce, Une rhapsodie en prose cabalistique,* » p. 93.

« pieds et mains, » c'est-à-dire les sens et les passions, alors que ce sont les instruments qui leur permettent de sentir. Au lieu donc d'être vraiment libres, ils sont réduits à chanter d'une voix de fausset à propos des « liens de diamant du destin. » La métaphore des « membres du déshonneur » est une référence supplémentaire à leur impuissance sexuelle; au lieu de devenir adultes et de reconnaître dans les passions les « armes de la virilité, » ils en ont honte. La troisième référence concerne bien évidemment Origène, le Père de l'Eglise qui se serait castré lui-même; Hamann accuse ses contemporains de ne pas mieux comprendre le rôle de la raison qu'Origène ne comprenait celui de la lettre des Ecritures. Origène pensait rendre service à Dieu; les *Aufklärer* pensent rendre service à la raison. Néanmoins, en dénigrant leur propre nature, c'est au prince de ce monde qu'ils donnent l'avantage (cf. 2 Corinthiens 4:4 et Ephésiens 2:2). Il est certes possible que des prêtres castrés appelés galles aient voué un culte à la déesse phrygienne Cybèle (qui personnifie à certains égards la Nature), mais ils ne sont pas véritablement dévoués à la Nature. Ce n'est pas parmi les castrés qui nient à la vie le droit d'exister que l'on trouvera les vrais imitateurs de la Nature, ceux qui lui rendent justice, mais parmi des esprits forts et inspirés qui font usage des sens et des passions. Hamann affirme que la source de la créativité humaine se trouve bien là, et non dans une forme erronée d'ascétisme païen :

> Un philosophe comme Saul établit des règles monastiques (1 Samuel 14:24), la passion seule donne aux abstractions comme aux hypothèses des mains, des pieds, des ailes; – aux images et aux signes de l'esprit, de la vie et une langue – Où trouver des raisonnements plus rapides ? C'est de là que le tonnerre roulant de l'éloquence est créé, et son compagnon – l'éclair monosyllabique.[95]

---

[95] N II, p. 208. Hamann cite Shakespeare dans une note de bas de page : « Passager comme l'éclair qui, au milieu d'une nuit sombre, découvre, dans un clin d'œil, le ciel et la terre; et avant que l'homme ait eu le temps de dire : Voyez ! Le gouffre de ténèbres l'a englouti. » Shakespeare, *Le songe d'une nuit d'été*, traduction de M. Guizot (1595), p. 14. N.d.t. : « *Aesthetica in nuce, Une rhapsodie en prose cabalistique,* » p. 93.

Il est pertinent ici de s'interroger sur les raisons qui ont poussé Hamann, en tant que chrétien, à accorder autant d'importance aux sens et aux passions. Après tout, de nombreux Pères de l'Eglise ont mis en garde les chrétiens contre les passions et même les sens à certains égards, leur enjoignant expressément de les fuir au profit d'une connaissance authentique du spirituel. Et comment comprendre son apparente approbation du paganisme et du libertinage lorsqu'il écrit : « Ne vous aventurez pas dans la métaphysique des Beaux-Arts sans vous être accomplis dans les orgies et les mystères d'Eleusis » ? Tout d'abord, il faut spécifier ici qu'en plus d'utiliser un style clairement hyperbolique, Hamann concevait la connaissance dans le domaine sexuel comme une *coincidentia oppositorum*[96] de la forme et de la matière, du concept et de l'intuition – une conception de la connaissance « sexuelle » (dans le sens du terme hébraïque *yada*[97]) que ses contemporains avaient rejetée, ayant banni tout « rapport » avec les sens et les passions au nom de la raison *pure*. C'est pourquoi Hamann persiste à associer la philosophie moderne à une sorte de pruderie épistémologique. Il faut également noter que Hamann n'entend pas les passions au sens de vices que l'on « endure, » mais comme des parties vitales de l'âme qui peuvent donc être touchées (l'on pourrait parler, selon la définition de Platon, de la partie « rationnelle » et de la partie « concupiscible » de l'âme) et sans lesquelles nous ne serions pas des êtres humains capables de ressentir des émotions très intenses, mais des anges; c'est dans ce sens que Hamann pouvait reprocher à ses contemporains de s'être revêtus d'un faux angélisme (cf. 2 Corinthiens 11:14).

Cependant, l'hostilité de Hamann envers le rationalisme *prétentieux* de son époque s'explique principalement par sa conception des sens et des passions, que ses contemporains, d'une façon ou d'une autre, méprisent; en effet, ils sont le « langage sacré, » le lieu choisi auquel Dieu parle dans sa miséricorde, « à la créature à travers la créature » - et non pas seulement à des intellectuels hautains qui préfèrent un langage plus en accord avec leurs préjugés. Il

---

[96] N.d.t. : La coïncidence des opposés.
[97] N.d.t. : Dans sa première acceptation, le terme *yada* signifie connaissance/savoir, mais il peut également signifier connaître une personne de façon charnelle.

l'exprime ainsi : « Il peut parler à travers des créatures – à travers les faits – ou dans le sang, le feu et la fumée, éléments qui constituent le langage de la sainteté [*Heiligtum*]. »[98] L'usage du mot « sanctuaire » n'est certainement pas fortuit ici; Hamann révèle ainsi que les sens, selon lui, ne vont pas à l'encontre des choses de l'esprit ou de la raison mais sont précisément la porte d'entrée au Lieu très saint. Comme le fait remarquer von Balthasar, toute l'esthétique de Hamann tourne autour de la *carnalité* de Dieu en Christ et du miracle du salut de l'*esprit* qui est opéré par la *chair*.[99] C'est précisément en exaltant les sens et les passions (à savoir les profondeurs sous-rationnelles de l'âme humaine) que Hamann exprime sa foi en Christ, puisque Christ parle à l'être humain et le rachète entièrement (corps, âme et esprit). De la même manière, sa vision de l'Incarnation et son point de vue fondamentalement anti-gnostique – en tant qu'Irenaeus *redivivus*[100] – expliquent finalement pourquoi il s'opposait avec tant de véhémence au rationalisme simpliste de son époque. Pour résumer ce contraste entre sa propre esthétique chrétienne au fondement solide et la critique de l'esthétique et de l'art propre au siècle des Lumières, qui selon lui ne peut servir ni à établir un sensualisme authentique, ni une doctrine des arts valable, Hamann écrit :

> Lorsque je converse avec ces critiques d'art pleins de mauvaise foi [...], il me faut utiliser ce qu'ils me donnent, un langage de l'esthétique qu'eux-mêmes utilisent, mais avec une différence notoire : A leurs fibres végétales marquées par la sécheresse, j'oppose les marques, bien meilleures, d'un bois frais et verdoyant; à leurs arbres nus, sans fruits, deux fois morts, déracinés (Jude 12), j'oppose les arbres plantés près des courants d'eau qui prennent leur source au sanctuaire.[101]

---

[98] N II, p. 204. Voir Joël 2:30 et Actes 2:19. N.d.t. : « *Aesthetica in nuce, Une rhapsodie en prose cabalistique,* » p. 88. Une traduction plus fidèle du terme « Heiligtum » serait le mot « sanctuaire, » que nous emploierons par la suite.
[99] Von Balthasar, « Laikale Stile, » p. 611.
[100] N.d.t. : Irénée moderne.
[101] N III, p. 378; von Balthasar, "Laikale Stile," p. 605.

VOIR TOUTES CHOSES À TRAVERS CHRIST

Pour Hamann, la clef d'une esthétique solide est donc clairement Christ, qui par son incarnation a établi la *dignité* des sens (Jean 1:14; 1 Jean 1:1); l'on pourrait également ajouter la *dignité* des passions, dans le sens où Christ a adopté une âme humaine pleine de passion (par opposition à la pensée d'Apollinaire). Néanmoins, il ne faut pas oublier de mentionner que selon Hamann, les sens et les passions sont également déchus et doivent être rachetés par Christ, tout comme la raison, puisque c'est par lui qu'il est possible de percevoir à nouveau le Logos qui s'exprime dans la création et les Ecritures et à travers elles.[102] En somme, sans Christ, nous ne pouvons ni voir ni ressentir complètement; avec Christ, « nous sommes [toujours plus] capables de voir et de goûter sa bienveillance [*Leutseligkeit*] dans les créatures, de la contempler et de la saisir de nos mains. »[103] Lorsque nous voyons toutes choses à travers Christ, « chaque impression de la nature en l'homme n'est pas seulement un souvenir, mais également une caution de la vérité fondamentale : Qui est le SEIGNEUR. Chaque réaction de l'homme face à la créature est une lettre de créance et un sceau

---

[102] Hamann ne veut pas dire par là que les créatures n'ont plus rien à interpréter, comme si, une fois le texte de la création purifié de toute abstraction, comme un palimpseste, le sens original apparaissait avec tant de clarté qu'aucune interprétation ne serait plus nécessaire. Au contraire, aux yeux de Hamann, la part d'interprétation que Dieu laisse à l'*imago Dei*, son « autre » poétique, est en partie constitutive du mystère de la création. L'on pourrait presque la considérer comme un poème inachevé, comme semble le suggérer le fait qu'Adam attribue un nom aux animaux (Genèse 2:19). L'homme n'est donc pas une imitation totalement dépourvue d'originalité, mais un « autre » doté d'une créativité authentique que Dieu appelle précisément à former le monde par les paroles qui sortent de sa bouche; c'est là, d'après Hamann, l'essence de l'être humain en tant qu'être linguistique et l'essence de la liberté de l'homme. Encore une fois, il ne s'agit pas ici d'une liberté *in abstracto*, mais plutôt d'une liberté par analogie découlant de notre sentiment d'être liés à Dieu et de lui ressembler, liberté qui « confère à toutes les créatures leur teneur et leur empreinte » et dont dépendent « la fidélité et la foi dans la nature entière » (NII pp. 206ss, N.d.t. : J. G. Hamann, « *Aesthetica in nuce, Une rhapsodie en prose cabalistique,* » p. 91).

[103] N II, p. 207. Cf. Colossiens 1:15; 2 Pierre 1:4; Romains 8:29. N.d.t. : J. G. Hamann, « *Aesthetica in nuce, Une rhapsodie en prose cabalistique,* » p. 91.

prouvant notre participation à la nature divine et notre appartenance à sa race [*Seines Geschlechts*].»[104]

Dans l'esprit de Hamann, Christ ne se contente pas de renouveler notre sensibilité à l'esthétique en nous aidant à voir que la nature et la création *ne font qu'une*, à comprendre la nature comme une sorte de poème divin; Il renouvelle également notre sentiment d'intimité avec le Créateur, le sentiment d'avoir été créés à son image et à sa ressemblance; en somme, Il nous montre que nous sommes nous-aussi des poètes, appelés à former le monde par les paroles qui sortent de notre bouche (bien que, dans ce cas, le monde qui va être formé *préexiste*, ce qui constitue la *maior dissimilitudo*[105] dans cette analogie entre nous et le Créateur qui crée *ex nihilo*[106]). Hamann l'explique ainsi :

> « Cette analogie entre l'homme et le Créateur confère à toutes les créatures leur teneur et leur empreinte dont dépendent la fidélité et la foi dans la nature entière. Plus cette idée, l'image de DIEU invisible dans notre sensibilité est vivante, plus nous sommes capables de voir et de goûter sa bienveillance dans les créatures, de la contempler et de la saisir de nos mains. »[107]

L'analogie entre l'*imago Dei* et le Créateur, entre notre propre rôle de poète et le « Poète du lever du jour, » détermine les liens de « fidélité et [de] foi » à travers la nature; en effet, rien si ce n'est cette analogie ne peut nous assurer que notre propre système linguistique n'est pas simplement constitué de signes arbitraires appliqués à une nature qui nous est finalement étrangère. Sans elle, nos paroles ne pourraient plus être considérées comme créatrices. Dans la logique de Hamann, c'est le refus de se baser sur cette analogie, ce lien créateur entre le Créateur et nous, qui constitue le *proton pseudos*[108] de la

---

[104] N II, p. 207. N.d.t. : J. G. Hamann, « *Aesthetica in nuce, Une rhapsodie en prose cabalistique,* » p. 91.
[105] N.d.t. : La différence majeure.
[106] N.d.t. : A partir de rien.
[107] N II, pp. 206ss. N.d.t. : J. G. Hamann, « *Aesthetica in nuce, Une rhapsodie en prose cabalistique,* » p. 91.
[108] N.d.t. : L'erreur initiale et fondamentale.

philosophie moderne, puisque celle-ci repose sur la teneur abstraite de la conscience et cherche à construire, sur ce fondement instable, un pont reliant les concepts mentaux avec les impressions extérieures, ce qui est tout bonnement impossible. Par conséquent, lorsque l'on adhère à ce fondement anthropocentrique posé par la philosophie moderne, le monde n'a plus rien à dire; il cesse de parler pour tomber dans le silence le plus complet (cf. Psaumes 19:1). En Christ néanmoins, qui vient renouveler l'analogie entre Dieu et les hommes, nous sommes à nouveau capables d'*entendre* le Logos à travers les œuvres *visibles* de la création – comme si, depuis le début, notre perception était destinée à constituer une expérience religieuse *synesthétique*, et l'art destiné à être une réponse poétique et innovante à cette expérience.

Dans la conception de Hamann, Christ est la clef qui permet de comprendre la nature et les Ecritures; ainsi, si quelqu'un est « en Christ, » ces « livres » qui auparavant n'exprimaient rien ou presque rien, comme s'ils avaient été écrits dans un langage codé et hermétique, se mettent soudain à *parler* (cf. 2 Corinthiens 3:15-16). Les paroles qu'ils contiennent commencent, qui plus est, à révéler le même *dialecte* – le même « style » – que celui qui a servi à former la création et à rédiger les Ecritures, le style auquel la vie de Christ tout entière rend un témoignage extraordinaire : Un « dialecte » qui est par essence une « coïncidence des opposés » unissant majesté et abaissement, gloire et *kénose* (cf. Philippiens 2:6ss). Hamann nous offre en quelques lignes, pour ainsi dire « dans une noix, »[109] le résumé de l'esthétique qu'il développe dans ses *Ecrits de Londres* :

> Le livre de la Création contient des exemples de concepts généraux que DIEU a voulu révéler à la créature à travers la créature; les livres de l'Alliance contiennent des exemples d'articles secrets que DIEU a voulu révéler à la créature à travers la créature. L'unité de l'Auteur se reflète jusque dans le dialecte de ses œuvres; – en toutes ! Un ton d'une grandeur et d'une profondeur incommensurables ! Une preuve

---

[109] N.d.t. : En anglais, l'expression originale employée est « put in a nutshell » qui signifie littéralement « mettre dans une noix. » Il s'agit là d'une allusion au titre qu'a donné Hamann à son ouvrage, *Aesthetica in nuce*.

de la plus magnifique majesté et de l'abandon de soi le plus extrême ! Quel miracle que ce calme [*Ruhe*] infini qui rend DIEU tellement semblable au néant que l'on doit nier sa propre existence ou être une bête (Psaumes 73:21-22), mais en même temps quel miracle dont la force qui emplit tout et est tellement infinie que l'on ne sait comment échapper à sa sollicitude la plus profonde ![110]

Hamann emploie une fois de plus l'expression « à la créature à travers la créature » pour montrer que Dieu ne se révèle pas de manière directe mais *à travers* les « livres » de la création et des Ecritures (ce qui s'accorde à la fois avec l'humilité qui caractérise Dieu et la sensibilité de la nature humaine). Là encore, Christ est la clef qui ouvre les deux livres et montre que ces « textes » sont intimement liés. En effet, s'ils parlent tous deux aux sens (dans la mesure où la Bible parle, elle-aussi, au travers d'images et de paraboles), il est plus important encore de remarquer qu'ils pointent tous deux vers Christ, puisqu'un même « dialecte » y est clairement visible, témoignant qu'ils ont un auteur *commun* et fondamentalement *trinitaire*.

Bien évidemment, ce « dialecte » est plus difficilement perceptible dans les « livres » de la nature et des Ecritures; il est même, d'un point de vue purement rationnel, totalement impossible à percevoir. Néanmoins, lorsqu'on les considère à la lumière de Christ (en qui la hauteur et la profondeur, la gloire et la honte, la majesté et l'abaissement, la plénitude de la divinité et « l'abandon de soi le plus extrême » cohabitent de manière frappante), la nature et les Ecritures émettent soudain un double éclairage étrangement similaire. Voilà, par exemple, que la nature sert de preuve à la fois aux théistes et aux athées, à l'idéaliste le plus rêveur et au matérialiste le plus terre-à-terre (comme en contestent les débats incessants sur l'argument téléologique); que, simultanément, elle incite les créatures à adorer le Créateur qui se révèle à travers ses œuvres (voir Livre de la Sagesse 13:5; Romains 1:20) et inspire du désespoir à ceux qui peinent à trouver un sens à ce monde prétendument gouverné par le processus de la sélection naturelle, que Richard Dawkins a appelé « l'Horloger

---

[110] N II, p. 204. N.d.t. : J. G. Hamann, « *Aesthetica in nuce, Une rhapsodie en prose cabalistique,* » p. 88.

aveugle. » Il en est de même pour l'étendue céleste : L'infinie grandeur des cieux peut soit nous pousser à nous émerveiller de leur immensité, soit provoquer une sourde angoisse à l'idée de notre insignifiance apparente; en la contemplant, l'on devient soit un philosophe comme Aristote (*Métaphysique* 982b), soit, comme l'écrit Hamann, une bête (Psaumes 73:22). L'univers physique peut, somme toute, paraître à la fois rempli de la gloire de Dieu et en sembler étrangement dépourvu. Shakespeare avait cette contradiction à l'esprit lorsqu'il écrivit que le firmament peut être semblable à un « toît majestueux, constellé de flammes d'or » et simultanément, ne paraître rien de plus qu'« un noir amas de vapeurs pestilentielles, » tout comme l'être humain peut sembler être « semblable à un Dieu ! [...] la merveille du monde ! » et, en même temps, n'être rien de plus qu'une « quintessence de poussière. »[111]

Il est assez curieux de remarquer que dans la perception de Hamann, cela s'applique également aux Ecritures. Les Pères de l'Eglise y voyaient le siège des « oracles de Dieu »; Luther les considérait comme l'« *Enéide* divine »; en revanche, Voltaire, dans son amertume, ne voyait dans l'Ancien Testament rien de divin mais le considérait plutôt comme une « abominable et dégoûtante histoire, » un affront à toute personne se targuant de quelque raison.[112] A certains égards, cette divergence d'appréciation, qu'il s'agisse de la nature ou des Ecritures, peut s'expliquer certes par la subjectivité de celui qui perçoit (comme l'exprime la maxime scolastique « *quidquid cognoscitur per modem cognoscentis cogoscitur* »[113]) ou, comme le déclare Christ lui-même de manière plus succincte : « Que celui qui a des oreilles pour entendre entende » (Matthieu 13:9). Néanmoins, selon Hamann, il y a également pour cela une raison objective, à savoir le « style » parabolique de toute la révélation divine, qu'il s'agisse de la création,

---

[111] Shakespeare, « Hamlet » dans *Oeuvres complètes*, tome 1, traduction de Victor Hugo (Pagnerre, 1865), p. 260.
[112] Luther, *Werke*, TR 1, p. xviii; cf., TR 5, p. 168. Voir Oswald Bayer, *Gott als Autor* (Tübingen: Mohr-Siebeck, 1999), pp. 280–301 pour une analyse plus en profondeur des dernières lignes écrites par Luther où apparaît cette appellation. Cf. Voltaire, *Sermon des cinquante*, p. 13.
[113] N.d.t. : Quelle que soit la chose connue, elle l'est de la manière propre à celui qui la connaît.

des Ecritures ou de Christ lui-même. Il s'agit en effet d'un langage, un Logos, qui se caractérise à la fois par sa banalité et son élévation, sa trivialité et sa profondeur, sa bassesse et sa hauteur : « *Un* ton d'une grandeur et d'une profondeur incommensurables, » écrit Hamann. Selon cette même logique, les Athéniens pouvaient dire de l'*éminent* Paul : « Que veut dire ce *discoureur* ? » (Actes 17:18) et Paul, citant ceux qui le critiquaient, pouvait dire de lui-même : « Ses lettres sont sévères et fortes; mais, présent en personne, il est faible, et sa parole est méprisable » (2 Corinthiens 10:10).

Néanmoins, ce dialogue se fait entendre de la manière la plus audible et la plus claire, et cette *coincidentia oppositorum* se manifeste de la manière la plus visible à la Croix du Fils de Dieu, le *Seigneur de gloire crucifié*. C'est la raison pour laquelle Christ, le Logos, est aux yeux de Hamann la clef philologique et exégétique du « langage » de la nature et des Ecritures, en vertu de ce double aspect unissant hauteur et profondeur, majesté et abaissement; et c'est aussi pourquoi, face à une telle comparaison, la nature tout entière, aussi éloquente soit-elle, paraît bien peu de chose. Il l'explique à son frère d'une manière frappante :

> Ne te hâte pas d'aller voir les hommes, même de grands prêtres comme Elie; la voix est celle de Dieu. Ecoute ce qu'Il dit. Les grondements de l'orage, le murmure du printemps et la brise rafraichissante du soir balayant le jardin sont les langues de ses attributs. [Mais] qu'est-ce que l'harmonie de tous les soleils et de toutes les terres; et qu'est-ce que tout le langage des étoiles du matin mêlé aux anges et aux hommes : Une cymbale qui retentit – comparés à l'amour que clame le sang de son Fils, notre frère, l'agneau de Dieu immolé pour nous dès la fondation du monde.[114]

Hamann reprend ici l'idée qu'il exprime dans les *Ecrits de Londres*, où il établit pour mesure de toutes choses l'amour de Dieu qui se dépouille de lui-même en Christ; en effet, toutes les œuvres de Dieu, du « livre » de la nature à celui des Ecritures, en passant par le « livre » de l'histoire, constituent autant de révélations et de langues

---

[114] ZH I, p. 401.

qui ne peuvent être interprétées que par Christ (cf. 1 Corinthiens 12:10; 14:10s). Si l'on file la métaphore biblique, l'on pourrait dire que l'intégralité du livre de la création est contenue en Christ lui-même, le « livre infini » – ou « bibliothèque, » comme l'exprime admirablement John Milbank (cf. Jean 21:25).[115] Ainsi, celui qui connaît ce « livre » et est entré dans ses pages (Apocalypse 21:27) est capable de lire toutes choses (cf. Colossiens 2:3); de même, celui qui entend sa voix (Jean 10:4) entend en toutes choses un dialecte de majesté et d'abaissement (Ephésiens 4:8-10), de gloire et d'humilité (Philippiens 2:6ss); un seul dialecte révélé à travers Christ auquel la nature tout entière (Luc 19:40), les Ecritures (Luc 24:27) et les saints (Apocalypse 5:11ss) rendent témoignage, comme le fait aussi Hamann en intitulant l'une de ses dernières œuvres *Golgotha et Sheblimini*, titre qui révèle sa dialectique, puisqu'il fait référence à la fois au calvaire, « le lieu du crâne » et à la déclaration du Père au Fils ressuscité, manifestation de la Trinité : « Assieds-toi à ma droite, jusqu'à ce que je fasse de tes ennemis ton marchepied » (Psaumes 110:1).

VERS UNE POÉTIQUE CHRISTOLOGIQUE

Dans ce chapitre, nous avons jusqu'ici abordé en détails deux questions essentielles. La première, soulevée initialement par Michaelis, consistait à savoir comment raviver la (ou les) langue(s) morte(s), très ancienne(s), du texte biblique. Pour l'essentiel de la

---

[115] Concernant cet argument, John Milbank (en accord avec la manière dont Hamann et Bacon comprenaient la multi-dimensionnalité prophétique des Ecritures, à laquelle les critiques historiques se heurtent systématiquement lorsqu'ils s'efforcent en vain d'élucider la teneur et la signification du texte biblique) suggère qu'il est vain de tenter de comprendre le « Jésus historique » sans être authentiquement inspiré, puisque « le monde ne représente que quelques livres dans la librairie qu'est Christ. » Selon Milbank, en effet, toute tentative d'établir une séparation fondamentale entre « fait et fiction, » réel et imaginaire, échoue face à l'infinité de Christ, puisque le monde même ne pourrait contenir tous les livres que l'on pourrait écrire sur lui (Jean 21:25). Source : Document provenant de la World and Christian Imagination National Research Conference [N.d.t. : Conférence nationale de recherche sur l'imagination dans le monde et la chrétienté] qui s'est tenue du 9 au 11 novembre 2006 à l'université Baylor.

réponse, Hamann suggère avec ironie que la critique de Michaelis, *dépourvue* d'inspiration, est précisément ce qui pourrait avoir causé la mort du langage *inspiré* de la Bible. Il explique ensuite que, bien que l'expédition philologique de Michaelis au Moyen-Orient ait donné quelques maigres résultats, la critique historique ne peut à elle seule élucider le sens du texte biblique, puisque celui-ci, selon les termes de Hamann, dépend « de déterminations et de circonstances tellement éphémères, spirituelles, arbitraires et fortuites que personne ne peut en sonder les profondeurs sans d'abord monter au ciel [...]. »[116] En effet, selon l'argument de Bacon repris par Hamann, même si la méthode historique permet de définir certains éléments concernant la genèse, le contexte, la forme et la rédaction des Ecritures, elle ne peut jamais suffire à élucider totalement un texte qui englobe, de manière prophétique, tous les temps et tous les âges, le passé comme le futur, et qui est, en fin de compte, inspiré et revêtu d'une perspective éternelle (Psaumes 119:89; Matthieu 24:35). S'ensuit la deuxième question qui traite de l'indifférence avec laquelle l'on considérait le langage de la nature à l'époque, qui n'était d'ailleurs pas reconnu en tant que tel. « Mais comment pouvons-nous réveiller d'entre les morts la langue disparue de la *nature* ? » demande Hamann. « – – Par des pèlerinages en Arabie Heureuse, par des croisades en Orient, par la restauration de sa magie » ?[117] Cette question découle de la première dans la mesure où ici encore, il est question d'herméneutique, plus précisément d'une herméneutique de la création; une fois encore, l'approche « rationnelle » et insensible du texte de la nature pose problème, car elle empêche d'expérimenter Dieu qui parle à la créature à travers la créature.

Nous avons vu également que, selon Hamann, Christ est la réponse aux deux questions. Christ est l'Alpha présent au commencement de la création, son archétype (Jean 1:3; Colossiens 1:16); Il est aussi l'Oméga, c'est-à-dire le *telos*[118] et le juge de la création qu'Il conduit à son terme. Hamann écrit : « Le Poète du lever du jour est la même

---

[116] N II, p. 203.
[117] N II, p. 211. C'est nous qui soulignons. N.d.t. : J. G. Hamann, « *Aesthetica in nuce, Une rhapsodie en prose cabalistique,* » p. 97.
[118] N.d.t. : La finalité.

personne que le voleur à son coucher.»[119] Christ est donc le Logos protologique et eschatologique, la première et la dernière Parole de la création, et par conséquent la réponse à l'énigme herméneutique qu'elle constitue. En dehors de Christ, la création court le risque de devenir muette et de perdre tout son sens; en Christ, elle parle à nouveau et redevient une « parole adressée à la créature à travers la créature. » Le même principe s'applique également aux Ecritures : Là où en dehors de Christ, elles paraissent mystérieuses et contradictoires, en Christ elles prennent vie (Luc 24:27) et leur langage apparaît comme une « parole adressée à la créature à travers la créature » encore plus intime et personnelle (tel que Hamann l'a lui-même expérimenté à Londres). En réponse à la question de savoir comment raviver les langues mortes des Ecritures, soulevée par Michaelis, il écrit :

> Comment devons-nous avaler la mort dans les [pots] pour rendre savoureux aux enfants des prophètes [les légumes ajoutés au potage][120]? Comment nous réconcilier [*versöhnen*] avec l'esprit irrité de l'Ecriture ? « Penses-tu que je veuille manger la chair des taureaux ou boire le sang des boucs ? » Ni la précision dogmatique de pharisiens orthodoxes, ni la profusion poétique de saducéens libres penseurs ne renouvèleront la mission de l'Esprit qui a poussé les saints hommes de DIEu (ευκαιρως ακαιρως) à parler et à écrire.[121]

En d'autres termes, si l'on considère que les légumes ajoutés dont il est question découlent en réalité de la critique historique de Michaelis, incapables en eux-mêmes de rendre les Ecritures savoureuses, alors le Saint-Esprit, l'Esprit de Christ, à travers lequel sont révélées les profondeurs des Ecritures (voir 1 Corinthiens 2:10), est l'ingrédient

---

[119] N II, p. 206. N.d.t. : J. G. Hamann, « *Aesthetica in nuce, Une rhapsodie en prose cabalistique,* » p. 91.
[120] N.d.t. : Il semble que la traduction de Romain Deygout ait omis ici la référence à 2. Rois 4:38–41. Pour plus de cohérence avec la suite, nous avons apporté quelques modifications dans ce sens.
[121] N II, p. 211. Voir 2 Rois 4:38–41 et Psaumes 50:13. Ευκαιρως ακαιρως peut se traduire par « en toute occasion, favorable ou non. » N.d.t. : J. G. Hamann, « *Aesthetica in nuce, Une rhapsodie en prose cabalistique,* » p. 97-98.

additionnel nécessaire. Néanmoins, ni les orthodoxes hypocrites qui suivent la loi à la lettre mais sont en fait remplis « d'ossements de morts » (Matthieu 23:27s), ni les libres penseurs qui ignorent la lettre des Ecritures et vont jusqu'à l'écarter complètement ne peuvent avoir accès au Saint-Esprit.

Comment alors expérimenter à nouveau la venue du Saint-Esprit ? Hamann ne la mentionne pas mot pour mot ici, mais fait clairement allusion à la nécessité de professer Christ, Celui qui donne le Saint-Esprit (Jean 4:10). Il écrit :

> Chaque disciple choyé du Fils unique, qui est dans le sein du Père, nous a annoncé que l'esprit de prophétie vit dans le témoignage du Nom *unique* par qui seul nous sommes sauvés et pouvons hériter de la promesse de cette vie et de la vie future; – du Nom que personne ne connaît sinon celui qui le reçoit, du Nom qui est au-dessus de tout nom, afin qu'au nom de JESUS fléchissent le genou tous ceux qui sont au ciel, sur la terre et sous la terre; et que toutes les langues reconnaissent que JESUS-CHRIST est le SEIGNEUR à la gloire de DIEU ! – du Créateur qui est loué ici pour l'éternité ! Amen ![122]

Autrement dit, seul le fait de confesser que Jésus est le Seigneur pourra faire descendre l'Esprit sur nous et renouveler le texte des Ecritures; car l'esprit des Ecritures, l'esprit des prophètes, n'est autre que l'Esprit qui témoigne de Jésus (Apocalypse 19:10). En effet, celui qui lit les livres prophétiques suivant cet éclairage, en gardant Christ à l'esprit, ne manquera pas d'être « enivré, » selon les termes de Hamann qui cite Augustin :

> Le témoignage de JESUS est également l'esprit de prophétie et le premier signe par lequel Il nous révèle la majesté de son *Knechtsgestalt* [ndt : *forme de serviteur*], transforme les livres de l'alliance en bon vieux vin qui déjoue le jugement des gastronomes et conforte le faible estomac des critiques d'art. *Lege libros propheticos*

---

[122] N II, p. 212. Voir Jean 1:18; Actes 4:12; Apocalypse 2:17; Philippiens 2:9–10. N.d.t. : J. G. Hamann, « *Aesthetica in nuce, Une rhapsodie en prose cabalistique,* » p. 97-98.

> *non intellecto CHRISTO*, dit le Père de l'Eglise carthaginois, *quid tam insipidum et fatuum invenies? Intellege ibi CHRISTUM, non solum sapit, quod legis, sed etiam inebriat* [Lis les livres prophétiques, sans penser au Christ : Que pourrais-tu inventer de plus prétentieux et plus vain ? Pense alors au Christ, ce que tu liras ne flattera pas seulement ton goût mais t'enivrera]. »[123]

Une fois de plus, Hamann évoque la majesté qui réside *dans* la forme de serviteur de Christ, comme pour nous rappeler que toute perception véridique de Christ, toute foi authentique doit d'abord reconnaître au moins l'offense, la « folie » et la « pierre d'achoppement » que représentent la Parole et la Croix (1 Corinthiens 1:18s). Ces éléments pointent déjà vers Kierkegaard, en particulier vers son ouvrage *Exercice en christianisme*. En même temps, Hamann peut ici témoigner sa sympathie à ses contemporains non-croyants qui, eux, éprouvent profondément cette offense, comme le montrent leurs réactions face à certaines histoires répréhensibles dans l'Ancien Testament qui semblent au premier abord problématiques d'un point de vue moral (par exemple, Genèse 22 ou Juges 4), ou l'attitude de Goethe et de Nietzsche qui étaient cruellement offensés par la Croix. Dans son esthétique, Hamann ne passe pas cette offense sous silence. Il sait fort bien ce qui trouble ses contemporains. Néanmoins, il leur propose de voir, dans ce qu'ils perçoivent comme une offense, la manifestation extérieure d'un mystère, qu'il s'agisse des Ecritures ou de Christ dont les formes extérieures respectives expriment la bassesse; de voir, au-delà de l'offense que représente Christ, toutes les richesses qui sont en lui (Colossiens 2:3) afin de parvenir ensuite à la découverte de toutes les richesses des Ecritures mêmes, elles-aussi cachées aux « sages et aux intelligents, » mais révélées à de simples enfants (Matthieu 11:25). Cela dit, Hamann met son lecteur en garde : L'esthétique qu'il propose suppose une mort; la perception dont il parle suppose une souffrance, la souffrance de la mort à soi-même à travers le baptême (voir Romains 6:3s). Il reprend une citation de Luther : « Adam doit être mort avant de souffrir [*leide*] cette chose et

---

[123] Ibid. La citation est tirée du commentaire d'Augustin du livre de Jean, *In Ioannis tractatus*, IX, 3.

de boire ce vin fort. C'est pourquoi fais attention de ne pas boire de vin si tu es encore un nourrisson ; chaque enseignement a ses mesures, son temps et son âge. »[124]

Vers la fin de l'*Aesthetica*, Hamann aborde la question de la poésie en tant que genre littéraire, comparant la « métrique monotonique » d'Homère à la versification libre de Klopstock. L'on pourrait croire de prime abord qu'il s'agit d'une question secondaire au vu des problématiques principales abordées par Hamann qui concernent les Ecritures et la création, mais, nous l'avons vu, pour Hamann elles sont en fait intimement liées. En effet, d'une certaine manière, les Ecritures relèvent de la poésie (la « poésie sacrée des Hébreux, » par exemple), de même que la création relève de la poésie (dont il ne nous reste que des « vers désordonnés » après la Chute) et que toute poésie humaine constitue une sorte d'imitation de la nature (« La poésie est une imitation de la belle nature »),[125] une réponse poétique au poème divin en somme. Plus d'un poète se considère sans doute comme un « original » et, selon Hamann, cette originalité constitue précisément, en un sens, le droit de naissance des êtres humains en tant qu'*imago Dei*. Pour lui, elle ne peut néanmoins être considérée comme *radicale* que lorsque le poète comprend que ses actions poétiques et symboliques constituent, par analogie, une réponse au « Poète du lever du jour. »

Par conséquent, l'esthétique telle que la conçoit Hamann se situe à mi-chemin entre le classicisme et l'expressionnisme subjectif. D'une part, il entend la poésie comme une « imitation de la nature, » comme les classicistes (Boileau, Batteux, Gottsched, etc.). « La nature et l'Ecriture sont donc les matériaux du bel Esprit, créateur et imitateur, » écrit-il.[126] D'autre part, étant donné qu'il s'agit d'une imitation « créatrice, » il ne s'agit pas de s'asservir à des règles objectives ou à des normes « rationnelles. » Au contraire, l'art et la

---

[124] N II, p. 213. Citation tirée des *Vorreden zur Heiligen Schrift* de Luther. Luther débat ici de la prédestination et de la grâce. N.d.t. : J. G. Hamann, « *Aesthetica in nuce, Une rhapsodie en prose cabalistique,* » p. 99.
[125] N II, p. 205. N.d.t. : J. G. Hamann, « *Aesthetica in nuce, Une rhapsodie en prose cabalistique,* » p. 90.
[126] N II, pp. 205, 210. N.d.t. : J. G. Hamann, « *Aesthetica in nuce, Une rhapsodie en prose cabalistique,* » p. 96.

poésie authentiques découlent du génie. Hamann le formule ainsi : « Quelle est donc cette chose qui compense l'ignorance d'*Homère* concernant les règles de l'art, qu'Aristote formula par la suite, et quelle est cette chose qui couvre à la fois l'ignorance de *Shakespeare* de ces lois critiques et sa transgression de ces mêmes lois ? La réponse est unanime : Le *génie*. »[127] C'est la raison pour laquelle il ne faut pas confondre, d'après Hamann, l'imitation avec la reproduction totalement dépourvue d'originalité des choses anciennes. Il cible clairement Winckelmann lorsqu'il écrit :

> Et vraiment, comme si notre apprentissage n'était qu'un simple souvenir, l'on nous renvoie constamment aux monuments des anciens, pour une formation de l'esprit par la mémoire. Mais pourquoi reste-t-on près des puits crevassés des Grecs en abandonnant les sources les plus vivantes de l'Antiquité ? Nous ne savons peut-être pas vraiment nous-mêmes ce que nous admirons chez les Grecs et les Romains jusqu'à l'idolâtrie. […] Le salut vient des Juifs […].[128]

L'on pourrait le reformuler ainsi : Pourquoi ses contemporains restent-ils en admiration devant les monuments grecs et romains alors que la source la plus vivante de l'Antiquité qui vient des Juifs, plus précisément de Christ lui-même (Jean 7:37s), pourrait devenir pour eux une source d'inspiration inépuisable ? A l'image de Narcisse, dont Hamann reprend le récit détaillé, citant Ovide, ils sont tombés amoureux d'une illusion. Il les réprimande donc : « J'attendais de leurs écrits philosophiques des concepts plus sains – à votre grande honte – chrétiens ! – Mais vous sentez l'aiguillon [*Stachel*] du nom généreux dont vous avez été nommés aussi peu que l'honneur que DIEU a tiré lui-même du nom répugnant de Fils de l'Homme. »[129] Une

---

[127] N II, p. 75.
[128] N II, p. 209. Cf. Jérémie 2:13: « Car mon peuple a commis un double péché : Ils m'ont abandonné, moi qui suis une source d'eau vive, pour se creuser des citernes, des citernes crevasses, qui ne retiennent pas l'eau. » Cf. Esaïe 55:1. Comme le montre toute l'*Aesthetica*, Christ est la source juive de l'esthétique vivante de Hamann. Voir Jean 4:13s et 7:37s. N.d.t. : J. G. Hamann, « *Aesthetica in nuce, Une rhapsodie en prose cabalistique,* » p. 94/96.
[129] N II, p. 210. N.d.t. : J. G. Hamann, « *Aesthetica in nuce, Une rhapsodie en prose*

fois de plus, le problème fondamental qui se pose avec les théoriciens de l'esthétique du Siècle des Lumières est que, tout comme les philosophes (à l'égard de la nature) et les critiques de la Bible (à l'égard des Ecritures), ils ont abandonné Christ, la source de vie éternelle de la création (Apocalypse 21:5-6).

Somme toute, Hamann est clairement un défenseur du génie contre la dictature de la raison, puisqu'il place l'accent sur l'aspect « créatif » (il défend la « versification libre » de Klopstock contre la « métrique monotonique » d'Homère); d'un autre côté, l'importance qu'il accorde à l'imitation indique avec tout autant de clarté qu'il n'est pas un adepte du subjectivisme pur. Frederick Beiser l'explique ainsi :

> Si nous devions résumer *Aesthetica in nuce*, il nous faudrait y repérer deux doctrines : Premièrement, l'art doit imiter la nature et révéler la Parole de Dieu; deuxièmement, l'art doit exprimer la personnalité de l'artiste au plus profond de son être. Cependant, l'esthétique de Hamann se caractérise précisément par la combinaison ou le croisement de ces doctrines. Il s'agit de la fusion apparemment paradoxale d'une subjectivité extrême d'une part, au nom de laquelle l'on enjoint à l'artiste d'exprimer ses désirs et ses sentiments les plus intimes, et d'une objectivité extrême d'autre part, au nom de laquelle l'on exige de l'artiste une imitation exacte de la nature et un abandon total aux effets qu'elle a sur lui.[130]

Comme le remarque très justement Beiser, cet apparent paradoxe entre une liberté subjective et une imitation objective peut être résolu si l'on considère que l'être humain est l'*imago Dei*, comme l'affirme Hamann. En effet, c'est précisément et surtout dans et à travers la liberté poétique de l'être humain que Dieu, le *poète originel*, se reflète et se révèle. Par conséquent, plutôt que d'être un exemple de subjectivisme pur, le summum de la liberté et de la créativité des hommes est aussi le summum de la révélation de Dieu qui se manifeste lui-même. Comme nous l'avons vu plus tôt, « chaque

---

cabalistique, » p. 96.
[130] Frederick C. Beiser, *The Fate of Reason* (Cambridge, Massachusetts: Harvard University Press, 1987), pp. 36s.

réaction de l'homme face à la créature est une lettre de créance et un sceau prouvant notre participation à la nature divine et notre appartenance à sa race [*Seines Geschlechts*]. »[131] La *poesis*[132] humaine n'est donc jamais purement subjective mais rejoint toujours le langage expressif de la création; en tant que tel, elle offre un « aperçu métaphysique »[133] de la nature de la réalité elle-même, comme le souligne Beiser.

Comment résumer, en somme, l'esthétique de Hamann ? Quelle est la clef, selon lui, d'une perception adéquate de toutes choses ? La réponse ne devrait plus nous surprendre désormais, étant donné le rôle central de Christ. Dans son apostille, où il se définit lui-même comme « le lecteur le plus âgé de cette rhapsodie en prose cabalistique, » Hamann écrit en guise de conclusion : « Ecoutons maintenant la somme finale de son esthétique la plus récente, qui est la plus ancienne[134] : 'Craignez DIEu et donnez-lui gloire, car l'heure de son jugement est venue; et adorez celui qui a fait le ciel, et la terre, et la mer, et les sources d'eau !' » (Apocalypse 14:7).

---

[131] N II, p. 207. N.d.t. : J. G. Hamann, « *Aesthetica in nuce, Une rhapsodie en prose cabalistique,* » p. 91.
[132] N.d.t.: Poésie, art poétique.
[133] Beiser, *The Fate of Reason*, p. 37.
[134] N II, p. 217. N.d.t.: J. G. Hamann, « *Aesthetica in nuce, Une rhapsodie en prose cabalistique,* » p.103.

6

A propos de l'origine du langage : Hamann corrige son disciple Herder

> *Très cher Hamann, si vous saviez comme je chéris la moindre de vos notes, je suis certain que vous n'en déchireriez aucune [...]. De plus, dans chacune de vos lettres, je trouve ne serait-ce qu'un seul mot qui pénètre les profondeurs de mon être [...]. J'en appelle à nouveau à vos saillies lumineuses et vous promets d'y répondre par mes propres gouttes d'eau dès que possible.*
>
> Herder à Hamann[1]

> *Pour moi, il ne s'agit ni de physique ni de théologie mais du langage, mère de la raison et de ses révélations, son A et son Ω. De toutes les vérités et de tous les mensonges, il est l'épée à double tranchant; et ne ris pas si je dois attaquer les choses sous cet angle. Je joue sur ma vieille lyre, mais toutes choses ont été faites par elle.*
>
> Hamann à Jacobi[2]

La relation qui existait entre Hamann et Herder est « l'un des exemples les plus précieux de personnalité et d'humanité au XVIIIe siècle, » affirme Nadler, une relation qui pourrait être comparée à celle qu'un Socrate allemand aurait entretenue avec son disciple, un Platon allemand, mais elle fut mise à rude épreuve par la participation de Herder au prix de l'Académie de Berlin sur la question de l'origine du langage, son *Abhandlung über den Ursprung der Sprache* (1772),[3] et par la réponse, pleine d'ironie et d'amertume, qu'y fit Hamann.[4] Les

---

[1] ZH III, pp. 60–61.
[2] ZH VI, p. 108.
[3] N.d.t. : *Traité de l'origine du langage.*
[4] NB, p. 154.

raisons pour lesquelles Hamann réagit ainsi sont complexes et devront faire l'objet d'une analyse en plusieurs étapes. Il faut tout d'abord considérer que l'Académie de Berlin, qu'il voyait comme une vitrine intellectuelle pour le régime haï de Frédéric le Grand, lui inspirait depuis longtemps une forte antipathie. De plus, comme il avait renoncé depuis de nombreuses années à s'engager de manière directe aux côtés des *Aufklärer*, il n'aurait jamais envisagé de participer, à leur demande, à un concours doté d'un prix. Dans cette perspective, il concluait naturellement que son disciple était allé « se prostituer aux beaux esprits de ce siècle et à leur bon ton. »[5]

Quel que soit le regard que l'on porte sur la « liaison adultère » qu'entretenait Herder avec l'Académie de Berlin, le contenu de sa *Preisschrift*[6] semble assez cohérent au premier abord. Il avait pour objectif de parvenir à un juste milieu entre le surnaturalisme extrême de Süßmilch (pour qui l'origine du langage supposait une instruction divine de l'ordre du *deus ex machina*[7]) et le naturalisme extrême de Condillac et de Rousseau (pour qui le développement du langage était plus ou moins le propre de n'importe quelle créature capable de ressentir des émotions). Du point de vue de Herder, aucune de ces deux explications ne rendait justice à la dignité de l'être humain, ce qui s'avérait problématique à ses yeux : Dans la vision de Süßmilch, les êtres humains étaient réduits à des instruments passifs et dépourvus de créativité, pourtant visible au moment où Adam donne un nom aux animaux (Genèse 2:19); Condillac et Rousseau, quant à eux, n'étaient pas parvenus à discerner qu'il existe entre animaux et êtres humains une différence qualitative. Herder l'exprime ainsi dans un remarquable *bon mot :*[8] « Condillac et Rousseau ne pouvaient que se tromper sur l'origine du langage, puisqu'ils firent erreur sur une différence si connue et si tranchée : Condillac en faisant de l'animal un

---

[5] ZH III, pp. 16s. N.d.t. : Bon ton : En français dans le texte.
[6] N.d.t. : Au sens général, le terme désigne la réponse, sujette à prix, à une question donnée posée par l'Académie de Berlin. Ici, le terme désigne spécifiquement le *Traité sur l'origine de la langue* de Herder qui remporta le premier prix et fut publié en 1772 sur ordre de l'Académie.
[7] N.d.t. : Dieu issu de la machine.
[8] N.d.t. : En français dans le texte.

homme, Rousseau, de l'homme un animal. »⁹

Cela dit, Herder ne voulait pas nier que les émotions aient également leur place dans le langage des hommes et que ces derniers partagent à certains égards cette caractéristique avec les animaux; c'est pourquoi il commence son essai avec une concession à Condillac : « Déjà comme animal, l'homme possède le langage » (« Schon als Tier hat der Mensch Sprache »). Néanmoins, selon lui, cela ne suffit pas à expliquer la différence qualitative qui existe entre le langage humain et les cris émis par les animaux de manière instinctive. Pour lui, le langage humain ne découle nullement des instincts; il s'agit, au contraire, d'« une orientation et d'une expansion absolument unique des puissances, » qu'il appelle la raison ou « réflexion » [*Besonnenheit*].¹⁰ Pour reprendre son exemple, tandis que les hommes sont capables, parmi tout un « océan d'impressions, » grâce à un horizon plus ou moins *illimité* qui justement *n'est pas assujetti* à un instinct dominant, de mettre fin au flot de sensations qui les envahit pour faire d'un mouton l'objet de leurs réflexions et l'identifier comme un animal particulier qui « bêle, » un loup ne passe pas par un tel processus de « réflexion. » Dans la vision *limitée* du loup, le mouton apparaît soit comme un objet sans intérêt, soit comme de la nourriture. Les hommes, au contraire, sont par nature des êtres pensants, c'est pourquoi Herder considère qu'à l'origine, le langage humain a été « découvert » en même temps que la réflexion, « d'une manière aussi naturelle et nécessaire à l'homme que le fait pour l'homme d'être homme. »¹¹

Il est donc difficile de comprendre pourquoi de telles affirmations posaient autant problème à Hamann; nous verrons, en effet, que sa propre théorie du langage évite à la fois les écueils du naturalisme extrême et ceux du surnaturalisme extrême. Cela est d'autant plus étonnant que Herder continuait clairement à se considérer comme le

---

⁹ Johann Gottfried Herder, *Abhandlung über den Ursprung der Sprache* (Stuttgart: Reclam, 1966), p. 20. Cf. Herder, *Traité sur l'origine de la langue*, traduction de Pierre Pénisson (Editions Aubier-Montaigne, 1977), p. 64.
¹⁰ Herder, *Abhandlung*, pp. 26s.
¹¹ Herder, *Essay on the Origin of Language*, p. 34; Herder, *Traité sur l'origine de la langue*, pp. 76-78.

disciple de Hamann. En fait, pour lui, ils avaient une position si semblable qu'il déclara dans une lettre en date du mois d'août de 1772, où il se justifie avec beaucoup de respect, que la réaction de Hamann le laissait perplexe.[12] L'on pourrait même dire que Hamann avait une dette de reconnaissance envers Herder puisque ce dernier avait clarifié et rendu populaires de nombreuses idées de l'*Aesthetica*, malheureusement quelque peu obscurcies par le style volontairement sombre et hermétique de Hamann. Il est donc important d'analyser quelques-unes des idées fondamentales qu'ils partageaient avant d'évoquer leurs différences qui, bien que subtiles, sont significatives, idées qui allaient profondément marquer l'évolution de la philosophie postkantienne.

D'une part, et il s'agit là d'un point commun primordial, tous deux s'opposaient au rationalisme dominant à leur époque en soutenant que l'on ne peut concevoir la raison en dehors du langage et que le langage, lui, est indissociable d'un contexte culturel donné. Dans cette perspective, ils affirmaient que l'universalité de la raison prônée par les *Aufklärer* n'était que relative et mettait en doute l'existence d'une épistémologie transcendante, dont l'idée s'est aujourd'hui tellement généralisée qu'elle va de soi.[13] D'autre part, à l'image de Rousseau, ils soutenaient tous deux que la poésie constitue le langage originel et qu'elle est, par conséquent, plus ancienne que la prose. Herder, faisant écho à l'*Aesthetica* de Hamann, écrit :

> Car qu'était cette *première langue sinon une collection d'éléments de la poésie* ? L'imitation de la nature, qui résonne, agit, se meut ! Issue des interjections de tous les êtres, et animée par les interjections des impressions humaines ! La langue naturelle de toutes les créatures intelligentes chantée par des sons, des images d'action, de passion et de vivante intervention ! Un lexique de l'âme, qui est en même temps une mythologie et une merveilleuse épopée des actes et dires de tous

---

[12] ZH III, pp. 10ss.
[13] En effet, tous deux défendaient une théorie du langage qui « va totalement à l'encontre de la conception que véhiculait la tradition épistémologique communément admise, » écrit Charles Taylor. Voir Charles Taylor, *Philosophical Arguments* (Cambridge: Harvard University Press, 1995), p. 13.

les êtres ! C'est-à-dire un récit fabuleux continuel [*Fabeldichtung*] motivé par la passion et l'intérêt ! La poésie est-elle autre chose ?[14]

Pour Herder, le langage n'est donc pas une invention de la raison *dans l'abstrait*, c'est-à-dire un simple instrument qu'elle aurait créé pour communiquer ses concepts (comme le pensaient de nombreux *Aufklärer*); il est plutôt la manifestation d'une réponse pleine d'émotion au langage vivant de la nature. Herder considérait certes que le langage découle de la raison, c'est-àdire de la réflexion, ce qui peut donner à penser que le langage en est, d'une certaine manière, dérivé; néanmoins, dans sa perspective, la raison ne prend pas le pas sur le langage; ils évoluent simultanément, l'un impliquant l'autre : « Sans langage l'homme n'a point de raison, et sans raison point de langage. »[15] A cet égard, il joue sur l'ambiguïté du mot grec *logos* qui signifie à la fois « raison » et « parole, » comme le faisait Hamann.[16] Par ailleurs, ils accordaient tous deux une grande importance aux sens et aux passions; ils étaient tous deux convaincus que les termes et les concepts philosophiques abstraits (qui ne ressemblent en rien au langage passionné de la nature) et leur effet déformant ont jeté un voile obscur sur le langage originel, expressif et poétique de la nature; qu'il est à nouveau donné à la nature de s'exprimer grâce à l'esprit du poète, plein de vitalité et d'expressivité;[17] et, de manière générale, que l'art est l'expression fondamentale de la vie, de la vitalité, de l'énergie, en somme, de l'esprit de l'artiste.[18]

Au regard de ces similitudes, qu'est-ce qui avait bien pu provoquer

---

[14] Herder, *Abhandlung*, pp. 50s; Herder, *Traité sur l'origine de la langue*, p. 96.
[15] Herder, *Abhandlung*, p. 37; Herder, *Traité sur l'origine de la langue*, p. 81.
[16] Cette ambivalence était déjà présente chez Aristote, dans sa conception de l'être humain telle qu'il la décrit dans *Les Politiques* (λόγον δέ μόνον ἄνθρωπος ἔχει των ζωων (1253a)) : L'unicité de l'homme est due soit au fait qu'il soit doué de raison, soit au fait qu'il possède le langage.
[17] Voir Herder, *Abhandlung*, pp. 6s.
[18] A cet égard, lire Werner Strube et sa référence spécifique à Herder, dans "Vom ästhetischen Umgang mit poetischen Texten. Ein Beitrag zu Poetik und Hermeneutik des 18. Jahrhunderts," dans Jörg Schönert et Friedrich Vollhardt (éditeurs), *Geschichte der Hermeneutik und die Methodik der textinterpretierenden Disziplinen* (Berlin: de Gruyter, 2005).

l'ire de Hamann ? Et d'ailleurs, quel intérêt trouver à ce débat sur l'origine du langage qui paraît aujourd'hui dépassé ? Pour répondre de manière synthétique à ces questions, il faut remarquer que dans l'esprit de Hamann, Herder avait réduit le *theologoumenon*[19] du langage à une question anthropologique, que ce soit volontairement ou non. Autrement dit, pour parler clairement, il avait profané le *mystère* théologique du langage, qui, pour Hamann, est toujours une analogie au Logos divin qu'il considère comme le plus grand privilège de l'être humain en tant qu'*imago Dei*,[20] en présentant le langage de façon purement naturaliste. Non seulement Herder avait-il traité l'hypothèse surnaturaliste de Süβmilch avec mépris, satisfaisant ainsi la vanité des esprits laïcs à Berlin mais aussi, pire encore, avait-il bafoué le cœur même de la compréhension qu'avait Hamann du langage – à la fois langage originel *et* racheté par Christ –, c'est-à-dire comme étant une parole prophétique adressée « à la créature à travers la créature, » ce qui rend impossible la réduction du langage à une définition exclusivement naturelle ou exclusivement surnaturelle. Herder n'était donc pas parvenu à percevoir l'aspect irréductiblement christologique du langage, à la fois humain *et* divin. De plus, alors même que le thème du langage revêt une importance primordiale pour Hamann, il n'avait pas tenu compte de ce qui constitue la pierre angulaire de la pensée de Hamann qui comprenait toutes choses et *en particulier* le langage en termes d'abaissement divin. Enfin, étant donné que la pensée et le langage sont intimement liés dans la vision de Hamann, l'on comprend clairement en quoi la position de Herder entraîne des implications théologiques inadmissibles. En effet, si le langage qui forme la raison n'est lui-même qu'une « découverte » purement naturelle, alors la raison peut être, elle-aussi, considérée comme purement naturaliste, et donc purement laïque. Herder avait finalement rendu superflue toute compréhension théologique du langage et donc toute conception selon laquelle le langage est une parole prophétique ou inspirée, puisque l'on pouvait désormais expliquer de manière satisfaisante le logos humain sans référer au Logos divin. Par conséquent, puisque tous deux défendaient la thèse

---

[19] N.d.t. : Théologoumène.
[20] N.d.t. : Image de Dieu.

selon laquelle la culture est intrinsèquement liée au langage, l'explication naturaliste de Herder avait involontairement ouvert la porte à une compréhension purement laïque non seulement du langage, mais aussi de la raison, de la culture, de toutes choses en somme.

Le débat sur l'origine du langage peut certes sembler passé de mode aujourd'hui, du moins si nous perdons de vue qu'aucune réponse scientifique n'a encore été apportée à la question du langage. Charles Taylor fait remarquer que nous sommes encore bien loin de pouvoir l'expliquer.[21] Néanmoins, Hamann en avait profondément conscience, ce curieux débat concerne finalement tous les domaines, car si le langage peut être expliqué sans Dieu, tout peut l'être. Un tel éclairage nous permet en fin de compte de comprendre la réaction véhémente de Hamann face à la *Preisschrift*[22] de Herder. Aux yeux de Hamann, elle servait précisément à étayer le rationalisme et la laïcité, alors que dans tous ses écrits il s'appliquait à les combattre. Dans cette même lettre datée d'août, Herder semble avoir compris la réaction de Hamann. Il lui enjoint de ne pas s'inquiéter et lui promet que dans son œuvre à venir, *Älteste Urkunde des Menschengeschlechts*, il s'appliquera « à montrer précisément le contraire, » c'est-à-dire à défendre une position qui s'accordera mieux avec celle de Hamann.[23]

RECENSION DE LA *PREISSCHRIFT* DE HERDER PAR HAMANN

Bien que la *Preisschrift* de Herder contienne de nombreux éléments appréciables, la perspicacité de la recension qu'en fait Hamann montre très vite la différence entre son génie et celui de Herder. La première phrase de Hamann joue sur la dernière phrase de Herder. En effet, Herder présente, sur le ton de la plaisanterie, ses

---

[21] Taylor, *Philosophical Arguments*, p. 83.
[22] N.d.t. : Au sens général, le terme désigne la réponse, sujette à prix, à une question donnée posée par l'Académie de Berlin. Ici, le terme désigne spécifiquement le *Traité sur l'origine de la langue* de Herder qui remporta le premier prix et fut publié en 1772 sur ordre de l'Académie.
[23] ZH III, p. 11.

excuses à l'Académie pour sa « désobéissance » à son égard, n'ayant pas formulé une « hypothèse » qui correspondait à ses instructions précises. Hamann répond avec sécheresse à cette marque de déférence : « L'auteur a le mérite d'avoir, par sa 'désobéissance' obtenu le prix de l'Académie. »[24] L'usage du terme « désobéissance » est clairement ironique ici : Plutôt que de désobéir à l'Académie, c'est à Hamann que son disciple a « désobéi, » fournissant à l'Académie précisément ce qu'elle voulait. « Le '*dédommagement*' pour ce désaccord, » continue Hamann, « tient en ce que Monsieur Herder, au lieu de livrer une hypothèse, cherche par son Traité à bannir une *hypothèse* [à savoir la « haute » hypothèse de Süβmilch], qui selon lui, 'à tous points de vue, n'existe qu'au préjudice et pour le déshonneur de l'esprit humain...' »[25]

La première raison pour laquelle Herder tourne la théorie de Süβmilch en dérision est l'anthropomorphisme simpliste dont elle est porteuse : Selon l'argument de Süβmilch, les hommes n'auraient pas été capables d'apprendre le langage sans la venue nécessaire de Dieu sur terre pour le leur enseigner. Bien évidemment, la théorie de Süβmilch n'était pas aussi rudimentaire que Herder le laisse à penser. Il soutenait que le langage humain est toujours marqué par un ordre et une structure syntaxique remarquables (anticipant d'une certaine manière la distinction entre *langage* et *parole*[26] développée par Saussure) – d'où le terme de « haute » hypothèse – et qu'un réseau langagier d'une telle complexité ne pouvait pas s'être développé par l'évolution mais devait forcément avoir été donné. Herder considérait néanmoins que la théorie de Süβmilch était porteuse non seulement d'une conception indigne de Dieu, dont la grandeur ne peut être que diminuée par de tels anthropomorphismes, mais aussi d'une vision indigne de l'être humain – il en appelle là encore à Genèse 2:19.[27] Il qualifie en fait la « haute » hypothèse de Süβmilch d' « indigne [...] de

---

[24] N III, p. 17. N.d.t. : J. G. Hamann, « Textes critiques de Hamann » dans Herder, *Traité sur l'origine de la langue suivi de textes critiques de Hamann*, traduction de Pierre Pénisson (Paris : Editions Aubier-Montaigne, 1977), p. 229.
[25] N III, p. 17. N.d.t. : J. G. Hamann, « Textes critiques de Hamann, » p. 229.
[26] N.d.t. : En français dans le texte.
[27] Herder, *Abhandlung*, p. 123.

l'esprit humain » en ce qu'elle revient à embrasser ce que nous appellerions aujourd'hui la théorie du « Dieu des lacunes.» En d'autres termes, Süßmilch défendait l'origine divine parce qu'il était tout simplement incapable de concevoir une explication naturelle plausible. En cela, il est frappant de voir que le débat entre Süßmilch et Herder préfigure les débats qui ont émergé plus récemment à propos de l'évolution et de ce que l'on a appelé l'hypothèse du « dessein intelligent. »

Vue sous cet angle, la position de Herder semble assez plausible par rapport à celle de Süßmilch qui paraît quelque peu naïve, si ce n'est emprunte d'un anthropomorphisme grossier. Et pourtant, ô surprise, Hamann plonge au secours de Süßmilch; car *si* un choix entre une explication naturelle et une explication surnaturelle s'impose, c'est la « haute » hypothèse qu'il se sent contraint de défendre. Il est néanmoins important de noter qu'il ne défend pas l'hypothèse dans son intégralité et ne soutient en aucun cas une sorte de théorie du « Dieu des lacunes. » Il résume la critique de Herder vis-à-vis de Süßmilch de la manière suivante, en s'appuyant de manière ironique sur des citations tirées de la *Preisschrift* :

> « Tu ne peux expliquer le langage par la nature humaine, partant elle est divine. » L'absurdité de cette conclusion n'est point *cachée* et n'est pas *subtile* – Monsieur Herder dit : « Je puis l'expliquer par la nature humaine, et complètement par elle. » Qui a dit le plus ? Le premier se cache sous un voile et crie : « *Dieu est là !* » Le second se tient bien en vue sur le devant de la scène et s'exclame dans une prestation époustouflante : « *Voyez ! Je suis un homme !* »[28]

En d'autres termes, Herder et Süßmilch empruntent l'un et l'autre une dialectique absurde : Pour le premier, l'origine du langage est nécessairement divine puisqu'il ne peut l'expliquer de manière naturelle; pour le second, elle est forcément naturelle parce qu'il est, lui, capable de le faire. Pour Hamann, aucune de ces deux explications n'est satisfaisante. Süßmilch commet l'erreur de croire que l'explication divine ne peut inclure une explication naturelle; Herder,

---

[28] N III, p. 17. N.d.t. : J. G. Hamann, « Textes critiques de Hamann, » p. 229.

quant à lui, n'est pas loin de penser qu'une explication naturelle ne peut inclure une explication divine. Hamann ne considère pas qu'il faille concevoir les deux explications comme s'excluant mutuellement.

Il faut néanmoins rendre justice à Herder, dont la subtilité est bien plus étendue que ce que ne laisse entendre Hamann. En fait, sa position paraît très proche de celle de Hamann lorsqu'il affirme que son explication naturaliste « montre Dieu dans la plus grande lumière, » c'est-à-dire comme ayant créé l'âme humaine de façon à ce qu'elle soit capable à son tour de « créer et perpétuer le langage » par ses propres moyens.[29] Il ajoute que « l'origine [du langage] n'est digne d'être appelée divine que d'une étonnante façon : A condition qu'elle soit humaine ! »[30] L'explication naturaliste de Herder ne semble donc pas nécessairement exclure l'explication divine. Au contraire, la seule explication qu'il estime digne de Dieu est l'explication naturelle qui soutient que les hommes fabriquent eux-mêmes leurs langues. A cet égard, la position de Herder se rapproche de celle de Hamann, puisque celui-ci, dans sa conception kénotique de la création, considère l'homme comme un être doué de liberté et doté d'une dignité archontique en sa qualité d'*imago Dei*, qui se manifeste déjà en Adam lorsqu'il donne un nom aux animaux (Genèse 2:19). Dans l'*Aesthetica*, Hamann écrit :

> La création de cette scène est à la création de l'homme ce que la poésie épique est à la poésie dramatique. L'une s'est établie grâce à la parole, l'autre grâce à l'action. Mon cœur ! Sois comme une mer tranquille ! – – Ecoute le conseil : Faisons des hommes [*Menschen*], une image qui nous ressemble, à nous qui régnons ! – Vois l'acte : Et DIEU le SEIGNEUR forma l'homme à partir d'une poignée de terre – Compare le conseil et l'acte; adore ! celui qui profère ces mots puissants avec le psalmiste (Psaumes 33:9); le prétendu jardinier avec le disciple évangéliste [*Evangelistin*[31]] (Jean 22:15-17); et le potier libre (Romains 9:21) avec l'apôtre des philosophes hellénistiques et

---

[29] N III, p. 18. N.d.t. : J. G. Hamann, « Textes critiques de Hamann, » p. 230.
[30] N III, p. 18. N.d.t. : J. G. Hamann, « Textes critiques de Hamann, » p. 231.
[31] N.d.t. : Le mot allemand indique qu'il s'agit d'une femme.

des scribes du Talmud.[32]

En dépit de tous leurs points communs qu'il est important de noter, Hamann souligne néanmoins leurs différences lorsqu'il s'exclame : « Là ! Là ! (par la vie du Pharaon !) C'est là le *doigt de Dieu* ! Cette *apotheosis*, Αποκολοκυντωσις, ou, selon les cas, *apophtheirosis*, sent peut-être davantage le galimatias que l'anthropomorphisme le plus dégradé et indigne mais néanmoins *privilégié*. »[33] En d'autres termes, l'apothéose que fait Herder de l'être humain est pire encore, plus absurde et plus pernicieuse que l'anthropomorphisme de Süßmilch. N'en déplaise à Herder, cet anthropomorphisme est « privilégié » aux yeux de Hamann, puisque Dieu parle précisément par des *anthropomorphismes*, c'est-à-dire par un discours qui s'adapte de manière scandaleuse à la nature tangible de l'être humain, que ce soit dans la création, dans les Ecritures ou en Christ lui-même. Quelques années plus tard, Hamann écrit d'ailleurs à Jacobi, en ne mâchant pas ses mots : « Sans anthropomorphismes, il n'y a pas de révélation possible. »[34] A cet égard, pour Hamann, Herder n'est pas parvenu à saisir la profondeur de l'abaissement divin par lequel Dieu utilise le langage humain, aussi naturelle que soit son émergence, et lui confère une certaine dignité en l'établissant comme véhicule choisi, comme trône mobile de la révélation de sa personne.

Certes, Herder admet volontiers que Dieu a lui-même permis que le langage humain soit autonome; néanmoins, selon Hamann, il a commis un acte d'usurpation, à l'image de Prométhée, en substituant l'humain au divin et en déifiant les hommes de manière illégitime. De cette manière, il a privé le langage, en tant que parole adressée « à la

---

[32] N II, p. 200. N.d.t. : J. G. Hamann, « *Aesthetica in nuce, Une rhapsodie en prose cabalistique,* » p. 82.
[33] Ibid. *Apocoloquintose* [Αποκολοκυντωσις] est le titre de l'œuvre satirique de Sénèque qui décrit la déification ou plutôt la métamorphose en « citrouille » de l'empereur Claude, « the Clod » [N.d.t. : littéralement, *motte de terre*. Il s'agit d'une référence à un poème écrit par William Blake au XVIIIe siècle]; *apophtheirosis* signifie « destruction. » Comme Dickson l'indique, le terme « galimatias » a été inventé par Montaigne et a pris le sens en anglais de « discours absurde, charabia » [N.d.t. : En français, la signification est la même] (G-D, p. 453).
[34] ZH VII, p. 427.

créature à travers la créature, » de son essence prophétique. L'on pourrait également l'expliquer ainsi : Herder (à cet égard un précurseur de Hegel, sur qui il eut une influence notoire) est allé trop loin dans son élaboration de la notion de la kénose divine proposée par Hamann, faisant disparaître Dieu de l'humain. Comme ce sujet mériterait d'être examiné plus en détails, Hamann écrit à son lecteur, avec son humour habituel, qu'un jour peut-être quelque Don Quichotte (à savoir lui-même, revêtu de l'attirail du croisé philologique), s'il n'est pas déjà mort depuis longtemps, montera sur son destrier une fois de plus pour venir à la rescousse de la « très douce Dulcinée, » soit de la « haute hypothèse » de laquelle les « systèmes et les langages de l'ancienne et de la nouvelle Babel » tirent leur feu prométhéen :

> Nous espérons qu'un de nos concitoyens, s'il n'est pas complètement disparu pour sa patrie, ranimera quelques braises dans la cendre de son fourneau pour réchauffer ses *doutes* et ses *oracles* sur le contenu et le sens de la question et de la décision de l'Académie. Y-a-t-il *Dulcinée* plus digne d'un philologue cabalistique que de venger l'individualité, l'authenticité, la majesté, la sagesse, la beauté, la fécondité et la sublimité de la « *haute hypothèse* » – d'où tous les systèmes et langues de l'antique et moderne Babel tirent leur origine *souterraine*, *animale* et *humaine*, leur feu (κοσμον της αδικιας) et d'où ils attendent leur salut ou leur destruction ?[35]

LE RETOUR D'ARISTOBULE

En concluant sa critique de Herder, Hamann avait laissé à penser que l'auteur de l'*Aesthetica*, c'est-à-dire lui-même en sa qualité de « philologue, » nous apporterait un éclairage sur l'origine du langage en développant sa propre conception et s'emploierait à défendre la « haute hypothèse. » Au lieu de cela, il complète son petit triptyque, commencé avec sa recension de Tiedemann, avec la recension de sa propre critique de Herder, intitulée « Envoi » [*Abfertigung*], en toute

---

[35] N III, p. 19. Cf. Jacques 3:15 à propos des deux types de sagesse. N.d.t. : J. G. Hamann, « Textes critiques de Hamann, » p. 232.

simplicité. Il réutilise pour cela l'un de ses vieux masques, celui d'Aristobule (il s'agit du pseudonyme que Hamann utilise dans son *Essai sur une question académique*, mais aussi, de manière significative, du nom du conseiller du roi Ptolémée dans 2 Maccabées 1:10). L'*Abfertigung* est un chef-d'œuvre d'intelligence et d'esprit. Elle s'ouvre sur une reformulation, plus sensée selon Aristobule, de la question académique : « La première langue, la plus ancienne et la plus originelle, a-t-elle été donnée à l'homme de la même façon que la transmission des langues telle qu'elle se produit encore aujourd'hui ? »[36] D'après Aristobule, il est naturel de penser que la manière dont la première langue a été communiquée est au moins analogue à celle que nous utilisons aujourd'hui pour l'apprentissage d'une langue, à savoir l'instruction; croire en revanche que l'origine du langage n'est en rien semblable à la manière dont se fait l'acquisition d'une langue aujourd'hui soulèverait des difficultés bien plus importantes et supposerait de renoncer complètement à ce que nous connaissons. Ainsi, l'hypothèse surnaturelle de Süßmilch d'une instruction divine n'a soudain plus rien de ridicule, contrairement à ce que laissait entendre Herder. Vue sous cet angle, elle apparaît au contraire comme l'explication la plus *naturelle*, alors que celle de Herder, en plus d'être abstraite et spéculative, nous mène inévitablement à ce que Hamann décrit comme un labyrinthe trompeur et épuisant, sans aucun fil d'Ariane, aucun semblant de similitude qui pourrait nous en indiquer la sortie. « En effet : A quel moyen pouvons-nous bien avoir recours pour trouver la notion de l'origine d'un phénomène, si cette origine n'est aucunement conforme au cours normal de la nature ? » s'interroge Hamann.[37] Dans ce cas, « ni pôle ni compas ne pourront préciser et diriger le chemin de nos découvertes. »[38]

A ce stade, Hamann énumère trois explications possibles à l'origine du langage : L'instinct, l'invention et l'instruction. La première ne

---

[36] N III, p. 20. N.d.t. : J. G. Hamann, « Supplément » dans Herder, *Traité sur l'origine de la langue suivi de textes critiques de Hamann*, traduction de Pierre Pénisson (Paris : Editions Aubier-Montaigne, 1977), p. 233.
[37] Ibid.
[38] Ibid. N.d.t.: J. G. Hamann, « Supplément, » p. 233-234.

correspond pas à ce que nous savons de la forte connexion entre la langue et l'oreille, puisque les personnes qui présentent une surdité à la naissance ou celles, très rares, qui ont grandi en dehors de la société humaine, semblent ne pas posséder la faculté du langage. La deuxième, quant à elle, présuppose précisément ce qu'elle veut démontrer : « Invention et raison supposent déjà une langue, et ne pensent pas plus l'une sans l'autre que le *calcul* sans les *nombres*. »[39] Une fois de plus, l'explication la plus plausible semble donc être l'instruction qui peut prendre trois formes selon Hamann, sous le personnage d'Aristobule : Humaine, mystique et animale. La première forme nous ramène à notre point de départ, puisque la question est justement de savoir comment les *premiers* êtres humains ont pu acquérir le langage. La seconde, l'instruction mystique, semble être celle que défendait Süßmilch et l'on pourrait croire que Hamann (Aristobule) prendrait parti pour cette position. Etrangement, il la rejette cependant, la qualifiant d'« ambigüe, non philosophique, inesthétique et [ayant] en trop quatre-vingt-dix-sept manques et infirmités. »[40] (Nous voyons là que les masques de Hamann ne représentent pas toujours fidèlement ses positions mais en sont parfois des parodies pleines d'ironie.) Il ne reste donc plus que la théorie de l'instruction par les animaux qui n'est pas si étrange, comme le suggère Aristobule, puisque les Egyptiens eux-mêmes semblaient leur avoir voué un culte. C'est donc précisément cette théorie qu'il présente, sur un ton marqué par l'ironie, en quelques lignes, sous la forme d'une raillerie désopilante qui réduit le fier rationalisme de ses contemporains à un « plagiat » de la « lumière naturelle » des animaux (cette conclusion semble logique du moment que, niant la plus haute hypothèse, l'on cherche à la remplacer par une explication purement naturelle) :

> Que sont les chefs d'œuvres de notre fière raison sinon l'imitation et le développement de leur instinct aveugle ? Qu'est-ce que le feu caché de tous les arts, beaux, libéraux et nobles, sinon un *plagiat* prométhéen de la *lumière naturelle* animale ? Ne devons-nous pas au scepticisme

---

[39] N III, p. 21. N.d.t. : J. G. Hamann, « Supplément, » p. 234-235.
[40] Ibid. N.d.t. : J. G. Hamann, « Supplément, » p. 235.

A PROPOS DE L'ORIGINE DU LANGAGE

d'une bête rusée et au goût relevé d'un peuple plus rusé encore le germe de la connaissance du bien et du mal, et même l'arbre philosophique de l'*Encyclopédie*... ?[41]

Bien évidemment, la pique la plus acérée est celle que Hamann lance aux philosophes de l'*Encyclopédie*[42] qui auraient reçu en premier lieu leur instruction d'un animal, à savoir le serpent dont parle la Genèse, et auraient donc été dupés par une forme d'illumination trompeuse. Dans la même veine humoristique, l'*Abfertigung* conclut avec Hamann, toujours par la bouche d'Aristobule, faisant référence à Hamann (le critique de Herder), évoquant l'attente dans laquelle est ce dernier de nouvelles de Hamann (le philologue anonyme) : « Mais en présentant [*abfertigen*] tout à fait l'auteur de la recension faite au numéro vingt-six [de la *Königsbergsche gelehrte und politische Zeitung*[43]], je ne puis le voir que comme un étranger en Israël qui ignore même que son soi-disant philologue s'est changé en une bête de somme apuléenne ... »[44] Que le critique ne s'attende donc pas à recevoir une réponse de ce Hamann, à moins que ce ne soit par la bouche d'un âne.[45] Néanmoins, en tant qu'ami du philologue et au fait de sa situation, Aristobule nous laisse quelques indices sur la façon dont il répondrait :

> Notre compatriote à la *triste figure* murmurerait donc peut-être ceci [...], et au lieu d'écrire une pièce de concours en sept chapitres [...], il dirait, du fond de la poussière de son humilité : « Que sais-je de tout votre problème ? En quoi cela me regarde-t-il ? Le lever, le midi et le coucher de tous les *beaux arts* et les *sciences* que l'on reconnaît, hélas ! à leurs fruits, n'ont d'influence sur mon bonheur présent que lorsque ces sœurs cruelles rompent le profond sommeil de mon repos

---

[41] N III, p. 22. N.d.t. : J. G. Hamann, « Supplément, » p. 236.
[42] N.d.t. : En français dans le texte.
[43] N.d.t. : Journal savant et politique de Königsberg.
[44] N III, p. 23. Cf. Apulée, *Métamorphoses*, où est relatée la transformation de Lucius en âne. N.d.t. : J. G. Hamann, « Supplément, » p. 236.
[45] C'est précisément ce que fait Hamann dans sa *Nouvelle apologie de la lettre h par elle-même* (N III, p. 105), où il parle par la bouche de la lettre « exactement comme le ferait cette bête de somme muette, » à savoir l'âne de Balaam de Nombres 22:28.

> par des rêves allotriocosmiques [sic], dérangent la pierre sacrée de mes propos au nom d'un misérable viatique, limitent ma garde-robe à une *redingote* sombre et raide, et ma diète à de la bière clairette et de la cuisine froide, et même, ce qui est le pire, pénètrent jusqu'en mes instants les plus précieux et les plus doux, alors que je devrais les dire et les former [*verbildern*] avec la cire de mon âme, soupirer et sourire sur le berceau de ma petite fille. – – Bien que, selon la profession de foi de votre maître d'école antisalomonique, la crainte du maître soit la fin de la sagesse, il me reste d'un grand profit d'être *pieux* et *satisfait* ! – – – La paix qui vient d'en haut surpasse toute raison – – et l'amour de *Christ* la langue des anges et des hommes. Ce grand *architecte*, *pierre angulaire* d'un *système* qui survivra au ciel et à la terre et d'un *patriotisme* qui a vaincu le monde a dit : « Que votre oui soit oui, et que votre non soit non. Tout le reste est du diable – – et en cela consiste tout l'*esprit de la loi* et de la *justice sociale*, ou comme vous voudrez les appeler. »[46]

En d'autres termes, quel bien les arts et les sciences ont-ils apporté si ce n'est la pauvreté (à force, peut-être, d'acheter trop de livres) et la négligence de la vie de famille ? Néanmoins, le plus important ici est que les nombreux systèmes qui vont et viennent, et à plus forte raison les enseignants des Lumières « anti-salomoniques, » c'est-à-dire dépourvus de sagesse, qui ont oublié que la « crainte de l'Eternel » est le début, le *principium*, de la sagesse (Psaumes 111:10), importent peu au philologue, à celui qui aime la Parole. Il faut donc opposer aux nombreux systèmes inventés par les hommes un seul système, celui dont Christ est la fondation et l'architecte; c'est selon cet éclairage qu'il faut concevoir toute théorie du langage et de la culture humaine.

BOUTADES ET DOUTES PHILOLOGIQUES

Si dans sa série de recensions (celle de Tiedemann, de Herder et de sa propre recension), Hamann ne donne à son lecteur que des indices concernant sa propre position et les points de désaccord avec Herder,

---

[46] N III, pp. 23s. Cf. Proverbes 9:10; Philippiens 4:7; Matthieu 5:37. N.d.t.: J. G. Hamann, « Supplément, » p. 237.

ils sont plus explicites et formulés de manière plus frappante dans son œuvre *Boutades et doutes philologiques sur un prix académique* (*Philologische Einfälle und Zweifel über eine akademische Preisschrift*), décrite par von Balthasar comme « une raillerie dévastatrice du naturalisme enthousiaste de Herder. »[47] Hamann parle par la bouche du *Mage du Nord*, qui était alors devenu son surnom le plus connu et le moins cryptique, et commence par des épigraphes marquants : Psaume 120:4 tout d'abord, « Les traits aigus du guerrier, avec les charbons ardents du genêt »; une citation de Pindare : « Je jure que ma langue, dans ses mouvements rapides, n'a point, dépassant le but, fait comme le javelot au front d'airain »; et une référence à Horace, que Hamann appréciait énormément : « D'ailleurs ce n'est pas moi qui voudrais arracher de son front glorieux cette illustre couronne ! »[48] Les « traits aigus » visent bien sûr Herder et l'ironie de la citation de Pindare, tirée d'une ode qui chante les louanges d'un jeune vainqueur, est évidente.[49]

Le texte se découpe en trois parties : Quelques pensées de Hamann, quelques doutes formulés à l'encontre de la *Preisschrift* de Herder sous la forme d'une parodie dévastatrice et un panégyrique débordant d'ironie du « vainqueur » des jeux de Berlin. Hamann commence par commenter la distinction qu'établit Aristote entre « voix » et « langage, » une distinction que, d'après lui, Herder aurait dû davantage prendre en compte, et s'appuie sur cette différence pour renverser l'affirmation qui sert d'introduction à la *Preisschrift* : « Déjà comme animal l'homme possède une langue. » Certes, il ne s'agit pas de la conclusion de Herder mais d'une remarque préliminaire; de plus, il s'agissait, nous l'avons vu, d'une concession faite à Condillac, qui même dans l'esprit de Herder devait être abordée avec réserve. Néanmoins, aux yeux de Hamann, Herder aurait dû prendre exemple sur Aristote pour éviter de confondre négligemment le langage et les

---

[47] Hans Urs von Balthasar, "Laikale Stile" dans *Herrlichkeit: Eine Theologische Ästhetik II/2* (Einsiedeln: Johannes Verlag, 1962), p. 613. Cf. von Balthasar, *The Glory of the Lord: A Theological Aesthetics* (San Francisco: Ignatius, 1985), volume 3, p. 248.
[48] Pindare, *Néméennes*, VII, traduction de Faustin Colin; Horace, *Satires*, I, X, traduction de Jules Janin.
[49] Voir G-D, p. 190.

cris instinctifs des animaux.

Le fait que Hamann commence par évoquer Aristote n'est pas le fruit du hasard. En effet, Aristote déclare dans *Les Politiques* que l'homme est le seul parmi les êtres vivants à posséder le langage (λόγον δὲ μόνον ἄνθρωπος ἔχει τῶν ζῴων).[50] Quelle que soit la manière dont on comprend le terme *logos*, soit comme « raison, » soit comme « langage » (toute la pensée de Hamann repose sur cette ambiguïté), Hamann cite Aristote dans le but de montrer que le langage est ce qui définit l'être humain comme tel et que, par extension, toute *Sprachtheorie*[51] sera forcément liée à l'anthropologie de son auteur. C'est donc l'anthropologie de Herder qui fait l'objet des boutades et doutes de Hamann concernant la *Preisschrift* et l'on voit apparaître à partir de là les différences essentielles qui les séparent. La référence à Aristote a également pour objectif d'établir un contraste ironique avec Herder : Alors que ce dernier présente sa théorie comme étant « naturelle, » « fondée » et même « démonstrative » (il clôt la *Preisschrift* en qualifiant son argument de « preuve »), elle est aux yeux de Hamann tout le contraire : Une sorte de « platonisme » contre-nature, abstrait et spéculatif.

Hamann commence ensuite à développer sa propre anthropologie, tout en continuant à citer Aristote par opposition à Herder dont la position est plus platonicienne :

> Pour ce qui est de la vie sociale, le Stagyrite tient l'homme pour *neutre*. Je suppose à partir de là que le vrai caractère de notre nature est dans la dignité *juridique* [*richterliche*] et *magistérielle* [*obrigkeitliche*] d'un *animal politique*, et que, par conséquent, l'*être humain* se comporte à l'égard des *animaux* comme un prince à l'égard de ses *sujets*.[52]

---

[50] Aristote, *Les Politiques*, livre I, chapitre 2, 1253a.

[51] N.d.t. : Théorie du langage.

[52] N III, p. 37. Dickson remarque (G-D, p. 495) qu'il est fait référence ici à l'*Historia animalium* [N.d.t. : Histoire des animaux] d'Aristote et que, par conséquent, le terme « neutre » réfère à l'état intermédiaire dans lequel se trouvent les êtres humains. En effet, ils se situent entre la vie en communauté (pouvant aller jusqu'à l'absence d'individualité) et une existence solitaire (au point de ne plus du tout participer à la vie communautaire). N.d.t. : Johann Georg Hamann, « Boutades et doutes philologiques

L'anthropologie de Hamann peut clairement être qualifiée de « haute anthropologie. » Néanmoins, même à cet égard, les différences entre Hamann et Herder n'apparaissent de manière visible que lorsque Hamann (qui des deux était le plus fondamentalement luthérien) poursuit en écrivant : « Ce pouvoir, comme toute position honorifique, ne présuppose cependant pas encore une *dignité intrinsèque* ou un *mérite* attaché à notre nature; c'est un don gracieux [*Gnadengeschenk*] offert par le grand Donateur. »[53] Même ici, il s'agit assurément de différences subtiles. Herder, en tant que pasteur, appelé comme prédicateur à la petite cour de Bückebourg en 1771 et nommé inspecteur ecclésiastique de l'Eglise luthérienne de Weimar, n'aurait jamais nié que la dignité humaine soit fondée dans son essence même sur Dieu. Néanmoins, la grâce n'occupe pas une place centrale dans ses explications « naturalistes, » puisqu'en tentant d'agir comme un « scientifique, » il établit au contraire la méthodologie de son anthropologie *etsi Deus non daretur*.[54] En d'autres termes, Hamann l'avait fortement perçu, Dieu ne semble pas nécessaire dans la *Sprachtheorie* de Herder, puisque l'homme pourrait très bien avoir inventé le langage *sans lui*.

La manière dont Hamann et Herder concevaient la liberté humaine peut sembler similaire à première vue. Hamann écrit :

> « La liberté est le *maximum* et le *minimum* de toutes nos forces naturelles, le moteur aussi bien que la fin de toute leur orientation, de tout leur développement et de tout leur résultat. Partant, ni l'instinct ni le *sensus communis* ne déterminent l'homme – ni l'*ius naturale*[55] ni l'*ius gentium*[56] ne déterminent un *prince*. Chacun est son propre

---

sur un prix académique » dans Herder, *Traité sur l'origine de la langue suivi de textes critiques de Hamann*, traduction de Pierre Pénisson (Paris : Editions Aubier-Montaigne, 1977), p. 250.
[53] N III, pp. 37s. N.d.t. : J. G. Hamann, « Boutades et doutes philologiques sur un prix académique, » p. 250.
[54] N.d.t. : Comme si Dieu n'existait pas.
[55] N.d.t. : Droit naturel.
[56] N.d.t. : Droit des gens.

législateur, mais en même temps il est le *premier-né* et le *prochain* de ses *sujets*.⁵⁷

Au premier abord, l'anthropologie de Hamann paraît presque équivalente à celle de Herder, notamment lorsque Hamann déclare que « la *conscience*, l'*attention*, l'*abstraction* et même la conscience *morale* paraissent largement être des *énergies* de notre *liberté*. »⁵⁸ Cela s'applique également au passage ci-dessous où il paraphrase la pensée de Herder :

> A la liberté n'appartiennent pas que des *forces indéterminées*, mais aussi le privilège républicain de pouvoir *coopérer* à leur détermination. Pour cette raison, la *sphère* des animaux, comme il a été dit, détermine la direction de toutes leurs forces par l'instinct, d'une manière tout aussi individuelle et définie que, dans son contraire, la perspective de l'être humain s'étend à l'*universel* et, en somme, se perd dans l'*infini*.⁵⁹

Néanmoins, alors que la doctrine de Herder concernant la liberté est en fin de compte plus fondamentalement et plus volontiers attachée à la *modernité*, celle de Hamann reste essentiellement *théologique*. C'est là que réside leur différence.

On le voit par exemple lorsque Hamann écrit, en référence au premier chapitre de Jacques et à l'œuvre d'Aristote, *De poetica* : « Sans la *loi parfaite* de la *liberté*, l'homme ne serait pas capable d'imiter, alors que cependant c'est sur quoi toute *éducation* et toute *invention* reposent, car par nature l'homme est la plus grande *pantomime* des animaux. »⁶⁰ Pour Hamann, la liberté est fondée sur

---

⁵⁷ N III, p. 38. N.d.t. : J. G. Hamann, « Boutades et doutes philologiques sur un prix académique, » p. 250-251.
⁵⁸ Ibid. N.d.t. : J. G. Hamann, « Boutades et doutes philologiques sur un prix académique, » p. 251.
⁵⁹ N III, pp. 38s. N.d.t. : J. G. Hamann, « Boutades et doutes philologiques sur un prix académique, » p. 251.
⁶⁰ N III, p. 38. Cf. Jacques 1:25 : « Mais celui qui aura plongé les regards dans la *loi parfaite*, la *loi de la liberté*, et qui aura persévéré, n'étant pas un auditeur oublieux,

l'imitation (cela semble aller complètement *à l'encontre de la modernité*), plus précisément *l'imitation* de la loi (Jacques 1:25) qui permet l'exercice de la liberté et la définit, puisque c'est ainsi, par la grâce de Christ qui nous est inspirée, que nous sommes rendus conformes à et participants de la liberté propre à la nature divine (2 Pierre 1:4). L'imitation est donc ce qui détermine la liberté humaine, contrairement à ce que pensait Herder, et cela lui confère une certaine supériorité sur l'invention. Ce léger glissement de la centralité de l'invention à celle de l'imitation révèle en fait une différence fondamentale entre Hamann et Herder qui se manifeste dans leurs théories du langage respectives : Herder considère que le langage est par essence une *invention* humaine qui découle de la *Besonnenheit*;[61] Hamann, quant à lui, maintient que le langage est par essence une *imitation* créatrice de la Parole proclamée lors de la création et une réponse à cette Parole (ce qui le place systématiquement dans un contexte théologique, que la Parole soit perceptible ou non).

Aux yeux de Hamann, nous l'avons vu, la théorie de l'instruction est à certains égards plus naturelle et donc plus plausible qu'une théorie de l'invention. De plus, la théorie de Herder comporte une difficulté supplémentaire selon lui, puisqu'elle suppose une *petitio principii*.[62] En effet, pour répondre à la question de l'origine du langage, cette théorie s'appuie sur une faculté appelée la « réflexion » de laquelle, bien qu'elle soit présupposée et que son origine reste mystérieuse, le langage serait tout de même dérivé. Plus gênant encore, comme le souligne Hamann, la théorie de Herder, prétendument innovante, est basée sur la doctrine de la réminiscence soutenue par Platon, puisqu'il considère que la raison possède toujours déjà par avance le langage et qu'il suffit de se souvenir pour y accéder. Hamann inverse donc la théorie prétendument naturaliste de Herder pour l'assimiler à l'idéalisme de Platon. De son côté, plus en phase avec les traditions aristotéliciennes et empiriques, Hamann affirme que la raison ne peut

---

mais se *mettant à l'œuvre*, celui-là sera heureux dans son *activité*. » C'est Hamann qui souligne. N.d.t. : J. G. Hamann, « Boutades et doutes philologiques sur un prix académique, » p. 251.
[61] N.d.t. : Réflexion ou raison.
[62] N.d.t. : Une pétition de principe.

se targuer d'un contenu avant d'avoir été préalablement en contact avec les sens :

> Ainsi, il n'y a rien dans notre *compréhension* qui ne fût d'abord dans les *sens*, tout de même qu'il n'y a rien en notre corps qui ne fût d'abord passé par notre ventre ou celui de nos parents. Par là les *stamina*[63] et *menstrua*[64] de notre raison sont des *révélations* et des *traditions*, au sens propre du terme, nous les prenons en propre, les changeons en nos sucs et forces, et par là nous augmentons notre vocation, afin en partie de *révéler*, en partie de *transmettre*, le pouvoir *critique* et *archontique* d'un *animal politique*.[65]

En quelques lignes, Hamann nous révèle ici le fondement de son anthropologie, qui lui servira plus tard à critiquer Kant, puisqu'il considère que la raison, loin d'être pure et de posséder a priori ses propres concepts, est le produit de l'histoire, des révélations et des traditions. Dans la mesure où nos pensées et nos réflexions ont été déterminées par l'histoire, la tradition et la révélation, la dignité archontique de l'être humain (du grec *archon* qui signifie « chef ») ne consiste pas à s'en détacher de manière radicale mais à recevoir ces informations avec prudence et à les analyser avec un esprit critique.

En d'autres termes, même si la maîtrise de soi participe de la dignité « archontique » de l'être humain et même si nous devons faire preuve de discernement, nous ne devrions pas nous tromper nous-mêmes en pensant que la raison et l'esprit critique pourront un jour se voir purifiés de manière alchimique des éléments essentiels qui les constituent. « Pour le moins, notre raison provient de ce double enseignement des *révélations* sensibles et des *témoignages* humains, »[66] écrit Hamann. La raison ne peut se concevoir en dehors des « révélations et des traditions, » comme il l'expliquera plus tard à Kant. Néanmoins, pour Hamann, c'est précisément ce sur quoi repose

---

[63] N.d.t. : Etamines (organes sexuels mâles contenus dans les fleurs).
[64] N.d.t. : Menstrues, règles.
[65] N III, p. 39. N.d.t. : J. G. Hamann, « Boutades et doutes philologiques sur un prix académique, » p. 252.
[66] Ibid.

cette méthode analytique erronée qu'est la *Scheidekunst*.[67] Il établit donc une analogie entre les erreurs commises par les philosophes et celles des hérétiques (en théologie) :

> Les philosophes ont déjà remis leur lettre de divorce[68] à la vérité en ceci qu'ils ont séparé ce que la nature a uni ; et par là, entre autres hérétiques en *psychologie,* sont nés leurs *Ariens, Mahométans* et *Sociniens,* qui, eux aussi, ont tout voulu expliquer par une *unique force positive* de l'âme ou *entéléchie*.[69]

Ainsi, la philosophie, suivant le modèle des hérésies anciennes, a tendance soit à dissocier et séparer ce qui est indissociable, soit, à l'inverse, à combiner ce qui ne devrait pas l'être, incapable qu'elle est de percevoir ce mystère (fondamentalement trinitaire et christologique) de l'unité dans la différence.[70] Face aux divorces et aux unions qui vont à l'encontre de la loi et caractérisent, aux yeux de Hamann, la pensée moderne, il rétablit le *mystère* du *mariage* : « Parce que le mystère de l'union entre deux natures aussi opposées que l'homme *extérieur* et l'homme *intérieur,* ou le *corps* et l'*âme,* est grand, il faut en vérité la *perception* de plusieurs signes terrestres différents pour atteindre un concept compréhensible de

---

[67] N.d.t. : L'art de la séparation. Habituellement utilisé en chimie, ce terme désigne chez Kant la décomposition analytique du complexe en ses éléments simples.

[68] N.d.t. : La traduction de Pierre Pénisson utilise le terme « démission. » Il nous a semblé qu'il manquait ici la référence au divorce qui est reprise ensuite par John Betz. Pour plus de cohérence avec ce qui suit, nous avons choisi de remplacer ce terme par « divorce. »

[69] N III, p. 40. N.d.t. : J. G. Hamann, « Boutades et doutes philologiques sur un prix académique, » p. 252-253.

[70] En termes de physique nucléaire qui, de par sa modernité, est en quelque sorte son analogue scientifique, cette double stratégie philosophique peut être comparée, d'une part, à la bombe atomique (ou à la fission) et, d'autre part, à la bombe à hydrogène (ou à la fusion), l'une bénéficiant, par l'intermédiaire du « progrès, » d'un pouvoir de destruction encore plus grand que l'autre. Cf. la citation de Hamann (ZH VII, p. 158) : « Ce que Dieu a uni, aucune philosophie ne peut le séparer ; encore moins peut-elle unir ce que la nature a séparé. Le divorce et la sodomie pèchent contre la nature et la raison [...]. »

l'*accomplissement* dans l'unité de notre *nature humaine.* »[71]

Au lieu de séparer la philosophie en deux catégories, l'idéalisme et le réalisme (ou le matérialisme), Hamann conçoit toutes choses en termes de coïncidence mystérieuse des opposés. Garder cela à l'esprit nous permet de commencer à comprendre son anthropologie, qu'il présente au moyen de la parabole obscure citée ci-dessous, en s'appuyant sur l'affirmation de Paul dans l'épître aux Corinthiens : « Car nous sommes ouvriers avec Dieu. Vous êtes le champ de Dieu, l'édifice de Dieu » (1 Corinthiens 3:9) :

> Ainsi l'homme n'est pas seulement une *terre* vivante, mais aussi un fils de *la terre*, et point seulement de la *terre* et du *germe* (selon le système des *matérialistes* et des *idéalistes*), mais aussi du *roi* de la *terre* [qui a le pouvoir de] cultiver sur sa terre à la fois le bon grain et l'ivraie. En effet, qu'est-ce qu'une *terre* sans *germes* et un *prince* sans *domaine*, ni *revenus* ? Ces trois choses en nous n'en sont donc qu'une seule, à savoir le θεου γεωργιον, tout de même que *trois silhouettes* sur un mur sont les ombres naturelles d'un seul corps derrière lequel se trouve une double lumière – – –[72]

En d'autres termes, l'homme est non seulement la matière – la terre – cultivée, mais aussi le produit de la culture, c'est-à-dire qu'il est en quelque sorte sa propre création. En même temps, non seulement représente-t-il la matière cultivée et les fruits tangibles qui en résultent, mais aussi est-il le semeur qui sème ses pensées (idées) dans le terreau de sa vie comme autant de germes. L'être humain est également, par conséquent, le roi qui domine sur la terre de sa vie et récolte ce qu'il sème (cf. Matthieu 25:14ss; Galates 6:7). La dignité de l'homme en tant qu'*imago Dei* vient de ces trois aspects mystérieusement unis.

Hamann conclut ses « idées, » c'est-à-dire la première partie de ses

---

[71] N III, p. 40. N.d.t. : J. G. Hamann, « Boutades et doutes philologiques sur un prix académique, » p. 253.
[72] Ibid. Par « larvae, » Hamann entend, bien sûr, la silhouette en forme de larve des ombres sur le mur. N.d.t. : John Betz conserve le terme « larvae » tel quel, alors qu'il est directement traduit par « silhouette » dans la traduction de Pierre Pénisson.

« Boutades, » avec un pastiche ironique du texte de Herder, qui joue sur l'homonymie entre « empirique » et « empyréen, »[73] et établit un contraste entre le platonisme de Herder et son propre aristotélisme : « Après s'être étourdi jusque dans le royaume empirique de la nature humaine, ou pour mieux le dire, après avoir assez longtemps fait des bulles de savon péripatéticiennes, l'on aboutit enfin à mi-chemin aux gouttes de rosée suivantes, » à savoir au condensé de réponse suivant qu'il adresse à la théorie de Herder :

> L'homme *apprend* à se servir de tous ses organes et de tous ses sens, donc aussi de ses oreilles et de sa langue, et à la diriger, parce qu'il *peut* l'apprendre, *doit* l'apprendre, mais aussi le *veut* justement bien volontiers. Par conséquent, l'origine de la langue est tout aussi naturelle et humaine que l'origine de toutes nos actions, nos réalisations et nos arts. Nonobstant toutefois la *coopération* de tout élève dans son éducation selon la proportion de ses penchants, de ses dispositions et des occasions qu'il a d'apprendre : Cependant, *apprendre*, au sens véritable du terme, n'est pas plus une *invention* qu'une simple *réminiscence*.[74]

Hamann admet donc avec Herder que le langage a dû naître de façon aussi naturelle que l'ensemble de nos actions, de nos talents et de nos arts; leurs points de vue diffèrent néanmoins en ce que pour Hamann, l'origine du langage ne s'explique ni par l'invention, ni par la réminiscence; en somme, le langage n'a pas été inventé spontanément, mais n'est pas non plus un élément que l'être humain posséderait déjà et qu'il n'aurait qu'à « se rappeler. »

Après avoir laissé entendre quelles étaient ses propres idées à propos de l'origine du langage, Hamann commence à exprimer ses « doutes » concernant la théorie de Herder, avec son ironie habituelle.

---

[73] N.d.t. : « Empyréen » : Relatif à l'Empyrée, la partie la plus élevée du ciel où habitent les dieux. Il est possible d'utiliser les deux termes pour traduire le mot allemand « empirisch. » John Betz choisit d'utiliser le terme « empyréen, » alors que Pierre Pénisson le traduit par « empirique. »

[74] N III, p. 41. N.d.t. : J. G. Hamann, « Boutades et doutes philologiques sur un prix académique, » p. 253.

« Ce serait du dernier ridicule de contredire une vérité non seulement *solidement établie* mais encore *couronnée*. Je me trouve donc dans la nécessité confortable de pouvoir, par le doute, remédier à *l'esprit en vogue* de mon siècle, » écrit-il.[75] Il demande ensuite, avec une stupéfaction qui pourrait bien être sincère : « *Est-ce que, même aux yeux de l'apologiste platonicien de l'origine humaine de la langue, son thème a vraiment été une affaire sérieuse à prouver, ou n'était-ce pas simplement pour émouvoir ?* »[76] Car il est certain que Herder ne pensait tout de même pas sérieusement avoir fourni une « preuve. »

La suite indique clairement que Hamann ne croyait pas qu'il l'eût fait et pensait qu'il n'aurait jamais dû insinuer le contraire. Avec son mordant habituel, il parodie le discours de Herder et tourne en dérision sa doctrine concernant la réflexion, en l'« extrayant » de « tout un océan de caractéristiques » – c'est-à-dire d'erreurs – et en affirmant que « toute la preuve platonicienne » correspond à une argumentation circulaire qui frise « l'absurdité, ni cachée, ni subtile, » et qui s'appuie sur les effets cachés de « mots *arbitraires* » et d'« expressions accrocheuses » favorites de l'époque.[77] Plaçant une botte astucieuse respirant l'ironie, il ajoute que la théorie « naturelle » de Herder a forcément dû être inspirée par Dieu et découler d'une « Genèse divine »; en fait, elle doit être encore plus *surnaturelle* et poétique que le récit de la création des cieux et de la terre le plus ancien. En effet, cet auteur savant « aurait-il pu présenter à la critique une argumentation contradictoire, hyperboliquement pléonastique, imprimée et discutée, d'une manière si cavalière et légère, » « aurait-il

---

[75] N III, p. 41. N.d.t. : J. G. Hamann, « Boutades et doutes philologiques sur un prix académique, » p. 254.
[76] Ibid. N.d.t. : J. G. Hamann, « Boutades et doutes philologiques sur un prix académique, » p. 254-255.
[77] N III, p. 42. Hamann explique par la suite (N III, p. 47) qu'il qualifie la « preuve » de Herder de « platonicienne, » « car elle part du *néologisme* de la *circonspection* comme d'un 'unique point et une brillante étincelle du système accompli', et parce qu'elle revient à une *synonymie* grecque, parce que les *platoniciens* sont aux aguets jusqu'au dégoût, du λόγος ενθυμηματικός καί λόγος ποροφορίκος, le mot *intérieur* et *extérieur*, comme le visionnaire suédois [à savoir Swedenborg] le répétait jusqu'à saturation *intra et extra*. » N.d.t. : J. G. Hamann, « Boutades et doutes philologiques sur un prix académique, » p. 260.

voulu, *se blessant et se frappant lui-même,* mésuser de ses armes polémiques en louant et développant le contraire de ce qui est en question et qu'il avait promis à ses lecteurs, » si ce n'est qu'il s'exprimait par l'inspiration ?[78]

Hamann ne mâche pas ses mots ! Tout ceci n'est pourtant qu'un préliminaire au cœur de sa critique qui commence avec une pluie de citations entrecoupée de commentaires acerbes. Hamann utilise généralement les propres paroles de Herder pour les retourner contre lui (il s'agit là d'une habitude « métacritique » de sa part). Par exemple, après avoir présenté la théorie sur l'origine du langage de Herder : « Ce premier signe de réflexion devient mot de l'âme ! Avec lui la langue humaine est découverte, » il ajoute son propre grain de sel avec l'exclamation ironique et moqueuse : « Eureka [...] ! »[79] Néanmoins, son argument principal consiste à dire que toute l'argumentation de Herder est contradictoire et qu'elle se réfute elle-même. En effet, la première partie de la *Preisschrift* cherche à démontrer que l'être humain n'est pas un animal, c'est-à-dire qu'il n'est pas une créature dominée par son instinct, mais une créature douée de « réflexion »; la deuxième partie, en revanche, cherche à prouver exactement le contraire, à savoir que le langage est instinctif chez les êtres humains et, par déduction, que l'être humain *est* un animal. Hamann fait donc le commentaire suivant, faisant allusion avec humour à Apocalypse 17:8 : « Une telle créature apocalyptique comme l'est l'homme néoplatonicien, qui n'est pas un animal et qui toutefois est un animal, *peut* et *doit* être l'inventeur du langage, parce qu'aucun animal ne *peut* inventer le langage, et qu'aucun dieu ne *doit* inventer le langage. »[80] En d'autres termes, la réflexion de Herder l'amène naturellement à une conclusion ambiguë, à savoir que l'être humain est un animal et n'est pas un animal, puisqu'il a exclu l'hypothèse surnaturelle de manière dogmatique mais persiste à ne pas

---

[78] N III, p. 42. N.d.t. : J. G. Hamann, « Boutades et doutes philologiques sur un prix académique, » p. 255.
[79] N III, p. 43. N.d.t. : J. G. Hamann, « Boutades et doutes philologiques sur un prix académique, » p. 256/260.
[80] N III, p. 43. N.d.t. : J. G. Hamann, « Boutades et doutes philologiques sur un prix académique, » p. 256-257.

vouloir définir le langage comme étant le fruit du seul instinct animal.

Par la suite, dans cette même partie concernant ses « doutes, » Hamann continue à souligner les contradictions qui figurent dans l'argumentation de Herder. D'après lui, la deuxième partie de l'essai de Herder anéantit involontairement la première, où il défend avec virulence la *« gloire de l'être humain »* (puisqu'il est doté de la capacité de réflexion, il est *davantage* qu'une créature dominée par les instincts, et il est supérieur aux animaux, non pas seulement en degré, mais aussi en genre) :

> En effet, que dit toute la partie positive [c'est-à-dire la deuxième partie] de la preuve platonicienne plus positivement et expressément que ceci : Que l'être humain pense et parle par *instinct* – – que son *pouvoir positif* de *penser* et de *parler* lui est inné et immédiatement naturel – – que, tout comme *l'instinct* des animaux, il se détache, s'extrait ou s'oriente vers le *point* du *signe* – qu'avec le premier *mot* tout le langage est inventé (et ceci malgré la *loi du progrès perpétuel*) – que *l'invention* du langage est aussi essentielle à l'être humain qu'à l'araignée sa toile et à l'abeille sa ruche – qu'il faut *placer* l'homme dans la *condition* de la réflexion qui lui est *propre*, afin d'inventer la chose même qui lui est déjà *naturelle* ?[81]

En un mot, le résultat est donc totalement absurde : Dans la première partie de son essai, Herder explique que les êtres humains, à la différence des animaux, possèdent la « réflexion » qui s'exprime premièrement par l'invention du langage, ce qui les place au-dessus de la sphère de l'instinct animal; dans la deuxième partie, en revanche, il démontre le contraire, à savoir que l'invention du langage est instinctive et qu'elle est étroitement liée à ce que nous avons en commun avec les animaux. Hamann reprend alors les images de l'Apocalypse pour établir son propre point de vue sous la forme d'une parodie dévastatrice de l'anthropologie de Herder, lui attribuant le rôle de créateur ayant conçu involontairement une bête androgyne :

---

[81] N III, p. 45. N.d.t. : J. G. Hamann, « Boutades et doutes philologiques sur un prix académique, » p. 258.

Il le créa, à la fois non-animal et animal [...]. L'emportant sur les bêtes, non en degré mais en genre d'instinct, l'androgyne platonicien se dressait tel un non-animal – sans instinct. Va ! et commande aux oiseaux de proie et aux monstres de la mer, mais sois bête et muet ! Ainsi parla l'Andriantoglyphe [*sic*] aux protoplastes du langage – car au moment même où tu reconnaîtras le fruit de ton instinct interne et externe, ta bouche s'ouvrira, et tu seras un animal plein d'instincts au-dedans et au-dehors, et ton caractère non-animal fanera comme de l'herbe. Pendant que l'androgyne platonicien, né muet, restait encore avec ses forces assoupies – et voici ! arriva l'instant où il plongea en son élément, de plus en plus profondément – dans tout un océan d'impressions, en tout un rêve flottant d'images. Il fut placé dans un état de réflexion et de fascination, qui lui était propre. Et voici ! A ce moment même, il arriva que le premier bruit de son instinct extérieur se produisit, comme un signe et une communication verbale de son instinct intérieur. Ainsi, depuis l'instinct interne et externe, advint le premier mot, et le non-animal qui était placé au-dessus des animaux, en vertu de son défaut d'instinct, devint une créature agissant par l'instinct du dedans comme du dehors, c'est-à-dire qu'il devint un animal réflectif et créateur de langage – Vive l'inventeur du langage! Crions en son honneur un Ευρηκα[82] salomonique ! (cf. Ecclésiaste 7:29.)[83]

Autrement dit, voilà sur quoi repose toute la contradiction : Ironiquement, l'*Urmensch*[84] de Herder présente uniquement une supériorité par rapport aux animaux tant qu'il n'ouvre pas la bouche de manière *instinctive* pour parler – une supériorité de genre, et non pas simplement de degré –, car il serait alors à nouveau une créature d'instinct, donc sur pied d'égalité avec les animaux. La parodie de Hamann, d'une ironie cinglante, culmine avec le *coup de grâce*[85] : « Avec ce divin organon de l'entendement l'on a inventé tout le *Coran*

---

[82] N.d.t. : Euréka.
[83] N III, pp. 46s. N.d.t. : J. G. Hamann, « Boutades et doutes philologiques sur un prix académique, » p. 259-260.
[84] N.d.t. : Le premier homme.
[85] N.d.t. : En français dans le texte.

des *sept* arts [libéraux], et tout le *Talmud* des *quatre* facultés, et sur ces *roches* se tient la citadelle de la *croyance philosophique* de notre siècle, à laquelle tous les *fortins* de la *poésie orientale* doivent de soumettre. »[86] En d'autres termes, comment serait-il possible de bâtir la philosophie, les sciences et la philologie à partir d'une compréhension de l'origine du langage qui repose sur une contradiction aussi évidente ?

Quelle conclusion accablante ! Hamann n'en a néanmoins pas encore terminé avec sa recension. En effet, il avait perçu le problème de fond que pose l'essai de son disciple, apparemment inoffensif, car la raison y est habilitée, à la manière de Prométhée, à écrire sa propre généalogie et à créer sa propre origine en dehors de Dieu. Il avait également compris que si une généalogie aussi *abstraite*, spéculative et lacunaire que celle de Herder en venait à être acceptée (si la raison se prétendait d'origine purement naturelle et revendiquait par conséquent son existence en dehors de Dieu, bien que cette théorie paraisse absurde), la tradition inspirée de la « parole prophétique authentique » serait forcée de se soumettre à l'autorité et au jugement de la raison (ce qui était précisément l'objectif de Kant). Hamann avait réalisé combien les enjeux étaient importants – bien plus importants sans doute que ce dont Herder avait conscience. C'est dans cette perspective qu'il nous faut juger de la sévérité de sa recension.

Hamann introduit la dernière partie du texte par un commentaire ironique, affirmant que si cela en valait la peine, il pourrait facilement discuter [*auseinandersetzen*] d'autres aspects de la preuve *surnaturelle* [*sic*] de l'origine humaine du langage – qui repose entièrement sur des suppositions arbitraires et des « faux axiomes » – mais qu'il ne désire pas placer l'« apologiste » dans une telle lumière.[87] Hamann donne également l'impression (sans aucun douce facétieuse) qu'il ignorait jusqu'à ce moment-là que l'« apologiste » en question est Herder (dont le nom n'a pas encore été mentionné). En guise de dénouement donc, feignant d'avoir tout juste pris conscience que

---

[86] N III, p. 47. N.d.t. : J. G. Hamann, « Boutades et doutes philologiques sur un prix académique, » p. 260.
[87] N III, p. 47. N.d.t. : J. G. Hamann, « Boutades et doutes philologiques sur un prix académique, » p. 261.

l'auteur de la *Preisschrift* est Herder, il cesse brusquement de le critiquer pour s'exclamer : « *Très cher lecteur ! Je m'appelle le Mage du Nord*, et je prends comme dernière joie et ultime devoir de ma vie de reconnaître, embrasser et bénir, dans le vainqueur pythique couronné, mon ami *Herder*, avec lequel je me suis jusqu'ici battu aussi publiquement que joyeusement, les yeux cachés. »[88] Avec des démonstrations de pardon ironiques, Hamann affecte de comprendre que son ami n'avait pas d'autre choix, au vu des contraintes imposées par l'Académie pour entrer dans la compétition, que de « courir [...] vers l'incertain » et de « s'escrimer tel celui qui bat l'air » (1 Corinthiens 9:24ss). En effet, « il a remporté une *jolie victoire*, et a été couronné à juste titre, car il s'est battu selon les règles » (cf. 2 Timothée 2:5). Il ajoute enfin, sur une dernière référence ironique aux Ecritures (voir 1 Corinthiens 3:1 concernant la question du fondement) : « En *sage gérant* d'un *injuste* Mammon, il n'a pu poser au fondement de son Traité que les révélations et les traditions de notre siècle, et n'a pu construire sa preuve que sur du sable, du gros œuvre, du bois, du torchis et du chaume − − bien entendu : Tout est vraiment selon les dernières méthodes de construction de son siècle − Est-ce sa faute...? »[89]

Une fois de plus, Hamann cherche à prouver que ses contemporains pensent bâtir sur un fondement solide, alors qu'il s'agit en réalité, l'essai de Herder en témoigne, de sable, de gros œuvre, de bois, de torchis et de chaume. Comble de la contradiction, ils prétendent bâtir sur le fondement de la raison, alors qu'ils ne nourrissent leur idole qu'avec une *croyance historique* qu'ils ont arrangée à leur convenance et qui leur sert à se glorifier eux-mêmes. Là résident toute l'hypocrisie et le *proton pseudos*[90] de la modernité qui se targue d'être pure et neutre et qui sépare donc de manière artificielle la raison de la foi et de la tradition. La *Preisschrift* de Herder s'inscrit dans cette tendance, et Hamann défend l'auteur avec

---

[88] N III, pp.48s. N.d.t. : J. G. Hamann, « Boutades et doutes philologiques sur un prix académique, » p. 262.
[89] N III, p. 50. N.d.t. : J. G. Hamann, « Boutades et doutes philologiques sur un prix académique, » p. 262.
[90] N.d.t. : L'erreur initiale et fondamentale.

ironie, expliquant ses erreurs par les efforts qu'il fournit pour s'adapter aux maux de son époque (alors qu'en réalité, elles en sont les symptômes) :

> N'aurait-il pas dû s'abandonner à la faiblesse critique et archontique d'un siècle dont la politique n'est pas un simple *solécisme* – ni non plus un *gallionisme* mais le *mystère* de la très *sainte contradiction* qui règne sous notre *climat* et *agit* le plus sur les enfants. En un siècle devant le nez *critique* duquel [le théologien] *Johann Salomon Mathanasius* de Halle [c'est-à-dire Johann Salamo Semler] peut faire couler toute sa charge de culture indigeste d'acides et de bile, là où de grands hommes, qui sont au moins dans trois facultés [...] nourrissent et renforcent leur saine raison à l'ordure [*Str-nt*] de leur *croyance historique* [...] en un siècle *très chrétien*, où un ange de l'Eglise, au pied fourchu [...] renie le saint clergé et peut blasphémer sur la *très sainte vocation* par des mensonges doublement impardonnables, en comparaison de quoi toutes les *farces anacréontiques* ne sont que pure *morale*, et tous les *paralogismes pythanalogiques* sur l'origine de la langue de l'*or* et des *pierres précieuses*.[91]

Hamann continue sur le même ton, adressant un éloge terrible à son ami et exprimant son indignation prophétique à l'égard de la folie prométhéenne de son siècle et des mesures politiques injustes du despote éclairé Frédéric qui ont placé sa famille dans une situation précaire :

> Pour remporter la victoire, mon ami *Herder* ne pouvait écrire autrement que comme un *satyre* à l'égard d'une génération adultère et

---

[91] N III, pp. 50s. Le terme « gallionisme » que Hamann utilise ici renvoie à Actes 18:7ss et Esther 3:15, bien que les accents de francophilie, dominante à l'époque, soient également manifestes ici. Le terme « *Str-nt* » dans le texte original a été traduit ici, suivant l'annotation de Nadler (N III, p.428), par « ce qui reste » [N.d.t. : Il s'agit de la traduction anglaise. La version française utilise l'expression « à l'ordure de »]. Ce que Hamann entend par là n'est pas clair; Nadler estime qu'il s'agit d'une référence au texte du rationaliste Christian Tobias Damm auquel il répond dans sa *Nouvelle apologie de la lettre h par elle-même*. N.d.t. : J. G. Hamann, « Boutades et doutes philologiques sur un prix académique, » p. 264-265.

qui n'est ni un non-animal [*Unthier*], ni un être inhumain [*Unmensch*] mais un monstre [*Ungeheur*] aux bras de *fer*, au *ventre de fourmi* et au visage d'*Anubis* – – – pour une espèce qui renie Dieu et s'empresse de s'enrichir et pense gagner et le ciel et la terre par *quelques recueils* de poésie et de prose ! – L'ange de la mort et l'héritier de vos granges les appellent par leur nom (Luc 12:20) – – en un siècle *tragi-comique*, où même un Mage d'Europe ne rougit point de se taper la tête contre les murs et de gémir dans le plus haut ton de l'*élégie* : – – *Arithmétique politique, rends-moi mes cinq écus!*[92]

Néanmoins, Hamann demande à son lecteur de ne pas pleurer sur le *Mage du Nord* et ses difficultés financières car, s'il venait à mourir, il confierait ses deux enfants, sa « petite *muse*, ou *Grâce* de six mois » et son « jeune *Apollon* de trois ans » aux bons soins de Herder (de fait, Herder était leur parrain). Il termine donc sur une ultime salutation (ironique ?) :

A lui, *le plus noble* de tous mes *amis*, lesquels en sont de *grands, fidèles* et *aimants* – mais aussi *inombrables* – – (va, Judas Ἰσκαριωτης, pends-toi et disparais !) – dans le Nord et en Allemagne – – (en effet, que me regardent les *Bourguignons*, les *Champenois*, les *Gascons* et les *Celtes* [*Welsche*] ?) – à mon *Herder*, *le plus noble* de tous mes amis dans le Nord et en Allemagne, je lègue ma *joie* et ma *couronne* (Philippiens 4:1) [c'est-à-dire ses deux enfants], oui ! Aussi vrai que je meurs comme *mage*, *père* et *ami* ! Le sang pur de mon cœur ! Qu'il lui donne *pain* et *vin* (Lamentations 2:12) ! – mais pour moi, point de *monument* de *pierre*. *EXEGI*.[93]

---

[92] N III, pp. 51s. N.d.t. : J. G. Hamann, « Boutades et doutes philologiques sur un prix académique, » p. 265. La dernière phrase est en français dans le texte.
[93] N III, pp. 52s. Griffith-Dickson fait remarquer (G-D, p.503) que « Exegi » fait référence à un vers de Horace : « J'ai achevé, » comme lorsqu'il écrit à Herder : « J'ai achevé un monument. » N.d.t. : J. G. Hamann, « Boutades et doutes philologiques sur un prix académique, » p. 266.

DERNIÈRE VOLONTÉ ET TESTAMENT DU CHEVALIER EN CROISADE

L'ouvrage *Dernière volonté et testament du Chevalier de la Rose-Croix sur l'origine divine et humaine du langage* (*Des Ritters von Rosencreuz letzte Willensmeynung über den göttlichen und menschlichen Ursprung der Sprache*), écrit approximativement au même moment, nous éclaire enfin sur la position de Hamann sur les origines du langage, bien que l'œuvre soit anonyme, rédigée par un mystérieux « chevalier de la Rose-Croix » dans une prose aussi sombre que déconcertante, unique dans tout le monde connu de la littérature.[94] Publié en 1772, l'ouvrage indique néanmoins l'année 1770, sans doute parce que Hamann voulait donner l'impression que son essai sur l'origine du langage avait été publié à cette date-là mais ignoré par l'Académie de Berlin. Le sous-titre de la page de titre est encore plus mystérieux, puisqu'il indique que l'œuvre est une « *traduction à la hâte* » d'un *Urshrift*[95] hiéroglyphique [*Caricartururbilderurschrifft*] par un certain « sous-fifre » ou « homme de main » ou « v hiérophante. » Cependant, le mystère n'est pas impénétrable, puisque le titre exprime clairement et simplement la position du chevalier (c'est-à-dire Hamann) : L'origine du langage n'est pas humaine *ou* divine (comme l'avaient soutenu respectivement Herder et Süßmilch), mais à la fois humaine *et* divine.

L'épigraphe qui sert d'introduction à l'œuvre, tirée de 2 Corinthiens 4:13 : « Credidi propter quod locutum sum » (« J'ai cru, c'est pourquoi j'ai parlé ») constitue un indice supplémentaire quant à la position de

---

[94] Il est presque certain que le terme *Rosencreuz* dans le titre fasse référence aux armoiries de Luther, une croix noire dans un cœur rouge qui repose sur une rose blanche, et donc au luthérianisme de Hamann lui-même (et en particulier, son adhésion à la doctrine luthérienne de la *communicatio idiomatum* [N.d.t. : communication des propriétés] de la nature divine et de la nature humaine en Christ), mais aussi à l'obédience rosicrucienne de son contemporain, Johann August Starck. Dans tous les cas, il s'agit d'une allusion au style obscur et hermétique des écrits de Hamann (cela fait écho à sa « prose cabalistique » dans l'*Aesthetica*; de la même manière, il existe un lien entre le « chevalier » qui écrit la présente œuvre et la thématique de ses « croisades philologiques »).

[95] N.d t. : Un original.

A PROPOS DE L'ORIGINE DU LANGAGE

Hamann. En plus de clarifier les raisons qui poussent Hamann à écrire et à publier toutes ses œuvres, il s'agit très certainement d'un reproche déguisé adressé à Herder qui, selon Hamann, a écrit sa *Preisschrift* par ambition.[96] Néanmoins, cela montre clairement que l'origine du langage ne peut pas, aux yeux de Hamann, être fondée sur une réflexion monologique mais doit faire l'objet d'une approche *dialogique* (anticipant ainsi la pensée de Martin Buber et de Ferdinand Ebner). De même, d'un point de vue anthropologique, la liberté humaine doit être comprise non pas en termes d'une liberté absolue, c'est-à-dire que la créature serait à même de s'autodéterminer volontairement, mais plutôt en termes d'une liberté qui rend la créature capable de répondre, puisqu'un autre s'est adressé à elle en premier.[97] D'une part, cette position coïncide sur le plan *horizontal* avec la manière dont Aristote concevait l'être humain, non pas comme un « idiot » qui aurait dû inventer le langage lui-même, mais comme un être politique dont le langage et le raisonnement reflètent toujours l'appartenance préalable à une société. D'autre part, si l'on considère la compréhension dialogique qu'avait Hamann de la création, telle qu'elle est exposée dans l'*Aesthetica*, ainsi que le contexte qui voit naître le langage, il est manifeste que « parler par la foi » implique également une dimension *verticale*, théologique. La deuxième épigraphe, au verso de la page de titre, tirée de *Philèbe*, de Platon, vient renforcer cette idée : « *C'est, j'en suis sûr, un présent des DIEUX aux hommes, qui leur a été apporté du ciel par quelque Prométhée avec un feu très brillant. Et les anciens, qui valaient mieux que nous et qui vivaient plus près des DIEUX, nous ont transmis cette tradition* [...]. »[98]

A en juger par les deux maximes de l'ouvrage, il semblerait que le soutien de Hamann aille vers la « plus haute » hypothèse; et s'il devait avoir à effectuer un choix entre cette dernière et l'hypothèse

---

[96] Voir G-D, p. 177.
[97] Sur ce point particulier, voir la théologie d'Oswald Bayer qui conçoit la liberté humaine en termes de *Verantwortung* [N.d.t. : Responsabilité], s'inspirant largement de la position de Hamann, dans *Freiheit als Antwort: Zur theologischen Ethik* (Tübingen: Mohr-Siebeck, 1995).
[98] N III, p. 26. L'original est en latin. N.d.t. : Philèbe, *Platon*, traduction d'Emile Chambry.

naturaliste, il ne fait aucun doute qu'il défendrait volontiers sa « douce Dulcinée. » Le texte à proprement parler s'ouvre par conséquent sur une explication théologique de l'origine divine du langage, sous la forme d'une sorte de syllogisme théologique :

> Si l'on met Dieu à l'origine de toutes les actions grandes et petites, au ciel et sur la terre, chaque cheveu de notre tête est tout aussi divin que le Behemoth, ce commencement des voies de Dieu. Ainsi l'esprit de la loi mosaïque se révèle jusque dans les particularités les plus repoussantes du corps humain. Par suite, tout est divin et la question de l'origine du langage revient finalement à un jeu de mots et un bavardage scolastique.[99]

Sans entrer dans les détails et aborder les distinctions entre les causes premières et secondaires, par exemple (essentielles selon la théologie de l'Eglise catholique romaine dès lors qu'il est question de la liberté de l'homme et du problème du mal) et sans s'attarder sur les images audacieuses qu'emploie Hamann, l'on peut affirmer que le message est clair : Si Dieu est fondamentalement la *causa omnium rerum*[100] (et Il l'est selon la théologie luthérienne et réformée), alors Dieu, le Créateur, est également la cause fondamentale du langage. En effet,

> puisque les instruments du langage sont pour le moins un cadeau de la nature *alma mater*[101] (à laquelle nos beaux esprits rendent un culte idolâtre plus fade et risible que celui de la populace païenne et papiste), et puisque, selon la plus grande probabilité philosophique, le Créateur de ces instruments artificiels a aussi voulu et dû instituer leur usage : L'origine du langage humain est certainement divine.[102]

---

[99] N III, p. 27. N.d.t. : Johann Georg Hamann, « Dernière volonté du Chevalier de la Rose-Croix sur l'origine du langage » dans Herder, *Traité sur l'origine de la langue suivi de textes critiques de Hamann*, traduction de Pierre Pénisson (Paris : Editions Aubier-Montaigne, 1977), p. 239.
[100] N.d.t. : L'origine de toutes choses.
[101] N.d.t. : Mère nourricière.
[102] N III, p. 27. N.d.t. : J. G. Hamann, « Dernière volonté du Chevalier de la Rose-

Dans une note de bas de page, Hamann en appelle à l'autorité de deux Pères de l'Eglise pour étayer son argument. Tertullien écrit : « Aussi ne dit-on pas que vos Dieux ont créé, mais qu'ils ont *découvert* les objets nécessaires à la vie. Or, ce qu'on découvre existe, et ce qui existe, l'on ne doit pas l'attribuer à *celui* qui l'a découvert, mais à celui qui l'a fait. » Lactance, dans le même esprit, déclare que « DEUS et mentis et vocis et linguae artifex. »[103]

D'autre part, Hamann affirme que « tout ce qui est divin est aussi humain, puisque l'homme ne peut agir ni subir que selon l'analogie de sa nature, que cette dernière soit une machine simple ou complexe. Cette *communicatio* des *idiomata* divins et humains est une loi fondamentale et la clef maîtresse de toute notre connaissance et de toute l'économie visible. »[104] En d'autres termes, quelle que soit la manière dont Dieu a communiqué le langage aux êtres humains, ses créatures, il a nécessairement dû le leur communiquer selon la nature de l'être qu'Il a créé. C'est pourquoi Hamann peut affirmer avec Protagoras que l'être humain est la *mensura omnium rerum*.[105]

> Mais si un être plus élevé ou un ange veulent parler par notre bouche comme dans le cas de l'âne de Balaam, tous ces effets doivent s'exprimer selon l'analogie de la nature humaine, comme les fables d'Esope, et sous ce rapport l'origine du langage, et plus encore son développement, ne peuvent être et apparaître qu'humains.[106]

Hamann considère donc qu'une bonne compréhension du langage ne s'articule ni uniquement en termes de naturalisme (comme le défendait Herder), ni uniquement en termes de surnaturalisme

---

Croix, » p. 240.
[103] *Apologet. adv. gentes* XI, 5; Inst. VI, 21. N.d.t.: *Apologétique de Tertullien*, traduction de M. l'Abbé J.-Félix Allard (Paris : Chez Dondey-Dupré, 1827). N.d.t. : *DEUS et mentis et vocis et linguae artifex* : Dieu est l'artisan à la fois de l'esprit, de la voix et du langage.
[104] N III, p. 27. N.d.t. : J. G. Hamann, « Dernière volonté du Chevalier de la Rose-Croix, » p. 239.
[105] N III, p. 27. N.d.t.: J. G. Hamann, « Dernière volonté du Chevalier de la Rose-Croix, » p. 240. N.d.t. : *mensura omnium rerum :* La mesure de toutes choses.
[106] Ibid.

(comme le soutenait Süßmilch). Elle suppose, au contraire, d'accorder la même importance aux deux aspects, et c'est à cet égard que le langage est, selon Hamann, analogue à la *communication idiomatum*[107] de la nature divine et de la nature humaine en Christ – le divin étant fondé sur l'humain, et l'humain sur le divin.

Bien évidemment, Hamann avait conscience que son public ne pourrait adhérer à ses arguments et reconnaître au langage un aspect divin qu'à condition d'avoir foi en un Créateur, ce qui, à ce moment-là, ne relevait déjà plus de l'évidence. Lorsque Napoléon demanda au mathématicien français Laplace pourquoi il n'était jamais fait mention de Dieu dans son ouvrage *Mécanique céleste*, il lui fit cette réponse bien connue : « Je n'ai pas eu besoin de cette hypothèse. » Cela ne signifie pas que les explications matérialistes et mécaniques de l'époque étaient plus plausibles aux yeux de Hamann. Il avait compris, au contraire, qu'au bout du compte, la question des origines ne pouvait être résolue autrement que par une explication mythologique ou religieuse.[108] De fait, pour Hamann, il faut, semble-t-il, une certaine foi – et même davantage de foi – pour accepter des explications purement matérialistes. « Notre siècle, dit-il, est riche en grandes âmes qui vénèrent les reliques du système épicurien dans les *Œuvres philosophiques* de M. de la Mettrie, dans le *Système de la Nature* et dans l'*Evangile du Jour*, et qui se les assimilent; cependant, l'évolution de l'espèce humaine à partir d'un marécage ou d'un crachat continue de me frapper, tel un brillant masque écervelé. En tout l'ouvrage [de la

---

[107] N.d.t. : La communication des propriétés.
[108] Dans la mesure où la cosmologie moderne est incapable d'élucider le mystère des 10^{-43} premières secondes suivant le « Big Bang, » il s'agit là d'une évidence. Il faut également ajouter que s'il devenait un jour possible de lever le voile sur cette brève période où les lois spatio-temporelles ne s'appliquent plus, la cosmologie ne serait toujours pas en mesure d'expliquer le pourquoi de l'existence, c'est-à-dire pourquoi il y a quelque chose au lieu de rien. Toute personne raisonnable se poserait cette question, mais la science ne peut y répondre. C'est la raison pour laquelle les matérialistes modernes, comme Richard Dawkins par exemple, ne sont pas parvenus à comprendre la nature de cette question philosophique, puisqu'ils embrassent avec assurance l'explication scientifique, évolutive de l'origine du monde et considèrent par conséquent que la question du créateur doit être reléguée au rang des questionnements préscientifiques.

création], ce ne sont pas seulement des particules de formes plastiques qui se montrent, mais un père d'esprits ardents et de forces vivantes. »[109] Et si cette vérité s'applique à la création en général, à plus forte raison peut-on, suggère Hamann, l'appliquer aux hommes et au langage humain, qui, bien plus que de n'être qu'un mécanisme ou le fruit d'une évolution aveugle, rend un témoignage créatif à notre nature et notre origine spirituelles.

S'il est avéré, selon Hamann, que l'on ne peut expliquer le langage de façon purement matérialiste, à savoir en termes d'une évolution qui aboutirait à une certaine forme d'invention humaine, il ne tombe pas non plus du ciel comme le laissait entendre la « haute » hypothèse de Süßmilch. Hamann soutient, au contraire, et cela paraît assez logique, que le langage, bien que d'origine divine, est communiqué *à travers l'instruction humaine*, de la même manière que l'on apprend à manger et à se tenir debout. Il en appelle à l'argument de cet « érudit médecin » de Padoue, Pietro Moscati, selon lequel « la marche bipède verticale de l'homme » est une chose à la fois « héritée *et* artificielle. »[110] Après une longue digression, il ajoute :

> Si donc l'homme, selon le témoignage universel et l'exemple de tous les peuples, époques et lieux, n'est pas à même de marcher sur ses deux jambes par lui-même et sans l'influence sociale de ses gardes et tuteurs, donc en quelque sorte d'apprendre à marcher *iussius* [suivant l'ordre qui lui a été donné], et qu'il n'est pas capable non plus de rompre son pain quotidien sans sueur au visage, et moins encore de parvenir au niveau [*treffen*] du chef-d'œuvre du pinceau du créateur : Comment peut-il venir à l'idée de quelqu'un d'envisager le langage, *cet art léger, volage, démoniacle* (pour parler comme Montaigne à partir de Platon) comme une invention autonome de l'art et de la sagesse humains ?[111]

---

[109] N III, pp. 28s. Cf. Hébreux 1:7. N.d.t. : J. G. Hamann, « Dernière volonté du Chevalier de la Rose-Croix, » p. 240.
[110] N III, p. 28. C'est nous qui soulignons. N.d.t. : J. G. Hamann, « Dernière volonté du Chevalier de la Rose-Croix, » p. 241.
[111] N III, p. 31. La citation en français [N.d.t. : L'expression en italique] réfère au passage dans l'essai de Montaigne où celui-ci cite Platon dans son *Ion* : κουφον γαρ

Bien que le thème du langage constitue la préoccupation principale du *Chevalier de la Rose-Croix*, toute une partie du texte, extrêmement obscure (davantage encore que ne le sont habituellement les textes des auteurs craignant la censure), traite d'un sujet tout à fait différent : D'une part, la politique économique injuste menée par Frédéric le Grand (dont Hamann fut victime) et d'autre part, l'homosexualité largement répandue parmi ses courtisans qui fait l'objet d'une satire agressive de Hamann – « mais ils attèlent les chevaux derrière le Phaéton. »[112] Son argument majeur consiste à dire que la « tolérance » de l'état prussien est une parodie du paradis et que les mesures économiques qui y sont prises, de même que le style de vie aux mœurs sexuelles débridées qui le caractérise, interdisent en fait, sous une apparence de bonté et de bienveillance, l'accès à l'« arbre de vie » aussi efficacement que ne le ferait l'« épée flamboyante » de Genèse 3:24 :

> Le paradis, rêvé ou fabulé, d'une tolérance sotadique, que promet Mahomet [c'est-à-dire Frédéric], *ex utroque Caesar, latro*[113] tout aussi impudent que Tartuffe à l'égard de ses prosélytes et esclaves, n'est qu'une mer morte salée dès qu'on prononce : « *Mortus est illa pars, qua quondam Achilles eram !*[114] » – Nul char de feu, nulle flamme venue d'un glaive sanglant qui fend l'air ne pourrait mieux assurer le chemin qui conduit à l'arbre de vie que la [pestilence des chancres jaunes] aux frontières et dans les entrailles de l'Etat, qui bientôt sera transformé en *Hôtel-Dieu* où la terrible nécessité de l'état de misère apprend à prier.[115]

χρημα ποιητ ης εστι και πτηνον και ιερον (« en effet, l'affaire [le langage] du poète est une chose agile, ailée et sacrée »). N.d.t. : J. G. Hamann, « Dernier avis du Chevalier de la Rose-Croix, » p. 244. Pierre Pénisson traduit le terme « treffen » par apercevoir; nous y avons préféré l'expression « parvenir au niveau de » qui nous paraît plus fidèle.
[112] N III, p. 29. Un phaéton est une sorte de caliche à quatre roues. N.d.t. : J. G. Hamann, « Dernier avis du Chevalier de la Rose-croix, » pp. 242-243.
[113] N.d.t. : Imposteur.
[114] N.d.t. : Cette partie de moi est morte qui, jadis, faisait de moi Achille.
[115] N III, p. 30. Le terme « sotadicque » pourrait être une référence à l'endroit où se trouvait supposément Sodome, mais d'après la note de Kenneth Haynes *(Writings on Philosophy: Johann Georg Hamann*, édité et traduit par Kenneth Haynes (Cambridge: Cambridge University Press, 2007), p. 104), l'allusion va au poète « obscène, »

L'hostilité de Hamann à l'égard du régime de Frédéric peut être comprise de plusieurs manières – il faut pour cela se rappeler l'extrême pauvreté dans laquelle il vivait en tant que fonctionnaire et ses conditions d'emploi, puisqu'il était soumis à des supérieurs bien payés que l'on avait fait venir de France – mais sa critique à l'égard de l'homosexualité de Sans Souci peut sembler gratuite et secondaire par rapport à la thématique abordée. Elle constitue néanmoins une partie intégrante de sa critique très sexualisée de la « raison automatique » de l'époque, qui semble audacieuse, innovante et raisonnable – « se vantant d'être sages, ils sont devenus fous » (Romains 1:22) – mais ne produit au final que des « œuvres infructueuses des ténèbres.»[116] En effet, il souligne toujours à nouveau dans ses œuvres, au moyen de métaphores, le contraste entre la fertilité qui découle de rapports productifs et un rationalisme stérile et improductif qui, sur la base d'une pureté mal placée, rejette tout « rapport » avec les sens et les passions. Le langage, viril et poétique à l'état naturel, est par conséquent transformé en un enchevêtrement d'abstractions et d'*entia rationis*[117] sans vie :

> Nos philosophes parlent des trésors de la fécondité comme des alchimistes; cependant, à en juger d'après leurs champs et de leurs vignes, combien faut-il parier qu'ils ne savent pas faire la différence entre le bon grain et l'ivraie, entre la grappe et la ronce, entre l'épine et le chardon ? Ils imitent tel charlatan qui fait croire que le *vacuum*[118] de ses poches est un grand, bel et fort esprit qui, si faire se pouvait, séduirait même les Elus.[119] La confusion des langues, avec laquelle ils séduisent et par laquelle ils sont séduits, est vraiment une magie très naturelle de la raison automatique à laquelle il coûte peu de se transfigurer en une étoile de première grandeur, surtout pour les

---

Sotade; quant aux chancres jaunes, ils réfèrent aux chancres engendrés par la syphilis. N.d.t. : J. G. Hamann, « Dernier avis du Chevalier de la Rose-Croix, » p. 243. Pierre Pénisson a choisi dans sa traduction de parler de « peste » plutôt que de chancres; pour plus de cohérence avec l'explication qui précède, nous les avons rajoutés.
[116] ZH VII, p. 158; Ephésiens. 5:11.
[117] N.d.t. : Les choses de la raison.
[118] N.d.t. : Le vide.
[119] N.d.t. : En français dans le texte.

plaisantins qui sont atteints d'une cécité du même ordre de grandeur.[120]

Dans ce passage, ces images librement utilisées par Hamann qui frôlent le phallique sont certes choquantes. Néanmoins, son argument de fond consiste à dire que la raison automatique (à savoir la raison dans l'abstrait, purifiée par alchimie de tout élément hétérogène) n'est pas authentiquement créatrice. Les apparences qu'elle se donne se révèlent, au final, superficielles. De plus, anticipant la pensée de Wittgenstein, Hamann suggère que les *Aufklärer* étaient eux-mêmes victimes de leur compréhension erronée du langage. En effet, ils y sèment le désordre avec leurs vocabulaires abstraits et sont ensuite trompés à leur tour, puisqu'ils finissent par penser que la raison est dépourvue du langage (et de la tradition) et que les concepts découlent « automatiquement, » a priori, de la raison.

Hamann termine son œuvre *Dernier avis et testament du Chevalier de la Rose-Croix* avec un récit volontairement mythologique rapportant l'origine du langage, sur lequel l'Académie de Berlin aurait sans doute jeté le plus haut blâme. Il est évident que Hamann prenait plaisir à choquer : Les *Aufklärer* considéraient, en effet, que les choses devaient être « claires et distinctes, » « démythologisées, » soumises à la raison et interprétables par elle. Cependant, aux yeux de Hamann, c'était impossible : Certaines choses, comme l'origine du langage, ne peuvent être expliquées autrement qu'en termes poétiques – c'est le cas dans la Genèse. Cependant, ce qui frappe le plus dans le récit de Hamann à propos de l'origine du langage n'est pas qu'il reflète le langage imagé de la Genèse et nous donne en quelque sorte l'impression de retourner dans le Jardin d'Eden, mais que l'origine du langage soit présentée très explicitement en termes christologiques. En effet, l'interaction d'Adam avec le monde est présentée comme une interaction avec le Logos lui-même, ce Logos que les disciples ont « entendu [...], vu [...], contemplé et que [leurs] mains ont touché » (1 Jean 1:1). Lorsqu'Adam parle, c'est donc grâce à cette communion intime et même « ludique »; par conséquent, il parle à la fois de

---

[120] N III, p. 31. N.d.t. : J. G. Hamann, « Dernier avis du Chevalier de la Rose-croix, » p. 244.

manière naturelle (il s'agit d'une réponse joueuse) et prophétique (puisque ses paroles participent de celles que Dieu exprime à travers le Logos). Il écrit :

> Adam était de Dieu, et Dieu lui-même introduisit le premier né et le plus ancien représentant de notre espèce comme le feudataire et l'héritier du monde préparé par la parole de sa bouche. Les anges, brûlant de contempler son visage céleste, étaient les premiers ministres et courtisans du monarque. Tous les enfants de Dieu poussaient des cris d'allégresse devant le chœur des étoiles du matin. Tous goûtaient et voyaient, de première main et devant le fait lui-même, l'amitié du maître du monde qui jouait sur le sol terrestre et trouvait son plaisir auprès des enfants des hommes [...]. Chaque phénomène de la nature était un mot – le signe, l'image et le gage d'une union nouvelle, secrète et inexprimable – mais d'autant plus intime – d'une communication et de la communion des énergies et idées divines. Au commencement, tout ce qu'Adam entendait, voyait de ses yeux, contemplait et que ses mains touchaient était une parole vivante, car Dieu était la Parole. Avec cette Parole dans la bouche et dans le cœur, l'origine du langage était aussi naturelle, proche et légère qu'un jeu d'enfant; car du lever au coucher du jour, la nature humaine reste la même, semblable au royaume céleste et à un peu de levure, avec laquelle toute femme est capable d'emplir trois boisseaux de froment.[121]

Hamann contourne donc Scylla, cette « haute hypothèse » fantastique (telle que la présente Süßmilch) et Charybde, cette « hypothèse naturelle » automatique (telle que la revendique Herder) pour présenter le langage comme étant à la fois pleinement humain (« aussi naturelle [...] qu'un jeu d'enfant ») et pleinement divin (ayant pour source première le Créateur). La christologie lui sert de lien entre les deux aspects, puisqu'il conçoit le langage dans son origine, son essence et son *ultima intentione*[122] en termes d'une réponse joueuse et

---

[121] N III, p. 32. N.d.t. : J. G. Hamann, « Dernier avis du Chevalier de la Rose-Croix, » p. 245-246.
[122] N.d.t. : Objectif ultime.

oraculaire à Christ, la Parole faite chair.

LE MYSTÈRE DU LANGAGE : L'ALPHA ET L'OMEGA

A la fin de son œuvre *Dernier avis et testament du Chevalier de la Rose-Croix*, Hamann écrit à son lecteur qu'il continuerait bien à « métagraboliser » – terme qu'il emprunte à Rabelais et qu'il transforme à sa propre convenance – s'il ne craignait de le fatiguer. Il se contente donc d'avoir « découvert et dénommé l'élément de la langue – l'A et l'Ω, » ce qui montre que l'origine fondamentale du langage est un mystère christologique. Quelques années plus tard, il écrit à Jacobi : « Pour moi, il ne s'agit ni de physique ni de théologie mais du *langage*, *mère* de la raison et de ses révélations, son A et son Ω. De toutes les vérités et de tous les mensonges, il est l'épée à double tranchant; et ne ris pas si je dois attaquer le *sujet* sous cet *angle*. Je joue sur ma vieille *lyre*, mais *toutes choses* ont été faites par *elle*. »[123] Au moment où Hamann écrivit ces lignes, vers la fin de l'année 1785, il faisait référence à l'angle selon lequel il avait critiqué la philosophie de Kant. L'aspect le plus frappant de cette remarque n'est pas sa portée déconstructive (que nous aborderons dans la Partie VI, à propos de Kant), mais le double sens des propos de Hamann. D'une part, comme l'indique le prologue johannique, Hamann veut certainement dire que le monde a été créé par la Parole, le Logos : « Toutes choses ont été faites par elle, et rien de ce qui a été fait n'a été fait sans elle » (Jean 1:3). Simultanément, il affirme cependant que le monde est le produit du langage humain, que le langage est un *organe de révélation* au point que l'on peut dire : « Sans parole, pas de monde. » Le langage, qui réunit ces deux aspects, n'est donc pas un simple instrument mais, de manière mystérieuse, est relié à toutes choses. Il est en effet le croisement des choses divines et humaines; la première manifestation du langage divin de la création; et l'élément à travers lequel la nature de Dieu et sa volonté peuvent être appréhendées de manière plus intime encore, à travers une multitude de langues, à travers les Ecritures et, en premier lieu, à travers la Parole faite chair.

---

[123] ZH VI, p. 108.

A certains égards, cette conception n'est pas éloignée de l'affirmation proverbiale de Heidegger selon laquelle « le langage est la maison de l'être » (et ce n'est pas sans raison que Heidegger fait référence à Hamann à cet égard).[124] Le monde avec lequel nous interagissons est le monde du langage humain; il s'agit en quelque sorte d'une construction humaine (c'est notamment la raison pour laquelle Heidegger, à l'image de Hamann, était aussi sensible à la falsification du langage pour qu'il serve d'autres fins). Cependant, pour Hamann, bien que nous voyions nécessairement toutes choses à travers les lunettes de la linguistique, nous ne pouvons voir le monde dans le flot de sa gloire et lui répondre de manière adéquate qu'à condition de considérer toutes choses à la lumière de *la* Parole. Des années plus tôt, il affirmait dans ses *Ecrits de Londres* que « lorsque nous voyons toutes choses à travers ta Parole, ô Dieu d'amour, nos yeux sont aussi perçants que ceux d'un aigle et nous percevons la lumière des anges ! »[125] Autrement dit, Hamann considère que nous ne pouvons voir le monde de la bonne manière et faire preuve à notre tour d'un authentique pouvoir de création que lorsque le langage humain est inspiré et animé par la Parole; lorsque la Parole, la vérité (Jean 14:6) est présente dans notre cœur et sur nos lèvres et que nous parlons de manière prophétique, voyant les choses comme elles sont réellement, non pas modelées et immanquablement déformées par l'idéologie dominante de notre époque.

Cet éclairage nous permet finalement de comprendre pourquoi la question de l'origine du langage, qui paraissait n'être qu'une question sans importance de la part de l'Académie, inquiétait tant Hamann, et pourquoi il se sentait en devoir de corriger les erreurs de Herder, au point même de mettre en péril leur amitié. Pour lui, le langage était tout : La manière dont le monde est miraculeusement révélé et celle, tout aussi miraculeuse, dont Dieu se révèle lui-même. D'une part, il

---

[124] Martin Heidegger, *Wegmarken*, 2nde édition (Francfort-sur-le-Main: Vittorio Klostermann, 1978), p. 311; cf. Heidegger, *Unterwegs zur Sprache*, 9e édition (Pfullingen: Günther Neske Verlag, 1990), p. 13.
[125] *LS*, p. 131 (N I, pp. 70s). Pour une étude complète du sujet (réalisée par un étudiant de Rahner qui reprend la position de ce dernier), voir Georg Baudler, "*Im Worte Sehen.*" *Das Sprachdenken Johann Georg Hamanns* (Bonn: H. Bouvier Verlag, 1970).

s'agit d'une construction humaine aussi naturelle que le serait un « jeu d'enfants » – et *non pas*, contrairement à la conception moderne, d'une « invention » de la part d'une « raison automatique » indépendante. D'autre part, et Hamann s'oppose en cela aux adeptes de la postmodernité, le langage est bien loin d'être un tout immanent ou de relever du domaine de la volonté de puissance; il est le « tabernacle, » le « trône-chariot [*Merkabah*] » du Saint Esprit.[126] En vertu de tous ces éléments, l'on peut considérer Hamann comme le premier penseur chrétien moderne à s'être penché sur la question du langage, et probablement comme celui qui en a fait l'analyse la plus profonde. Son originalité n'échappa pas à Schelling, quelques années plus tard, lorsque celui-ci porta une nouvelle fois la question de l'origine du langage devant l'Académie de Berlin vers la fin de sa vie en 1850, basant son questionnement sur la recension de Herder par Hamann.

---

[126] Cf. N III, p. 237.

Partie III
Masques et textes énigmatiques

AU LENDEMAIN DES LUMIERES

7

Vie et œuvre de Hamann de 1775 à 1780

Si l'on cherchait, au moyen de la critique pharisienne, à purifier le christianisme de tous les éléments juifs et païens qu'il contient, il en resterait autant que de nos corps après une purification métaphysique similaire : Un rien matériel ou un quelque-chose de spirituel, ce qui, au vu du mécanisme du sensus communis,[1] *revient finalement au même.*

Hierophantische Briefe[2]

Si un homme n'entre pas dans le sein du langage, qui est la DEIPARA *de notre raison, il ne peut prétendre au baptême spirituel d'une réforme de l'Eglise et de l'Etat.*

Zwey Scherflein[3]

Dans l'étape suivante, la production littéraire de Hamann gravite autour du personnage de Johann August Starck (1741-1816), un étudiant de J. D. Michaelis qui arriva à Königsberg en 1769, se lia rapidement d'amitié avec l'éditeur de Hamann, Kanter (il est fort probable que Hamann et Starck se soient rencontrés par son intermédiaire) et, très vite, grâce à l'influence des *Aufklärer* de Berlin, se vit attribuer une chaire à la faculté théologique de l'université Albertina de Königsberg. Ce n'est pas tant cette nomination, le fruit d'une intrigue politique, qui rendait le personnage aussi intéressant que contrariant aux yeux de Hamann, mais surtout l'étrange constellation d'idées qu'il défendait. Tout d'abord, en sa qualité d'étudiant de Michaelis, le vieil ennemi de Hamann, il était en faveur de la nouvelle branche de la critique biblique rationaliste, appelée

---

[1] N.d.t. : Sens commun.
[2] N III, p. 142. N.d.t.: Lettres hiérophantiques.
[3] N III, p. 238. N.d.t.: Deux piécettes.

« théologie rationaliste, » qui avait tendance à réduire la révélation à une « religion naturelle » en accord avec la raison (bien que, à cet égard, sa position soit assez semblable à celle des autres *Aufklärungstheologen*).[4] Deuxièmement, alors qu'il exerçait la fonction d'éminent pasteur au sein de l'Eglise luthérienne, Starck était aussi un crypto-catholique (il s'était converti en secret à Paris en 1766). Enfin, pour couronner le tout, il était un franc-maçon et avait fondé une « société cléricale » de templiers modernes.

LETTRES HIÉROPHANTIQUES

Nous ne savons pas si Hamann et Starck avaient déjà eu l'occasion de faire connaissance au préalable; en revanche, il est certain que la curiosité de Hamann fut éveillée en 1770 lorsque Kanter publia la première édition de son œuvre *Apologie des Ordens der Freimauer*,[5] et il est possible que l'allusion moqueuse à la Rose-Croix dans le titre de son œuvre *Dernier avis et testament du Chevalier de la Rose-Croix sur l'origine divine et humaine du langage* de 1772 réfère précisément à cette œuvre, bien que de manière très indirecte. Néanmoins, leurs rapports ne débutèrent réellement qu'en 1774 lorsque Starck donna sa deuxième conférence publique portant le titre de « Influences païennes sur la religion chrétienne » (*De tralatitiis ex gentilism in religionem christianam*), juste avant que l'on ne lui attribue le poste de professeur d'université. Hamann, contrairement à son habitude, se rendit à la conférence, ce qui montre l'intérêt qu'il lui portait; il partit néanmoins avant la fin, ce qui montre la contrariété qu'elle lui avait inspiré.[6] Il écrivit plus tard à Herder que Starck « ne connaît rien au paganisme et au christianisme. »[7] Dans son œuvre *Prolegomena*, qui est indirectement adressée à Kant, il renouvelle sa critique :

---

[4] Comme le fait remarquer Schoonhoven, la seule différence notable entre les déistes et les théologiens rationalistes est que les théologiens rationalistes conservaient une certaine notion de révélation, dont ils réduisaient néanmoins le contenu à la « religion naturelle et la moralité du déisme. » Voir HH V (*Mysterienschriften*), p. 18. N.d.t. : *Aufklärungstheologen* : Théologiens des Lumières.
[5] N.d.t. : Apologie des Franc-Maçons.
[6] *HH* V, p. 18.
[7] ZH III, pp. 77s.

Que la Sorbonne de notre chère Dame Albertina ait conféré l'autorité d'une chaire [*Macht des Hauptes*] et le statut de professeur à un hérétique catholique romain apostolique et crypto-jésuite – que dans son ancienne apologie, à savoir le mystère éleuthéroteichopoétique [*sic*], et dans son récent *Semi-libello famoso*[8] dont l'absurdité repose sur le *verbis tralatitiis ex gentilismo praeteraque Nihil*, il affirme avoir percé le mystère de la *Disciplina arcana*[9] du paganisme et où on lui permet *tacitement* de préférer notre Eglise-mère, l'Eglise romaine catholique apostolique, au lait de l'infirmière de la confession d'Augsbourg : Tout cela me hérisse.[10]

Ce qui offensait le plus Hamann, outre le fait que Starck fût un crypto-catholique enseignant à une faculté de théologie protestante, c'était son mépris pour Luther et la Réforme, puisqu'il cherchait à revenir à un christianisme prétendument « pur, » exempt d'ajouts historiques; un christianisme fort semblable – quelle coïncidence ! – à la religion naturelle des *Aufklärer*.[11] Aux yeux de Hamann, Starck prônait une « récupération historique » tendancieuse de l'Eglise primitive, ce qui revenait ni plus ni moins à vouloir transposer à l'Eglise primitive, de manière illégitime, des idéaux propres aux Lumières. De plus, il en découlait un effet pernicieux, puisque l'unicité et la particularité de la révélation chrétienne (à savoir sa doctrine de l'incarnation, de l'expiation et de la Trinité) s'en trouvaient réduites à une religion de la raison prétendument universelle.[12] Starck tentait de dériver le christianisme du paganisme et méprisait les religions *particulières*, une position propre aux francs-maçons; en conséquence – chose inacceptable pour Hamann – il remettait en cause l'importance du judaïsme en tant que « *mère biologique* » du

---

[8] N.d.t. : Demi-livre satirique.
[9] N.d.t. : Discipline de l'Arcane.
[10] N III, p. 127. Il faut remarquer plusieurs choses ici : Premièrement, Starck n'était pas du tout un catholique orthodoxe mais plutôt un syncrétiste rationaliste. Deuxièmement, comme nous le verrons au chapitre 13, bien que Hamann fût resté un luthérien, son attitude par rapport au catholicisme romain changea de manière notable durant les dernières années de sa vie.
[11] *HH* V, p. 26.
[12] Voir ZH III, p. 78.

christianisme (de même que la dimension prophétique et typologique de la Bible hébraïque à laquelle Hamann attachait tant d'importance) si ce n'est qu'il la relativisait totalement.[13]

La position de Starck est trop complexe pour que nous l'analysions en détail ici; sa méthode relevait essentiellement du syncrétisme. Il empruntait librement des éléments aux religions juive, grecque et romaine, croyant qu'elles découlaient de la sagesse propre à l'Egypte antique. Toutes les doctrines fondamentales du christianisme (pour Starck, il s'agissait de la croyance en un seul Dieu, de l'importance de la vertu et de la doctrine de l'immortalité de l'âme) pouvaient à ses yeux tirer leur origine du paganisme. D'autre part, Starck concevait le christianisme comme une religion *universelle* – et, en cela, comme une religion innovante –, tentant de renverser le « mur de séparation » (Ephésiens 2:14) entre les païens et les Juifs, ainsi que toutes les divisions découlant des particularismes (peut-être faut-il y voir la raison de sa conversion au catholicisme). Cette universalité le conduisit à voir dans le christianisme une version anticipée de la « religion naturelle » des Lumières. Selon lui, le christianisme originel avait néanmoins très vite été corrompu par l'influence des païens et des Juifs, notamment en ce qui concerne la doctrine des sacrements, du célibat et de la célébration du culte. Dans l'objectif d'harmoniser foi et raison, christianisme et philosophie des Lumières, Starck proposa donc une deuxième Réforme du christianisme qui lui rendrait sa « pureté » originelle, à savoir, selon lui, une religion en adéquation totale avec les préceptes de la raison saine.

Bien évidemment, étant donné son intérêt pour le paganisme et l'Eglise primitive, Starck n'était pas le plus ordinaire des *Aufklärer*. Nadler souligne que les adjectifs de « gnostique » et de « romantique de l'Eglise primitive » conviendraient mieux pour qualifier Starck.[14] Quelle que soit sa véritable position, une chose est certaine : Il avait réussi à convaincre Hamann que le christianisme orthodoxe était en jeu. En 1775, celui-ci répondit donc au prétendu hiérophante et réformateur sous la forme de sept lettres hiérophantiques

---

[13] Voir N III, p. 305.
[14] NB, p. 192.

(*Hierophantische Briefe*), le premier de ses *Mysterienschriften*,[15] prétendant être un apologète chrétien du premier siècle du nom de « Vettius Epagathus Regiomonticolae » (dont la connaissance de l'Eglise primitive excèderait donc de loin celle de Starck). Cette réponse (qui pourrait également être faite à des personnes comme Harnack) a pour objectif de démontrer un élément fondamental : Il est impossible, selon lui, d'extraire tous les éléments juifs et païens du christianisme, car une telle tentative reviendrait à se retrouver avec tout au plus un « quelque-chose de spirituel » ou un « rien matériel, » ce qui, « au vu du mécanisme du *sensus communis*, revient finalement au même. »[16] Hamann défend donc le *caractère juif* du christianisme, s'opposant ainsi à Starck et à d'autres *Aufklärungstheologen*[17] qui cherchaient justement à l'en purifier. En même temps, il retourne l'argument de Starck, affirmant que ce n'est pas tant l'influence du paganisme qui a corrompu le christianisme mais plutôt le christianisme qui a permis au paganisme de se purifier et de s'épanouir. Contrant l'idée de « réforme » rationnelle et purificatrice selon Starck, il souligne en outre que la purification est déjà venue par Christ, comme on le voit à travers la purification du temple (Marc 11:15ss) et l'« esprit fort » de Luther durant la Réforme.

Néanmoins, c'est au théisme de Starck qu'il s'attaque avec le plus de véhémence, le qualifiant d'insipide, d'abstrait et d'impuissant d'un point de vue culturel, opposé en somme à la vigueur et à l'impact historique qui qualifient le christianisme authentique – comme si le christianisme « n'était autre que le théisme de notre époque. »[18] D'après lui, même le polythéisme de Julien l'Apostat est préférable, de par sa virulence, à l'impuissance et au nihilisme du théisme de Starck qui se déguise en ange de lumière (2 Corinthiens 11:14). En effet, même si le « christianisme » de Starck en venait à présenter un dénominateur commun avec la religion prétendument « naturelle » et finissait par y ressembler, il n'offrirait finalement qu'un « quelque-chose de spirituel » à un tel point dépourvu de substance qu'il

---

[15] N.d.t. : Textes énigmatiques.
[16] N III, p. 142.
[17] N.d.t. : Théologiens des Lumières.
[18] N III, p. 144.

reviendrait à un « rien matériel. »[19] Pour finir, jouant sur le nom de Starck et en référence à l'esprit fort de Christ, également présent dans Elie et Luther, Hamann déclare être le plus fort [*der Stärkere*], en raison de la facilité avec laquelle il a réfuté les idées de Starck (cf. Luc 11:21-22). En effet, non seulement exhibe-t-il les erreurs historiques commises par Starck, mais aussi dévoile-t-il son profond manque de foi : Méprisant le nom consacré de « chrétien, » il lui préfère celui, *vide*, de « théiste, » honorant ainsi le « dieu » de ce siècle (2 Corinthiens 4:4).[20] Pourtant, par la suite, par un curieux retournement de situation, il choisit Starck comme son confesseur et se soumit à lui. Aussi étrange que cela puisse paraître, cette attitude concorde avec la manière dont Hamann se comportait avec ses autres amis, comme Kant, Herder, Nicolai ou Mendelssohn : Il se montrait en effet capable d'aimer précisément les personnes dont il réfutait avec virulence les positions intellectuelles. Il écrivit ainsi à Nicolai : « La vérité est la mesure de l'amitié – et l'épée ouvre la voie à la liberté de la paix – *hanc veniam peimusque damusque vicissim.* »[21]

Pendant ce temps, Herder avait entrepris de populariser les écrits de Hamann dans les régions situées à l'Ouest de l'Allemagne, et l'on commença à parler d'un « club de Hamann. » Ainsi, en 1775, *Der Teutsche Merkur*[22] plaça Hamann à la tête d'une école du « mouvement parnassien allemand, » dont les sympathisants incluaient des membres aussi éminents que Klopstock, Herder, Bode et Goethe.[23] En outre, la revue de Nicolai, *Allgemeine Deutsche Bibliothek*, avait récemment examiné plusieurs de ses publications, ce qui ajouta encore à sa renommée. Néanmoins, un public plus large impliquait un sens des responsabilités plus grand. Ainsi, en 1776, Hamann rédigea ses *Doutes et idées à propos d'une revue mélangée de l'Allgemeine Deutsche Bibliothek (Zweifel und Einfälle über eine vermischte Nachricht der allgemeinen deutschen Bibliothek)*[24] dans le

---

[19] N III, pp. 144, 146.
[20] N III, pp. 159, 162.
[21] ZH II, p. 194. Traduction : « Nous demandons tous deux cette faveur et l'accordons dans la vérité. »
[22] N.d.t. : Revue littéraire publiée à Weimar entre 1773 et 1789.
[23] NB, p. 232.
[24] Ibid. N III, pp. 171–196.

but de clarifier certaines impressions erronées qu'avaient pu produire ses écrits. Nadler la considère comme son œuvre la plus occasionnelle mais aussi la plus intemporelle, artistique et intellectuelle; en effet, non seulement Hamann nous fournit-il dans cette œuvre la clé qui nous permet de comprendre ses stratégies en tant qu'auteur et son *Maskenspiel*[25] continuel, mais aussi nous révèle-t-il son but fondamental en tant qu'écrivain, à savoir être un témoin du corps mystique de Christ, d'où le sous-titre employé par Nadler dans sa biographie, *Der Zeuge des Corpus mysticum*.[26] D'autres œuvres, que je traiterai dans les chapitres suivants, sont également le fruit de cette période; pour Nadler, ils font partie des « textes énigmatiques » de Hamann. Parmi elles, on trouve *Essai d'une sibylle sur le mariage* (*Versuch einer Sibylle über die Ehe*), *Tabliers de feuilles de figuier* (*Schürze von Feigenblättern*), et son œuvre au titre obscur, *Konxompax : Fragments d'une sibylle apocryphe sur des mystères apocalyptiques* (ΚΟΓΞΟΜΠΑΞ : *Fragmente einer apokryphischen Sibylle über apokalyptische Mysterien*), qui représente le point culminant de sa réponse à Starck.

VIE DE FAMILLE : LE PORTRAIT D'UN HÉDONISTE CHRÉTIEN

L'année 1776 constitua un tournant dans la vie de Hamann à bien des égards. Son ami Lindner mourut en mars, laissant à Hamann le soin de vendre son immense bibliothèque aux enchères. En raison de sa propre misère (dont les raisons ont déjà été évoquées précédemment), Hamann, pourtant connu comme étant un bibliophile, prit la difficile décision financière de faire de même, par la même occasion, avec sa propre bibliothèque. Il calcula qu'il pourrait ainsi enfin réussir à joindre les deux bouts. Désormais, il lui incombait donc de cataloguer un total de 3070 livres, sous le nom de *Biga bibliothecarum*, les regroupant dans les catégories suivantes : Auteurs grecs et latins; œuvres théologiques; œuvres philologiques; œuvres historiques; œuvres philosophiques et politiques; poésie et littérature

---

[25] N.d.t. : Jeu de masques.
[26] N.d.t. : Le témoin du corps mystique.

des Belles-Lettres; œuvres diverses et manuscrits.[27] C'est donc à ce malheureux évènement que nous devons de connaître le contenu de la bibliothèque de Hamann. Heureusement, Herder lui vient en aide au dernier moment, s'engageant financièrement à sauver l'essentiel de sa bibliothèque et lui en laissant l'entier bénéfice, lui fournissant ainsi la preuve de ce que leur amitié était intacte. Lorsque Hamann reçut la lettre de Herder dans laquelle il lui promettait de l'aider, il répondit en la qualifiant de « *deus ex machina,* »[28] une « décision providentielle » qui lui apportait joie et réconfort.[29]

En 1777, la Providence vint de nouveau à sa rescousse. Jusqu'à ce moment-là, Hamann avait travaillé comme traducteur pour l'Administration des douanes – un emploi que Kant l'avait aidé à obtenir dix ans plus tôt. Le surintendant du bureau des douanes étant décédé, Hamann candidata pour le remplacer. Il trouva grâce aux yeux de Frédéric, ce qui est étonnant si l'on considère la polémique qu'il avait lancée contre lui (il est possible que le roi n'ait même pas su qui il était). L'intercession d'un ami, le chef d'orchestre impérial Johann Friedrich Reichardt, semble y avoir contribué; de plus, fort heureusement (du moins à cet égard), personne n'avait osé publier sa satire extrêmement critique, *Au Salomon de Prusse*. Quoi qu'il en soit, il put ainsi bénéficier d'une position meilleure avec des responsabilités moindres, ce qui lui permit de s'adonner encore davantage à la lecture et à l'écriture.[30] Grâce à sa nouvelle position, le salaire fut également augmenté, en partie grâce aux taxes douanières annexes, si bien qu'il se compare, dans cette période de sa vie, au collecteur d'impôts dont parle l'Evangile *in telonio sedens*[31] (Matthieu 9:9).[32] De plus, cette nouvelle position s'accompagnait d'une nouvelle maison qui était enfin assez grande pour sa famille, même s'il devait la partager avec un autre

---

[27] NB, pp. 263s. Vous trouverez la totalité du catalogue de Hamann dans N V, pp. 13–121.
[28] N.d.t. : Dieu issu de la machine.
[29] ZH III, p. 255.
[30] NB, pp. 273s.
[31] N.d.t. : Assis au milieu des péages.
[32] Voir Arthur Henkel, "In telonio sedens: J. G. Hamann in den Jahren 1778–1782," dans Reiner Wild (éditeur), *Johann Georg Hamann* (Darmstadt: Wissenschaftliche Buchgesellschaft, 1978), pp. 299–313.

fonctionnaire. Elle était suffisamment grande pour recevoir des invités, dotée d'un jardin, de deux étangs, d'une cuisine de taille respectable, de trois pièces au premier étage : La première était réservée à son frère (qui, atteint d'une maladie mentale, était désormais devenu presque totalement dépendant); la deuxième, à Anna Regina et à ses filles; et la dernière à Hamann et son fils Johann Michael, servant à la fois de bureau, de chambre à coucher et de salon.[33]

Les lettres de Hamann datant de cette période dépeignent une heureuse image de son foyer et de sa vie de famille, révélant son amour pour Regina et les enfants, les moments de chant et de prière en famille, leur joie à la perspective de l'arrivée du facteur; les heures nocturnes où Hamann écrivait à la lumière des bougies, son bonnet de nuit sur la tête, écoutant le rossignol « Prussen » qui débutait toujours son chant avec le veilleur de nuit à vingt-deux heures et s'arrêtait à sept heures tapantes, « à l'heure du bureau »[34]; et le plaisir qu'il prenait à son jardin, abondant en arbres fruitiers, vingt-quatre au total, dans lequel il s'aventurait chaque matin, chaque après-midi et chaque soir, « tel un autre Nimrod, » en quête de nourriture.[35] Il aimait tellement son jardin qu'il exprima le désir de vivre sa retraite, la fin de sa vie, de la même manière qu'Adam commença la sienne, à savoir en tant que jardinier; et il appréciait tant les plaisirs de la nourriture que, citant Héraclite, il dit de sa cuisine : « Ici aussi, *les dieux sont présents.* »[36] Nadler écrit que « comme toutes les choses terrestres, la cuisine se trouvait au centre de sa piété. »[37] Cela explique pourquoi il pouvait dire à Kraus qui, inquiet, lui avait conseillé de suivre un régime alimentaire plus modeste, étant donné son mauvais

---

[33] NB, p. 275. Quant à la chambre de Hamann, l'un des murs était couvert de livres; sur un autre était accrochée une silhouette de Herder encadrée de deux gravures sur cuivre, représentant probablement la fuite de la sainte famille en Egypte (Matthieu 2:13) et la Cène; sur un troisième, l'on voyait trois images représentant Herder, Lavater et Christoph Kaufmann; un portrait de Luther était suspendu au-dessus de la porte.
[34] N.d.t. : En français dans le texte.
[35] NB, p. 275. Cf. ZH IV, pp. 196, 384.
[36] ZH IV, p. 401; ZH V, p. 373.
[37] NB, p. 278.

état de santé : « Comment donc pouvez-vous prescrire le jeûne à un *filio thalami*[38] [...] ? A celui, quel qu'il soit, qui *goûte ici-bas*, il sera donné de *voir là-bas* combien le SEIGneur [sic] de l'univers est bon. »[39] Il ajouta, avec une authentique *joie de vivre*[40] chrétienne bien supérieure au paganisme de Nietzsche (qui, après tout, était toujours obscurci par le destin et contraint par les efforts de la volonté de l'éternel retour) :

> Mon pâturage est partout ! [...] C'est une *bénédiction* que de se réjouir davantage du *présent* que de tout ce qui se trouve ici-bas ou au-delà; et quand bien même il faudrait supposer que tout est tromperie ou tromperie mélangée à de la fiction, je tenterais néanmoins de m'en réjouir comme du meilleur *intermezzo* de mon voyage. Ici aussi, les dieux sont présents – dans la cuisine comme dans le temple; dans l'étable comme dans le palais.[41]

Le christianisme n'est donc pas, dans la conception de Hamann, une religion austère, mais plutôt *ajoute* aux plaisirs de ce monde tout en préparant ceux du monde à venir; c'est la raison pour laquelle l'on peut, dans cette mesure, lui attribuer légitimement l'adjectif d'hédoniste ou de sensualiste chrétien. Il explique à Lavatar sa doctrine en la résumant de la manière suivante :

> Mon christianisme tout entier, et je parle du fond de mon âme, [...] se caractérise par mon goût pour les *signes* et les éléments de l'eau, du pain et du vin. Il y a ici-bas largement de quoi rassasier la faim et étancher la soif – une abondance qui n'est pas simplement une ombre des biens *à venir*, comme l'est la loi, mais αὐτὴν εἰκόνα των πραγμάτων, dans la mesure où ces choses peuvent être rendues présentes et visibles au moyen d'un miroir, de manière énigmatique; car le τέλειον, en effet, se trouve de l'autre côté. Ici-bas, nos idées et nos perspectives sont des fragments, des ruines, une mosaïque

---

[38] N.d.t. : Fils du palais.
[39] ZH VII, p. 304.
[40] N.d.t. : En français dans le texte.
[41] ZH VII, p. 339.

constituée pièce par pièce – πρὸς πρόσωπον, τότε δὲ ἐπιγνώσομαι καθὼς καὶ ἐπεγνώσθην.[42]

Selon Hamann, bien que nous voyions maintenant « au moyen d'un miroir, d'une manière obscure » et que la foi soit tournée vers l'éternité, le chrétien ne s'enferme pas dans une bulle austère, loin du monde (contrairement au portrait méprisant qu'en dresse Nietzsche), bien au contraire : Il doit *saisir* le monde puisqu'en dépit des maux et des souffrances, il s'agit de la création que Dieu a faite bonne; ainsi, si quelqu'un n'est pas capable de trouver sa joie dans les dons de Dieu ici-bas, il ne sera pas non plus capable de trouver sa joie en Dieu lui-même dans l'au-delà. Hamann pouvait ainsi infirmer que « toutes choses, même le *Ens entium*[43], sont là pour que nous en jouissions. »[44] Voilà qui règle leur compte aux préjugés de Nietzsche dans sa critique pleine de préjugés du christianisme tel que le concevait Hamann.

Durant la même période, Hamann commença à se préoccuper de plus en plus de l'éducation de ses enfants et décida de jouer le rôle de *Hofmeister*,[45] très répandu à l'époque, au sein de son propre foyer. Ses filles, à sa grande tristesse, s'intéressaient peu aux matières académiques mais avaient reçu une bonne éducation musicale. L'aînée, Elisabeth Regina, avait atteint un très bon niveau d'interprétation des sonates de Bach.[46] L'enseignement à domicile de Hamann était donc majoritairement destiné à son fils, Johann Michael et, étant donné que Hamann avait lui-même reçu une formation de philologue, ils passaient énormément de temps à étudier les langues, en débutant par le grec et l'Evangile de Jean. Par la suite, ils commencèrent à lire l'Ancien Testament en hébreu et en 1777, ils reçurent la visite inattendue de Moses Mendelssohn[47] qui remit à

---

[42] ZH IV, p. 6; cf. 1 Corinthiens 13:12: « Aujourd'hui nous voyons au moyen d'un miroir, d'une manière obscure [ou énigmatique], mais alors nous le verrons face à face; aujourd'hui je le connais en partie, mais alors je connaîtrai comme j'ai été connu. »
[43] N.d.t. : L'être des êtres, soit Dieu.
[44] ZH V, p. 265.
[45] N.d.t. : Précepteur.
[46] NB, p. 292.
[47] ZH III, pp. 384s.

Johann Michael une copie de son édition de *Qoheleth* ou l'Ecclésiaste. Quoi qu'il en soit, en 1779 – Johann Michael n'avait alors probablement que dix ans – ils lisaient déjà Xénophon; en 1780, ils étaient passés à Platon; en 1781, à l'*Iliade* et l'*Odyssée*; et ils arrivèrent finalement à Pindare. Puis, ce fut le tour du latin avec Suétone, et finalement, des langues modernes, l'anglais et le français entre autres.[48]

Etant donné que son travail l'occupait de sept heures du matin à six heures du soir, Hamann ne pouvait pas se charger seul de l'éducation de son fils. Il engagea donc en temps utile plusieurs tuteurs supplémentaires, parmi lesquels il faut citer Christian Hill, un étudiant en théologie et philologue talentueux. Il finit par remplacer Hamann en tant que *Hofmeister* de ses enfants. Néanmoins, il devint à son tour l'étudiant de Hamann, et il n'était pas le seul : Les écrivains talentueux Abraham Jakob Penzel et Jakob Brahl, ainsi qu'un autre philologue en devenir du nom de Jenisch faisaient également partie de ses élèves.[49] D'autres s'y ajoutèrent, comme le Hollandais Gysbert Karl Count Hogendorp (qui par la suite devint l'adjudant de Napoléon) et son ami, le lieutenant prussien Bentevegni. Lorsque Johann Michael fut admis à l'université en 1783, où il assistait aux cours magistraux de Kant, Hamann ajouta au moins trois étudiants au nombre, qui devinrent de bons amis de son fils : Friedrich Ehregott Lindner tout d'abord, le fils de son médecin et le neveu de son ami malade; Raphael Hippel ensuite, un parent de Theodor Gottlieb Hippel, écrivain connu, maire de Königsberg et ami de Hamann; Ludwig Nicolovius, enfin, un ami de Johann Michael, qu'il avait rencontré lors des séminaires de Kant, qui désirait apprendre le grec et l'anglais, et dont les parents étaient récemment tombés malades. Quelquefois Hamann était rémunéré; d'autres fois il agissait simplement par bienveillance. Quoi qu'il en fût, la maison de Hamann grouillait de vie entre 1777 et 1785, faisant figure d'école privée et de centre d'activités intellectuelles. Nadler écrit que « sa maison était son école »; que Hamann était le « Socrate de son époque »; quant à ses relations avec ses étudiants, elles étaient toutes

---

[48] NB, p. 289. Voir ZH IV, p. 401, pour plus de détails sur la pédagogie de Hamann.
[49] NB, p. 284.

construites sur la base de l'amitié.[50]

DEUX PIÉCETTES : DU TABERNACLE DU LANGAGE

Deux piécettes concernant la littérature allemande la plus récente (*Zwey Scherflein zur neusten Deutschen Litteratur*), rédigé en 1780, est le dernier texte que Hamann écrivit durant cette période. Nadler l'inclut dans la catégorie des textes énigmatiques de Hamann, ce qui semble discutable, puisqu'il n'y est pas question de mystères en soi. Le texte traite plutôt des réformes orthographiques de la langue allemande, comme dans son œuvre *Nouvelle apologie de la lettre h* (*Neue Apologie des Buchstabens h*), rédigée un peu plus tôt en 1773; il s'agit cette fois de celles qu'avait proposées Klopstock dans *Über Sprache und Dichtkunst*[51] (1779). Cependant, comme nous l'avons vu dans le cas de la *Nouvelle apologie* et dans les *Herderschriften*,[52] le *mystère* du langage, que Hamann qualifie de « mère de la raison et de ses révélations »[53] est l'un des sujets qui lui tenaient le plus à cœur. De la même manière, les incursions à dominance « rationnelle » dans la matrice sacrée du langage étaient l'un des éléments qui incitaient le plus à la polémique. Ainsi donc, les *Deux piécettes* de Hamann peuvent être facilement rangées dans la catégorie des textes énigmatiques, d'après Nadler, dans la mesure où, à travers ce texte, Hamann cherche à sauvegarder le mystère du langage.

A première vue, l'œuvre *Deux piécettes*, dont le titre fait référence à un évènement relaté dans l'Evangile de Luc au chapitre 21, semble presque insondable. Cela est dû en partie aux allusions de Hamann qui sont, comme toujours, très obscures (il s'agit principalement de références à Klopstock et à la collection d'écrits à visée pédagogique de Joachim Heinrich Campe). Par ailleurs, il faut voir dans la densité inhabituelle ou le *Dicht-ung*[54] de ce texte un moyen de protester contre

---

[50] NB, p. 294.
[51] N.d.t. : Du langage et de l'art poétique.
[52] N.d.t. : Les écrits de Herder.
[53] ZH VI, p. 108.
[54] N.d.t. : Etanchéité.

les règles orthographiques qui viseraient pour ainsi dire à profaner le mystère du langage, réduisant le langage au miroir de la « raison » et l'écriture à celui d'un discours qui a été « approuvé. » Il faut admettre qu'il est difficile pour une personne vivant dans l'ère de la modernité et qui aura tendance à concevoir le langage en termes d'instrument de comprendre pourquoi les réformes orthographiques rendaient Hamann si furieux, alors qu'elles pouvaient sembler triviales. Néanmoins, pour Hamann qui se considérait comme le défenseur du poète et du génie poétique, de telles réformes symbolisaient les *injustices* de la raison, celles-là même que tous ses écrits visaient à combattre.[55] Une fois de plus, cela ne signifie pas que Hamann s'opposait à la raison ou qu'il était un « irrationaliste »; il s'agirait d'une interprétation bien superficielle. Hamann s'opposait à l'*injustice* de la raison, c'est-à-dire la raison qui « outrepasse ses limites, » soit au travers des incursions « rationnelles » dans la matrice sacrée du langage dans le but de le « purifier » (comme avec l'élimination de la lettre h à la fin de certains mots imposée par la réforme orthographique) ou de le soumettre à une certaine norme « rationnelle »; soit enfin en niant stoïquement que les passions puissent être bénéfiques (l'être humain se serait prétendument mieux porté sans elles); soit, dans le cas de la religion, en éliminant de manière « rationnelle » les doctrines ou les éléments « mythologiques, » « superflus, » « irrationnels » ou du moins « inconcevables » de la foi (comme le pratiquent, par exemple, le déisme et l'unitarisme, ainsi que l'existentialisme de Bultmann). Pour résumer, Hamann considérait que les efforts de la raison pour « définir ce qui est *indéterminé* et éliminer tout ce qui est en *excès*, »

---

[55] Par exemple, si l'on prend en considération la psychologie de Platon telle qu'il la présente dans le livre IV de *La République*, la raison peut effectivement être injuste dès lors qu'elle refuse de se soumettre au bien ou au divin (qui la transcende ou la surpasse) ou qu'elle ne prend plus en compte les rôles caractéristiques des puissances moindres de l'âme. De manière générale, Platon suppose que la partie concupiscible de l'âme est à l'origine de l'injustice lorsque, par manque de maîtrise de soi, elle ne se soumet pas à la voix de la raison, son guide, à travers la partie « rationnelle » de l'âme. Ici, c'est presque le contraire : La raison n'agit plus comme un sage berger qui guide les éléments non-rationnels, mais les soumet à sa tyrannie sans reconnaître leur valeur intrinsèque.

appliqués ici au langage, révèlent la violence dont elle use à chaque fois qu'elle transgresse ses limites.[56]

Les *Deux piécettes* de Hamann n'expriment donc pas simplement une contestation vis-à-vis de l'orthographe mais reflètent les sujets de préoccupation de Hamann en général, tels qu'il les évoque dans toute son œuvre, et le débat dominant de l'époque où s'opposent une vision du monde chrétienne (qui reconnaît et fait même l'éloge d'une part de mystère dans le langage humain, la nature humaine et le monde) et un rationalisme fanatique et puritain qui cherche à éliminer tout ce qui n'est pas conforme à ses conseils immanents, qu'il s'agisse du caractère arbitraire et « *irrationnel* » du langage (dans la perspective des rationalistes, le langage doit être le miroir de la raison), des profondeurs *sous-rationnelles* de la nature humaine, marquées par les passions (les rationalistes concevaient l'homme en tant qu'être purement rationnel) ou encore des mystères *sur-rationnels* du christianisme que la raison seule ne suffirait pas à appréhender ou à vérifier. Toutes ces choses étaient intrinsèquement liées aux yeux de Hamann, formant un mystérieux réseau de connexions. Cependant, à son inquiétude, lesdites « Lumières » de son époque s'en prenaient à ces éléments qui, selon elles, faisaient « honte à la raison. »

Le texte s'ouvre sur l'affirmation suivante : « *L'amour de la patrie* entretient une relation naturelle avec les *parties honteuses*[57] de cette dernière, à savoir la *langue maternelle* et l'*Eglise mère.* »[58] Le patriotisme, le langage et l'Eglise constituent donc les liens naturels de la société. Néanmoins, le problème de la raison déchue est qu'elle sépare le premier élément des deux autres, qu'elle considère comme des « parties honteuses » ou *pudenda*. Par exemple, les origines bien sombres des langues tribales, les éléments absurdes et superflus qui les constituent ainsi que leur évolution aléatoire font honte à l'idée d'un langage de la raison universel et intemporel; de la même manière, tous les principes, superstitions et dogmes particuliers font honte à l'idée d'une religion naturelle et universelle. Hamann poursuit néanmoins en soulignant qu'une séparation si peu naturelle ne

---

[56] N III, pp. 233s.
[57] N.d.t. : En français dans le texte.
[58] N III, p. 231.

pourrait que provoquer, au final, la dissolution de la société. En effet, « sans *langage* nous n'aurions pas de raison; sans raison, pas de *religion*; et sans ces trois éléments essentiels, constitutifs de notre nature, nous n'aurions ni esprit ni lien social. »[59] Une fois de plus, nous voyons que Hamann valorise la raison, la qualifiant ici d'« élément essentiel, constitutif de notre nature »; à cet égard, il *rejoint* donc la position de ses contemporains. Néanmoins, il prévient de manière prophétique que séparer la raison du langage, de la tradition et de l'Eglise est risqué puisqu'il prévoyait, bien avant le fou de Nietzsche qu'une fois de telles « réformes » laïques menées à bien, la raison n'aurait plus de fondement sur lequel s'appuyer d'un point de vue théorique et plus de guide d'un point de vue pratique (c'est-à-dire moral).

Dans ses *Deux Piécettes*, Hamann a donc pour objectif, d'une part, de rappeler aux *Aufklärer* l'existence des liens sociaux naturels qu'ils cherchent à dénouer de manière non-naturelle; d'autre part, de déposer une plainte prophétique contre la « raison » pour avoir violé sa « mère, » c'est-à-dire pour avoir établi des mesures procustéennes dans le but de conformer la prononciation et l'orthographe allemandes à certaines normes « rationnelles. » Selon l'argument de Hamann, qu'il réitère dans ses *Doutes et idées*, de telles mesures, qui se veulent rationnelles, sont en fait totalement arbitraires puisqu'elles ne peuvent être définies qu'en sélectionnant, de manière arbitraire, une certaine prononciation comme étant la norme. Par conséquent, ces mesures orthographiques ne parviennent qu'à transformer « des *lois* en préjugés et des *préjugés* [...] en lois *sans rime et sans raison.* »[60] Plus hypocrite encore, les réformateurs exigent que les normes régissant l'écriture soient dérivées de celles qui concernent l'allemand parlé. L'écriture devrait donc être conforme à des normes discursives arbitraires. Néanmoins, comme le souligne Hamann : « Puisque nos yeux, par définition, sont sourds et que nos oreilles sont aveugles, » il est peu probable que ces derniers puissent « servir, par substitution,

---

[59] N III, p. 231.
[60] N III, p. 242. N.d.t. : L'expression « sans rime et sans raison » est en français dans le texte.

de fondement génétique à l'orthographe universelle »[61] Pour le formuler autrement, la parole ne peut pas servir de modèle à l'écriture, l'une ne pouvant pas être réduite à l'autre. A cet égard, l'on peut considérer que Hamann est en quelque sorte le précurseur de Derrida en ce qu'il établit une distinction entre la parole et l'*écriture*.[62]

L'œuvre *Deux piécettes* de Hamann, une simple « offrande de la part d'une veuve » (Luc 21:2), offre bien plus que ce qu'elle ne laisserait à supposer, allant même jusqu'à anticiper de plus d'un siècle de nombreuses problématiques soulevées par Heidegger (à propos du langage et de la technologie) et par Derrida (à propos de la parole et de l'écriture). Cela dit, la finalité de sa défense du langage et de l'écriture face à un rationalisme prédominant (qui s'emploie à réduire le langage et l'écriture à un miroir de la raison) n'est pas d'éliminer de l'écriture les éléments de la parole, mais de lier langage et religion, rendant ainsi à la parole et à l'écriture leur but prophétique originel :

> Le *but de la parole* n'est pas simplement l'articulation et la modification de sons aveugles; encore moins la *fin de l'écriture* est-elle de compter, peser et de ponctuer ses substituts muets; tout cela ne revient qu'à partager avec les pharisiens menthe, aneth et cumin, alors que le but véritable, naturel, plus élevé unit à la fois *parole* et *écriture* – en une *Shekhinah*,[63] le tabernacle, le trône-chariot de nos sensations, de nos pensées et de nos concepts à travers les *signes* audibles et visibles du langage.[64]

Hamann veut dire par là que les manifestations tangibles du langage – le tabernacle des sensations, des pensées et des concepts des hommes – possèdent une dignité que les scribes et les pharisiens

---

[61] N III, p. 238.
[62] N III, p. 236. Il va de soi que Hamann et Derrida ne peuvent être comparés qu'à certains égards; il est néanmoins intéressant de remarquer, même si ce n'est qu'une simple coïncidence, que Hamann, à un moment donné (p. 236), adapte de façon étrange le passage de 2 Corinthiens 8:14 de la Vulgate en soulignant le mot *supplementum* et en lui ajoutant une note de bas de page en français qui commence par le mot *écriture*.
[63] N.d.t. : De l'hébreu *résidence* : Demeure de Dieu.
[64] N III, p. 237.

rationnels ne sont pas en mesure de saisir. Il soutient également que le langage, en plus de pouvoir véhiculer des concepts et sensations humains, est aussi le tabernacle et le trône-chariot du Saint-Esprit, comme le sous-entend sa référence à la vision d'Ezéchiel (Ezéchiel 1). En effet, le langage est le véhicule que Dieu a choisi pour se révéler aux êtres humains, ce que Hamann avait lui-même puissamment expérimenté à travers la lecture des Ecritures. Par conséquent, puisque le langage est doté de cette capacité mystérieuse de véhiculer le divin *dans et à travers l'humain*, Hamann assimilait toute approche réductrice, pragmatique ou instrumentale du langage à un sacrilège.

Une vision aussi exaltée du langage pourrait certes passer pour quelque peu excentrique aux yeux d'un public avec une sensibilité moderne qui éprouve déjà des difficultés à appréhender tout ce qui a trait au divin, à plus forte raison donc à discerner le divin dans un élément aussi ordinaire et proche de nous que les mots, prononcés ou écrits. Néanmoins, si l'on considère le point de vue fondamentalement théologique de Hamann, son discours est tout à fait cohérent. Il n'est pas loin d'affirmer que le langage est une sorte de « sacrement » (ou du moins qu'il peut l'être), puisque si l'intuition païenne que Paul réaffirme (Actes 17:28), à savoir qu'« en lui nous avons la vie, le mouvement et l'être, » est exacte, comment le langage pourrait-il n'être qu'un édifice purement humain ou purement laïque, insensible à l'inspiration divine ? Dans un passage marquant, il l'exprime ainsi, s'appuyant sur son sens profond de l'abaissement divin qui lui permet de voir en toutes choses, même les aspects les plus mondains de la vie quotidienne, la main de la providence :

> Si même les cheveux de notre tête, jusqu'aux nuances de leur couleur, font partie des *Datis*[65] de la providence divine, pourquoi les lignes et les traits, droits ou courbés, dessinés par notre main pour former une écriture symbolique et typologique (mais pas hiéroglyphique) ne pourraient-ils pas être la réplique et le miroir d'une *théopneustie* (2 Timothée 3:16), d'une force essentielle dans laquelle, inconsciemment, nous vivons, nous nous mouvons et sommes [?][66]

---

[65] N.d.t. : Les dons.
[66] N III, p. 240.

Par conséquent, dans la mesure où Dieu connait et utilise ce qui semble contingent et arbitraire, les éléments que les experts de l'orthographe et leur *Rechtschreiberei*[67] seraient enclins à éliminer au nom de la « raison saine » – tels que la lettre h qui n'est qu'un « souffle » après tout, comme le souligne ironiquement Hamann – peuvent tout à fait servir de canal de transmission de l'inspiration divine.

Quoi qu'il en soit, Hamann suggère que les réformateurs orthographiques se sont rendus coupables d'eschatologie proleptique. En effet, bien que Dieu soit patient, comme le *pater familias*[68] dans la parabole du bon grain et de l'ivraie (Matthieu 13:24-30), ils s'attribuent impatiemment le droit de juger qui n'appartient qu'à Dieu seul :

> Pour ce qui est du *langage*, cette *affaire* hautement *spirituelle*, et même dans les cas les plus évidents et les plus réalisables de « correction d'erreurs manifestes, » la sagesse économique, la tolérance et la retenue pleine de modération du *pater familias* dans l'Evangile m'incitent à ne pas trop me hâter et me précipiter; mais plutôt, elles m'incitent à hésiter dans mon empressement [*zaudernd sich zu zauen*] à arracher l'ivraie, et à la laisser croître jusqu'à la moisson [...], puisque le *summum ius*[69] et la *summa iuria*,[70] à l'image de la lumière et de l'ombre, sont des parents temporels inséparables du *monde sensible d'ici-bas*; en revanche, la justice sans acception de personne et sans regarder à l'apparence est un *regale* réservé au Juge ultime qui revêtira ceux qui l'aiment, qui sont fidèles, patients et saints, ... de lin éclatant et pur; mais Il amènera à la lumière toutes les illusions poétiques et usurpations politiques de la bête apocalyptique, du faux prophète et de la vieille fille-mère babylonienne pour les réduire à néant, néant, néant ! – par le πνευμα[71] qui sort de sa

---

[67] N.d.t. : Manie de l'orthographe.
[68] N.d.t. : Père de famille.
[69] N.d.t. : Droit extrême.
[70] N.d.t. : Extrême injustice.
[71] N.d.t.: Πνευμα : Le souffle.

bouche ![72]

Les réformateurs orthographiques sont donc semblables à ces serviteurs impatients dont parle l'Evangile qui ne supportent pas des contradictions (dans le cas présent, des ambiguïtés dans le discours ou l'écriture) et qui prétendent soumettre le langage à une norme arbitraire mais prétendument « rationnelle, » usurpant, pour ainsi dire, le jugement eschatologique de Christ. L'objectif central de Hamann est, encore une fois, de montrer que le langage est une « affaire spirituelle » qui dépasse par conséquent toute juridiction de la raison et que, en fin de compte, *le langage inspiré est la source de la critique authentique, et non pas la raison*. En effet, si le πνευμα qui sort de la bouche de Christ est une épée (Apocalypse 19:15; cf. Matthieu 10:34), et si la Parole de Dieu, parole de la vie éternelle (Jean 6:68), a pour but de partager « âme et esprit, jointures et moëlles, » c'est-à-dire de juger les « sentiments et les pensées du cœur » (Hébreux 4:12), alors le langage des chrétiens a pour but de soumettre ceux à qui ils s'adressent à un « jugement » similaire (selon le sens original et étymologique du terme « critique, » du grec κρινειν[73]). Néanmoins, en fin de compte, les chrétiens n'émettent pas une telle « critique » en s'appuyant sur leurs dons et leur capacité à critiquer, bien que Dieu puisse les utiliser, mais grâce à l'Esprit de Christ (Matthieu 10:19-20) qui habite en eux (Jean 14:17). Le langage du chrétien est donc une chose sainte (1 Pierre 4:11) et doit être vu comme un moyen que le Saint-Esprit utilise pour réaliser son œuvre continuelle et créatrice, puisqu'Il ne cesse de générer une nouvelle créature, transformant l'ancienne, en séparant de manière « critique » la lumière des ténèbres (Genèse 1:4; cf. Jean 16:8).

Par conséquent, l'argument central des *Deux piécettes* de Hamann consiste à démontrer que le « jugement » et la « critique » appartiennent *non pas* à la raison, comme l'affirmait Kant, mais au langage inspiré; les Ecritures, qui font figure d'autorité, en sont un exemple prééminent. C'est ce que Hamann lui-même expérimenta à Londres et ce que toute l'œuvre inspirée et mimétique qui en découle

---

[72] N III, p. 233. Cf. Apocalypse 17:5; 19:8, 15, 21.
[73] N.d.t. : Juger.

tend à transmettre. Pour résumer, l'on pourrait dire qu'aux yeux de Hamann, *ce n'est pas la raison qui critique le langage, mais le langage inspiré qui critique la raison*, en vertu d'une autorité *supérieure* à la raison. C'est ainsi qu'il opère un renversement à travers sa « métacritique, » opposant à l'impuissance du langage et de la « critique » rationnelle lorsqu'ils sont séparés du Logos et du *Pneuma*[74] de Dieu sa défense de la puissance du langage comme moyen d'inspiration et de jugement créateur de Dieu (et donc, de la *véritable* critique). Tout cela indique que le véritable critique de l'époque était non pas Kant, mais Hamann.

Cependant, dans la mesure où l'écriture du chrétien répond au modèle de la « parole efficace » de Dieu, il ne s'agit pas d'une manière d'écrire directe d'après Hamann mais d'une manière indirecte (à l'image de la parabole de Nathan en 2 Samuel 12) qui imite l'humilité kénotique de Christ lui-même. L'usage de titres tels que *Deux piécettes* prend alors tout son sens. Hamann parle de l'« obéissance esthétique à la Croix » comme pour montrer qu'une telle manière d'écrire demande une certaine abnégation et même une certaine dissimulation de soi. Hamann écrit à propos des réformateurs rationnels si sûrs d'eux-mêmes : « Quem penes *arbitrium* est et *ius* et *norma* legendi » [quiconque dispose d'un *pouvoir* sur la *loi* et sur les *normes* qui régissent la lecture] ne peut perdre ses prétentions que par μαθήματα μαθήματα, par un apprentissage qui passe par la souffrance, par une obéissance esthétique à la Croix, et ne peut être satisfait que par l'*effigie* et l'*inscription* qui figurent sur sa propre *pièce*. »[75] En d'autres termes, cette « obéissance esthétique à la Croix » exige que nous ne parlions ni n'écrivions pour nous-mêmes, mais pour un autre; non de manière lyrique, mais dialectique; pas même dans notre propre langue, mais dans celle d'un autre – dans le cas présent, il s'agissait de la langue « étrangère, » le dialecte, que parlaient ses contemporains. Nous devons « rendre à César ce qui est à César » (Matthieu 22:21), ce qui explique pourquoi Hamann utilisait les citations à profusion, désireux de convaincre et de persuader ses contemporains en utilisant

---

[74] N.d.t. : Souffle.
[75] N III, p. 234. Cf. Hébreux 5:8.

leurs propres paroles (cf. 1 Samuel 17:51). Et, effectivement, Hamann reprend de nombreuses paroles de Klopstock dans ses *Deux piécettes*, les retourne et leur fait dire le contraire de ceux qu'elles étaient supposées vouloir dire; malgré lui, Klopstock se retrouve donc en position d'allié de Hamann dans sa croisade « métacritique. »

8

La parole à la sibylle : Du mystère protologique et eschatologique du mariage

Si je venais à vous tel un esprit, n'ayez pas peur de moi.
Essai d'une sibylle sur le mariage[1]

[...] l'épouse et l'époux sont en même temps Dieu amoureux de sa création [...]. Dans ce sens, l'union entre un homme et une femme est le reflet de l'arcanum[2] essentiel de la sexualité céleste.
Czeslaw Milosz[3]

Un monde sans Dieu est comme un homme sans tête –sans cœur, sans viscera[4]– sans pudenda.[5]
Hamann à Jacobi[6]

A la fin de l'année 1774, l'éditeur de Hamann, de Herder et de Kant, Hartknoch, se maria; Hamann écrivit en son honneur une petite œuvre d'une longueur d'une page et demie seulement, format in-octavo, portant le titre *Essai d'une sibylle sur le mariage* (*Versuch einer Sibylle über die Ehe*). Elle appartient à la catégorie de ses textes énigmatiques, comme l'indique son titre, une référence aux *Oracles sibyllins*.[7] Bien qu'elle soit brève, Hamann qualifie son œuvre, son

---

[1] *Essay of a Sibyl on Marriage*, N III, p. 197.
[2] N.d.t. : Secret, mystère.
[3] Voir l'introduction de Milosz à l'oeuvre de Vladimir Solovyov, *War, Progress, and the End of History* (Hudson, New York: Lindisfarne Press, 1990), pp. 8s.
[4] N.d.t. : Profondeur du corps comme siège des sentiments.
[5] N.d.t. : Organes génitaux.
[6] ZH V, p. 326.
[7] N III, pp. 197–203; voir ZH III, p. 113; cf. p. 126.

« petit embryon, » de « monument capital » de sa quarante-cinquième année et demande même à Hartknoch de se procurer un peu d'or pour la page de titre.[8] L'importance qu'il accorde à son *Essai* s'explique par la place fondamentale qu'occupe la sexualité dans toutes ses œuvres; Nadler écrit que « le langage du sexe est le langage technique de sa philosophie. »[9] Il est vrai que son œuvre regorge de métaphores sexuelles, qu'il s'agisse de la référence à la stérilité apathique des *Aufklärer*, qui ont rejeté les *stamina*[10] et *menstrua*[11] de la raison (c'est-à-dire la révélation et la tradition), ou du portrait qui figure sur la première de couverture des *Croisades du philologue*, où Hamann se représente lui-même sous la forme du dieu-satyre Pan à la silhouette robuste.[12] Bien entendu, il était conscient que son *Essai* pourrait offenser ses lecteurs et même ses amis, comme le montrent ces lignes issues de sa correspondance avec Matthias Claudius :

> Deux amis m'ont enfin fait part de leurs impressions à propos de la *Sibylle* – le premier me confia en secret qu'il la considérait comme quelque chose de sale – le deuxième, critiquant fortement le premier en disant *naturalia non sunt turpia*,[13] voulut l'améliorer, pensant y avoir découvert quelque élément profane. – J'ai avoué au deuxième que son accusation me paraissait plus dure et pire que l'autre. J'aimerais également avoir votre avis à ce propos, car je serais heureux de pouvoir me justifier [...] – et dans la mesure où le mystère de l'hymen semble être un exemple tout à fait approprié pour métagraboliser sur la nature des mystères.[14]

Il est évident que de telles accusations affectaient Hamann, puisque

---

[8] ZH III, pp. 125–126, 128.
[9] NB, p. 246.
[10] N.d.t. : Etamine (organe sexuel mâle contenu dans les fleurs).
[11] N.d.t. : Menstrues, règles.
[12] Voir N III, p. 39; N II, p. 137; NB, p. 250.
[13] N.d.t. : Les parties naturelles ne sont pas inconvenantes.
[14] ZH III, p. 184. Pour plus d'explications, voir la note de Schoonhoven dans *HH* V, p. 168. Hamann emprunte le néologisme « métagraboliser » (ματαιογραφοβολιζειν) à Rabelais (ματαιος = en vain; γραφειν = écrire; βολιζειν = jeter l'hameçon). « Métagraboliser » signifie donc « écrire ou pêcher en vain. »

son objectif ultime n'était pas de scandaliser ses lecteurs, pas plus que Paul, en prêchant la Croix, n'avait pour simple but de heurter la sensibilité métaphysique de ses auditeurs grecs (cf. 1 Corinthiens 1:18ss); ce qu'il voulait, au contraire, c'était les aider à discerner dans le scandale (au milieu des profondeurs obscures qui sont impénétrables à la raison et constituent pour elle un « affront ») le mystère de l'amour divin. En effet, aussi scandaleux que cela puisse paraître face à la honte et à la timidité invétérées de la raison (Genèse 3:7), Hamann suggère que le mystère de la sexualité s'ouvre d'une certaine manière sur les mystères du paradis; un mystère suggéré par le paganisme et accompli par la réalité nuptiale qui unit Christ à son Eglise.

LE MYSTÈRE DU MARIAGE : *UN VERUM SIGNACULUM CREATORIS*[15]

Toutefois, étant donné que Hamann use d'un langage très explicite qui peut être perçu comme un affront, quelques explications supplémentaires concernant l'*Essai d'une sibylle sur le mariage* s'avèrent nécessaires. Nous avons déjà pu analyser certaines métaphores sexuelles qu'utilise Hamann dans l'*Aesthetica* et voir que ses mots à forte connotation sexuelle découlent de son rejet du rationalisme abstrait et à ses yeux stérile de son époque. Là où ses contemporains mettent en avant une raison universelle et intemporelle, Hamann prône l'ici et maintenant des sens et des passions; là où ils fuient la vie dans ses manifestations corporelles, lui s'y épanouit; là où ils parlent de clarté et de lumière – d'idées « claires et distinctes, » d'après Descartes – Hamann, lui, parle de l'obscurité et du pouvoir créateur des parties « cachées. » Dans la mesure où il venge la négligence des sens et des passions par un rationalisme insipide, abstrait et fondamentalement asexuel, pour qui le mystère de la sexualité et du genre n'en est apparemment pas un et ne constitue en aucun cas un outil adéquat pour parvenir à une connaissance « rationnelle » du monde, Hamann peut être qualifié à de nombreux égards de Dionysos de son temps (et en tant que tel, *mutatis*

---

[15] N.d.t. : Un véritable sceau du Créateur.

mutandis,[16] un précurseur de Nietzsche).[17] Néanmoins, voir à cet égard en Hamann une figure opposée à l'esprit apollinien, comme s'il était un irrationaliste, serait une erreur. Au contraire, comme le fait remarquer O'Flaherty, Hamann s'appliquait toujours à maintenir un équilibre entre le « dionysiaque » et l'« apollinien, » en conformité avec sa doctrine de l'« homme entier » qui s'appuie à son tour, comme nous l'avons vu, sur une vision du monde profondément christologique.[18] Pour faire simple, remarquons que pour Hamann la raison ne s'oppose pas aux puissances moindres de l'âme qui devraient (selon la conception stoïque) être rejetées; plus en accord avec la tradition platonicienne (et avec les premiers apologètes chrétiens tels que Justin Martyr et Clément d'Alexandrie), il considère plutôt que la raison, les passions et les sens (qui correspondent plus ou moins aux trois puissances de l'âme dont parle Platon) s'épanouissent de manière harmonieuse lorsqu'ils sont tous trois dirigés par Christ.

L'anthropologie de Hamann (et dans la même veine, sa conception de la sexualité) découle principalement de la Genèse, et c'est son point de départ exégétique qui attire particulièrement l'attention ici, puisqu'il s'éloigne de la tradition patristique. En effet, il n'assimile pas tant l'*imago Dei*[19] à la faculté angélique de penser de façon rationnelle, associée à l'*apex mentis*,[20] la partie de l'âme la plus élevée, qu'à une impulsion créatrice provenant des profondeurs de la nature humaine, des « parties moindres » ou *pudenda* par métonymie.[21] En effet, il voit

---

[16] N.d.t. : Une fois effectués les changements nécessaires.

[17] Pour bien comprendre ce que Hamann veut dire, il est essentiel de prendre en compte certaines nuances terminologiques. Hamann n'emploie pas le terme « passions » de la même manière que les Pères de l'Eglises, c'est-à-dire pour désigner les multiples vices ou péchés (comme la luxure ou l'orgueil) d'un monde déchu qui réduisent l'homme à l'esclavage, qui le font nécessairement « souffrir » et dont il ne peut être délivré, si ce n'est par grâce. Il entend plutôt par là des sentiments profonds, comme la peur, la tristesse, l'amour et la joie.

[18] Voir JGH, pp. 34–43 pour plus de détails à propos de la doctrine de l'« homme entier » de Hamann.

[19] N.d.t. : L'image de Dieu.

[20] N.d.t. : La pointe de l'âme.

[21] Par *pudenda*, Hamann entend les organes sexuels et, en référence au passage de Genèse 3:7, il utilise ce terme par métonymie pour désigner les passions des hommes,

précisément dans les parties *créatrices* cachées de la nature humaine l'image mystérieuse des profondeurs cachées du *Créateur* (cf. Psaumes 42:7) – ce Dieu qui n'est ni une simple *causa sui*[22] de la raison, ni un potier platonique « formant des récipients malléables, » et encore moins un ingénieur cartésien à l'origine de la « machine » du monde, mais le « père d'esprits ardents et de forces vivantes, » un père profondément créateur.[23] Par conséquent, là où un rationaliste ou un moraliste prude considère les *pudenda* comme l'aspect le plus sombre, le plus « honteux » et sans nul doute le plus « sous-divin » de l'être humain, Hamann y voit précisément le contraire, à savoir le trait

---

ainsi que leur pouvoir de création. Certes, cette interprétation de l'*imago Dei* peut sembler irrationnelle et même antinomique, si on la compare avec d'autres interprétations selon lesquelles l'*imago Dei* révèle la dignité de notre nature rationnelle, dans la mesure où elle laisse à penser que les passions dominent sur la raison. Néanmoins, Hamann ne rejette pas la raison en tant que telle; il affirme à Jacobi que « la foi a tout autant besoin de la raison que la raison a besoin de la foi » (ZH VII, p. 165). Ce qu'il rejette, c'est une compréhension de l'être humain qui serait exclusivement rationnelle et ne prendrait pas en compte la profondeur de son pouvoir de création. D'un point de vue historique, il faut noter l'importance de cette interprétation de l'*imago Dei* en ce qu'elle renverse la norme anthropologique de la philosophie des Lumières. En effet, les anthropologues classiques et modernes considèrent que les *pudenda*, que Hamann associe à l'énergie créatrice des êtres humains, sont *subordonnés* à la raison; Hamann, quant à lui, considère qu'ils possèdent une dignité mystérieuse car, bien que subordonnés à la raison, ils lui sont en quelque sorte *supérieurs* dans le sens où ils sont plus *profonds* et plus *obscurs* que ce que la raison peut appréhender. L'on trouve donc dans les profondeurs créatrices et sous-rationnelles de l'être humain le reflet des profondeurs mystérieuses du *Créateur* qui transcende infiniment l'entendement (comme l'exprime Augustin, *si comprehendis, non est Deus* [N.d.t. : *si tu le comprends, alors il n'est pas Dieu*]). En d'autres termes, Hamann considère que les profondeurs abyssales du pouvoir de création humain reflètent d'une certaine manière les profondeurs abyssales de la volonté divine. Cela ne fait pas de lui un volontariste : Il ne prétend pas que Dieu soit pure volonté, oubliant qu'Il est aussi le Logos. Il ne prône pas non plus l'élévation nihiliste et finalement démoniaque des passions au détriment de la raison. Au contraire, la raison conserve sa propre autorité tant qu'elle n'abandonne pas la véritable source d'autorité qu'est le Logos *créateur* pour s'adonner à l'injustice et à la tyrannie.

[22] N.d.t. : Cause de soi-même.
[23] N III, p. 28. Cf. Hébreux 1:7.

d'union le plus intime et le plus glorieux entre le Créateur et nous. Il l'explique à Herder de manière marquante : « Ce qui me frappe, c'est que les *pudenda* sont l'*unique lien* entre la *création* et le *Créateur*. »[24] De plus, dans la mesure où ils impliquent deux sexes différents et une « connaissance » procréative de l'autre dans l'amour, l'on pourrait dire que les *pudenda* constituent l'image *sous-rationnelle* de la Trinité *surrationnelle*.[25] Hamann s'oppose à la conception psychologique de la *mémoire*, de l'*intelligence* et de la *volonté* telle que la définit Augustin, et dépeint l'*imago Trinitatis*[26] sous les traits d'une réciprocité tangible entre la *sexualité*, la *connaissance* et la *vie*, qui reflète à son tour l'éternelle réciprocité de la vie, de la lumière et de l'amour qui sont en Dieu.[27]

Malheureusement, Hamann ne développe pas davantage son idée. Il est néanmoins clair que le mystère des *pudenda* est selon lui intimement lié au mystère de la différence sexuelle, et que ce lien, en tant que mystère de *créativité* à travers l'union sexuelle dans la

---

[24] ZH IV, p. 113.

[25] Etant donné que Hamann avait une vision profondément biblique, il est important de rappeler ici que le mot hébreu *yada* peut à la fois signifier « connaître » et « connaître sexuellement » comme le montrent certains passages tels que Genèse 4:1, par exemple : « Adam connut Eve, sa femme; elle conçut, et enfanta Caïn [...]. »

[26] N.d.t. : L'image de la Trinité.

[27] N III, pp. 212s : « Les *parties cachées* de notre nature, desquelles découlent le goût et le plaisir du beau, du vrai et du bon, représentent, tout comme cet arbre de Dieu au milieu du jardin, la *connaissance* et la *vie*. Ils sont tous deux à la fois la cause et l'effet de l'*amour*. Leur éclat est comme celui du feu et du flambeau du Seigneur; Dieu, en effet, est *amour*, et la *vie* est la *lumière* des hommes. Ces trois éléments sont Un et rendent témoignage dans les cieux et sur la terre. » Pour résumer, Hamann semble vouloir dire ici que la connaissance et la vie découlent de la différence sexuelle et que la connaissance de cette différence *précède* la connaissance du bien et du mal, qui ne constitue un problème qu'*après* la chute. En effet, la connaissance du bien et du mal n'est « le problème de la raison le plus ancien et le plus grand » que parce qu'il s'agit d'un problème postlapsarien (N III, p. 212). La connaissance la plus intime et la plus authentique qui soit, à savoir connaître l'autre dans l'amour, *ne* commence donc *pas* avec la chute, comme si, d'une certaine manière, la connaissance en dépendait. La vie, quant à elle, découle bien évidemment de la différence sexuelle. Pour Hamann, ces trois éléments – la vie, la connaissance et l'amour sexuel – sont un et réciproques, formant par conséquent un *vestigium trinitatis* [N.d.t. : Une empreinte de la Trinité].

différence, constitue l'image sacrée du Créateur, un *verum signaculum Creatoris*. A l'inverse, mépriser cette image mystérieuse, ce lien entre ciel et terre, est clairement pour lui une marque de stérilité, de décadence et de déclin culturel. En effet, une fois que l'on a dépouillé l'union sexuelle dans la différence de tout aspect transcendant, une fois que l'on ne la chérit plus en y voyant l'image de la mystérieuse Trinité, le lien le plus fondamental entre le Créateur et la créature est brisé.

Dans cette perspective, il est aisé de comprendre pourquoi le thème du mariage, qui est l'accomplissement et le symbole de l'union dans la différence, est essentiel dans la pensée de Hamann et en façonne tous les aspects, de son épistémologie à (du moins implicitement) sa métaphysique. A l'inverse, il n'est à ses yeux rien de plus contradictoire et donc rien qui ne doive faire l'objet d'une plus forte polémique que la philosophie « adultérine » (*ehe-brecherische*) de son siècle qui *sépare* « ce que Dieu a joint » (Matthieu 19:6). Hamann établit donc une distinction entre la *Scheidekunst*[28] philosophique des *Aufklärer*, qu'il qualifie donc de *Scheidekünstler*,[29] et son propre *Ehekunst*[30] théologique et surtout christologique, selon lequel toutes choses sont jointes, unies par les liens du mariage, par la Parole, l'*Ars Patris*.[31] Suivant l'exemple de Christ qui utilise les termes « méchant » et « adultère » de manière quasiment synonyme (Matthieu 12:39; 16: 4), Hamann critique avec virulence toute séparation entre concept et intuition, foi et raison, corps et âme, matière et esprit, etc., sans parler des méditations vaines, du scepticisme prophylactique et de l'auto-conception improductive d'une raison pure et automatique.[32] La polémique que Hamann lance est certes motivée par sa vision positive du mystère du mariage, mais également par une intuition prophétique,

---

[28] N.d.t. : L'art de la séparation. Habituellement utilisé en chimie, ce terme désigne chez Kant la décomposition analytique du complexe en ses éléments simples.
[29] N.d.t. : Les artistes de la séparation.
[30] N.d.t. : L'art du mariage.
[31] Voir N I, p. 52; N III, pp. 40, 278, 300; ZH VI, p. 534; ZH VII, p. 158 pour plus de détails à propos de la *Scheidekunst* des *Aufklärer*. N.d.t. : *Ars Patris* : L'art du Père.
[32] Hamann a coutume d'expliquer les maux épistémologiques et philosophiques de son époque soit en termes de perversion sexuelle, soit en termes de profanation du mystère du mariage.

puisqu'il sentait où allait inévitablement mener la logique, la *Scheidekunst*, propre à l'ère de la modernité. En effet, alors que Dieu est uni à sa création par le *symbole* du mariage, qui reflète de manière mystérieuse la relation surnaturelle qui unit Christ à son Eglise (cf. Matthieu 5:32), cette logique moderne *dia-bolique*, qui agit littéralement comme un « divorce, » engendre au bout du compte une séparation radicale entre Dieu et le monde.[33] Hamann avait le pressentiment inquiétant qu'il s'agissait là de la face cachée obscure de la « philosophie des Lumières, » de son avenir, une fois que la raison aurait fièrement rejeté la lumière surnaturelle du Logos véhiculée par la tradition prophétique en déclarant qu'elle n'en avait pas besoin – comme s'il était possible que la raison subsiste sans la révélation. Hamann croyait en effet que la « philosophie des Lumières, » ayant séparé la raison de sa source, engendrerait précisément un monde sans raison (!), avec une culture dépourvue d'inspiration authentique, de passions porteuses de vie et d'une capacité créatrice productive. La manière dont il en parle à Jacobi est frappante : « Un monde sans Dieu est comme un homme sans tête –sans cœur, sans trippes– sans *pudenda*. »[34]

---

[33] D'un point de vue épistémologique, cette logique correspond à la séparation entre foi et raison; d'un point de vue social, il s'agit de la « séparation de l'Eglise et de l'Etat, » brandie tel un talisman magique dans l'objectif de bannir progressivement Dieu des salles de classes, des constitutions et des discours dans les lieux publics – l'on pourrait presque parler d'une purge fanatique. Ainsi, aussitôt que l'on prône la « séparation de l'Eglise et de l'Etat » dans le discours public, que l'on l'élève, telle une arche de l'alliance de la raison moderne et laïque, porteuse du pouvoir de la société, une force mystérieuse incite l'individu à se prosterner devant elle, comme s'il n'existait aucun principe plus infaillible, inviolable ou sacrosaint que celui-ci. Le produit visible d'une telle logique et de la réalité sociale qui l'accompagne – nulle autre que la manifestation moderne de la *civitas terrena* [N.d.t. : La cité terrestre] et le mépris de Dieu qui la caractérise – s'oppose donc radicalement à la conception théologique et nuptiale du judaïsme et du christianisme selon laquelle l'amour unit Dieu à sa création et selon laquelle Il établit sa demeure parmi son peuple et en lui. (Lévitique 26:11-12; 2 Corinthiens 6:16).

[34] ZH V, p. 326. Cf. ZH V, p. 167 : « Les *pudenda* de notre nature sont liés de manière si précise aux chambres du *cœur* et du *cerveau* qu'il n'est pas possible de s'abstraire de manière trop stricte d'un lien si naturel. » Ce qui est remarquable ici n'est pas tant ce que Hamann affirme *par anticipation de* Nietzsche, à savoir qu'éliminer Dieu

Par conséquent, le profond respect qu'il éprouve pour le mystère du mariage, porteur d'une sorte d'*ultima ratio*,[35] est l'une des raisons qui conduit Hamann à critiquer avec virulence toute forme de purisme moderne. Dans les *Mémorables socratiques*, il blâme la séparation puritaine établie entre la raison et la foi; dans l'*Aesthetica*, c'est la séparation puritaine entre la raison et les sens et les passions qu'il condamne; plus tard, il réprouve la séparation puritaine établie entre la raison et le langage et la tradition; et dans cet *Essai*, il critique de manière implicite tous ces « actes de séparation » qui aboutissent à la séparation de Dieu et de sa création et qui, pour lui, incarnent l'antithèse du mystère du mariage (et donc, implicitement, le mystère de l'Antéchrist). Une autre raison explique également la virulence de la critique de Hamann : Pour lui, le pouvoir créateur de l'homme, qui ne peut exister en dehors de l'inspiration divine mais en dépend entièrement, se voyait menacé par de tels raisonnements laïques, ainsi que sa vocation en tant qu'*imago Dei* (cf. Genèse 2:19) et les capacités expressément poétique qui lui sont associées. Comme nous l'avons vu, en effet, il conseille à ses contemporains de ne pas s'aventurer « dans la métaphysique des Beaux-Arts sans s'être accomplis dans les orgies et les mystères d'Eleusis, »[36] indiquant ainsi que la véritable connaissance implique nécessairement une composante créatrice, érotique ou extatique et que sans cette dernière aucune épistémologie, métaphysique ou esthétique ne peut espérer porter du fruit.[37]

Ainsi, à travers son *Essai d'une sibylle sur le mariage*, Hamann cherche à donner à nouveau conscience à ses contemporains de la vitalité créatrice du mystère du mariage, s'opposant ainsi à la

---

revient à éliminer l'être humain (l'*imago Dei*) et qu'à partir de là, l'humanisme glisse peu à peu vers le sentimentalisme et le nihilisme, mais surtout ce qu'il dit *par opposition à* Nietsche : Éliminer Dieu n'aura pas pour résultat de libérer le pouvoir créateur des hommes mais réduira au contraire peu à peu les êtres humains et la culture à une *stérilité* dépourvue de sens et d'émotions.

[35] N.d.t. : Argument/raison ultime.
[36] Voir N II, p. 208; cf. N III, p. 97. Voir les commentaires d'O'Flaherty dans *JGH*, pp. 38–40. N.d.t. : « *Aesthetica in nuce, Une rhapsodie en prose cabalistique* » dans *Aesthetica in nuce, métacritique du purisme de la raison pure et autres textes*, traduction de Romain Deygout (Paris : Librairie philosophique J. Vrin, 2001), p. 84.
[37] Voir *JGH*, p. 39.

Scheidekunst et au purisme de la raison moderne laïque. Cependant, l'objectif principal qu'il poursuit consiste à les préparer au mystère eschatologique de Christ à travers la contemplation du mystère protologique du mariage, puisque celui-ci en est le symbole prophétique. En effet, c'est justement l'indifférence de ses contemporains face au mystère du mariage qui les a rendus insensibles à celui de Christ. L'apostrophe qui introduit le texte, adressée à Hartknoch et à son épouse et, à travers eux, à tous les contemporains de Hamann, s'avère donc pertinente, puisqu'il s'agit de paroles prophétiques prononcées par une sibylle : « Ô couple béni et sensible ! Ne fermez pas vos oreilles qui sont ouvertes à la magie de l'harmonie [mais] écoutez la voie d'une sibylle qui prophétise si justement et si parfaitement. Que mes instructions soient merveilleuses, à l'image de l'amour, et mystérieuses, comme le mariage ! »[38]

ESSAI D'UNE SIBYLLE SUR LE MARIAGE

Les instructions de la sibylle sont, pour l'essentiel, les mêmes que celles de la Bible, à savoir que la différence sexuelle et la procréation participent de l'image de Dieu (Genèse 1:26-28).[39] Par conséquent, la vocation de l'être humain d'être « le *créateur*, le *préservateur* et le *multiplicateur continuel* – semper Augustus – de son espèce, est ce qui fait de lui un « *Dieu* de la terre. »[40] En même temps, dans l'idée de Hamann qui reprend la conception de Paul (Ephésiens 5:32; 1 Corinthiens 11:7), l'union entre l'homme et la femme en Dieu constitue une image naturelle de la Trinité : « 'Ce mystère est grand !' – L'homme est l'image et la gloire *de Dieu*, et la femme est la gloire de l'homme' – C'est-à-dire : L'homme entretient avec *Dieu* le même rapport que la femme avec l'homme, et là où ces *Trois* sont *Un*, 'la femme sera sauvée en devenant mère et l'homme sera le Sauveur du

---

[38] N III, p. 199.
[39] Voir N III, p. 212, où Hamann qualifie la différence entre les sexes de *verum signaculum Creatoris*.
[40] N III, p. 199. *Semper Augustus* [N.d.t. : Toujours auguste] est un jeu de mots, puisque le terme latin *augere* signifie augmenter ou multiplier, mais constitue également la racine des termes « auteur » et « autorité, » ce qui nous éclaire encore davantage sur le but et le sens de l'œuvre de Hamann.

corps'. »⁴¹ Dans un sens, Hamann considère donc le lien sacré qui unit l'homme à la femme comme un mystère qui reflète finalement l'ordre existant au sein de la Trinité elle-même. Néanmoins, l'*union* de Dieu avec les êtres humains recèle un mystère plus profond encore qui n'est manifesté que lorsque ces *trois* sont un de manière surnaturelle, lorsque l'homme et la femme ne forment qu'un dans le Dieu trinitaire (cf. Jean 17:22-23), à savoir lorsque la Trinité est *dans* le mariage et transforme ainsi l'unité dans la différence entre un homme et une femme en son image terrestre.

Jusque-là, rien dans cet *Essai* ne peut être considéré comme provocant, à moins d'être en désaccord avec les paroles de Paul lui-même. Néanmoins, vers la fin de l'*Essai*, Hamann établit un parallèle frappant et potentiellement choquant (même pour des traditionnalistes pieux) entre l'accomplissement de la virginité à travers l'acte sexuel et celui de la vertu païenne à travers Christ : « Sans un *sacrifice* de l'*innocence*, le *joyau* et le *sanctuaire* de la *virginité* demeureront inconnus, et l'entrée à cette vertu céleste [demeurera] scellée. »⁴² Par cette allusion obscure, Hamann nous renvoie à l'épître aux Hébreux (9:11-12) qui décrit Christ, le grand sacrificateur, entrant dans le lieu très saint. En combinant avec audace la métaphore sexuelle et l'image de la rédemption, Hamann veut montrer que l'acte conjugal constitue non seulement l'accomplissement d'un aspect fondamental de l'*imago Dei*, mais aussi un symbole et une prophétie voilée indiquant la rédemption surnaturelle par Christ. Il conclut en utilisant des images encore plus fortes qui constituent un affront potentiel : « De la même manière que les parties masculines s'unissent à leur origine, Il entra là d'où Il venait comme Sauveur du corps, et à l'image d'un fidèle créateur de bonnes œuvres, Il remplit et ferma le vide du lieu avec de la chair pour accomplir ainsi la plus ancienne *maculatur* de la race humaine. »⁴³

---

⁴¹ N III, pp. 200s : Voir 1 Timothée 2:15; Ephésiens 5:23.
⁴² N III, p. 202.
⁴³ N III, pp. 202s. Le premier sens possible de *maculatur* est celui suggéré par le latin : Une tache, une souillure. Voir G-D, pp. 261s pour d'autres interprétations possibles. Parmi elles, l'interprétation de Griffith-Dickson me paraît la plus convaincante : « Le *Maculatur* est en effet l'« inachèvement » [...] d'Adam, sa « côte manquante, » son état de célibat solitaire. La soif de l'autre est le '*maculatur*' le plus ancien de la race

Grâce aux références que Hamann ajoute à celle, évidente, de Genèse 2:21 (Jean 3:31, 8:14; Ecclésiaste 1:7; 3:20; et 1 Pierre 4:19), l'on comprend que l'acte conjugal est le reflet mystérieux de l'œuvre que Christ réalise lorsqu'Il guérit la blessure d'Adam et comble ainsi le manque de la nature humaine, nettoyant la « tache » originelle. La parallèle semble ici évident : L'union terrestre entre un homme et une femme (prise dans le sens de l'extase de l'amour sexuel et non pas simplement dans un sens abstrait) est l'image de l'union extatique céleste entre Christ et son Eglise.

Hamann avait parfaitement conscience du fait que son petit essai pourrait offenser de pieux lecteurs.[44] C'est la raison pour laquelle il déclare par la bouche de la sibylle, dans l'épigraphe sur la page de titre : « Si je venais à vous tel un esprit, n'ayez pas peur de moi. »[45] Néanmoins, Hamann adresse la question suivante à ceux qui perçoivent son langage comme une offense : D'où vient leur honte ? « Comment se fait-il que nous ayons honte de [notre] ressemblance avec *Dieu* [comme si nous l'avions] dérobée ou volée ? Cette honte n'est-elle pas une tache secrète sur notre nature et simultanément une critique muette du Créateur glorieux, seul sage et très digne de

---

humaine, le manque de plénitude est notre plus vieille imperfection, [...] et elle s'accomplit dans l'union sexuelle. »

[44] Il écrit ainsi à Hartknoch : « J'attends que vous me disiez honnêtement si vous pensez pouvoir le publier sans offenser votre conscience; néanmoins, permettez-moi d'ores et déjà de vous dire que tout l'intérêt de cet essai est qu'il devrait *scandaliser* notre siècle moraliste; et s'il peut provoquer un tel effet, j'aurai atteint mon objectif » (ZH III, p. 128). Le terme « moraliste » ne désigne pas seulement les *Aufklärer* qui réduisaient le mystère du christianisme à la morale, mais aussi les chrétiens qui, en toute conscience, suivent le mouvement et font du christianisme une religion gnostique et fondamentalement immatérielle. Pour eux, « la réalité crue, physique et terrestre du christianisme, sa carnalité, sa crucifixion et sa résurrection et son *corpus meum* [N.d.t. : Mon corps, citation complète : *hoc est corpus meum*, ceci est mon corps] manquent de finesse. » Cf. Hans von Balthasar, *The Glory of the Lord: A Theological Aesthetics* (San Francisco: Ignatius, 1985), volume 3, p. 240. Une telle position ne fait que perpétuer la honte qui découle de la chute et, ironiquement, conduit ses adeptes à considérer le mystère originel, essentiel et prophétique de la nature humaine du point de vue distant et « profane, » comme une chose souillée et non pas une chose rachetée par Christ.

[45] N III, p. 197.

louanges ?»⁴⁶ Il ajoute que cette honte n'est pas « un instinct inné et universel, comme on le voit à travers l'exemple des enfants, des sauvages et des écoles des cyniques; il s'agit plutôt d'une coutume héritée [...].»⁴⁷ Il explique que, par conséquent, il ne faut pas confondre le christianisme avec la pruderie morale – si l'on considère que Christ a ouvert les portes du paradis. Au contraire, ceux qui vivent en Christ sont restaurés, bénéficiant d'une innocence primordiale libre de toute condamnation, et c'est dans cet esprit qu'il parle du mystère de la sexualité d'une manière si ouverte.⁴⁸ Et il faut qu'il en parle car, à ses yeux, le mystère de l'histoire humaine et de la rédemption, qui est le mystère du corps mystique de Christ – d'un point de vue *anthropomorphique* et *apothéotique* – revient à celui du mystère conjugal de l'amour : L'amour de l'époux (Christ) pour son épouse (l'Eglise). Telle est donc la profondeur et l'ampleur du mystère protologique du mariage; il n'est pas surprenant, par conséquent, que Hamann voie dans la profanation du mystère du mariage et de l'union sexuelle dans la différence un signe presque eschatologique.⁴⁹

« TABLIERS DE FEUILLES DE FIGUIER » : DE LA HONTE INVÉTÉRÉE DE LA RAISON

Le mystérieux écrit de Hamann, « Tabliers de feuilles de figuier, » en dépit de sa similitude avec la thématique de l'*Essai*, est avant tout un monument érigé à son style obscur où se manifeste son génie.⁵⁰ A travers ce texte, Hamann vise de nombreux auteurs contemporains, comme Christoph Martin Wieland, Anton Friedrich Büsching et Johann Heinrich Voß; néanmoins, la principale cible est Starck, plus

---

⁴⁶ N III, p. 199.
⁴⁷ Ibid.
⁴⁸ C'est ce qu'il exprime dans son texte *Das stellenlose Blatt* [N.d.t. : La feuille sans tâche] : « L'innocence ne sait pas distinguer le bien du mal; elle ne connaît donc ni disgrâce ni honte » (N III, p. 213). Il ne s'agit pas de prôner le libéralisme ici, d'autres écrits de Hamann où il aborde la loi le montrent. Pour lui, c'est justement en vivant conformément à la loi de Dieu à travers la loi de l'Esprit que l'on peut découvrir la liberté que Paul décrit (Romains 8:2, 21).
⁴⁹ Voir NB, p. 201.
⁵⁰ N III, pp. 205–213.

particulièrement son ouvrage *Hephästion*, que Hamann considérait comme une œuvre incomplète. Une fois de plus, l'importance du paganisme (que Starck avait tendance à surévaluer) et du judaïsme (qu'il avait tendance à sous-évaluer) par rapport au christianisme se trouve au cœur du débat. Par exemple, Starck faisait l'éloge de la doctrine païenne de l'immortalité de l'âme et reprochait au judaïsme de ne pas l'embrasser. De la même manière, il louait le paganisme pour avoir développé une doctrine des vertus et critiquait la déficience comparative du judaïsme à cet égard.[51] De plus, il niait avec virulence les interprétations typologiques de la Bible hébraïque, celles-là même que Hamann, depuis sa conversion à Londres, considérait comme une preuve de l'inspiration divine.[52] Par conséquent, il était nécessaire non seulement de clarifier la relation entre le christianisme et le paganisme, mais aussi de défendre le judaïsme dont le statut de religion révélée et la doctrine de l'élection divine étaient remis en question au nom de la raison et de la philosophie des Lumières, c'est-à-dire au nom de la tolérance et d'une religion « naturelle » basée sur la seule raison. A cet égard, comme le fait remarquer Nadler, « Tablier de feuilles de figuier, » bien qu'il ne s'agisse que d'un court texte, constitue une passerelle fondamentale entre les écrits énigmatiques de Hamann et l'une de ses dernières œuvres, *Golgotha et Sheblimini*.[53]

En dépit d'un apparat critique dont la longueur dépasse très largement celle du texte, « Tablier de feuilles de figuier » est insondable à tous les égards. Il s'agit en effet d'une parfaite illustration de ce que voulait dire Mendelssohn quand il qualifia le style de Hamann de « sombre et mystérieux. »[54] Considérez par exemple l'absurdité de la construction suivante : « Allotrioepiscopolypragmatique, » ou l'assemblage suivant, tout aussi

---

[51] *HH* V, pp. 167s.
[52] Ibid.
[53] N III, p. 451.
[54] Voir l'explication de ce texte par Martin Seils et ses écrits dans *HH* V, pp. 275ss. Au niveau visuel, les 290 notes qui s'ajoutent à un texte de seulement 230 lignes environ sont déjà effrayantes. Le texte que Nadler ajoute en annexe à *Schürze von Feigenblättern, Das stellenlose Blatt*, est compris dans ce total, ainsi que dans mon étude de Schürze. Voir N III, p. 213.

grotesque : « Watrachomyogigantologomachias. »[55] Quelle que soit la raison pour laquelle Hamann fait preuve dans cette œuvre d'un style excessivement obscur et d'une philologie excentrique, une chose est certaine : « Tabliers » mérite d'être classé parmi les textes les plus insondables de l'histoire de la littérature occidentale; dans l'intérêt des infortunés lecteurs qui chercheraient à décrypter le sens du texte, nous pouvons même nous estimer heureux qu'il n'ait jamais été achevé ni publié. Hamann l'avait écrit à l'occasion d'une publication de la revue *Teutsche Merkur*[56] de Christoph Martin Wieland, en janvier 1776. Wieland y avait soulevé la question suivante : « Les efforts des philosophes placides et des esprits lucianesques pour combattre ce qu'ils qualifient d'enthousiasme et de *Schwärmerey*[57] rendront-ils le monde pire ou meilleur ? Et quelles restrictions les esprits anti-platoniciens et les défenseurs de Lucien doivent-ils s'imposer pour être utiles ? »[58] Etant donné l'« enthousiasme » de Hamann lui-même, il va

---

[55] N III, pp. 207, 209. Seils remarque (*HH* V, pp. 319, 329) que le premier « terme » est construit à partir du passage de 1 Pierre 4:15 en grec; le deuxième est construit à partir de trois termes grecs, Βατραχομυομαχία = guerre entre des grenouilles et des souris : Il s'agit d'une légende d'Homère parodiant l'*Iliade*; Γιγαντομαχια = bataille des géants; Λογομαχια = bataille des mots; la somme de ces mots signifierait donc plus ou moins « une guerre des mots parmi les grenouilles, les souris et les géants. » La première partie du « terme » constitue un anagramme du premier mot du poème « Wächter und Burgermeister » de Matthias Claudius.
[56] N.d.t. : Revue littéraire publiée à Weimar entre 1773 et 1789.
[57] N.d.t. : Enthousiasme débordant.
[58] Voir *HH* V, pp. 285ss. Il est ici fait référence à Lucien, un cynique et satiriste du IIe siècle, dont Wieland était un lecteur et un traducteur passionné. La question avait sans doute une visée provocante, car elle résume non seulement, de manière pertinente, les deux courants intellectuels concurrents à cette époque, à savoir le rationalisme et le *Sturm und Drang*, mais elle lance aussi un débat public qui attira l'attention de Herder, Lessing, Lictenberg et Mendelssohn, entre autres. Pendant ce temps, Wieland publia, dans le courant de l'année 1776, la réponse d'un auteur anonyme qui cherchait à défendre l'enthousiasme (Hamann affirme l'avoir lu une dizaine de fois avec ravissement), non sans y annexer néanmoins un « rapport éditorial » sur le même sujet qui critique cette réponse avec virulence. Pour Hamann, c'en était trop, d'autant plus qu'il pensait que l'auteur anonyme n'était autre que son cher ami et protégé Herder; furieux, il commença donc à rédiger sa propre réponse, attendant désespérément la réponse de Herder concernant son rôle dans toute cette affaire. Quand elle arriva,

sans dire que la question exigeait une réponse de sa part. Il entreprit donc, en 1777 – année qui en était venue à revêtir à ses yeux un caractère magique (il s'agissait de la somme 1000 + 777 et, qui plus est, de sa 47ᵉ année) – de rédiger une réponse hautement énigmatique en *trois parties*. En conséquence, elle débute avec une triple dédicace : La première s'adresse à Wieland, la seconde à Anton Friedrich Büsching, l'éditeur de *Wöchentliche Nachrichten* (où Büsching avait publié une critique de l'*Hephäistion* « pseudo-copte » de Starck) et la troisième à Johann Heinrich Voß, l'éditeur du journal hambourgeois *Musen Almanach* (dans lequel Voß avait publié un poème humoristique sur le genre dans la langue allemande – parfaitement en accord avec les objectifs de Hamann – intitulé « Wächter und Burgermeister »[59] écrit par Matthias Claudius, un ami de Hamann).[60]

Hamman fut déçu d'apprendre que Herder n'était pas du tout l'auteur en question. Tout son intérêt s'évapora et il décida d'abaisser son « fouet de scorpion, » comme il l'appelait (*ZH* III, p. 292), et « Tabliers » en resta au stade de texte. Il s'avéra que l'auteur anonyme était le pasteur suisse Johann Kasper Häfeli (1754-1811), disciple talentueux de Lavatar.

[59] N.d.t.: Veilleur de nuit et maire.

[60] Voir ZH III, p. 305 (*HH* V, p. 305). Les trois parties devaient être les suivantes : « Aide pour un vocatif » (*Nachhelf eines Vocativs*), « Pénitence du vendredi saint pour Capucins » (*Charfreytagsbuße für Capuziner*) et « Pont sans rambarde » (Brücke ohne Lehne). Néanmoins, lorsque Hamann cessa de travailler sur le texte, s'étant apparemment réconcilié avec Wieland (voir ZH IV, p. 195), il n'avait achevé que la première partie, qui s'appuie sur l'histoire d'une querelle entre un maire et un veilleur de nuit à propos du genre du terme allemand « Glocke » [N.d.t. : Cloche], relatée dans le poème de Claudius. Ce poème, tout à fait du goût de Hamann et en accord avec son sens de l'humour, met en lumière les racines sexuelles du langage qui causent dans le cas présent l'embarras du maire. Le titre suggère également que Hamann a l'intention de venir en « aide » à Wieland, qui représente le « vocatif » (« celui qui appelle ») dont la grammaire doit être corrigée et même littéralement « purgée » à travers ce conte comique. Quant à la deuxième partie, l'on peut penser que Hamann avait l'intention de revenir à Starck, puisque la dédicace à Büsching concerne principalement la dérivation factice et pseudo-copte du titre de l'œuvre de Starck, *Hephästion*. La correspondance de Hamann avec Häfeli révèle que le titre de la troisième partie fait référence au sermon de Luther à propos de la porte étroite (Matthieu 7:13-14). Voir Martin Luther, *Werke. Kritische Gesamausgabe* (Weimar: H. Böhlaus Nachfolger, 1906–61), volume 32, p. 502. Cf. ZH IV, p. 201.

Heureusement, il n'est nul besoin de savoir décrypter « Tabliers en feuilles de figuier » dans les moindres détails pour comprendre l'idée fondamentale développée par Hamann. Il s'agit à bien des égards d'une reprise de l'*Essai d'une sibylle sur le mariage*, où Hamann s'était concentré sur le mystère du mariage. Ici, il se focalise sur le mystère de la honte, s'appuyant sur sa compréhension de Genèse 3:7 : « Les yeux de l'un et de l'autre s'ouvrirent, ils connurent qu'ils étaient nus, et ayant cousu des feuilles de figuier, ils s'en firent des ceintures. » Le titre du texte est une allusion explicite à ce passage qui est d'une importance cruciale pour Hamann pour plusieurs raisons. Dans un premier temps, il souligne avec ironie la nature frauduleuse de tout ce qui est considéré par ce monde déchu comme une « illumination » – cette « illumination » qui nous paraît se trouver à portée de la main (cf. Genèse 3:6) mais qui s'oppose à la véritable illumination du Saint-Esprit que nous ne pouvons recevoir qu'à travers Christ (Luc 24:3) puisqu'il s'agit d'un don du ciel (cf. Jean 3:27). Deuxièmement, ce passage montre que la raison déchue se hâte de couvrir sa médiocrité de la même manière qu'Adam et Eve et d'en revendiquer la « fiabilité, » plutôt que d'admettre sa déchéance et sa culpabilité, plutôt que d'accepter l'épreuve de la nudité et d'attendre patiemment d'être revêtu de vêtements rédempteurs, c'est-à-dire du Saint-Esprit (Luc 24:49; cf. Genèse 3:21).[61] Par ailleurs, il révèle le caractère presque comique du paradoxe suivant : Alors même qu'elle ne bénéficie pas de l'illumination du Saint-Esprit, l'arbitre du jugement véritable (Jean 14:8s), la raison déchue et laïque persiste à revendiquer le droit de juger elle-même et même le droit de critiquer absolument tout, comme le déclare fièrement Kant au nom de la pseudo-illumination.[62] Là réside, aux yeux de Hamann, l'humour noir de la raison laïque, bien qu'elle se réclame d'une « illumination, »

---

[61] Hamann écrit dans un autre texte : « Pourquoi nous cousons-nous des tabliers de feuilles de figuier alors que des vêtements de peau ont été préparés pour nous ? La raison n'en est-elle pas que nous préférerions ne pas être dévêtus du tout, mais être couverts, afin que nous ne soyons pas trouvés nus ? » (N II p. 362).
[62] « Notre siècle est le vrai siècle de la critique; rien ne doit y échapper. En vain la religion avec sa sainteté et la législation avec sa majesté prétendent-elles s'y soustraire […] » (Kant, *Critique de la raison pure,* traduction de Jules Barni, Paris : Germer-Baillière, libraire-éditeur, 1869; p. 8).

puisqu'elle a abandonné la source de toute lumière et de toute sagesse. Dans un troisième temps, il présente les caractéristiques de la méthode qu'un auteur chrétien devrait adopter selon Hamann; en effet, pour être revêtus du « véritable génie » et de la « véritable inspiration » du Saint-Esprit, ses contemporains rationalistes doivent d'abord être dépouillés de leurs prétentions et se soumettre à l'inspection divine; c'est finalement cet objectif que poursuit Hamann à travers sa « comédie » en trois parties, afin de rappeler le jugement eschatologique.[63]

Néanmoins, l'aspect le plus audacieux de « Tabliers de feuilles de figuier » est, une fois de plus, le regard que porte Hamann sur la sexualité. Là encore, il s'attend à offenser ses contemporains dans leur sensibilité morale. Dans une lettre plutôt choquante adressée à Herder concernant le début de son œuvre, il écrit : « Le concept de mon embryon, s'il venait à naître, s'attirera inévitablement le jugement suivant : *Il est habité par un esprit impur.* »[64] Sans autre éclairage, il est difficile d'imaginer ce que Hamann avait voulu dire par une affirmation aussi alarmante. Dans une deuxième lettre qu'il écrit à Herder, l'on trouve néanmoins une explication possible. Hamann écrit qu'il est « impatient de lire le catéchisme pour les habitants de la campagne [de Schlosser], puisqu'il me semble impensable d'enseigner le christianisme sans [...] le mystère de la Sainte Trinité [...]. Mon embryon concerne donc, pour faire court, les *pudenda* de la religion, la superstition qui consiste à vouloir les *circoncire* et la folie qui voudrait les *retrancher.* »[65] Dans ce passage, la manière dont Hamann utilise le terme *pudenda*, l'appliquant aux doctrines des religions révélées (par exemple la doctrine de la Trinité) est particulièrement marquante. Il veut montrer non seulement que le mystère des *pudenda* (dans le sens du pouvoir créateur de l'amour sexuel) est lié à celui de la Trinité, comme nous l'avons déjà vu, mais aussi que, étrangement, *la raison déchue les considère tous deux comme un objet de honte*, ce qui

---

[63] ZH III, p. 292. Dans une lettre adressée à Hartknoch, Hamann va même jusqu'à dire que sa *Coemoedia*, s'il l'achevait, dépasserait celle de « *il Dante, il divino Aretino* [Arioste] et *el Poeta Cristiano*, auteur du Roland insensé [la *Chanson de Roland*]. »
[64] ZH III, pp. 349s.
[65] Ibid.

renforce l'intimité du lien qui les unit. Cela nous amène à son deuxième argument, à savoir la tendance de la raison soit à « circoncire » ces sujets en les rendant plus rationnels (par exemple, la position stoïcienne par rapport à la sexualité et aux passions et l'hérésie trinitaire du sabellianisme), soit, de manière plus radicale encore, à les « retrancher » (à la manière du tristement célèbre Origène ou des enseignements de l'unitarisme qui portaient sur une économie similaire). On pourrait aisément ajouter à ces sujets scandaleux les nombreux miracles que nous rapportent les Evangiles ou le scandale de la Croix – Nietzsche, du moins, en avait saisi le paradoxe, mais Hegel avait trouvé nécessaire de le soumettre à la spéculation.[66]

Par conséquent, d'un côté, en associant les doctrines chrétiennes aux *pudenda*, Hamann cherche à mettre en lumière l'« affront » que représente le christianisme pour la raison déchue et laïque, et il n'hésite pas à donner forme à cet affront à travers même le langage qu'il utilise et la manière dont il écrit. (Une fois de plus, ces éléments montrent l'importance primordiale que revêtait Hamann aux yeux de Kierkegaard, bien qu'il ait déclaré par la bouche de Climacus, un nom qu'il utilisait comme pseudonyme, tout en adhérant totalement aux idées de Hamann : « Je ne pourrais m'imaginer, moi qui suis en règle générale si craintif et peu assuré, écrire de telles choses. »[67]) D'un autre côté, Hamann indique que la raison déchue et laïque a quelque chose de fanatique en ce qu'elle est incapable de tolérer ce qu'elle ne peut comprendre ou ce qui échappe à son contrôle, tout ce qui dépasse « les frontières de la seule raison. » En effet, dès lors que quelque chose échappe à son contrôle ou que « le mystère la consume, » elle est prête à des actes d'élimination puritains et fanatiques. Cela commence, nous l'avons vu, avec Descartes et son expérience de l'automutilation dans les *Méditations*; la raison s'attaque en quelque sorte aux sens et

---

[66] Voir Nietzsche, *Par-delà le bien et le mal,* traduction d'Henri Albert, Mercure de France, 1913 dans *Œuvres complètes de Frédéric Nietzsche*, volume 10, pp. 5-8, §46 : « Les hommes modernes, sur lesquels s'est usée la nomenclature chrétienne, ne ressentent plus ce qu'il y avait de terrible et de superlatif, pour le goût antique, dans le paradoxe de la formule 'Dieu en croix'. »
[67] Kierkegaard, *Philosophical Fragments*, p. 53.

au monde perceptible, car ceux-ci se caractérisent par l'incertitude et ne sont pas appréhendables par la raison. D'après Hamann, ce même type de logique fanatique est également à l'origine de la lutte des stoïciens contre les passions, à laquelle il réagit dans l'*Aesthetica*, et s'applique inévitablement au moment où l'on s'oppose aux « *pudenda* » de la religion révélée.[68] De là découlent les efforts des *Aufklärungstheologen*[69] qui cherchent à purifier Dieu de tout ajout « irrationnel » et historique, comme la doctrine de la Trinité par exemple, et à purifier, dans le même esprit, les Ecritures de tout contenu « mythologique, » en précurseurs de Rudolf Bultmann. En effet, si l'on considère l'axiome de Hamann selon lequel s'attaquer aux parties créatrices de l'être humain revenait finalement à s'attaquer aux « parties créatrices » de Dieu, ce qui s'est produit pour l'« homme entier » a fini par se produire également pour le « Dieu entier, » puisque l'homme est réduit à un simple agent rationnel (sans cœur), et Dieu à une simple monade (sans hypostases). Guidée par une impulsion puriste, la raison, dans son fanatisme, frappe donc deux fois et opère ainsi une double « castration, » qui s'apparente à une double élimination : Celle de Dieu et celle de l'homme. Cela explique pourquoi Hamann persiste à identifier l'homme « de raison » à la figure de l'eunuque et pourquoi le « dieu » des rationalistes était à ses yeux un *ens rationis*[70] tout aussi impuissant, un dieu mort au final.

Concrètement, Hamann manifeste donc dans « Tabliers de feuilles de figuier » un profond respect pour les mystères de la sexualité et de la Trinité qui, à ses yeux, sont liés et représentent respectivement la source du pouvoir créateur humain et celle du pouvoir créateur divin et qui constituent l'antidote qu'il préconise face à la stérilité et à la modernité. En effet, pour Hamann, la culture ne peut s'épanouir qu'à condition que ces mystères soient reconnus en tant que tels, et surtout que l'on les considère comme des mystères *liés*, comme des mystères

---

[68] Bien évidemment, il n'est pas de meilleur exemple à cet égard que l'œuvre de Kant, *La Religion dans les limites de la simple raison*, publiée en 1793, à tel point que c'en est presque une parodie. L'œuvre incarne à tel point l'antithèse de la pensée de Hamann et se serait tellement bien prêtée à son formidable esprit de déconstruction qu'il est vraiment regrettable qu'il n'ait pas vécu assez longtemps pour y répondre.
[69] N.d.t. : Théologiens des Lumières.
[70] N.d.t. : L'être de raison.

qui se reflètent l'un l'autre, d'une profondeur et d'une étendue commune. S'ils sont, au contraire, profanés par la raison laïque et donc éliminés, le lien qui unit le ciel à la terre sera brisé et la culture tombera dans la stérilité et le nihilisme. C'est pourquoi Hamann met en lumière les mystères de la sexualité et de la Trinité là où les *Aufklärer* les méprisent. D'un autre côté, alors que les piétistes prudes les séparent, Hamann les lie, sans pour autant les confondre. En un mot, il est *éhonté*.[71] Ainsi, il utilise une sorte de thérapie de choc, scandalisant « notre siècle moraliste » : Non seulement parle-t-il conjointement de Dieu et de la sexualité, mais aussi met-il en avant des passages dans les Ecritures qui constitueraient une offense à la fois pour les piétistes bien intentionnés et les rationalistes. Par exemple, dans les lignes d'introduction qu'il dirige contre Wieland, il use d'un jeu de mots frappant, faisant référence aux méditations de Marc Aurèle *Pour Lui-même* (ΤΩΝ ΕΙΣ ΕΑΥΤΟΝ), pour comparer l'idéal suprême de son époque, le concept « glacé » du « soi en et pour soi-même » (Σεαυτον εν Σεαυτω), au Fils de l'Homme « ardent » de la vision d'Ezéchiel, « dont les *pudenda* sont des membres vivants qui aspirent à leur résolution et à leur transformation – » ; il met ensuite en lumière le verset suivant : « Je vis encore comme de l'airain poli, comme du feu, au-dedans duquel était cet homme, et qui rayonnait tout autour; depuis la forme de ses reins jusqu'en haut, et depuis la forme de ses reins jusqu'en bas, je vis comme du feu, et comme une lumière éclatante, dont il était environné » (Ezéchiel 1:27).[72] Le fait que Hamann ait choisi ce verset est caractéristique de sa sensibilité. Son objectif est ici de révéler la différence entre l'« improductivité » du héros du Siècle des Lumières, qui ne *connaît* rien d'autre et n'est rien d'autre qu'« en et pour soi-même » – à l'image du dieu d'Aristote et de Hegel – et la puissance extatique de Dieu qui a tant aimé le monde

---

[71] Il est cependant essentiel de remarquer ici que, si Hamann est « éhonté, » il ne s'agit pas d'antinomianisme; en effet, le péché doit continuer à nous faire honte. Il s'agit plutôt d'une conséquence de ce que nous avons en Christ, l'agneau qui seul ôte le péché – ainsi que la honte – du monde, puisqu'il nous a libérés de toute condamnation et a restauré notre innocence paradisiaque. Cf. Romains 8:1.
[72] N III, p. 207.

qu'Il y est entré (Jean 3:16) et qui, en Christ, l'Epoux, désire ardemment amener l'histoire à la perfection avec son Epouse.

9

Fragments d'une sibylle apocryphe: De la religion rationnelle et apocalyptique

La religion naturelle *est pour moi, au même titre qu'un langage naturel [c'est-à-dire universel], une* authentique absurdité *[Unding], un* ens rationis.[1]

Hamann à Herder[2]

Nos philosophes ne sont-ils pas le germe sacré de Descartes, et nos philologues celui de Leclerc ? Et n'est-ce pas à leurs mérites respectifs en matière de dogmatique que nous devons la dissolution de l'esprit du paganisme au profit des principes élémentaires d'une religion naturelle, et la dissolution de l'esprit du christianisme au profit de ce même matériau primitif ? N'est-ce pas étonnant [...] que les païens deviennent chrétiens et que ceux autrefois chrétiens deviennent païens, et que la fin retourne à son point de départ ?

Un brouillon de Konxompax[3]

Dans l'imagination populaire telle qu'elle a été façonnée par l'historiographie moderne, le Siècle des Lumières représente « le siècle de la raison, » le soleil qui vient illuminer le passé sombre de la période médiévale, à savoir les siècles de superstition et de soumission aveugle à la tradition. L'on raconte que jadis la raison courbait la tête

---

[1] N.d.t. : Un être de raison.
[2] ZH IV, p. 195.
[3] La citation est tirée d'un brouillon de *Konxompax*. Voir la dissertation d'Ingemarie Manegold, *Johann Georg Hamanns Schrift "Konxompax"* (Heidelberg: Carl Winter Verlag, 1961), p. xxxv, et N III, pp. 215–228. Les traductions anglaises dans ce chapitre sont basées sur l'édition critique de Manegold.

devant le « miracle, le mystère et l'autorité » (comme le formule Dostoïevski dans *Le Grand Inquisiteur*). Désormais, aucune doctrine, ni aucune autorité, si elles ne peuvent subsister face à l'examen approfondi de la raison, ne sont plus considérées comme dignes de foi ou d'obéissance. Kant l'exprime dans ces quelques lignes bien connues et programmatiques dans la préface de la première édition de sa *Critique de la raison pure* (1781) :

> « Notre siècle est le vrai [*eigentliche*] siècle de la critique; rien ne doit y échapper. En vain la religion avec sa sainteté, et la législation avec sa majesté prétendent-elles s'y soustraire : Elles ne font par là qu'exciter contre elles-mêmes de justes soupçons, et elles perdent tout droit à cette sincère estime que la raison n'accorde qu'à ce qui a pu soutenir son examen libre et public. »[4]

C'est précisément à cet égard que les *Aufklärer*[5] se voyaient comme des disciples modernes de Socrate : Ils pensaient simplement perpétuer cette même remise en cause critique de la tradition religieuse et littéraire que l'on trouve par exemple dans *La République*.

Néanmoins, Hamann renversa la *Religionskritik*[6] des philosophes des Lumières et leur doctrine de la religion, tout comme il avait renversé leur conception de Socrate et de la dialectique socratique. Pour ce faire, il n'avait qu'à souligner, d'une part, que la raison, quelle que soit la manière dont on la conçoit, est le fruit de nombreux siècles de tradition – la raison n'est, pour ainsi dire, rien d'autre que cela. Ainsi, en affirmant que la raison est pure d'un point de vue généalogique et qu'il s'agit d'une évidence automatique sur laquelle ils s'appuyaient pour juger la tradition, les Lumières faisaient preuve d'une hypocrisie éhontée. Comment, en effet, pourrait-on *opposer* la raison à la tradition, puisque la raison est le produit de la tradition et ne peut en aucun cas en être séparée, et la placer en position de juge

---

[4] Kant, *Critique de la raison pure*, traduction de Jules Barni, Paris : Germer-Baillière, librairie-éditeur, 1869, p. 8.
[5] N.d.t. : Philosophes des Lumières allemands.
[6] N.d.t. : Critique de la religion.

autoritaire et *indépendant* de cette même tradition ?[7] D'autre part, Hamann pouvait montrer que les Lumières avaient remplacé Dieu par la raison et avaient revêtu cette dernière des attributs divins jusque-là réservés, entres autres, aux Ecritures (« l'autorité, l'infaillibilité, la perfection, l'autosuffisance, la perspicacité et l'efficacité ») et même du pouvoir de s'interpréter par elle-même[8] (selon la formulation de Luther, *sacra scriptura sui ipsius interpres*[9]). Pour résumer, Hamann pouvait donc affirmer que les Lumières avaient tout simplement remplacé la religion révélée par une certaine forme de « religion naturelle » idolâtre qu'ils s'étaient appropriée, dotée de ses propres prêtres, de ses propres fidèles et de ses propres superstitions. La célébration de la « déesse de la Raison » durant la Révolution française, dont le temple fut établi à Notre-Dame de Paris, en est un exemple frappant. Pour finir, étant donné que de nombreux *Aufklärer*, comme Starck et Lessing, faisaient également partie des francs-maçons, Hamann pouvait montrer que leur religion de la raison prétendument « naturelle » était en réalité une « religion à mystères » moderne, porteuse de nombreuses doctrines ésotériques et exotiques.

---

[7] Cela ne signifie pas que la critique et le jugement n'ont pas leur place dans la vie humaine. Hamann écrit d'ailleurs que « le pouvoir critique et archontique d'un animal politique » est ce qui définit l'homme (N III, p. 48). Néanmoins, son anthropologie se différencie de celle des Lumières en ce que, aux yeux de Hamann, la raison est toujours le juge *et* le produit de la tradition et ne peut désirer s'en détacher de manière radicale sans glisser vers le fanatisme.

[8] C'est ainsi que dans l'œuvre de Kant la puissance auto-interprétative des Ecritures est remplacée par la raison et sa capacité de s'autocritiquer. Oswald Bayer l'explique de la manière suivante : « Pour Kant, la raison assume désormais l'autorité qui revenait jusque-là aux Ecritures. Cela peut aisément être démontré en analysant un élément après l'autre : *Auctoritas, infallibilitas, perfectio, sufficientia, perspicuitas* et *efficacia*, et surtout le pouvoir d'auto-interpréter, de critiquer, d'exercer un jugement autonome, d'établir des normes – tous ces modes et attributs authentiques des Saintes Ecritures, qui ne peuvent qu'être les modes et les attributs du Dieu trinitaire, Kant les attribue à la raison – non pas, au bout du compte, à la raison théorique mais à la raison pratique » (*Autorität und Kritik: Zur Hermeneutik und Wissenschaftstheorie* (Tübingen: Mohr-Siebeck, 1991), p. 44). Voir aussi Martin Luther, *Werke. Kritische Gesamausgabe* (Weimar: H. Böhlaus Nachfolger, 1906–61), volume 7, p. 97.

[9] N.d.t. : Les Ecritures s'interprètent par elles-mêmes.

En conséquence, Hamann avait pour objectif, à travers les « textes énigmatiques, » de s'opposer à la gnose *apocryphe* de la raison qui promettait une pseudo-illumination (Genèse 3:4), et de défendre les mystères *apocalyptiques* (c'est-à-dire révélés) de la foi chrétienne. Dans la mesure où Hamann considérait qu'il avait à faire à une gnose fallacieuse qu'il devait combattre, sa façon d'écrire peut être comparée à bien des égards à celle d'Irénée de Lyon et d'Augustin, dont il est le pendant moderne; en effet, sa lutte est comparable à celle d'Irénée contre les gnostiques et à celle d'Augustin contre les manichéens. De plus, ses écrits étaient destinés à révéler le contraste entre le christianisme – qui, en sa qualité de religion *sacramentelle*, affectionne les sens en vertu de *l'Incarnation* – et la raison qui, au moyen d'une alchimie trompeuse, tente de se purifier rituellement de la tradition et de l'expérience par les sens. Quoi qu'il en soit, dans l'esprit de Hamann, il ne s'agit pas, en fin de compte, de choisir entre les enseignements que véhiculent des principes antiques, obscurs et irrationnels, et les enseignements clairs et universels de la raison, entre dogmes et raison donc, mais de choisir entre les mystères apocalyptiques du christianisme, qui ont été pleinement *révélés* à travers Christ à la croix, et le culte apocryphe de la raison dont le *mystère secret et inexprimé* est le nihilisme.

DOUTES (À PROPOS DE LA RAISON) ET IDÉES (À PROPOS DU CORPS MYSTIQUE DE CHRIST)

*Doutes et idées à propos d'une revue mélangée de l'*Allgemeine Deutsche Bibliothek s'adresse officiellement à Nicolai, c'est-à-dire au « cousin Nabal, » à travers la bouche d'Abigaïl (1 Samuel 25). La publication de l'œuvre conclut le débat écrit qui opposait Hamann au célèbre *Aufklärer* et éditeur de Berlin.[10] Cependant, comme pour tous

---

[10] Le nom « Nabal » qui est ici attribué à Nicolai n'est pas très flatteur, puisqu'il signifie « fou » (1 Samuel 25:25), mais il ne faut pas y voir une marque d'hostilité. Il s'agit plutôt d'une bonne illustration de la stratégie typique de Hamann qui a coutume d'identifier de manière « métaschématique » ses contemporains avec les Ecritures

les écrits de Hamann, il y a bien plus à en dire que ce qu'il n'y paraît. D'une part, comme dans la *Nouvelle apologie de la lettre h*, cette œuvre traite de la question de l'orthographe : Il s'agit ici de recommandations orthographiques qui avaient été proposées par un certain « Martin-le-boiteux, » un professeur qui s'était auto-proclamé réformateur de la langue allemande. Il avait recommandé la triple règle suivante : Il faudrait écrire d'après la *meilleure* prononciation, les *meilleures* provinces allemandes et l'usage des *meilleurs* auteurs allemands. Hamann souligne néanmoins que cela soulève un problème : Comment est-il possible, dans chacun des cas, de déterminer en quoi consiste le « meilleur » ? De plus, cette tentative de standardisation « rationnelle » n'a apporté aucun « éclairage » [*Aufklärung*] mais a engendré « une nouvelle Babel avec son lot de confusions »; cela s'explique par l'incapacité du professeur à voir les « maximes arbitraires » qui sous-tendent toutes les déductions prétendument pures de la raison.[11]

Hamann développe un autre argument dans ce contexte, en précurseur de Nietzsche, affirmant que la grammaire des Lumières est à l'origine des confusions qui parsèment leur philosophie. Il souligne tout particulièrement leur prédilection pour la première personne du singulier, le « bien-aimé je » qui constitue la base de leur philosophie égologique. En d'autres termes, Hamann suggère que le fondement de leur rationalisme dogmatique est l'amour de soi, et non pas un universalisme sincère, et que la raison, séparée de la tradition, finira par être réduite à des désirs infiniment malléables émanant d'une multitude de volontés individuelles tournées vers elles-mêmes. D'après Hamann, ils sont incapables de comprendre le style indirect et *kénotique* de ses propres œuvres, étrangement dépourvues de discours à la première personne, en raison de leur engouement pour le « je. » Il établit donc un contraste entre les auteurs aisément influencés par la mode [*Modescribenten*] qui recherchent leur propre gloire, comparant sa propre calvitie aux longs cheveux d'Absalom (2 Samuel 14:26) à

---

pour qu'ils puissent porter un regard neuf sur eux-mêmes et sur le sens de leur vie. C'est dans cet objectif qu'il s'adresse à Nicolai-Nabal par la bouche de sa moitié [N.d.t. : Littéralement, « meilleure moitié » en anglais], Abigaïl.
[11] N III, p. 183.

cause desquels il resta suspendu à un arbre (2 Samuel 18:9)[12].

Dans la suite de l'ouvrage *Doutes et idées*, Hamann se tourne vers la question du style après avoir traité celle de l'orthographe ; et nous voyons là encore que cette deuxième question, à l'instar de la première, recèle un sens étonnamment profond. Bien évidemment, pour un rationaliste, le style ne revêtira sans doute que peu d'importance puisqu'il a pour seul objectif d'atteindre la clarté abstraite, c'est-à-dire, dans la mesure du possible, l'intelligibilité universelle. Il considèrera donc toute marque stylistique propre à l'individu soit comme contingente, soit comme superflue. Néanmoins, aux yeux de Hamann, le style est bien plus significatif que cela, puisqu'il est impossible pour lui de séparer le contenu de la philosophie d'un individu du style par lequel il l'exprime ; il n'est pas non plus possible de séparer la philosophie d'un individu de sa vie (ou, nous le verrons dans un autre chapitre, de séparer ses convictions religieuses de ses actions politiques). Selon Hamann, le style, bien plus qu'un simple instrument au service de la clarté abstraite, est le moyen pour un auteur d'*exprimer de manière directe* son *individualité*. Goethe observa que « toutes les affirmations de Hamann peuvent être résumées en une phrase : 'Tout ce que l'on entreprend, que ce soit en actions, en paroles ou d'une autre manière, doit découler de l'ensemble des puissances que l'on possède ; ce qui est isolé n'a aucune valeur.' Quelle magnifique maxime ! mais difficile à appliquer. »[13] L'on commence alors à comprendre en quoi, selon Hamann, la question du style influait également sur tous les autres aspects. Goethe omet néanmoins de remarquer ici que la question du style est aussi et surtout une question théologique pour Hamann, plus précisément une question trinitaire, puisque le Fils représente, pour ainsi dire, le « style » du Père, son expression manifeste (Jean 1:18 ; Hébreux 1:3), et que le Père et le Fils sont « un » (Jean 10:30). Par conséquent, le style de Hamann se doit d'être conforme au contenu christologique de son œuvre et revêtir une forme christologique, à savoir une forme obscure que la raison ne peut sonder au premier abord (cf. Jean 1:5),

---

[12] N III, p. 179.
[13] Goethe, *Werke* (Weimar, 1890), *Dichtung und Wahrheit*, livre XII, p. 108.

une forme qui sera incomprise et rejetée (Jean 1:10-11), une forme qui sera même perçue comme « folle » et « incompréhensible » (1 Corinthiens 1:18ss), mais néanmoins porteuse d'une illumination véritable (Jean 1:9). Dans l'une de ses affirmations les plus claires concernant son style pyrotechnique, Hamann explique que ses paroles, à la manière d'un feu, produisent d'abord de la fumée mais s'enflamment ensuite.[14]

Bien que la progression de *Doutes et idées* puisse paraître hasardeuse de prime abord, l'enchaînement se révèle être logique : Hamann passe de la question de l'orthographe à celle du style pour ensuite aborder l'économie du salut, puisque c'est à travers elle que nous sommes à même de discerner certains aspects du « style » divin et que c'est dans et à travers ce style divin que la vérité de Dieu se révèle, c'est-à-dire à travers les nombreux moyens que Dieu utilise pour exprimer sa nature, Christ en étant l'apothéose (Hébreux 1:1-3). Toutefois, étant incapables de concevoir le style en tant qu'expression de l'individualité de l'auteur, les *Aufklärer* ne parviennent pas non plus à voir l'histoire du salut comme un moyen d'auto-expression *divine*. Ils sont encore moins capables de comprendre que Dieu a choisi l'histoire du salut pour nous « ouvrir les yeux » et guérir la cécité invétérée qui affecte la raison.[15] En effet, ils ont depuis le départ placé leur confiance dans la pureté et la fiabilité de la raison, ainsi que dans sa capacité de discerner la vérité *en dehors* de toute révélation historique. Pour eux, l'histoire ne peut apporter aucun élément crucial que la raison n'aurait su appréhender elle-même, et c'est pourquoi ils ne peuvent s'empêcher de percevoir l'histoire comme une vallée d'ossements (Ezéchiel 37:2). Hamann fait néanmoins remarquer avec pertinence qu'« affirmer la fiabilité de la raison est l'autoglorification la plus imméritée, la plus présomptueuse et la plus éhontée qui soit. L'on suppose tout ce qui reste à prouver, et l'on empêche toute libre recherche de la vérité avec plus de brutalité encore que l'Eglise catholique romaine lorsqu'elle prône son inerrance. »[16] En d'autres termes, les *Aufklärer* s'appuient sur la raison sans jamais la remettre

---

[14] N III, p. 188. Cf. Jacques 1:17, 18; Hébreux 12:29.
[15] Cf. N II, p. 64
[16] N III, p. 189.

en question, alors que leur point de départ, à savoir l'infaillibilité de la raison, sa « fiabilité » postlapsarienne reste justement à prouver (l'on pourrait considérer néanmoins que Kant a tenté de répondre au défi répété de Hamann à ce sujet à travers la *Critique de la raison pure*, publié cinq ans plus tard). Il n'est donc pas question de raison ici, selon Hamann, mais du « mauvais usage » de la raison, et de l'hypocrisie qui entoure son usage. C'est pourquoi la critique autoritaire des Lumières concernant la « religion de nos *pères* et de nos *enfants* » d'un point de vue prétendument fiable et neutre que Hamann qualifie à la fois de *Ungrund*[17] et de *Übelstand*,[18] ne produit au final que des « principes arbitraires, des sophismes, des jeux de mots et une vantardise futile. »[19]

Après avoir mis le doigt sur l'hypocrisie de ses contemporains lorsqu'ils affirment la pureté et la fiabilité de la raison – une affirmation qu'il démontera complètement dans sa *Métacritique* de Kant – Hamann expose les *pudenda* de la raison, à savoir la honte qu'elle tente pitoyablement de couvrir (cf. Genèse 3:7) : Elle ne peut en effet s'appuyer sur sa propre pureté ou sa propre intégrité, ni la revendiquer, ni même connaître quoi que ce soit, si ce n'est *par la foi*. Il s'agit là de l'argument le plus radical du scepticisme de Hume, et Hamann l'applique avec une force surprenante au rationalisme de son siècle si sûr de lui. Il ouvre ainsi la voie aux philosophies existentialistes du XIXe siècle, comme celles de ses successeurs Schelling et Kierkegaard, qui considéraient, eux-aussi, que la raison ne peut exister sans certains présupposés. Il l'exprime ainsi :

> Dans la mesure où la *foi* appartient aux *conditions préalables naturelles* de nos puissances cognitives et aux *impulsions essentielles* de notre âme; dans la mesure où tout *principe universel* repose sur une *saine foi*; dans la mesure enfin ou toute *abstraction* est nécessairement *arbitraire* : Les théoriciens de la religion les plus connus de notre époque se privent même de leurs *prémisses* et de leurs *moyens termes*

---

[17] N.d.t. : Un sans-fond.
[18] N.d.t. : Un mal.
[19] N III, p. 189.

pourtant indispensables à l'émergence des *déductions rationnelles*; ils *éprouvent de la honte* vis-à-vis de leurs propres instruments ou en font un *mystère* là où il ne peut pas y avoir de *mystère* et, comme *Adam*, couvrent la honte naturelle de leur péché favori.[20]

En d'autres termes, la raison tente honteusement de dissimuler la relation de dépendance qui la lie à la foi, alors même que, d'après Hamann, la foi appartient « aux conditions préalables de nos puissances cognitives » et constitue un élément « indispensable à l'émergence des déductions rationnelles. » En effet, sans la foi, la raison est incapable d'expliquer la réalité de l'existence ou le pourquoi de sa propre existence (il s'agit d'un sujet crucial que Schelling traitera quelques années plus tard dans sa critique de Hegel). D'après Hamann, « de la même manière que toute forme d'irrationalité [*Unvernunft*] présuppose l'existence de la raison et son utilisation incorrecte, toute religion se doit d'être liée par la *foi* à une *vérité* unique, indépendante et vivante qui, à l'image de notre *existence*, est plus ancienne que notre *raison* [...] »[21] Là encore, Hamann évoque « l'utilisation incorrecte » et tout à fait hypocrite de la raison, puisque, en plus de ne pas être absolue, elle est également éminemment *déraisonnable*. Il ne s'agit pas d'une raison qui marche par la foi et cherche à intensifier sa lumière naturelle par celle du Logos (dont elle est toujours le pâle reflet) mais d'une raison qui nie a priori toute dépendance, tentant hypocritement et artificiellement de briller par ses propres forces, pour ainsi dire *sola ratione*[22] (excluant la nécessité d'une sorte de *pistis*[23] ou de *rationis fides*,[24] alors que selon toute probabilité, Platon lui-même l'admettait).

Ayant démasqué l'hypocrisie de la doctrine moderne de la raison, Hamann poursuit son œuvre *Doutes et idées* en expliquant pourquoi ses contemporains sont incapables de comprendre l'histoire et en particulier la religion ancienne. Pour lui, la raison n'aurait jamais dû

---

[20] N III, p. 190.
[21] N III, p. 191.
[22] N.d.t. : La seule raison.
[23] N.d.t. : La foi.
[24] N.d.t. : La conviction rationnelle.

être séparée de la foi, ni de l'histoire. Au contraire, la foi en ce que l'histoire révèle à travers une tradition inspirée devait précisément aider la raison à découvrir la vérité. En d'autres termes, la foi devait éclairer la raison pour qu'elle puisse apprendre de l'histoire. Néanmoins, pour les contemporains de Hamann qui ont perverti « l'usage naturel de la raison » au nom d'une indépendance radicale en séparant la raison du témoignage de la foi et de l'histoire, l'histoire n'a pas son mot à dire; à l'image des ossements de la vision d'Ezéchiel (Ezéchiel 37), elle est morte. En conséquence, dans la mesure où l'histoire n'est pas examinée avec les yeux de la foi et n'est pas considérée comme un témoignage vivant, « une parole adressée à la créature à travers la créature, » ce qu'elle révèle est inévitablement déformé et obscurci, remodelé en fonction des goûts et des préjugés de l'époque. Hamann souligne notamment, certainement en pensant à Starck, que l'on tend à exagérer l'importance du paganisme, à minimiser ou à nier celle du judaïsme (comme toutes les religions qui seraient davantage qu'une religion naturelle) et à obscurcir le « jour du salut » en Christ :

> Puisqu'ils ont abandonné l'usage naturel de la raison, ils reçoivent en eux-mêmes le salaire que méritait leur égarement [...], et puisqu'ils ont étudié la religion en s'appuyant sur des *romans* et sur des *légendes* évoquant l'auto-transfiguration de la nature humaine, leurs pensées se sont égarées et leur esprit a été plongé dans les ténèbres; et se croyant sages, ils sont devenus des fous errants ou leurs écuyers, et ont rendu les nuits du paganisme de plus en plus claires mais le jour du salut de plus en plus obscur – froid et gel à la place de la lumière – ni jour, ni nuit.[25]

En d'autres termes, puisqu'ils ont abandonné « l'usage naturel de la raison » pour adopter une rationalité séparée de l'histoire et de la tradition, ils ne peuvent *eo ipso*[26] pas discerner les révélations de la

---

[25] N III, pp. 190s. Hamann fait référence à Romains 1:21s et à Don Quichotte, qu'il cite dans l'œuvre originale.
[26] N.d.t. : Ainsi.

nature et de l'histoire. Des années plus tôt, Hamann avait écrit dans les *Mémorables socratiques* que « tout comme la nature nous est donnée pour nous ouvrir les yeux, l'histoire [nous est donnée] pour nous ouvrir les oreilles. »[27] Ceux qui s'approprient les doctrines des Lumières deviennent sourds et muets; voilà, comme nous le fait ironiquement remarquer Hamann, la conséquence de la philosophie des Lumières. Ils sont incapables de voir Dieu dans la nature ou de l'entendre à travers l'histoire et, selon Hamann, il s'agit là du châtiment qu'ils se sont eux-mêmes infligé par leur égarement. En effet, puisqu'ils ne sont pas capables de croire en un Dieu qui se révèle à travers l'histoire, ils ne sont pas non plus en mesure de voir dans le christianisme l'aboutissement de l'histoire des hommes :

> C'est pourquoi ils rejettent une authentique religion qui est universelle dans tous les sens [du terme], qui correspond entièrement à l'histoire et à la nature secrète de la race humaine, et dont l'esprit et la vérité contiennent de cette même sagesse aux multiples facettes qu'ils cherchent sans pour autant la reconnaître; c'est pourquoi ils tentent d'ériger une idole à partir de la poussière de leur journée hivernale, à partir d'enseignements récents et de la mode en vigueur [...]; c'est pourquoi ils abandonnent une *religion basée sur l'alliance divine* [...] au profit de hauts lieux antisocratiques et enjôleurs [*Galanterie-Schreine*] qui, bien qu'ayant une apparence raisonnable, sont remplis de la malédiction de sa décomposition.[28]

En d'autres termes, les *Aufklärer* ont changé la vérité de Dieu en mensonge (cf. Romains 1:25). Ils ont abandonné la religion *basée sur l'alliance divine*, à savoir le christianisme (puisqu'elle s'enracine dans le judaïsme, lui-même basé sur l'alliance divine), cette religion qui vient d'en-haut et répond aux besoins et aux désirs les plus profonds de la nature humaine (le besoin d'être délivré du péché et le désir d'être transfiguré), au profit d'une religion qu'ils se sont fabriquée de toutes pièces qui ne leur sert qu'à flatter leur orgueil (d'où le terme

---

[27] N II, p. 64.
[28] N III, p. 191.

antisocratique), les empêchant de voir quelle est la condition de misère et d'agonie de ce qu'ils appellent « raison » avec tant de fierté.

Par ailleurs, en plus de ne pas discerner ce que révèle le christianisme, ils n'ont pas saisi ce qui est manifeste dans la religion païenne, alors que ces éléments leur auraient permis de se préparer au christianisme. « D'où vient donc, » demande Hamann, « ce fil rouge *mythologique* et *poétique* qui parcourt toutes les religions, d'où vient leur folie et la forme offensante qu'elles revêtent aux yeux d'une philosophie hétérodoxe, incompétente, glacée et misérable [...] ? »[29] En d'autres termes, si l'on pouvait, comme les Lumières aimeraient à le croire, réduire la religion à un contenu purement rationnel ou en faire une philosophie, d'où viendrait ce « fil rouge mythologique et poétique » qui parcourt son histoire ? Cela ne suffit-il pas à montrer que les vérités religieuses transcendent la raison et qu'il ne semble pas exister de moyen plus adéquat que cette manifestation mythologique ou poétique pour les communiquer ? Hamann considère que oui; c'est pourquoi il ne peut en aucun cas cautionner les efforts « hétérodoxes » et en fin de compte « inefficaces » des *Aufklärer* qui amoindrissent la valeur de la religion en ne la considérant que du point de vue bien appauvri de la raison.[30]

Hamann observe donc ici que les religions se manifestent le plus souvent sous une forme mythologique et poétique, et enjoint aux *Aufklärer* de prendre ces manifestations au sérieux (puisqu'elles révèlent un contenu sur-rationnel et non pas irrationnel); cependant, l'aspect le plus original de sa vision des choses est le parallèle qu'il établit entre le paganisme et le christianisme, dans la mesure où il attribue à la religion païenne cette même forme offensante, sur-rationnelle et même « insensée » qui caractérise selon lui la révélation chrétienne (1 Corinthiens 1:18ss). Il compare, par exemple, comme nous l'avons vu au chapitre 2, les prodigalités amoureuses de Zeus au dépouillement de Dieu à travers Christ, puisqu'Il s'abaisse même

---

[29] N III, p. 192.
[30] Il va de soi que Hamann rejette autant le processus de « démythologisation » entrepris par Rudolf Bultmann, qui voulut se débarrasser de toute forme mythologique pour arriver à un contenu purement « existentiel, » que la religion « purement rationnelle » des Lumières.

jusqu'à la « folie » de la mort à la croix (Philippiens 2:6ss). Néanmoins, si les révélations mythologiques du paganisme, tout comme les révélations du christianisme, se manifestent de manière « insensée et offensante, » Hamann considère que ces révélations païennes ne sont que l'anticipation, semblable à un songe, des manifestations chrétiennes. En fait, bien qu'ils fassent tous deux partie de la même économie providentielle, ils sont aussi différents l'un de l'autre que le type l'est de l'accomplissement. En conséquence, pour Hamann, les mythes fabuleux des païens à propos de l'abaissement divin et de la déification des hommes, des dieux devenant hommes et des hommes devenant dieux, représentent des préfigurations mythologiques certes mystérieuses mais, en fin de compte, obscures de l'histoire *véritable* de l'incarnation divine et de la divinisation humaine effective en Christ, à savoir l'histoire véritable de Dieu qui se fait homme en Jésus de Nazareth (Jean 1:14) et des membres de son corps mystique, l'Eglise, qui sont transformés « en la même image, de gloire en gloire » (2 Corinthiens 3:18). Dans l'esprit de Hamann, cette vérité se trouve au cœur du mystère de la religion. Il l'écrit de manière frappante dans le passage central de *Doutes et idées* :

> Parmi toutes les révélations dont l'âme humaine est capable, plus souvent perçues en songe qu'à l'état d'éveil, il n'en est qu'une seule qui établisse une relation aussi intime, apparente et fructueuse avec les facultés indéfinissables, les désirs inépuisables, les passions et besoins infinis de notre nature [...] – Aucun autre *plan*, en effet, que celui qui a été révélé à travers *Christ*, la *tête*, et l'Eglise, son *corps*, ne peut expliquer les mystères de la seule et suprême majesté, qui est la plus cachée [et pourtant] la plus pressante lorsqu'il s'agit de se communiquer elle-même, d'une manière qui soit davantage analogue à tout le *système* de la *nature* et de la *société humaine*, ou d'une manière qui soit davantage conforme aux *lois* très *arbitraires* de la *raison* saine et aux *syllogismes* les plus *nécessaires* de l'*expérience* vivante. La graine de moutarde *anthropomorphique* et *apothéotique* qui se dissimule dans le *cœur* et la *bouche* de toutes les religions apparaît ici sous sa forme achevée d'*arbre* de la *connaissance* et de la *vie* au

milieu du jardin – toutes les contradictions *philosophiques*, toute l'énigme *historique* de notre *existence* et les nuits les plus impénétrables de son *termini a quo*[31] et de son *termini ad quem*[32] sont résolues par le *témoignage originel* [*Urkunde*] de la *Parole faite chair*. L'*esprit de prophétie* en *témoigne*, et la récompense promise est « un nom nouveau, que personne ne connaît, si ce n'est celui qui le reçoit. »[33]

A de nombreux égards, ce passage illustre la pensée de Hamann et le regard qu'il portait sur la réalité. Le mystère de tous les âges qui se révèle pleinement dans le christianisme est un mystère d'ordre anthropomorphique et apothéotique, celui de Dieu devenant homme et de l'homme devenant Dieu, un mystère révélé en Christ dans le creuset de l'Eglise en tant que le *corpus Christi mysticum*[34] (et, pour ainsi dire, de manière plus centrale encore, dans la double offrande du sacrifice eucharistique). Et pourtant les *Aufklärer*, n'ayant pas reçu l'Esprit, ont, dans leur fierté, rejeté ce mystère pour le remplacer par leurs propres doctrines pélagiennes qui prônent l'*auto*-illumination et l'*auto*-transformation. Hamann qualifie néanmoins leur rejet de déraisonnable :

> Si l'*Esprit* manque aux théoriciens pour pouvoir croire aux doctrines fondamentales du christianisme, à la *transfiguration* de l'*humanité* en *divinité* et de la *divinité* en *humanité* à travers le *Père* et le *Fils*, et pour pouvoir chanter avec notre Eglise luthérienne : « De *lui* coule la *source* de la *vie* / Du plus haut des cieux, de son *cœur* » – si les Nicolaïtes ont honte de la *puissance* et de la *sagesse* divines

---

[31] N.d.t. : Moment de son commencement.
[32] N.d.t. : Moment de sa fin.
[33] N III, p. 192. Voir Genèse 2:9 et Apocalypse 2:17. Dans ce dernier passage, Christ s'adresse à l'Eglise d'Ephèse et mentionne un groupe hérétique appelé les Nicolaïtes : « Tu as pourtant ceci, c'est que tu hais les œuvres de Nicolaïtes, œuvres que je hais aussi » (Apocalypse 2:6). Hamann suggère donc ici que l'éditeur Nicolai (-Nabal), l'« hérésiarque » du mouvement des Lumières de Berlin, a besoin d'un nouveau nom que Christ est le seul à pouvoir donner.
[34] N.d.t. : Le corps mystique du Christ.

manifestées dans la Parole de la *Croix* et qu'ils s'y heurtent : Il reste hautement *déraisonnable* de nier inconsidérément ou de supprimer ces vérités qui, en vertu de leur caractère [surnaturel], doivent sembler insensées et offensantes à l'homme naturel, et il est tout aussi inconvenant et irresponsable d'en priver d'autres [...].[35]

Dans la dernière partie des *Doutes et idées*, Hamann continue de critiquer fortement les *Aufklärer* et leur utilisation – inadéquate à ses yeux – de la raison, les accusant notamment d'utiliser la moralité qu'ils prônent au nom de leur « religion naturelle » comme un voile pour masquer leur haine généralisée des véritables religions historiques. A cet égard, il ajoute, de manière prophétique, que leur projet est stérile et voué à l'échec, puisque la « moralité, » dès lors qu'elle est séparée de la foi et de la tradition, perd son fondement et doit être « réinventée »; néanmoins, il suggère que la haine de la religion manifestée par ces « esprits libres » s'accorde finalement avec leur haine de l'homme.[36] Aux yeux de Hamann, leur philosophie est, au fond, une philosophie de « rébellion »; il prédit donc que leur doctrine de la « liberté » se répandra parmi le peuple et que celui-ci, n'étant pas disposé à attendre patiemment le retour du législateur (c'est-à-dire un jugement final quelconque), commencera à établir ses propres lois « à la manière d'Aaron » (Exode 32), en suivant cette fois les préceptes de la « saine raison. » En effet, Hamann considère que les esprits laïques modernes sont semblables aux eunuques (!) Bigthan et Téresch qui conspirèrent à la porte du roi (Esther 2:21) puisqu'ils ont abandonné la source d'eau vive, celle de la tradition inspirée. En revanche, l'on ne peut parvenir à une « raison véritable » (NB, *raison véritable* !) que si la raison fait preuve de déni de soi et de soumission, montrant ainsi « la fiabilité de sa force par la *mise en pratique* et *l'accomplissement* des *lois, sans chercher absolument à en connaître* tous les *aspects théoriques.* »[37] « *Or, si tu juges la loi, tu n'es pas observateur* [ni enseignant] *de la loi, mais tu en es juge,* » écrit

---

[35] N III, pp. 192s.
[36] N III, p. 193.
[37] N III, p. 194.

Hamann, citant l'apôtre Jacques; « *car si l'on fait ses choses au bois vert*, qu'arrivera-t-il *au bois sec* ? »[38] Ce que suggère Hamann ici, de manière prophétique, c'est que la raison, dès lors qu'elle prétendrait examiner la loi à la lumière de ses propres principes, sans prendre en compte la foi ni la tradition, ouvrirait inévitablement la voie au nihilisme.

KONXOMPAX : UNE LETTRE APOCRYPHE ADRESSÉE À LESSING

La dernière bataille qui opposa Hamann à Starck fut générée par deux œuvres de Starck : *Hephästion*, publiée en 1775, et la seconde édition de l'*Apologie de l'ordre des Francs-maçons* (*Apologie des Ordens der Frei-Mäuerer*), publiée en 1778. Cette dernière reprenait pour l'essentiel les mêmes thèmes, mais défendait désormais les enseignements de la franc-maçonnerie moderne; Hamann rédigea son ouvrage *Konxompax : Fragments d'une sibylle apocryphe sur des mystères apocalyptiques* (*ΚΟΓΞΟΜΠΑΞ : Fragmente einer apokryphischen Sibylle über apokalyptische Mysterien*) pour y répondre. Le titre de cette œuvre publiée en 1779, quelque peu étrange, provient de deux mots de passe impénétrables, « konx » (κογξ) et « ompax » (ὄμπαξ) que Starck cite dans son œuvre, des mots qui auraient été prononcés par les adeptes de certaines religions à mystères.[39]

---

[38] Ibid. Jacques 4:11; cf. aussi Luc 23:31.
[39] *HH* V, p. 177. La principale source moderne de ce terme est le *Lexique* d'Hésychius de 1668, que Hamann cite dans l'édition originale de *Konxompax* : Κογξ ὄμπαξ ἐπιφώνημα τετελεσμένοις, καὶ τῆς δικαστικῆς ψήφου ἦχος, ὡς ὁ τῆς κλεψύδρας, περὶ (παρὰ Martin) δὲ Ἀττικοις, βλόψ (ὄμπαξ βόμπαξ, Sopingius). Hamann note également que Jean le Clerc analyse ce terme dans sa *Bibliothèque universelle* (1687). Cf. William Warburon, *The Divine Legation of Moses,* volume 1, pp. 131-252. Même Kant s'interroge brièvement sur la signification du mot en 1795, dans une note de bas de page de son manifeste *Zum Ewigen Frieden*. En dépit de ses grandes qualités philologiques et des mois consacrés à son obsession lexicographique, Hamann ne parvint pas à déterminer le sens original du mot. Aiguillé par l'*Alphabetum Tibetanum* de l'ermite augustinien Antonius Georgius (1759, 1762), il fait savoir à Herder qu'il a

Konxompax s'adresse également à plusieurs autres personnes : Gotthelf Samuel Steinbart qui, dans son livre très en phase avec la pensée de son époque, avait écarté Augustin et Anselme avec mépris, mais surtout à Gotthold Ephraim Lessing, qui venait d'entraîner toute l'Allemagne dans un débat houleux en publiant les *Fragments* de Reimarus (1774-1778).[40] En réalité, les *Fragments* de Hamann n'avaient pas pour cible principale Steinbart, ni même Starck, mais plutôt Lessing, dont l'influence était bien plus grande (vers la fin de son ouvrage, Hamann l'interpelle personnellement; il espérait encore, à ce moment-là, pouvoir un jour le compter parmi ses amis par le biais de Herder et de Mendelssohn). Hamann était en effet conscient des enjeux de la *Fragmentenstreit* :[41] Il s'agissait ni plus ni moins du statut du judaïsme et du christianisme en tant que religions révélées, dont la légitimité se voyait remise en cause avec toujours plus de virulence par un siècle qui exigeait une religion « naturelle » et donc universelle, une religion qui ne serait pas fondée sur des contingences historiques ou des notions comme l'« élection divine » (et tous les préjugés et l'intolérance qui y étaient associés) mais sur les principes nécessaires et évidents de la raison. Dans *Über den Beweis des Geistes und der Kraft*,[42] Lessing écrit ces mots célèbres : « Les vérités contingentes de l'histoire ne pourront jamais prouver les vérités nécessaires de la raison. »[43] Dans l'esprit de Hamann, tout le fondement historique du christianisme était en jeu, c'est pourquoi il écrit à Herder en 1778 :

---

l'intention d'apprendre le tibétain pour trouver une réponse et, de manière plus générale, pour découvrir dans la religion du « grand Lama » la clef des mystères du paganisme. Voir *HH* V, pp. 184s. Cf. *ZH* IV, pp. 96 et 199s. Merci à R. Trent Pomplun pour les échanges utiles que nous avons pu avoir concernant ces sources.

[40] Dans le débat en question, Johann Melchior Goeze, pasteur à Hambourg, était le principal défenseur de l'orthodoxie. Bien que Hamann le considère inférieur à Lessing du point de vue intellectuel, il admit à Jacobi qu'il était dans le vrai. Voir *ZH* V, p. 274: « Peut-on prier le Notre Père chrétien avec sincérité alors que l'on est engagé intellectuellement dans un système panthéiste ? »

[41] N.d.t. : La guerre des fragments.

[42] N.d.t. : De la preuve d'esprit et de puissance.

[43] Voir Henry Chadwick (éditeur), *Lessing's Theological Writings* (Stanford, Californie: Stanford University Press, 1957), p. 53.

« Vous imaginerez aisément, cher ami, que la crise théologique actuelle soulève en moi un intérêt non moindre. »[44]

Konxompax, l'un des écrits les plus difficiles de Hamann, mais aussi l'un des plus profonds, doté d'une étrange beauté, est le fruit de son engagement dans ce débat. Il parle par la bouche d'une sibylle, Adelgunde, sans aucun doute la même que celle qui s'était exprimée dans *l'Essai sur le mariage*. Elle aborde désormais le sujet des mystères apocryphes, c'est-à-dire *secrets*, du paganisme et des mystères apocalyptiques, *révélés*, du christianisme. D'une part, elle adresse ses prophéties aux prétendus hiérophantes tels que Starck qui ont abandonné tout ce qui relève de l'apocalyptique au profit de ce qui relève de l'apocryphe. D'autre part, elle vise la philosophie moderne, entendue comme une véritable religion, une sorte de religion à mystères moderne dont la méthode a priori pourrait être comparée à un rite de purification et dont le mystère final est celui du nihilisme.[45] Selon Hamann, la philosophie des Lumières et l'exaltation de la « sainte raison » s'avèrent totalement vaines au final, puisque dès lors que l'on a refusé l'autorité de la révélation historique et de la tradition prophétique – et lorsqu'il ne sera plus possible d'affirmer l'existence axiomatique de la raison, comme Hamann le prévoyait clairement – il ne reste que les idéologies ou l'avis personnel pour combler le vide.

Il est vrai que la sibylle fait polémique en dénonçant les conséquences prévisibles d'une philosophie séparée de la tradition prophétique; ce n'est néanmoins que l'envers de la bonne nouvelle, à savoir que Dieu s'est révélé lui-même de manière historique, une vérité dont la raison devrait tenir compte au lieu de se tourner vers les mystères apocryphes du paganisme, afin de réaliser que les mystères du paganisme et du judaïsme trouvent leur accomplissement dans les mystères apocalyptiques du christianisme. Dans la même veine que *Doutes et idées*, elle associe ce mystère final au corps mystique de Christ, vu sous un double angle, l'aspect *anthropomorphique* et l'aspect *apothéotique*, *Menschwerdung*[46] et *Gottwerdung*[47],

---

[44] ZH IV, p. 34. Cité dans *HH* V, p. 173.
[45] N III, p. 219.
[46] N.d.t. : Dieu qui devient homme.
[47] N.d.t. : L'homme qui devient Dieu.

incarnation et divinisation. Hamann espère que ses contemporains seront à même de porter sur le christianisme un regard neuf. A cet égard, de la même manière que les *Mémorables socratiques* qui s'adressaient indirectement à Kant et Berens au sujet de la foi, *Konxompax* est en fait une lettre indirecte adressée à Lessing, que Hamann respectait beaucoup, et constitue un plaidoyer bienveillant visant sa conversion.

La suite des évènements nous montre que Lessing lut la « lettre » de Hamann. Elle fut envoyée en avril 1779 par l'intermédiaire de Herder à Weimar qui réussit, en l'espace d'un mois, à la faire publier et qui, à la demande de Hamann, en offrit des copies à Lessing et à plusieurs autres personnes, incluant Matthias Claudius, Friedrich Carl von Moser, Mendelssohn, Lavater et Goethe.[48] En plus de la copie qu'il envoya à Lessing, Herder lui écrivit une lettre dans laquelle il lui fit savoir que Hamann souhaitait qu'il continue son œuvre inachevée, *Ernst und Falk*. Hamann fait d'ailleurs référence aux deux premières parties de cette œuvre de Lessing dans *Konxompax*. La réponse de Lessing à Herder contient la seule référence à Hamann de sa part dont nous ayons connaissance et la seule idée que nous puissions nous faire de sa réaction :

> Si vous envoyez la chose [la suite d'*Ernst und Falk*] à Hamann, adressez-lui mes meilleurs respects. Cependant, je préfère m'en remettre à votre avis la concernant plutôt qu'au sien. Car je ne le comprends jamais pleinement, ou, du moins, je ne suis jamais certain de l'avoir compris. Il semble que ses écrits aient été rédigés pour ceux qui se prétendent polyhistoriens. En effet, leur lecture requiert un savoir qui touche un peu à tous les domaines [*Panhistorie*]. Il est aisé de trouver quelqu'un qui erre sans but; trouver quelqu'un qui marche de lieu en lieu est beaucoup plus difficile.[49]

L'attitude de Lessing envers Hamann reflète celle des luminaires

---

[48] N III, p. 183.
[49] Lessing, *Werke*, édité par J. Petersen et W. v. Olshausen (Berlin: Deutsches Verlagshaus Bong & Co. [1925]), vol. 18, p. 332, cité dans *HH* V, p. 183.

les plus éminents de l'époque : Quand bien même ils ne le comprenaient pas tout à fait et n'appréciaient pas vraiment ses positions fondamentalement chrétiennes, ils le respectaient néanmoins, à l'image de Kant. En ce qui concerne l'avis de Goethe sur l'œuvre, Herder écrivit rapidement à Hamann pour lui communiquer que « Goethe vous fait part de ses remerciements. Il a pris soin de collecter tous vos écrits dans une boîte et a pris beaucoup de plaisir à étudier celui-ci. » Herder lui donne également sa propre opinion : « Plus j'interroge votre sibylle, plus elle me parle ici et là, plus je prends conscience de certaines choses, surtout depuis que j'ai lu une nouvelle fois les écrits de Starck. Son essence est comme le lait et le miel, comme les épices et le baume. »[50]

En ce qui concerne le texte en lui-même, Hamann choisit deux épigraphes pour la page de titre et une troisième pour le verso. La première est tirée du livre des Proverbes, la deuxième de *Métamorphoses* d'Apulée, et la troisième de l'une des fables de Phèdre. La citation de Proverbes est tirée de la Vulgate (Proverbes 9:16-18) : « Elle dit à ceux qui sont dépourvus de sens : 'Les eaux dérobées sont douces, et le pain du mystère est agréable [!]' Et ils ne savent pas que là sont les géants et que ses invités sont dans les vallées du séjour des morts » (« Vecordi locuta est: Aquae furtivae dulciores sunt et panis suavior! Et ignoravit, quod ibi sint Gigantes et in profundis inferni convivae eius »).[51] Il est évident que ces versets doivent être lus dans le contexte d'une comparaison entre la voie de la sagesse et celle de la folie.[52] De plus, le fait que l'on attribue les Proverbes à Salomon revêt sans doute une certaine importance,

---

[50] ZH IV, p. 83. Cf. ZH V, p. 248, où Herder mentionne que Goethe porte les écrits de Hamann en haute estime.
[51] N III, p. 215. Le point d'exclamation qui suit la citation de la Vulgate a été rajouté par Hamann.
[52] Schoonhoven en parle de manière encore plus frappante dans son commentaire (*HH* V, p. 191) : « Dans la mythologie grecque, les géants étaient une race misérable qui prit l'Olympe d'assaut mais fut vaincue par les dieux. Ils représentent ici les pouvoirs démoniaques en guerre contre la puissance divine. La première citation illustre le problème de manière on ne peut plus claire : Soit la table du Seigneur, soit la table des démons (1 Corinthiens 10:21). »

puisque celui-ci était révéré par les francs-maçons en tant que constructeur du temple. En effet, cela correspondrait tout à fait à la stratégie souvent employée par Hamann qui consiste à choisir un auteur respecté de tous et de le citer d'une manière inattendue. L'autorité de Salomon est donc essentiellement un moyen de reprocher au public maçonnique d'être follement obsédé par les mystères païens alors qu'« il y a ici plus que Salomon » (Matthieu 12:42).

La deuxième épigraphe provient du livre XI des *Métamorphoses*. La citation est tirée d'un passage qui décrit le culte à Isis et, plus précisément, un prêtre païen, décrit par Lucius, portant l'« effigie vénérable de la toute puissante déesse [...] qui caractérise ingénieusement le mysticisme profond et le secret inviolable dont s'entoure cette religion auguste » (« altioris utcunque et mango silentio tegendae religionis argumentum ineffabile ») au milieu d'une procession.[53] En dépit du paganisme d'Apulée, il semblerait que pour Hamann, le christianisme que ses contemporains ont abandonné est précisément cette « religion auguste » vers laquelle même le paganisme pointe.

La troisième épigraphe est extraite de l'œuvre de Phèdre. La référence que fournit Hamann est néanmoins erronée (il s'agit probablement d'une erreur volontaire). La citation se trouve dans le livre IV des fables, mais Hamann indique pour référence l'histoire « le bouffon et le paysan » (*scurra et rusticus*), dans le livre V. Dans la mesure où il cite cette même référence à trois reprises et que cela s'accorde parfaitement avec son sens de l'humour, il semblerait qu'il ait volontairement doté l'épigraphe d'un double sens. On lit de manière fragmentaire : « POETA. PARTICULONI. – – Quare, VIR SANCTISSIME, Si non ingenium, certe brevitatem. »[54] Bien évidemment, il s'agit d'une apostrophe ironique au « très saint » Starck que Hamann invite, par la même occasion, à apprécier son

---

[53] N III, p. 215. Apulée, *L'âne d'or ou les métamorphoses*, livre XI, traduction dirigée par Désiré Nisard, 1865.
[54] N III, p. 216. N.d.t. : « Le poète à Particulon. – – Ainsi, homme intègre, louez dans mes ouvrages, sinon le talent, du moins la brièveté. » Extrait de *Phèdre*, livre 4, traduction de Levasseur et J. Chenu.

œuvre en vertu de sa « brièveté, si ce n'est pour sa qualité intellectuelle. » Il semblerait que la référence « erronée » au livre V vise également Starck. L'histoire du « bouffon et du paysan » raconte qu'il était une fois un clown dont le numéro consistait à crier comme un cochon en faisant semblant d'en dissimuler un sous ses vêtements. Lorsque l'on s'aperçut qu'il n'y avait pas de cochon, il récolta les applaudissements du public. Le lendemain, un paysan qui s'était trouvé là au moment du numéro du clown tenta le même spectacle, mais en dissimulant un véritable cochon sous ses vêtements. Le cochon cria et le fermier fut couvert de moqueries à tel point qu'il dut quitter la scène. La morale de l'histoire est la suivante : Starck et ses mystères païens imitent la chose réelle et récoltent pour cela des applaudissements, alors que Hamann, qui entre en scène juste après lui et révèle la chose réelle, le véritable mystère du christianisme, est forcé de quitter la scène sous les moqueries.[55]

Le texte lui-même débute avec un commentaire satirique d'un extrait de l'*Apologie* de Starck :

> Qu'il faille ou non l'attribuer à des circonstances *historiques*, le fait de garder caché sous le *boisseau* de Cérès et du *Thalamus* [c'est-à-dire du lit] du *dieu du vin* le *feu sacré* d'une religion naturelle et béatifiante pendant une période si longue, jusqu'à ce que les authentiques descendants de l'aire de battage et du pressoir parviennent à le restaurer sous forme d'un *épais liquide* et accomplissent ainsi ce qui était écrit à l'origine dans l'autre livre des Macabées, relève néanmoins des mystères du mystère (2 Maccabées 1:19-21).[56]

En une seule phrase, Hamann présente le point de vue de Starck et, dans le même temps, lui substitue de manière ingénieuse sa propre position. Starck considérait que le « feu sacré » de la religion naturelle avait sommeillé pendant des siècles au creux des religions à mystères païennes très anciennes, telles que celles d'Eleusis ou d'Orphée, dans l'attente d'être redécouvertes par un hiérophante moderne comme

---

[55] Voir *HH* V, p. 192.
[56] N III, p. 217. Cf. Luc 8:16.

Starck lui-même. A travers l'allusion qu'il fait à Luc 11:33 (« Personne n'allume une lampe pour la mettre dans un lieu caché ou sous le boisseau, mais on la met sur le chandelier, afin que ceux qui entrent voient la lumière »), Hamann affirme néanmoins que ce n'est pas le feu sacré d'une religion naturelle qui sommeillait depuis si longtemps au creux des mystères du paganisme, mais le feu sacré de l'Evangile. En conséquence, Hamann se présente lui-même, par opposition à Starck, comme le véritable hiérophante, le gardien des mystères païens.

Non seulement Hamann reproche-t-il à Starck et à sa prétendue redécouverte d'une « religion naturelle » de chercher à revenir aux enseignements prétendument purs du paganisme (concernant l'immortalité de l'âme, le jugement et la récompense qui s'obtient après la mort, par exemple) en contournant le christianisme, mais aussi critique-t-il l'inefficacité de ses recherches : « L'obscurité de l'objet a charmé et séduit même des philologues instruits et des philosophes érudits; ils ont découvert, comme l'"honorable Démonax' qui avait trouvé son dilemme, soit un *rien* pur, soit un *quelque chose* d'ambigu, deux éléments qui s'opposent au même titre que le bien et le mal. »[57] William Warburton, qui pensait que « l'intégralité du sixième livre de l'*Enéide* constituait en fait une description des mystères d'*Eleusis* » et qui traita du sujet des hiéroglyphes païens dans une grande partie de son œuvre *The Divine Legation of Moses*,[58] faisait partie des personnes que Hamann respectait beaucoup.[59] Hamann, lui-même philologue, ne cherche donc pas à dénigrer l'analyse historique ou philologique du paganisme en tant que telle. Son

---

[57] N III, p. 218. L'on dit que Démonax (dans les années 100 après J.-C.), un cynique plein d'esprit, était le seul Grec à avoir refusé d'être initié aux mystères d'Eleusis. En guise de justification, il présenta son dilemme : S'il en venait à approuver les mystères et à en voir les bénéfices, il les annoncerait à tous (et donc, les profanerait); mais s'il en venait à les considérer comme inacceptables ou dangereux, il ne pourrait pas non plus s'empêcher d'exprimer la piètre opinion qu'ils lui auraient inspirée. Voir *HH* V, p. 199.
[58] N.d.t. : La Légation divine de Moïse.
[59] N III, p. 217. Dans le même contexte, Hamann fait également référence à l'ouvrage de John Gilbert Cooper, *The Life of Socrates* (Londres, 1749), p. 102.

argument consiste plutôt à dire que de telles recherches n'aboutissent pas aux résultats définitifs que Starck pensait avoir obtenus.

Dans le passage suivant, d'une signification profonde, Hamann examine d'un œil critique la méthode transcendantale et les principes fondamentaux de la philosophie des Lumières (avant même que la *Critique* de Kant ne soit publiée). Le passage précédent indiquait que, dans l'esprit de Hamann, l'analyse moderne du paganisme (en vue de découvrir une religion naturelle), aboutissait soit à un « *rien* [...], soit [à] un *quelque chose* d'ambigu ». Selon lui, les méthodes de la philosophie moderne donnent le même type de résultats ambigus :

> Ces catégories les plus élevées et les plus universelles (*rien* et *quelque chose*, *bon* et *mauvais*) sont, comme chacun sait, les premiers principes (*Initia*[60]) et les résultats finaux (τελεταί) de toute connaissance théorique ou pratique. En les combinant et en les appliquant à travers la vision [*Anschauen*] de l'*un* et du *multiple*, l'on obtient la lumière extra et supra-sensorielle, ou transcendante, de la raison (dont nos apôtres modernes, dans leurs *Opusculis profligatis*,[61] prêchent la lumière, le principe et le *logos* afin qu'ils illuminent tous les hommes et les fassent entrer dans ce monde ou dans un autre – en empruntant le chemin étroit – en empruntant la porte étroite) et de la *véritable science*, qui est son porte-flambeau.[62]

Non seulement ce passage anticipe-t-il les critiques que Hamann émit à l'encontre de Kant un peu plus tard, mais aussi révèle-t-il la manière frappante dont Hamann considère la philosophie moderne, non pas en termes d'une opération pure fondée sur la seule raison, mais comme une sorte de religion à mystères moderne. C'est pourquoi

---

[60] N.d.t. : Début, origine.
[61] N.d.t. : Petites œuvres viles.
[62] N III, p. 218. Il apparaît clairement que de nombreux éléments que nous avons tendance à attribuer à la philosophie critique de Kant appartenaient en fait à l'air du temps. Voir par exemple *Von dem Begriff der Philosohie und ihren Teilen* de Johann August Eberhard, cité par Hamann lui-même dans ce contexte. Cela montre que l'auto-examen critique de la raison de Kant ne constituait en aucun cas l'exercice intellectuel pur qu'il prétendait être.

il utilise les termes *initia* et τελεταί qui impliquent la notion de « mystères sacrés, » lorsqu'il parle de la philosophie moderne; c'est aussi la raison pour laquelle il oppose la lumière de la raison à celle de l'Evangile (1:9)[63] et établit un contraste entre la « porte étroite » dont il est question dans l'Evangile (Matthieu 7:14) et la méthode « étroite » prônée par le transcendantalisme moderne. Tandis que la première mène au royaume des cieux, la seconde mène à la « véritable science. »

La philosophie transcendantale moderne est certes fondée sur des méthodes qui se veulent pures (de toutes contingences temporelles, historiques ou sensorielles). Néanmoins, Hamann souligne que les méthodes scientifiques utilisées qui se prévalent d'une telle pureté présentent, en réalité, étrangement, un lien historique avec les méthodes religieuses, comme le montre le double emploi du mot « étroit. » Par ce contraste, Hamann veut indiquer que la philosophie transcendantale moderne, quelles que soient ses variantes, implique, elle aussi, une sorte de détachement *ascétique* (comme le montrent par exemple Descartes et la séparation des sens, Kant et la déduction transcendantale plus rigoureuse encore, et, plus tard, Husserl et l'*épochè* méthodologique). Celui-ci mène ensuite au *fanum*[64] de la raison pure, après être passé par une « nuit des sens » laïque et carmélite (dont l'heuristique est motivée par l'espoir presque religieux d'obtenir comme récompense une *révélation* plus élevée) qui dépasse toute illusion imposée par les sens, pour enfin entrer dans le *sanctum sanctorum*[65] de la raison même, où elle est communiquée à elle-même par un processus d'auto-communion mystique, et d'où commence à émerger l'« illumination. » Schoonhoven l'exprime ainsi : « La sibylle assimile l'aspiration à la raison à une religion, et même une religion à mystères. En effet, il faut y être 'initié' (*Initia*, τελεταί), et il s'agit de la « porte étroite » et du « chemin étroit » par lequel tout individu qui veut prendre part à la 'véritable lumière' doit passer. »[66]

Hamann a donc pour objectif ultime, à travers la comparaison qu'il

---

[63] N.d.t. : Le livre n'est pas indiqué dans l'œuvre originale. Nous supposons qu'il s'agit de Jean 1:9.
[64] N.d.t. : Sanctuaire.
[65] N.d.t. : Le lieu très saint.
[66] *HH* V, pp. 199s.

établit, de détruire le « mur de séparation » fallacieux que les *Aufklärer* ont dressé entre la foi et la raison, la religion et la philosophie. Eux qui prétendaient être soudainement devenus des êtres « rationnels » avaient en réalité remplacé la religion historique par leur propre pseudo-religion. Alors même qu'ils niaient l'existence d'une révélation transcendante, ils en approuvaient une version immanente, puisque la raison se révèle à elle-même de manière mystique (les écrits de Kant en sont un exemple particulièrement parlant). Alors même qu'ils niaient l'illumination spirituelle, la compréhension qu'ils avaient d'eux-mêmes s'appuyait entièrement sur l'« illumination » de la raison. Alors même qu'ils refusaient d'adorer une Raison-Logos transcendante, ils exigeaient que toutes choses se soumettent à la critique et au jugement exécutoire d'une raison laïque et conçue de manière immanente. Pour résumer, dans l'esprit de Hamann, ils avaient simplement reporté les catégories religieuses et les métaphores de la révélation, de l'initiation, de l'illumination et de l'autorité sur une nouvelle religion à mystères moderne avec ses propres prêtres et ses propres fidèles. Il poursuit en ces termes : « Ô sainte raison ! qui remplace dans leur esprit la révélation et exige d'eux qu'ils fléchissent le genou devant les principes de la raison, aussi subtils, aussi improbables soient-ils, » « qu'ils marchent sur leur ventre ou se déplacent à quatre pattes, » ajoute-t-il avec acuité.[67]

Il s'agit là d'un rappel acéré de la première « illumination » qui avait été offerte par un serpent (Genèse 3:5); de plus, l'objectif de Hamann est ici, dans un premier temps, de replacer la raison dans le contexte de la chute à travers cette allusion à la Genèse. Elle est donc destinée à rappeler aux *Aufklärer* que la seule raison dont nous disposons en dehors de la grâce est une raison *déchue*. Dans un deuxième temps, l'argument de Hamann consiste à montrer, de manière plus frappante encore, que les déductions de la raison postlapsarienne sont loin d'être pures. Au contraire, elles peuvent aller jusqu'à servir une cause « animale » (« se déplacer à quatre pattes »),

---

[67] N III, p. 218. Cf. la quinzième lettre de Mendelssohn dans *Briefe über die Empfindungen*. Voir *HH* V, p. 201.

voire démoniaque (« marcher sur leur ventre »).[68] En d'autres termes, les *Aufklärer*, en surestimant la fiabilité de la raison, n'ont pas réussi à voir que son fonctionnement est intimement lié à la volonté humaine et donc profondément marqué par les passions et la perversion qui l'affectent, avec toutes les conséquences potentiellement catastrophiques que cela suppose.[69] Voilà pourquoi, aux yeux de Hamann, il n'est que trop probable que les idéaux progressifs de la raison laïque (*liberté, égalité* et *fraternité*) finissent par dégénérer pour devenir le Règne de la Terreur, ou que l'*arithmétique politique*[70] aux accents froids et calculateurs de la conférence de Wannsee ne cède le pas à une « *Endlösung* »[71] démoniaque. Dix ans avant la Révolution française, sa sibylle émet l'oracle apocalyptique suivant :

> Et [ses – ceux de la raison] cadavres seront sur la place de la grande ville, qui est appelée, dans un sens spirituel, Sodome et Egypte, là même où [son] Seigneur [est] crucifié, mais pas encore ressuscité, puisqu'il n'est aucune '*vérité historique aléatoire*,' aucun *fait physique* ni aucun *phénomène politique* 'qui puissent jamais prouver les vérités nécessaires de la raison' – pour des juges honorables [*Biedenrichter*], minutieux et concis, rigoureux et précis, qui comprennent davantage que le grec et qui refusent la nourriture *du Hoc est Corpus meum !* ou des mystères *sub utraque specie*.[72]

L'élément qui frappe le regard dans ce passage est le fait que Hamann identifie la raison laïque à la « bête » apocalyptique, citée dans le livre de l'Apocalypse, qui « monte de l'abîme » pour tuer les « deux témoins » dont les « cadavres seront sur la place de la grande

---

[68] Voir *HH* V, p. 201.
[69] Voir notamment les essais de Reinhard Hütter, Paul Griffiths et Carver Yu dans *Reason and the Reasons of Faith*, Reinhard Hütter et Paul Griffiths (éditeurs) (New York et Londres : T. & T. Clark, 2005) pour une analyse récente et approfondie de cette question.
[70] N.d.t. : En français dans le texte.
[71] N.d.t. : La Solution finale.
[72] N III, p. 218. N.d.t. : *Hoc est Corpus meum* : Ceci est mon corps; *sub utraque specie* : Sous les deux espèces.

ville, qui est appelée, dans un sens spirituel, Sodome et Egypte, là même où leur Seigneur a été crucifié » (Apocalypse 11:8). Hamann établit donc un contraste entre la raison laïque et le témoignage prophétique du Logos; en effet, tandis que ce dernier témoigne de Christ, la raison laïque est la voix du « dieu de ce siècle » (2 Corinthiens 4:4) aux accents faussement prophétiques. A travers cette image provoquante, Hamann présage également que la doctrine des Lumières sur la raison finira par remplir le monde de violence et conduire les prophètes et les saints au martyre. Schoonhoven remarque : « On pourrait croire qu'il s'agit d'ores et déjà d'une prophétie concernant les victimes des guerres et des révolutions du XXe siècle. »[73]

Dans la deuxième partie du passage ci-dessus, Hamann met en lumière la *rupture métaphysique* qui sert de fondement et de justification à la raison laïque. Et pour la première fois dans ce texte, Hamann fait ici référence à Lessing de manière explicite, en particulier à sa fameuse citation : « Les vérités contingentes de l'histoire ne pourront jamais prouver les vérités nécessaires de la raison. »[74] Il s'agit là du « large et répugnant fossé » que Lessing pour sa part était incapable de franchir. Il ne parvenait pas à voir comment les vérités contingentes de l'histoire et les vérités nécessaires de la raison pouvaient aller de pair. C'est la raison pour laquelle Hamann écrit que Christ est « crucifié mais pas [...] ressuscité » pour les *Aufklärer* comme Semler et Reimarus, puisqu'ils ne voient en lui qu'un simple personnage historique.[75] De la même manière, il va sans dire qu'ils ne peuvent concevoir la présence du Christ ressuscité dans l'eucharistie. En somme, leur méthodologie consiste à chercher à atteindre quelque haut-lieu d'« unité mystique » en éliminant tout élément contingent ou particulier, ce qui exclut toute révélation véhiculée par l'histoire.[76]

---

[73] *HH* V, p. 202.
[74] Voir Henry Chadwick, *Lessing's Theological Writings*, p. 53.
[75] Voir *HH* V, p. 202. Hamann fait allusion à Semler et Reimarus dans le passage cité plus haut : Il évoque l'indécision de Semler à propos du « fait physique » de la résurrection, et réfère à Reimarus qui, dans les *Fragments* publiés par Lessing, se vantait de sa connaissance de l'hébreu. Voir ZH IV, p. 54.
[76] Voir l'ouvrage de Grant A. Kaplan, *Answering the Enlightenment: The Catholic*

Bien évidemment, Starck semblait être une exception à la règle, puisqu'il espérait découvrir au sein du paganisme des éléments précurseurs de la religion naturelle moderne; néanmoins, selon Hamann, les recherches de Starck étaient motivées non pas par une compréhension authentique de l'histoire en tant que révélation mais par une volonté de se conformer a priori au rationalisme et par une fascination empreinte de superstition pour les quelques passages et les quelques phrases « subsistantes » des religions à mystères antiques.[77] Dans le passage qui suit, la sibylle évoque la révérence de Starck vis-à-vis des mystères païens et la tourne en dérision :

> De même qu'aujourd'hui, au jour du Seigneur, au moment où j'écris, ni les *païens* ni les *mystères* ne manquent : Bon sang ! Par la vie du Pharaon !! Nous avons non seulement une couronne de roses faite de « *paroles subsistantes*, » mais, pour parler comme les sages d'Egypte, *le doigt de Dieu* ! – un double système infesté par la vermine qui sert de fondement à notre capacité de comparer et d'extraire afin de séparer adroitement ce qui *subsiste* et ce qui est *commun* de ce qui est *contingent* et *particulier per aquam regis*[78] ou par un chemin asséché, et afin de pénétrer non seulement dans le *haut lieu* de l'unité mystique dans son sens universel, mais également dans la connaissance intuitive ou *épopsie* de cette vérité universelle à travers une diversité infiniment composée des limites contraignantes du *temps* et de l'*espace* : *Que des mystères extra et supra-sensoriels, tels l'univers tout entier sous le soleil, sont soumis à un Rien mensonger, un Quelque-chose de vaniteux, en somme, à la malédiction philosophique et à la contradiction de la contingence, et ils le resteront – jusqu'au jour du* Compilateur *et du* Fondeur *dernier – avec la puissance d'Elie !*[79]

Ce passage nécessite clairement une exégèse précise et beaucoup de

---

Recovery of Historical Revelation (New York: Crossroad Publishing, 2006), où il réalise une excellente analyse de la question de la révélation au cours du siècle des Lumières et de la manière dont les théologiens catholiques relevèrent ce défi.
[77] Voir *HH* V, p. 204.
[78] N.d.t. : En régnant par l'eau.
[79] N III, pp. 218s.

patience.⁸⁰ La référence à l'Exode nous permet de replacer les éléments en contexte. La sibylle établit une analogie entre l'infestation que représente la prolifération des religions à mystères de l'époque moderne, comme la franc-maçonnerie par exemple, et la troisième plaie d'Egypte. Il s'agit là d'un aspect du « mysticisme » de la philosophie des Lumières, mais ce dernier présente également d'autres facettes : La méthode alchimique (*aqua regis* était un composé chimique que l'on utilisait pour séparer l'or du platine) ou « purification rituelle » qui consistait à séparer le nécessaire du contingent et l'universel du particulier; la mystagogie gnostique et éthérée à l'origine de cette « philosophie » qui cherche à se libérer des sens, des limites spatio-temporelles et de toute contradiction entre le nécessaire et le contingent. La sibylle prédit néanmoins que de telles abstractions ne mèneront la philosophie moderne qu'à un seul mystère, celui d'un « rien mensonger » ou d'un « quelque chose de vaniteux, » ce qui revient au même. En d'autres termes, les purismes que l'on essaie de mettre en place au nom de la raison ne mèneront la culture moderne qu'au seuil du nihilisme. En conséquence, les contemporains de Hamann feraient bien de prendre à cœur la mise en garde de la sibylle, selon laquelle il n'est pas possible d'écarter les contradictions en question pendant ce laps de temps « intermédiaire, » car elles supposent une solution eschatologique que Christ, le véritable « compilateur » (par opposition à Starck) et « Fondeur, » est le seul à pouvoir apporter. En effet, seul Christ, le juge eschatologique qui baptise du « feu du fondeur » (Malachie 3:2s; Matthieu 3:11) et qui reviendra « avec la puissance d'Elie » (ce prophète qui savait distinguer la véritable religion de l'idolâtrie) sait avec exactitude ce qu'il faut compiler et ce qu'il faut extraire par fusion. Hamann écrit dans *Doutes et idées* que seul Christ résout « toutes les contestations *philosophiques*, toute l'énigme *historique* de notre existence. »⁸¹

Jusque-là, nous avons entendu le verdict de la sibylle quant aux méthodes et aux résultats de la philosophie moderne en tant que

---

[80] Voir l'exégèse de Schoonhoven, *HH* V, pp. 204–207.
[81] Voir N III, p. 192.

religion à mystères moderne, mais elle n'a pas encore évoqué les rites, les mythologies et les religions à mystères anciennes dans les détails, alors que sa position de prophétesse païenne nous inciterait à penser qu'elle a son mot à dire à cet égard. En conséquence, son jugement est étayé dans les paragraphes suivants du texte par des observations plus spécifiques, fortement inspirées de l'œuvre de Christoph Meiners, *Über die Mysterien der Alten*[82] (1776). Dans un premier temps, la sibylle dénigre la fascination excessive de Starck pour les mystères païens qui n'étaient après tout, selon elle, que des farces théâtrales qui se nourrissaient de l'enthousiasme et de la superstition de leurs adeptes, et non pas de véritables révélations d'une entité transcendante.[83] Dans un deuxième temps, elle souligne que les mystères constituaient en réalité un aspect de la religion populaire et que la distinction entre l'exotérisme et l'ésotérisme ne revêtait pas nécessairement une signification mystérieuse. Troisièmement, les *Aufklärer* qui étaient du même avis que Starck pensaient qu'ils trouveraient des traces de leur propre rationalisme dans les mystères : Des traces du monothéisme, de l'immortalité de l'âme, de la récompense attribuée à la vertu et du châtiment punissant le vice. Néanmoins, la sibylle s'interroge : Est-il possible de tirer de ces mystères autre chose que des doctrines qui participent manifestement de la mythologie païenne, comme le culte de Jupiter *Optimus Maximus*[84] et les légendes de l'Elysée et du Tartare ? En effet, la pratique de la théurgie et de la goétie ainsi que la démonologie associée à ces mystères en ces temps-là obscurcissent toute trace de monothéisme que l'on peut trouver en leur sein. Finalement, ce que les *Aufklärer* comme Starck espéraient trouver dans les religions à mystères anciennes, bien que nous disposions de très peu d'informations les concernant, reflète avant tout leur intérêt pour les choses obscures, cachées, ésotériques, en somme, *apocryphes*. La sibylle a effectivement son mot à dire (notamment dans un contexte où l'on commence à s'intéresser aux évangiles gnostiques et aux jarres cachées de Nag Hammadi, entre autres) concernant le regard idéaliste

---

[82] N.d.t. : Des mystères des anciens.
[83] N III, p. 219.
[84] N.d.t. : Le meilleur et le plus grand.

qu'ils portent sur l'histoire, méprisant ainsi l'authentique révélation du christianisme, l'*Apocalypse*, qui se trouve pourtant à portée de main, pour courir après des documents anciens aussi hermétiques que fallacieux (dont l'ancienneté et le fait qu'ils n'aient jamais été transmis suffisent à eux seuls, selon eux, à prouver leur valeur et leur crédibilité) :

> La *théopneustie* et la *Vis dialectica*[85] n'étaient donc que la partie visible du tronc; les *racines sous-terraines* de la compréhension des mystères consistaient, quant à elles, à conserver soigneusement des documents sacrés et des écrits secrets « qu'un non-initié tenterait en vain de lire, puisque ses auteurs ne les avaient pas destinés aux non-initiés » - « De tous ces textes apocryphes, il n'en est pas un seul, pas même un livre de formules qui aurait pu étayer les *cognoscenti*[86] dans leurs recherches, qui soit parvenu jusqu'à notre époque. Ont-ils été bannis de la face de la terre par leurs persécuteurs » (probablement ces chers *pères* étaient-ils leurs assassins !) « ou leur a-t-on refusé la postérité par jalousie ou par acquit de conscience [Matthieu 27:18, 24] et les a-t-on enterrés avec les ruines des temples, » ou bien encore sont-ils montés au ciel avec leurs initiateurs et leurs auteurs ?[87]

Pour l'imagination apocryphe qui n'a pas cette notion d'une main divine dirigeant la transmission des textes et qui, en conséquence, possède un sens de l'intrigue, de la conspiration et du subterfuge exagérément exacerbé, le fait qu'il ne reste que peu de textes apocryphes implique nécessairement que d'importantes connaissances ont été perdues et que des Pères de l'Eglise, comme Irénée de Lyon qui était anti-gnostique, en sont responsables. La sibylle répond néanmoins de la manière suivante : « Ne pleure pas ! - sur un *Complementum artis exorcisticae, cui simile nunquam visum*[88] rédigé

---

[85] N.d.t. : L'habile dialectique.
[86] N.d.t. : Les savants.
[87] N III, pp. 220s. La première citation est tirée de l'œuvre de Galen, περι της των ἁπλων φαρμακων δυναμεως, livre VII, 1. Voir *HH* V, p. 212.
[88] N.d.t. : Supplément sur l'art de l'exorcisme qui n'a jamais vu son pareil.

en langue copte pour un adepte 'Sphransch et Saben d'une société grandiose, vertueuse et utile' – avec à sa tête le duc Michel d'Egypte ! »[89]

L'objectif de Hamann est clairement de dresser un tableau dérisoire de l'intérêt que portent ses contemporains aux arts hermétiques, les tournant ainsi en ridicule. Néanmoins, son but principal est de montrer que ses contemporains, tout à leur obsession des mystères qui *n'ont pas* été transmis (perte que Hamann s'empresse d'attribuer à la providence divine), sont incapables de voir le mystère antique *suprême*, celui qui accomplit tous les autres mystères, qui *a* été transmis grâce à la providence divine et qui est gravé dans les livres des Ecritures sacrées. La sibylle de Hamann rappelle au bon souvenir de son audience moderne ce qui pourrait être comparé aux mystères des Ecritures elles-mêmes, un livre « scellé » avec soixante-dix fois sept contradictions :

> Comme si nous manquions de documents originaux qui *sont scellés parce que nous ne pouvons pas les lire* (depuis que le Divi Renati Cartesii *Methodus*[90] et l'*Ars Critica* de B. Joannis Clerici[91] sont devenus les manuels *élémentaires*, le wolffianisme et le machiavélisme revêtus d'habits d'agneau, le patois trompeur de notre *Pédagogue* gaulois) et que nous *ne pouvons pas les lire à cause des sept sceaux* en dedans et en dehors et des *soixante-dix fois sept* contradictions du lion triomphant et de l'agneau immolé [*erwürgten*[92]]

---

[89] N III, p. 221. « Ne pleure pas » est aussi une allusion à Apocalypse 5:5. Aux yeux des Egyptiens, les « Sphransch » et « Saben » étaient les prophètes, interprètes des mystères et *hiérogrammates* suprêmes, d'après l'*Apologie* de Starck. Quant au Duc Michel, il s'agit d'une allusion à l'*Essai sur les mœurs et l'esprit des nations* de Voltaire, où le duc est dépeint sous les traits d'un mendiant, duc des Bohémiens. Le « supplément sur l'art de l'exorcisme qui n'a jamais vu son pareil » est un exemple de l'intérêt que l'on portait à l'occultisme et dont Hamann réalise ici la satire. *HH* V, p. 214.
[90] N.d.t. : *Le Discours de la méthode* de Descartes.
[91] N.d.t. : Jean le Clerc. *Ars Critica* : L'art critique.
[92] N.d.t. : Etranglé.

– y compris une bête qui était, et qui n'est plus et qui reparaîtra.[93]

En d'autres termes, le problème n'est pas qu'il n'y ait pas suffisamment de mystères mais plutôt que les *Aufklärer* n'ont pas vu les mystères célestes qui nous ont été transmis à travers les Ecritures sacrées, à moins qu'ils les aient volontairement ignorés, en raison de leur exposition excessive au langage philosophique du roi francophile, Frédéric le Grand (le « pédagogue ») et au langage académique véhiculé par des textes comme le *Discours sur la méthode* de Descartes ou encore le *Ars Critica* de Jean le Clerc (dont l'argument consistait à dire que les Ecritures doivent être interprétées à la manière de n'importe quel texte classique).[94] Néanmoins, ils sont surtout illettrés à cause de leur manque de foi. En rejetant Christ, ils ont rejeté le seul digne de rompre les sceaux (Apocalypse 5:5ss) et d'expliquer le sens profond des éléments mystérieux et allégoriques des Ecritures (Luc 24:27). En effet, à cause de leur rationalisme néfaste qui s'appuie sur le principe de non-contradiction, ils ne bénéficient d'aucun éclairage pour saisir les contradictions mystérieuses des Ecritures, comme celle du paradoxe christologique du lion et de l'agneau *in una persona Christi*[95] – auquel s'ajoute l'étrange contradiction que représente l'Antéchrist, « qui était, et qui n'est plus, et qui reparaîtra » (Apocalypse 17:8). Par conséquent, ils « voient ce qui n'est pas et ne peut pas être » et « ne voient pas ce que les mains peuvent toucher. »[96] En d'autres termes, ils *voient* une révélation là où il n'y en a pas, c'est-à-dire dans les mystères païens, mais *ne voient pas* la révélation qui *est présente* au sein du christianisme, et c'est ce qui « transforme tout le système en nuit noire. » « Je m'inquiète du sort des prédicateurs superficiels de la religion naturelle qui pourraient bien finir comme Homère l'aveugle – pris au piège de l'énigme de poux d'un pêcheur [*Lausangelrätsel*] qu'il prit pour les eaux insondables de l'Euripe ! » déclare la sibylle.[97]

---

[93] N III, p. 221.
[94] Voir *HH* V, p. 215.
[95] N.d.t. : En la personne de Christ.
[96] N III, p. 222. Voir 1 Jean 1:1.
[97] Le mot que Hamann emploie ici, *Lausangelrätsel* [N.d.t. : énigme du pou et de la

Néanmoins, compte tenu de ce qui précède, nous devons veiller à ne pas mal interpréter la position de Hamann vis-à-vis du paganisme. En effet, bien qu'il nie que les païens aient bénéficié d'une révélation *directe*, s'opposant ainsi à l'enthousiasme excessif de Starck, il n'exclut pas que la providence puisse agir à travers le paganisme (il parle, après tout, par la bouche d'une sibylle et aurait probablement voulu affirmer avec Augustin qu'elle est citoyenne de la ville de Dieu). Au contraire, sa façon de comprendre le paganisme s'accorde avec sa compréhension typologique de l'histoire qui anticipe pour lui Christ à la manière d'un songe, comme nous l'avons vu.[98] Cependant, Hamann est conscient que le paganisme témoigne de Christ de manière très obscure. En effet, il n'est possible de comprendre même les mystères allégoriques de l'Ancien Testament que lorsque le « voile est ôté, » comme l'exprime Paul en 2 Corinthiens 3:14,[99] de la même manière que Christ ouvrit l'esprit des disciples afin qu'ils « comprissent les Ecritures » (Luc 24:45). En conséquence, en faisant une allusion obscure à l'œuvre *Von dem Zwecke Jesu und seiner Jünger*[100] de Reimarus, la sibylle replace tout le débat dans le contexte de la parabole eschatologique du royaume de Dieu dans Matthieu 13 :

> Mais le *Zweck Jesu und seiner Jünger* est semblable à un filé jeté dans la mer et ramassant des poissons de toutes espèces. Quand il est

---

canne à pêche], est construit à partir de l'énigme à laquelle il fait allusion. Euripe est un terme employé pour qualifier n'importe quel détroit aux eaux particulièrement tumultueuses, mais ici, Hamann l'utilise de manière spécifique pour décrire le détroit profond et selon lui insondable qui sépare l'Eubée de la Béotie. D'après la biographie d'Homère qui est attribuée à Hérodote, Homère s'assit sur un rocher près du rivage, entendit des pêcheurs arriver et leur demanda s'ils avaient pris quelque chose. Ils lui répondirent par une énigme : « Ce que nous avons pris, nous l'avons laissé; ce que nous n'avons pas pris, nous le portons. » Homère, distrait par les efforts qu'il faisait pour résoudre l'énigme, qu'il considérait, à tort, comme profonde, trébucha sur une pierre et mourut trois jours plus tard. La réponse à l'énigme est « poux » [*Läuse*]. Voir N VI, p. 222; *HH* V, p. 219.
[98] Voir *HH* V, p. 221.
[99] N.d.t. : L'expression apparaît au verset 17.
[100] N.d.t. : Des objectifs de Jésus et de ses disciples.

> rempli, les pêcheurs le tirent; et, après s'être assis sur le rivage, ils mettent dans des vases ce qui est bon – Il en sera de même à la fin du monde; toutes les *fêtes* des *vendanges* ou de la *moisson* des *nations* en sont des types productifs et des préfigurations éloquentes : En effet, notre *calendrier liturgique* tout entier vise à faire connaître au peuple, au moyen de représentations et de célébrations spectaculaires et symboliques, ce que la sainte histoire du héros, Père éternel et Prince de la paix, qui est descendu du ciel sur la terre et monté de la terre au ciel, a préservé pour nous dans quelques paniers de fragments, à l'image des pains de proposition dans le lieu saint du tabernacle, de cette urne dorée derrière le rideau qui contenait la manne céleste – à *sa mémoire* ! et comme un *signe* de la *contradiction* qu'Il endure lui-même malgré lui, afin que nous soyons affermis et ne délaissions pas les « *œuvres* » de ses disciples.[101]

Parmi cet ensemble d'images obscures qu'utilise la sibylle, le premier thème évoqué est celui du tri et de la séparation. Reimarus était l'un des premiers théologiens à différencier le Jésus historique du Christ selon la foi, l'individu historique du Dieu-homme ressuscité, précédant ce que l'on peut aujourd'hui qualifier de longue succession de théologiens libéraux. Son exégèse constitue donc un exemple de la *Scheidekunst*[102] des *Aufklärer* qui ont décidé de se charger eux-mêmes de l'activité eschatologique du tri et de la séparation. La métaphore de la récolte du blé et du raisin dans une ambiance festive représente, elle aussi, le tri et la séparation. En fin de compte, Hamann considère que ces fêtes religieuses anciennes sont des prophéties obscures qui annoncent Christ (Jean 12:24) et qu'elles préfigurent le tri eschatologique et le rassemblement des âmes pour le royaume (Matthieu 13:47). Cela s'applique également à la mythologie païenne avec ses dieux qui montent et qui descendent, dans la mesure où Hamann la comprend comme une préfiguration obscure de Christ qui descend et qui monte *réellement* (cf. Ephésiens 4:8-10). C'est à cet

---

[101] *HH* V, p. 222. Voir Esaïe 9:5; 2 Thessaloniciens 3:13; Jean 6:13; Nombres 4:7.
[102] N.d.t. : L'art de la séparation. Habituellement utilisé en chimie, ce terme désigne chez Kant la décomposition analytique du complexe en ses éléments simples.

égard que la sibylle parle du « cercle éternel, mystique, magique et logique de la *déification humaine* et de l'*incarnation divine.* »¹⁰³ Etant donné que les critiques que Reimarus contredisent le témoignage prophétique qui annonce Christ, présent de manière obscure dans les annales de l'histoire et les « fragments » de l'Evangile, elles participent du mystère de la contradiction que Dieu tolère de bonne grâce. Ainsi, tel un symbole de « mémoire » et de « contradiction, » « la pierre angulaire de notre système évangélique et apostolique, historique et dogmatique, devient une pierre d'achoppement et un rocher de scandale au lieu du pain et de la *verge*; un serpent au lieu d'un *poisson*; un scorpion au lieu d'un *œuf.* »¹⁰⁴ En d'autres termes, l'action de l'exégèse rationaliste s'oppose à celle de la foi dans la mesure où elle rabaisse le Seigneur de gloire à un simple personnage historique et les fragments de l'Evangile à une chose méprisable. En revanche, la foi nous montre que les fragments pointent vers le Seigneur de gloire, dont l'humanité est la forme visible de sa divinité, tout comme les pains de proposition du temple sont la forme visible et le symbole du pain céleste, dissimulé derrière le voile.

La sibylle de Hamann s'est donc appliquée à élucider la nature du paganisme, à exercer sa satire à l'encontre de Starck et de son enthousiasme pour ce qui a trait à l'occulte et à démontrer que le paganisme pointe de manière prophétique vers le christianisme, et non pas vers la religion naturelle des Lumières. Elle se tourne désormais vers la politique, en réaction à la dédicace de Gotthelf Samuel Steinbart dans son œuvre *System der reinen Philosophie oder Glückseeligkeitslehre des Christentums, für die Bedürfnisse seiner aufgeklärten Landsleute und andrer die nach Weisheit fragen eingerichtet* (1778),¹⁰⁵ où il cite avec déférence une lettre de Frédéric le Grand, l'ennemi juré de Hamann; reprenant le fil de sa réflexion là où

---

[103] N III, p. 224.
[104] N III, p. 222. Bien que Schoonhoven comprenne le terme allemand "Stab," traduit ici par « verge, » au sens de « bâton, » souvent employé dans la Bible, il semblerait qu'il s'agisse ici d'une référence à la « verge » d'Aaron qui avait été déposée dans l'arche avec la manne. Voir Hébreux 9:4; Luc 11:11s.
[105] N.d.t. : Système de la philosophie pure ou doctrine du bonheur chrétien, élaborée pour les besoins de ses concitoyens éclairés et d'autres qui s'interrogent sur la sagesse.

elle l'avait laissé dans le fragment précédent, elle construit sa prophétie autour du contraste entre les « œuvres » des disciples, des actions qu'ils ont accomplies par amour, et les « grandes œuvres » des francs-maçons,[106] pour aboutir à un contraste eschatologique entre deux corps différents : Un *corpus Christi mysticum*[107] fondé sur la foi et un *anti-corpus Christi mysticum* fondé sur la raison laïque. En apparence, l'on pourrait croire que leurs œuvres respectives sont assez similaires. De même que les *Aufklärer* cherchent à lutter contre le nationalisme et la violence religieuse sectaire en quête d'un idéal de fraternité universelle, les disciples rassemblent des âmes de toutes nations, de toutes tribus et de tous peuples pour le royaume (Apocalypse 7:9) et œuvrent en vue de l'eschaton (Matthieu 9:37; 24:45s; 25:14-30) et du nouveau ciel et de la nouvelle terre qui seront alors créés (Esaïe 65:17; 2 Pierre 3:13; Apocalypse 21:1). Ces deux types d'œuvres sont néanmoins fondamentalement différents. Les membres de l'*anti-corpus Christi mysticum* sont unis par une rationalité laïque et universelle qui rejette toute tradition religieuse concrète et ne conçoit pas de plus haute autorité qu'une raison immanente. En revanche, les membres du *corpus Christi mysticum* sont unis par l'Esprit du Logos devenu chair et qui reste résolument à la fois intrasèque et extrinsèque au logos humain, donc supra-rationnel, bien que la raison (*logos*) y participe de manière analogique. Comparée à la lumière de cet Esprit, la « lumière » participative de la raison paraît bien sombre (Psaumes 36:10).[108]

---

[106] Hamann fait ici allusion à l'œuvre de Lessing, *Ernst und Falk*, où Falk, qui s'exprime de manière très évasive, parle longuement des « grandes œuvres » des francs-maçons qu'il interprète comme le symbole mystérieux qui permet de les faire connaître.
[107] N.d.t. : Le corps mystique du Christ.
[108] Voir par exemple l'œuvre de Saint Augustin, *In Ioannis tractatus,* XIX, 12 : « Si ergo accedendo illuminamini, et recedendo tene-bramini : Non erat in vobis lumen vestrum, sed in Deo vestro. Accedite, ut resurgatis: si recesseritis, moriemini. Si ergo accedendo vivitis, recedendo morimini; non erat in vobis vita vestra. Ipsa est enim vita vestra, quae est lux vestra. Quoniam apud te est fons vitae, et in lumine tuo videbimus lumen. » N.d.t. : Si donc vous êtes dans la lumière en vous approchant, et que vous êtes dans l'obscurité en vous éloignant, vous n'étiez pas dans votre lumière mais dans

Dans les paragraphes qui suivent, la sibylle rend le contraste plus saisissant encore. Elle effectue une satire ravageuse de l'idéal des Lumières qui aspiraient à une humanité laïque et transfigurée sous l'autorité du despote éclairé Frédéric le Grand; celui-ci avait établi l'amour de soi pour fondement et pour acteur principal de la transformation socio-politique, amour de soi auquel l'on pourrait toujours « ajouter » la doctrine chrétienne de « l'amour du prochain » en temps voulu :

> *Fabriquer* des *êtres humains* et les *transfigurer* – ce grand *mystère* politique et *vestimentaire* – quand bien même l'on se servirait d'un christianisme en lambeaux comme triplure pourpre aux vêtements de l'amour de soi, conformément à la règle d'or naturelle de l'économie, dans le but *d'être comme Zeus*, au moyen d'impressions rapides, fiables, étendues et durables de météores et d'antithèses – ou plutôt dans le but de « doter une seule impulsion de toute la puissance et de toute l'intensité possible » – mais de quel type ? – « une impulsion qui réduit la force de toutes les autres et attire sur elles les soupçons ! et *qui prétend être elle-même la plus forte et la meilleure !* » – – [Voilà] la vieille ruse de guerre [*Kriegslist*] punique qui consiste à élargir la porte étroite par le cheval de bois de la tolérance afin de pouvoir accéder au dernier *palladium* de la nature humaine, pour que nous puissions avaler en bonne conscience tous les chameaux, déplacer les Alpes au moyen d'une *fides implicita*[109] en une nouvelle alliance de la raison et nous soumettre, par la *grâce de Dieu*, à tous les taureaux de plomb que les saints Augustin et Anselm [tirent] de leurs cellules et de leurs bordels et qui forment les oracles et le produit [*Gemächte*] de leur ver immortel et de leur feu inextinguible.[110]

Le premier élément de la longue liste d'allusions de la sibylle est celle de Dieu. Approchez-vous pour ressusciter; si vous vous éloignez, vous mourrez. Si donc en vous approchant vous vivez et en vous éloignant vous mourez, vous ne viviez pas votre propre vie, car votre vie est là où est votre lumière. Car auprès de toi est la source de la vie; par ta lumière nous voyons la lumière.

[109] N.d.t. : Foi du charbonnier, foi aveugle.
[110] N III, p. 223.

l'expression « mystère vestimentaire » qui nous renvoie aux origines, à Genèse 3:7, soit à la honte du premier couple humain qui cherche à la dissimuler sous des « tabliers de feuilles de figuiers. » En contexte, cela signifie que le processus de recouvrement est toujours en cours, que les couturiers, les Lumières, sont en train de coudre de nouveaux tabliers. Ils ont entrepris, par leurs propres forces, de doter l'humanité de nouveaux vêtements, suivant le modèle de la raison laïque, au lieu d'attendre d'être revêtus du Saint-Esprit (Luc 24:49), le seul qui puisse générer une transformation véritable. Il suffit de « grandir » et de « se revêtir » de la raison – une parodie des disciples qui grandissent en « revêtant » Christ (voir Éphésiens 4:22s). La sibylle déclare qu'en agissant ainsi, ils pervertissent le désir naturel d'être comme Dieu, qui constitue « tout *l'arcanum*[111] [...] de la sagesse de la raison »[112] et que, en voulant être comme Dieu sans se soumettre à sa volonté, ils tombent à nouveau dans le piège du péché originel, du *proton pseudos*[113] : « Cette προληψις[114] qui consistait à vouloir être comme Dieu a en effet ouvert la voie à toutes sortes de connaissances philosophiques et de justice légale [...]. Cet ἁρπαγμος[115] était le πρωτον ψευδος[116] de la *tentative originelle* qui consistait à éloigner [*verrücken*] nos sens de la simplicité de la *Parole* et à gâter la paix divine sur terre par le goût adultérin de la raison. »[117] En d'autres

---

[111] N.d.t. : Secret, mystère.
[112] N III, p. 224.
[113] N.d.t. : L'erreur initiale et fondamentale
[114] N.d.t.: Idée préconçue/croyance/hypothèse.
[115] N.d.t. : Usurpation/conflit.
[116] N.d.t. : Proton pseudos.
[117] N III, p. 224. Le contraste entre Adam qui tentait de s'emparer de la divinité dans le jardin et la Parole qui n'a pas considéré la divinité comme une proie à arracher (Philippiens 2:6s) apparaît clairement ici. Alors que la Parole est le moyen par lequel Dieu communique son essence aux êtres humains de manière tangible, la raison, plutôt que de demeurer fidèlement unie à Dieu à travers la Parole, cherche à dépasser cette communication de manière adultérine. Incapable de reconnaître en quoi consiste le *don*, elle cherche à *s'emparer* de la divinité par ses propres moyens. Cette erreur originelle qui nous a fait perdre notre paix constitue la source originelle de toute tentative légaliste, philosophique et gnostique de s'emparer de la divinité de manière illégitime.

termes, en cherchant à *s'emparer* de la divinité, la raison manque non seulement sa cible – « tel un mauvais tireur, » elle prend « l'ombre pour l'objet » – mais également perd-elle cette communion simple avec le Logos pour laquelle elle a été créée. De plus, comme elle s'est séparée du ciment de la tradition d'ici-bas et rebellée contre la sagesse paternelle d'en haut, la raison, laissée à elle-même, n'a plus aucun fondement ni aucun guide; elle se soumet donc à une « sagesse » « terrestre, » « charnelle » et « diabolique » (Jacques 3:15).[118] En effet, puisqu'elle ne dispose plus d'un cadre transcendant de référence, la raison est inévitablement réduite à un instrument d'amour de soi, et c'est dans l'intérêt de cet amour de soi qu'elle « élargit la porte étroite » (cf. Matthieu 7:13) à l'aide du « cheval de [Troie] de la tolérance. » En conséquence, nous ne disposons plus d'un discernement moral sain mais « avalons des chameaux » comme les pharisiens (Matthieu 23:24), puisque nous avons *fide implicita* confié le soin de notre salut à « la nouvelle alliance de la raison, » répandue avec une autorité infernale par les « cellules et [les] bordels » des « Pères de l'Eglise » modernes.[119] Autrement dit, la sibylle de Hamann veut ici nous montrer que ce sont en réalité les passions – et le désir de la liberté sexuelle – de ceux qui font l'éloge des idéaux laïques de la philosophie des Lumières qui constituent la force motrice de ces idéaux. Elle suggère amèrement que ce sont eux les nouveaux « Pères de l'Eglise, » c'est-à-dire les nouvelles autorités de l'ère de la laïcité.

La polémique acerbe que soulève la sibylle a donc pour objectif de présenter clairement les deux alternatives. D'un côté, l'on trouve la tradition de la sagesse révélée (d'en haut); de l'autre, l'anti-tradition d'une raison laïque et dépourvue de toute tradition (d'ici-bas). D'un côté, l'on trouve une « alliance de la grâce » historique et prophétique qui prend sa source dans la révélation historique faite aux Juifs et s'accomplit dans le christianisme; de l'autre, l'on trouve une « alliance de la raison » abstraite et ahistorique qui prétend se défaire de toute révélation spécifique au nom des prétendues atemporalité, universalité et autorité suprême de la raison. La sibylle s'interroge néanmoins,

---

[118] N III, p. 223.
[119] Hamann fait notamment allusion à Steinbart qui rejetait ouvertement l'autorité d'Augustin et d'Anselme. Voir *HH* V, p. 227.

dénonçant prophétiquement le simulacre que représentent, en réalité, l'autorité de la raison et sa prétendue logique : « Qu'est-ce que cette *raison* dont on fait tant l'éloge, avec son caractère universel, infaillible [...] et évident ? Un *ens rationis*,[120] un mannequin empaillé à qui une superstition de déraison *manifeste* prête des attributs divins. »[121] Pour présenter le contraste entre les deux « alliances » – l' « alliance » qui s'appuie sur la foi en la révélation historique et celle de la raison moderne et laïque – de la manière la plus frappante possible, la sibylle pose la question en ces termes : « Quel accord pourrait-il y avoir entre Christ et Lucifer ? Quel point commun pourrait-il exister entre le temple de Dieu et les idoles ? Entre la puissance et la sagesse divines des *evangelii* avec les lois éternelles des *operibus supererogatis*[122] et les *opusculis profligatis* d'un instinct terrestre, animal, fantomatique, » à savoir une rationalité réduite à l'instinct primitif de l'amour de soi ?[123]

Il est certain, prédit la sibylle, que les « grands prêtres » et « archontes » de ce nouveau crédo laïque, dans leur tolérance, feront semblant de respecter Christ – un « *Samalec au roi des Juifs* » - mais, contrairement à Nietzsche qui avait parfaitement saisi le paradoxe, ils passeront à côté de la contradiction, du scandale et du véritable mystère de ce titre qui avait été cloué à la croix, et donc du « véritable idiotisme et du schibboleth des hypothèses de Paul κατα αποκαλυψιν μυστεριου – »[124] En somme, ils se moquent du mystère de la Croix qui ne signifie rien pour eux et, du fait de leur soumission à la « toute dernière révélation » de la « raison *pure,* » ils considèrent nécessairement le « *sang* répandu par aspersion » de Christ comme « impur » et « rejettent l'*Esprit* de la grâce. »[125] Néanmoins, en dépit de « tout le *Nostrum* de leur tapage, » il ne ressortira, en fin de

---

[120] N.d.t. : Un être de raison.
[121] N III, p. 223.
[122] N.d.t. : Œuvres supérieures.
[123] Ibid.
[124] Ibid. Le terme arabe « samalec » signifie « que la paix soit avec toi. » Voir *HH* V, p. 228. N.d.t. : *kata apokaluyin mysteriou* : Conformément à la révélation du mystère (cf. Romains 16:25).
[125] N III, p. 225.

compte, que leur propre *nudité*, leur péché et leur honte,[126] et c'est la raison pour laquelle la sibylle conclut en défendant Goeze, déclarant que « le clergé est en droit de maudire l'arbre de la connaissance, dont les fruits avariés et les feuilles décharnées ne servent ni de nourriture, ni de médicaments, ni de tabliers » (cf. Apocalypse 22:2).[127] Voilà donc, en résumé, le point de vue que porte Hamann sur le célèbre *Fragmentenstreit*.

Dans les derniers paragraphes de *Konxompax*, l'accent est mis plus spécifiquement sur le mystère incontestable du christianisme et des liens qu'il entretient avec le paganisme et le judaïsme. Nous avons vu, plus en amont, que la sibylle évoquait le « cercle éternel, mystique, magique et logique de la *déification humaine* et de l'*incarnation divine,* » affirmant que ce mystère était lié non seulement à l'histoire de la religion, mais aussi à « tout *l'arcanum* de notre théologie et de notre philosophie [*Vernunftweisheit*] fraîchement élaborées. »[128] D'après la sibylle, ce mystère était lié, dans le cas du paganisme, à la descente des dieux et à la montée des héros relatée dans la mythologie, qui montrent que les individus aspiraient inconsciemment à l'incarnation, à la *descensus ad inferos*,[129] à la résurrection et à l'ascension *historiques* et *réelles* du Christ, puisque c'est par le corps mystique de Christ que l'humanité est véritablement transfigurée et que les rêves du paganisme se réalisent enfin. Une fois de plus, la sibylle évoque le « mystère évangélique selon lequel l'être *humain est destiné à être un* Συνθρονισμω (qui participe à la nature divine de manière *corporelle* et non pas simplement *figurative*). »[130] L'on constate, une fois de plus, que la sibylle, qui porte sur les choses un regard de païenne, ne considère pas que l'héritage du paganisme pointe vers la religion maçonnique de la raison mais vers le

---

[126] Ibid.
[127] Ibid.
[128] N III, p. 224.
[129] N.d.t. : La descente aux enfers.
[130] Ibid. Συνθρονισμω (au datif ici) signifie celui qui « partage le trône » (σύθρονος). Les Pères grecs employaient ce terme pour désigner Christ, qui « partage le trône » avec son Père; ici, par extension, le terme implique que l'être humain qui est en Christ est destiné à « partager le trône » avec Christ. Voir *HH* V, p. 238.

christianisme. Les affirmations de Starck sont donc congédiées avec un jeu de mots portant sur son nom (cf. Matthieu 12:29) : « Qu'on se débarrasse de l'*homme fort* [*dem Starken*] et qu'on l'amène à l'autel des holocaustes de *Diagore* ! » s'exclame-t-elle.[131]

Désormais affranchie de la compréhension excentrique que Starck avait du paganisme, la sibylle procède alors à la présentation de sa propre position concernant les liens qui unissent le paganisme, le judaïsme et le christianisme. Toute la richesse du paganisme réside, selon elle, dans la profondeur de sa sensibilité religieuse et dans la manière, proche d'un songe, dont le double mystère de l'Incarnation et de la déification est perçu. Néanmoins, il comporte également des tares : Le penchant au polythéisme et à l'idolâtrie, l'ignorance du nom de Dieu (que le judaïsme révèle) et une conception métaphysique abstraite de la divinité – celle-ci est perçue, selon les différentes philosophies, comme un simple *arché*[132] ou *Ens entium*.[133] C'est pourquoi Hamann utilise souvent un terme assez osé pour faire référence à Dieu dans le contexte du paganisme, puisqu'il l'appelle « la Chose » (*das Ding*). En effet, comme l'indique la sibylle, une fois que le souffle d'inspiration avait déserté la religion païenne, celle-ci est tombée dans le péché originel de l'autodéification :

> Le polythéisme fit du *temple de* la nature ce que les mystères firent du *temple du corps* : Le *tombeau* ou *nid de brigands* [*Mördergrube*] de la *Chose*, dont le nom révélé constitue le seul mystère indicible du *judaïsme* – et dont la πρόληψις anonyme a engendré des milliers de noms, d'idoles et d'attributs mythologiques; tous ceux-ci confluèrent et un grand nombre fut dissous à travers l'initiation, ou plutôt fut concentré dans le péché originel de l'autodéification [*selbstabgötterey*].[134]

---

[131] N III, p. 225. Diagore, un athée et disciple de Démocrite, fut banni d'Athènes parce qu'il avait tourné en dérision les mystères d'Eleusis. Voir *HH* V, p. 197.
[132] N.d.t. : Le commencement, le premier principe de toutes choses.
[133] N.d.t. : L'être des êtres.
[134] N III, p. 224.

Il faut certes reconnaître une certaine valeur au fait que les païens aspiraient à la déification – Christ lui-même a dit : « Vous êtes des dieux » (Jean 10:34). Le problème survient néanmoins lorsque celle-ci devient une « *auto*déification, » et c'est en cela que le paganisme pointe vers le judaïsme, où la différence entre Dieu et l'être humain n'est pas sous-estimée et où le nom de Dieu est finalement révélé.

Cependant, le judaïsme est lui aussi incomplet (bien que sans lui, le christianisme ne serait rien), dans la mesure où son évolution historique l'a éloigné de sa tradition prophétique et donc du christianisme; en effet, il est difficile de voir comment il pourrait à lui seul concilier la doctrine de la transcendance radicale de Dieu et la possibilité tout aussi radicale de l'incarnation ou de la déification (sur laquelle le christianisme et le paganisme se rejoignent). La sibylle suggère, par conséquent, que l'accomplissement à la fois du paganisme et du judaïsme doit se trouver dans le christianisme qui « unit ces deux *teintures.* » A quelques lignes du point culminant de sa prophétie, la sibylle fait entendre sa voix, commençant par une citation remodelée de l'œuvre de Lessing, *Ernst und Falk*, et terminant par une citation modifiée tirée de Colossiens 3:11:

> Que dire de toute cette mystagogie ? « Rien d'arbitraire, rien d'indispensable, rien de vain; mais quelque chose de nécessaire qui est enraciné dans la nature de l'être humain » et dans sa relation à l'*Ens entium*. Mais puisque cela est aussi un *Ens rationis* : Ainsi, le nom révélé de la Chose κατ' εξοχην devint le seul mystère du judaïsme, et le προληψις de son nom inexprimé devint le mystère à mille langues du paganisme. Cependant, les deux teintures unies forment le *nouvel homme* conforme à l'image de son Créateur – il n'y a plus ni Grec, ni Juif; ni circoncis, ni incirconcis; ni barbare, ni Scythe; ni esclave, ni franc-maçon; αλλα παντα και εν πασι.[135]

Il est évident que les paroles de la sibylle ont pour cible Lessing : En effet, elle parle d'« esclave et de franc-maçon » au lieu d'« esclave et libre. » Ce qu'elle ajoute à la citation originale de Lessing a un sens

---

[135] N III, p. 226.

également. Dans *Ernst und Falk*, Falk (c'est-à-dire Lessing) avait affirmé que la « franc-maçonnerie n'a rien d'arbitraire ni de facultatif; mais quelque chose de nécessaire qui est enraciné dans la nature de l'être humain et dans la société civique, » c'est-à-dire que son fondement est immanent.[136] Néanmoins, Hamann corrige la définition de Lessing pour affirmer, au contraire, que toute mystagogie s'enracine dans le rapport transcendant que l'homme entretient avec le divin.[137] Néanmoins, dans la mesure où le dieu du paganisme est, dans le meilleur des cas, un *Ens entium*[138] et où la raison postule qu'un *Ens entium* est en fin de compte un *Ens rationis*,[139] c'est-à-dire ce que l'on pourrait appeler le « dieu » de l'onto-théologie, le paganisme aspire à la révélation du « dieu inconnu » (cf. Actes 17:23). C'est précisément cette révélation qui a été *offerte* dans le judaïsme. Nous verrons qu'il s'agit là de la raison pour laquelle Hamann était scandalisé par la tentative de Mendelssohn de naturaliser le judaïsme et de le faire passer pour un parfait exemple de religion naturelle de la raison. Néanmoins, encore une fois, le judaïsme est incomplet, tout comme le paganisme, puisqu'il n'atteint ni l'universalité que poursuit la raison, ni l'incarnation, ni la déification à laquelle aspire profondément le paganisme. Par conséquent, il faut un « nouvel homme, » celui que « la création attend avec un ardent désir » (Romains 8:19) et qui est le produit des deux « teintures » réunies, savoir le paganisme et le judaïsme.[140]

Le paragraphe ci-dessous montre finalement par quel moyen se produit le véritable mystère alchimique, l'émergence d'un « nouvel homme » (dans lequel même un franc-maçon comme Lessing verrait

---

[136] Lessing, *Ernst und Falk*, dans *Werke*, édité par H. Kesten (Cologne et Berlin: Kieperheuer & Witsch, 1962), volume 2, p. 713.
[137] Schoonhoven remarque en effet que pour Hamann, tous les aspects de la vie humaine devaient être vus de cette manière : La raison, la volonté, la sexualité, la science, l'art, la famille et la politique. Cf. *HH* V, p. 246.
[138] N.d.t. : L'être des êtres, soit Dieu.
[139] N.d.t. : L'être de raison.
[140] Le terme « teinture » rappelle clairement l'alchimie – un rappel sans aucun doute volontaire de la part de Hamann – et sa capacité de produire de l'or, à savoir l'or spirituel d'une âme humaine régénérée.

s'accomplir ses désirs pour l'humanité), à savoir par Christ, le roi des Juifs, et par l'appartenance à l'Eglise, son corps mystique. Tel est le mystère apocalyptique qui résonne à travers les siècles, le creuset de l'unité authentique. Il ne s'agit pas d'une œuvre « construit[e] de main d'homme » (Hébreux 9:11), ni d'un édifice social bâti par des francs-maçons éclairés, mais plutôt de l'œuvre de Dieu :

> Le *secret du royaume des cieux*, de sa Genèse à son Apocalypse, réside donc tant dans la division du corps en ses différents membres et sa *differentia specifica*[141] que dans l'unité de la tête – [qui est] le point central de toutes les paraboles et de tous les types de l'univers tout entier, l'*Histoire générale*[142] et la *Chronique scandaleuse*[143] de toutes les coutumes et toutes les familles; – afin que les multiples facettes de la sagesse de Dieu soient manifestées aux *majestés* et *facultés* dans les lieux élevés à travers sa maison visible et l'assemblée invisible des premiers-nés ici-bas.[144]

Dans les *Ecrits de Londres*, Hamann avait exprimé un sentiment baroque plus ou moins habituel en affirmant que les « livres de la nature et de l'histoire ne sont constitués que de *messages codés* et de symboles cachés. »[145] Ils symbolisaient, certes, l'abaissement divin, mais leur signification profonde n'avait pas encore été révélée. Désormais, il est manifeste que toutes choses pointent implicitement vers *le* mystère du corps mystique de Christ, mystère qui est révélé aux « majestés » et « facultés, » c'est-à-dire aux puissants et aux érudits de ce monde, à travers l'insignifiance de l'Eglise. (Les termes « dominations et autorités » d'Ephésiens 3:10 et 6:12 auxquels ce passage renvoie illustrent ce contraste de manière tout à fait saisissante). Ce mystère est révélé à travers l'Eglise à la fois visible *et* invisible, puisqu'elle n'est ni entièrement visible (comme l'affirmerait sans doute un ultra-montaniste), ni entièrement invisible (comme le

---

[141] N.d.t. : Différence spécifique.
[142] N.d.t. : En français dans le texte.
[143] N.d.t. : Idem.
[144] N III, p. 226s.
[145] *LS*, p. 417 (N I, pp. 308s).

soutiendrait sans doute un ultra-protestant). En effet, s'il s'agit d'une institution visible aux yeux du monde, « l'assemblée des premiers-nés » reste néanmoins une réalité invisible que seul Dieu connaît.

S'il est vrai, encore une fois, que le mystère des mystères, celui du corps mystique de Christ, a été révélé et qu'il n'est plus dissimulé au sein de nombreux « types et paraboles, » il demeure toutefois dans l'attente d'être enfin élucidé, comme le suggère la parabole du blé et de l'ivraie (Matthieu 13:14-30). En effet, sa résolution s'opère à travers le processus de purification de l'Eglise (Ephésiens 5:27) mais surtout à travers la contradiction (à travers la souffrance générée par l'opposition des « majestés » et « facultés ») et la « chronique scandaleuse » de l'histoire humaine en général. Une fois de plus, la sibylle braque sur la pièce qui se déroule dans une lumière eschatologique, critiquant de manière acerbe la « licence poétique » de son époque qui ne fait que parodier la véritable liberté dont bénéficient les enfants de Dieu (Romains 8:21). « La création tout entière, » dit-elle,

> prend part à nos *soupirs* et à nos *douleurs d'enfantement* puisqu'elle a été *rachetée et délivrée* de l'esclavage de la vanité, de l'abus et du ventre (ce n'est pas par sa propre volonté que la créature est soumise à cet esclavage mais par celle du Créateur qui détruira tant le ventre et la nourriture que le besoin présent, aussi bien terrestre que spirituel, de se *couvrir* les pieds ; de même, *l'obligation morale* de la raison [...] qui consiste à se couvrir la tête *à cause des anges* sera abolie par la *licentiam poeticam*[146] de notre siècle philosophique), puisque, dis-je, *la rédemption et la délivrance* de *la nature visible tout entière* de ses *langes* et de ses *chaînes* reposent sur la révélation du christianisme dont le mystère forme la colonne et l'appui de la *vérité* et de la *liberté*.[147]

Laissons de côté les références qui nous sont davantage familières

---

[146] N.d.t. : La licence poétique.
[147] N III, pp. 226s. Voir Esaïe 6:2; Romains 8:19s; 1 Corinthiens 6:13; Esaïe 6:2; 1 Corinthiens 11:4s; 1 Timothée 3:15.

et concentrons-nous sur le message obscur et mystérieux que cherche à véhiculer Hamann par le biais de cet extrait prophétique. Nous remarquons alors qu'il fait à nouveau allusion au mystère de la honte dans le but de clarifier la manière dont elle est abolie (il semble que lorsqu'il est question ici du mystère de la rédemption, c'est essentiellement *de la honte* qu'il s'agit d'être racheté et délivré). Elle peut l'être de deux manières : D'une part, pour ceux qui se sont repentis et qui sont sauvés, Dieu « détruira » le « besoin de se couvrir la tête, » soit la honte de la chute, en nous revêtant de son Saint-Esprit (qui est la réalisation du type prophétique des « habits de peau »); d'autre part, à l'ère de la modernité, l'on tente d'élucider le mystère de la honte – alors qu'il est le dernier à pouvoir rappeler au monde sa déchéance et son besoin de rédemption – en l'abolissant par le biais de la laïcité. En effet, le siècle moderne rejette le concept de péché (selon lequel les êtres humains peuvent offenser Dieu ou simplement manquer le but, à savoir l'épanouissement de leur propre nature) au même titre qu'il écarte la honte (toute mauvaise conscience) qui en découle. En somme, l'on peut dire que le siècle moderne est « éhonté » et même qu'il se place « par-delà le bien et le mal, » puisqu'il marche sur les traces des autorités laïques telles que Freud et Nietzsche. Il complète ainsi sa double parodie de l'innocence chrétienne (Romains 8:1) et de la liberté chrétienne (Romains 8:2; Galates 5:1). Le passage ci-dessus semble donc suggérer que le *via crucis*[148] où marchent les membres du *corpus Christi mysticum*[149] qui ont crucifié la « chair avec ses passions et ses désirs » (Galates 5:24) conduit à la vérité authentique – « la liberté de la gloire des enfants de Dieu – alors que la solution moderne de l'*anti-corpus Christi mysticum* rend esclave du péché et de la mort sous l'apparence d'une prétendue « liberté » et leur interdit de bénéficier de la vie vivifiante du Saint-Esprit (Romains 8:11).

L'on commence alors à comprendre pourquoi Hamann renvoie à 1 Corinthiens 11 où Paul exhorte les femmes à se couvrir la tête au sein de l'Eglise. Alors que le fait de « se couvrir les pieds » réfère au

---

[148] N.d.t. : Le chemin de croix.
[149] N.d.t. : Le corps mystique du Christ.

mystère de la honte (Genèse 3:7), que Dieu abolit à travers la foi en Christ (Romains 8:1), se « couvrir » est ici une marque de soumission à l'autorité.[150] Hamann ne tranche pas la question de savoir si la femme doit se couvrir la tête littéralement ou non. Le « voile » est plutôt le symbole de l'« obligation morale » de la raison qui doit se soumettre à l'autorité divine – obligation qui a été abrogée par la *licentiam poeticam* de l'époque. Autrement dit, Hamann suggère une fois de plus que la raison laïque est « éhontée, » puisqu'elle agit sans la crainte de Dieu – qui est le « commencement de la sagesse » (Proverbes 9:10) – et qu'elle est donc déchue, *non justifiée* et dénuée de toute inspiration véritable. La sibylle conclut le fragment de la manière suivante : « Mais l'Esprit *justifie* et *vivifie*. Sans l'esprit, la *chair* et [un] *livre* ne servent de rien. »[151]

L'allusion de Hamann à Jean 6:63 et à 2 Corinthiens 3:6, le terme « livre » qu'il ajoute et le verset qui le suit (Jean 6:64) : « Mais il en est parmi vous quelques-uns qui ne croient point » montrent que la sibylle s'adresse ici indirectement à Lessing. L'œuvre *Konxompax* toute entière, bien que Starck semble en être la cible principale, vise en fait Lessing, que la sibylle invite à se convertir. Son message concernait en réalité l'éditeur des *Fragments* de Reimarus et l'auteur d'*Über den Beweis des Geistes und der Kraft*, ainsi que sa critique rationnelle (et non pas guidée par l'Esprit) par laquelle il prétend séparer l'essence de la religion de la lettre concrète, historique et inspirée des Ecritures. La sibylle termine sa péroraison sur un ton tranchant : « Comment donc ! Une philosophie *pharisaïque* et une philologie *hypocrite* devraient-elles crucifier la chair et éradiquer le livre parce que la lettre et la foi historique placée dans ce livre ne peuvent être ni le *sceau* ni la *clé* de l'esprit ? »[152] En d'autres termes, si l'on considère comme Lessing que le contenu spirituel des Ecritures se distingue de la lettre et n'entretient pas à son égard une relation de dépendance, peut-on pour autant légitimement torturer la lettre et la déraciner dans le but de maintenir son propre avis, ou même la remodeler d'après les critères

---

[150] Voir ZH II, p. 415.
[151] N III, p. 227. Cf. Jean 6:63 ; 2 Corinthiens 3:6.
[152] N III, p. 227.

de la raison ? Voilà le but que s'était implicitement fixé Lessing et que la sibylle rejette avec force. En effet, à partir du moment où l'on prive la Bible de la lettre, elle risque de perdre tout son sens objectif pour servir l'imagination subjective de l'interprète. Cela ne veut pas dire que les Ecritures ne revêtent pas aussi, en plus du sens littéral, un sens mystique – il n'y avait pas de défenseur plus dévoué de l'exégèse allégorique et typologique que Hamann. Néanmoins, ce n'est pas l'éclairage indépendant de la raison qui permet de comprendre les Ecritures aux yeux de Hamann (comme nous l'avons largement évoqué) mais l'illumination surnaturelle du Saint-Esprit.

Encore une fois, soyons clairs : Hamann ne dénigre pas ici la raison en tant que telle; on le voit un peu plus en amont, lorsque la sibylle parle précisément de l'« *Adiutoria* [!] divine de la raison et des Ecritures. »[153] En effet, la raison est réellement pour l'interprétation une « aide qui lui corresponde. » Néanmoins, nombreux sont ceux qui confèrent de l'autorité au faible éclairage de la « seule raison » et la prennent pour guide, et c'est là que réside le problème, puisqu'ils finissent alors par remplacer le sens spirituel qui doit être *découvert* par l'illumination du Saint-Esprit (cf. Psaumes 36:9) par un sens « rationnel » qui ne s'appuie plus sur l'aide de la grâce, *défini* par l'individu et soumis à une volonté déchue et changeante. La sibylle poursuit alors comme suit, en visant sans aucun doute Lessing et Reimarus :

> Quand bien même les anges de lumière accompliraient le sens mystique des Ecritures sans savoir qu'ils font le mal (Ecclésiaste 5:1) et sans distinguer le corps *du Seigneur* de la coupe et de la table des démons, la vérité de Dieu serait certes magnifiée pour sa gloire par les mensonges et contradictions internes de la raison, mais leur condamnation serait parfaitement juste [...] Ou devrions-nous nous attendre à une autre *Regula Lesbia* encore, en plus de la *Littera*

---

[153] N III, pp. 224s. Adiutorium ou « aide (qui lui corresponde) » est la traduction que propose la Vulgate pour Genèse 2:18. L'on voit donc ici que la raison et les Ecritures sont deux aides divines qui vont de pair, comme deux ailes qui permettraient d'atteindre les objectifs de Dieu pour la création.

scripta ?[154]

Hamann ajoute ensuite que telle serait la « réponse nécessaire »[155] de Lessing, montrant une fois de plus qu'une raison séparée de la lettre des Ecritures, dont on aurait retiré tout fondement ancré sur la tradition, n'aurait *plus rien* qui puisse lui servir d'appui et plus aucune règle transcendante qui puisse la guider, ce qui la conduirait inévitablement à assouplir les règles et, en fin de compte, à tomber dans une sorte de nihilisme. La sibylle de Hamann indique de manière prophétique que c'est à cette « autre règle » mystérieuse que nous devons nous attendre dès lors que l'on s'éloigne de la lettre des Ecritures et de la *regula fidei*.[156]

---

[154] N III, p. 227. Voir Schoonhoven, *HH* V, p.255: « Regula Lesbia » est un terme que l'on retrouve chez Aristote, Erasme et Luther. Dans les trois cas, il est employé dans le sens d'une règle indéfinie. Aristote évoque les constructions de Lesbos qui suivent une règle indéterminée pour un objet indéterminé, expliquant que « de même que la règle épouse les contours de la pierre et n'est pas rigide, ainsi le décret est adapté aux faits. » (*Ethique à Nicomaque*, traduction de Pascale Nau, 1137b). Luther, dans son ouvrage *Tischreden*, évoque une règle flexible qui n'est soumise à aucune loi (*Werke*, volume 1, p. 557). Quant à Erasme, il parle dans *Les Adages* d'une règle où ce n'est pas le factuel qui s'adapte au rationnel mais où la règle s'adapte aux faits : « Non ad rationem factum, sed ratio ad factum accomodatur. »

[155] Voir *HH*, p. 255. Hamann fait allusion à l'œuvre de Lessing, *Nötige Antwort auf eine sehr unnötige Frage des Herrn Hauptpastor Goeze* [Réponse nécessaire à une question bien inutile de Monsieur le Pasteur principal Goeze], publiée en 1778. Lessing avait contesté le fait que le christianisme est fondé sur les Ecritures, s'opposant ainsi à Goeze. Il affirmait que le christianisme se base sur une *regula fidei* [N.d.t. : Règle, norme de la foi] formulée ultérieurement. Dans la mesure où il s'agit d'un fondement purement historique, Lessing considère bien évidemment que celle-ci « ne peut jamais devenir la preuve de vérités nécessaires de la raison » (Chadwick, *Lessing's Theological Writings*, p. 53). La philosophie de Lessing nie donc dans tous les cas que la religion puisse avoir un fondement historique.

[156] N.d.t. : Règle, norme de la foi.

PARTIE IV

Métacritiques :
Raison, religion naturelle et politique laïque

AU LENDEMAIN DES LUMIERES

10

Vie et œuvre de Hamann de 1780 à 1784

Mon œuvre tout entière, cette grande fable, n'est qu'un masque, et son cinquantième anniversaire de mariage, à l'image de celui de Samson, ne sert qu'à montrer aux Philistins leur propre nudité, à les dévêtir et à les transfigurer...

Hamann à Jacobi[1]

Que personne ne se préoccupe de rajouter une aune à ma personne ou à ma stature. Ma « grandeur » ne peut se mesurer ni à un géant ni à un ange, ma main n'est pas plus large que celle d'un homme ordinaire. Je vous prie de ne pas dessiner de moustaches sur ma vie, à moins que je ne sois encore là pour rire avec vous, pour que le monde ne soit pas forcé de transfigurer un pécheur souillé pour le revêtir du halo d'un « saint. »

Dévêtement et transfiguration[2]

Hamann se trouvait désormais dans sa cinquantième année, et deux ouvrages parus récemment avaient suscité son intérêt : Celui de Hume, *Dialogues sur la religion naturelle*, publié à titre posthume en 1779, et celui de Starck, *Freimüthige Betrachtungen über das Christentum* (1780).[3] Dans les faits, les « considérations candides » de Starck n'apportaient que peu de choses par rapport à ce qu'il avait déjà écrit par ailleurs, et que Hamann n'avait pas déjà réfuté.[4] En revanche,

---

[1] ZH VI, pp. 331s.
[2] N III, p. 404. N.d.t. : *Entkleidung und Verklärung*.
[3] NB, pp. 336ss. N.d.t.: Considérations franches sur le christianisme.
[4] Bien qu'il ignorât à l'époque que Starck en était l'auteur, l'avis que Hamann communique à Herder fut le suivant : « J'ai obtenu un exemplaire préliminaire des *Freymüthige Betrachtungen* de la part de Hippel [...]. Son auteur m'a paru préférable à

les *Dialogues* de Hume plurent tellement à Hamann qu'il commença à les traduire au milieu de l'été 1780.⁵ Hume avait été pour lui un allié involontaire par le passé alors qu'il cherchait à défendre la plausibilité de la foi contre le dogmatisme de la philosophie précritique de Kant; désormais, il avait trouvé en Hume – bien que ce dernier n'en eût pas conscience – un allié dans la bataille qui l'opposait aux *Aufklärer* concernant le concept de la religion naturelle. Concrètement, l'ouvrage de Hume appuyait Hamann dans sa lutte contre la religion *universelle* de la *raison* et sa défense du judaïsme et du christianisme en tant que *révélations historiques et particulières*, dont la doctrine de la religion « naturelle » faisait justement abstraction. Il écrivit donc rapidement à Hartknoch pour savoir s'il était possible de publier la traduction : « De nombreux et magnifiques passages poétiques parcourent le dialogue, et je me joins à M. Green pour dire qu'il n'est pas très dangereux; au contraire, je suis en train de le traduire [sous le pseudonyme] d'un *religieux [Geistlichen] de cinquante-cinq ans* à *Souabe*, pour le bien de mes *compatriotes* au franc parler et des *religieux* de mon époque qui réduisent le *judaïsme* et le *christianisme* à une simple *religion naturelle* [...]⁶ Dans la même lettre, il proposa de rajouter, en annexe de la traduction, sa propre contribution sur le sujet.

Bahrt et Steinbart. Mais finalement, j'y détecte le même proton pseudos [N.d.t. : Erreur initiale et fondamentale] que dans *Erziehung des Menschengeschlechts* [N.d.t. : Education de la race humaine] de Lessing [également paru en 1780]. Premièrement, la *religion naturelle* est pour moi, tout comme le *langage naturel*, une authentique absurdité [*Unding*], un *ens rationis* [N.d.t. : Un être de raison]. Deuxièmement, je considère que ce que l'on appelle religion naturelle constitue une polémique et un problème tout aussi grand que la révélation. Et pourquoi [les appellerait-on] *Freymüthigkeit* [candides] alors que l'on a [simplement] copié et affiné le véritable *ton du siècle* [N.d.t. : En français dans le texte] *sub umbra alarum* [N.d.t. : Dans l'ombre de ses ailes] ? » (ZH IV, p. 195). En d'autres termes, la religion « naturelle » et le langage « naturel » ne sont que le fruit de l'imagination puisqu'ils présupposent un contenu qui serait miraculeusement dépourvu de l'influence de toute religion ou de tout langage particulier, alors que pour Hamann cela est impossible. Le terme « naturel » tel que l'utilisaient les contemporains de Hamann constitue en réalité une abstraction « contre nature. »

⁵ N III, pp. 245–274.
⁶ ZH IV, p. 205.

Néanmoins, une autre traduction apparut entre temps et vint concurrencer celle de Hamann qui tomba dans l'oubli.[7] (Ce qu'il en restait était cependant suffisamment considérable pour que Kant en fasse l'éloge – selon toute vraisemblance, ce dernier la lut environ dix mois avant que la première édition de la *Critique de la raison pure* ne soit publiée.) Hamann prévoyait toujours de produire son propre ouvrage concernant la religion naturelle, mais la parution de la première *Critique*, qu'il attendait avec impatience depuis quelque temps déjà, vint contrecarrer ses plans. En effet, non seulement Hamann négocia-t-il la publication de l'œuvre avec son ami Hartknoch, mais parvint-il aussi à se procurer discrètement les vingt-huit premières épreuves (probablement grâce à sa relation avec Hartknoch) le 6 avril 1781. Quatre semaines plus tard, il obtint les vingt pages suivantes et commença immédiatement à rédiger sa réponse.[8] Par conséquent, Hamann était la première personne à lire la *Critique de la raison pure*, mais aussi le premier à en faire une recension. Il acheva en effet le brouillon de sa critique le 1er juillet, trois semaines avant de recevoir une copie de l'ouvrage de la part de Kant lui-même.[9]

LES « JUMEAUX » DE HAMANN DE 1784

Etant donné la manière dont la situation évoluait, le projet qu'avait formé Hamann concernant la religion naturelle passa par une série de transformations. Dans un premier temps, il continua à envisager d'ajouter un supplément épistolaire aux *Dialogues* de Hume, dans lequel il aurait inclus sa critique de Kant sous le nom de « Scheblimini ou relecture épistolaire par un misologue » (*Scheblimini oder epistolarische Nachlese eines Misologen*).[10] Néanmoins, au cours de l'année 1782, alors que Hamann attendait la publication des *Prolégomènes à toute métaphysique future* de Kant, il prit connaissance de la manière dont Mendelssohn interprétait les écrits de

---

[7] NB, p. 344.
[8] Cité dans NB, p. 367.
[9] ZH VII, pp. 161, 168.
[10] N III, pp. 347–407.

Hume, et son projet changea une fois encore de forme. Mendelssohn devint par conséquent un interlocuteur significatif, et Hamann modifia le titre qu'il projetait de donner à son œuvre : « Scheblimini ou relecture épistolaire par un métacritique. » Le projet connut de nouveaux changements lorsqu'en 1783 parut l'œuvre de Mendelssohn, *Jérusalem ou pouvoir religieux et judaïsme* (*Jerusalem oder über religiöse Macht und Judentum*) qui fit une telle impression sur Hamann qu'il la lut *trois fois* et élabora immédiatement sa réponse.[11] Il en fut même tellement affecté que l'œuvre qu'il avait prévu de construire prit deux directions différentes : Un ouvrage consacré à Mendelssohn et la religion naturelle, et un ouvrage portant sur Kant. Les « jumeaux » de Hamann naquirent donc en 1784 : *Golgotha et Scheblimini* (*Golgotha und Scheblimini*) et *Métacritique du purisme de la raison pure* (*Metakritik über den Purismum der Vernunft*).

Il existe un lien très fort entre les deux textes jumeaux (que nous aborderons respectivement aux chapitres 11 et 12) puisque Hamann exprime dans les deux écrits son rejet d'une rationalité séparée du langage, de la culture, de la tradition et surtout de la révélation qui est manifestée aux êtres humains à travers ces éléments. Dans sa *Métacritique*, Hamann affirme qu'une telle rationalité n'existe pas, que la fameuse *Critique* a été construite sur la base d'une illusion et que la *Scheidekunst*[12] transcendentale de Kant (à savoir son prétendu « idéal transcendental ») n'est parvenue qu'à atteindre tout au plus un quelque chose d'illusoire qui pourrait tout aussi bien n'être rien; dans *Golgotha et Scheblimini*, il déclare que la philosophie politique de Mendelssohn est victime d'illusions similaires à propos des *entia rationis*[13] telles que la « religion naturelle » et les « droits naturels, » puisqu'elle est elle-aussi séparée de la tradition. Nous verrons que Mendelssohn, à travers son œuvre *Jérusalem*, avait certes pour but ultime d'offrir une apologie du judaïsme et de garantir les droits des Juifs européens, en démontrant l'universalité des préceptes moraux du judaïsme et donc leur compatibilité avec la religion naturelle des

---

[11] NB, pp. 347s.
[12] N.d.t. : L'art de la séparation. Habituellement utilisé en chimie, ce terme désigne chez Kant la décomposition analytique du complexe en ses éléments simples.
[13] N.d.t. : Les choses de la raison.

Lumières (à laquelle ils pouvaient même être en définitive identifiés, selon lui). Hamann considérait néanmoins qu'en dépit de la noblesse des efforts de Mendelssohn, le prix à payer était trop grand, puisqu'en réduisant le judaïsme à une religion purement rationnelle, il menaçait de nier toute révélation particulière adressée aux Juifs et l'élection même d'Israël.[14]

Hamann ne souhaitait pas entrer en débat avec Mendelssohn, pas plus qu'il ne désirait publier sa *Métacritique* à l'encontre de Kant – il l'avait volontairement laissée aux soins de Herder, prévoyant qu'elle serait publiée après sa mort – car ils étaient tous deux ses amis. Cependant, Mendelssohn lui avait forcé la main en remettant en question à la fois la légitimité du christianisme et celle du judaïsme. Publier *Golgotha et Scheblimini* relevait donc de l'obligation puisque, à ses yeux, la légitimité du christianisme, en tant que religion révélée qui repose sur l'alliance de Dieu avec Israël et le témoignage de la loi et des prophètes, dépendait de celle du judaïsme. Pour préserver leur amitié, il tenta toutefois de faire publier son œuvre en Suisse, dans l'espoir que Mendelssohn l'attribuerait à Lavatar, son adversaire public qui avait déjà tenté de le convertir.[15] Néanmoins, sa tentative de ruse échoua et l'œuvre fut publiée à Berlin, le siège si répugnant à ses yeux de la philosophie allemande des Lumières contre laquelle était dirigée l'intégralité de son œuvre. Comme il s'était déjà écoulé un certain temps et qu'il n'avait toujours pas de nouvelles de sa publication, Hamann craignit qu'elle n'eût été confisquée par les censeurs. Il écrivit à Hartknoch, en août 1784 : « Mon Scheblimini ! a été dévoré par une bête immonde, déchiré en lambeaux par un censeur, cette bête cruelle ! »[16]

Il s'avéra que les craintes de Hamann étaient infondées. *Golgotha et Scheblimini* fut publié et suscita les éloges de cercles variés : de

---

[14] Voir Moses Mendelssohn, *Schriften über Religion und Aufklärung*, édité par Martina Thom (Darmstadt: Wissenschaftliche Buchgesellschaft, 1989), p. 48.
[15] NB, p. 354. Dans une lettre qu'il adressa à Herder, il apparaît clairement que Hamann accordait une grande importance à l'amitié de Mendelssohn et qu'il ne désirait pas la perdre. Il rapporta avec enthousiasme à Herder qu'il avait reçu une lettre de Mendelssohn où celui-ci l'assurait de son amitié. Voir ZH V, p. 351.
[16] ZH V, p. 180.

Herder, Goethe, Lavatar, Jacobi, et des années plus tard, de Hegel qui considéra l'œuvre comme l'un des écrits les plus significatifs de Hamann. L'importance de l'autre « jumeau, » bien que sa publication eût été retardée, n'était pas moindre. En effet, si Hamann avait pour objectif dans *Golgotha et Scheblimini* de déconstruire le concept de religion naturelle pour sauver le christianisme *et* le judaïsme orthodoxe, il s'attaquait, dans *Métacritique*, au palladium de la philosophie des Lumières, c'est-à-dire à la confiance qu'elle plaçait dans une rationalité universelle qui pouvait prétendument se concevoir indépendamment de l'expérience, de la tradition, du langage et de toutes les contingences historiques qui en découlent. Une fois de plus, le cœur du problème était que tant Kant que Mendelssohn tentent de séparer la raison (et la religion « naturelle ») de la tradition et de la révélation. Comme le redoutait Hamann, il ne resterait alors qu'une religion civique et une rationalité laïque dangereusement vide de contenu, à savoir une culture qui ne reposerait plus sur des fondements historiques mais sur l'angle d'un *rien* – avec tout ce que cela implique.

HAMANN ET JACOBI

De tous les contemporains de Hamann, Friedrich Heinrich Jacobi (1743-1819) était celui, après Hamann, qui pressentait le plus vivement le nihilisme sous-jacent qui guettait au détour de la voie de la philosophie moderne; une amitié profonde se développa entre les deux hommes durant les six dernières années de la vie de Hamann, en dépit de la grande distance qui les séparait – Hamann vivait à Königsberg, Jacobi à Pempelfort, près de Düsseldorf – et qui les obligeait à construire leur amitié sur la base d'une correspondance épistolaire. Comme nous l'avons vu, toute la vie de Hamann témoigne de sa capacité extraordinaire de tisser des liens d'amitié; il suffit de lire les lettres qu'il adressa à Lindner, à Herder, à « Crispus » (Christian Jacob Kraus), à Hartknoch et à tous ceux qui peuplaient son monde paradisiaque, presque édénique.[17] Néanmoins, aucune amitié n'était

---

[17] NB, p. 365.

aussi profonde que celle qui liait Hamann à Jacobi, pas même sa relation avec Herder. Il en arriva à l'appeler son « Jonathan » (ou « Jonathan Pollux ») et usait librement du « Du » familier dans ses lettres, alors qu'il n'allait le rencontrer que la dernière année de sa vie !
Matthias Claudius fut l'initiateur de leur amitié : En février 1782, il envoya à Hamann quelques écrits de Jacobi qu'il avait sélectionnés. Très vite, Jacobi se mit à envoyer tout ce qu'il écrivait à Hamann en quête de son approbation, et comme ils communiquaient de manière très franche, Hamann n'hésitait pas à lui faire part de son jugement. Il arriva même que Hamann fût assez dur avec lui, notamment au sujet de sa philosophie à ses yeux « mal ficelée » ou des remontrances enthousiastes qu'il adressait à ses contemporains de manière directe (contrairement à celles de Hamann qui étaient *indirectes*).[18] Il lui conseilla : « Ne te mêle pas des affaires officielles des scribes comme un novice. Ne tente ni d'orner, ni d'épater – ne sois ni leur mécène, ni leur courtisan. »[19] Néanmoins, Jacobi se débrouillait toujours pour se retrouver au milieu des querelles, souvent à ses dépens, comme ce fut le cas du débat qui l'opposa à Schelling. Hamann lui écrivit donc, après avoir reçu l'un de ses ouvrages les plus récents : « J'ai reçu ton présent attendu avec tant d'anxiété le 20 [avril]. J'ai dévoré le petit livre et me suis senti mal ensuite [...]. O mon cher Jonathan Pollux ! Tu ne te comprends pas toi-même et tu te préoccupes bien trop de te faire comprendre et de communiquer ta philosophie malade à d'autres [...]. Permets-moi d'être le premier à te prévenir des conséquences de ton

---

[18] C'est notamment le cas de l'accusation que Jacobi adressa à Mendelssohn, fervent défenseur de Lessing, soutenant que ce dernier était un spinoziste. Elle entraîna en 1783 ce que l'on appelle « la querelle du panthéisme » et, de l'avis de certains, contribua à la mort prématurée de Mendelssohn en 1786. Voir Frederick C. Beiser, *The Fate of Reason* (Cambridge: Harvard University Press, 1987), pp. 44ss pour une excellente synthèse de la querelle. Bien que Hamann se ralliât sans aucun doute à la conviction de Jacobi selon laquelle les philosophies purement rationnelles finissent nécessairement par aboutir au spinozisme, c'est-à-dire au fatalisme, ce qui ouvre à son tour la voie à l'athéisme et au nihilisme, il n'approuvait pas la manière dont Jacobi faisait part de son avis, qu'il jugeait maladroite et en fin de compte improductive. Voir à cet égard ZH VII, p. 156.
[19] Tiré de NB, p. 367.

attitude. »[20] Effectivement, la manière critique et parfois même blessante dont Hegel et Schelling traitaient Jacobi donna raison à Hamann.

DEVÊTEMENT ET TRANSFIGURATION

Au cours des années qui suivirent, une critique de *Golgotha et Scheblimini* publiée dans l'*Allgemeine deutsche Bibliothek* et la mort prématurée de Mendelssohn en janvier 1786 incitèrent Hamann à élaborer un testament littéraire où il avait l'intention de retirer tous ses masques et de révéler enfin son vrai visage. Aujourd'hui, nous ne disposons plus que de deux brouillons de ce texte intitulé « Dévêtement et transfiguration : Une lettre volante à personne, le très-connu » (*Entkleidung und Verklärung: Ein Fliegender Brief an Niemand, den Kundbaren*).[21] Comme dans toutes les publications de Hamann, le titre comporte de nombreux sens. Premièrement, il contient une allusion manifestement christologique au dévêtement et à la résurrection de Christ. Deuxièmement, Hamann nous fait part ici de son intention d'ôter ses multiples masques et de révéler sa personne. Enfin, en donnant ce titre au « dernier » de ses textes, il veut montrer que tous ses écrits prennent une forme *eschatologique* : A travers chacun d'entre eux, il tente de faire naître chez ses contemporains un jugement critique, de les dévêtir de leur vanité, de mettre à nu leurs idées reçues, de démontrer leur dépouillement intellectuel, tout cela dans le but de les préparer à la possibilité d'une transfiguration en Christ par le lavage nécessaire de la métacritique et par la confession de leur ignorance socratique (cf. 1 Corinthiens 8:2-3). A cet égard, le titre fait écho à *Golgotha et Scheblimini*, puisque tous deux renvoient à une forme christologique de *kénose* et de glorification, l'archétype de toute croissance spirituelle – « Si le grain de blé qui est tombé en terre ne meurt, il reste seul : Mais, s'il meurt, il porte beaucoup de fruit » (Jean 12:24s). Hamann avait vécu cette mort et cette nouvelle naissance spirituelles à Londres, qui avaient débuté par ce qu'il

---

[20] ZH VII, pp. 161, 168.
[21] N III, pp. 347–407.

qualifiait de *descensus ad inferos*,²² une auto-inspection guidée par le jugement critique de la Parole de Dieu; la seule question qui se posait encore était de savoir comment les ouvrages qui en découleraient (et la méthode qu'il emploierait) pourraient véhiculer la même chose.

Le sous-titre est lui aussi révélateur. Le terme de « lettre volante » indique le caractère jusqu'ici très occasionnel de ses productions littéraires, mais surtout leur aspect prophétique. En effet, elles sont comme le rouleau volant que vit Zacharie (Zacharie 5:1s), soumis aux desseins du Saint-Esprit qui, par son souffle, le mène où Il veut (Jean 3:8). Dans la deuxième partie du sous-titre, nous retrouvons la dédicace ironique que Hamann adresse au public dans sa première œuvre, *Mémorables socratiques*, puisqu'il parle de « Personne, le bien-connu » (ou « Personne, le célèbre ») – la boucle s'achève donc. Au même titre que les *Mémorables socratiques*, cette œuvre est destinée à un public qui, dans un sens, n'est personne (du moins personne en particulier) mais qui est tout de même bien connu de la plupart des auteurs, et même leur « *idéal le plus élevé et leur plus grande idole.* »²³ Dans l'épigraphe qui accompagne le frontispice, un poète païen, Horace, et un prophète de l'Ancien Testament, Elie, se côtoient familièrement : « Non fumum ex fulgore, sed ex fumo dare *LUCEM* / Cogitat – – – / – – Conviva fatur – – / *IAM SATIS EST !* »²⁴ L'allusion à Horace entre ici dans le processus explicatif de Hamann selon lequel il nous éclaire sur lui-même mais renvoie surtout au style sublime et spectaculaire de son œuvre : « L'éclair ne produit pas de fumée, mais c'est de la fumée que jaillit la *lumière*. » Toutes ses publications cherchaient à atteindre cet objectif, à savoir « éclairer » ses contemporains à travers l'« obscurité » de son style (comme Moïse au visage brillant reçut des *illuminations* au milieu de l'*obscurité* du sommet du mont Sinaï). Quant au passage de 1 Rois 19:4 cité ici, il

---

²² N.d.t. : Descente aux enfers.
²³ Voir N III, pp. 352, 360. Dans ce contexte, Hamann fait référence à la seconde épître de Paul aux Thessaloniciens, au chapitre 2, versets 3-12, indiquant ainsi que son œuvre tout entière est construite sur son opposition prophétique à Frédéric le Grand.
²⁴ N.d.t. : L'éclair ne produit pas de fumée, mais c'est de la fumée que jaillit la lumière. / Il songe – – – / – – convive rassasié – – / A présent, c'est assez !

montre que Hamann, le *sauvage du nord*,[25] à l'image du prophète Elie fatigué de lutter contre Achab et Jézabel, était épuisé par le combat littéraire qu'il avait mené toute sa vie contre son propre roi, *Salomon du Nord,* c'est-à-dire Frédéric le Grand, en usant d'inombrables pseudonymes et ruses stratégiques. Le temps est enfin venu de déposer les armes littéraires et de se révéler : « C'est assez ! »

Bien que Hamann ait l'intention, dans *Entkleidung und Verklärung,* d'apporter un éclairage à ses lecteurs quant aux objectifs de son œuvre, sa prose n'est toujours pas des plus claires, et bien qu'il mentionne ici et là ses intentions de manière directe, il ne s'agit pas vraiment d'« élucidations » au sens où on l'entend habituellement. Il a trop conscience de l'érudition de son lectorat pour ne pas exposer le sien, souvent à travers l'étalage de ce délicieux persifflage qui le caractérise. Il écrit avec humour : « Lorsque je converse avec ces critiques littéraires aux yeux troubles, qui prennent des auteurs pour des arbres ambulants (Marc 8:24), il me faut utiliser ce qu'ils me donnent, un langage de l'esthétique qu'eux-mêmes utilisent. »[26] Il use donc de leur langage, de leurs propres paroles, non pas des siennes (et c'est en cela qu'il adopte un style kénotique), mais à cette différence près : « A leurs fibres végétales marquées par la sécheresse, j'oppose les marques, bien meilleures, d'un bois frais et verdoyant; à leurs arbres nus, sans fruits, deux fois morts, déracinés (Jude 12), j'oppose les arbres plantés près des courants d'eau qui prennent leur source au sanctuaire, dont les fruits servent de nourriture et les feuilles fraiches de guérison aux peuples (Ezéchiel 47:12; Psaumes 1:3; Apocalypse 22:2). »[27] En effet, toute son œuvre prophétique est le résultat de l'inspiration divine, comme il le suggère de façon frappante dans l'extrait suivant :

> En effet, par quelle autre puissance que le feu du fondeur et le savon de potasse du blanchisseur (Malachie 3:2) un prédicateur timide qui n'a jamais eu le don des mots (*disertus*), qui n'a jamais été doué

---

[25] N.d.t. : En français dans le texte.
[26] N III, p. 378.
[27] Ibid.

d'éloquence mais parle avec un accent marqué et une langue pesante pourrait-il oser imiter avec le zèle d'Elie, le plus grand parmi ceux qui sont nés de femmes? (Matthieu 11:11) – briser l'énorme loquacité venteuse des pyrotectes[28] babyloniens ? – faire tomber les murailles d'une ville des palmiers punique à la lueur de la lune à travers le murmure doux et léger du persifflage, sans qu'aucun vent violent, aucun tremblement de terre vienne l'assister, sans son de la trompette ni grands cris (1 Rois 19:11-12; Josué 6:5; Esaïe 25:12) ? – un homme ne peut recevoir que ce qui lui a été donné du ciel, répondit et déclara Jean Baptiste » (Jean 3:27).[29]

Autrement dit, comment Hamann, doté par nature d'une langue pesante comme Moïse, pourrait-il engager un combat littéraire avec les architectes « éclairés » de Babel – et avec le despote « éclairé » lui-même, Frédéric le Grand (cf. 2 Thessaloniciens 2:4ss) – si ce n'est par la puissance du même Esprit qui inspira également Elie ? S'il en venait à réussir, s'il parvenait à faire tomber les murailles de la raison qui avait été glorifiée au-delà du trône de Dieu, ce ne serait que le triomphe de l'ironie divine qui « a choisi les choses folles du monde pour confondre les sages, » « les choses faibles du monde pour confondre les fortes, » « les choses viles du monde et celles qui ne sont point pour réduire au néant celles qui sont, afin que nulle chair ne se glorifie devant Dieu » (1 Corinthiens 1:27s). Pas plus que les prophètes il ne cherche donc pas à gagner une couronne de lauriers, et encore moins à impressionner le public en exhibant un système philosophique novateur qui récolterait toute la gloire :

> Bien que certains auteurs soient semblables à des machines théâtrales, à des insectes qui ont plus d'intelligence que les sages, construisant des systèmes comme les araignées leurs toiles et des théories comme les oiseaux leurs nids, semblables à des essaims d'abeilles affairées qui travaillent dur pour [contenter] le goût du public et [promouvoir] son illumination, avec une ardeur si automatique qu'elle n'a pas son

---

[28] N.d.t. : Constructeurs de tours.
[29] N III, p. 377.

> égal parmi la raison humaine et l'art : Jamais je n'ai recherché pour moi les honneurs qui récompensent ses imitations sacralisées [*Ölgötzen*], ou cherché à ce que ma tête nue soit couronnée de leurs lauriers, de leurs couronnes et de leurs cornes.[30]

De fait, Hamann considérait qu'un auteur chrétien en tant que tel ne peut en aucun cas être animé par de telles intentions (cf. Galates 1:10). (Quant à la référence aux « systèmes » philosophiques, » il est clair qu'il s'agit là d'une allusion à Hegel, le systématicien par excellence.) Son œuvre, comme celle de Jean-Baptiste et de tous les martyrs, est répandue pour la gloire de Christ : « Mon œuvre, ce petit cours d'eau, méprisée comme les eaux de Siloé qui coulent doucement, a été répandue à la gloire de ce roi dont le nom, de même que la réputation, est grand et inconnu. »[31]

Là réside donc l'*ultima ratio*[32] de la polémique initiée par Hamann à l'encontre de l'œuvre de Mendelssohn, *Jérusalem* : Aux yeux de Hamann, Jérusalem est la ville où réside *ce roi particulier*; elle est, en un sens, *absente*, une marque du *passé* et un symbole analogique du *futur*, et ne doit donc en aucun cas être confondue avec la « Babylone française » du *présent*.[33] En fait, le problème qui se pose dans l'œuvre de Mendelssohn est qu'il assimile une figure prophétique appartenant au passé et au futur à l'idéal rationnel des Lumières qui appartient au présent, éliminant ainsi l'esprit de prophétie et toute la dimension messianique et eschatologique des Ecritures.[34] Néanmoins, Hamann suggère qu'aucun Juif orthodoxe ne peut « circoncire, » c'est-à-dire éliminer, le passé et le futur sans succomber *ipso facto*[35] à l'*idolâtrie* du présent. C'est pourtant précisément l'œuvre involontaire de

---

[30] N III, p. 401.
[31] N III, p. 399. Voir Esaïe 8:6; Job 36:26.
[32] N.d.t. : L'argument, la raison ultime.
[33] N III, p. 390.
[34] Hamann l'exprime de la manière suivante : « Même un lecteur non averti aura du mal à nier ou réfuter l'affirmation selon laquelle la révélation hébraïque concernant Jérusalem contient à la fois les menaces les plus terrifiantes et les promesses les plus glorieuses, telles que les éléments du Déluge et les pages du psautier » (N III, p. 385).
[35] N.d.t. : Par ce fait même.

Mendelssohn :

> Il commença par la double présence du pouvoir religieux et du judaïsme [...] et par s'en servit pour bâtir [...] une Jérusalem flambant neuve, sans hésitations, sans même réfléchir à l'archétype passé ou à venir. Son cœur fut séduit par cette vaine construction de plastique poétique et, guidé par les abstractions philosophiques, il en vint à nier et à détruire la crédibilité divine et la vérité authentique.[36]

En somme, Mendelssohn, en niant l'esprit de prophétie, commit l'erreur de s'ériger en créateur et architecte de sa propre ville privée et de la faire passer pour la ville de Dieu.[37]

Voilà donc ce qui conduisit Hamann à réfuter vivement les arguments de Mendelssohn dans *Golgotha et Scheblimini* et à traiter de l'erreur de la philosophie moderne, centrale à ses yeux, dans *Entkleidung und Verklärung,* cette philosophie qui sépare l'« esprit d'observation » rationnel de l'« esprit de prophétie, » ne laissant dans son sillage que les vestiges sans vie d'un présent idolâtre et dépourvu de toute dimension. De plus, étant donné que la raison laïque place une confiance aveugle dans l'esprit rationnel d'observation duquel elle exclut l'esprit de prophétie – étant donné qu'elle tente de contrôler le présent, aussi fugace soit-il, à la manière de Prométhée, et d'établir un état laïque moderne libre de toute interférence prophétique et religieuse – elle force involontairement le présent lui-même à disparaître, à devenir comme *rien*. Hamann considère donc qu'il serait légitime de voir la philosophie moderne sous toutes ses formes transcendantales comme une sorte de magie anti-prophétique :

> Le génie humain est doté de deux ailes, l'esprit d'observation et l'esprit de prophétie. Le premier couvre tout ce qui est présent; le second, tout ce qui est absent, le passé et le futur. Le génie

---

[36] N III, p. 388.
[37] N III. Voir aussi la remarque de Hamann vers la fin du texte (p.404) : « Si j'en venais à oublier votre Jérusalem – Que tout ce que ma main droite a écrit soit oublié. Que ma plume s'attache à mon pouce si je ne fais de Jérusalem le principal sujet de ma joie » (cf. Psaumes 137).

philosophique s'efforce de rendre le présent absent par le processus d'abstraction – c'est ainsi qu'il exprime son pouvoir – et *dévêt* des objets réels pour en faire des concepts nus, des caractéristiques qui n'existent que dans le monde de la pensée, des apparences pures et des phénomènes.[38]

Hamann *ne* considère donc *pas* que la raison, associée ici à l'« esprit d'observation, » ne possède aucune dignité propre. Le passage souligne bien qu'il n'est *pas* un irrationaliste. C'est plutôt la méthode des Lumières qu'il dénonce, puisqu'elles séparent automatiquement la raison de l'« esprit de prophétie, » allant à l'encontre de la nature, et supplantent cet « esprit de prophétie » par les idéologies modernes de la raison laïque. Clairement, l'« esprit d'observation » et l'« esprit de prophétie » vont de pair. Unis, ils constituent le *sine qua non*[39] du génie humain, de la créativité inspirée et de l'épanouissement de la culture; séparés, ils engendrent le déclin de la culture, la mort de l'art et un nihilisme immanent.

A partir de cette perspective, nous commençons à saisir où Hamann voulait en venir à travers sa critique de Kant. En effet, selon Hamann, l'idéalisme transcendantal de Kant suppose précisément ce type de conséquences : Le monde est réduit à une simple « apparence, » à un « quelque chose = x » d'illusoire duquel, en théorie, nous ne pouvons absolument rien connaître. Hamann en conclut que sans la présence de la dimension prophétique, le présent perd nécessairement tout son sens : « Que serait la connaissance la plus précise et la plus minutieuse du présent sans le renouvellement divin du passé et le pressentiment des choses à venir [?] [...] Quel *labyrinthe* serait le présent pour l'esprit d'observation s'il n'était pas guidé par l'esprit de prophétie et les fils conducteurs du passé et du présent [!] »[40]

Kant (tout comme Descartes) ne fait certes disparaître le monde que pour le faire réapparaître ensuite, à l'image d'un bon magicien,

---

[38] N III, pp. 382s.
[39] N.d.t. : La condition nécessaire.
[40] N III, p. 398. C'est nous qui soulignons.

sous l'égide de la raison pratique (anticipant Fichte).[41] Néanmoins, puisque la raison est incapable de donner sens à la réalité (qu'il s'agisse de sa propre réalité ou de celle du monde extérieur), Hamann prévoyait de manière prophétique qu'elle est tout aussi incapable de faire réapparaître le monde qu'elle a fait disparaître par magie. Il n'y a que le prophète ou le poète inspiré qui en soit capable, celui qui parle aux ossements comme le fit Ezéquiel (Ezéchiel 37); Hamann déclare donc que « le pouvoir du génie poétique, » c'est-à-dire le génie de celui qui est inspiré par l'esprit de prophétie, « s'exprime dans la manière dont, à travers la fiction, il *transfigure* les visions concernant un passé et un futur absents en représentations présentes. »[42] En d'autres termes, tout comme Dieu anime la création au travers de son Esprit (Genèse 1:2; 2:7), le poète-prophète anime le présent en interprétant le passé et le futur de manière spirituelle, afin que le présent puisse être appréhendé selon la plénitude du temps et non pas de manière isolée (l'on entend donc par « fiction » non pas une sorte d'invention, comme le suggère le sens moderne, mais une interprétation inspirée des choses de Dieu).

En revanche, la raison laïque, quant à elle, tente de donner sens à la réalité du présent indépendamment de l'esprit de prophétie et donc indépendamment de Dieu, ce qui revient finalement à fabriquer des « fictions » au sens moderne du terme, des « tours de magie » peu convaincants qui sont tout aussi incapables d'établir « le réel » que de bâtir une Jérusalem laïque (ce qui est, pour ainsi dire, le corollaire objectif de la raison laïque). En somme, la raison pour laquelle Hamann critique tant la modernité est que celle-ci a abandonné l'esprit de prophétie pour tenter inconsidérément de se baser sur elle-même (*incurvatio in se ipsum !*[43]), reproduisant la logique de la Chute en cherchant à être Dieu sans Dieu et en cherchant à être éclairée sans

---

[41] Pour plus de détails concernant la « magie » de la modernité, par opposition à l'esprit prophétique du christianisme, voir l'ouvrage d'Eric Vogelin, *Wissenschaft, Politik und Gnosis* (Munich: Kösel Verlag, 1959, pp. 65–85), ainsi que l'ouvrage de Conor Cunningham, *Genealogy of Nihilism: Philosophies of Nothing and the Difference of Theology* (Londres: Routledge, 2002), notamment les pages 74ss.
[42] N III, p. 384.
[43] N.d.t. : Recourbé/renfermé sur soi-même.

la véritable illumination spirituelle. Ainsi, elle s'est détournée de la seule chose qui donne au présent du sens (et de la substance !) et lui évite de glisser vers le néant : La temporalité prophétique (cf. Heidegger).[44]

A cet égard, non seulement Hamann anticipe-t-il donc Heidegger, et par extension Derrida, qui critiquaient ce que l'on appelait la « métaphysique de la présence, » dans la mesure où la temporalité correspondante était dépourvue de dimensions, mais montre-t-il également que leur philosophies sont en fin de compte des théologies prophétiques laïcisées. En effet, comme Hamann mais en termes laïques, ils émettent des messages prophétiques à l'encontre de tout système de pensée qui, sous l'autorité du maître (l'esprit des « pyrgotectes » babyloniens), accorderait au présent une prééminence injuste et idolâtre (voir par exemple le *Fragment d'Anaximandre* de Heidegger), au nom d'une sorte d'« absence » (qu'il s'agisse de l'absence du Seyn[45] ou du jeu perpétuel de la *différance*). Néanmoins, étant donné que les philosophies postmodernes de Heidegger et de Derrida demeurent confinées *dans le cadre de* la problématique du modernisme – l'on pourrait même dire qu'elles forment la conclusion logique de cette problématique – elles ne sont pas en mesure de proposer une alternative convaincante. Hamann, lui, voyait clairement quelle alternative se poserait ; ses insinuations prophétiques se firent de plus en plus visibles, de plus en plus prémonitoires, au fur et à mesure que son œuvre avançait : D'un côté, la foi dans le Logos (transmis par le biais de l'histoire et de la révélation); de l'autre, le nihilisme de la raison laïque et de l'Etat-nation moderne qui en est la concrétisation. C'est pourquoi il en vint finalement à considérer toute son œuvre comme un instrument politique qui lui servait, en tant que *Mage du Nord*[46] de « *Grand*-Soucy » au style obscur, entouré de nombreuses préoccupations, à s'opposer au *Salomon du Nord*, ce

---

[44] Voir la Conclusion de cet ouvrage pour plus de détails à propos de Heidegger et des conséquences de la philosophie moderne sur la doctrine de la substance – ou plutôt du manque de doctrine de la substance.
[45] N.d.t. : L'Être.
[46] N.d.t. : Mage du Nord.

pseudo-philosophe et despote « éclairé » de « Sans Souci. »[47]

A la fin de son premier brouillon d'*Entkleidung und Verklärung*, dans une dédicace finale à ses amis et bienfaiteurs, il mentionne à nouveau la nature prophétique de son œuvre. Il leur écrit : « Ayez pitié de moi, ayez pitié de moi, vous, mes amis, car la main de Dieu a également reposé sur moi. Sans vos bonnes actions et le bonheur qu'elles m'ont inspiré, ma vie aurait été semblable à celle de Job et de Lazare. Que l'espoir de nous revoir dans la véritable patrie où tous les étrangers et pèlerins et frères de ce monde se retrouveront soit notre consolation commune à l'heure de notre départ. »[48] Il ajoute :

> Les morts n'ont besoin ni d'affiche, ni de récompense. Ne m'humiliez donc pas, vous, les divinités du foyer des vivants, en usant de folie et de vanité ; n'exaltez pas un mort en faisant de moi une idole. Que personne ne se préoccupe de rajouter une aune à ma personne ou à ma stature. Ma « grandeur » ne peut se mesurer ni à un géant ni à un ange, ma main n'est pas plus grande que celle d'un homme ordinaire. Je vous prie de ne pas dessiner de moustaches sur ma vie, à moins que je sois encore là pour rire avec vous, pour que le monde ne soit pas forcé de transfigurer un pécheur souillé pour le revêtir du halo d'un « saint. » Je préférerais me dévêtir et étendre mes mains comme un nageur (Esaïe 25:11) afin de traverser à la nage les eaux du passé qui coulent doucement, ou de m'y immerger.[49]

Malgré les espoirs qu'entretenaient Jacobi et Franz Buchholtz (un riche bienfaiteur catholique de Münster qui s'était confié à Hamann comme un « fils spirituel ») de publier *Entkleidung und Verklärung*, l'œuvre ne fut jamais achevée. Hamann avait tout simplement fini par s'essouffler – ou peut-être l'inachèvement de l'œuvre était-elle destinée à illustrer son argument selon lequel l'ensemble de nos connaissances et de notre travail dans cette vie ne sont que des « fragments » (cf. 1 Corinthiens 13:12) que Dieu est le seul à pouvoir transformer en un tout plein de sens, suivant Jean 6:9ss. Néanmoins, ses amis (Jacobi, Herder, Hippel et Kraus, entre autres) et un nombre

---

[47] Voir NB, p. 378.
[48] N III, p. 404.
[49] Ibid.

croissant d'admirateurs aisés de Münster espéraient qu'il ferait de ses « feuilles sibyllines » une édition complète et l'encouragèrent dans ce sens. Ils avaient une bonne raison d'agir de la sorte. Selon Nadler, Hamann était devenu « pour son époque davantage une figure de légende qu'un simple objet de *lectio*,[50] et son influence était davantage due à son *mythos* qu'à son *Logos*. »[51] En d'autres termes, s'ils voulaient transmettre à leur génération et à la génération future non seulement la personnalité fascinante de Hamann mais aussi les éléments constitutifs de sa sagesse, il était devenu nécessaire d'élaborer une édition de ses ouvrages.

« BAIGNOIRES MÉTACRITIQUES » ?

La suggestion qui lui était faite de réunir ses œuvres en une édition complète parut sans aucun doute vaine et incongrue à Hamann, étant donné que toute son œuvre se caractérisait par son caractère occasionnel, les pseudonymes qu'il employait et le déni de soi dont il faisait preuve. Néanmoins, il restait ouvert à cette idée, et comme les titres l'obsédaient, il ne tarda pas à en parler avec Herder dans les lettres qu'ils échangeaient.[52] Leur correspondance à propos de ce sujet est très comique et représentative du sens de l'humour de Hamann. Il proposa le titre ridicule de « Charlatanisme au salon de bains » [*Saalbadereien*], et le titre encore plus absurde de « Première petite baignoire » [*Erstes Wannchen*] pour le premier volume.[53] En réalité,

---

[50] N.d.t. : Lecture.
[51] NB, p. 370.
[52] Aux yeux de Hamann, le titre représentait l'« œuf cosmique » et le « tabernacle » de sa muse, le « plus petit grain de moutarde » à partir duquel ses textes « élastiques » se déployaient et où ils retournaient. Voir N III, p. 372.
[53] ZH V, p. 204. Le terme « Saalbadereien » est presque intraduisible. D'une part, il évoque le fait de donner un bain à quelqu'un dans un salon de bains (il s'agissait précisément de l'office du père de Hamann); d'autre part, il contient le terme « Salbaader, » qui pourrait référer à la fois à un « bavard » ou à un « charlatan » qui guérit les patients à l'aide de pommades. « Saalbadereien » suggère donc les méthodes de guérison employées par un faux docteur bavard dans un salon de bains. Pour en savoir plus à propos de ce terme, voir Oswald Bayer et Christian Knudsen, *Kreuz und*

ce titre cherche précisément à véhiculer la façon dont Hamann considérait toute son œuvre; pour lui, elle était une manière humble et « métacritique » de laver les pieds de ses contemporains, en honorant ainsi la mémoire du travail que réalisait son père et celle du commandement de Christ dans les Evangiles (Jean 13:12s). Il va sans dire que Herder ne considérait pas que ce titre fût approprié et insista pour que Hamann en trouvât un autre :

> En dépit de l'enthousiasme que l'élaboration d'une collection de vos œuvres suscite en moi, je désapprouve complètement le choix du titre = *Saalbadereien*, très cher H., quels que soient les arguments que vous pourriez avancer en sa faveur. Je vous supplie au nom de notre amitié de me concéder ce point; en effet, vos *Mémorables socratiques*, etc. ne peuvent véritablement pas être regroupés sous un tel titre qui, de fait, serait une gêne à l'effet du livre dont la perspective pure et authentique s'en verrait entravée.[54]

Herder ajouta ensuite, sur le ton de la plaisanterie, une référence à son autorité ecclésiastique en tant qu'inspecteur de l'Eglise luthérienne de Weimar : « J'émets à son encontre [c'est-à-dire celle du titre] un interdit formel et solennel... »[55]

Le temps que mit Hamann à répondre fut significativement long : « Ainsi, vous ne voulez pas du titre *Saalbadereyen* – que pensez-vous alors de « Petites baignoires » [*Wannchen*], disons, « Petites baignoires métacritiques » ou quelque chose de cet ordre ? »[56] Il est évident que Hamann ne pouvait pas abandonner cette image; il rappelle à Herder que la baignoire de son père est « aussi sacrée à ses yeux que le siège de sage-femme de la mère de Socrate l'était pour Socrate. »[57] Il nous en explique davantage dans une lettre à Jacobi : « 'Petites baignoires métacritiques' – cela signifie laver les pieds =

Kritik (Tübingen: Mohr-Siebeck, 1983), pp. 137s.
[54] ZH V, p. 248.
[55] Ibid.
[56] ZH V, p. 350.
[57] Ibid.

medios terminus progressus[58] de notre siècle éclairé. »[59] Aux yeux de Herder, cette deuxième proposition était tout aussi problématique que la première ; il souligna que le penchant prussien pour les diminutifs, bien visible dans le titre, constituait une marque de familiarité et ne manquerait pas d'attirer le ridicule.[60] Hamann lui répondit en le remerciant de son conseil, mais persista à garder le titre, du moins pour le moment, ajoutant que « le caractère de mon style baroque est fait de ce qui est rustre comme de ce qui est individuel, et je ne serai jamais en mesure de le renier. »[61] La différence entre Hamann au caractère idiosyncrasique et rustre (le Socrate allemand) et Herder (le Platon allemand), son célèbre disciple cosmopolite, apparaît ici de manière visible.

Malheureusement, en dépit de l'insistance incessante de ses amis auprès de lui, l'édition prévue n'aboutit à rien. Il faut dire qu'à ce stade de sa vie Hamann n'était plus en mesure d'organiser ses écrits occasionnels pour les regrouper en un tout cohérent. Il écrivit à Johann George Scheffner, qui lui avait proposé son aide : « Passer en revue tout ce que j'ai écrit entre [17]59 et [17]83 a représenté pour moi un travail herculéen, puisque tous mes écrits correspondent à une situation précise de ma vie, à des moments, à des impressions erronées, vacillantes et flétries que je ne suis plus capable de rappeler à la vie. »[62] En plus des difficultés pratiques, il y avait d'autres obstacles : L'un deux était en partie l'humilité de Hamann ; un autre, qu'il ne voyait pas l'intérêt de publier des œuvres aussi occasionnelles,

---

[58] N.d.t. : Le but central de notre marche.
[59] Hamann entend par *medios terminus progressus* le terme moyen du syllogisme d'Aristote dans les *Premiers analytiques,* 25b, 32-37. Néanmoins, Hamann veut montrer ici que, face aux affirmations exagérées des *Aufklärer* et à l'incohérence de leurs déductions, leur laver les pieds de façon métacritique est devenu une condition nécessaire à l'élaboration d'un raisonnement sain.
[60] ZH V, p. 362.
[61] ZH V, p. 403.
[62] ZH V, p. 358. Voir la remarque que Hamann adresse à Buchholtz (citée dans NB, p. 374) : « Mes publications ne sont constituées que de texte, d'*auditis, visis, lectis* et *oblitis* [N.d.t. : De choses entendues, vues, lues et oubliées] hasardeux, et il manque les commentaires nécessaires à leur compréhension. »

aussi obscures et aussi inintelligibles (après tant d'années, elles l'étaient même devenues pour lui) :

> Je ne me comprends plus moi-même comme je me comprenais alors; il y a certains écrits que je saisis mieux, d'autres moins bien. Ce que nous ne comprenons pas, nous avons tendance à le laisser de côté et à ne pas le lire; cela devrait donc aussi rester *non écrit*, et ne surtout pas être *publié une nouvelle fois* [...]. Je n'ai que faire de mon nom et de ma réputation; néanmoins, par acquit de conscience, je ne peux attendre ni d'un éditeur ni du lectorat, de lire des écrits aussi inintelligibles. « Dieu me comprend, » dit Sancho Panza, si je ne me trompe pas, mais j'aimerais au moins me comprendre moi-même [...]. Il est impossible que tous comprennent à proportions égales; pourtant, chacun [comprend] quelque chose, selon la mesure qu'il possède, une mesure je ne suis pas capable de fournir, et je n'en ai nullement la prétention.[63]

La tentative de constituer une édition semblait donc vouée à l'échec. Hamann réalisa lui-même qu'aucune édition n'aurait pu être satisfaisante sans être accompagnée d'un important appareil textuel pour expliquer les allusions et les éléments obscurs qui sillonnent ses écrits. Néanmoins, nombreux étaient ceux que Hamann lui-même n'était plus en mesure d'expliquer; pourquoi alors constituer une édition qu'il serait impossible à quiconque de comprendre ? Bien que cette édition fût dès le départ une absurdité – ce que Hamann semble être le seul à avoir saisi – la volonté de ses amis de publier ses écrits (ils furent publiés seulement bien plus tard, au cours du siècle suivant) avait commencé à émerger.

---

[63] ZH V, p. 358.

AU LENDEMAIN DES LUMIERES

11

La Métacritique de Kant : Hamann déconstruit le rêve transcendantal

Jordani Bruni Principium coincidentia oppositorum[1] *a pour moi davantage de valeur que toutes les critiques de Kant.*

Hamann à Herder[2]

Si j'étais aussi éloquent que Démosthène, je n'aurais qu'à répéter une seule phrase trois fois de suite. La raison est le langage, Λόγος. Voilà l'os à la moelle que je ronge et que je rongerai jusqu'à en mourir. Pour moi, une obscurité profonde continue à régner et j'attends toujours l'arrivée d'un ange apocalyptique avec la clé de cet abîme dans sa main.

Hamann à Herder[3]

L'expérience et la révélation ne font qu'une, formant les béquilles ou les ailes indispensables de notre raison, sans lesquelles elle boiterait ou ramperait encore au sol. Les sens et l'histoire constituent le fondement et la base – et quelle que soit la nature trompeuse des premiers, et la naïveté de la deuxième : Je les préfère néanmoins à tous ces châteaux éthérés.

Hamann à Jacobi[4]

Dans son livre *The Fate of Reason*, Frederick Beiser énumère une série

---

[1] N.d.t. : Le principe de la coïncidence des opposés de Giordano Bruno.
[2] ZH IV, p. 462. Nous savons aujourd'hui que le concept de *coincidentia oppositorum* n'est pas de Giordano Bruno mais de Nicholas de Cues.
[3] ZH V, p. 177.
[4] ZH V, p. 265.

de penseurs et de controverses que des études plus larges passent souvent sous silence mais qui se sont néanmoins avérés fondamentaux dans le développement de la philosophie postkantienne. Il remarque que « la modernité et le caractère prémonitoire de la pensée de Hamann, ainsi que l'actualité des thèmes qui l'occupent, se révèlent souvent frappants. »[5] Si elle s'applique également à d'autres aspects de la pensée de Hamann, cette remarque est particulièrement vraie en ce qui concerne la relation entre la raison et le langage. Hamann représente en quelque sorte le premier *tournant linguistique* dans l'histoire des idées, dans le sens où il propose une réflexion approfondie sur la détermination culturelle et linguistique de la pensée elle-même.[6] Bien évidemment, l'on ne peut nier l'importance des études sur le langage menées précédemment, du *Cratyle* de Platon à l'*Essai sur l'entendement humain* de Locke, que Hamann connaissait et utilisait. Néanmoins, avec Hamann, l'on voit pour la première fois les implications subversives qu'une philosophie du langage oppose avec force au rationalisme de la tradition continentale. Par exemple, bien avant que ces notions ne se généralisent (la philosophie des Lumières se caractérisait par la poursuite d'une rationalité et d'un critère de la vérité abstraits), Hamann soutenait que « *le langage* et *l'écriture* sont les *organes* et la condition incontournables de tout apprentissage humain, plus fondamentaux et plus absolus que la lumière qui nous permet de voir et le son qui nous permet d'entendre »; que l'« invention et [la] raison supposent au préalable un langage, et ne peuvent pas plus se concevoir sans ce dernier que *l'arithmétique* sans les *nombres* »; et, plus innovant encore, que « non seulement toute notre capacité de penser dépend du langage [...] mais aussi [que] le langage se trouve au cœur des malentendus qui opposent la raison à elle-même. »[7]

Aux yeux de Hamann, le problème principal qui se pose avec la

---

[5] Frederick C. Beiser, *The Fate of Reason: German Philosophy from Kant to Fichte* (Cambridge, Massachusetts: Harvard University Press, 1987), p. 17.
[6] Ibid.
[7] N III, pp. 130, 21 [N.d.t. : J. G. Hamann, « Supplément » dans Herder, *Traité sur l'origine de la langue suivi de textes critiques de Hamann*, traduction de Pierre Pénisson (Paris : Editions Aubier-Montaigne, 1977), p. 234-235, 286.

philosophie de Kant est qu'elle ne prend pas en considération le fait que la raison est déjà marquée par les actions *impures*, historiques et culturelles du langage, alors qu'il s'agit là de la condition la plus évidente et la plus nécessaire pour pouvoir accéder à n'importe quelle expérience cognitive. Il ajoute : « Pour moi, la question n'est pas tant de savoir ce qu'est la raison, mais plutôt ce qu'est le langage. C'est de là que découlent selon moi tous les paralogismes et les antinomies dont on accuse la raison. »[8] Hamann considère donc que, d'une part, Kant ne saisit pas ce que sont fondamentalement les antinomies de la raison; et d'autre part, que, puisqu'il n'accorde pas suffisamment d'attention à la place du langage (quand bien même il userait des méthodes les plus transcendantales pour tenter d'y échapper), celui-ci finit par le *tromper*. Dans une lettre à Jacobi, Hamann en parle de manière frappante : « L'*adiutorium*[9] du langage est le séducteur de notre entendement, et il le restera jusqu'à ce que nous revenions au foyer, au commencement et à l'origine [...]. »[10] Le langage est donc à la fois une aide indispensable *et* le séducteur de l'entendement. En effet, d'une part, aucune philosophie ne peut exister sans le langage, puisqu'il est le fondement de la pensée; d'autre part, il séduira les philosophes tant qu'ils ne se seront pas penchés sur ses origines mystérieuses et tant qu'ils n'auront pas compris la manière dont il nous induit en erreur.

Il va de soi que pour Hamann, là résident également les limites de la philosophie, puisque l'origine du langage (et donc aussi l'origine de la raison) n'est pas accessible à la raison et ne peut être sondée qu'à travers la mythologie (comme nous l'avons vu au chapitre 6). Arrivée à ce point, toute philosophie, au sens de quête de certitude, s'immobilise brutalement; la raison se trouve au bord de l'abîme et doit reconnaître son insuffisance et son incomplétude; toute progression, en somme, exige à partir de là une certaine foi. Pour Hamann, la prétention de toutes ces philosophies à un fondement purement rationnel, logique et formel n'est qu'une tromperie illusoire (que ce soit le *cogito* de Descartes, la déduction transcendantale de Kant, l'intuition

---

[8] ZH V, p. 264.
[9] N.d.t. : L'aide.
[10] ZH VII, p. 173.

intellectuelle de Schelling, le « Moi = Moi » de Fichte, la « réduction phénoménologique » de Husserl ou « l'atomisme logique » de Russell). Néanmoins, il considère qu'il n'est pas non plus possible de parvenir à un fondement purement matériel et « factuel » comme dans le positivisme du Cercle de Vienne ou le matérialisme brut de bien des disciplines scientifiques modernes, car c'est uniquement à travers le langage, à la fois dans son aspect matériel *et* formel, que nous pouvons bénéficier d'une expérience cognitive.

Par conséquent, selon Hamann, si la philosophie veut à la fois échapper à l'hypocrisie (dans la mesure où elle fait preuve d'un idéalisme élitiste) et au danger du minimalisme (dans la mesure où elle fait preuve d'un matérialisme brut), il lui faut attendre « l'arrivée d'un ange apocalyptique avec la clé de cet abîme dans sa main. »[11] Dans la perspective de Hamann, c'est précisément ce que Kant ne fait pas; il préfère soit ignorer le problème de l'influence du langage – auquel cas il tombe involontairement dans l'abîme – soit tenter de franchir l'abîme par le moyen de concepts transcendantaux construits a priori. Quoi qu'il en soit, sa philosophie se caractérise par une fuite de la question du langage qu'il cherche à dépasser. Hamann le formule de la manière suivante : « L'on cherche dans les citernes orientales ce qui est en réalité contenu dans le *sensu communi*[12] de l'usage du langage; cette clé fait de nos philosophes les meilleurs et les pires [*wüst*] des mystiques insensés. »[13]

Bien que le langage puisse être une source d'erreurs (au point de faire d'un philosophe aussi rigoureux et sobre que Kant un « mystique insensé »), il est aussi pour Hamann le moyen par lequel la révélation et la sagesse surnaturelle nous sont communiquées (au point de transformer « les Galiléens et les pêcheurs les plus simples en experts hautement instruits et en messagers d'une sagesse qui n'est pas terrestre, charnelle et diabolique, mais qui est la sagesse cachée de Dieu qu'Il a décrétée avant la fondation du monde pour notre gloire [...] »).[14] En somme, le langage est capable à la fois de tromper et de

---

[11] ZH V, p. 177.
[12] N.d.t. : Le sens commun.
[13] ZH V, p. 95.
[14] Ibid. Cf. Jacques 3:15s.

révéler; de transformer les philosophes en insensés et des pêcheurs en saints. D'après Hamann, la science par excellence devrait donc en quelque sorte être une science du langage; en effet, sans le langage, ni la physique, ni la théologie, c'est-à-dire ni une quelconque connaissance de la nature, ni une quelconque connaissance de Dieu, ni d'ailleurs aucune science, ne peuvent exister. Il écrit à Jacobi : « Pour moi, il ne s'agit ni de physique, ni de théologie, mais du *langage, mère* de la raison et de ses révélations [...]. De toutes les vérités et de tous les mensonges, il est l'épée à double tranchant; et ne ris pas si je dois attaquer les choses sous cet angle. Je joue de ma vieille lyre, mais *toutes choses* ont été faites par *elle*. »[15]

Nous avons vu plus en amont comment Hamann s'était approprié la doctrine luthérienne de *sola fide*[16] pour critiquer la philosophie moderne de manière pénétrante; désormais, alors que la fin de sa vie approche, il s'approprie la théologie du logos de l'Evangile de Jean dans un but semblable. Dans les *Mémorables socratiques*, il avait démontré le lien de dépendance qui unit la raison et la foi en s'appuyant sur Hume; ici, il démontre que la raison dépend de la parole (prise à la fois au sens où on l'entend habituellement et au sens que Jean lui donne). Le caractère innovant de l'argument de Hamann à cet égard allait par la suite fortement marquer la philosophie du XXe siècle. Il serait en effet pertinent de soutenir que l'importance thématique qu'accorde la philosophie postmoderne au langage et à la textualité découle du « tournant linguistique » que Hamann avait initié et qui était marqué par sa vision théologique – au point de voir en lui le précurseur non seulement de Heidegger, mais aussi de Wittgenstein. Même Hamann lui-même semblait avoir compris qu'il était en avance sur son époque avec ses idées, comme on le voit dans le commentaire suivant qu'il adresse à Jacobi : « *Je ne sais pas si tu me comprends* [...]. Ces choses ne sont pas encore destinées à être répandues. »[17]

La génération suivante ne manqua pas cependant de remarquer la perspicacité de Hamann concernant le langage. Comme nous l'avons

---

[15] ZH VI, p. 108; cf. Jean 1:3.
[16] N.d.t. : La seule foi.
[17] ZH V, p. 95.

vu au chapitre 6, Schelling porta une nouvelle fois les réflexions de Hamann sur l'origine du langage devant l'Académie de Berlin en 1850. Hegel s'aperçut, lui aussi, de la perspicacité de Hamann à cet égard, concernant notamment le point de vue spirituel qu'il portait sur le langage : A ses yeux, le langage impliquait la *coincidentia oppositorum* mystérieuse du sensible et de l'intelligible dont les Lumières, avec leur rationalité, avaient fait abstraction de façon non-naturelle. Dans sa critique, il écrit ce qui suit : « L'on ne peut que s'émerveiller de voir comment l'idée concrète fermente en Hamann pour s'opposer ensuite aux divisions de la réflexion [...]. Hamann se positionne au centre du problème de la raison et propose la solution pour le résoudre, une solution qu'il conçoit en termes de *langage*. »[18] En d'autres termes, Hamann s'oppose à la philosophie de Kant qui séparait les phénomènes des noumènes, le sensible de l'intelligible, et qui, à cause de ce « divorce qui n'a rien de naturel, ni de saint » (selon les termes de Hamann), ne pouvait proposer qu'un lien ténu entre ces éléments, basé sur des jugements synthétiques et a priori; il ne cesse de souligner, au contraire, que ces éléments sont unis par un lien vivant lui-même déjà *fourni* par le langage, un lien que la raison cherche à rompre.

Quel que soit le point de vue final que Hegel adopta sur la manière dont Hamann concevait le langage, étant donné que Schelling et lui héritèrent d'un certain nombre de difficultés à cause des dualismes de Kant, force est de constater l'influence formatrice, si ce n'est fondamentale, qu'eut la philosophie éminemment christologique et anti-dualiste de Hamann sur l'idéalisme allemand. De plus, étant donné que Hamann considérait que les dualismes de Kant pouvaient être surmontés par l'« esprit, » il est même possible de retrouver dans sa pensée, *mutatis mutandis*,[19] des éléments qui anticipent le *Geist*[20] de Hegel. Examinons, par exemple, ce qu'écrit Hamann à Herder concernant la religion abstraite des *Aufklärer*[21] et leur incapacité à voir

---

[18] Hegel, *Berliner Schriften 1818–1831*, dans *Werke* (Francfort-sur-le-Main: Suhrkamp, 1970), volume 11, p. 326.
[19] N.d.t. : Une fois effectués les changements nécessaires.
[20] N.d.t. : L'esprit.
[21] N.d.t. : Philosophes des Lumières allemands.

la manière dont Dieu, dans sa *transcendance*, opère *à travers* l'histoire et les contingences des occupations humaines :

> Il me semble que la transition du divin à l'humain est toujours susceptible de faire l'objet d'une utilisation erronée [*Misbrauch*] similaire. Pour expliquer le tout, il faut impérativement que les deux extrêmes soient reliés, ουσια του σωματος et εξουσια του αξιωματος. Cette union rend le livre sacré, de la même manière qu'un homme devient un prince. Un κοινωνια[22] sans transsubstantiation – ni corps, ni ombre; mais *Geist*.[23]

Nous ignorons quel était le degré de familiarité entre Hegel et Hamann avant que ses écrits ne soient édités pour la première fois (Hegel en fit personnellement la critique en 1828), mais des affirmations comme celle-ci montrent que Hamann figurait en toile de fond de l'idéalisme allemand qui tentait non seulement de dépasser le dualisme kantien mais aussi de rétablir l'histoire. Beiser note d'ailleurs que c'est la raison pour laquelle la *Métacritique* de Hamann « peut légitimement prétendre être le point de départ de la philosophie postkantienne. »[24]

Dans tous les cas, Hamann a le mérite d'être le premier critique de la philosophie de Kant, sans doute aussi le plus innovant et, à ce jour, probablement le plus perspicace.[25] C'est pourquoi je consacrerai dans un premier temps la suite de ce chapitre à l'analyse de la recension que

---

[22] N.d.t. : Une communion.
[23] ZH IV, p. 254. De toute évidence, la manière dont Hamann comprenait la doctrine de l'eucharistie était fondamentalement luthérienne.
[24] Ibid, p. 39. Beiser écrit (dans *The Fate of Reason*, p.43) que « l'histoire de la philosophie postkantienne est largement marquée par la recherche du principe d'unification qui sous-tend les dualismes de Kant. Il existe presque autant de principes que de philosophes : Le langage chez Hamann, la représentation chez Reinhold, la volonté chez Fichte, le point d'indifférence chez Schelling, la religion chez Schleiermacher, et l'esprit chez Hegel. Mais cette quête commence avec Hamann. »
[25] A cet égard, l'étude d'Oswald Bayer, *Vernunft ist Sprache*: *Hamanns Metakritik Kants* (*HMK*), est d'une importance primordiale. En anglais, l'étude la plus importante se trouve dans G-D, pp. 270-318.

fit Hamann de la première édition de la *Critique de la raison pure* de Kant, rédigée le 1er juillet 1781, peu de temps seulement après que Hartknoch lui avait transmis les épreuves. Néanmoins, en vertu de l'amitié qui liait Hamann et Kant, elle ne fut jamais publiée, « parce que je [considère] l'auteur comme un vieil ami, et même, en quelque sorte, comme mon bienfaiteur, puisque c'est presque exclusivement à lui que je dois mon premier poste, » explique Hamann à Herder.[26] J'aborderai ensuite la *Métacritique du purisme de la raison pure* de Hamann, dont il transmit la version finale à Herder le 15 septembre 1784 et qu'il pensait publier, à quoi il finit par renoncer pour les mêmes raisons.[27]

LA « MYSTIQUE » TRANSCENDANTALE : PREMIÈRE RECENSION DE LA *CRITIQUE DE LA RAISON PURE*

Dans la préface de la première édition de *Critique de la raison pure*, Kant propose d'appréhender le scepticisme et le dogmatisme, deux problèmes qui s'opposent, ainsi qu'un troisième, l'indifférence

---

[26] ZH IV, p. 317. En dépit de leurs nombreuses différences tant intellectuelles que personnelles, il est clair que Hamann tenait Kant en haute estime; Kant, de son côté, accepta généreusement d'autoriser le fils de Hamann à assister gratuitement aux cours qu'il donnait. Hamann écrivit donc à Herder que, « en dépit du vieil Adam que constitue son œuvre, il est un homme d'une serviabilité, d'un altruisme et d'une bonté authentiques, en plus d'être un homme de cœur doté de [nombreux] talents et mérites » (ZH V, p. 432).

[27] La *Métacritique* ne fut publiée qu'en 1800 par Friedrich Theodor Rink, un professeur de philosophie kantien de Königsberg, dans un volume qui portait le titre de *Mancherley zur Geschichte der metacritischen Invasion. Nebst einem Fragment einer ältern Metacritik von Johann Georg Hamann, genannt der Magus in Norden, und einigen Auffsätzen, die Kantsche Philosophie betreffend* [N.d.t. : Mélanges concernant l'histoire de l'invasion métacritique. Dont un fragment contenant une métacritique plus ancienne de Johann Georg Hamann, le dit Mage du Nord, et quelques essais concernant la philosophie kantienne]. Rink espérait, en soulignant que Herder devait beaucoup à Hamann, discréditer la *Métacritique* en deux parties de Kant que Herder avait lui-même rédigée et qui fut publiée en 1799. Voir *HMK*, pp. 199s.

[*Indifferentismus*], qu'il qualifie de « mère du chaos et de la nuit, »[28] d'une nouvelle manière. De façon spectaculaire, il se propose de faire surgir ordre et « illumination » de ce « chaos » et de cette « nuit, » et même de révolutionner les sciences, leur offrant enfin un solide appui, à travers une autocritique de la raison :

> [Ce siècle] demande à la raison de reprendre à nouveau la plus difficile de toutes ses tâches, celle de la connaissance de soi-même, et d'instituer un tribunal qui, en assurant ses légitimes prétentions, repousse toutes celles qui sont sans fondement, non par une décision arbitraire, mais au nom de ses lois éternelles et immuables, en un mot la *Critique de la raison pure* elle-même. Je n'entends point par là une critique des livres et des systèmes, mais celle de la faculté de la raison en général, considérée par rapport à toutes les connaissances auxquelles elle peut s'élever *indépendamment de toute expérience.*[29]

Les intentions de Kant sont certes remarquables à certains égards, si l'on considère, d'une part, l'héritage contestable de la métaphysique de Wolf et, d'autre part, la menace du scepticisme. Hamann et Kant avaient tous les deux compris que, pour être « sauvée, » la raison avait besoin d'un bon bain « critique » (Kant) ou « métacritique » (Hamann) qui lui ferait prendre conscience des limites au-delà desquelles elle ne serait plus sûre. Néanmoins, il existait entre eux une différence de taille : Alors qu'aux yeux de Hamann, le sauvetage de la raison ne pouvait être opéré que grâce à l'éclairage de la foi et à condition que la raison se soumette à la révélation qui lui *fournit* la matière nécessaire à ses réflexions, Kant pensait que la raison pouvait « se sauver elle-même » à travers sa capacité d'autocritique. En somme, Kant peut être qualifié de pélagien d'un point de vue philosophique, dans la mesure où il croit que la raison est suffisante, ne nécessite ni la grâce subjective de la foi, ni la grâce objective de la révélation, et peut donc définir ses propres lois immuables a priori en

---

[28] Kant, *Critique de la raison pure*, traduction de Jules Barni (Paris : éditions G. Baillière, 1869), [7].
[29] Ibid (p. 8). Cf. p.70 : « Il ne faut pas non plus chercher ici une critique des livres et des systèmes de la raison pure, mais celle de la faculté même de la raison pure. »

faisant abstraction de toutes traditions et de l'expérience.

Néanmoins, Hamann considère que le *proton pseudos*[30] de la philosophie de Kant réside dans le caractère « autoréférentiel » de la raison qui affirme son indépendance face à l'expérience, à la tradition et au langage (et donc à toutes les contingences historiques qu'ils impliquent); par conséquent, Kant a lui-même grand besoin d'un bain *méta*critique. Kant affirme certes clairement qu'il ne parle pas d'une « critique des livres et des systèmes, » une critique dans le sens où on l'entend habituellement, mais plutôt d'une critique philosophique pure des « facultés de la raison en général »; néanmoins, Hamann s'oppose à l'idée selon laquelle Kant serait un être abstrait qui dispose d'un accès au domaine de la pensée à l'état pur, et non pas un critique en chair et en os qui s'inscrit dans une tradition interprétative. Nous verrons en effet que pour Hamann, la « raison pure » ou raison *in abstracto*, n'existe pas; son existence s'inscrit nécessairement dans une tradition interprétative. Il l'exprime ainsi : « Les enfants deviennent des adultes, les jeunes filles des épouses et les lecteurs des auteurs. En conséquence, la plupart des livres nous offrent un aperçu réaliste des capacités et des dispositions de l'individu qui ont marqué sa manière de lire et son aptitude actuelle à la lecture. »[31] Dans l'esprit de Hamann, l'œuvre de Kant ne représente en rien une auto-clarification glorieuse de la raison et de ses lois immuables, mais révèle plutôt le talent de lecteur d'Emmanuel Kant (c'est-à-dire sa capacité d'assimilation d'une tradition *préalable*), professeur à Königsberg qui vit à quelques pas de là, et son talent d'écrivain (qui en est la conséquence).[32] Ainsi, plutôt que d'introduire la *Critique* historique (que Kant affirme être « la solution de la question de la possibilité ou de l'impossibilité d'une métaphysique en général et la détermination de ses sources, de son étendue et de ses limites, tout cela suivant de

---

[30] N.d.t. : L'erreur initiale et fondamentale.
[31] N II, p. 341.
[32] Il est intéressant de noter à cet égard que Hamann approuve le *Discours de la méthode* de Descartes dans la mesure où ce dernier y relate son expérience mentale sous forme d'une histoire qu'il a imaginée lui-même. Voir Oswald Bayer, *Autorität und Kritik: Zur Hermeneutik und Wissenschaftstheorie* (Tübingen: Mohr-Siebeck, 1991), pp. 39–42, 67–71, 89–97.

fermes principes ») par la bouche d'un oracle intemporel, Hamann choisit sciemment d'en réaliser une recension *littéraire*.

Hamann débute sa recension en citant *une note de bas de page* tirée de la préface de Kant. « Notre temps, » écrit Kant, « est le véritable [*eigentliche*] temps de la critique, à laquelle tout doit se soumettre. La religion, grâce à sa sainteté, la législation, grâce à sa majesté, veulent toutes deux se soustraire à celle-ci; mais elles attirent alors un juste soupçon envers elles et ne peuvent prétendre à une admiration non dissimulée que la raison n'accorde qu'à ce qui a supporté son examen libre et public. »[33] Cette remarque peut paraître secondaire, mais ce n'est pas en vain que Hamann choisit de la mettre en exergue. En plus de ce qu'elle nous révèle à propos du regard pré-déconstructiviste que Hamann a l'habitude de porter sur les choses, cette note indique que la *Critique* de Kant contient des *éléments sous-jacents, subtils* mais subversifs. Certes, Kant *déclarait* avoir l'intention de signaler les erreurs auxquelles s'expose la raison lorsqu'elle est séparée de l'expérience et de s'assurer qu'elle cesse de courir après les *entia rationis*.[34] C'était la *genetivus objectivus*[35] du titre moqueur de son œuvre : Il proposait une critique de la raison, de la dialectique qui lui était propre et de sa tendance à tomber dans l'illusion métaphysique, dans la continuité de son œuvre *Les rêves d'un visionnaire* (1977) où, s'opposant à Swedenborg, il avait émis une critique similaire.[36] Hamann nous révèle néanmoins à travers cette note de bas de page quelle est la *genetivus subjectivus*[37] du titre de Kant : En réalité, la critique interne *de* la raison est au service d'une critique politique radicale *de la part de* la raison. En d'autres termes, Kant a pour objectif de reconstruire les fondements de la raison, de les solidifier, de les débarrasser de toute contradiction interne, afin que la raison puisse à nouveau exercer son rôle de juge autonome de la

---

[33] Johann Georg Hamann, « Recension de la critique de la raison pure, » dans *Aesthetica in nuce, métacritique du purisme de la raison pure et autres textes*, traduction de Romain Deygout (Paris : Librairie philosophique J. Vrin, 2001), p. 145.
[34] N.d.t. : Les choses de la raison.
[35] N.d.t. : La source objective.
[36] *Critique de la raison pure*, B, pp. 350ss.
[37] N.d.t. : La source subjective.

tradition juridique et religieuse. Hamann s'aperçut immédiatement des implications politiques et révolutionnaires de l'œuvre philosophique de Kant, bien qu'elle paraisse obscure au premier abord. En effet, si la critique *de* la raison en venait à atteindre son objectif, alors toutes les revendications préalables de la tradition seraient forcées de se soumettre *à* l'examen approfondi de la raison. De plus, s'il s'avérait que les revendications en question échouent devant le tribunal de la raison (c'est-à-dire dans le cas où elles ne pourraient subsister face à une raison laïque purifiée et exaltée, dépassant les contingences de la tradition, aussi *impossible* que cela puisse paraître), alors une tradition plus ancienne n'aurait plus aucune chance de recevoir l'aval politique ou l'approbation *publique*. Il se pourrait certes que des individus embrassent cette tradition de manière *privée* en tant qu'avis *subjectif*; mais, quel que soit l'effet déterminant qu'elle ait eu sur un peuple ou une culture, ou son influence productive dans l'exercice de la charité, et bien qu'elle soit puissamment attestée par des prophètes et des saints, l'on refuserait, au nom des préceptes de la « saine raison, » de lui accorder une quelconque valeur *objective* dans le domaine de l'Etat ou des politiques publiques.

En lisant la *Critique* de Kant comme un simple ouvrage de philosophie théorique, il serait facile d'en conclure à une neutralité impartiale de sa part, car il semble qu'il mène au sein de l'éther de la pensée *à l'état pur* une enquête purement rationnelle; Kant devient ainsi le nouveau Moïse, pénétrant dans le tabernacle céleste de la pensée et transmettant au peuple profane l'architecture divine, transcendantale, du modèle qu'il y a observé. Hamann soutient néanmoins que la philosophie de Kant est en réalité un effort rhétorique très sophistiqué dont l'objectif est bien plus mondain et donc *impur*, puisqu'il s'agit de promouvoir un programme politique tendancieux qui, pour être approuvé par l'opinion publique, doit se doter de métaphores stratégiques (comme celle de l' « illumination »), d'un slogan accrocheur (*sapere aude*[38] *!*) et d'une mystagogie abstraite (appelée « méthode transcendantale ») qui permet de revêtir ce qui est

---

[38] N.d.t. : Aie le courage de te servir de ton propre entendement.

commun d'une aura de mystère, ainsi que du mythe d'une raison universelle accessible à tous de manière égale et immédiate. Voilà ce qu'indique, bien que de manière sous-entendue, toute l'œuvre de Kant, et ce que révèle cette note de bas de page. Hamann observe avec ironie que si Kant en venait à réussir, le monde accueillerait sa philosophie « magique, » qui prétend apporter soudainement une solution à deux mille ans de débats philosophiques, comme une « nouvelle révélation, » « plus sainte que la religion, plus majestueuse que la loi » :

> La connaissance, qui ne s'occupe pas des objets eux-mêmes, mais des concepts *a priori* des objets, s'appelle *transcendantale* et la *Critique de la raison pure* est l'idée complète d'une *philosophie transcendantale*. Sous ce nouveau nom, la vieille [*verjährte*] *métaphysique* passe brusquement du statut *deux fois millénaire de terrain* de disputes infinies à celui d'*inventaire ordonné systématiquement de tous nos avoirs* par la *raison* pure – et s'élance sur les ailes d'une *généalogie* et d'une *héraldique* assez abstraite pour atteindre une dignité monarchique et l'espoir olympique « de vivre, la seule de toutes les sciences, son accomplissement absolu [...], sans tours de passe-passe, » ni de *talismans magiques*, comme dit le savant *Helvetius* – « mais tout à partir de principes » – plus saintement que la religion, plus majestueusement que la loi.[39]

Hamann se montre ici très sarcastique. Il ne peut s'empêcher de s'amuser de la présomption de Kant qui pense avoir soudainement trouvé la solution à deux mille ans de débats métaphysiques, comme s'il ne s'inscrivait pas lui-même dans cette tradition. Il ne peut pas non plus s'empêcher de couper, par le biais de la satire, « les ailes » de sa « généalogie [...] assez abstraite » qu'il compare ailleurs, de manière assez improbable, à Melchisédék, « sans père ni mère ni race »[40] –

---

[39] N III, p. 277. Cf. *Critique de la raison pure*, A xii, xx. Hamann fait ici référence à l'œuvre de Claude Adrien Helvétius, *De l'Homme dans Œuvres complètes* (Londres, 1777), volume 3, p. 143. Voir *HMK*, p. 99. N.d.t. : J. G. Hamann, « Recension de la critique de la raison pure, » p. 145.
[40] N III, p. 133.

comme s'il était possible d'accéder à la pensée sans passer par la tradition qui lui a donné ses formes. Dans la mesure où Kant affirme soudainement avoir résolu les problèmes historiques de la métaphysique, d'une manière que l'on pourrait presque qualifier de « magique » – une affirmation remarquable mais qui s'avère finalement assez naïve – Hamann laisse entendre que la philosophie de Kant peut elle-même être comparée à une sorte de « tour de passe-passe » alors que ce dernier répudie explicitement les « arts magiques auxquels je n'entends rien. »[41]

Par conséquent, l'une des premières choses que Hamann reproche à Kant est de se comporter comme un magicien involontaire; à ses yeux la *Critique*, comme tout tour de magie, repose sur une illusion. Cette accusation porte, d'une part, sur l'affirmation de Kant qui déclare soudainement avoir résolu les problèmes philosophiques dont il a hérité, comme si, une fois la *Critique* publiée, tous les débats philosophiques cessaient. D'autre part, il reproche à Kant d'« assimiler les phénomènes et les concepts, les éléments de notre connaissance, pour les fondre 'en un transcendantal quelque chose = x', dont nous ne savons absolument rien et ne pouvons de toute façon rien savoir, dès qu'il est séparé des données sensibles. »[42] En d'autres termes, Kant fait disparaître les choses comme le ferait un bon magicien, puisqu'il conduit le monde phénoménal à un *point de convergence* transcendantal, qui appartient au seul domaine de la pensée, un noème = x transcendantal et pur. Il est vrai que Kant a pour but, par le biais de cet « objet transcendantal, » de réunir les deux sources de la connaissance que sont les sentiments et l'entendement.[43] Néanmoins, Hamann considère qu'en conséquence du « tour de magie » qu'est la philosophie puriste de Kant et du « penchant mystique [qu'il a pour] la forme vide, » « tout le *contenu* » de la *Critique* n'est « rien d'autre qu'une forme *sans contenu*. »[44] La magie transcendantale de Kant ne

---

[41] *Critique de la raison pure*, A xiii.
[42] *Critique de la raison pure*, A, p. 250. N.d.t. : J. G. Hamann, « Recension de la critique de la raison pure, » p. 145.
[43] Voir *HMK*, p. 95.
[44] *HMK*, p. 111. C'est nous qui soulignons. N.d.t. : J. G. Hamann, « Recension de la critique de la raison pure, » p. 146.

produit pas des résultats aussi glorieux qu'il l'aurait voulu ; à la lumière de ce qu'affirme Hamann dans *Konxompax*, Kant a, en réalité, conjuré un horrible spectre à deux visages : Soit un « *rien aveuglant* » ou « *quelque chose de vaniteux,* » soit un « un *rien matériel* ou un *quelque-chose d'intellectuel*, ce qui revient finalement au même si l'on considère le mécanisme du *sensus communis*. »[45] En ce sens, comme nous le verrons par la suite, il existe un lien théorique entre la philosophie de Kant (séparée par abstraction de tout contenu particulier donné par les sens ou la tradition) et le nihilisme.

Rares sont les lecteurs, il faut bien l'admettre, qui envisageraient d'établir un parallèle entre la *Critique* de Kant au contenu réfléchi et un ouvrage de magie ou de mysticisme. D'ailleurs, dans un passage de la *Critique* (A 314), Kant rejette de manière explicite la « déduction mystique » des Idées prônée par Platon. Pourtant, Hamann déclare que « [Kant] *ne réalise pas* qu'il fait preuve d'un enthousiasme bien plus éperdu à propos du temps et de l'espace que Platon [à propos] du monde intelligible. »[46] Toute la *Critique* peut donc être interprétée comme un ouvrage de *mystagogie*. La méthode transcendantale de Kant en est la première manifestation, puisqu'il cherche à se détacher des sens et de l'expérience commune de manière ascétique pour contempler la forme dénudée des choses, l'« objet transcendantal » auquel l'on a retiré toute détermination et tout contenu particulier. En second lieu et en vertu d'une mystagogie plus sublime encore, Kant, en tant que hiérophante de la « raison pure, » s'étant purifié des impuretés des sens, franchit l'obstacle de l'apparente contradiction entre les paralogismes et les antinomies de la « dialectique transcendantale » pour parvenir à l'« *idéal* de son *unité* mystique, » c'est-à-dire à Dieu, « le principe régulateur de tout son schématisme constitutif et de sa construction éthérée. »[47] Hamann considère, en effet, que la structure même de la *Critique* de Kant pourrait être considérée comme un reflet de la mystagogie du culte du tabernacle, dans la mesure où il s'agit d'une progression intérieure du « parvis » de la sensibilité, à savoir les formes de l'intuition, au « lieu saint » des

---

[45] N III, p. 219; cf. N III, p. 142. N.d.t. : *Sensus communis* : Sens commun.
[46] N III, p. 293.
[47] Ibid.

catégories transcendantales de l'entendement, au *sanctum sanctorum*[48] des principes régulateurs de la raison elle-même.

En somme, Hamann voyait la *Critique* comme une sorte de *tour de force*[49] magique et mystérieux, et l'on ne peut qu'imaginer la stupéfaction de Kant lorsque Hamann lui fit personnellement part de cette accusation.[50] Hamann écrit à Herder, décrivant cet évènement : « Il [Kant] m'a beaucoup témoigné sa confiance, bien que je l'aie quelque peu amusé la dernière fois en lui faisant part de mon approbation concernant la *Critique*, mais en rejetant le mysticisme que l'on y trouve. Il ne concevait pas qu'il puisse passer pour un mystique. »[51] Il est cependant important de ne pas minimiser l'importance et le sérieux des problématiques que Kant soulève. Par exemple, Hamann souligne dans le même contexte que la *Critique* constitue « un nouveau pas en avant, de la *tabula rasa* de Locke aux *formas* et aux *matrices innatas,* »[52] ajoutant qu'« ils sont tous deux dans l'erreur et ils ont tous deux raison, mais *en quoi* et *dans quelle mesure* ? »[53] Il distingue donc clairement quel est le problème qui se pose au niveau philosophique, à savoir la dialectique très ancienne entre la sensibilité et l'entendement, l'empirisme et le rationalisme, le réalisme et l'idéalisme, etc. Néanmoins, il considère également que ce débat interminable ne devient problématique que si l'on ne perçoit pas l'unité naturelle des opposés, entre les éléments matériels et formels, dans le miracle du *langage*, et c'est en cela que consiste sa contribution positive à cet éternel débat. Pour Hamann, les failles de la *Critique* de Kant sont donc la conséquence d'une mauvaise compréhension du langage. « Ici, le langage et l'artifice sont véritablement la *Deipara*[54] de la raison pure et scholastique, » affirme-

---

[48] N.d.t. : Lieu très saint.
[49] N.d.t. : En français dans le texte.
[50] Voir G-D, p. 289.
[51] ZH IV, p. 355.
[52] N.d.t. : *Tabula rasa* : Table rase; *formas* : Formes; *matrices innatas* : Origines innées.
[53] ZH IV, p. 294.
[54] N.d.t. : La Mère de Dieu.

t-il.55

Hamann reproche également à la *Critique* un certain manque d'honnêteté intellectuelle face au rôle de la foi, reprenant un débat qui l'avait déjà opposé à Kant dans ses *Mémorables socratiques*. Bien qu'il qualifie Kant de « Hume prussien, » étant donné que Kant avait déjà, selon lui, assimilé en grande partie le scepticisme de Hume, il considère que la position de Hume est préférable en ce qu'il avait « au moins dignifié le *principium*[56] de la *foi* et [l'avait] intégré à son système, » alors que « notre compatriote *ne cesse de se vanter* de son concept de *causalité* sans même y réfléchir. Ce n'est pas ce que j'appelle faire preuve d'honnêteté. »[57] En d'autres termes, Hamann fait l'éloge des réflexions de Hume selon lesquelles même les expériences les plus ordinaires de la vie requièrent une certaine foi, une certaine confiance dans les sens. Quelques vingt ans plus tôt, il écrivit à Kant, lui offrant sans doute son premier aperçu de la philosophie de Hume : « Le philosophe attique, Hume, a besoin de la foi ne serait-ce que pour manger un œuf ou boire un verre d'eau. »[58] Cependant, c'est précisément cet aspect qui fait défaut à Kant selon Hamann. Certes, Kant avait justement l'intention de *faire de la place* à la foi en délimitant convenablement la raison. Hamann soutenait néanmoins qu'il n'est pas possible d'exclure la foi, même dans un but méthodologique, puisqu'elle est intrinsèque à tout notre raisonnement depuis le début. De plus, Hamann avait compris que le fait même de tenter de séparer la raison de la foi (et du témoignage de l'histoire et des sens) finit par desservir la raison qui se voit soudain contrainte d'accomplir ce qu'elle ne sera jamais en mesure de réaliser, en dépit de tous ses efforts sisyphéens, à savoir se légitimer elle-même.[59] Hamann

---

[55] ZH IV, p. 294. Finalement, la « raison pure » telle que la définit Kant est liée au langage, puisque les problèmes auxquels elle s'intéresse sont le *fruit* de l'abstraction *du* langage, et que les réponses qu'elle *offre* sont, quant à elles, fondées sur une utilisation erronée et distordue du langage.
[56] N.d.t. : Principe.
[57] Ibid.
[58] ZH I, p. 379.
[59] Telle fut précisément l'opération postkantienne menée par Fichte et Hegel. Alors que l'ère de l'idéalisme allemand touchait à sa fin, Schelling se rendit compte à quel

anticipait la crise de raison qui allait suivre, puisque cette dernière, écrasée sous le poids d'une tâche aussi irréalisable, serait alors tentée par deux sortes de suicide théorique : Adhérer au nihilisme, d'une part (en remplissant le vide avec les nobles mensonges de la volonté de puissance), ou se soumettre à des fins purement immanentes, pragmatiques et technologiques, d'autre part.

Encore une fois, cela ne signifie pas que Hamann ne respectait pas la rigueur des recherches de Kant, ni qu'il n'accordait pas à ses questions une certaine légitimité, au contraire :

> De même, la décision quant à la simple possibilité ou l'impossibilité d'une métaphysique dépend toujours de la question complexe et inépuisée, à savoir : *Que* et *jusqu'à quel point* peuvent connaître l'entendement et la raison, libérés de toute expérience ? Que puis-je réaliser avec la raison, si toute matière et toute assistance de l'expérience me sont enlevées ? Y a-t-il des connaissances humaines indépendamment de toute expérience – des formes indépendamment de toute matière ?[60]

Hamann souligne néanmoins que la philosophie de Kant n'est pas aussi innovante que l'on pourrait le croire. Il remet en cause l'enthousiasme que Kant manifeste à l'égard de la méthode analytique en tant que telle, comme s'il s'agissait *là* du but ultime de la raison, comme s'il était possible d'accéder à une connaissance certaine et

---

point cet effort était vain et affirma qu'un nouveau départ, sous la forme d'une « philosophie positive » comme il l'appelait, était nécessaire. Mais il était trop tard : La philosophie s'était déjà engagée sur la voie qui allait la mener à Nietzsche et à la perspective du nihilisme.

[60] N III, pp. 277s. Hamann n'était pas un empiriste au sens strict du terme, comme le souligne Bayer (*HMK*, p. 105). Dans une lettre à Jacobi, il écrit (ZH VII, p. 165) : « Est-il possible de connaître sans principes rationnels ? – pas plus que *sensus sine intellectu* [N.d.t. : Pas plus que les sens [n'existent] sans l'entendement]. Les êtres complexes ne sont pas capables de simplement ressentir, et encore moins de simplement [c'est-à-dire immédiatement, intuitivement] connaître. Au sein de la nature humaine, il est tout aussi impossible de séparer la sensibilité de la raison que de séparer la raison de la sensibilité. »

infaillible en découpant les choses pour en isoler les éléments constitutifs et en tentant par la suite de les reconstituer :

> Un secret est-il vraiment caché dans la *differentia specifica*[61] entre jugements analytiques et synthétiques, un secret qui ne serait venu à l'esprit d'aucun des anciens ? *Prius* et *posterius*,[62] analyse et synthèse ne sont-elles pas des *correlata* naturels et des *opposita*[63] fortuits, mais les deux, comme la *réceptivité* du sujet au *prédicat*, fondées sur la *spontanéité* de nos concepts ? Les *ideae matrices* et les *ideae innatae*[64] ne sont-elles pas des enfants d'un seul *esprit* ? La *sensibilité* et l'*entendement*, les deux branches de la connaissance humaine, ne proviennent-ils pas d'une racine commune, mais qui nous est inconnue, si bien que les objets nous sont *donnés* par l'une et *pensés* (compris et conceptualisés) par l'autre : A quoi bon une séparation si violente et illicite de ce que la nature a assemblé ? Les deux branches ne vont-elles pas dépérir et se dessécher à cause de cette dichotomie ou division de leur racine transcendantale ?[65]

Bien qu'il ne développe pas son idée, il est évident que la racine commune dont parle Hamann fait référence, une fois de plus, au langage, au logos, qui unit de façon miraculeuse concepts et intuitions, entendement et sensibilité. La question que Hamann pose à Kant s'inscrit donc dans le contexte suivant : Au vu de ce miracle naturel (qui, selon Hamann, symbolise à son tour le miracle surnaturel de la *communicatio idiomatum*[66] de la nature divine et de la nature humaine en Christ, le Logos incarné), pourquoi diviser et séparer de manière si violente ce que la nature unit au moyen du langage ? Qu'apporterait une telle séparation ? N'entraînera-t-elle pas l'assèchement de la sensibilité et de l'entendement ?

La critique virulente de Hamann, qui s'accorde avec sa position

---

[61] N.d.t. : Différence spécifique.
[62] N.d.t. : Antérieur et postérieur.
[63] N.d.t. : Corrélats et opposés.
[64] N.d.t. : Les idées originelles et les idées innées.
[65] N III, p. 278.
[66] N.d.t. : Communication de propriétés.

profondément christologique, s'appuie sur la vision nuptiale qu'il a de la réalité (comme nous l'avons vu au chapitre 8) et sur les paroles de Christ dans l'Évangile : « Que l'homme donc ne sépare pas ce que Dieu a joint » (Marc 10:9).[67] C'est la raison pour laquelle il critique la méthode analytique de Kant et la *Scheidekunst*[68] de son époque. Bayer remarque que :

> Le caractère « adultérin » des contemporains de Hamann réside d'abord dans leur identité de *Scheidkünstler*.[69] Ils pensent [...] que la méthode qu'ils suivent est similaire à la chimie, leur permettant de 'séparer ce qui est empirique de ce qui est rationnel', l'*a priori* de l'*a posteriori*, les vérités historiques contingentes des vérités nécessaires de la raison, Jésus de Christ, le caractère humain de la Bible de son caractère divin.[70]

Par conséquent, « Hamann oppose son *Ehekunst*, » c'est-à-dire son « art du mariage » christologique, à la *Scheidekunst* de Kant.[71] La position fondamentalement chrétienne de Hamann – sa perception du mystère protologique du mariage, du mystère essentiel de l'union hypostatique et du mystère eschatologique de Christ et de son Eglise – explique pourquoi il écrivit à Herder : « *Jordani Bruni Principium coincidentia oppositorum* a pour moi davantage de valeur que toutes

---

[67] Cf. la remarque que Hamann adresse à Jacobi (ZH VII, p. 158) : « Ce que Dieu a joint, aucune philosophie ne peut les séparer; encore moins peut-elle unir ce que la nature a séparé. Le divorce et la sodomie [–] la forme philosophique élémentaire du péché originel, les œuvres infructueuses des ténèbres [–] pèchent contre la nature et la raison à travers l'*organis* [N.d.t. : L'instrument] de notre vie interne et externe, de notre être physique = notre nature et notre être métaphysique = notre raison. »
[68] N.d.t. : l'art de la séparation. Habituellement utilisé en chimie, ce terme désigne chez Kant la décomposition analytique du complexe en ses éléments simples.
[69] N.d.t. : les artistes de la séparation.
[70] Oswald Bayer, "Die Geschichten der Vernunft sind die Kritik ihrer Reinheit," dans *Acta des vierten Internationalen Hamann-Kolloquiums* (Francfort-sur-le-Main : Peter Lang, 1987), pp. 60s.
[71] *HMK*, p. 106.

les critiques de Kant. »⁷²

Jusque-là, nous avons abordé les points suivants de la recension de Hamann : La prétention *eschatologique* dont Kant fait preuve en pensant avoir soudainement trouvé une solution à des siècles de débat métaphysique; les *préjugés* qui jalonnent sa politique révolutionnaire; les tours de magie transcendantale qu'il opère et les conséquences *spectrales* qui en découlent; la méthode ascétique, *mystagogique*, presque religieuse, qu'il emploie; le fait qu'il *sous-estime* grandement la valeur du langage et de la tradition en tant que berceau de la raison; la *malhonnêteté* avec laquelle il met la foi entre parenthèses; le *nihilisme* qui émerge de sa philosophie; et, finalement, la manière problématique dont il *privilégie* l'analyse à ce que Griffith-Dickson qualifie très justement de « relationalisme » chez Hamann. Tout cela, Kant l'affirme avec une concision choquante. Il faut encore ajouter à son *puritanisme* le *gnosticisme* ou le *manichéisme* implicite qui caractérise sa méthode presque alchimique. Hamann la décrit ainsi : Pour Kant, « l'expérience et la matière sont donc l'élément *habituel* à partir de l'isolement duquel la *pureté* recherchée doit être trouvée et la *forme* subsistant pour la propriété et l'usage de la faculté de la raison est, pour ainsi dire, la *terre vierge* qui doit recevoir le futur système de la raison pure (spéculative), sous le titre de *métaphysique de la nature*, dont la *Critique* actuelle n'est que la propédeutique. »⁷³

Hamann souligne néanmoins d'une manière métacritique que la *Critique* n'est *pas* pure en réalité, puisqu'elle est le produit de la tradition. Il en révèle l'hypocrisie à travers les lignes suivantes : « Mais puisque tout le contenu ne peut être rien d'autre qu'une forme sans contenu, n'est-il donc pas vrai qu'aucun n'est plus indiqué que le produit [*Gemächte*] de la forme artistique scolastique et qu'aucun schématisme n'est plus pur que la synthèse du tripode syllogistique apodictique ? »⁷⁴ En d'autres termes, bien que Kant affirme que ses principes sont purs – Hamann compare la naissance miraculeuse de

---

⁷² ZH IV, p. 462.
⁷³ N III, p. 278. Cf. *Critique de la raison pure*, B, p. 25. N.d.t. : J. G. Hamann, « Recension de la critique de la raison pure, » p. 146.
⁷⁴ N III, p. 278. N.d.t. : J. G. Hamann, « Recension de la critique de la raison pure, » p. 146.

ces principes sur lesquels l'expérience et la tradition n'ont eu aucune influence à une sorte de parthénogenèse – il a emprunté certains éléments non seulement à la logique aristotélicienne, mais aussi à la tradition scolastique que pourtant il rejette.[75] Voilà la raison pour laquelle Hamann accuse les philosophes modernes traditionnels de faire preuve d'une hypocrisie évidente, à commencer par Descartes : Leur prétention de bâtir un nouveau fondement pour soutenir la science est en réalité malhonnête, puisqu'ils se servent des matériaux des philosophes qui les ont précédés. Hamann suggère, à travers l'usage audacieux du terme *Gemächte* qui réfère aux organes génitaux, qu'il s'agit là des *pudenda*[76] embarrassants de la « raison pure » et de la *Critique* en général, de ces parties obscures et honteuses que Kant a dissimulées, à savoir le lien de dépendance non reconnu qui unit la raison à la tradition. Nous retrouvons une fois de plus le thème de la honte qui sillonne toute l'œuvre de Hamann; il attend presque systématiquement les *Aufklärer* au tournant, révélant, à leur plus grande gêne, ce qu'ils préfèreraient garder secret et exposant le lien de dépendance caché qui les unit aux contingences de l'histoire et de la tradition, alors même qu'ils prônent la pureté virginale de la raison, ainsi que son caractère nécessaire et universel. Hamann ne peut donc s'empêcher de comparer la philosophie des Lumières à un défilé extravagant, dans la mesure où les *Aufklärer* exhibent la raison aux détours des rues comme s'il s'agissait d'une relique, tentant simultanément de dissimuler leur pauvreté, leurs limites et leur nudité. C'est ce que l'œuvre de Hamann se destine à révéler et à exposer par le biais d'une méthode thérapeutique et métacritique. Socrate et Paul lui ont enseigné que la véritable connaissance commence lorsque l'on reconnaît l'ignorance et la faiblesse de la raison – sa *déchéance*, en somme. La raison ne peut être éclairée qu'à condition de s'exposer à la lumière d'une telle connaissance de soi qui mène à l'humilité.

Néanmoins, les « *pudenda* de la raison pure » désignent plus

---

[75] Cf. N III, p. 133 : « Puisque personne ne peut devenir un auteur sans censeur ni éditeur, si ce n'est à la manière de Melchisédék, sans père ni mère ni race – je dois désormais être un *philosophe* et demeurer muet face à 'cela, cette nouvelle ère [...].' »
[76] N.d.t. : Organes génitaux.

précisément dans ce contexte les paralogismes et les antinomies, à savoir les perpétuelles contradictions internes, apparemment insurmontables, auxquelles la raison est soumise et que Kant analyse dans sa dialectique transcendantale. Ils constituent un sujet de honte pour la raison, et Kant doit nécessairement surmonter cet obstacle pour satisfaire aux exigences de la science :

> Mais parce qu'une *pureté formelle* sans contenu ni objet doit nécessairement et « sans porter de faute » dégénérer en hypocrisie [*Scheinheiligkeit*], la *dialectique transcendantale* est en fait destinée à expliquer ce défaut héréditaire aussi méconnu qu'incurable, les vrais *pudenda* de la raison pure, c'est-à-dire ses *paralogismes*, au vu du moi psychologique, et ses *antinomies* par rapport à toutes les idées *cosmologiques per thesin et antithesin*, de même manière que cette guerre bizarre dans un vieux chant d'Eglise : Comme une mort dévore l'autre [*wie ein Tod den andern fraß*].[77]

Kant admet certes lui-même, en toute franchise, que les paralogismes et les antinomies sont, pour ainsi dire, les « parties honteuses » de la raison pure : « Il y a quelque chose d'affligeant et de bouleversant qu'il puisse exister une antithèse de la raison pure, et que celle-ci, bien qu'elle représente le tribunal suprême qui est l'arbitre de tous les conflits, doive entrer en conflit avec elle-même » (A 740). Hamann lui reproche néanmoins non pas d'avoir identifié cette dialectique mais de *l'avoir rendue naturelle*, comme le note Bayer.[78] En d'autres termes, Hamann considère que la dialectique de la raison met en exergue l'existence d'un véritable problème *hamartiologique* lié à la déchéance de la raison. Cependant, Kant cherche précisément à s'en acquitter, ce qui est nécessaire s'il veut que l'on puisse un jour admettre la fiabilité et l'autorité de la critique de la tradition *par la raison* laïque et au nom de cette raison. Il affirme donc que cette dialectique est une « illusion » inévitable et même naturelle (A 297).

---

[77] N III, pp. 278. Hamann réfère ici à un verset du cantique de Pâques de Luther : "Christ lag in Todesbanden" (N.d.t. : « Le Christ gisait dans les liens de la mort »). N.d.t. : J. G. Hamann, « Recension de la critique de la raison pure, » p. 147.
[78] *HMK*, p. 118.

De plus, il est évident qu'il la considère *uniquement* comme une illusion, et non pas comme un véritable problème dont elle n'a, selon lui, que l'*apparence*. Non seulement Kant couvre-t-il la honte d'une raison déchue en s'affranchissant de la question du péché, mais aussi, comme le souligne Hamann, la « transfigure »-t-il. Ainsi, il réalise au nom de la raison ce qui est du ressort de Dieu seul, à savoir absoudre la raison de tout péché et lui rendre sa gloire comme si elle n'avait jamais chuté. C'est la raison pour laquelle Hamann établit un contraste entre la « dialectique transcendantale » de Kant (par laquelle ce dernier affecte de transfigurer la honte de la raison au moyen d'une raison séparée de la foi) et la glorification véritable qui s'accomplit par l'*authentique* dialectique de Christ, vainqueur de la mort par sa mort.

Dans le dernier paragraphe de sa recension, Hamann rappelle un argument d'une importance primordiale qu'il avait exposé à Kant plus de vingt ans auparavant et qui explique sa position face à la philosophie des Lumières : A ses yeux, le rôle de la raison est semblable à celui que Paul attribuait à la loi, à savoir le rôle de « pédagogue pour [...] conduire à Christ » (cf. Galates 3:24). « La *théorie transcendantale* détermine les conditions formelles d'un système complet de la raison pure, [et] traite [...] d'une *discipline* qui se développe de manière tout à fait parallèle à la théorie paulinienne de la *discipline* de la *loi* [...], » écrit-il.[79] Pour Hamann, ni l'autocritique disciplinée de la raison ni la discipline extérieure de la loi ne se suffisent à elles-mêmes car, de la même manière que la loi met en lumière nos faiblesses morales et notre incapacité à l'accomplir, la raison et son autocritique ont pour objectif de révéler notre ignorance et la vanité de la connaissance intellectuelle en dehors de la foi. En conséquence, l'on ne peut qualifier ni la raison ni la loi de révélation définitive, puisqu'elles sont fondamentalement incomplètes. Leur objectif est plutôt, dans l'esprit de Hamann, la *praeparatio evangelica*.[80] Il écrit à Jacobi : « J'en ai tellement assez de répéter qu'il en est de même des philosophes que des Juifs; aucun d'entre eux n'a compris ce qu'est la *raison* ni ce qu'est la *loi*, ni pourquoi elles ont été

---

[79] N III, p. 279.
[80] N.d.t. : Préparation à l'Evangile.

données, à savoir pour faire connaître le péché et l'ignorance – non pas la grâce, ni la vérité, puisque celles-ci doivent être *révélées de manière historique* et ne peuvent être acquises ni par le raisonnement, ni par héritage, ni par le mérite. »[81]

Hamann conclut alors sa recension de la même manière dont il l'avait commencée, en émettant des réserves vis-à-vis des objectifs que Kant pense avoir atteints. En effet, il se targue, comme nous l'avons vu, d'avoir franchi avec succès l'obstacle de la dialectique qui oppose la Scylla du scepticisme à la Charybde du dogmatisme. Il prétend non seulement avoir évité ces deux dangers à l'aide de sa philosophie critique, mais aussi d'avoir apporté l'« illumination » à une époque marquée par le désespoir et l'« *indifférence* » [*Indifférentismus*], qu'il qualifie de « mère du chaos et de la nuit » (A x), et d'avoir ouvert la voie à une nouvelle ère fondée sur les sciences. Nous avons vu également pourquoi Hamann considère la philosophie critique de Kant erronée : Au lieu de démontrer que la foi et la révélation sont nécessaires à la raison, Kant a entrepris hypocritement de couvrir et de « transfigurer » la honte de la raison, et par là même d'enfler l'orgueil qui obstrue le chemin menant à la véritable connaissance.[82] Hamann poursuit par une allusion à la conclusion de Kant (A 856), remarquant avec ironie que : « Seule la *voie critique* était encore ouverte – ce nouveau chemin pédestre est tout aussi incommode comme voie royale [*Heerstraße*] qu'une piste de danse comme chemin pédestre ordinaire. »[83] En somme, la *Critique* ne transformera pas Kant en héros victorieux et s'attirera difficilement un tel succès de la part de l'opinion publique. Il ajoute donc que « le bonheur d'un écrivain consiste à être 'loué par *quelques-uns* et connu par *tous*' » et – il s'agit « du *maximum* du véritable état d'auteur et de critique » – «être

---

[81] ZH V, p. 326.
[82] Cf. N III, p. 189 : En référence à Sénèque, *Epistula LIII*, Hamann affirme dans *Doutes et idées* qu'il poursuit cette « *sagesse stoïque* qui unit de manière interchangeable l'*imbecillitatem Hominis* au *securitatem Dei* » [sic] [N.d.t. : La faiblesse de l'homme à la sécurité de la foi]. Cf. ZH VII, p. 339.
[83] N III, p. 279. N.d.t. : J. G. Hamann, « Recension de la critique de la raison pure, » p. 147.

compris par un *nombre infime.*»⁸⁴ Il va sans dire que Hamann avait vu juste. Considérant la « portée esthétique » de la *Critique* (c'est-à-dire le nombre important de pages et le travail immense que leur rédaction a représentés) et prévoyant que les efforts de son ami auront peu d'effet et s'avèreront finalement inutiles, il clôt sa recension avec une citation pertinente en deux parties, tirée de l'ouvrage de Perse puis de celui de Virgile : « O quantum est in rebus inane ! Sunt lacrumae rerum. »⁸⁵ Il est important de noter que Hamann s'était déjà servi de la première partie de la citation quelque vingt ans plus tôt dans les *Mémorables socratiques*, en tant qu'épigraphe. Cela montre que la boucle du débat entre Hamann et Kant est bouclée, mais que malheureusement, rien n'a changé.

LA MÉTACRITIQUE : L'HISTOIRE DES PURISMES DE LA RAISON EN QUELQUES MOTS

Hamann avait décidé, par respect pour Kant, de ne pas faire publier son œuvre; la *Critique* le préoccupant toujours, il avait commencé le brouillon de ce qui allait devenir l'une de ses œuvres les plus importantes et les plus significatives, à savoir la *Metakritik über den Purismus der Vernunft*. Hamann n'approuvait pas le puritanisme auquel Kant était enclin, comme nous l'avons vu, et de fait, le titre semble suggérer que la *Metakritik* traite justement d'un certain nombre de « purismes » douteux sur lesquels Kant s'était appuyé, selon Hamann, pour construire l'intégralité de son système de pensée. La signification du terme « métacritique, » un terme propre à Hamann qui est peu à peu entré dans le vocabulaire postmoderne par divers moyens secondaires, est moins évidente. D'une part, l'étymologie du mot μετά indique que l'œuvre est principalement une « post »-face à la

---

⁸⁴ N III, p. 280. N.d.t. : J. G. Hamann, « Recension de la critique de la raison pure, » p. 148.
⁸⁵ Perse, *Satires* I, 1 [N.d.t. : Ô combien la réalité est vide !], Virgile, *Eneide*, I, 462 [N.d.t. : Les larmes coulent au spectacle du monde. J. G. Hamann, « Recension de la critique de la raison pure, » p. 148].

Critique de Kant – de la même manière qu'à l'origine, Aristote intitula son œuvre *Métaphysique* pour indiquer qu'elle avait été rédigée « après » sa *Physique*. C'est sans doute dans ce sens que Hamann voulait que l'on comprenne sa *Metakritik*, en termes de *supplément* littéraire à ce qu'il considérait comme une œuvre *contingente* et *historique*. Hamann remarque ailleurs que le type de critique qu'il exerce, sa métacritique, peut être considéré comme une « relecture » (*Nach-lese*) ou une « parodie » (*Nach-Spott*) ou un « postlude » (*Nach-Spiel*).[86] D'autre part, ce terme nous renvoie également à la connotation traditionnelle du titre de la *Métaphysique* d'Aristote : La *Metakritik* cherche, elle aussi, à aller « au-delà » de la *Critique*, à la « dépasser. »

En 1782, une autre recension de la *Critique* qui témoignait du lien entre Kant et Berkeley fut publiée à Göttingen; cet évènement incita probablement lui-aussi Hamann à rédiger sa *Metakritik*.[87] Il semble qu'elle reçût l'approbation de Hamann, puisqu'il commence sa *Metakritik* en référant à la *dépendance* historique qui unit la philosophie prétendument *a priori* de Kant à l'idéalisme prôné par Berkeley avant lui : « Un grand philosophe a prétendu, 'que des idées générales et abstraites ne sont que particulières, mais liées à un mot particulier qui donne à sa signification plus de volume ou d'étendue, et en même temps nous en fait souvenir en considérant certaines choses particulières'. »[88] Il ajoute : « Cette affirmation de l'éléate, mystique et passionné [*schwärmenden*] évêque de Cloyne, *George Berkeley*, est tenue par *Hume* comme l'une des *plus grandes* et des *plus appréciables découvertes* qui aient été faites de notre temps dans la

---

[86] Citation tirée de *HMK*, p. 210. Cf. ZH IV, p. 340; N III, p. 401; N II, p. 83.
[87] Voir *HMK*, p. 216.
[88] N III, p. 283. Le « grand philosophe » dont parle ici Hamann est Berkeley; néanmoins, comme il ne possédait pas l'œuvre en question, la citation est en réalité un pastiche de Berkeley tiré de l'œuvre de Hume *Treatise of Human Nature* [N.d.t. : Traité de la nature humaine]. N.d.t. : Johann Georg Hamann, « Métacritique du purisme de la raison pure, » dans *Aesthetica in nuce, métacritique du purisme de la raison pure et autres textes*, traduction de Romain Deygout (Paris : Librairie philosophique J. Vrin, 2001), p. 149.

république des lettres. »[89] Si Hamann commence par une citation, ce n'est pas par hasard, comme le note Bayer, bien que cela puisse sembler peu original; il a ainsi l'intention de montrer que la pensée n'existe jamais à l'état pur, ce que Kant affirmait possible, mais qu'elle s'inscrit toujours dans une tradition donnée à laquelle elle réagit. L'on pourrait dire qu'il s'agit du premier argument métacritique de Hamann. Il écrit ensuite : « Il me semble, en effet, que le nouveau scepticisme est infiniment plus redevable à l'ancien idéalisme que cette circonstance fortuite et isolée ne le laisse penser superficiellement, et que sans *Berkeley* Hume serait difficilement devenu le *grand philosophe* pour lequel la *Critique* déclare une dette de même nature. »[90] Hamann déclare la même chose à Herder, avec des termes plus simples : « Une chose est sûre : Sans *Berkeley*, il n'y aurait pas eu de *Hume*, de même que sans *Hume*, il n'y aurait pas eu de *Kant*. »[91] Dans sa *Metakritik*, Hamann utilise de manière significative une série de qualificatifs tels que « fortuit, » « particulier, » « occasionnel, » « éphémère » pour souligner le contraste entre sa conception de l'intellect (dont le fonctionnement découle, d'après lui, des contingences historiques de notre *Sitz im Leben*[92]) et la conception kantienne de l'activité intellectuelle (qui se déroule dans l'éther formé par des concepts purs, nécessaires et universels).

Le deuxième argument métacritique de Hamann transparaît, lui aussi, dans les premières lignes de son œuvre où ressortent son empirisme, sa tendance normaliste[93] et, en conséquence, l'attention qu'il porte au rôle du langage. Selon lui, les idées abstraites et

---

[89] N III, p. 283. N.d.t. : J. G. Hamann, « Métacritique du purisme de la raison pure, » p. 149.
[90] Ibid.
[91] ZH IV, p. 376.
[92] N.d.t. : Milieu de vie.
[93] Voir par exemple ZH VII, p. 172 où Hamann écrit à Jacobi : « Un mot universel est semblable à une outre à vin vide que l'on modifie à chaque instant et que l'on étire au-delà de ses capacités jusqu'à ce que, absolument incapable de contenir plus d'air encore, elle finit par exploser; cela vaut-il vraiment la peine de se disputer à propos d'un sel si dépourvu de saveur et d'une outre à vin vidée de tout contenu ? »

universelles sont en réalité des idées particulières inextricablement liées au langage. Hamann considère que le *langage*, qui est un phénomène contingent, historique et a posteriori, peut être vu comme une catégorie transcendantale et a priori, dans la mesure où il nous est impossible de penser en dehors du langage. En revanche, soutenir que les termes abstraits ne dépendent pas du langage ou qu'ils se caractérisent par une pureté transcendantale revient, selon lui, à mal comprendre et à mal utiliser le langage commun.[94] Il déclare à Jacobi que « l'être, la foi et la raison [pris dans leur sens le plus abstrait] sont de simples relations que l'on ne peut analyser dans l'absolu puisqu'il ne s'agit pas de choses mais de conceptions purement scolastiques, de symboles non pas destinés à être admirés mais à être compris, d'aides qui doivent servir non à retenir notre attention mais à l'éveiller. »[95]

---

[94] D'après O'Flaherty, l'abstraction vient de la confusion qui existe à propos du rôle des termes relationnels : « Les indices les plus significatifs pour mieux comprendre la philosophie du langage, nous les devons à Hamann, au lien qu'il établit entre les abstractions et les relations et à son affirmation d'une relation réelle entre des objets réels (mais pas entre des entités abstraites). » Voir « The quarrel of reason with itself » [N.d.t. : Le conflit de la raison avec elle-même] dans *Neue Zeitschrift für Systematische Theologie und Religionsphilosophie* 30 (1988), p. 286. Voir aussi l'ouvrage de James C. O'Flaherty, *Unity and Language: A Study in the Philosophy of Johann Georg Hamann* (Chapel Hill: University of North Carolina Press, 1952), p. 48. O'Flasherty fait de son mieux pour expliquer la position de Hamann concernant la philosophie analytique, et l'une des lettres qu'il écrit à Bertrand Russell offre un bon résumé des conclusions qu'il a tirées de ses recherches : « En se basant sur la philologie et la logique, il est possible de prouver que les prépositions et autres termes relationnels agissent comme archétypes des abstractions [...]. C'est pourquoi toute terminologie véritablement abstraite est une terminologie relationnelle. » Dans une lettre datée du 2 décembre 1954, Russell exprime son accord avec cet argument.
[95] ZH VII, p. 173. Cf. ZH VII, p. 166, où Hamann écrit à Jacobi : « Affirmer *l'existence en soi* – [voilà] la relation la plus abstraite qui soit; elle ne mérite pas d'être comptée parmi les *choses*, et encore moins d'être considérée comme une *chose particulière*; et pourtant, [il s'agit du] *talisman* de ta philosophie qui, avec votre *croyance superstitieuse* aux *verba praetereaque nihil* [N.d.t. : Des mots et rien que des mots], constitue l'idole de vos concepts [...]. » En dépit des positions qu'ils partageaient en matière de foi, l'impatience que manifestait Hamann à l'égard de la nature abstraite de la philosophie de Jacobi était l'une des principales différences entre

Dans tous les cas, s'il est vrai que les termes abstraits peuvent s'avérer significatifs *à l'intérieur* du langage, Hamann ne conçoit pas qu'ils puissent en être isolés de quelque manière que ce soit.

L'on pourrait dire que, dans un sens, la position de Hamann se rapproche de la linguistique telle que la définissait Saussure et du post-structuralisme qui vit le jour par la suite; néanmoins, ce sont les fondements théologiques sur lesquels Hamann bâtit le langage qui permettent à ce dernier de ne pas être réduit à un « jouet » arbitraire et finalement absurde. En effet, le langage n'est jamais *un simple* langage pour Hamann, mais toujours simultanément une *révélation*. De plus, le langage, le logos, unit de façon mystérieuse le particulier à l'universel et constitue, comme Hamann le suggère lorsqu'il parle d'«un mot particulier, » une analogie mystérieuse avec le Logos qui établit un lien entre l'humain et le divin en se faisant chair. Il écrit à Jacobi que le langage, en particulier le langage poétique, est l'endroit mystérieux où se produit une « transmission et une *communicatio idiomatum* » entre « le spirituel et le matériel, » entre l'« extension » spatiale et la « signification » inhérente, entre le « corporel » et l'« intelligible. »[96] Reprenant la déclaration de Hume à propos de Berkeley, Hamann s'oppose donc à Kant en affirmant que la « *découverte importante* » de notre époque qui « se révèle à la perception générale » n'est autre que l'usage ordinaire que nous faisons du langage.

Après avoir analysé ces deux arguments métacritiques, nous commençons à voir où Hamann voulait en venir. Kant n'avait pas perçu que la tradition et le langage forment une partie intégrante de la raison, et ne discernait donc pas à quel point le lien qu'ils entretiennent remettait en cause la prétendue pureté de ses recherches. Kant pensait avoir mis à nu la structure intemporelle et transcendantale de la pensée; Hamann, quant à lui, considérait que Kant (un être humain bien vivant qui exerçait comme professeur, s'avérait être son ami et vivait quelques mètres plus loin) n'avait rien écrit de plus qu'un roman reposant sur sa propre intelligence et

---

eux.
[96] ZH VII, p. 158. Citée dans *HMK*, p. 225.

marqué par la manière dont il avait compris et assimilé a priori l'histoire de la philosophie qui l'avait précédé. Dans l'esprit de Hamann, nous n'avons donc pas un accès *pur et immédiat* à la structure transcendantale de la réalité, ni à cette chose appelée « raison. » Au contraire, notre manière de raisonner et l'objet de notre raisonnement ne peuvent pas être séparés du langage et de la tradition dont ils découlent largement. Il s'agit de l'argument fondamentalement métacritique de Hamann – l'on pourrait même dire qu'il s'inscrit dans un processus de « déconstruction. » Pour lui, le *proton pseudos* hypocrite de la philosophie de Kant, qui en ébranle les fondements dès le départ, est qu'il raisonne comme si ce n'était pas le cas, comme s'il existait vraiment un domaine de la pensée auquel il était possible d'accéder en faisant abstraction de toute expérience.[97]

Après avoir critiqué les piliers branlants qui supportent la philosophie de Kant, en portant d'abord son attention sur la prétendue possibilité d'une connaissance transcendantale a priori, puis sur la « puissante différence » entre jugements analytiques et jugements synthétiques, en passant par la prétendue possibilité d'accéder à une intuition aux formes épurées, Hamann s'attaque aux « purismes » qui permettent à Kant de s'introduire mystiquement dans le lieu saint de la raison pure et en explique l'histoire, comme s'il voulait indiquer que la raison prétendument pure ne l'est pas, en réalité, mais qu'elle est liée à l'histoire à laquelle elle cherche avec hypocrisie à échapper.[98] Il l'exprime ainsi : « La *première* purification de la philosophie a consisté, en effet, dans la tentative aussi bien incomprise que ratée de rendre la raison indépendante de tout héritage, de toute tradition et de toute croyance en celle-ci. »[99] S'il est clair que Kant fait usage de ce

---

[97] Hamann poursuit en s'appuyant avec ironie sur 1 Corinthiens 2:9 : « Parmi les *secrets cachés*, dont le traitement et plus encore la résolution ne sont encore parvenus dans aucun cœur philosophique, se trouve la possibilité d'une connaissance humaine d'objets de l'expérience *sans* et *avant* toute expérience et donc la possibilité d'une intuition sensible *avant* toute perception d'un objet » (N III, p. 283). N.d.t. : J. G. Hamann, « Métacritique du purisme de la raison pure, » p. 149-150.
[98] Voir *HMK*, p. 241. L'expression « puissante différence » est tirée des *Prolégomènes* de Kant (A, p. 40), publiés en 1783.
[99] N III, p. 284. N.d.t. : J. G. Hamann, « Métacritique du purisme de la raison pure, »

type de purification, il ne lui est pas propre; il s'agit en effet d'une caractéristique de la philosophie moderne depuis Descartes, et il remonte déjà à la doctrine anamnestique de la connaissance développée par Platon, si ce n'est plus loin encore. Pour Hamann, c'est à partir de ce point que l'histoire de la philosophie commence à dévier, puisqu'une position séparée de toute tradition n'existe pas et que soutenir une telle chose revient à faire preuve de l'hypocrisie la plus complète. De même, dans la mesure où il faut toujours une certaine foi lorsque que l'on s'adonne à la philosophie, quelle qu'elle soit, et où notre raisonnement s'inscrit inévitablement dans certaines présuppositions, il serait tout aussi hypocrite de nier l'existence d'une certaine foi dans la philosophie (comme nous l'avons vu).

« La *deuxième* [purification] est encore plus transcendante et débouche sur rien de moins qu'une indépendance face à l'expérience et son induction quotidienne, » écrit Hamann.[100] Il évoque ici la purification historique qu'il associe plus particulièrement à la déduction transcendantale de Kant :

> Car après que la raison a pendant deux mille ans cherché on ne sait quoi *au-delà* de l'expérience, non seulement *hésite*-t-elle brusquement face au parcours de ses ancêtres, mais encore promet-elle avec autant d'*audace* aux contemporains et même en peu de temps [de produire] cette *pierre philosophale* générale, indispensable au *catholicisme* et au *despotisme*, infaillible, à laquelle la *religion* va soumettre promptement sa *sainteté* et la *législation* sa majesté [...].[101]

Dans ses *Prolégomènes*, Kant affirme que sa philosophie est aussi différente de la métaphysique scolastique que la « chimie de l'alchimie » (A 190), comme le note Bayer, et se distancie implicitement de la quête mythique de la pierre philosophale.[102] Néanmoins, Hamann suggère, faisant écho aux arguments qu'il

---

p. 150.
[100] Ibid.
[101] Ibid.
[102] *HMK*, p. 257.

développe dans sa recension, que la philosophie de Kant recèle un caractère magique et même alchimique.

L'aspect « alchimique, » en premier lieu, réside dans les objectifs que Kant poursuit à travers cette philosophie. En effet, il cherche à trouver une sorte de « pierre philosophale » (dans le cas présent, un langage purement rationnel, universel et transcendantal, séparé par abstraction de tout langage particulier et qui a vocation à servir de fondement sûr aux sciences) à la manière de Don Quichotte; à cet égard, Hamann soutient que la philosophie de Kant est une tentative de fabriquer l'« arbre chimique de Diane » qui résulte, selon les alchimistes, de la cristallisation de l'argent.[103] Selon Bayer, Hamann utilise ce terme avec une ironie sous-jacente, puisque Diane, que l'on associe à l'argent dans le domaine de l'alchimie, est aussi la déesse de la lune, symbolisant ainsi, dans l'esprit de Hamann, la lumière pâle, dérivée et idolâtre de la philosophie des Lumières (dans la mesure où on lui attribue un caractère d'absolu).[104] Ce terme permet également à Hamann d'identifier de manière méta-schématique la philosophie de Kant au culte d'Artémis auquel Paul fut confronté à Ephèse, et Kant lui-même à l'opposant principal de Paul à cette occasion, Démétrius, « un orfèvre [qui] fabriquait en argent des temples de Diane » et en tirait un gain considérable (Actes 19:24ss). En somme, comme il l'avait fait dans les *Mémorables socratiques*, Hamann cherche à montrer que la philosophie de Kant constitue une sorte d'idolâtrie subtile mais dont il tire profit à titre personnel. Il endosse donc une fois de plus le rôle de prophète et s'adresse à Kant de la même manière que Daniel s'adressa à Belschatsar, un fervent adorateur des dieux d'argent, etc. (Daniel 5:23), lui faisant part de la signification de l'écriture sur le mur : « Malheur aux tyrans, lorsque *Dieu* s'en occupera ! Pourquoi Le réclament-ils donc ? *Mene, mene, tekel* aux sophistes ! Leur étalon [*Scheidemünze*] est trop facilement trouvé et leur bureau de change [*Wechselbank*] sera brisé ! »[105]

---

[103] N III, p. 287. Voir *HMK*, pp. 342s. N.d.t. : J. G. Hamann, « Métacritique du purisme de la raison pure, » p. 153.
[104] *HMK*, pp. 343s.
[105] N III, p. 284. Une fois encore, Hamann identifie le langage et la « richesse de la connaissance humaine » à une sorte de devise. Voir N II, p. 129. Le contexte implicite

En deuxième lieu, la philosophie de Kant peut être qualifiée d'« alchimique » dans la mesure où il s'agit d'une méthode transcendantale qui implique un processus de purification similaire; la seule différence réside dans le fait que le « rebut » qu'il faut éliminer pour obtenir la « pierre philosophale » est l'expérience phénoménale. Et finalement, la « magie » du processus tient, quant à elle, à la promesse du *renovatio*[106] de Kant, puisque, alors que les alchimistes soutiennent fermement que le processus de renaissance est extrêmement long (*longissima via*), Kant, lui, affirme qu'elle aura lieu du jour au lendemain.[107] Hamann écrit que « ce n'est qu'avec l'*aurore* de la révolution et de l'illumination imminentes promises que la rosée d'une langue naturelle pure doit renaître. »[108] Cependant, Hamann n'est pas de ceux qui attendent avec impatience que cette promesse s'accomplisse, puisqu'il compare sa réalisation non pas à une illumination mais à un nouveau « Lucifer » qui « se déguise en ange de lumière » (2 Corinthiens 11:14). Il voit plutôt dans la philosophie de Kant une pseudo-eschatologie provoquée encore une fois par la tentative aussi illégitime que trompeuse de manger de l'« arbre de la connaissance » (cf. Genèse 3:6), qu'il compare de manière prophétique, dans ce contexte, au figuier dans l'Evangile que Christ maudit parce qu'il ne porte pas de fruits (Marc 11:13).[109]

Néanmoins, aucun des « purismes » précédents n'est aussi extravagant et absurde que le troisième, le purisme historique final :

---

sur lequel il fonde sa réprimande prophétique est celui de Matthieu 12:36-37; dans le respect de ce passage, Hamann, qui n'écrivait que des *opuscula* [N.d.t. : Courts écrits], parle d'une « loi évangélique de l'économie » à son fils : « Mon enfant bien-aimé, chéris la loi évangélique de l'économie lorsque tu parles et que tu écris, rendant compte de toute parole vaine et superflue – de même que l'économie du style. Ces deux termes mystiques renferment tout l'art de la pensée et de la vie » (ZH V, p. 88). N.d.t. : J. G. Hamann, « Métacritique du purisme de la raison pure, » p. 150.
[106] N.d.t. : Renouveau.
[107] N III, p. 284. Voir Mircea Eliade, *The Forge and the Crucible*, 2nde édition. (Chicago: University of Chicago Press, 1978), p. 163.
[108] N III, p. 287. N.d.t. : J. G. Hamann, « Métacritique du purisme de la raison pure, » p. 153.
[109] Ibid.

« Le *troisième* purisme, le plus raffiné de tous et, pour ainsi dire, *empyréen* [sic], concerne donc encore le *langage*, le seul (premier et dernier) *organe* et critère de la raison, sans autres lettres de créance que la *tradition* et les *usages*. »[110] Hamann s'inspire ici des *Pensées nocturnes* d'Edward Young.[111] Il l'exprime à Herder de la manière suivante : « Tous ces discours à propos de la raison ne sont que du vent; le *langage* est son *organon* et son critère ! comme le dit Young. La *tradition* vient en second lieu. »[112] De la même manière, il écrit à Jacobi : « Je m'en tiens désormais à l'*élément* visible, à l'*organon* ou au *critère* – je veux dire au *langage*. S'il n'y avait pas la Parole, il n'y aurait pas de raison – pas de monde. Voilà la source de la *création* et du *gouvernement*. »[113] En plus de la résonance théologique de cette affirmation (cf. Jean 1:3), Hamann expose ici l'argument central de la *Metakritik* selon lequel la raison *dépend* du langage (et de la tradition); il est impossible de séparer la raison du langage. Griffith-Dickson remarque que « non seulement la raison sans le langage est-elle impuissante et incapable de fonctionner (le langage est l'*organon* de la raison), mais aussi la raison sans le langage n'est-elle même pas *raisonnable*, c'est-à-dire cohérente, douée de sens, articulée (le langage est le *critère* de la raison). »[114]

Il semblerait néanmoins que Kant l'ignore. Hamann compare la stupéfaction que lui inspire la philosophie de Kant au silence du

---

[110] N III, p. 284. Hamann s'oppose directement à Kant dans ce passage, comme le remarque Bayer (*HMK*, p. 271). Voir *Prolégomènes* A, p. 45. Dans cet extrait, les termes entre parenthèses indiquent une correction ultérieure que Hamann apporta au texte original. N.d.t. : J. G. Hamann, « Métacritique du purisme de la raison pure, » p. 150. Les parenthèses ne figurent pas dans la traduction de Romain Deygout; nous les avons rajoutées.
[111] Edward Young, *Night Thoughts, Or the Complaint and the Consolation* [N.d.t. : Pensées nocturnes, ou « La plainte » et « La consolation »], illustrateur : William Blake (Mineola, New York: Dover, 1975), p. 35 : « La pensée eût-elle été tout, la douce parole aurait été niée; la parole, le canal de la pensée ! la parole, aussi le critère de la pensée ! »
[112] ZH V, p. 108.
[113] ZH V, p. 95. Bayer indique que cette lettre constitue un parallèle particulièrement important à la *Metakritik* (*HMK*, p. 265). Cf. ZH VII, p. 49.
[114] G-D, p. 284.

philosophe antique Simonide; en effet, ce dernier, en réponse au tyran Hiéron, qui lui réclamait jour après jour une explication concernant la nature et l'existence de Dieu, lui demandait à chaque fois un délai de réflexion deux fois plus long que la veille.[115] Dans un premier jet, il l'exprima ainsi :

> J'ai expérimenté la même chose avec la raison pure que ce philosophe avec l'idéal de la raison. Plus il y réfléchissait, plus il était réduit au silence. Ses découvertes révèlent la terre de ce *côté-ci* de l'expérience; *au-delà*, il n'y a rien que du brouillard. Une *raison* sans *expérience* paraît aussi inconcevable qu'une *raison* sans *langage*. La *tradition* et le *langage* forment les véritables éléments constitutifs de la raison.[116]

On retrouve ces éléments dans la version finale de la *Metakritik* : « Mais il en va presque de cette *idole* [c'est-à-dire la raison pure] comme de cette ancienne, l'*idéal* de la raison. Plus l'on passe de temps à réfléchir, plus profond et intérieur est le silence dans lequel l'on tombe, plus l'on perd toute envie de parler. »[117]

En plus du fait que Hamann accuse de manière prophétique la raison d'être une idole, il faut noter ici un élément dont il serait facile de ne pas s'apercevoir, vu la richesse du texte : Hamann vient de prouver, à travers cette série de purifications historiques, la pertinence de son argument, en exposant l'*histoire* (la *généalogie*) de la *raison pure*. En d'autres termes, l'existence d'une histoire ou d'une évolution de la raison prouve précisément qu'elle n'est *pas* pure et ne l'a jamais été, mais qu'elle est immanquablement et fondamentalement marquée par l'histoire et la tradition. C'est d'ailleurs cela qui rend la postface que Kant ajoute à sa *Critique* (A 852-856), intitulée « L'Histoire de la

---

[115] Voir Cicéron, *De natura deorum* (Stuttgart: B. G. Teubner, 1980), Livre I, 22, p. 23. Hume relate la même histoire dans ses *Dialogues*.

[116] Citation tirée du brouillon A, réédité dans *HMK*, p. 157; ou dans Bayer, "Hamann's Metakritik im ersten Entwurf," *Kantstudien* 81 (1990), p. 437. L'expression « idéal de la raison pure » désigne Dieu chez Kant, qu'il considérait comme l'« objet de la théologie transcendantale » (*Critique de la raison pure*, A, p. 580).

[117] N III, p. 284. N.d.t. : J. G. Hamann, « Métacritique du purisme de la raison pure, » p. 150.

raison pure, » si étrange; Kant conclut son œuvre de façon presque ironique, renversant tout le raisonnement qu'il avait suivi jusque-là, puisque ses arguments reposaient sur la genèse de concepts purs et a priori (A 86). Kant remarque de manière singulière que : « Ce titre n'est placé ici que pour désigner une lacune au sein du système qui devra être comblée à l'avenir » (A 852). Ce fut bien entendu Hegel qui se chargea de cette tâche. Hamann fut néanmoins le premier à s'arrêter sur cette idée et à se servir des paroles de Kant lui-même – il s'agit là de son arme métacritique traditionnelle – pour ébranler les fondements de sa philosophie.

LA « PRIORITÉ GÉNÉALOGIQUE » DU LANGAGE

Dans la section suivante de la *Metakritik*, Hamann fait des mots de Kant un usage subversif similaire. Lorsqu'il expose les premiers arguments de sa « logique transcendantale, » Kant affirme que les intuitions et les concepts – plus exactement la « réceptivité des impressions » et la « spontanéité des concepts » – sont les deux sources qui déterminent la connaissance humaine (A 50). Aux yeux de Hamann, Kant, en établissant une distinction bien trop propre et minutieuse, oublie de prendre en compte le rôle du langage. En cela, la prétendue clarté de cette distinction est en réalité trompeuse et dissimule une confusion encore plus grande, puisqu'il n'est pas possible d'aborder efficacement le thème des concepts sans *également* s'interroger sur la relation qui unit les concepts au langage. Hamann s'emploie donc à replacer la question du langage au centre, corrigeant d'une manière frappante la célèbre citation de Kant comme suit :

> *Réceptivité* de la *langue* et *spontanéité* des *concepts* ! – C'est dans cette double source d'ambiguïté que la raison pure puise tous les éléments de sa justice propre [*Rechthaberei*], de son scepticisme [*Zweifelsucht*] et de son activité de critique de l'art [*Kunstrichterschaft*]; qu'elle produit, par une analyse tout aussi arbitraire et une synthèse du levain trop de fois vieilli, de nouveaux

phénomènes et météores de l'horizon changeant ; qu'elle crée des signes et des prodiges – créant toutes choses, détruisant toutes choses – avec le bâton magique mercurial de sa bouche ou la cuisse d'oie fendue entre les trois doigts scripturaux et syllogistiques de son poing herculéen – [118]

Il serait facile de perdre de vue le tranchant de l'argument philosophique de Hamann parmi toutes les déclamations humoristiques qui caractérisent son style allusif et imagé ; en effet, il soutient ici que la philosophie de Kant repose sur une *ambiguïté* entre le langage (le produit impur de l'histoire et de la culture) et les concepts (dont la prétendue pureté détermine le transcendantalisme de Kant), une ambiguïté qu'il ne reconnaît pas. Kant affirme que les concepts de l'entendement constituent une contribution *spontanée* à la connaissance humaine et qu'à travers eux il est possible de *penser* les objets de l'intuition (A 50). Néanmoins, n'est-il pas également vrai que ces concepts sont toujours *reçus* par l'intermédiaire du langage ? Ne sont-ils pas des *acquisitions* historiques et culturelles ? Dans l'esprit de Hamann, elles le sont effectivement ; c'est pourquoi il n'existe aucun concept purement spontané qui n'ait pas été reçu de manière « impure. » Paul le formule ainsi : « Qu'as-tu que tu n'aies reçu ? » (1 Corinthiens 4:7). Hamann considère donc que le *proton pseudos* de la philosophie de Kant réside dans ce qu'elle présuppose (à savoir la pureté des concepts de l'entendement) et dans l'*ambiguïté* profonde (entre le langage et les concepts) qu'elle ne parvient pas à distinguer. Telle est le fondement branlant sur lequel Kant s'appuie pour créer par magie de faux signes et de faux miracles.

---

[118] N III, pp. 284s. Bayer remarque que Hamann réfère à 1 Corinthiens 5:7 lorsqu'il fait référence au « levain trop de fois vieilli » (*HMK*, p. 283). Quant au « bâton magique mercurial [...] de sa bouche » (selon *HMK*, pp. 287s), il désigne à la fois l'impatience qui transparaît à travers la *Critique* de Kant et la « parole comme [...] une verge » messianique en Esaïe 11:4 ; la « cuisse d'oie fendue » renvoie aux effets néfastes que peuvent entraîner les abus de langage de Kant ; enfin, par « trois doigts scripturaux et syllogistiques de son poing herculéen, » il faut comprendre la sensibilité syllogistique de Kant et la force compulsive avec laquelle il en faisait usage. N.d.t. : J. G. Hamann, « Métacritique du purisme de la raison pure, » pp. 150-151.

Dans la mesure où Hamann identifie l'ambiguïté sous-jacente qui vient remettre en cause les distinctions bien définies que Kant avait établies et donc tout le fondement de sa philosophie critique, l'on peut considérer que son analyse métacritique de la *Critique* annonce *mutatis mutandis*[119] la « déconstruction » postmoderne. En effet, Hamann avait l'œil pour distinguer ambiguïtés fondamentales, métaphores dominantes et conséquences imprévues; il portait également une attention particulière aux notes de bas de page, aux notes marginales et aux faux-semblants et tromperies du langage. En plus et en conséquence du regard pré-déconstructiviste que Hamann avait l'habitude de porter sur les choses, remarquons que tous les systèmes de pensée imbus d'eux-mêmes et prétendument absolus recevaient de sa part une leçon d'humilité prophétique, si ce n'est d'humiliation; en cela, sa manière de faire peut être comparée à celle de Derrida. La section suivante en est un exemple : Hamann y souligne l'ambiguïté étymologique et le « défaut héréditaire » du terme « métaphysique. » Il montre non seulement que l'origine du terme est obscure et contingente d'un point de vue historique, c'est-à-dire que le sens de μετά en relation avec la *Métaphysique* d'Aristote est ambigu, mais aussi que « méta, » qu'il soit compris dans le sens de « derrière » ou de « à travers », est ironiquement un « pré-fixe. » Il écrit que : « Le nom *métaphysique* est déjà infecté par ce défaut héréditaire et cette lèpre de l'ambiguïté qui ne peut être améliorée ni encore moins transfigurée en remontant à son lieu de naissance qui se trouve dans la synthèse arbitraire d'un *préfixe* grec. »[120] En d'autres termes, de par son nom, une science comme la métaphysique, aussi sublime soit-elle, est d'ores et déjà déterminée par les ambiguïtés historiques et les métaphores spatiales issues de *ce côté-ci* de l'expérience.

Si donc la métaphysique ne peut prétendre à aucune pureté méthodologique, la philosophie critique reconsidérée de Kant le peut encore moins. En effet, sa philosophie prétendument « transcendantale » s'appuie sur les termes « a priori » et « a posteriori » alors que ceux-ci sont déjà déterminés par les métaphores

---

[119] N.d.t. : Une fois effectués les changements nécessaires.
[120] N III, p. 285. N.d.t. : J. G. Hamann, « Métacritique du purisme de la raison pure, » p. 151.

spatiales « devant » et « derrière. » Aux yeux de Hamann, l'aveuglement de Kant, qui se manifeste clairement lorsqu'il utilise le terme « question transcendantale » (A 268), ainsi que son incapacité à discerner les métaphores spatiales dont sa *Critique* prétendument pure est empreinte, constituent l'« *hysteron-proteron* »[121] de sa philosophie :

> Mais même en admettant que dans la question transcendantale il en aille encore moins de la différence empirique entre *derrière* et *à travers* que de celle entre *a priori* et *a posteriori* dans un *hysteron proteron* : C'est pourtant ainsi que se répand la tache de naissance du nom [métaphysique] du front jusqu'aux entrailles de la science toute entière, et sa terminologie se comporte par rapport à tous les autres langages, artistique, agricole, montagnard, scolaire, comme le mercure par rapport aux autres métaux.[122]

Autrement dit, puisque la « question transcendantale » prétendument pure de Kant s'appuie sur des distinctions spatiales de nature *empirique,* à plus forte raison la distinction tout aussi singulière qu'il établit entre a priori et a postériori dépend-elle d'un *hysteron proteron* – terme que Hamann utilise non seulement dans le sens où l'entendait Aristote, à savoir une logique fallacieuse, mais aussi pour désigner une ambiguïté fondamentale entre le « premier » et le « dernier, » a priori et a posteriori. En effet, l'on pourrait également renverser l'argument et affirmer que ce que nous connaissons a posteriori *précède* en réalité tout ce que nous croyons connaître a priori, et dire ainsi que Kant conçoit les choses « *le postérieur en avant.* »[123] Aux yeux de Hamann, il s'agit là de

---

[121] N.d.t. : *hysteron proteron,* du grec dernier / premier.
[122] N III, p. 285. Le terme *hysteron proteron,* qui signifie sommairement mettre la charrue devant les bœufs dans le cas d'un syllogisme non valable par exemple, est issu de l'*Analytica priora,* 64b d'Aristote. Nous y retrouvons, au milieu de ce qui semble être de la logique pure, des métaphores spatiales, comme s'il était impossible de raisonner sans elles. N.d.t. : J. G. Hamann, « Métacritique du purisme de la raison pure, » p. 151.
[123] N III, p. 280. N.d.t. ; J. G. Hamann, « Recension de la critique de la raison pure, »

l'ambiguïté (comparable à celle qui sous-tend le concept de métaphysique) qui affecte toute la *Critique* prétendument pure de Kant. En comparaison avec le « langage artistique, agricole, montagnard, scolaire, » où les mots revêtent un sens défini, déterminé par l'usage, la valeur de la terminologie philosophique abstraite de Kant est moindre. En ce sens, le vocabulaire instable et indéfini de Kant est comparable à du mercure liquide – encore une allusion à l'alchimie de Kant – par rapport aux autres métaux solides.[124]

Hamann remarque néanmoins que Kant n'est à l'aise ni avec les ambiguïtés du langage, ni avec l'indétermination métaphorique qui le caractérise, ni même avec la matière : La majeure partie, en somme, des éléments qui constituent la vie sur terre. Il assimile donc sa philosophie à une sorte de gnosticisme, une sorte de sensibilité fuyante qui nie la vie (l'on pourrait même parler d'une sorte de pathologie) et considère que les sens, l'histoire, le langage et même l'expérience sont en un sens impurs et ne se prêtent pas à la transmission saine de la vérité :

> Certes, de bien de jugements *analytiques*, l'on devrait conclure à une haine *gnostique* envers la matière ou à un amour *mystique* envers la forme : Pourtant, la synthèse du *prédicat* avec le *sujet*, en laquelle consiste le véritable *objet* de la *raison pure*, n'a comme concept de médiation, en tout et pour tout, rien qu'un froid préjugé en faveur des mathématiques, [dont] la certitude apodictique [consiste] principalement à désigner de manière presque cyriologique l'intuition la plus simple et la plus sensible et, par conséquent, à donner à voir et à représenter facilement sa synthèse et la possibilité de celle-ci sous la forme de constructions immédiates et de formules, dont l'intuitivité exclut de soi-même toute *incompréhension*.[125]

Il est frappant de noter ici que Hamann ramène la très ancienne

---

p. 148.
[124] Voir *HMK*, p. 294.
[125] N III, p. 285. N.d.t. ; J. G. Hamann, « Métacritique du purisme de la raison pure, » p. 151.

quête philosophique de la certitude mathématique à la réalité, en établissant un parallèle entre le *desideratum*[126] de la certitude et la définition « presque cyriologique [de] l'intuition la plus simple et la plus sensible. » Le terme « cyriologique, » assez étrange, apparaît déjà dans l'*Aesthetica*. Il est issu d'un ouvrage de Johann Georg Wachter, qui divise les différents stades de l'écriture pré-alphabétique en plusieurs catégories, et représente le degré de signification le plus simple, le plus primitif et le plus intelligible à échelle universelle qui soit.[127] Hamann veut dire ici que même la certitude mathématique dépend, en un certain sens, de cette certitude intuitive que nous assimilons à la simple sensation, ce qui signifie qu'elle se traduit forcément en exemples. C'est tout aussi vrai pour la géométrie qui ne peut s'empêcher de déterminer et de figurer « l'*idéalité* de ses concepts de points sans éléments, de lignes et de surfaces [...] grâce à des signes et des images empiriques. »[128] Hamann ajoute donc, comparant avec humour la quête de la certitude à celle, bien plus dégradante, de l'absurdité : « Enfin l'on comprend marginalement que si les mathématiques peuvent prétendre à un privilège nobiliaire grâce à son universelle et nécessaire fiabilité, même la raison humaine n'atteint pas le niveau de l'*instinct* infaillible et sûr des insectes. »[129]

Dans l'esprit de Hamann, le problème principal qui se pose avec le transcendantalisme de Kant, comme avec la métaphysique, est que la dimension empirique du langage humain n'y est pas suffisamment prise en compte; au contraire, Kant fait abstraction de cette dimension et donc d'un usage adéquat du langage commun. Par conséquent, il ne nous reste rien d'autre (« un quelque chose = x ») que ce que la « superstition transcendantale » nous propose pour le remplacer :

---

[126] N.d.t. : Objet très désiré.
[127] Johann Georg Wachter, *Naturae et scripturae concordia commentario de literis ac numeris primaevis* (1752). Bayer remarque dans *HMK*, p. 301 que Wachter s'inspire de la manière dont Clément d'Alexandrie décrivait des hiéroglyphes égyptiens dans ses *Stromates* (Livre V, §20).
[128] N III, p. 285. N.d.t. : J. G. Hamann, « Métacritique du purisme de la raison pure, » p. 151.
[129] N III, p. 285. Cf. *Critique de la raison pure*, A xv. N.d.t. : J. G. Hamann, « Métacritique du purisme de la raison pure, » p. 151-152.

> La métaphysique déforme tous les signes linguistiques et les figures du discours de notre connaissance empirique uniquement en hiéroglyphes et en types de rapports idéaux et transforme avec ces savantes sottises la *bonhomie* [*Biderkeit*] de la langue en un quelque chose = *x*, privé de sens, de fuyant, d'instable, d'indéfini, si bien qu'il ne reste rien qu'un murmure plein de vent, un jeu d'ombres magique, et au plus, comme le dit le sage Helvetius, le talisman et le rosaire d'une croyance superstitieuse transcendantale en une *entia rationis*, ses tuyaux percés et ses mots d'ordre vides.[130]

Kant reconnaît certes que les *entia rationis*, c'est-à-dire les objets conceptuels qui ne correspondent en rien à la réalité (par exemple les chimères et les licornes) posent problème,[131] et pour Hamann, telle est précisément la conséquence inévitable de la philosophie de Kant, dans la mesure où, puisqu'il a rejeté le monde phénoménal et empirique pour le remplacer par la seule raison, il ne reste plus qu'un « quelque chose = rien, » à savoir uniquement ce qu'il est possible de connaître à partir de la raison. Descartes et Kant considéraient certes qu'il était possible de rendre au monde son intégrité de manière rationnelle et donc crédible, puisqu'il avait été en théorie détruit et débarrassé de toute valeur immédiate. Cependant, Hamann ne partageait pas la foi qu'ils plaçaient dans le pouvoir créateur de la « *raison automatique*, » et à cet égard Nietzsche ne fit que reprendre un siècle plus tard ce que Hamann avait d'ores et déjà prophétisé, remarquant avec pertinence que « toutes les superstitions possibles sont bâties sur le néant. »[132]

Arrivé à la moitié de sa *Metakritik*, après avoir émis plusieurs critiques perspicaces concernant la méthode générale de Kant, Hamann relève une faille dans la préface de Kant (A xvii), s'arrêtant au moment où Kant se justifie de n'avoir pas examiné la question qui est aux yeux de Hamann la plus importante, à savoir : « Comment la *faculté* même de penser est-elle possible » ? Kant admet qu'il s'agit

---

[130] N III, p. 285. N.d.t. : J. G. Hamann, « Métacritique du purisme de la raison pure, » p. 151.
[131] Il décrit donc les *ens rationis* comme étant un « concept vide sans objet. » Voir *Critique de la raison pure*, A, p. 292.
[132] *KSA*, volume 7, p. 466.

d'une interrogation d'une « grande importance, » mais la contourne avec soin, comme le remarque Hamann, expliquant qu'elle n'est *pas essentielle* à son but principal, à savoir la question « capitale » et « permanente » de « savoir ce que et jusqu'à quel point l'entendement et la raison, libres de toute expérience, peuvent connaître. » Hamann écrit en réponse : « Il reste alors une question principale : *Comment la faculté de penser est-elle possible ?* - la faculté de penser *à droite et à gauche, avant* et *sans, avec* et *au-dessus* de l'expérience ? »[133] En somme, Hamann renverse l'ordre de priorité des questions de Kant. La question primordiale est donc de savoir « comment la faculté de penser est possible »; Kant choisit néanmoins de ne pas y répondre, et pour cause : S'il veut conserver la pureté de sa *Critique*, il ne faut *pas* qu'il tente d'y répondre. Hamann, quant à lui, y apporte une réponse, parfaitement conscient des implications qu'elle aura sur la pensée de Kant. Il renverse la philosophie de Kant à travers son argument central, affirmant qu'« il n'y a besoin d'aucune déduction pour prouver l'antériorité généalogique du *langage.* »[134] En d'autres termes, Hamann considère que le langage et toutes ses caractéristiques a posteriori *précèdent* la raison; il va plus loin encore, déclarant que le langage est également à l'origine des confusions conceptuelles dont souffre la raison et qui affectent notamment sa nature et son but. Il déclare donc : « Non seulement toute la faculté de penser repose-t-elle sur le langage [...] mais encore le langage est-il également le centre de l'*incompréhension de la raison avec elle-même* [...]. »[135]

Après avoir affirmé l'antériorité généalogique du langage, Hamann procède à nouveau à un remplacement provocant des termes clefs du vocabulaire de Kant par les siens. Alors qu'il est souvent question de temps et d'espace dans l'esthétique transcendantale de Kant, vus comme les formes pures de l'intuition a priori (A 22), Hamann écrit à son tour que : « Les *sons* et les *lettres* sont donc les formes pures *a priori* dans lesquelles rien de ce qui appartient à la sensation ou au

---

[133] N III, p. 286. N.d.t. : J. G. Hamann, « Métacritique du purisme de la raison pure, » p. 152. Nous avons cependant quelque peu modifié le texte de la version française qui n'était pas suffisamment fidèle au texte anglais.
[134] Ibid.
[135] Ibid.

concept d'un objet n'est approché, et ils sont les véritables éléments esthétiques de toute connaissance et de la raison humaines. »[136] Il va sans dire que Kant ne concevait en aucun cas que les sons et les lettres puissent relever de « formes pures *a priori* »; au contraire, il considérait qu'ils appartenaient directement au domaine « impur, » pour ainsi dire, de l'expérience quotidienne. Cependant, Hamann avait volontairement soulevé la contradiction, car s'il est possible que les sons et les lettres ne soient pas « purs » dans le sens où Kant l'entendait, ils constituent néanmoins le médiateur *esthétique* du langage qui détermine toute notre faculté de penser et forment les éléments indispensables de la connaissance humaine. Hamann ne nie pas ici la légitimité des concepts du temps et de l'espace; il rejette en revanche la position de Kant selon laquelle il faut, de manière transcendantale, tenter de les séparer de l'expérience concrète, sensible et artistique pour en faire des « formes pures, » alors que, selon lui, ils découlent originellement de cette expérience :

> La plus ancienne langue était la musique et, aux côtés du rythme sensible du pouls [*Pulsschlag*] et de la respiration dans le nez, [elle constituait] l'archétype corporel original de toute mesure de temps [*Zeitmaß*] et de ses proportions (numériques). La plus ancienne écriture était la *peinture* et le *dessin* et, en tant que tels, s'occupa très tôt de l'*économie* de *l'espace*, de sa limitation et de sa détermination par des figures. C'est pourquoi, grâce à l'influence tenace et débordante des deux sens les plus nobles, la vue et l'ouïe, sur toute la sphère de l'entendement, les concepts de *temps* et d'*espace* sont devenus aussi universels et nécessaires que la lumière et l'air pour l'œil, l'oreille et la voix, si bien que l'espace et le temps semblent être, sinon des *ideae innatae*, du moins des *matrices* de toute connaissance intuitive [*anschaulichen*].[137]

Ce passage rappelle très clairement l'*Aesthetica*, où Hamann écrit

---

[136] N III, p. 286. N.d.t. : J. G. Hamann, « Métacritique du purisme de la raison pure, » p. 152.
[137] Ibid.

que : « La poésie est la langue maternelle du genre humain; de même que le jardinage est plus ancien que l'agriculture, la peinture – que l'écriture, le chant – que la déclamation, les paraboles – que les syllogismes, le troc – que le commerce. »[138] Là encore, Hamann soutient que l'origine de la connaissance des sciences est plus élémentaire, plus *artistique*; que la philosophie moderne, quant à elle est, d'une certaine manière, tout à fait déconnectée de cet état primordial.

Dans les dernières sections de la *Metakritik*, Hamann répète et fait comprendre la thèse qu'il soutenait initialement dans sa recension, selon laquelle la philosophie de Kant, de manière aussi « violente » qu'« illégitime, » sépare en éléments discrets ce que la nature a volontairement joint à travers le miracle du langage – à savoir « ceux qui sont en notre pouvoir [*Gewalt*] totalement *a priori* » et « ceux qui ne peuvent être dérivés de notre expérience qu'*a posteriori* » (A 843). Il y aurait ici beaucoup à dire sur la tendance puritaine et implicitement violente de l'épistémologie moderne en général, Kant n'en étant qu'un exemple parmi tant d'autres; en effet, la connaissance n'est pas le fruit ici d'une fertilité conjugale paisible, dans le sens où Adam « connut » Eve (Genèse 4:1), ou dans le sens d'une « coïncidence des opposés » telle qu'en parle Franz von Baader, mais requiert une excision fanatique des éléments hétérogènes et une préservation scrupuleuse de la « propriété personnelle » (chez Kant, il s'agit de la « propriété de la raison, » non affectée par l'expérience phénoménale et sur laquelle nous exerçons un « pouvoir presque totalement *a priori* »).[139] A cet égard, l'épistémologie moderne entre

---

[138] N II, p. 197. N.d.t. : « *Aesthetica in nuce, Une rhapsodie en prose cabalistique* » dans *Aesthetica in nuce, métacritique du purisme de la raison pure et autres textes*, traduction de Romain Deygout (Paris : Librairie philosophique J. Vrin, 2001), p. 79.

[139] Parmi les différents termes qui traduisent le concept de pouvoir en allemand, aucun n'est porteur d'une connotation aussi violente que celui que choisit Kant, « Gewalt. » Hans Urs von Balthasar observe qu'il conçoit la connaissance comme « une forme de domination, un classement catégorique de la matière phénoménale, sans tenir compte des éléments qui 'apparaissent' (puisque cela est en soi inexplicable) ni de la raison *pour laquelle* ils devraient apparaître. » Voir *The Glory of the Lord: A Theological Aesthetics*, volume 5: *The Realm of Metaphysics in the Modern Age* (San Francisco:

précisément en complète contradiction avec une vision nuptiale et christologique : Tandis que les adeptes de la première considèrent que la *certitude* peut être trouvée dans ce qu'ils peuvent saisir et contrôler grâce à un *ars dominandi*[140] méthodologique, ceux qui embrassent la seconde trouvent la *vie* en suivant le chemin, la méthode véritable (Jean 14:6), selon un modèle *kénotique* qui *ne cherche pas à arracher* quoi que ce soit, comme Paul l'expose dans ce que l'on qualifie d'hymne christologique (Philippiens 2:6s). Ce contraste remonte déjà aux deux arbres du jardin d'Éden (Genèse 2:9), dont l'un constitue, d'une certaine façon, un type de la Croix. Ainsi, selon Hamann, la philosophie moderne persiste à faire fausse route, choisissant le mauvais arbre et tentant d'arracher le mauvais fruit. Il l'exprime de la manière suivante dans une lettre à Jacobi : « A cause de l'arbre de la connaissance, l'arbre de la vie nous est devenu inaccessible – et ce dernier ne devrait-il pas nous être plus cher que le premier [?] – nous qui sommes toujours prompts à suivre l'exemple du *vieil Adam* ... [refusant] de devenir des *enfants* à l'image du *nouvel Adam* [qui] devint chair et os et accepta de passer par la Croix. »[141]

Les affirmations de ce type ont évidemment alimenté les critiques de ceux qui considéraient Hamann comme un « irrationaliste. » Néanmoins, nous l'avons vu tout au long de cet ouvrage, Hamann ne s'oppose en rien à la raison en elle-même, mais à ce qu'il considère comme son utilisation erronée, cette fausse « raison » qui pense accéder à la « certitude » en « divisant et conquérant » méthodiquement et interminablement, suivant par là la logique de la Chute, ce qui entrave l'accès à l'« arbre de vie. » Tandis que la « raison scolaire » est divisée en deux catégories, l'idéalisme et le réalisme, la « raison véritable, » selon Hamann, « ne se préoccupe en rien de clivages aussi fictifs, » mais se caractérise par la vision d'une unité plus profonde. Il écrit à Jacobi :

Ignatius Press, 1989), p. 483.
[140] N.d.t. : Art qui doit dominer.
[141] ZH V, p. 265 ; cf. la lettre que Hamann adresse à Thomas Wizenmann : « A cause de l'arbre de la connaissance, nous sommes privés du fruit de la vie, et le premier ne permet *aucunement* de jouir de cette ultime *fin* et de cet ultime *commencement* » (ZH VI, p. 492).

> La *foi* a besoin de la *raison* autant que la raison a besoin de la foi. La *philosophie* comprend à la fois l'*idéalisme* et le *réalisme*, tout comme notre *nature* est constituée d'un corps et d'une âme [...]. La *raison scolaire* est divisée deux catégories, l'idéalisme et le réalisme, [mais] la raison juste et véritable ne se préoccupe en rien de clivages aussi fictifs, car ceux-ci ne s'appuient pas sur la *nature de la matière* et s'opposent à l'*unité* qui sous-tend, ou du moins *devrait* sous-tendre tous nos concepts.[142]

Hamann n'était donc pas un irrationaliste – cela ne devrait plus faire aucun doute. Il prévoyait, au contraire, que la « raison » *autonome* prônée par les Lumières allait s'effondrer; son œuvre prophétique était, par conséquent, destinée en grande partie à empêcher la raison de tomber dans l'autodestruction théorique et à convaincre ses contemporains d'abandonner la voie du nihilisme. Dans ce but, il ne cessait de souligner le lien de dépendance qui unit la raison à la foi et à la tradition. Le passage ci-dessus indique clairement également que Hamann figurait en toile de fond de l'idéalisme allemand qui puise son origine dans la tentative de surmonter le dualisme hérité de la philosophie de Kant. Il écrit à Jacobi : « Séparer la *foi* et l'*intuition* de la *pensée* relève de l'idéalisme pur. La *communion* [*Geselligkeit*] est le véritable *principium* de la raison et du langage qui modifie nos intuitions et nos conceptions. Telle et telle philosophies séparent constamment des choses qui ne peuvent en rien être séparées. Des choses sans relations et des relations sans choses. »[143]

LE LANGAGE COMME SACREMENT

Ce que nous venons de voir montre clairement que, selon Hamann, Kant commettait une erreur en « séparant ce que la nature a joint, » creusant un fossé infranchissable entre la foi et la raison, l'idéal et le

---

[142] ZH VII, p. 165.
[143] ZH VII, p. 174.

réel. Il est néanmoins tout aussi évident que Hamann n'aurait pas approuvé la tentative *rationnelle* de la part de l'idéalisme allemand d'unir ce que Kant avait divisé *au moyen d'une perspective idéaliste*. Pour surmonter le dualisme (qu'il considère dès le départ comme une abstraction irréelle), Hamann indique plutôt le « sacrement du langage. »[144] En conclusion de son *Dernier avis et testament du Chevalier de la Rose-Croix*, Hamann avait écrit : « Je continuerais bien à *métagraboliser* plus amplement et plus en profondeur, » mais « je me contenterai d'avoir trouvé et nommé l'élément du langage, l'A et l'Ω, la Parole. »[145] Cette fois, il conclut sa *Metakritik* de manière semblable, mais attribue désormais à Kant le fait de « métagraboliser » : « Ce que la philosophie transcendantale a métagrabolisé, je l'ai interprété, au bénéfice des lecteurs faibles, dans la perspective du sacrement du langage, des lettres de ses éléments, [et] l'esprit de son institution, et je laisse à tout un chacun le soin de déplier le poing serré sur une paume de main. »[146] En d'autres termes, alors que Kant a tenté de répondre au travers de sa *Critique*, en rédigeant des centaines de pages, aux questions de savoir comment les conditions subjectives de la pensée peuvent avoir une validité objective (A 89) et comment il est possible d'englober l'intuition d'un objet dans quelque chose d'aussi radicalement différent d'un point de vue générique qu'un concept (A 137), Hamann affirme qu'il y a pour sa part répondu de manière succincte en renvoyant le « lecteur faible »[147]

---

[144] N III, p. 289. N.d.t. : J. G. Hamann, « Métacritique du purisme de la raison pure, » p. 155.
[145] Voir l'analyse de Bayer, *HMK*, p. 414. Hamann emprunte le terme « métagraboliser » à Rabelais dans *Gargantua et Pantagruel*, chapitre 18, pour le transformer ensuite à sa convenance. Le terme grec originel, ματαιογραφοβολιζειν, peut se traduire approximativement par « ne rien sonder en écrivant, » c'est-à-dire par : Ecrire beaucoup à propos de rien.
[146] N III, p. 289. N.d.t. : J. G. Hamann, « Métacritique du purisme de la raison pure, » p. 155.
[147] Il ne faut pas considérer l'expression « lecteur déficient » comme péjorative, mais, comme souvent avec Hamann, comme ironique; en effet, le « lecteur déficient, » celui qui dépend des sens et ne se prête pas à l'éther pur de la philosophie transcendantale de Kant, comme Hamann lui-même, est en fait le lecteur « le plus fort » du point de

au sacrement du langage.[148]

Nous avons vu précédemment, dans d'autres chapitres, que le langage est un élément profondément spirituel aux yeux de Hamann. Dans ses *Deux piécettes*, Hamann considère que le langage est la « shekhinah, le tabernacle, le trône-chariot de nos sensations, de nos pensées et de nos concepts. »[149] Ici, Hamann conçoit néanmoins la nature sacramentelle du langage en termes d'union naturelle entre les aspects logiques et esthétiques de l'expérience :

> Les mots ont donc une faculté *esthétique* et *logique*. Comme objets visibles et audibles, eux et leurs éléments appartiennent à la *sensibilité* et à l'*intuition* [*Anschauung*], mais, selon l'esprit de leur *emploi* et de leur *signification*, à l'*entendement* et à la *conceptualisation*. Par conséquent, les mots sont aussi bien des *intuitions* empiriques pures que des *concepts* empiriques purs : *Empiriques* parce que l'impression de la vue ou de l'ouïe a ses effets grâce à eux; *purs*, dans la mesure où leur signification n'est déterminée par rien de ce qui appartient à ces sensations. Les mots, en tant qu'objets indéterminés d'intuitions empiriques, sont, selon les termes exacts de la raison pure, des *phénomènes* [*Erscheinungen*] esthétiques : Par conséquent, les mots sont, selon la ritournelle du parallélisme antithétique, en tant qu'objets indéterminés de concepts empiriques, des *phénomènes* critiques, des fantômes, des non-mots ou des mots monstrueux [*Nicht- oder Unwörter*], et ne deviennent des objets déterminés que grâce à leur emploi et à la signification de leur utilisation. Cette signification et sa définition proviennent, comme tout le monde sait, de la liaison d'un signe onomastique *a priori* arbitraire et indifférent, mais *a posteriori* nécessaire et indispensable avec l'intuition de l'objet lui-même et grâce à ce lien renouvelé, le concept, au moyen du signe onomastique comme au moyen de l'intuition elle-même, est communiqué à

---

vue christologique. Cf. 2 Corinthiens 12:10 : « car, quand je suis faible, c'est alors que je suis fort. »
[148] Voir *HMK*, p. 358.
[149] N III, p. 237.

l'entendement, l'en imprègne et y est incorporé.¹⁵⁰

Ce qui frappe immédiatement dans ce passage extrêmement dense, c'est que Hamann utilise les termes de Kant d'une manière subversive, faisant écho à ce qu'il avait identifié plus tôt comme étant l'*hysteron proteron* de la philosophie de Kant : Alors que ce dernier considère que les catégories nécessaires sont déterminées a priori, pour Hamann elles le sont a posteriori, à travers la tradition et l'usage. Quant à la façon dont Kant combine les éléments a priori et a posteriori dans l'événement du langage, elle est tout aussi frappante, car ce n'est pas l'œuvre schématique de l'imagination qui détient, selon lui, le rôle de médiateur entre l'entendement et la sensibilité, ni les concepts synthétiques a priori, mais c'est le langage qui unit l'« *a priori* arbitraire » (le signe) à l'« *a posteriori* nécessaire » (l'intuition et l'usage) pour faciliter par ce biais – par l'intermédiaire d'une intuition sensible – la compréhension conceptuelle.¹⁵¹

Une telle union semble, certes, aller à l'encontre de la raison (cf. 1 Corinthiens 1:18ss), mais Hamann considère, comme nous l'avons vu, que le langage, le logos (bien qu'il puisse se révéler trompeur), est ultimement analogue à l'union hypostatique de la nature divine et de la nature humaine dans le Logos incarné et constitue un échange merveilleux de propriétés ou d'idiomes. Hamann oppose à l'illumination trompeuse de la *Critique* de Kant sa propre compréhension christologique du langage ordinaire qui, pour lui, résout les contradictions internes de la raison :

> Sans pourtant attendre la visitation d'un nouveau Lucifer provenant d'en haut, sans porter atteinte au figuier de la *grande déesse Diane* ! le mauvais serpent de la langue commune du peuple, qui est près du cœur, nous donne la plus belle image de l'union hypostatique des natures sensible et intellectuelle [*verständlichen*]; de la *communicatio idiomatum* mutuelle de leurs forces; du secret synthétique des formes *a*

---

[150] N III, p. 288. N.d.t. : J. G. Hamann, « Métacritique du purisme de la raison pure, » p. 154.
[151] Voir G-D, p. 301.

priori et *a posteriori* qui se correspondent et se contredisent à la fois, avec la transsubstantiation des conditions et subsomptions subjectives donnant lieu à des prédicats et attributs objectifs grâce à la copule[152] ou à un ordre ou à un juron [*Macht- oder Flickwort*] pour raccourcir l'ennui et remplir l'espace laissé vide dans les galimatias périodiques [*sic*] per *thesin* et *arsin*.[153]

En d'autres termes, le mystère du *communicatio idomatum* (ἀντίδοσις τῶν ἰδιομάτων) de la nature divine et de la nature humaine de Christ constitue l'analogie la plus fidèle au mystère du langage.[154] Le terme « transsubstantiation » utilisé par Hamann renvoie également à cette union. Ici, néanmoins, ce ne sont pas des paroles spéciales de consécration, ni encore moins des concepts a priori synthétiques inutilement sophistiqués, qui permettent d'accomplir l'union entre le formel et le matériel, entre le concept et l'intuition, mais quelque chose d'aussi trivial qu'une copule ou un ordre ou même un juron. En effet, comme le souligne Bayer, ce que Kant cherche à résoudre en gravissant le sommet de la raison pure, Hamann a saisi que ces choses ont déjà été si merveilleusement offertes et figurent au milieu des banalités du langage de tous les jours.[155]

Là réside donc la différence théorique fondamentale entre Kant et

---

[152] En linguistique, une copule est un mot dont la fonction est de lier l'attribut au sujet d'une proposition. Par exemple, dans la proposition « Le ciel est bleu, » le mot « est » est une copule.

[153] N III, p. 288. Comme nous l'avons vu, Hamann considère que le langage peut être trompeur. Dans *HMK*, p. 352, Bayer remarque que l'expression « mauvais serpent » [*Busenschlange*] réfère à la fable d'Esope où un fermier découvre un serpent gelé, tente de le réchauffer en le tenant serré contre lui et finit par se faire mordre (*Corpus Fabularum Aesopicarum*, V, 2). Quant à l'expression « *per thesin et arsin,* » elle désigne, d'après Bayer (*HMK*, p. 361), le rythme ascendant et descendant du langage. Cf. ZH I, p. 366. N.d.t. : J. G. Hamann, « Métacritique du purisme de la raison pure, » p. 153.

[154] Voir *HMK*, p. 354. L'origine du terme ne remonte pas à Chalcédoine mais apparaît plus tard; on le retrouve, par exemple, dans l'ouvrage de Léonce de Jérusalem, *Contra Monophysitas* [n.d.t. : *Contre les Monophysites*].

[155] Voir *HMK*, p. 359.

Hamann : Tandis que le second aborde toutes choses sous un angle christologique – appliquant le principe du *communicatio idiomatum* de la foi et de la raison, de l'idéalisme et du réalisme, de la forme et de la matière, des concepts et des intuitions, de Christ et de son Eglise, et les concevant tous, en bref, en termes de mariage ou de *coincidentia oppositorum* (expression qu'il emprunte à Cues et Bruno) – le premier, cherchant un point d'appui définitif, fiable, logique, archimédien, un Δος μοι που στω[156] au travers de son « *idéalisme critique,* » recule devant la notion de mariage, plus trouble et plus liquide (l'on pourrait parler de transcendance ultime) et devant toute notion de réciprocité authentique pour s'enfermer dans la « tour et [dans] la construction logique » froide et glacée « de la raison pure. »[157] Hamann considère que le *proton pseudos* de la *Critique* est le suivant : La *Critique* de Kant cherche « à produire la forme d'une intuition empirique sans [référence] ni à son objet ni à son signe, à partir de la qualité pure et vide de notre état d'esprit externe et interne. »[158] Par conséquent, face à son vieil ami qui *rêve* d'une raison pure, Hamann écrit :

> Oh, que n'ai-je l'*action* d'un *Démosthène* et son énergie trine de l'éloquence, ou l'art mimique qui doit encore venir, sans les tintements panégyriques de la sonnette d'une langue angélique ! J'ouvrirais bien les yeux au lecteur pour qu'il voie peut-être – toute une série d'intuitions monter dans la forteresse de l'entendement pur et toute une série de de concepts descendre dans le profond abîme de la sensibilité la plus sensible, sur une échelle dont aucun créateur ne peut rêver – et la danse en rond de ces armées [*Mahanaim*] ou des deux armées de la raison – la chronique secrète et choquante de leur amour et de leur viol – et toute la théogonie de toutes les formes de géants et de héros de la Sulamite et de la Muse, dans la mythologie de la

---

[156] N.d.t. : « Donnez-moi un point d'appui. »
[157] N III, p. 289. N.d.t. : J. G. Hamann, « Métacritique du purisme de la raison pure, » p. 155.
[158] Voir *HMK*, p. 359. N.d.t. : J. G. Hamann, « Métacritique du purisme de la raison pure, » p .155.

> lumière et des ténèbres – jusqu'au jeu des formes d'une vieille *Baubô* avec elle-même – *inaudita specie solaminis*, comme le dit Saint *Arnobe* – et une nouvelle vierge *immaculée*, qui n'est vraisemblablement pas du tout une *Mère de Dieu*, pour laquelle la prenait Saint *Anselme*.[159]

En d'autres termes, Hamann voulait montrer à Kant que le langage est, lui aussi, le lieu d'un « merveilleux échange, » une « échelle » où les « intuitions montent » et les « concepts descendent, » de la même manière que les anges montaient et descendaient sur l'échelle de Jacob (Genèse 28:11ss), préfigurant la « descente dans les régions inférieures de la terre » de Christ et sa « montée au-dessus de tous les cieux. » C'est là que la dialectique très ancienne qui oppose l'empirisme au rationalisme, le réalisme à l'idéalisme, trouve sa solution, dans une compréhension christologique du langage qui unit à la fois des éléments formels et matériels. Néanmoins, le passage recèle encore davantage. En effet, la « liaison amoureuse » entre les concepts et les intuitions est consommée à travers une compréhension christologique du mariage; néanmoins, l'histoire de leur « relation, » c'est-à-dire l'histoire de la philosophie, a été le plus souvent une « chronique fastidieuse, » l'un tentant sans cesse de s'imposer à l'autre ou de prendre avantage aux dépens de l'autre.[160] La « raison automatique » de Kant représente néanmoins le rebondissement le plus récent et le plus inquiétant de cette « chronique fastidieuse. » Kant affirme lui-même que « la raison pure ne s'occupe en réalité de rien d'autre que d'elle-même, et ne saurait même avoir d'autre fonction [...]. »[161] Selon Hamann, cela révèle, métaphoriquement parlant, un autre type de

---

[159] N III, p. 287. N.d.t. : J. G. Hamann, « Métacritique du purisme de la raison pure, » p. 152-153. *Inaudite specie solaminis* : Une espère inouïe de consolation.
[160] L'on remarque ici encore que l'on ne peut pas réduire la position de Hamann au seul empirisme, pas plus qu'on ne peut le qualifier d'irrationaliste; il cherchait au contraire à unir de manière authentique l'empirisme à l'idéalisme, tout comme il cherchait à unir la foi à la raison.
[161] *Critique de la raison pure*, A, p. 680. Il est vrai que Kant écrit ces lignes au moment de traiter de la dialectique transcendantale; néanmoins, elles s'appliquent à la compréhension qu'il avait du fonctionnement de la raison en général.

perversion sexuelle, puisque la raison, représentée ici par la vieille Baubô, s'est repliée sur elle-même, poussée par une sorte d'affection propre. De ce « jeu en solitaire » émergent les concepts de l'entendement, par le biais d'une sorte de parthénogenèse a priori.[162]

Un dernier élément que nous pouvons retenir de ce passage, comme l'indique Bayer, est le fait que Kant, inspiré par la « raison pure, » sa « Sulamite » (Cantique des cantiques 6:13) et sa « Muse, » a créé sans le vouloir sa propre mythologie, dans la mesure où la *Critique* est née de l'« indifférence » que Kant nomme « mère du chaos et de la nuit » (Ax). Quoi qu'il en soit, le « logos » que Kant emploie dans sa philosophie n'est pas aussi pur qu'il voudrait le faire croire : Non seulement sa *Critique*, qui relève d'une philosophie de l'« illumination » et naît du « chaos et de la nuit, » est-elle marquée par les vieilles métaphores de la lumière et de l'obscurité, mais aussi ces métaphores sont-elles employées dans le cadre d'une histoire mythologique et olympienne, celle du triomphe de la raison sur l'« indifférence. » En somme, Hamann révèle au travers de sa métacritique ce que la philosophie de Kant cherche avec hypocrisie à dissimuler, à savoir l'inévitable corrélation qui unit le logos au *mythos*. Pour Hamann, un *Logos* humain qui pourrait se concevoir en dehors du *mythos* n'existe pas, pas plus qu'il n'existe un logos séparé de l'expérience, de la tradition, d'une foi implicite (ne serait-ce que la foi en la fiabilité des sens, en la raison ou dans la tradition au sein de laquelle la propre « raison » d'une personne s'est formée), et finalement, et ce n'est pas le moindre, de la dynamique historique, culturelle et fondamentalement métaphorique du langage. L'on comprend alors que Hamann ait été réticent à faire part de ses arguments métacritiques à Kant, puisque ces mêmes arguments, placés aux endroits stratégiques comme autant d'explosifs, furent activés par les critiques postmodernes et conduisirent finalement à l'effondrement de toute la structure de la philosophie kantienne.

La dernière phrase de la *Metakritik* contient une allusion obscure

---

[162] Arnobe, dans son *Adversus nationes*, livre V, p. 25, relate l'histoire obscène de Baubô, une femme légendaire d'Eleusis qui tenta d'impressionner Déméter en procédant à un geste de satisfaction sexuelle devant elle. Pour lire cette histoire en détails et bénéficier d'autres sources, voir *HMK*, pp. 370s.

mais pénétrante à l'autre jumeau de Hamann, *Golgotha et Scheblimini* publié en 1784, qui était alors sur le point de naître : « Mais peut-être le mur complet de séparation entre judaïsme et paganisme est-il [le résultat d'] un idéalisme similaire. Les Juifs avaient la parole et les signes; les païens, la raison et sa sagesse – (la conséquence fut une μεταβασις εις αλλο γενος,[163] dont la plus raffinée est transplantée dans le petit Golgotha). »[164] En d'autres termes, il semble y avoir une opposition dialectique entre le paganisme et le judaïsme : Alors que le judaïsme commence avec la *foi*, la révélation (« la parole et les signes ») et des évènements contingents de l'histoire, le paganisme (c'est-à-dire les philosophes païens et leurs héritiers modernes, les *Aufklärer*) a pour origine les « vérités éternelles de la *raison*. » Ces deux origines radicalement différentes et apparemment incompatibles constituent le « mur de séparation » (ou le « large et répugnant fossé ») que les *Aufklärer* comme Lessing étaient incapables de franchir. Hamann suggère néanmoins que « tout ce mur de séparation, » incluant le « mur de séparation » entre l'Eglise et l'Etat, résulte probablement d'un idéalisme tout aussi fallacieux. Autrement dit, il s'agit également, en fait, d'une illusion qui s'appuie sur les mêmes affirmations facties qu'il vient de déconstruire dans sa *Metakritik* au sujet des prétendues intemporalité, pureté et anhistoricité des vérités de la raison. Par conséquent, toute dialectique ultime qui oppose le paganisme (qua la quête des vérités éternelles de la raison) au judaïsme (qua la révélation historique) est amenée à s'effondrer. Et quand elle s'effondre enfin sous l'effet de la métacritique, lorsqu'elle finit par disparaître – comme le conçoit pleinement Hamann –, l'on aboutit à un *metabasis eis allo genos*, c'est-à-dire à un saut radical vers le christianisme vers lequel pointent le paganisme (qua la raison) et le judaïsme (qua la loi), et au travers duquel ils sont tous deux accomplis.

---

[163] N.d.t. : Passage à un autre genre.
[164] N III, p. 289. N.d.t. : J. G. Hamann, « Métacritique du purisme de la raison pure, » p. 155.

12
Politique métacritique : De la Jérusalem de Mendelssohn et de l'Etat laïque moderne

Si je t'oublie, Jérusalem, que ma main droite m'oublie ! Que ma langue s'attache à mon palais, si je ne me souviens de toi, si je ne fais de Jérusalem le principal sujet de ma joie !
Psaumes 137:5-6[1]

*J'ai reçu il y a aujourd'hui une semaine l'*Education de la race humaine *[de Lessing] ... Dans le fond, elle n'est autre que ce même vieux levain de notre philosophie moderne : Préjugés à l'encontre du judaïsme et ignorance du véritable esprit de la Réforme.*
Hamann à Herder[2]

    Hegel estimait que la dernière œuvre de Hamann, publiée sous le titre mystérieux de *Golgotha et Scheblimini*, était la plus significative, et dans sa perspective, il n'est pas difficile d'en comprendre la raison.[3] En effet, de la même manière que Hamann avait contesté radicalement la *Scheidekunst*[4] de la philosophie théorique de Kant dans son œuvre *Metakritik*, notamment la séparation fondamentale que Kant cherchait à opérer entre la raison d'une part et l'expérience, le langage, l'histoire et la tradition, de l'autre, il remet ici en cause de façon tout

---

[1] Cf. ZH VII, p. 475.
[2] ZH IV, p. 192.
[3] Hegel, « Hamanns Schriften » dans *Werke* (Francfort-sur-le-Main : Suhrkamp Verlag, 1970), volume 11, p. 321.
[4] N.d.t. : L'art de la séparation. Habituellement utilisé en chimie, ce terme désigne chez Kant la décomposition analytique du complexe en ses éléments simples.

aussi radicale une *Scheidekunst* similaire dans la philosophie politique de Mendelssohn. Hamann s'attaque en particulier à la distinction fondamentale que Mendelssohn établit entre les convictions personnelles [*Gesinnungen*] et les actions publiques [*Handlungen*], anticipant ainsi l'œuvre de Hegel, *Les Principes de la philosophie du droit*, dans laquelle ce dernier cherchait, lui aussi, à dépasser la séparation, propre à la philosophie des Lumières, entre la moralité interne et la légalité externe.[5] Dans *Golgotha et Scheblimini*, Hamann indique, en outre, que le christianisme permet de surmonter la dialectique entre le judaïsme (dans le sens d'une religion particulière et historique qui s'appuie sur la révélation) et la philosophie païenne (dans la mesure où celle-ci refuse d'accorder sa confiance aux données « contingentes » et équivoques fournies par les sens et l'histoire mais cherche à se baser sur les principes universels et abstraits de la raison). En effet, la dimension d'universalité qui manque au judaïsme, puisqu'il est lié à un peuple particulier, s'accomplit à travers le christianisme par la proclamation que Christ est la lumière des non-Juifs (Esaïe 42:6); quant au paganisme, il lui manque la connaissance déifiante (*gnose*) tant désirée du « Dieu inconnu » (Actes 17:23), et celle-ci est donnée par l'histoire à travers le seul vrai Dieu qui se révèle à Israël, révélation qui culmine avec la connaissance transformatrice et même déifiante de la gloire de Dieu sur la face de Christ (2 Corinthiens 4:6). En somme, d'une manière générale, bien que le paganisme et le judaïsme puissent paraître opposés à première vue (à l'image d'Athènes et de Jérusalem qui typifient la raison et la révélation), ils pointent aussi l'un vers l'autre et, dans ce sens, ils pointent au-delà d'eux-mêmes, vers le christianisme.

Que l'on adhère ou non à la manière dont Hegel envisageait l'histoire, qui est en fin de compte assez éloignée de celle de Hamann, il est incontestable que *Golgotha et Scheblimini* est l'une de ses œuvres les plus importantes.[6] Hamann écrit d'ailleurs qu'elle représente « le

---

[5] Voir Oswald Bayer, *Zeitgenosse im Widerspruch: Johann Georg Hamann als radikaler Aufklärer* (Munich: Piper Verlag, 1988), p. 193.

[6] L'œuvre de Stephen Dunning, *The Tongues of Men: Hegel and Hamann on Religious Language and History* (Missoula, Montana: Scholars Press, 1979), contient une étude comparative de Hamann et de Hegel à cet égard, ainsi qu'une étude de la

véritable contenu de mon œuvre tout entière, qui se résume à un *luthéranisme évangélique in petto.* »[7] Ayant rédigé son œuvre à l'apogée de la philosophie des Lumières, alors que l'Etat laïque moderne commençait à émerger et le christianisme, en conséquence, à s'effondrer, il traite de thématiques telles que la loi naturelle, les droits et devoirs des hommes et le lien entre l'Eglise et l'Etat, ce qui fait de son œuvre sa contribution la plus significative à la théologie politique. Hamann conteste dans cet ouvrage, et là réside sans doute son aspect le plus remarquable, le fait que la religion soit reléguée, suivant l'air du temps, à la sphère privée des sentiments subjectifs, ce qui implique – qu'on le veuille ou non – que la vérité révélée (et la vérité en général) n'a nul besoin d'être accompagnée de manifestations objectives, légales ou publiques. D'après Hamann, à cause de ce « mur de séparation » discutable, l'Etat est transformé en un « corps sans esprit et sans vie [...] et l'Eglise en un fantôme sans chair ni os. »[8]

En dehors de sa brièveté, l'œuvre *Golgotha et Scheblimini* peut être comparée à certains égards à *La Cité de* Dieu d'Augustin. En effet, tout comme *La Cité de Dieu*, l'œuvre traite du développement de l'histoire du monde, du rapport qu'entretiennent le paganisme et le judaïsme avec le christianisme et de la signification prophétique de Jérusalem. La seule différence à cet égard est que ce n'est pas contre les critiques romains ou les philosophes grecs que Hamann défend la réalité anagogique de Jérusalem, mais contre les rationalistes du mouvement des Lumières allemand basé à Berlin qui menaçaient de déposséder l'histoire en général, l'histoire d'Israël en particulier et même Jérusalem, la cité de Dieu, de toute leur signification prophétique, au nom d'un Etat laïque. En effet, sa défense de Jérusalem, qui représente par métonymie l'esprit de prophétie, contre la raison laïque fait ici figure de conclusion définitive à sa « croisade philologique. »

Golgotha et Scheblimini est née à la suite de la publication de l'œuvre de Mendelssohn, *Jérusalem, ou du pouvoir religieux et du judaïsme* (*Jerusalem oder über religiöse Macht und Judentum*), en

---

recension de Hegel par Hamann et la seule traduction en anglais de *Golgotha et Scheblimini* qui existe à ce jour.
[7] ZH VI, p. 466.
[8] N III, p. 303.

1783, et son intérêt réside dans le dialogue judéo-chrétien qu'elle exemplifie, un dialogue moderne, amical mais vigoureux, mené ici par deux amis, le premier étant le philosophe juif le plus éminent du siècle des Lumières et le deuxième, probablement son prophète et son critique chrétien le plus perspicace. Alexander Altmann, le premier érudit à avoir étudié la pensée de Mendelssohn, remarque que « Johann Georg Hamann, le 'Mage du Nord', fut l'opposant le plus virulent mais aussi le plus brillant à *Jérusalem*, et il saisit l'occasion pour porter un coup bien ajusté non seulement à Mendelssohn, pour qui il avait une grande affection, mais aussi à toute l'école de pensée des Lumières de Berlin [...]. »[9] En fait, non seulement *Golgotha* est-elle une métacritique pertinente de *Jérusalem*, mais aussi suit-elle l'argumentation de si près qu'elle ne peut être comprise qu'en relation avec *Jérusalem*. Herder le remarqua d'ailleurs : « Vous n'aviez jamais écrit une œuvre qui si clairement ... suive de manière aussi rapprochée le moindre mouvement de votre adversaire. »[10]

Jérusalem constitue, quant à elle, la première grande œuvre apologétique moderne destinée à la défense des Juifs européens, ce qui fait de Mendelssohn, selon les termes de Simon Rawidowicz, « le premier à avoir jeté un pont entre le judaïsme et le monde. »[11] Hermann Cohen observa, en effet, que *Jérusalem* « est l'expression théorique de la manière pratique et significative dont Mendelssohn influençait la communauté juive allemande et, par ce biais, les Juifs du monde entier. »[12] Bien que *Jérusalem* ait été écrite au nom des Juifs de la diaspora vivant dans le monde moderne, elle visait l'élite intellectuelle du mouvement des Lumières allemand, qui la reçut très positivement. Kant, par exemple, qui critiquait par ailleurs la philosophie de Mendelssohn, semble avoir considéré que l'œuvre était irréfutable.[13] Par-dessus-tout, Mendelssohn avait bénéficié du fidèle soutien de Lessing, un ami qui lui était proche et dont l'œuvre, *Nathan*

---

[9] *Jerusalem*, traduit en anglais par Allan Arkush (Hanovre et Londres : University Press of New England, 1983), p. 27, introduction et commentaire d'Alexander Altmann.
[10] ZH V, pp. 191s.
[11] Citation tirée de *HH* VII, pp. 32s.
[12] *HH* VII, pp. 24s.
[13] ZH VI, p. 228.

der Weise,¹⁴ constituait non seulement un appel à la tolérance et à la liberté religieuse mais aussi un hommage indirect à Mendelssohn lui-même. Décrivant leur première rencontre à Michaelis, Lessing le dépeint comme un « deuxième Spinoza, à qui il ne manquera aucun aspect pour atteindre une égalité complète, si ce n'est les erreurs du premier. »¹⁵

Etant donné que les objectifs de Mendelssohn étaient louables et que Hamann déconstruit, pour l'essentiel de *Golgotha et Scheblimini*, ses arguments les uns après les autres, il peut sembler de prime abord que Hamann se situait du mauvais côté dans ce débat. Néanmoins, pour bien comprendre son point de vue, il faut considérer que Mendelssohn avait initié la polémique dès les premières lignes de *Jérusalem* en critiquant l'obéissance aveugle des catholiques au « despotisme » de leur Eglise et la rébellion des protestants qui avaient, selon lui, sombré dans la confusion et dans l'incohérence ecclésiologique la plus complète.¹⁶ Rappelons-nous également que Hamann n'épargnait pas même Herder lorsqu'il pensait que la vérité était en jeu ou qu'une grave erreur avait été commise. Il écrivit à Nicolai : « La vérité est la mesure de l'amitié – et l'épée ouvre la voie à la liberté de la paix – *hanc veniam peimusque damusque vicissim*. »¹⁷ D'ailleurs, comme il l'indiqua plus tard à Jacobi, il ne visait même pas premièrement Mendelssohn, mais plutôt les critiques de la Babel berlinoise.¹⁸

Cela dit, Herder, bien qu'il fût parfaitement d'accord avec Hamann, s'inquiétait de la manière dont Mendelssohn allait réagir au style passionné, énergique et déclamatoire de son ami, craignant que Mendelssohn ne se trompe quant à ses intentions. Il lui écrivit :

> Si ce que vous avez décrit n'est pas la foi ancienne et pure, autant dire

---

[14] N.d.t. : Nathan le sage.
[15] Lettre à Michaelis, 16 octobre 1754, citation tirée de Moses Mendelssohn, *Schriften über Religion und Aufklärung*, édité par Martina Thom (Darmstadt: Wissenschaftliche Buchgesellschaft, 1989), p. 7.
[16] Voir *Jerusalem*, p. 34.
[17] ZH II, p. 194. Traduction : « Nous demandons tous deux cette faveur et l'accordons dans la vérité. » Cf. Proverbes 27:17, Colombe.
[18] ZH VI, p. 227.

> qu'il n'y en a pas. De la même manière, je suis parfaitement d'accord avec vous sur les principes de cette prétendue philosophie [...]; lorsque je lis ces débats philosophiques généraux, c'est comme si j'entendais quelqu'un évoquer un rêve, car aucun droit naturel, aucun état, ni aucune société d'une telle pureté, d'une telle clarté philosophiques, etc., etc., ne peuvent exister en quelque lieu que ce soit. En même temps, je suis préoccupé par la manière dont Mendelssohn recevra et comprendra cette affaire. J'ai la certitude qu'il peut vous comprendre, car il vous a compris dans le cas d'œuvres bien plus obscures; je n'éprouve aucun doute quant à l'amour qu'il a pour la vérité [...]. J'espère sincèrement qu'il vous répondra – et cela non pour moi-même, puisque votre œuvre me satisfait, mais pour d'autres et pour que les éléments les plus essentiels de notre labeur philosophique puissent se développer. Par ailleurs, j'espère que Mendelssohn ne prendra pas contre lui votre enthousiasme en la matière, car il semble qu'ici encore la véhémence de votre écrit parle d'elle-même.[19]

Herder avait de bonnes raisons de s'inquiéter. Il était délicat de se confronter à Mendelssohn, même dans le cadre d'un débat intellectuel honnête. Lavater avait publiquement tenté de le convertir en 1769 et Mendelssohn avait été attaqué sous de nombreux autres angles par des intellectuels moins nobles et pour des raisons moins louables. De son côté, Hamann ne désirait nullement s'attirer la colère d'un ami dont il avait grandement apprécié la présence au cours de l'été 1777, la décrivant comme son unique sujet de joie pendant cette période.[20] Il nous faudra donc expliquer de manière plus détaillée pourquoi il ne faut pas confondre les arguments que Hamann oppose à *Jérusalem* avec des intentions antisémites, pourquoi la polémique qu'il souleva ne sortit à aucun moment du cadre de l'amitié qui l'unissait à Mendelssohn et pourquoi *Golgotha et Scheblimini* peut légitimement être considérée comme une référence dans l'histoire du dialogue judéo-chrétien moderne.

Pour le moment, disons simplement que Hamann, avec son « génie d'une plus grande perspicacité, » selon les termes de Hegel, avait saisi

---

[19] ZH V, pp. 191s.
[20] ZH III, pp. 384s.

que l'enjeu dépassait la question des droits de l'homme ou celle de l'égalité pour les Juifs d'Europe.[21] Le fond du problème ne résidait pas là, bien que, comme nous le verrons, Hamann se méfiât fortement des discours sur les droits en général – la question n'était pas de savoir s'il fallait les concéder mais d'où ils devaient être inférés. En fait, Hamann décelait dans ces discours sur la tolérance, les droits, la liberté religieuse, qu'ils soient émis par Mendelssohn ou les *Aufklärer*[22] en général, un athéisme sous-jacent, dans la mesure où défendre la « religion naturelle » équivalait à ne défendre « aucune religion en particulier, » et dans la mesure où la sphère des droits dont se réclamait la raison en faisant abstraction de Dieu laissait *ipso facto*[23] la place à un contre-royaume autonome et laïque, une anti-Jérusalem, pour ainsi dire, où il n'existerait plus aucune forme d'obligation transcendante envers un Dieu transcendant. Il détectait au sein même des discours sur la tolérance, du moins dans le cas d'autres *Aufklärer*, qu'ils soient ouvertement athées ou des chrétiens libéraux, un antisémitisme implicite, des préjugés sur le judaïsme tout aussi profondément ancrés que ceux qu'ils avaient sur l'Eglise catholique romaine. Car, de leur point de vue, en vertu de la doctrine du progrès qu'ils prônaient, le fait qu'Israël affirme son identité particulière de peuple élu de Dieu, sans parler de ses écritures sacrées, que Voltaire tourna en dérision dans une satire bien connue,[24] représentait un affront et un obstacle à la société laïque dont ils rêvaient, une société bâtie non pas sur des doctrines et principes historiques ni encore moins sur le concept superstitieux de l'élection divine, mais sur les « principes fiables et universels » de la raison.

Bien évidemment, le judaïsme pouvait être toléré; comme toutes les religions particulières, il pouvait, lui aussi, être assimilé, à condition cependant qu'il cesse de prétendre revêtir une importance primordiale pour le monde entier, c'est-à-dire de s'affirmer porteur d'une révélation transcendante aux implications morales et politiques valables pour tous les êtres humains. En somme, il était permis au

---

[21] Hegel, « Hamann's Schriften, » p. 325.
[22] N.d.t. : Philosophes des Lumières allemands.
[23] N.d.t. : Par ce fait même.
[24] Voir Voltaire, *Sermon des cinquante* (Genève, 1749).

judaïsme de mettre ses propres commandements en pratique, comme s'il n'était qu'une religion parmi d'autres, mais il devait renoncer à se considérer comme une « alliance avec le peuple, [...] la lumière des nations » (Esaïe 42:6) pour se soumettre au dernier Nebucadnetsar en date, à savoir l'Etat laïque moderne qui ne privilégiait aucune religion à une autre. De telles conditions devaient paraître tout à fait intolérables aux Juifs et aux chrétiens orthodoxes, puisqu'ils considèrent que l'on ne peut réduire à une simple mythologie tribale la révélation de Dieu à Israël à travers laquelle Il dévoile sa propre nature; cette révélation doit au contraire être considérée comme une initiative divine objective et historique dont les implications s'étendent au monde entier. Néanmoins, il s'agissait de toute évidence d'un prix que Mendelssohn était prêt à payer : Dans le but de garantir leurs droits aux Juifs d'Europe, il sacrifia sa foi sur l'autel de l'Etat laïque en l'assimilant à une religion de la raison ; il affirmait, en effet, que la raison aurait pu aboutir à une telle religion *même si aucune révélation n'avait été donnée*. Mendelssohn risquait donc de faire disparaître la foi au profit de la raison et de renier non seulement le caractère prophétique et révélatoire de sa foi, mais jusqu'à la notion même de l'élection d'Israël – tout cela par intérêt politique.

Aux yeux de Hamann, cela revenait néanmoins à trahir totalement l'esprit du judaïsme. Dans la mesure où le judaïsme n'est pas simplement une religion de la raison ni le produit de la culture humaine, et où il n'est pas simplement un phénomène immanent mais une religion *prophétique* qui s'appuie sur la révélation historique d'un Dieu transcendant *qui se dévoile lui-même*, un Dieu qui est le Créateur de l'univers et non pas une divinité tribale, *il est absolument inconcevable* de traiter la révélation du judaïsme de la même manière que s'il ne s'agissait que de l'une d'entre toutes ces religions qui, en vertu d'un pluralisme indifférent, ont une valeur égale et sont donc également dénuées de sens. En effet, si le judaïsme est une religion révélée et que ses écritures sont inspirées par Dieu, alors il est impossible d'ignorer ses implications prophétiques pour le monde entier et même pour l'Etat moderne (cf. Livre de la Sagesse 18:4). C'est ainsi que Hamann, un chrétien, finit paradoxalement par défendre avec passion le judaïsme contre Mendelssohn, un prétendu défenseur des Juifs qui, selon Hamann, avait involontairement placé « une pierre d'achoppement devant les fils d'Israël pour qu'ils mangent des viandes sacrifiées aux idoles » (Apocalypse 2:14) – à savoir, en l'occurrence, les principes laïques de l'Etat moderne. Voilà pourquoi Hamann pouvait accuser Mendelssohn de manière hyperbolique, en dépit de ses nobles efforts pour défendre les droits des Juifs, de « *faire partie des croyants* qui placent leur foi dans l'esprit et l'essence d'un fanatisme païen, naturaliste et athée. »[25]

UNE SYNTHÈSE DE LA *JÉRUSALEM* DE MENDELSSOHN

Etant donné que *Golgotha et Scheblimini* consiste essentiellement en une métacritique « mosaïque » de *Jérusalem*, comme la décrit Hamann en jouant sur le nom de Moses Mendelssohn, il est nécessaire de réaliser ici une brève synthèse de ce texte significatif.[26] *Jérusalem* s'inscrit clairement dans la tradition établie plus en amont par d'autres apologètes en sa qualité de plaidoyer pour la tolérance religieuse envers les Juifs d'Europe. Menasseh ben Israel est l'un de ces apologètes avec son œuvre *The Vindication of the Jews*[27] (1656), traduite de l'anglais en allemand et publiée en 1782, accompagnée d'une importante préface de Mendelssohn lui-même. Néanmoins, l'ouvrage de Mendelssohn se distingue de ces apologies plus anciennes à plusieurs égards : Premièrement, il se sert des principes de la philosophie politique moderne pour élaborer une théorie des droits naturels qui lui sert de fondement pour sa doctrine de la séparation de l'Eglise et de l'Etat; deuxièmement, alors que les apologètes avant lui cherchaient à garantir aux Juifs un espace autonome et essentiellement insulaire (qui leur permettrait de continuer à obéir à leurs propres lois théocratiques) à l'intérieur de l'état moderne, Mendelssohn, curieusement, ne plaide *pas* en faveur de l'autonomie d'une communauté juive théocratique dans *Jérusalem* mais plutôt en faveur du démantèlement de toute loi théocratique (notamment le *Bannrecht* ou « droit d'excommunier, » dont disposaient les rabbins) et en faveur de la liberté de conscience pour tous les individus, y compris les Juifs, en tant que membres de l'Etat moderne jouissant de l'égalité avec les autres membres.[28]

---

[25] N III, p. 315.
[26] N III, p. 319
[27] N.d.t. : Justice pour les Juifs.
[28] Voir Allan Arkush, « The Jewish response to modernity » [n.d.t. : La réponse du

L'amitié qui liait Hamann à Mendelssohn ainsi que sa dénonciation prophétique de la persécution à venir des Juifs qu'il avait décrite plus de vingt ans auparavant dans ses *Ecrits de Londres* laissent à penser que Hamann aurait compris et approuvé le plaidoyer de Mendelssohn pour l'« admission civile » des Juifs.[29] La question des droits en général ne constituait donc pas pour Hamann l'enjeu principal ni la question spécifique des droits pour les Juifs européens – bien que la manière dont les droits en général étaient inférés le préoccupât beaucoup. Ce qui inquiétait Hamann, c'étaient les conséquences laïcisantes qu'impliquait l'argumentation de Mendelssohn, à commencer par le titre provocateur qu'il avait donné à son livre. En effet, le terme « pouvoir religieux » ne regroupait pas seulement le pouvoir théocratique que conservaient les rabbins dans l'acception de Mendelssohn, celui-là même qu'il tentait d'abolir, mais aussi toutes lois ecclésiastiques (*Kirchenrecht*), y compris celles qui régissaient l'Eglise luthérienne. En d'autres termes, Mendelssohn réclamait donc une séparation plus stricte entre l'Eglise et l'Etat (dans ce contexte, il visait les liens qui unissaient l'Eglise luthérienne à l'Etat de Prusse) et donc la désinstitutionalisation des derniers vestiges de la chrétienté.

Il faut remarquer cependant que, contrairement à une certaine interprétation de la « Clause d'établissement » de la Constitution des Etats-Unis qui consiste à promouvoir un « mur de séparation, » obligeant ainsi le gouvernement à embrasser de facto l'agnosticisme comme religion d'Etat « établie, » Mendelssohn ne prônait pas une séparation fanatique de l'Eglise et de l'Etat. Sa position est en réalité plutôt complexe, comme nous le voyons dans ses admirables efforts pour tenter de contourner à la fois le Scylla du despotisme hobbesien et le Charybde de l'individualisme lockéen.[30] Car dans l'esprit de

---

judaïsme au modernisme], conférence Bradley présentée en octobre 1996 à l'université Boston College. Il se trouve que Mendelssohn avait développé cet argument pour des raisons personnelles, puisqu'il échappa lui-même de peu à l'excommunication par les rabbins. Voir Alexander Altmann, *Mendelssohn: A Biographical Study* (Londres : Routledge & Kegan Paul, 1973), p. 455.

[29] LS, p. 425 (N I, p. 319) : « Jésus a-t-Il cessé d'être le roi des Juifs ? L'inscription sur sa croix a-t-elle été changée ? Ne le persécutons-nous pas à travers son peuple ? »

[30] D'après Mendelssohn, d'une part, le problème qui se pose avec Hobbes est qu'il ne rend pas justice aux lois naturelles desquelles découlent les obligations sociétales,

Mendelssohn, par le fait même que l'Etat ne peut pas être indifférent au bonheur des hommes, qu'ils atteignent en cultivant la vertu (ce raisonnement reflétant plus ou moins les réflexions antiques sur la morale), et que, par ailleurs, le bien commun des hommes « comprend le présent comme le futur, le spirituel comme le terrestre, » les deux étant « inséparables l'un de l'autre, » « séparer de manière aussi nette ce qui est temporel de ce qui est éternel ne serait ni conforme à la vérité ni bénéfique au bien-être de l'homme. »[31] Hamann considérait néanmoins que la philosophie de Mendelssohn était pleine de contradictions à bien des aspects. D'un côté, il soutenait que le temporel et l'éternel ne devaient pas être séparés de façon stricte, comme nous le montre le passage qui précède; d'un autre côté, il séparait de manière stricte l'Etat de l'Eglise en les attribuant respectivement à la sphère publique et à la sphère privée, comme nous le voyons dans le passage qui suit : Alors que l'Etat appartient, selon lui, à la sphère des actions objectives [*Handlungen*], l'Eglise – et avec elle, tout ce qui a trait à la relation entre Dieu et l'homme – est cantonnée à la pure sphère privée des convictions subjectives [*Gesinnungen*] :

> Maintenant, deux choses sont nécessaires pour accomplir nos devoirs de manière véritable : L'*action* et la *conviction*. L'action permet de satisfaire aux exigences du devoir; la conviction permet d'assurer que l'action découle de la véritable source, c'est-à-dire qu'elle soit le fruit de motivations pures. Les actions et les convictions participent donc de la perfection de l'homme, et la société doit, autant que possible, *veiller aux deux* par des efforts communs, c'est-à-dire qu'elle doit inciter ses membres à agir pour le bien commun et produire des convictions qui les poussent à agir dans ce sens. L'une représente le *gouvernement*, l'autre, l'*éducation* de l'homme en société. L'homme

---

alors que la nécessité d'avoir recours à un pouvoir souverain pour réguler le comportement en société s'en verrait réduite. Le problème qui se pose avec Locke, d'autre part, est qu'il n'est pas possible que l'Etat soit indifférent face à la destinée éternelle des hommes, puisque cette vie passagère est une préparation à l'éternité. Voir *Jérusalem*, p. 37.
[31] *Jérusalem*, pp. 39s.

est incité aux deux par des *raisons* : *Celles qui aiguillonnent la volonté* [*Beweggründe*] *le poussent à l'action, et celles qui persuadent par le moyen de leur vérité* [*Warheitsgründe*] *le poussent aux convictions.* La société doit donc les établir toutes deux par des institutions officielles de manière à ce qu'elles concourent au bien commun.[32]

Il semble que la distinction qu'établit ici Mendelssohn est plutôt innocente : L'Eglise se charge de l'*éducation* concernant les principes éternels et la relation de l'homme avec son Créateur, tandis que l'Etat s'occupe du *gouvernement*, des relations intra-sociétales et des raisons contraignantes qui engendrent des lois. A la lumière des normes actuelles, l'on pourrait même qualifier la position de Mendelssohn quant à la relation entre l'Eglise et l'Etat de conservatrice. Car, plutôt que de refuser que la religion puisse jouer quelque rôle public que ce soit, il semblerait qu'il se prononce en faveur d'un tel rôle : « J'appelle *Eglise* les institutions destinées à l'éducation [*Bildung*] des hommes concernant les relations qui les unissent à Dieu; j'appelle Etat celles qui se consacrent à l'éducation des hommes concernant leurs relations entre eux. »[33] De plus, dans l'idéal de Mendelssohn, l'Eglise et l'Etat se soutiennent mutuellement, de telle sorte que la méthode forte, à savoir la justice, peut être mise à contribution lorsque la religion publique n'a pas réussi à convaincre les individus que la justice possède une valeur intrinsèque, qu'être intègre dans ses affaires mène au bonheur éternel, que la véritable connaissance du Créateur exclut toute haine du prochain, que les devoirs que nous avons envers notre prochain, sans parler de nos obligations envers l'Etat, sont aussi des devoirs que nous avons devant Dieu.[34]

Où est donc le problème ? Il faut lire entre les lignes pour comprendre les critiques de Hamann. Dans un premier temps, soulignons que lorsque Mendelssohn parle d'« Eglise, » il ne désigne pas une religion en particulier mais à la fois des églises, des synagogues et des mosquées (relativisant d'ores et déjà l'importance de l'Eglise luthérienne). Par ailleurs, il faut noter que Mendelssohn,

---

[32] *Jérusalem*, p. 40.
[33] *Jérusalem*, p. 43.
[34] *Jérusalem*, p. 44.

lorsqu'il parle de l'Eglise en termes d'« institution publique, » ne veut pas dire que l'Eglise ou les doctrines d'un quelconque organisme religieux spécifique devraient influencer de manière objective les lois étatiques. Son argument consiste plutôt à dire que ce que les *églises*, les *synagogues* ou les *mosquées* professent publiquement, quoi que ce soit, n'est pertinent *que* dans la sphère privée des sentiments subjectifs (bien que l'Etat puisse espérer ardemment que les convictions véhiculées par les institutions religieuses feront des individus de meilleurs citoyens). Par conséquent, tout en discourant sur l'harmonie qui règne entre l'Eglise et l'Etat, Mendelssohn jette le trouble sur elle en établissant une forte distinction entre la sphère *privée* des doctrines individuelles et la sphère *publique* des droits et des actions. En effet, Mendelssohn admet lui-même que « l'Etat devra donc se contenter, si nécessaire, d'actes mécaniques [*tote Handlungen*], d'œuvres dépourvues d'esprit, de conformité dans les actions conformes sans que leurs pensées y correspondent. »[35] Ce n'est bien sûr pas le cas des personnes religieuses qui ne connaissent « pas d'actes sans conviction, pas d'œuvres sans esprit, pas de conformité dans les actions sans que leurs pensées y correspondent. »[36] La manière dont Mendelssohn distingue les deux sphères possède même une dimension poétique, comme l'on peut le voir dans la phrase suivante : « L'Etat traite l'homme comme le *fils immortel de la terre*; la religion considère qu'il est l'*image de son Créateur.* »[37] Précisons néanmoins, et il est très important de le noter ici, que l'Etat en tant que tel n'a nul besoin, aux yeux de Mendelssohn, de se préoccuper de Dieu ni même des « raisons de la vérité, » sans parler de la révélation. Ainsi, dans l'esprit de Hamann, en dépit de l'autorité que Mendelssohn concède à l'Etat pour que celui-ci se débarrasse de l'athéisme au vu de la menace imminente d'un effondrement moral, il ouvre paradoxalement la voie à l'instauration d'un Etat laïque, fondamentalement dépourvu de Dieu et de vérité, à travers sa *Jérusalem. Voilà* donc le problème – sans parler du regard très différent que Hamann portait sur Jérusalem, puisqu'il y voyait le fondement de l'*union* hypostatique du divin et de l'humain en

---

[35] Ibid.
[36] Ibid.
[37] *Jérusalem*, p. 70.

Christ.

Le premier problème résidait donc dans une séparation trop stricte entre les convictions et les actions, les doctrines et les droits, l'Eglise et l'Etat. Le deuxième, néanmoins, tenait encore plus à cœur à Hamann : Mendelssohn avait, en effet, brouillé les frontières entre la religion révélée et la religion naturelle. Encore une fois, les intentions de Mendelssohn étaient ici certes louables, puisqu'il cherchait à assurer une protection contre la violence religieuse qui découle de l'apparent conflit entre le droit divin et celui de l'homme – quoi de plus pertinent à notre propre époque ? Néanmoins, plutôt que d'établir un parallèle entre l'amour de Dieu et l'amour du prochain (voir Matthieu 22:36-40), la solution qu'il propose consiste à réduire le premier au deuxième, à savoir réduire le culte voué à un Dieu *transcendant* à un devoir civique *immanent* envers les hommes, en un mot, la religion à l'éthique. Il le formule ainsi : « Si l'on considère le système des devoirs de l'homme, il n'existe pas de catégorie particulière qui contiendrait ceux qu'il a envers Dieu. L'on dira plutôt que l'ensemble des devoirs de l'homme forment aussi ses obligations envers Dieu. »[38] Le problème n'est pas ici que le sens religieux dont Mendelssohn revêt les devoirs des hommes les rend plus nobles, mais que la religion *n'a pas d'autres* devoirs selon lui. Il écrit en effet :

> « Elle [la religion] ne fait qu'appliquer à ces mêmes devoirs et obligations une *sanction* plus glorieuse. Dieu n'a pas besoin de notre aide. Il n'exige de nous aucun *service* et ne nous demande ni de sacrifier nos droits ni de renoncer à notre indépendance pour qu'Il en tire un avantage. Il est impossible que ses droits entrent un jour en conflit avec les nôtres [ou s'en éloignent]. Il ne veut que ce qu'il y a de meilleur pour nous, ce qu'il y a de meilleur pour chaque individu [...]. »[39]

En somme, la philosophie de Mendelssohn postule que la foi et la raison ne peuvent jamais entrer en contradiction l'une avec l'autre, puisque Dieu ne demande rien à personne concernant le salut qui ne

---

[38] *Jérusalem*, p. 29.
[39] *Jerusalem*, pp. 59s.

soit pas déjà préconisé par la raison.

Pour étayer son argument, Mendelssohn pouvait certes en appeler à l'origine divine de la raison, qu'il plaçait par conséquent sur un même pied d'égalité avec les Ecritures et la révélation historique, c'est le moins que l'on puisse dire.[40] Comme Altmann l'écrit, « la raison, aux yeux de Mendelssohn, était divine. Elle suffisait à procurer le véritable bonheur à tous les hommes. En tant que philosophe, il n'exigeait pas qu'une révélation lui enseigne des vérités universelles, en tant que Juif, il reconnaissait l'existence de la révélation et vivait conformément à ses lois. Pour lui, ces deux parties de son être n'entraient pas en contradiction l'une avec l'autre. »[41] L'on pourrait soutenir, effectivement, que la raison et la révélation, *ultimement*, ne peuvent pas se contredire puisqu'elles ont toutes deux une origine divine. Néanmoins, Hamann remettait justement en cause la fiabilité de la raison et sa capacité de déchiffrer le texte de la nature – de déduire clairement et distinctement de la lecture de ce texte une série de droits naturels – à cause du contexte postlapsarien dans lequel la raison se trouve. En effet, la raison souffre de « dépravation volontaire » et a besoin de guérison; elle dépend de la révélation historique qu'offrent les Ecritures, dont « les feuilles fraîches [servent] à la guérison des peuples » (Ezéchiel 47:12; Psaumes 1:3; Apocalypse 22:2).[42] En d'autres termes, Hamann considérait que Mendelssohn, comme Kant, n'avait pas perçu l'importance du péché et ses conséquences néfastes sur la raison et ne voyait pas qu'une révélation était par conséquent nécessaire. De plus, étant donné que Mendelssohn avait réduit la foi à la raison, le devoir religieux au devoir civique, la religion à l'éthique en somme, l'on peut légitimement se demander s'il n'avait pas abandonné les croyances qui étaient au cœur de sa propre tradition. En effet, affirmer que la loi mosaïque peut trouver une expression dans la loi naturelle à bien des égards et que la première peut donc être considérée comme rationnelle est une chose;

---

[40] *Jérusalem*, p. 87; cf. p. 130.
[41] Voir Altmann, *Mendelssohn*, p. 200.
[42] N III, p. 378. Voir l'essai de Paul Griffiths dans l'œuvre de Paul Griffiths et Reinhard Hütter (éditeurs), *Reason and the Reasons of Faith* (Londres et New York: T. & T. Clark, 2005).

prétendre qu'Abraham, le père de la *foi*, était le portrait type du héros des Lumières – lui qui ne s'appuyait pas sur sa propre sagesse (cf. Proverbes 3:5), qui *croyait* en la promesse irrationnelle de Dieu alors que Sarah en riait et qui, prêt à sacrifier son fils, couteau à la main, continuait à croire que Dieu pouvait ressusciter les morts (Hébreux 11:19) – en est une autre.

En réalité, Hamann n'était pas le premier à réagir à *Jérusalem*, ni le premier à accuser Mendelssohn d'entrer en contradiction avec sa propre foi. August Friedrich Cranz, qui avait étudié la théologie et le droit, s'en était déjà chargé dans un pamphlet anonyme intitulé *La recherche de la lumière et du bien* auquel un autre critique, David Ernst Mörschel, avait rajouté un post-scriptum.[43] Cranz (suivi de Mörschel) souligna notamment que le fait de professer être juif et de chercher simultanément à détruire les fondements théocratiques du judaïsme relevait de la contradiction; en effet, Mendelssohn soutenait qu'être juif n'impliquait pas être membre d'un régime politique théocratique régi par des lois ecclésiales – parmi lesquelles figurait la possibilité d'être excommunié (*herem*). Cranz, un protestant libéral qui s'était érigé en « Voltaire, » ne pouvait pas prétendre parler au nom du christianisme orthodoxe puisqu'il avait pour objectif de l'ébranler.[44] Néanmoins, les contradictions de la position de Mendelssohn furent pour Cranz l'occasion de lui proposer de se convertir au christianisme – non pas au christianisme orthodoxe, mais à une version libérale du christianisme, semblable à celui de Reimarus et des « adorateurs rationnels de Dieu. » Car ces derniers ne sont liés à aucune autorité religieuse, aucune institution particulière (dont il serait possible d'être « excommunié »), aucune observance cérémonielle ni aucune parcelle de terre spécifique; au contraire, comme l'indiqua Cranz en faisant allusion aux termes employés dans l'Evangile, ils n'adorent Dieu « ni sur cette montagne, ni à Jérusalem » mais l'adorent « en esprit et en vérité » (Jean 4:21, 23).

Sans doute la réponse que requerrait l'écrit de ce « chercheur » anonyme fut-elle l'une des raisons qui conduisit Mendelssohn à

---

[43] Altmann, *Mendelssohn*, pp. 510ss. N.d.t.: Titre original de l'œuvre : *Das Forschen nach Licht und Recht*.
[44] Ibid.

rédiger *Jérusalem*, bien qu'il y en ait eu d'autres. En effet, si l'on en croit Altmann, « le but avoué de l'œuvre était de montrer que le libéralisme politique de Mendelssohn et sa loyauté envers la foi de ses pères, qu'il appelle désormais 'judaïsme', pouvaient s'accorder. »[45] C'est pourquoi, selon Altmann, le titre de l'œuvre de Mendelssohn en lui-même est porteur de sens, puisque Cranz avait suggéré qu'il se convertisse, en s'appuyant sur Jean 4:21 et sur la référence que fit Christ à Jérusalem. Au travers de ce titre, Mendelssohn affirme sur un ton provocateur sa fidélité au judaïsme, symbolisé par Jérusalem. Que Mendelssohn ait réussi ou non à faire valoir ses arguments, une chose est certaine : La deuxième partie de *Jérusalem* constitue une réponse directe au défi lancé par Cranz. Il commence par faire référence à l'ouvrage de Christian Wilhelm von Dohm, un chrétien qui avait gracieusement accepté de le rédiger en secret sur ordre de Mendelssohn. Pour Mendelssohn, mentionner Dohm et sa collaboration avec lui relevait d'un plan stratégique. Au lieu de s'attaquer directement aux lois ecclésiastiques, qu'elles soient juives ou chrétiennes, Mendelssohn pouvait affirmer qu'il ne faisait que répondre à des questions que Dohm avait soulevées lui-même : « L'œuvre excellente de M. Dohm, *De l'amélioration civique des Juifs*, soulève la question suivante : *Dans quelle mesure devrait-on autoriser une colonie naturalisée à conserver, de manière générale, sa propre juridiction dans le domaine ecclésiastique et le domaine civil et, de manière particulière, le droit d'excommunication et d'expulsion ?* »[46] La réponse de Mendelssohn sur la question est claire : Ce type de juridiction ne devrait être accordé à aucun groupe religieux, ni à l'Eglise chrétienne ni à une communauté religieuse naturalisée, telle que la communauté juive à laquelle il appartenait. En effet, « conformément aux principes de la raison saine, *dont la divinité doit être reconnue par tous*, ni l'Etat ni l'Eglise ne sont autorisés à exercer, dans le domaine de la foi, d'autre droit que celui d'enseigner, d'autre pouvoir que celui de persuader, d'autre discipline que celle de

---

[45] Altmann, *Mendelssohn*, p. 514.
[46] *Jérusalem*, p. 77. N.d.t. : titre original : *Über die bürgeliche Verbesserung der Juden*.

la raison et des principes. »⁴⁷ En bref, la religion doit donc être libre de toute coercition, relever du domaine de la conscience uniquement ; Mendelssohn, pour s'en assurer, concède à l'Etat tout pouvoir temporel et toute autorité.

Hamann était consterné de voir que Mendelssohn commettait la même erreur que tous les *Aufklärer* en divinisant une raison déchue et en accordant une confiance aveugle à la fiabilité de ses déductions et opérations, comme si la Chute n'avait jamais eu lieu. Comme si cela ne suffisait pas, Mendelssohn rend hommage dans son œuvre à l'ennemi juré de Hamann, Frédéric le Grand, louant la « tolérance » de ce « sage régent, » *l'excusant* d'avoir préservé « les privilèges propres à une religion externe déjà établis avant lui » ; il énonce ensuite une affirmation hautement significative d'un point de vue politique : « De nombreux siècles de culture et de préparation seront sans doute encore nécessaires avant que les hommes ne comprennent que les privilèges établis au nom de la religion ne sont ni légitimes ni même utiles, et il serait extrêmement bénéfique d'abolir totalement toute discrimination civile basée sur la religion. »⁴⁸ De surcroît, après avoir rendu hommage à Nebucadnetzar, il continue en saluant ceux qui l'ont soutenu dans sa lutte contre l'« idole » (!) que représentent les lois ecclésiastiques, ceux qui se sont rendu compte à quel point il est sage de séparer ce qui relève de la doctrine de ce qui relève des droits (puisque, aux yeux de Mendelssohn, les droits ne doivent pas nécessairement découler de vérités révélées, telles que la doctrine de l'*imago Dei*⁴⁹ par exemple, mais de vérités qui peuvent être déduites par la seule raison).⁵⁰ Mendelssohn considérait certes,

---

⁴⁷ Ibid. C'est nous qui soulignons.
⁴⁸ *Jérusalem*, p. 79.
⁴⁹ N.d.t. : Image de Dieu.
⁵⁰ Là réside bien évidemment le problème, puisque la raison laïque en elle-même, si elle n'est pas soutenue par la révélation, n'est pas même capable de garantir la dignité de l'être humain. Les cinquante millions d'avortements qui ont eu lieu en Amérique depuis l'arrêt *Roe v. Wade* le montrent, de même que les programmes d'eugénisme et de stérilisation qui ont été mis en œuvre en Amérique et ont ensuite encore persisté pendant une bonne partie du XXe siècle ; la facilité avec laquelle l'on pratique l'euthanasie sur les personnes âgées en est une preuve supplémentaire. Tout cela est cependant la conséquence possible et même prévisible de la confiance que l'Etat

personnellement, qu'avoir une foi rationnelle dans le Créateur rendait ces droits sujets à des sanctions plus sévères. Quant à l'Etat lui-même et son système de lois, son administration était strictement basée sur la laïcité, sans se soucier de l'existence de Dieu ni des implications quelconques qui pourraient en découler.[51]

Néanmoins, comment concilier tout cela avec le fait que l'Israël antique était clairement une théocratie ? Car « que sont les lois de Moïse » si ce n'est « un système de gouvernement régi par la religion et fondé sur le pouvoir et le droit religieux ? »[52] En effet, comme Cranz le fit remarquer de manière irréfutable, « tout le système ecclésiastique instauré par Moïse ne véhiculait pas uniquement des enseignements et des instructions concernant les devoirs des individus; il était également lié aux lois ecclésiastiques les plus strictes. »[53] Il écrivit avec audace :

> Les lois ecclésiastiques, dans toute leur puissance, ont toujours été l'une des pierres angulaires de la religion juive elle-même, et l'un des principes fondamentaux du système de croyances de vos pères. Comment pouvez-vous alors, mon cher M. Mendelssohn, continuer à embrasser la foi de vos pères et simultanément en ébranler toute la structure en retirant les pierres angulaires, c'est-à-dire en mettant en doute les lois ecclésiastiques qui furent données par Moïse et qui ont prétendument pour fondement la révélation divine [?][54]

Il était évident que Mendelssohn avait donc de nombreuses explications à fournir, à commencer par celles qu'il devait à sa propre communauté juive. Il écrit : « Cet argument me va droit au cœur. Je

---

laïque place en l'éclairage d'une raison déchue; en refusant le besoin de la grâce et en déniant à la révélation son rôle de guide, l'Etat ne réfère plus à un *bien* transcendant mais s'incline devant l'idole de l'*opinion* publique.
[51] Il semble que la seule exception aux yeux de Mendelssohn serait le cas où la société aurait sombré dans la corruption et la décadence à tel point que la suppression de l'athéisme par l'Etat serait devenue nécessaire. Il soutient que l'Etat doit se méfier *tout autant* de l'athéisme que du fanatisme. Voir *Jérusalem*, pp. 62s.
[52] Voir *Jérusalem*, p. 84.
[53] *Jérusalem*, p. 85.
[54] Ibid.

dois admettre que nombre de mes coreligionnaires approuvent la manière dont est défini ici le judaïsme, à l'exception de quelques indiscrétions dans les termes. »[55]

La réponse que fit Mendelssohn à Cranz est révélatrice. Il commence par réfuter l'argument selon lequel il se rallierait immédiatement à la raison, abandonnant la foi, si elles venaient à entrer en conflit l'une avec l'autre :

> Si cela était vrai et que j'en avais la conviction, je retirerais, honteux, les idées que je propose et rendrais la raison captive du joug de [la foi] – mais non ! Pourquoi mentir ? L'autorité a le pouvoir d'humilier mais non celui d'instruire; elle peut supprimer la raison mais non pas l'enchaîner. S'il était vrai que la parole de Dieu s'oppose de manière si évidente à ma raison, le mieux que je puisse faire serait d'imposer le silence à ma raison. Cependant, mes arguments qui n'ont pas été réfutés réapparaîtraient alors dans les recoins les plus secrets de mon cœur, où ils seraient transformés en doutes troublants, et ces doutes se mueraient en prières semblables à celles des enfants, en suppliques ferventes demandant l'illumination. Je crierais avec le psalmiste : *[Seigneur,] envoie Ta lumière et Ta fidélité ! Qu'elles me guident / Qu'elles me conduisent à Ta montagne sainte et à Tes demeures !* [Psaumes 43:3].[56]

L'objectif de Mendelssohn n'est donc en aucun cas de renverser sa propre religion. L'on pourrait dire, au contraire, qu'il s'avérait plus sincèrement juif dans sa manière d'en appeler à la véritable Jérusalem et à la lumière permettant de l'atteindre que ses contemporains protestants libéraux ne restèrent véritablement chrétiens. Néanmoins, dire que Mendelssohn représentait l'orthodoxie juive serait aller trop loin. Le peu d'importance qu'il accordait à la révélation historique, non seulement dans sa philosophie mais aussi dans sa foi, le montre de manière choquante. Ainsi, bien qu'il admette, en réponse à la critique de Mörschel, qu'un « chrétien ou un Juif sincère devrait hésiter avant de qualifier sa maison de prière de 'maison de piété de la raison,' » il

---

[55] Ibid.
[56] *Jérusalem*, pp. 85s.

affirme : « Je dois, cependant, également rendre justice à ses yeux de chercheur. Ce qu'il a vu n'était pas faux en un sens. Il est vrai que je *n'admets pas d'autres vérités éternelles que celles qui peuvent être non seulement appréhendées par la raison humaine mais aussi démontrées et vérifiées par les facultés humaines.* »[57]

Les problèmes théologiques que soulève une telle affirmation (que ce soit du point de vue chrétien ou du point de vue juif) sont évidents. D'une part, la *foi* d'Abraham qui le conduisit à suivre Dieu *contre tout raisonnement,* cette foi sur laquelle sont fondées l'alliance de Dieu avec Israël ainsi que toute « justice » (Genèse 15:6, Romains 4:3) s'en trouve *dévalorisée.* D'autre part, cette affirmation *impose* ainsi *à la raison* une tâche trop lourde pour elle, dans la mesure où l'on lui relègue la charge de la preuve (c'est-à-dire le soin de prouver l'existence de Dieu, l'immortalité de l'âme et la juste rétribution après la mort). En ce qui concerne le premier problème, il était clair, dans l'esprit de Hamann, qu'une dévalorisation de la foi et donc une confiance exagérée dans les capacités de la raison finiraient par mener à la destruction de la raison, puisque la raison laïque, incapable d'atteindre le degré de certitude dont elle se prévalait, ne pourrait éviter de tomber dans le nihilisme. Quant au deuxième problème, il avait compris que Mendelssohn, en s'efforçant de défendre son orthodoxie de manière radicale, finissait par dénier au judaïsme son caractère de religion révélée dans le vrai sens du terme. Mendelssohn lui-même l'exprime comme suit :

> Cependant, M. Mörschel se trompe lorsqu'il suppose que je ne peux pas affirmer cela sans pour autant trahir la religion de mes pères; sa conception du judaïsme est erronée et l'induit en erreur. Au contraire, j'estime qu'il s'agit d'un aspect essentiel de la religion juive, et je crois fermement que cette doctrine constitue une différence caractéristique entre le judaïsme et le christianisme. Pour résumer, *je crois que le judaïsme ne considère aucune religion comme étant révélée au sens où l'entendent les chrétiens.*[58]

---

[57] *Jérusalem,* p. 89.
[58] *Jérusalem,* p. 90. C'est nous qui soulignons.

La question centrale est bien évidemment de savoir ce que Mendelssohn entendait exactement par révélation; il l'explique de manière plus détaillée dans le passage qui suit. « Les Israélites, » écrit-il,

> possèdent une *législation* divine – des lois, des commandements, des ordonnances, des règles de vie, des instructions permettant de suivre la volonté de Dieu, qui concernent la manière dont ils doivent se conduire pour parvenir au bonheur aussi bien temporaire qu'éternel. Ils ont reçu ce type d'assertions et de prescriptions par Moïse, à travers une révélation miraculeuse et surnaturelle; il n'en est pas ainsi des positions doctrinales, des vérités qui sauvent, des propositions universelles de la raison. Ces choses, l'Eternel nous les révèle, à nous et à tous les autres êtres humains, en tout temps, à travers la *nature* et la *chose* [*Sache*], mais jamais par la *parole* et l'*écriture*.[59]

En d'autres termes, Mendelssohn pensait que tout ce qui avait pu être révélé à Israël à travers Moïse et les prophètes ne concernait en aucun cas l'espèce humaine dans son ensemble et revêtait encore moins une importance salvifique (même pour les Juifs), puisque le destin éternel des hommes ne dépendait pas, selon lui, d'éléments qui seraient communiqués par l'histoire ou révélés de manière transcendante, mais des vérités de la raison auxquelles tous les peuples peuvent en tous temps accéder de façon immanente et immédiate.

Qu'une telle position soit ou non en accord avec l'esprit du judaïsme orthodoxe, il apparaît clairement que Mendelssohn applique au judaïsme la distinction qu'avait établie Lessing entre les « vérités contingentes de l'histoire » et les « vérités éternelles de la raison, » les premières revêtant une importance bien moindre. Car les vérités éternelles s'appuient sur le fondement solide de la raison, alors que «pour tout ce qui a trait à l'histoire, la seule preuve réside dans l'autorité et la crédibilité du narrateur. »[60] Mendelssohn ne nie pas, de toute évidence, que Dieu a révélé certaines choses de cette manière.

---

[59] Ibid.
[60] *Jérusalem*, p. 93.

Néanmoins, « Dieu enseigne [les vérités éternelles de la raison,] qui sont utiles au salut et au bonheur de l'homme, *d'une manière qui convienne mieux à sa divinité : Non pas par des sons ni par des caractères écrits, qui ne peuvent être compris que par moments et à certains endroits par tel individu ou tel autre, mais par la création elle-même et ses relations internes que tout homme peut déchiffrer et comprendre.* »[61] Par conséquent, Mendelssohn reléguait au *second rang* ce qui avait pu être révélé à Moïse, ce que le peuple d'Israël pouvait avoir de particulier; tout au plus pouvait-on y voir une analogie avec ce que la religion naturelle révèle clairement à tous les hommes et en tout temps. Car « il n'est aucun témoignage ni aucune autorité qui puissent renverser les vérités établies de la raison, ou mettre une vérité douteuse à l'abri du doute et de la suspicion. »[62] Il ajoute, en effet, que « le judaïsme ne prétend pas que les vérités éternelles indispensables au salut lui aient été révélées de manière *exclusive*, pas plus qu'il ne se vante d'être une religion révélée dans le sens où ce terme est habituellement employé. »[63] Mendelssohn considérait donc que les vérités historiques, qui comprenaient même la révélation de la Torah, n'apportent rien de significatif par rapport à ce que la seule raison permet de connaître. Les Juifs pratiquants pouvaient certes continuer à vivre selon la loi, comme Mendelssohn lui-même, mais rien dans sa propre philosophie ne justifie clairement cette pratique.

Voilà donc comment Mendelssohn répond à l'objection de Cranz et de Mörschel selon laquelle le judaïsme est une religion *révélée*. Qu'en est-il néanmoins de l'objection selon laquelle le judaïsme est, de toute évidence, « une hiérocratie, un gouvernement ecclésiastique, un Etat sacerdotal, une théocratie » à l'origine ? La réponse que fournit ici Mendelssohn s'accorde avec les enseignements rabbiniques, puisqu'il soutient qu'une telle constitution a cessé d'exister au moment où le

---

[61] Ibid. C'est nous qui soulignons.
[62] *Jérusalem*, p. 99.
[63] *Jérusalem*, p. 97. Pour illustrer le fait que Mendelssohn réduise la religion à la philosophie, remarquons qu'il se contente de traduire le nom de Dieu révélé à Moïse (Ezéchiel 3:14) par « l'Eternel, » celui que, selon lui, tout homme peut connaître en tout temps *sans* bénéficier d'aucune révélation spéciale.

second temple a été détruit : « Cette constitution n'a existé qu'une seule fois; il faut l'appeler de son véritable nom, la *constitution mosaïque*. Elle a disparu, et seul l'Omniscient sait où et quand une telle chose se reproduira, parmi quel peuple et à quel siècle. »[64] En conséquence, « les offenses religieuses ne constituaient plus un crime contre l'Etat; la religion en tant que telle ne connaît d'autre châtiment que celui que le pêcheur repentant s'inflige *volontairement*. La coercition lui est inconnue, la religion ne se sert que de la verge [appelée] *douceur* et n'affecte que l'esprit et le cœur. »[65] Après avoir exposé son interprétation légaliste, anti-paulinienne et sans aucun doute anti-luthérienne du christianisme, qui ne manqua pas d'affecter la sensibilité de Hamann, Mendelssohn termine par une péroraison, affirmant que l'Etat ne devrait pas être lié à ce que l'on appelle une *Glaubensvereinigung*,[66] lui prêter son autorité, ni édicter des lois qui relèvent du domaine de la foi et de la conscience.

Tels sont donc les rudiments de la *Jérusalem* de Mendelssohn. Hamann se demandait néanmoins si *cette* Jérusalem présente une quelconque ressemblance avec celle décrite par les Ecritures. En bâtissant sur le fondement de la raison au détriment de l'esprit de prophétie – qui, en définitive, était négligé si ce n'est même nié –, Mendelssohn n'avait-il pas, qu'il le veuille ou non, fini par réduire la future ville du roi, qui était le premier objet prophétique de l'imagination anagogique juive et chrétienne, à un simple « idéal de la raison, » un message codé destiné à satisfaire le rêve laïque des Lumières d'une utopie rationnelle, bourgeoise et cosmopolite à laquelle ils aspiraient ?

GOLGOTHA ET SCHEBLIMINI : PAR UN PRÊCHEUR DANS LE DÉSERT

Le titre de la dernière œuvre éditée de Hamann ainsi que le pseudonyme qu'il utilise constituent en soi une sorte d'apocalypse, au vu de ses autres écrits publiés jusque-là. Finalement, après avoir porté

---

[64] *Jérusalem*, p. 131.
[65] *Jérusalem*, p. 130.
[66] N.d.t. : Assemblée confessionnelle.

pendant des années des masques cryptiques et s'être livré à des *Versteckspiele*,[67] Hamann exprime explicitement, à travers une variante finale, *Golgotha et Scheblimini*, le fil conducteur, le noyau de son œuvre, depuis le moment de sa conversion à Londres, à savoir la coïncidence christologique qui unit majesté et abaissement, gloire et *kénose*, *exaltatio*[68] et *exinanitio*.[69] Le terme « Golgotha » est assez connu : Il vient de l'Evangile et signifie « lieu du crâne » (Matthieu 27:33) ou encore « calvaire » lorsqu'il est traduit du latin *calvarius* (crâne). Comme tel, il symbolise donc la folie du profond abaissement divin que Christ a manifesté à la croix, « scandale pour les Juifs [c'est-à-dire pour ceux qui adhèrent à la loi] et folie pour les païens [c'est-à-dire ceux qui adhèrent à la raison], mais puissance de Dieu et sagesse de Dieu pour ceux qui sont appelés, tant Juifs que Grecs » (1 Corinthiens 1:23-24).

La signification du terme « Scheblimini » est plus obscure. Il s'agit d'une translittération du mot hébreu utilisé dans Psaumes 110, verset 1 et pourrait être traduit par « assieds-toi à ma droite. » L'on comprend néanmoins facilement en quoi il est lié au terme « Golgotha, » puisqu'il est depuis longtemps associé au témoignage prophétique des Ecritures concernant l'humiliation et l'exaltation du Fils de Dieu. Il reflète donc le même thème prophétique que l'on retrouve à travers toute la Bible, comme dans l'histoire de Joseph, par exemple : Il est d'abord le fils préféré; puis il revendique l'autorité mais est rejeté; ensuite, on l'envoie trouver ses frères; ses frères conspirent contre lui; on le dépouille de son manteau de gloire; on le fait *descendre* dans un puits (bien qu'il n'y meure pas); ses frères l'abandonnent et le livrent à des étrangers; enfin arrive son *ascension* : Il devient le bras droit du pharaon qui lui confère l'autorité sur toute l'Egypte. La grande différence ici réside dans le témoignage de la glorification du Fils, qui, au lieu d'être dissimulé derrière la lettre de la Torah, est présenté ici sous la forme d'une conversation implicitement intra-trinitaire entre le Père et le Fils : « Assieds-toi à ma droite, jusqu'à ce que je fasse de tes ennemis ton marchepied » (Psaumes 110:1).

---

[67] N.d.t. : Jeux de cache-cache.
[68] N.d.t. : Exaltation.
[69] N.d.t. : Appauvrissement.

Golgotha et Scheblimini sont donc des noms de codes qui désignent Christ, le « *grand roi* de la ville désacralisée » de Jérusalem.[70] Ils vont de pair puisque chacun d'entre eux représente Christ d'une manière unique. En effet, Golgotha représente la loi, à la fois son abrogation (cf. Colossiens 2:14) et son accomplissement (Philippiens 2:8), et Scheblimini représente l'esprit de prophétie. En somme, ils symbolisent la loi et les prophètes. Dans *Dévêtement et transfiguration*, Hamann offre un certain nombre d'éclaircissements; il écrit : « *Golgotha* était le triomphe ultime du don extraordinaire de la loi [*außerordentlichen Gesetzgebung*] sur le législateur lui-même; quant au bois de sa croix, plantée sur cette colline, elle est la bannière de la *chrétienté*. »[71] Le mot « Scheblimini, » pour sa part, représente le cœur secret et prophétique du mystère visible de Golgotha :

> Le mot *Scheblimini* contient la vertu et le pouvoir du seul nom qui est exalté au-dessus de tout nom – si ce n'est par ce nom, l'espèce humaine ne peut chercher ni trouver le salut et la béatitude. Il contient le trésor qui se dissimule sous tous les dons extraordinaires de la loi et toutes les révélations mythologiques de la religion; la perle de grand prix qui se cache entre les deux parois de la coquille d'huître du judaïsme et du paganisme; le mystère de leur économie naturelle et de leur uniformité essentielle; la seule clef qui permette de développer et de résoudre le problème, l'énigme, qui s'étend du néant invisible jusque dans l'ensemble de l'univers et qui est à jamais présent aux sens, de le conclure et de le dissoudre. Les voyants, les épòptes et les témoins de la passion et de la gloire furent ensuite équipés et envoyés vers toutes les nations et toutes les créatures, dotés de ce sermon évangélique extraordinaire : *Tout pouvoir m'a été donné dans le ciel et sur la terre* – et de la promesse royale : *Et voici, je suis avec vous tous les jours, jusqu'à la fin du monde !*[72]

En d'autres termes, de la même manière que Golgotha dissimule

---

[70] N III, p. 319.
[71] N III, pp. 403s.
[72] N III, p. 405s. Voir Philippiens 2:9; Matthieu 13:44; 28:18.

Scheblimini, le secret des prophètes, la *Knechtsgestalt*[73] de la Torah, dissimule la majesté de Christ qui est semblable à un trésor caché dans un champ. En effet, pour Hamann, Christ est non seulement la clef qui permet d'accéder aux Ecritures (cf. Luc 24:25-27) mais également le sens ultime de la création et de l'histoire; Il est l'Alpha et l'Oméga vers lequel le judaïsme et le paganisme pointent, l'un au travers de la loi et des prophètes, l'autre par un moyen plus obscur, au travers des mythes qui le composent.

Mais si Scheblimini est donc un nom de code qui désigne le témoignage prophétique qui est rendu à Christ et à sa gloire, il désigne aussi, pour Hamann, l'esprit de la Réforme et l'« esprit familier » de Luther, l'« Elie allemand » :

> Dans une humeur socratique, *Luther*, l'Elie allemand, [...] baptisa l'esprit familier de sa Réforme vieilli [*verjährt*] sous le nom cabalistique de Scheblimini, que j'ai osé reprendre moi-même et que j'ai placé aux côtés de Golgotha pour consoler Rachel qui pleure de solitude dans le désert, à savoir tout lecteur chrétien-protestant, grâce au lien symbolique qui unit la couronne d'épines terrestres à la couronne d'étoiles céleste et grâce à la relation qui unit l'abaissement le plus profond à l'exaltation la plus élevée, dont les natures respectives pourtant s'opposent, relation rendue possible par la médiation de la Croix.[74]

D'une part, nous discernons ici l'intention pastorale que poursuivait Hamann à travers son œuvre, à savoir encourager les membres de l'Eglise luthérienne *in via*[75] en leur rappelant la façon mystérieuse dont la bassesse et la gloire coïncident en Christ. D'autre part, ce passage nous fournit un indice pour comprendre l'œuvre de

---

[73] N.d.t. : L'aspect de serviteur.
[74] Ibid. La référence de Hamann à l'« esprit familier » que l'on attribuait à Luther est tirée d'une biographie à son propos, publiée en 1753 par Friedrich Siegemund Keil. Le dix-septième chapitre s'intitule « Le docteur Luther possédait-il un esprit familier ou non ? » Keil prend alors la défense de Luther, affirmant que le « Scheblimini » qui l'équipait et le protégeait n'était nul autre que Dieu lui-même. Voir *HE* VII, pp.19s. Voir aussi ZH II, pp. 194, 201.
[75] N.d.t. : En chemin, c'est-à-dire par la même occasion.

Hamann qui mime la Croix : Alors que son style désintéressé d'apparence humble, folle et (aux yeux des rationalistes) presque incompréhensible reflète l'humilité, l'apparente folie et le mystère du sacrifice de Christ qui se donne lui-même sur la croix (Golgotha), le caractère sublime du contenu de son message inspiré et prophétique participe du pouvoir et de la gloire de l'esprit de résurrection (Scheblimini). En somme, il devient évident que les écrits de Hamann ne peuvent être compris qu'à travers Christ, à la double lumière de sa majesté et de son abaissement, d'une gloire dissimulée aux « sages et [aux] intelligents » sous une forme extérieure que les hommes rejettent. Au final, Hamann révèle le sens du mot « Scheblimini » : Il s'agit d'un nom de code désignant l'esprit de la Réforme (ainsi que le contenu de sa propre œuvre) et représente le renouveau et la redynamisation de l'Eglise chrétienne : « En conséquence, Golgotha et Scheblimini étaient de purs types du christianisme et du luthéranisme [...] dissimulant le trésor secret et l'Arche de mon œuvre, à l'image des chérubins qui couvraient le propitiatoire de part et d'autre, le cachant aux yeux des Samaritains, des Philistins et de la foule bruyante de Sichem. »[76]

Le pseudonyme final de Hamann peut également être qualifié de révélateur, dans le sens où il évoque les intentions qu'il poursuit à travers son œuvre. En effet, ce n'est pas en son propre nom qu'il parle ; à l'image de Jean Baptiste, il est « la voix de celui qui crie dans le désert » (Marc 1:3 ; Matthieu 3:3). Il s'identifie donc au dernier prophète à avoir témoigné de Christ. Il écrit dès 1758 que quiconque « est appelé à prêcher dans le désert doit se revêtir d'un vêtement de poils de chameau et vivre de sauterelles et de miel sauvage. »[77] Egal à lui-même, c'est exactement ce que fit Hamann : Il choisit de se contenter du maigre salaire d'un fonctionnaire et imita l'apparence rustique de Jean Baptiste à travers son style, considéré par tous comme fruste et rébarbatif (*stylus atrox*) pour que l'attention ne se porte pas sur lui-même mais sur Christ. Le « désert, » selon Schreiner, a, quant à lui, plusieurs significations, en plus de refléter la volonté de Hamann, comme Jean Baptiste, de « préparer le chemin pour le roi de

---

[76] N III, p. 407.
[77] ZH I, p. 267. Citée dans *HH* VII, p. 51.

nos cœurs et de nos désirs. »[78] Premièrement, il désigne l'isolement de Hamann engendré par sa vocation prophétique en ce que, comme le remarque von Balthasar, il était constamment en décalage avec son siècle ; deuxièmement, Hamann avait l'impression de vivre dans l'ombre de la « Babel de Berlin, » entouré du champ de ruines, des décombres spirituels que les *philosophi acediosi*[79] (c'est-à-dire les intellectuels rationalistes qui souffraient du vice de l'ennui spirituel) du Siècle des Lumières avaient laissés derrière eux.[80]

Les deux épigraphes qui figurent sur la page de titre ont également toute leur importance, puisqu'elles représentent respectivement la loi et les prophètes ; voilà le point commun entre Mendelssohn et Hamann, le fondement sur lequel Hamann s'appuie pour construire son argumentation. Ils sont donc semblables à « deux oliviers ou deux torches placées devant le seuil de la porte. » La première est tirée de Deutéronome 33:9-10 et renvoie à la bénédiction que prononça Moïse à l'égard de Lévi, faisant l'éloge des Lévites qui étaient restés fidèles à leur foi – il est important de noter qu'il s'agit d'une traduction de Mendelssohn. Triste ironie, Hamann suggère ici que Mendelssohn n'en a pas fait de même et n'est pas resté fidèle à *sa propre* foi. La deuxième est tirée de Jérémie 23:15 (il s'agit cette fois de la traduction de Luther), et ses implications concernant Mendelssohn sont tout aussi transparentes : « Voici, je vais les nourrir d'absinthe, et je leur ferai boire des eaux empoisonnées ; car c'est par les prophètes de *Jérusalem* que l'[hypocrisie] s'est répandue dans tout le pays. »[81]

BÂTIR SUR LE SABLE : LA BABEL DES DROITS NATURELS MODERNES

La première accusation que Hamann porte à la charge de Mendelssohn est déjà clairement visible à travers les épigraphes de *Golgotha et Scheblimini* : Mendelssohn agit, sciemment ou non,

---

[78] ZH I, p. 421.
[79] N.d.t. : Les philosophes dépressifs.
[80] *HH* VII, p. 52.
[81] N III, p. 291. C'est Hamann qui souligne.

comme un faux prophète, puisqu'il parle non pas pour la véritable Jérusalem qui fait l'objet de l'imagination anagogique des Juifs et des chrétiens, mais pour un ersatz de Jérusalem défini par l'utopie laïque moderne. Nous avons vu tout au long de son œuvre que Hamann ne se contente pas de simplement déclamer; il n'est pas un fanatique. Au contraire, le style très particulier qui alimente sa métacritique et que l'on pourrait qualifier de proto-déconstructiviste a pour caractéristique de prendre ses interlocuteurs dans le filet de leurs propres termes afin de laisser ces termes, pourtant affirmés avec tant de force, s'effriter tout seuls. C'est également le cas ici, puisque les mots qu'utilise Mendelssohn dans sa *Jérusalem* concernent la philosophie politique moderne et relèvent notamment du langage des droits naturels. Dans la première partie de *Golgotha et Scheblimini*, reflet de la première partie de *Jérusalem*, Hamann ne fait donc que développer son argumentation métacritique par rapport à la philosophie des droits de Mendelssohn. Hamann débute son œuvre en faisant allusion à l'histoire de l'homme riche et de Lazare (Luc 16:26-31) pour mettre en évidence la distance qui les sépare, en particulier en ce qui concerne leur compréhension respective de la loi et des prophètes : « Mais puisqu'un grand abîme sépare les principes religieux et philosophiques auxquels chacun de nous adhère, il n'est que justice qu'un auteur ne soit comparé qu'à lui-même et ne soit mesuré qu'avec la mesure qu'il fournit lui-même. »[82]

Hamann commence par remettre en question l'affirmation de Mendelssohn selon laquelle il existerait un état de nature à part entière, prétendument antérieur à la société – en cela, sa critique peut être comparée à celle qu'émit plus tard Derrida à l'encontre du naturalisme de Rousseau – duquel l'on pourrait déduire une doctrine des droits de l'homme. Pour Hamann, affirmer l'existence d'un état « purement naturel » en dehors de l'influence de la société est illogique dès le départ, puisque nous ne pourrons jamais accéder à un état naturel qui ne serait pas en même temps le résultat de notre interaction linguistique (et donc sociétale) avec la nature. En d'autres termes, Hamann considère que le monde tel que nous le connaissons est toujours préalablement déterminé par le langage et la société; la

---

[82] N III, p. 293.

distinction qu'établit Mendelssohn et sur laquelle il a bâti toute son argumentation s'effondre à la lumière de la métacritique de Hamann. Il est intéressant de remarquer que Hamann compare la faille du raisonnement de Mendelssohn à l'erreur que commettent les dogmatiques en défendant l'état purement naturel, par opposition à l'état de grâce :

> M. Mendelssohn *croit* en un état de nature, en partie présupposé, en partie opposé à la société, de la même manière que les dogmatiques opposent [l'état de nature] à l'état de grâce. Je leur concède, à lui et à tous les dogmatiques, leur conviction, même si je ne peux ni me faire une idée juste de cette hypothèse, ni y voir une quelconque utilité, bien qu'elle soit très répandue chez la majorité des *literati* [*Buchstabenmänner*][83] de notre siècle. Et je ne m'en porte pas mieux avec le contrat social.[84]

En d'autres termes, Hamann considère que le contrat social de Rousseau s'appuie sur une conception d'un état naturel pur tout aussi fictive, tout aussi illusoire et idéaliste que la notion de « raison pure. » Bien que le contrat social soit considéré comme un postulat de la raison, Hamann souligne que l'existence d'un état purement naturel, duquel Rousseau tire sa doctrine des droits, est affirmée *sur la base de la foi*. Dans la mesure où la philosophie politique moderne, en faisant abstraction de la foi et de la tradition, n'est pas en mesure d'établir un système de droits convaincant – à moins de fonder ces droits sur des fictions populaires –, Hamann suggère qu'ils devraient, lui et Mendelssohn, pouvoir passer outre les *incertitudes* de la raison pour s'appuyer sur l'éclairage prophétique qu'apportent les Ecritures qu'ils ont en commun. Ne devraient-ils pas, en effet, placer davantage de confiance dans le « contrat » établi entre Dieu et Abraham qui n'était pas fondé sur la raison mais sur la *foi* en la promesse de Dieu ? Il affirme, en effet, que « l'alliance divine et éternelle conclue avec Abraham et sa semence devrait revêtir pour nous deux d'autant plus d'importante que la bénédiction fut promise par serment à tous les

---

[83] N.d.t. : Hommes de lettres.
[84] Ibid. C'est nous qui soulignons.

peuples de la terre sur la base du témoignage originel rendu à ce contrat. »[85] Hamann en appelle donc directement à la foi de Mendelssohn, défendant la signification *universelle* que revêt la révélation historique accordée aux Juifs, puisqu'elle est destinée à tous les peuples, et s'opposant à la doctrine supercessationiste de la raison prônée par Mendelssohn comme étant supérieure à la foi.[86] Hamann suggère habilement qu'il s'agit là du seul « contrat social » que les chrétiens ou les Juifs puissent honorer en bonne conscience, excluant tout contrat qui ne serait établi que sur des principes purement laïques.

Hamann poursuit sa remise en question de la théorie « spéculative » et finalement « improductive » des droits naturels de Mendelssohn (il s'attarde ici sur les applications de cette théorie à la séparation de l'Eglise et de l'Etat), la comparant à la légendaire « hanche dorée » de Pythagore dont il fallait prouver l'authenticité.[87] Il faut admettre que la théorie de Mendelssohn semble plutôt plausible et sensée. En effet, il considère que la sagesse et la bonté forment les catégories morales les plus élevées et donc le fondement de la justice : « Tout ce qui doit être fait conformément aux lois de la sagesse et de la bonté, ou le contraire de ce qui s'oppose aux lois de la sagesse et de la bonté, est appelé *nécessité morale* » et « la sagesse combinée à la bonté est appelée *justice.* »[88] Les droits découlent ensuite, selon lui, de la « loi de la justice »; le titulaire d'un droit est ainsi le dépositaire de cette loi, soit de manière « parfaite, » soit de manière « imparfaite. » Les droits parfaits regroupent surtout « le droit [...] de disposer des moyens qui permettent l'accès au bonheur. »[89] « Ce droit constitue la liberté naturelle de l'homme »; il s'agit d'un bien légitime.[90] D'autres biens qui lui appartiennent de plein droit sont : (1) ses propres capacités; (2) tout ce qu'il produit par ces capacités ou qu'il fait évoluer par ses soins [...]; (3) les biens naturels qu'il a su lier aux résultats de

---

[85] N III, p. 293.
[86] Cf. *HH* VII, p. 58.
[87] N III, p. 294; cf. *Jérusalem*, p. 81.
[88] *Jérusalem*, p. 46.
[89] *Jérusalem*, p. 54.
[90] *Jérusalem*, p. 52.

son labeur. Ces biens constituent sa *propriété naturelle.* »[91] Les droits naturels découlent donc d'un état naturel postulé qui entretient une certaine relation avec les lois de la sagesse et de la bonté; lorsque l'homme fait son entrée au sein de la société, il faut y ajouter une série de devoirs parfaits et imparfaits. Les devoirs parfaits sont obligatoires, il s'agit par nature d'interdictions qui postulent essentiellement qu'il *ne faut pas* entraver les droits parfaits d'autrui; les devoirs imparfaits sont désignés par Mendelssohn comme des « devoirs de la conscience. » Il fait alors entrer en ligne de compte la distinction qu'il établit entre l'Eglise et l'Etat : Alors que l'Eglise traite des « devoirs imparfaits de la conscience, » l'Etat ne s'occupe que des devoirs parfaits qui ne violent pas et « *n'agissent pas à l'encontre du droit parfait d'autrui.* »[92] En somme, l'Etat ne doit veiller qu'à l'obéissance civique et à la tolérance vis-à-vis d'autrui; le développement de la conscience relève, quant à lui, entièrement du domaine privé et du ressort de chaque individu.

Il faut admettre que n'importe quel citoyen d'une démocratie occidentale moderne se laisserait aisément convaincre par la philosophie des droits de Mendelssohn. Néanmoins, Hamann avait compris qu'aucune doctrine de droits promue par l'Etat ne pouvait être fondée durablement sur la seule raison et persister en dehors de la tradition religieuse, à savoir totalement en dehors de l'Eglise. Tenter de manière aussi « rationnelle » d'établir une doctrine de droits ne pouvait pas non plus relever de la science puisque, comme Hamann le perçut immédiatement, le langage des droits modernes recelait un aspect profondément mythologique, en dépit de toute sa prétention philosophique. Hamann réfute donc l'idée d'un état naturel pur où les droits naturels (selon l'évangile des *Aufklärer*), cachés tel un trésor au milieu d'un champ, n'attendraient qu'une seule chose : Être déterrés par la raison et revendiqués par cette dernière comme son bien propre. Il souligne également que les *Aufklärer* ont tendance à hypostasier certains termes et à les utiliser comme s'il s'agissait d'entités réelles alors qu'ils devraient saisir que « l'Etat, la religion et la liberté de conscience représentent, du moins à l'origine, trois *mots*, qui à

---

[91] *Jérusalem*, p. 57.
[92] *Jérusalem*, p. 49.

première vue peuvent signifier tout ou plutôt rien et entretiennent avec d'autres mots la même relation que l'indétermination de l'homme avec la détermination des animaux.»[93] En somme, la manière dont on utilise le langage et la signification spécifique que l'on donne à des termes sont bien plus déterminantes que Mendelssohn ne voulait l'admettre. L'argument le plus pénétrant de Hamann, anticipant Nietzsche, consiste à dire que le langage des droits de Mendelssohn ne se distingue finalement en rien d'un langage de pouvoir. En effet, bien que les termes « *pouvoir* et *droit* » soient considérés comme des « concepts hétérogènes, » « les *facultés*, les *moyens* et les *biens* semblent néanmoins entretenir un lien si fort avec le concept de pouvoir qu'ils ne peuvent que, en fin de compte, en devenir les équivalents. »[94] Mendelssohn infère, certes, les droits de l'homme des « lois de la sagesse et de la bonté, » mais comme il ne les explique pas davantage et ne les fonde pas sur la révélation divine (qui, aux yeux de Hamann, semble constituer le fondement nécessaire), l'ensemble des droits qui en sont dérivés ne peuvent être qu'un postulat arbitraire et intéressé de ce que Nietzsche qualifierait de « la volonté de puissance. »

A la lumière de la critique de Hamann, nous pouvons donc résumer les failles principales du raisonnement de Mendelssohn que nous avons abordées jusqu'à présent de la manière suivante. Premièrement, sa théorie s'appuie sur une réalité qui relève en grande partie de l'imagination, à savoir un « état naturel » duquel il serait possible de déduire un ensemble de droits (et une doctrine de la religion correspondante); si toutefois cet « état naturel » pur ne peut subsister face à un examen métacritique (ou déconstructif), l'ensemble de droits qui, d'après Mendelssohn, en est dérivé ne le peut pas non plus. Dans un deuxième temps, sa théorie repose sur l'amour de soi, dans la mesure où le droit fondamental, selon Mendelssohn, est le droit de décider des moyens qui permettront d'accéder au bonheur personnel; Augustin considérait qu'il s'agit là de la base de la *civitas terrena*.[95] Troisièmement, puisque sa théorie n'est en aucune manière fondée sur

---

[93] N III, p. 294.
[94] Ibid.
[95] N.d.t. : La cité terrestre.

la révélation, l'on peut s'interroger sur la nature des « lois de la sagesse et de la bonté » qu'il établit dans sa théorie : Ne sont-elles pas entièrement malléables, c'est-à-dire que chaque individu pourrait les interpréter selon son bon vouloir ?[96] Très certainement, dans les cas où l'amour de soi et la bienveillance (c'est-à-dire de simples devoirs de la conscience) en viendraient à entrer en conflit l'un avec l'autre, Mendelssohn en appelle à la loi de la justice qui « surgit du cerveau du théoricien telle une *dea ex machina*[97] [*Maschinenpallas*], » comme l'exprime Hamann.[98] Là encore, néanmoins, c'est à l'individu de déterminer la teneur de la justice en question.[99] Hamann s'exclame donc en conclusion : « Que de lois mystiques créées pour parvenir au maigre résultat d'un droit naturel à peine digne d'être évoqué et qui ne bénéficie ni à l'état de la société ni à la question du judaïsme ! » Il ajoute, faisant allusion à l'histoire de Néhémie qui reconstruisit les murailles de Jérusalem : « 'Qu'ils bâtissent,' comme dirait un Ammonite, 'qu'ils bâtissent seulement ! Si un renard s'élance, il renversera leur muraille de pierres' » (Néhémie 4:3).[100] En d'autres termes, puisque Mendelssohn a construit les murailles de sa *Jérusalem* sur un fondement purement laïque, il ne faut pas s'attendre à ce qu'elles tiennent debout.

Cependant, quel est donc ce fondement laïque ? Nous l'avons vu au chapitre précédent, il consistait chez Kant à séparer de manière stricte, au nom de la *Wissenschaft*,[101] la raison de la foi, de l'expérience, de la tradition et des révélations historiques. Lessing, quant à lui, avait marqué une séparation aussi brutale que douteuse entre les vérités éternelles de la raison et les évènements contingents de l'histoire. Ici, en matière de politique, il s'agit de la distinction qu'établit Mendelssohn entre le domaine des actions extérieures et le domaine

---

[96] N III, p. 295.
[97] N.d.t. : Déesse issue de la machine.
[98] N III, p. 296. De plus, Mendelssohn conçoit la justice comme un moyen d'équilibrer la balance entre, d'une part, le *droit* parfait de s'approprier positivement les moyens qui mèneront au bonheur personnel et, de l'autre, une dépendance passive vis-à-vis du *devoir* parfait de non-interférence sur autrui.
[99] *Jérusalem*, pp. 52ss.
[100] N III, p. 296.
[101] N.d.t. : La science.

des convictions personnelles, ce qui constitue, aux yeux de Hamann, un fondement tout aussi branlant : Tandis que les actions extérieures appartiennent au domaine des droits parfaits que l'on peut prétendument déduire de la nature par la *raison*, les convictions personnelles relèvent du domaine des devoirs imparfaits de la conscience qui peuvent, certes, bénéficier de l'appui de doctrines *historiques* mais ne tiennent pas lieu d'obligation contraignante. C'est la raison pour laquelle il est possible d'être un membre de la *Jérusalem* de Mendelssohn et de jouir pleinement des droits qui y sont rattachés sans croire à telle ou telle doctrine, sans croire en Dieu, sans croire en rien, à condition d'observer les devoirs parfaits de tolérance et de non-interférence avec l'intérêt propre d'autrui.

Les implications pratiques d'un tel point de vue transparaissent dans la réponse que fit Mendelssohn à un critique des *Göttingsche Anzeigen*[102] qui l'avait confronté à un cas très intéressant à propos de la circoncision, présenté ci-dessous :

> La communauté juive basée à Berlin nomme une personne qui circoncira les enfants de sexe masculin selon les lois dictées par sa religion. La personne bénéficie, en vertu de son contrat, du droit à tel ou tel salaire, à un rang spécifique au sein de la communauté, etc. Quelques temps plus tard, elle éprouve des doutes concernant la doctrine ou loi de la circoncision et refuse d'honorer le contrat. Est-elle toujours au bénéfice des droits qu'elle a acquis par contrat ?[103]

Il faut certes remarquer que le critique en question ignorait la coutume juive, selon laquelle aucune rémunération n'est accordée pour ce type de service; néanmoins, la réponse de Mendelssohn est révélatrice. Il pose la question suivante : « Que cherche-t-on à prouver par cet exemple [...] ? Tout de même pas que les droits que l'on exerce sur des personnes et des biens sont, suivant les préceptes de la raison, reliés à des positions doctrinales et s'appuient sur elles ? Ni que les lois et les contrats positifs peuvent rendre un tel droit accessible ? »[104] En

---

[102] N.d.t. : Revue littéraire critique publiée par l'Académie des sciences de Göttingen.
[103] *Jérusalem*, p. 82.
[104] Ibid.

d'autres termes, Mendelssohn considère que les droits *ne* dépendent *pas* de doctrines, pas plus qu'ils ne s'appuient sur des lois et contrats positifs. Concernant ce cas précis, Mendelssohn répond que l'individu en question « bénéficierait de son salaire et de son rang *non pas parce qu'il serait d'accord avec cette position doctrinale, mais en raison de l'opération qu'il réalise* en lieu et place des pères de familles. Si toutefois sa conscience lui interdisait de poursuivre ce travail, il devrait bien sûr abandonner la rémunération stipulée par le contrat. »[105]

Il faut admettre que nous ne discernons probablement pas en quoi la réponse de Mendelssohn est problématique, notamment dans la mesure où nous avons accepté la *Scheidekunst* moderne sur laquelle elle s'appuie. Hamann y détecte néanmoins une profonde hypocrisie qu'il avait déjà relevée dans l'épistémologie de Kant, dans la politique de Mendelssohn et dans la philosophie des Lumières tout entière : Celle-ci réside dans la séparation artificielle mais néanmoins dogmatique effectuée entre la raison et les doctrines traditionnelles. En effet, quelle que soit la manière dont on conçoit la raison ou les droits, ils ne peuvent pas être séparés de l'histoire et de l'évolution des concepts : « Puisque l'on ne peut nier qu'il existe un lien entre le physique et le moral, et puisqu'il est évident que les changements divers et variés auxquels ont été soumis l'écriture et les différents types de dénominations ont nécessairement affecté, par bien des moyens, le développement et l'amélioration des concepts, des opinions et de la connaissance, je ne sais pourquoi il est si difficile d'admettre l'existence d'un lien entre les doctrines et les capacités morales d'un individu. »[106] Dans le même temps, Hamann affirme, contrairement à Mendelssohn, qu'il est effectivement *possible* de déduire des droits

---

[105] Ibid. Si l'on appliquait la doctrine de Mendelssohn au christianisme, cela impliquerait que l'Eglise se verrait dans l'obligation non seulement de garder, mais aussi de rémunérer un prêtre athée tant que celui-ci continuerait de remplir ses obligations officielles – *ex opere operato* ! [N.d.t. : Littéralement, par l'action elle-même, c'est-à-dire indépendamment de la sainteté du ministre]. Cependant, ce n'est pas la sainteté du prêtre qui se trouve au cœur du débat ici, comme lors de la controverse donatiste, mais la question plus fondamentale de savoir s'il croit ou non en ce qu'il est en train de faire.
[106] N III, p. 298.

parfaits à partir de lois et contrats positifs, puisqu'à ses yeux, les droits ne découlent pas de la nature, mais du contrat révélé que Dieu établit entre lui et les hommes. « S'il est un contrat social, il est aussi un contrat naturel, bien plus réel et plus ancien, dont les conditions déterminent nécessairement celles du contrat social. »[107] Ce contrat, que Hamann qualifie de « naturel, » par opposition à un contrat artificiel qui serait établi par la seule raison, implique que « toute *propriété naturelle* redevient conventionnelle, et l'être humain à l'état naturel est rendu *dépendant* de ces lois qui l'obligent à agir, conformément à ces mêmes lois auxquelles la nature tout entière (et l'homme en particulier) doit sa reconnaissance du fait qu'elles ont préservé son existence et lui ont permis de bénéficier de tous les moyens et tous les biens qui lui sont associés. »[108]

Bien que l'argument de Hamann puisse paraître obscur, nous y voyons du moins la différence fondamentale qui oppose sa manière de concevoir les droits à celle de Mendelssohn. En effet, Mendelssohn considère que ces droits sont déjà détenus par la *raison* et *revendiqués* par des individus *indépendants* comme s'il s'agissait d'une *propriété privée*; Hamann, quant à lui, affirme qu'il s'agit d'un *don* du Créateur qui découle de son alliance, et qu'ils sont *reçus* par la *foi* par des individus *dépendants*. En somme, sacrifier sa propre personne, son travail et ses biens à Dieu de manière liturgique *précède* le droit aux yeux de Hamann. L'être humain, dans la mesure où il se situe dans la sphère de cette économie sacrée et qu'il a des devoirs envers Dieu et envers la nature, ne dispose pas d'« un droit exclusif à ces facultés – pas plus qu'il n'exerce sur elles un monopole abject –, ni au produit de ces facultés, ni à la mule improductive de son labeur, ni, cas plus lamentable encore, aux bâtards de la violence usurpatrice qu'il exerce à l'encontre de la *créature* soumise à sa vanité contre son gré. »[109] Hamann suggère ici que la théorie de Mendelssohn revient à approuver avec force l'ordre déchu décrit par Paul (Romains 8:20). Il ne peut donc que conclure à l'*injustice* fondamentale de la théorie de son ami, puisqu'elle aboutit nécessairement à la concupiscence de la

---

[107] N III, p. 299.
[108] Ibid.
[109] Ibid.

volonté individuelle :

> A force d'éloges à propos des lois de la sagesse et de la bonté, la loi de la justice et celle de la raison finissent par disparaître au profit de la volonté ô combien miséricordieuse et du *bon plaisir*[110] de ce marionnettiste et virtuose romain, et au profit de son chant du cygne : *Heu quantus artifex pereo !* – Ta fin est venue et, la mesure de ta cupidité étant pleine, le fil de ta vie est coupé ![111]

Ainsi, Hamann prophétise de manière implicite que la Jérusalem de Mendelssohn subira un sort identique, puisqu'elle n'est pas fondée sur la foi dans le Dieu d'Israël mais sur des principes laïcs qui sont finalement réduits au « bon plaisir » arbitraire de ceux qui les postulent.[112]

La pertinence de l'intuition prophétique de Hamann à cet égard fut avérée par la suite. En effet, de la même manière que le rationalisme des Lumières céda peu à peu la place, en l'espace d'un siècle, au nihilisme, les concepts de « nature, » de « natures » et de « lois naturelles, » *dépourvus de l'appui de la révélation*, donnèrent aussi progressivement lieu au volontarisme, avec la prééminence du « choix personnel, » puis à l'arbitraire qui en découle. Les origines de ce changement remontent déjà à Kant qui, à la manière de Copernic, avait tourné le dos à l'ordre cosmique pour faire du sujet individuel le promoteur de l'ordre et le créateur du sens. Hamann oppose le Psaume 115 à l'autonomie radicale prônée par la théorie des droits de Mendelssohn et l'égocentrisme implicite qu'elle véhicule – « à l'état naturel, le droit de décider si, et dans quelle mesure, quand, au bénéfice de qui et sous quelles conditions je suis dans l'obligation de faire preuve de bienfaisance *m'appartient*, et *m'appartient à moi seul* »[113] – Hamann lui répond, en retournant ses propres termes

---

[110] N.d.t. : En français dans le texte.
[111] Ibid. La première allusion réfère à la chute du « grand artiste » Néron, et la seconde à Jérémie 51:13. N.d.t. : *Heu quantus artifex pereo* : Hélas ! Quel artiste périt avec moi !
[112] Voir le commentaire de Schreiner à ce propos, *HH* VII, p. 76.
[113] *Jérusalem*, p. 48. C'est nous qui soulignons.

contre lui : « La capacité morale de se servir des choses comme *moyens* ne dépend pas de l'*être humain*, et de l'*être humain lui seul*, mais de ces lois de la sagesse et de la bonté qui transparaissent avec éclat à travers la nature incommensurable. »[114] En d'autres termes, « non pas à nous, Eternel, non pas à nous, mais à ton nom donne gloire » (Psaumes 115:1). C'est ainsi que Hamann pouvait dire, faisant écho aux paroles de Jean Baptiste (Jean 3:27), que même le bonheur n'est pas un droit individuel, mais plutôt un don : « L'homme n'a ni la capacité physique, ni la faculté morale d'obtenir un autre bonheur que celui qui lui est *donné*. Chacun des moyens qu'il emploierait dans le but d'accéder à un bonheur autre que celui qui lui est accordé ne reviendrait qu'à [rien d'autre qu'] offenser profondément la nature et à commettre obstinément l'injustice. »[115] Il va plus loin encore, suggérant que la poursuite du bonheur personnel révèle et entraîne une « rébellion infernale. »[116] Aux yeux de Hamann, le régime de Frédéric le Grand, philosophe de Sans Souci et architecte de la « Babel de Berlin, » celui-là même que Mendelssohn élevait au rang du roi de sa *Jérusalem*, incarne cet esprit d'égocentrisme :

> Aucun *Salomon*, que le Dieu des Juifs dota d'une sagesse et d'une intelligence extrêmement étendues, et d'un cœur confiant, comme le sable qui est sur le bord de la mer; ni [même] aucun *Nebucadnetsar*, à qui le Dieu des Juifs accorda des animaux sauvages [...] pour qu'ils le servent, si ce n'est un philosophe sans égards et sans vergogne, un *Nimrod* à l'état naturel, ne se permettraient de déclarer avec l'emphase d'un front corné : « Le droit de décider si, et dans quelle mesure, quand, au bénéfice de qui et sous quelles conditions je suis dans *l'obligation de faire preuve de bienfaisance m'appartient*, et *m'appartient à moi seul*. »[117]

Une fois de plus, bien qu'il ne le fasse pas de manière explicite, craignant la censure, Hamann dénonce les mœurs « dépravées » qui

---

[114] N III, p. 299.
[115] Ibid. Cf. Jean 3:27. C'est nous qui soulignons.
[116] N III, p. 299.
[117] N III, pp. 299s. Voir 1 Rois 4:29; Jérémie 27:6; Genèse 10:8s.

régissent la cour de Frédéric. Il faut également noter que Hamann établit ici un lien entre le libertinage de Frédéric et son approche libérale de la justice sociale qui s'est traduite par un « manque d'égards » envers la misère dans laquelle vivaient les fonctionnaires comme lui-même. Il écrit, sur le ton de l'ironie :

> Si donc l'égo peut être d'une telle injustice et d'un tel manque de modestie alors qu'il se trouve à l'état naturel, et si chaque être humain bénéficie de ce même droit au *moi* ! et au *moi seul* ! – prenons courage face au *Nous par la grâce de Dieu* [c'est-à-dire le « nous » royal de la cour de Frédéric] et soyons reconnaissants pour les miettes qu'il laisse aux orphelins [*Waysen*] dépendants après avoir nourri ses chiens de chasse et ses chiens de compagnie, ses lévriers et ses bouledogues ![118]

La première partie de *Golgotha et Scheblimini* s'achève sur une double critique de Hamann à l'encontre de la *Jérusalem* de Mendelssohn. Dans une première critique, Hamann pointe du doigt la confusion et l'ambiguïté conceptuelles qui règnent dans tout le texte; citant Esaïe 22:1, il affirme que *Jérusalem* est une « *vallée des visions* remplie de concepts indéfinis et branlants » et que Mendelssohn devrait se garder de se vanter trop vite de bénéficier d'une « illumination [ou d'un éclairage] plus importante. »[119] Comme nous l'avons vu, il s'agit là d'une métacritique qui revient souvent chez Hamann : Il accuse ses contemporains de se trouver dans une confusion bien plus grande qu'ils ne le réalisent, alors qu'ils prétendent être des *Aufklärer*. Dans la seconde critique, Hamann souligne les conséquences problématiques du dualisme que Mendelssohn a établi entre l'Eglise et l'Etat, entre les doctrines et les droits, et entre les convictions et les actions. Une fois encore, sa critique prend la forme d'une « mosaïque » métacritique créée à partir des termes de Moïse lui-même, corrigés ci et là pour renforcer l'effet métacritique, et en appelle à une référence scripturaire qu'ils

---

[118] N III, p. 300. Le terme allemand pour orphelin, *Waise*, constitue sans doute une allusion à Hamann lui-même puisqu'il s'agit d'un homophone de son titre, le « Weise (soit le Mage) du Nord. »
[119] N III, p. 302.

partagent, à savoir le célèbre exemple de Salomon dans 1 Rois 3 qui, lui, ne coupa pas l'enfant en deux :

> En réalité, il règne ici une confusion conceptuelle; de plus, opposer l'*Etat* à l'*Eglise* et donc *séparer* le bonheur *intérieur* de la paix et de la sécurité *extérieures* de manière aussi *radicale* que l'on sépare le *temporel* de l'*éternel* revient à s'éloigner de la vérité au sens le plus *précis*, à tel point qu'il est difficile au meilleur des lecteurs de le supporter. L'enfant de l'une des deux mères a été asphyxié par sa propre mère alors qu'elle dormait, et l'enfant qui est encore en vie gigote sous la menace de l'épée du bourreau solomonique chargé de le couper en deux, *la moitié à l'une et la moitié à l'autre*.[120]

Hamann veut nous amener à voir l'ironie de la situation : Alors que les concepts de Mendelssohn sont vagues et confus, il propose néanmoins une séparation des plus strictes entre l'Eglise et l'Etat. Voilà pourquoi même le « meilleur des lecteurs » (qu'il s'agisse dans l'idée de Hamann du lecteur le plus généreux ou simplement du plus perspicace) ne peut supporter *Jérusalem* d'un point de vue philosophique. Il cherche ensuite à démontrer, à travers l'allusion à Salomon, qu'une séparation trop stricte entre l'Eglise et l'Etat, les doctrines et les droits, les convictions et les actions finira par se révéler fatale et donner lieu à des morts-vivants politiques qui croient une chose et votent pour une autre,[121] ou à un Etat qui menace, lui aussi, de devenir une entité sans vie, un simple rassemblement d'individus unis et animés par rien de plus noble que le devoir de tolérer autrui.

Pour être honnête, il faut admettre certes que Mendelssohn affirme, à un moment de son œuvre, que les actions et les convictions participent du véritable accomplissement de nos devoirs et de la

---

[120] Ibid.
[121] Ainsi, pour citer un exemple, l'on pourrait dire que de nombreux hommes politiques affirment de nos jours leur rejet *personnel* de l'avortement et peuvent même être authentiquement horrifiés par les avortements tardifs pratiqués hors du cadre légal, mais à l'image du sacrificateur et du Lévite qui passèrent leur chemin, ils ont accepté l'effroyable séparation moderne entre les convictions et les actions sans faire preuve d'un esprit critique et ne se sentent pas en devoir d'agir pour que cela change.

perfection humaine.[122] Néanmoins, dans la mesure où il a procédé par le biais de sa *Scheidekunst* à la séparation de l'unité vivante, il n'est plus en mesure de la restaurer ni de la ramener à la vie. Renvoyant les propos de son « meilleur moi » à Mendelssohn, Hamann écrit : « Les *actions* et les *convictions* participent du véritable accomplissement de nos devoirs et de la perfection humaine. L'Etat et l'Eglise ont l'un et l'autre pour objet. » Il conclut alors avec ce qui relève à ses yeux de l'évidence :

> En conséquence, accomplir des actions sans avoir de convictions et avoir des convictions sans accomplir des actions revient à séparer des devoirs entiers et vivants en deux moitiés mortes. Si les *raisons principales* n'étaient plus des *raisons véritables* et si les *raisons véritables* ne convenaient plus aux *raisons actives*; si l'essence [de l'Etat] doit nécessairement être appréhendée [mais] que la réalité ne dépend que de la volonté arbitraire : L'unité, qu'elle soit divine ou humaine, aboutit à des convictions et à des actions. L'Etat devient un corps sans vie ni esprit – une charogne destinée aux aigles ! et l'Eglise devient un fantôme sans chair ni os – un épouvantail [*Popanz*] pour les moineaux.[123]

En d'autres termes, si la motivation principale de l'Etat n'est plus la vérité mais l'opinion publique, qui devient alors la seule vérité restante, il perdra la vie et l'esprit qui l'habitait, l'unité entre les hommes se désintégrera sous la pression de tant de volontés de puissance différentes qui entrent en conflit les unes avec les autres, et l'Eglise sera privée de toute manifestation *visible*. Par conséquent, non seulement Mendelssohn contredit-il, bien qu'il n'en ait pas l'intention, sa propre perception du judaïsme, mais finit-il également par rejoindre la position de Hobbes qui conçoit l'Etat en termes de pouvoir uniquement, c'est-à-dire qu'il n'a plus qu'une fonction régulatrice, celle d'assurer « la paix et la sécurité extérieures » :

> Cependant, le théoricien [Mendelssohn] pense que, dans le fond, l'Etat

---

[122] *Jérusalem*, p. 40.
[123] Ibid. Cf. Luc 17:37.

n'a pas davantage à se préoccuper des convictions de ses sujets que le bon Dieu de leurs actions. Il contredit donc non seulement sa propre *conception* du judaïsme, mais manifeste également son accord vis-à-vis de la position de Hobbes en réduisant le plus grand bonheur qui soit à la paix et à la sécurité extérieures, advienne que pourra et pour parfaitement effrayant que cela soit, comme la paix crépusculaire régnant à l'intérieur d'une forteresse qui viendrait à passer [aux mains de l'ennemi] dans la nuit; en conséquence, comme le dit Jérémie, « ils s'endorment d'un sommeil éternel, et ne se réveillent plus. »[124]

Hamann fait ici référence aux premières lignes de la *Jérusalem* où Mendelssohn exprime un argument similaire à propos de la sécurité relative que procure le despotisme : « Elle règne à la fin du jour au sein de la forteresse qui sera prise d'assaut durant la nuit. »[125] Selon Hamann, cela s'applique également au cas présent : La *Jérusalem* de Mendelssohn est vouée à une destruction similaire. En effet, si ses arguments semblent valables, il est aisé de les réfuter et ceux qui placent en eux leur confiance sont déçus et (dans ce cas) voués à une certaine mort spirituelle. En somme, dans la perspective de Hamann, *cette* Jérusalem-*là* s'écroulera parce qu'elle n'a pas été érigée sur le fondement de la foi mais sur celui de la raison, qu'elle n'a pas placé son espérance dans le Dieu d'Israël mais dans la bienveillance incertaine de l'Etat moderne indifférent à toutes formes de religion et que son théoricien a cédé le passage au Cheval de Troie rempli de principes étrangers et laïques, oubliant de rendre témoignage, de manière prophétique, au véritable roi et défenseur de Jérusalem (cf. Psaumes 127:1).

---

[124] Ibid.
[125] *Jérusalem*, p. 34.

POLITIQUE METACRITIQUE

LA DÉFENSE DU JUDAÏSME FACE À LA RAISON LAÏQUE OU LE VÉRITABLE CONTENU DE LA VÉRITABLE JÉRUSALEM

Avec le recul, nous pourrions dire que la première partie de *Golgotha et Scheblimini* traite globalement de la loi, moins de la loi mosaïque que de celle que Mendelssohn lui a *substituée*, la « loi [éternelle] de la raison »; l'on pourrait comparer cette substitution à une sorte de supercessationisme, excepté que dans ce cas, ce n'est pas le christianisme qui a succédé au judaïsme mais les principes laïques de la modernité. Nous avons vu également que selon Hamann, il s'agit d'une trahison vis-à-vis du véritable esprit du judaïsme qui propulse Jérusalem « sous le méridien de Babel. »[126] Dans la seconde partie de *Golgotha et Scheblimini,* il devient clair que, pour Hamann, le véritable esprit du judaïsme, presque totalement ignoré par Mendelssohn, est en fait l'esprit de prophétie sur lequel s'appuie la loi elle-même et sans lequel la loi dégénère en un légalisme parfaitement dépourvu d'inspiration. Par conséquent, Hamann cesse de se concentrer sur les théories politiques modernes et le fondement laïque de la *Jérusalem* de Mendelssohn dans la deuxième partie de son ouvrage pour se tourner vers la fondation véritable de la *véritable* Jérusalem, à savoir le témoignage prophétique du judaïsme qui pointe prophétiquement vers Christ. Alors que la première partie vise principalement à la critique et à la déconstruction, la seconde révèle la manière positive et constructive dont Hamann comprenait la relation entre le judaïsme et le christianisme.

Dès les premières lignes de la seconde partie de la *Jérusalem,* Mendelssohn avait répondu sèchement et avec habilité au « chercheur » anonyme, qui lui avait proposé de se convertir au christianisme, que si, comme ce dernier le suggérait, Mendelssohn avait effectivement ébranlé le fondement de sa propre foi, cela ne présagerait rien de bon pour le christianisme qui s'appuie lui-même sur ce fondement : « S'il était vrai que les pierres angulaires de ma

---

[126] N III, p. 302.

maison ont été déplacées et que toute sa structure menace de s'effondrer, serait-il sage que je cherche à mettre mes possessions en sécurité en les déplaçant du rez-de-chaussée au premier étage ? Y serai-je plus en sécurité ? Eh bien, le christianisme, comme vous le savez, est bâti sur le judaïsme, et si ce dernier s'écroulait, le christianisme s'effondrerait nécessairement avec lui; ils ne formeraient alors qu'*un unique* amas de ruines. »[127] Il n'aurait pas pu exprimer une vérité plus véridique que celle-là, selon Hamann, qui affirme lui-même que le judaïsme est « la *mère biologique* de notre *christianisme évangélique*, au même titre que la *papauté romaine* est la *mère biologique* de notre *luthéranisme allemand.* »[128] Parallèlement, le chercheur anonyme avait sans aucun doute raison, selon Hamann, de dire que Mendelssohn avait « arraché » les « piliers » de sa maison, en la transformant en un « temple de la raison. » Par conséquent, la chose nécessaire, dans la perspective de Hamann, était de défendre la Jérusalem réelle en faisant ressortir les erreurs dans la Jérusalem de Mendelssohn, et donc replacer le judaïsme sur un fondement sûr – ce qui sauverait d'office le judaïsme et le christianisme qui constituent le premier et le second étages d'un même bâtiment.[129]

Hamann commence sa défense du judaïsme en appliquant à *Jérusalem* la même force métacritique que celle que Mendelssohn appliquait à la *Critique* de Kant. Comme Kant et Lessing, Mendelssohn fonde sa philosophie (et sa religion) sur les « vérites éternelles » de la raison, qu'il tient pour plus certaines que n'importe quelle « vérité accidentelle » de l'histoire et de la tradition. Pour Mendelssohn – son raisonnement ayant été informé par l'*autorité* de Platon et un préjugé platonicien *traditionnel* contre les sens – « Les sens ne peuvent pas convaincre... de la vérité. Dans les sujets historiques, l'autorité et la crédibilité du narrateur constituent la seule preuve. Sans témoignage nous ne pouvons être convaincus d'aucune vérité historique. Sans autorité, la vérité historique s'évanouit en même temps que l'événement lui-même. »[130] A cela Hamann répondit une fois de plus

---

[127] *Jérusalem*, p. 87.
[128] N III, p. 356.
[129] N III, p. 303.
[130] Mendelssohn, *Jérusalem*, p. 93.

POLITIQUE METACRITIQUE

en employant métaschématiquement les propres termes de Mendelssohn pour les retourner contre lui :

> Puisque je ne connais pas non plus d'autres *vérités éternelles* que celles qui sont *constamment temporelles*, je n'ai pas besoin d'aller aussi loin que monter [*versteigen*] dans le cabinet de la compréhension divine, ni dans le sanctuaire de la volonté divine; je n'ai pas besoin non plus de m'attarder sur la distinction entre la *révélation directe* à travers le *langage* et l'*Ecriture*, qui n'est compréhensible qu'*ici* et *maintenant*, et la *révélation indirecte* à travers les *choses* (la nature) et les *concepts*, qui, étant écrite sur l'âme, est supposée être lisible et intelligible en tous temps et en tous lieux.[131]

En d'autres termes, Hamann rejette l'opposition entre une révélation générale à travers la nature et la raison, et une révélation directe et spécifique à travers l'Ecriture et la tradition, parce que pour lui *il n'est pas de vérités éternelles auxquelles nous puissions avoir accès en dehors d'une médiation historique et linguistique*. En effet, dans sa perspective métacritique, *il n'est aucune raison*, ni aucune connaissance purement naturelle qui soient séparées des contingences historiques du langage et une tradition orale et textuelle donnée.[132] De ce fait, pour Hamann, tout le projet de la modernité laïque, qui est construit sur une stricte séparation entre les « vérités éternelles de la raison » et « les vérités accidentelles, purement historiques de la tradition, » est bâti sur une distinction fallacieuse.

Par conséquent, Hamann retourne, une fois de plus, les propres paroles de Mendelssohn contre lui-même, sur un ton de saine suspicion de tous systèmes rationnels et de tous programmes

---

[131] N III, pp. 303s. L'on prendra note ici de la façon dont Hamann inverse la hiérarchisation qu'effectue Mendelssohn de la nature et de la raison au-dessus de la tradition orale et écrite. Mendelssohn pensait que les premières étaient une révélation directe et que la seconde une révélation indirecte. Pour Hamann, cependant, c'est tout le contraire. Voir *Jérusalem*, p. 39.

[132] L'on ne doit pas nécessairement en déduire que cela signifie que Hamann nie une connaissance naturelle limitée de Dieu « écrite sur leurs cœurs » (Romains 2:15). Il suffirait simplement de dire que, pour Hamann, il n'existe pas une telle connaissance dans un vide *non-naturel*, prélinguistique et ahistorique.

politiques laïques qui prétendraient bien s'entendre avec la tradition : « Que nous résistions encore et encore à toutes théories et hypothèses et voulions parler de faits, n'entendre rien d'autre que les faits, et que cependant nous ayons le moins de considération possible des faits précisément là où ils comptent le plus ! »[133] Pour sa part, Mendelssohn fit cette déclaration pour critiquer ceux qui placeraient leur foi simplement dans les faits. Hamann, toutefois, répète cette déclaration à Mendelssohn pour lui rappeler que le judaïsme et le christianisme reposent précisément sur des faits, sur des événements et des révélations historiques, et qu'être un Juif ou un chrétien ne signifie pas qu'il faille les transcender au nom de la raison, mais que cela signifie prendre ces faits historiques, transmis par l'autorité de la tradition, par la *foi* comme des sujets ayant une *signification éternelle*.[134] Hamann l'exprime comme suit :

> La différence caractéristique entre le judaïsme et le christianisme, par conséquent, n'a rien à voir avec la *révélation directe ni indirecte*, au sens pris par cette dernière chez les Juifs et les naturalistes – – ni avec les *vérités éternelles* et les *doctrines* – – ni avec les *lois cérémonielles* et *morales* : Mais simplement avec les *vérités temporelles de l'histoire* qui eurent lieu à un moment particulier et ne reviendront jamais – des *faits* qui devinrent *vrais* à travers une connexion de causes et effets à un point particulier du temps et de l'espace.[135]

Ainsi, pour Hamann, le judaïsme et le christianisme ne reposent pas sur un assentiment rationnel à propos des principes abstraits universels, mais sur des faits, des événements historiques, des témoignages consignés qui sont transmis par l'autorité de la tradition et qui nécessitent la *foi*.[136] Bien entendu, comme le fait remarquer

---

[133] N III, p. 304; cf. *Jérusalem*, p. 96.

[134] Cela vaut la peine de remarquer ici que cette inversion du rationalisme de Lessing et de Mendelssohn – qui non seulement renverse la distance rationnellement insurmontable entre ce qui est historique et éternel, mais fait également d'un témoignage historique le point de départ d'un salut éternel – anticipe l'un des points fondamentaux de la philosophie de Kierkegaard.

[135] N III, p. 304; cf. *Jérusalem*, p. 91.

[136] Remarque : Cela ne vise pas à exclure la raison, mais plutôt à lui présenter de

Mendelssohn, soulignant par là le manque de fiabilité des vérités historiques, de tels faits « doivent être confirmés par l'autorité, » sans laquelle « les vérités de l'histoire s'évanouissent avec les événements eux-mêmes. »[137] Et là, pour Mendelssohn, se trouve le besoin d'avoir un fondement rationnel-philosophique plus certain. L'argument de Hamann, cependant, consiste à dire que le judaïsme et le christianisme reposent sur la foi, non pas de manière accidentelle, mais fondamentale, et ne doivent pas, en conséquence, être confondus avec la philosophie ni avec une « religion naturelle » de la raison. Contrairement à ce que pense Mendelssohn, cela ne rend pas les premiers dénués de fondement solide. Bien plutôt, tandis que les *Aufklärer* construisent des châteaux dans l'air sur la base d'une rationalité abstraite qui est artificiellement séparée de l'histoire et de la tradition – une rationalité qui est, ultimement, matière aux spéculations humaines – le judaïsme et le christianisme, malgré leur historicité indéniable et leur dépendance vis-à-vis des faits, reposent sur « la Parole prophétique sûre » (2 Pierre 1:19), qui transcende l'histoire et embrasse toute l'histoire, puisque ce qui est historiquement révélé à travers la Parole de Dieu prophétique trouve son origine non pas dans le temps mais dans l'éternité (cf. Psaumes 119:89, 160) :

> Le christianisme *croit*, c'est-à-dire non dans les *doctrines de la philosophie*, qui ne sont rien d'autre que des gribouillages des spéculations humaines et sont sujettes aux cycles de fluctuation de la lune et de la mode ! – non dans les *images* et le *culte des images* ! –

---

nouvelles données, dirigeant son attention vers les faits historiques par l'entremise de la révélation, ce qui dote ainsi la raison d'un point de départ pour une pensée véritablement *métaphysique*, en dépassant la logique anamnestique, immanente de ce que la raison connaît toujours déjà – une connaissance qui hélas ! peut être tout à fait banale – et en atteignant une connaissance qui ne peut être communiquée que graduellement, en lien permanent avec le don de l'infini au fini, sous la forme d'une révélation progressive de Dieu de lui-même par le Saint-Esprit (1 Corinhtiens 2:6ss). Mais cette « métaphysique » (au sens de Rosenzweig), « au-delà » des banalités de la raison, ne peut pas être adoptée – cette connaissance « sur »-naturelle de Dieu ne peut pas être reçue – sans commencer par la *foi* dans un témoignage historique.
[137] N III, p. 304; cf. *Jérusalem*, p. 93.

> non dans le *culte des animaux et des héros* ! – non dans les *éléments symboliques* et *mots de passe*, ni dans quelques figures noires peintes dans l'obscurité par la main invisible sur le mur blanc ! – non dans les *nombres pythagoriciens-platoniciens* !!! – non dans les ombres qui passent des *actions* et des *cérémonies* qui *ne resteront pas* et *ne dureront pas*, dont on pense qu'elles possèdent un pouvoir secret et une magie inexplicable ! - - non dans aucune *loi*, qui doit être suivie même sans la *foi* et la *connaissance* ! - - Non, le christianisme ne connaît et ne reconnaît aucun autre *lien de la foi* que la *Parole prophétique* sûre telle qu'elle est consignée dans *les plus anciens documents de la race humaine* et dans les *saintes écritures du judaïsme authentique*, sans la ségrégation *samaritaine* ni les *Mishnah* apocryphes.[138]

Le premier point de Hamann est clair : La foi chrétienne ne doit pas être confondue avec la raison des philosophes, notamment avec aucune forme de mysticisme transcendantal ou numérologique; ni avec le culte des images ou des animaux ou des héros populaires; ni avec une espèce de rites mystérieux anciens à la franc-maçonnerie; ni avec l'observance purement légaliste de la loi, dépourvue de la foi et de l'esprit de prophétie. Son second point est que le christianisme repose sur le judaïsme – et non sur le judaïsme rabbinique postchrétien qu'il considère comme une déviance du véritable judaïsme, mais sur le judaisme préchrétien.[139] Et compte tenu de ce témoignage sacré, il dit que les Juifs sont « une race instruite dans les choses divines, ointe, et appelée et choisie [comme] la possession [de Dieu] devant tous les

---

[138] N III, p. 306. Cf. Daniel 5:5ss. Par « ségrégation samaritaine, » Hamann veut probablement dire soit la séparation de la loi de l'esprit de prophétie, soit l'abandon par Israël de son universalisme implicite, c'est-à-dire de son appel, à travers son témoignage prophétique, à apporter la lumière et la guérison aux Gentils.

[139] Etant donné que la théologie d'Israël de Hamann est essentiellement paulinienne (Romains 9-11), l'on pourrait dire que le « judaïsme authentique » continue de s'appliquer au « reste » d'Israël, qui sera « de nouveau enté » (Romains 11:23), dans la mesure où il restera ouvert au Messie dans sa gloire – ce qui est maintenant un sujet d'attente *eschatologique* – de telle sorte que, malgré toutes leurs différences, Juifs et chrétiens demeurent eschatologiquement unis (vis-à-vis de la satisfaction immanente du siècle laïque) dans leur aspiration commune à voir l'apparition de Christ.

autres peuples de la terre. »¹⁴⁰ En effet, le christianisme, dit-il, dépend entièrement de leur témoignage qui fait autorité :

> La différence caractéristique entre le judaïsme et le christianisme est une affaire de *vérités historiques* non seulement des *époques passées* mais aussi des *époques futures*, qui sont prophétisées et annoncées par avance par l'esprit de la providence qui est aussi universel qu'il est particulier, et qui, par leur nature même, ne peuvent pas être reçues d'une tout autre manière que par la *foi*. L'autorité juive seule leur donne l'authenticité qu'elles requièrent; ces memorabilia des époques anciennes et futures ont été confirmés par des *miracles*, préservés par la *crédibilité* des témoins et de ceux qui prirent soin de transmettre la tradition, et portés par les *preuves* de leur accomplissement réel, qui sont suffisants pour y placer *foi* au-dessus de tous doutes et réserves talmudiques et dialectiques. La religion *révélée* du christianisme est par conséquent à juste titre et avec de bonnes raisons appelée *foi*, confiance, assurance, confiance pleine d'assurance et d'enfant dans les serments et promesses divins et dans la progression glorieuse de sa vie à mesure qu'elle se déroule dans des représentations qui manifestent des degrés de gloire successifs, jusqu'à une complète révélation et une complète apocalypse dans la plénitude d'une vision face à face avec le mystère qui fut caché au commencement et qui fut *cru* : Tout comme *Abraham* crut en Celui qui est Eternel, se réjouit de voir son jour, et fut heureux; car il ne douta pas des promesses de Dieu par incrédulité, mais fut fortifié dans la foi et *donna gloire à Dieu*. Et pour cette raison, cela lui fut aussi imputé à *justice [zum Verdiens]*.¹⁴¹

Tels sont le profond lien et la base de communion entre Juifs et chrétiens. En même temps, néanmoins, Hamann affirme clairement que pour lui le judaïsme talmudique représente une déviation par rapport au judaïsme authentique – du moins dans la mesure où il a abandonné l'esprit de prophétie qui autrefois l'animait, et est devenu une pure affaire d'observance rituelle de la loi. Ainsi, fait-il remarquer, reliant de nouveau la justice d'Abraham à la foi visionnaire en Christ,

---

[140] N III, p. 306. Cf. 1 Pierre 2:4.
[141] N III, p. 305. Voir 2 Corinthiens 3:18; Exode. 33:11; Romains 4:22.

« Abraham le juste reçut la *promesse*, mais pas de loi, comme signe de l'alliance [qui serait contractée] à travers sa chair. »[142]

Comme confirmation supplémentaire de son affirmation selon laquelle le judaïsme et le christianisme sont des religions non de la raison, ni des observances légalistes, mais de la foi, Hamann recourt à l'exemple de Moïse, le législateur lui-même, à qui Dieu refusa explicitement qu'il traversât la Terre Promise parce qu'il avait *manqué de foi* (Deutéronome 32:51s). Et dans ce contexte il relie le sort de Moïse à celui du judaïsme, à savoir au fait que la foi personnelle dans le Messie disparaît au profit d'un pur légalisme (ou, dans le cas de Mendelssohn, de la pure raison), et qu'il n'y a plus d'écoute attentive de l'esprit prophétique par lequel la loi elle-même a été inspirée et écrite au départ. La conséquence de ce découplage de la loi de l'esprit de la foi et de la prophétie, dit-il, est que les « coutumes hiéroglyphiques » et les « cérémonies symboliques » de la loi elle-même – comme les « actions symboliques »[143] de la propre vie de tout un chacun – sont dénuées de leur sens et de leur référence mystiques :

> Mais Dieu refusa catégoriquement l'entrée dans la Terre Promise au législateur *Moïse*; et en raison d'un péché similaire d'incrédulité vis-à-vis de l'esprit de la grâce et de la vérité, qui aurait dû être préservé dans des coutumes hiéroglyphiques, des cérémonies symboliques et des actions de haute signification jusqu'au temps du réveil, de l'effusion et de l'onction [du Saint-Esprit], ce véhicule terrestre de la législation temporelle, figurative et imposante et des offrandes de sacrifices d'animaux dégénéra en le poison corrompu et mortel des superstitions idolâtres, littéralistes et puériles. De ce fait, tout *Moïse*, avec tous les *prophètes*, est le *rocher* de la foi chrétienne; et la *pierre angulaire*, choisie et précieuse, que les bâtisseurs ont rejetée, est devenue pour eux aussi la tête de l'angle, mais à la manière d'une pierre d'achoppement, un rocher d'offense, de sorte que par leur incrédulité ils trébuchent sur la *Parole* dont tout leur édifice dépend.[144]

---

[142] N III, p. 307.
[143] N II, p. 139 : « La vie humaine semble consister en une série d'actions symboliques... »
[144] N III, p. 305.

Certes, la description qu'offre Hamann de ce qui arrive au judaïsme une fois qu'il cesse d'être animé par une foi vivante et par le même esprit prophétique qui inspira à l'origine ses écritures sacrées est sévère. Le point qu'il avance, cependant, est que tout comme le christianisme ne tient pas sans le judaïsme, le judaïsme également ne peut pas s'accomplir en dehors du christianisme; en effet, ils constituent l'un pour l'autre le *fondement réciproque* en tant qu'*archē* et *telos* d'une même et unique économie providentielle.

Pour sa part, certainement, Mendelssohn était parfaitement capable d'affirmer sa foi, et continuait à se conformer à la loi. La question de toute importance que Hamann pose aux Juifs et chrétiens, toutefois, est de savoir ce qu'il doit être fait de leur témoignage partagé. Lorsque Mendelssohn lit la Bible hébraïque, il ne trouve rien qui ait des conséquences ultimes (c'est-à-dire une signification éternelle) qu'il ne connaissait pas déjà par la voie de la raison. Il peut, par conséquent, dire sincèrement que « le judaïsme ne connaît aucune révélation dans le sens où ce terme est généralement compris. »[145] De son côté, lorsque Hamann lit la Bible hébraïque, il découvre avec les Pères de l'Eglise un témoignage prophétique rendu à Christ qui est bien plus mystérieux que tout ce que la raison seule pourrait jamais avoir rapporté ou sondé. Ainsi, las de la réduction que fait Mendelssohn du judaïsme en le ramenant au niveau de la raison, Hamann s'accorde ironiquement avec lui pour dire que « le judaïsme ne connaît aucune révélation, » c'est-à-dire aucune révélation *ultime*, mais ressemble aux pains de proposition du sanctuaire, étant une simple indication ou type du mystère lui-même :

> Je n'ai ni faim des *pains de proposition*, ni le loisir ni la force de faire des *promenades labyrinthines* et des *labyrinthes péripatétiques*, mais je viens droit au but et exprime mon complet accord avec Herr Mendelssohn lorsqu'il dit que le judaïsme ne connaît aucune religion *révélée*, à savoir, dans le sens où il comprend lui-même ce terme, c'est-à-dire que Dieu leur a fait connaître et leur a confié, à travers la parole et l'Ecriture, rien de moins que le véhicule sensible du *mystère*,

---

[145] *Jérusalem*, p. 90.

> l'ombre des *biens à venir*, et non pas l'essence des biens eux-mêmes, la communication réelle de ce que Dieu a réservé à un plus grand médiateur, grand sacrificateur, prophète et roi que Moïse, Aaron, David et Salomon. – De même que Moïse lui-même, pour cette raison, ne savait pas que son visage était illuminée d'une lumière éclatante qui frappait le peuple de crainte : Ainsi tout le don de la loi de la part de ce ministre divin était un simple voile et rideau de la religion de l'ancienne alliance qui, jusqu'à ce jour, demeure voilée, enveloppée et scellée.[146]

Le point avancé par Hamann ici à la fin de sa vie d'écrivain est une réminescence de ses pensées du début exprimées dans les *Memorabilia Socratiques*. En effet, dans un sens nous avons rebouclé la boucle. Dans ses premiers écrits, l'un de ces affirmations majeures était que la nature et l'histoire sont des livres qui sont « scellés » pour la raison, mais ouverts pour les yeux de la foi. Ce qu'il affirme maintenant, c'est que l'élection divine d'Israël et le témoignage prophétique des Ecritures – dans lesquelles Dieu a consigné comme dans une énigme les mystères de son royaume – sont similairement inintelligibles en dehors de la foi en Christ. Comme Hamann l'exprime déjà dans l'*Aesthetica*, en citant Augustin : « Si vous lisez les livres prophétiques sans comprendre *Christ*, que de choses excessivement insipides et futiles trouverez-vous ! Mais si vous percevez Christ en eux, ce que vous lisez non seulement sera de votre goût, mais aussi vous intoxiquera. »[147] Hamann affirme ici que cela s'applique non seulement à la Bible hébraïque, mais également à l'économie symbolique entière de l'histoire d'Israël :

> Toute la mythologie de l'économie hébraïque n'était rien d'autre qu'un *type* d'une histoire plus transcendante, l'*horoscope* d'un héros céleste, par l'apparition duquel tout est déjà accompli et ce qui est écrit dans leur loi et leurs prophètes reste à être accompli : « Ils périront, mais *tu* subsisteras; ils s'useront tous comme un vêtement; *tu* les

---

[146] N III, p. 304.
[147] N II, p. 212. Les citations viennent du commentaire d'Augustin sur Jean, *In Ioannis tractatus*, IX, 3.

POLITIQUE METACRITIQUE

changeras comme un habit, et ils seront changés. »[148]

Il est vrai que Hamann parle de manière similaire des mythologies païennes préchrétiennes qui sont une anticipation de Christ à la manière des rêves. Mais pour lui la révélation offerte aux Juifs est quelque chose de bien plus sublime, parce qu'elle est une révélation qui n'est pas donnée de façon obscure à travers un poète comme Homère, puis transmise sous forme de folklore, mais qui a été écrite directement dans l'histoire même d'Israël, non plus dans les rêves et les énigmes, mais dans la réalité :

> Car que sont tous les *miracula speciosa* d'une Odyssée et une Iliade et leurs héros en comparaison avec les phénomènes simples mais richement significatifs de la vénérable marche [avec Dieu] des patriarches ? Qu'est l'âme aimante et douce du ménestrel aveugle de Maonie en comparaison avec l'esprit de Moïse, qui brille *a priori* et *a posteriori* avec ses propres œuvres et ses nobles inspirations ![149]

Par conséquent, bien qu'il y ait des points communs analogiques entre le paganisme et le judaïsme, dans la mesure où les deux orientent le regard vers Christ, pour Hamann il est aussi vrai que la révélation divine s'éloigne avec une profondeur et une clarté croissantes du premier pour se diriger vers le second. Comme il l'exprime à la fin de son œuvre, résumant dans une coda inspirante sa noble compréhension du judaïsme en tant que testament prophétique annonçant Jésus :

> D'après l'analogie de ses lois cérémonielles, l'histoire entière du peuple juif semble être un *document de référence* introduisant toute la *littérature historique dans le ciel*, sur et *sous la terre*, qui éveille tant l'esprit que le cœur - - - un indice progressif ressemblant à un diamant

---

[148] N III, p. 308. Cf. Psaumes 102:26s. Note : En appelant l'économie hébraïque « mythologique, » Hamann ne veut pas dire que l'histoire d'Israël est fictive, mais que, en tant que *poésie historique* de Dieu, elle est figurative à la manière d'une révélation obscure.
[149] N III, p. 309.

547

orientant les yeux vers les Jubilés et plans du gouvernement divin couvrant toute la création depuis son *commencement* jusqu'à sa *fin*, et l'énigme prophétique d'une théocratie est refletée dans les fragments de ce vase brisé, comme le soleil dans « des gouttes d'eau sur l'herbe: Elles ne comptent pas sur l'homme, elles ne dépendent pas des enfants des hommes » (Michée 5:7) : Car *hier* la rosée du Seigneur était uniquement sur la toison de *Gédéon*, et toute la terre était sèche; *aujourd'hui*, la rosée couvre toute la terre, et n'est sèche que sur la toison [Juges 6:36-40] – Non seulement l'histoire entière du judaïsme était-elle la *prophétie*; mais plus que toutes les autres nations avec lesquelles l'on ne peut peut-être pas nier l'*analogie* des prémices et des pressentiments obscurs similaires, son *esprit* était-il également préoccupé par l'*idéal* d'un sauveur et d'un roi, un homme de pouvoir et de prodiges, la mise bas d'un lion, dont la lignée selon la chair venait de la tribu de *Juda*, mais dont la procession d'en-haut devrait provenir du *sein du Père*. Moïse, les Psaumes et les prophètes sont pleins de clins d'œil et d'aperçus, indiquant l'apparition d'un météore qui est plus qu'une colonne de nuage et de feu, une *étoile* se levant à partir de *Jacob*, un *soleil* de la justice portant la guérison sous ses ailes ! – et montrant un signe de contradiction dans la figure ambigüe de sa personne, dans son message de paix et de joie, ses œuvres et peines, son obéissance jusqu'à la mort, la mort sur la croix ! et son exaltation, de *ver* de la poussière de la terre qu'il était, au trône de la gloire qui ne peut pas être ébranlé - - montrant le *royaume des cieux,* que *David, Salomon* et le *Fils de l'homme* bâtiraient et amèneraient à la réalisation dans une cité qui a un fondement, dont l'architecte et créateur est Dieu, montrant une *Jérusalem* d'en-haut, qui est *libre* et la mère à nous tous, montrant de nouveaux cieux et une nouvelle terre, sans mer et sans temple à l'intérieur.

En effet, vue à la lumière de Christ, l'histoire d'Israël devient si pleine de sens qu'elle apparaît comme rien de moins qu'une poésie vivante de la révélation graduelle que Dieu donne de lui-même dont le point culminant est le « face à face » de Christ lui-même : Un miroir historique, rempli de *faits*, qui ne sont pas du tout accidentels, dans lequel sont graduellement révélés, selon la providence divine, les mystères éternels du royaume des cieux.

Comme nous l'avons vu, à la suite de Lessing, Mendelssohn a opéré une nette distinction entre les « vérités éternelles de la raison » et « les faits accidentels de l'histoire. » Cependant, Hamann, comme nous l'avons vu, rejette complètement toute séparation stricte et douteuse de ce genre, et la raison en est maintenant claire. Car ici, *dans et parmi* les faits de l'histoire d'Israël, le Logos éternel et l'archétype de toute raison est révélée. Ainsi, à l'opposé de Mendelssohn, qui transformerait le judaïsme en une religion *abstraite* de la raison, et des *Aufklärungstheologen* contemporains, qui agiraient de la même façon à l'égard du christianisme, Hamann déclare : « Ces vérités *temporelles* et *éternelles* de l'histoire concernant le roi des Juifs, l'ange de leur alliance, le premier-né et la tête de son Eglise, sont l'A et l'Ω, la base et le sommet des *ailes* de notre *foi*... »[150] Inversement, l'incrédulité, dit-il en accord avec Luther, « est le seul péché contre l'*esprit* de la vraie religion, dont le cœur est au ciel, et dont le ciel est le cœur. »[151] Auquel il ajoute, en insistant sur la différence entre une justice légaliste, ce que Luther appelle « la justice des œuvres, » et la justice qui vient de la foi :

> Le secret de la piété chrétienne consiste non dans les *services, sacrifices* et *vœux, que Dieu réclame des êtres humains,* mais plutôt dans les *promesses, réalisations* et *sacrifices que Dieu a faits et accomplis* pour le plus grand bien des êtres humains : Non pas dans *le plus noble* et *le plus grand commandement* qu'Il a *imposé*, mais dans *le plus grand bien* qu'Il a *donné* : Non dans les *lois* et les *instructions morales*, qui ne touchent que les *convictions humaines* et les *actions humaines*, mais dans l'exécution des *jugements* divins à travers les *actes, œuvres* et *institutions* divins pour le salut du monde entier.[152]

Ses références aux « actions » et « convictions » montrent clairement que Hamann avait, une fois de plus, Mendelssohn à l'esprit. Ce qu'il affirme ici, en conséquence, c'est que la *Jérusalem* de Mendelssohn porte plus que tout autre chose sur les droits et devoirs de l'homme, tandis que le christianisme de Hamann porte plus que tout autre chose sur ce que Dieu a fait (voir Jean 3:16) et sur l'édifice que Dieu a bâti (1 Pierre 2:6). En effet, dans la mesure où Dieu est banni et confiné à l'intériorité de nos convictions privées, d'après la

---

[150] N III, p. 311.
[151] N III, p. 312.
[152] Ibid.

séparation des convictions et des actions, qui fonde la pensée de Mendelssohn, le résultat net de sa *Jérusalem* est que les œuvres humaines sont, ironiquement, tout ce qui reste. En d'autres termes, Dieu n'est pas un acteur dans cette Jérusalem; tandis que pour Hamann l'emphase demeure sur les œuvres et jugements divins que Dieu accomplit dans et à travers les êtres humains.

A ce stade, il va presque sans dire que Hamann rejette toute séparation stricte entre l'Eglise et l'Etat – comme si la notion d'un Etat purement laïque, indépendant du jugement divin, n'était pas une complète illusion; comme si le vide créé par l'éviction de Dieu de l'Etat n'allait pas être rempli par un type ou un autre d'idole – en l'occurrence l'idole de la raison laïque. A la fin de *Golgotha et Scheblimini*, il affine sa critique de la stricte séparation des sphères selon Mendelssohn, visant spécifiquement la religion naturelle douteuse qui servirait de fondement à l'« Église » de Mendelssohn. Le principal problème ici, fait remarquer Hamann, est qu'une religion naturelle ne peut pas combler le fossé entre Dieu et les êtres humains, comme Mendelssohn le souhaite, puisqu'il existe une « disproportion infinie » entre les deux; en d'autres termes, une religion naturelle ne peut pas légitimement se rapporter à Dieu, parce que, pour être connu, Dieu devrait se révéler lui-même. Elle ne peut pas non plus, d'ailleurs, espérer franchir la distance créée par le péché de l'homme. Non, la double « disproportion, » qui est d'emblée naturelle (due à la distance qualitative entre le Créateur et la création) et coupable (du fait du péché), ne peut être surmontée que par la condescendance divine (la première disproportion à travers l'incarnation de Christ, et la seconde à travers la Croix).

Mais si la religion naturelle de Mendelssohn est incapable d'établir une relation correcte entre Dieu et les êtres humains, comme le fait remarquer Hamann, alors sa sphère publique des relations humaines intra-sociétales sera aussi affectée et hors de portée de la rédemption. En effet, ici aussi une « disproportion » persistera :

> Etant donnée la *disproportion infinie* entre l'homme et Dieu, « les institutions éducatives publiques, qui réfèrent à la relation de l'homme à Dieu, » sont simplement des propositions absurdes couchées dans des mots stériles qui infectent les humeurs intérieures à mesure qu'une créature spéculative s'en imbibe. Premièrement, afin de supprimer la *disproportion infinie* et de s'en dispenser, avant que l'on ne puisse parler des relations, qui sont supposées servir de base relationnelle aux institutions publiques, soit l'homme doit venir prendre part à la *nature*

POLITIQUE METACRITIQUE

divine, soit la déité doit revêtir *la chair et le sang*. Les *Juifs* se saisissaient de la parité à travers le palladium de leurs *lois divines*, et les *naturalistes* à travers leur *raison divine* : En conséquence, il ne reste plus qu'aux chrétiens et à *Nicodème* d'autre concept médiateur que de croire de tout leur cœur, de toute leur âme, de toute leur pensée : *Car Dieu a tant aimé le monde* – – Cette foi est la victoire qui a vaincu le monde.[153]

Sans parler de l'anticipation des théologies dialectiques de Kierkegaard, de Gogarten et du Barth précoce (bien qu'ici, l'on remarquera, la dialectique ne soit pas exacerbée mais *surmontée* par l'incarnation), comme l'observe Schreiner, ce passage donne une clé pour comprendre la typologie de l'histoire de Hamann. Comme l'exprime Hamann dès ses *Ecrits de Londres*, « Dans ses concepts de bénédiction, la race humaine se divise en deux groupes, dont le premier cherche à *en hériter*, et l'autre cherche à *l'acquérir*. Les Juifs disent : Elle nous appartient; nous sommes les enfants d'Abraham. Les païens réclamaient la déification en récompense de leurs vertus et actes. »[154] Selon Hamann, aucune de ces revendications n'est en adéquation avec la « disproportion infinie » entre Dieu et les êtres humains. Car tout comme la loi des Juifs atteint son but elenctique en exposant le péché et la fragilité de l'homme (instanciant donc la distance infinie entre Dieu et les êtres humains), la raison des païens atteint son but en nous convainquant d'ignorance (comme nous l'avons vu dans les *Memorabilia Socratiques*). En bref, chacune d'eux nous prépare à ce que Dieu seul peut donner : Ontologiquement, la grâce qui guérit notre nature du péché; noétiquement, la foi qui illumine les ténèbres de l'ignorance. Ici, et non dans ce que nous pourrions clamer comme étant quelque chose que nous posséderions, que ce soit par héritage ou à travers des œuvres vertueuses, se trouve le secret de la « piété chrétienne. » Schreiner observe que cela ne signifie pas que les Grecs et les Juifs (qui représentent respectivement la raison et la loi) soient des erreurs typologiques dans le scénario de l'histoire du monde. Au contraire, ils font partie du dessein

---

[153] N III, pp. 312s. Cf. *Jérusalem*, p. 58, et Jean 3:16; 16:33.
[154] N I, p. 47. Cité dans *HH* VII, p. 142.

providentiel de Dieu : Ils sont le creuset, pour ainsi dire, à partir duquel le « nouvel homme » naît.[155]

Dans sa péroraison, Hamann conclut alors avec une apostrophe adressée à son « lecteur dévot, » en disant : « Avant que je ne vous donne ma bénédiction de séparation, permettez-moi, un vieux *Marius*, de me reposer un moment sur les décombres de cette *Jérusalem* philosophico-politique »[156] (faisant allusion à la facilité avec laquelle il prit cette ville, tout comme le vieux *Marius* prit Rome facilement) – puis il ajoute quelques critiques finales, qui se résument essentiellement à l'accusation selon laquelle Mendelssohn a abandonné sa propre foi juive et adopté une « *psilosophie* adultérine » [*sic*].[157] En effet, il va jusqu'à l'accuser d'avoir « malheureusement ! été séduit par la doctrine lâche des *Grecs* et les statues du *monde* qui l'ont fait devenir leur *ami croyant* en l'esprit et l'essence du fanatisme païen, naturaliste et athée. »[158] Dit simplement, il accuse Mendelssohn d'avoir abandonné sa foi au profit de la philosophie et de s'être trompé en prenant Athène pour Jérusalem. Finalement, comme dans la *Metakritik*, Hamann indique la racine christologique de sa critique de la *Scheidekunst* de Mendelssohn, c'est-à-dire la séparation métaphysique que Mendelssohn opère entre la raison et l'histoire, entre l'éternité et le temps :

> Quiconque *nie* le Fils n'a pas le Père, et quiconque n'honore pas le Fils n'honore pas le Père. Mais quiconque voit le Fils voit le Père. *Lui* et le *Fils* sont *Un dans l'être* [*ein Einiges Wesen*], n'admettant pas la moindre division, ni multiplicité politique, ni multiplicité métaphysique; et personne n'a vu Dieu; le Fils unique, qui est dans le sein du Père, a fait connaître sa plénitude de grâce et de vérité.[159]

En d'autres termes, les choses que Mendelssohn sépare – le rationnel et l'historique, l'éternel et le temporel – sont pour Hamann

---

[155] *HH* VII, p. 143.
[156] N III, p. 315.
[157] N III, p. 316. Pour plus de détails sur ce néologisme, voir le Chapitre 13.
[158] N III, p. 315.
[159] Ibid. Cf. 1 Jean 2:23; Jean 5 23; 14:9; 12:45; 10:30; 1:18.

unies en Christ. Voilà la réponse ultime à Mendelssohn et les *Aufklärer* en général.

Et toutefois il est intéressant de constater que Hamann ne blâme pas Mendelssohn de ne pas être chrétien; autant que nous le sachions, il n'essaya jamais directement de le convertir. Ce qu'il regrettait plutôt, c'était que son ami, ayant sacrifié la foi prophétique de ses ancestres sur l'autel de la raison des philosophes, n'était même plus identifiable comme Juif. Car là se trouve la possibilité d'une conversation et d'un rapprochement véritables entre eux. Aussi dit-il sur un ton tranché, en utilisant des mots qu'il a pu regretter plus tard : « Il est certainement triste de ne pas savoir ce que l'on est, et absurde d'être précisément l'opposé de ce que l'on veut et entend être. »[160] En effet, d'après lui, Hume, bien qu'étant un sceptique, était ironiquement plus proche du véritable esprit prophétique du judaïsme, dans la mesure même où à la conclusion des *Dialogues* le « pharisien » Philon, plutôt que de se contenter des incertitudes de la religion naturelle concernant les « ténèbres de *l'objet inconnu*, » comme l'« hypocrite » Cleanthes, au moins aspire à être soulagé de la « disgrâce d'une telle ignorance grossière » à travers l'« anachronisme juif » d'un « instructeur fortuit. »[161]

PERSPECTIVE DE DIALOGUE JUDÉO-CHRÉTIEN

D'un côté, l'on pourrait considérer comme regrettable, étant donné les perspectives que cela aurait pu ouvrir pour le dialogue judéo-chrétien, le fait que Mendelssohn n'ait pas répondu aux critiques de Hamann. D'un autre côté, comme Altmann l'a suggéré, citant le style cryptique et l'imagerie apocalyptique de Hamann comme « l'antithèse même de la présentation lucide et pleine de grâce de Mendelssohn, » il n'y a peut-être aucune possibilité réelle de débat entre eux, « sinon un affrontement entre deux mondes. »[162] En effet, étant donnée leur

---

[160] N III, p. 315.
[161] N III, p. 316; David Hume, *Dialogues Concerning Natural Religion* (Indianapolis: Hackett, 1998), p. 89.
[162] Introduction de *Jérusalem*, p. 28.

profonde différence de substance et de style, c'est pratiquement un miracle de la providence qu'ils aient pu être amis. Et cependant, leur amitié elle-même est peut-être une raison suffisante pour laquelle ils devraient être en dialogue, et pour laquelle le dialogue contemporain entre Juifs et chrétiens pourrait tirer bénéfice de leur débat inachevé.

Bien qu'il soit vrai que les critiques de Hamann étaient sévères – il n'était pas de ceux qui se compromettraient quand il sentait que la vérité était en jeu – sa bonne volonté à l'égard de Mendelssohn qu'il appelait « mon vieil ami » est évidente dans le regret qu'il exprime de l'avoir accusé de « fanatisme athée » et dans la peine qu'il éprouve avec la mort prématurée de Mendelssohn en 1786.[163] Dans une lettre révélatrice à Jacobi, il écrit :

> Pendant toute la journée de mardi, je repassais dans mon cœur la mort soudaine du pauvre Mendelssohn et ne pus trouver aucune paix, regrettant toujours de ce que je ne lui avais pas écrit avant sa fin, comme à plus d'une occasion j'étais préparé à le faire, et de ce que je ne lui avais pas expliqué que mon *Golgotha* était davantage dirigé contre les critiques de Berlin que contre lui... et de ce que ma profession de la vérité à leur encontre n'aurait pas fait de moi son adversaire si je m'étais exprimé pleinement ou avais complété ce que j'avais l'intention d'écrire. Mendelssohn semble avoir espéré autant de ma part, à en juger à partir du peu qu'il a dit aux autres et à Hill et des lettres de Biester à Kraus, qui m'a défendu, je ne sais comment. A cause de mon propre orgueil j'ai peut-être conclu à son propre orgueil, et pensais que s'il prenait au sérieux mon amitié, il pourrait tout aussi bien faire le premier pas comme moi.[164]

Clairement, Hamann était troublé par la façon dont se terminèrent les choses, et dans le reste de la lettre se défend et se condamne lui-même alternativement. D'un côté, il s'inquiète de ce qu'il ait mal compris Mendelssohn et l'ait traité injustement, et va jusqu'à citer des parties de *Jérusalem* avec approbation; il envisage également un voyage pour rendre visite à la famille de Mendelssohn afin de lui

---

[163] ZH IV, p. 270.
[164] ZH VI, p. 227.

exprimer ses condoléances et, comme un veil ami, répéter au fils de Mendelssohn ce qu'il nomme « les avertissements finaux du père, » à savoir : « Se tenir sur ses gardes par rapport à cette *peste de maîtresse* [c'est-à-dire vraisemblablement les séductions de la raison laïque non éclairée par la révélation], rester fidèle à *Moïse et aux prophètes*, et préférer leur témoignage à toutes spéculations mathématiques et métaphysiques, » c'est-à-dire tous systèmes de pensée basés sur la raison seule, et négligeant ou méprisant la révélation et les prophéties.[165] D'un autre côté, il laisse entendre qu'il a compris Mendelssohn correctement et n'avait pas d'autre choix en la matière. Comme il l'exprime à Jacobi, le problème semble se résumer à ceci : « La religion de Mendelssohn n'était, en fin de compte, rien d'autre que de la philosophie. »[166]

---

[165] Ibid. Cf. ZH VI, p. 230. Dans tous les cas, à la lumière d'Apocalypse 17:5, où Babylone est identifiée à la « mère des prostituées, » ces expressions indiquent une contrefaçon idolâtre et séductrice du royaume réel de la Jérusalem réelle.
[166] ZH VII, p. 39.

UN VOYAGE FINAL

PARTIE IV
Un voyage final : La dernière volonté et le testament de Hamann

AU LENDEMAIN DES LUMIERES

13

Hamann - sa vie, son œuvre 1785-1788

Par moment il semble ne pouvoir compter jusqu'à trois; l'instant d'après il déborde de génie et d'énergie.
Friedrich Leopold de Stolberg[1]

A une certaine occasion j'eus le bonheur de l'apercevoir, et sa personne me donna une image exaltée de la grandeur du christianisme sous la forme de haillons et d'oripeaux [Lumpengestalt], autrement dit une image de force dans la faiblesse qui tout à la fois m'inspira et m'humilia, car je voyais tout ce qui me séparait encore du grand homme.
Princesse Amalia von Gallitzin[2]

Depuis un certain temps, dès le milieu des années 1780, Hamann avait planifié d'entreteprendre un voyage. D'une part, lui et Jacobi, qui avaient été correspondants depuis fort longtemps, avaient espéré se rencontrer; et ainsi la première étape du voyage aurait été Pempelfort, la demeure de Jacobi, près de Düsseldorf. D'autre part, il se devait de visiter ce qui était appelé le « cercle de Münster, » un « club de fans » éloignés, constitué largement, assez curieusement, de catholiques qui providentiellement le soutenaient financièrement, leur soutien venant comme de nulle part lorsqu'il en avait le plus besoin. Et dernière chose, mais non des moindres, il aspirait à voir Herder à Weimar, et était également dans la grande expectative de rencontrer finalement Goethe. En décembre 1785, cependant, il avait souffert d'une légère

---

[1] Friedrich Leopold Graf zu Stolberg, *Briefe*, édité par J. Behrens (Neumünster, 1966), p. 188, cité dans ZH VI, p. xii.
[2] C. H. Gildemeister, *Johann Georg Hamann's des Magus in Norden: Leben und Schriften*, volume 6: Hamann Studien (Gotha: F. A. Perthes, 1857–73), p. 14.

crise cardiaque, et sa santé était en déclin. Par conséquent, s'il devait entreprendre un aussi long voyage, il ne pourrait pas le faire à ce moment-là sans être accompagné de son fils de vingt ans, Johann Michael, et de Gottlob Emmanuel Lindner, son « docteur Raphaël, » un ami de longue date et frère de Johann Gotthelf Lindner. Il y avait aussi le problème des congés et la question de la poursuite du soutien financier de sa famille. Hamann n'était pas encore à la retraite et pouvait à peine s'offrir le luxe de la prendre sans une pension suffisante. Ainsi, en 1786, il fit une demande auprès de Berlin, mais il n'obtint qu'un mois de congés, ce qui était à peine suffisant pour voyager aussi loin. Dans l'attente d'une meilleure opportunité, au mois d'avril de l'année suivante, il déposa une nouvelle requête auprès de Berlin.[3] Cette fois-là, la situation lui fut davantage favorable : Son ennemi juré, Frédéric le Grand, était décédé, et les cieux semblaient s'ouvrir. Sa lettre, néanmoins, était plutôt osée : Dans le but de rendre ses congés plus acceptables, il alerta ses supérieurs du peu d'importance relative de son poste. La réponse était prévisible : Son poste fut suspendu. Après quelques querelles, cependant, et des interventions notables en sa faveur, il lui fut octroyé une pension respectable équivalant à la moitié de son salaire annuel. C'était, en tout cas, suffisant. Le chemin pour Münster était maintenant finalement ouvert, et le 21 juin 1787, il monta à bord de la diligence avec son fils, pour ne plus jamais revenir.

LE CERCLE DE MÜNSTER

De toutes les périodes de la vie de Hamann postérieures à sa conversion, celle dite du « Cercle de Münster » offre l'image la plus représentative de sa stature spirituelle; car, après avoir rejeté les masques et les pseudonymes, il se retrouve alors entouré de ses seuls amis. Elle offre aussi la meilleure information sur son esprit œcuménique de fervent luthérien, peu exposé au catholicisme, et qui rejoint pourtant à la fin de sa vie un cercle de fervents catholiques. Fondateur et figure de proue du « Cercle de Münster, » à la fois prêtre et homme d'Etat, Franz Friedrich von Fürstenberg (1728-1810) avait

---

[3] NB, pp. 419s.

longtemps gouverné la ville de Münster avec le rang de vicaire général aux côtés du prince-évêque qui officiait comme Grand-Electeur de Cologne. Fürstenberg introduisit de nombreuses et notoires réformes dans l'éducation, avec en particulier des formations à la fois intellectuelles et spirituelles qui s'étendraient plus tard à toute l'Allemagne.[4] Le cercle comptait aussi un collaborateur et réformateur actif, le poète et historien Anton Matthias Sprickmann; le prêtre Bernhard Overberg; le théologien Johann Michael Sailer (dont les ouvrages de piété favorisèrent à l'époque l'éclosion d'un renouveau catholique); et le jeune noble Franz Kaspar Buchholtz, Herr von Welbergen, qui était en relation avec Lavater de Suisse. A la périphérie l'on notait la présence de Jacobi à Pempelfort avec son protégé très prometteur, Thomas Wizenmann; Matthias Claudius à Wandsbeck, qui avait mis Hamann en contact avec Jacobi; enfin, le traducteur allemand du *Zend-Avesta*, Johann Friedrich Kleuker à Osnabrück, lequel correspondait avec Hamann depuis 1776, et dont la traduction avait eu une notable influence sur Herder.[5]

Avec le temps, le cercle de Münster se referma autour d'une personnalité d'un grand charme, cultivée, dotée d'une certaine profondeur spirituelle et considérée à son époque comme l'homologue de Goethe : Telle était la Princesse Amalia von Gallitzin (1748-1806).[6] De famille noble, elle avait épousé le prince russe Gallittzin d'Aachen et l'avait accompagné à La Hague après sa nomination comme ambassadeur des Pays-Bas. Mais devenue bientôt impatiente de la vacuité de sa condition sociale, elle se retira pour poursuivre son éducation et son affermissement spirituel avec l'aide de nul autre que Denis Diderot lui-même dans un premier temps.[7] Puis elle suivit l'enseignement du philosophe hollandais Franz Hermsterhuys qui l'initia à Platon. En 1780, évidemment séparée de son mari, et instruite des réformes de Fürstenberg, elle s'installa à Münster pour entreprendre l'éducation de ses deux enfants et continua la sienne propre sous l'égide de diverses personnalités. Devenue la figure

---

[4] NB, pp. 421s.
[5] NB, p. 320.
[6] Voir Gildemeister, *Hamann Studien*, p. 10.
[7] NB, p. 422.

centrale de ce cercle intellectuel élargi, elle était accompagnée dans ses voyages par Fürstenberg, Sprickmann et Hemsterhuys, et rendit ainsi visite à Goethe en 1785. Malgré tout cela, sa quête et sa formation la laissèrent insatisfaite, au point même qu'elle en arriva à douter de l'existence de Dieu et de l'immortalité de l'âme. Elle finit par perdre le goût de la poésie de Goethe qui pourtant cherchait à gagner sa confiance et semblait confesser qu'elle seule possédait la clef de son cœur.[8] Bien qu'elle ait averti Fürstenberg jusque là de ne pas essayer de la convertir, son désespoir l'amena à envisager un retour à l'Eglise catholique (sa mère en avait été membre), et en 1786 elle mit son projet à exécution.[9] Elle nota pourtant dans son journal intime que la consolation éprouvée alors s'était accompagnée d'une intense introspection : « Je prenais pour la première fois conscience de la vanité et de l'orgueil qui avaient peu à peu pris possession de mon âme. Cette découverte avait dissipé toute la joie ressentie auparavant. »[10] D'autres observations semblent indiquer l'existence d'une morne tension entre sa conscience intime du péché et son ardent désir de perfection personnelle.

La providence voulut que la Diotima allemande fût sur le point de rencontrer le Socrate allemand, mais avec une inversion des rôles, évidemment. En une certaine occasion, comme elle était en compagnie de Jacobi et de Kleuker, elle les entendit parler de Hamann et en vint à s'intéresser à ses écrits. Malgré les tentatives de dissuasion de Jacobi – peu surprenantes, étant donné le mal qu'il avait eu à les comprendre – Kreuker suggéra qu'elle essayât au moins de lire les *Memorabilia Socratiques*.[11] Leurs avis n'aboutirent apparemment qu'à piquer davantage sa curiosité, et elle emprunta bientôt plusieurs ouvrages de Hamann à Buchholtz qui, quelques années plus tôt, s'en était remis à Hamann comme à son « père spirituel. » Les *Memorabilia Socratiques* lui firent une telle impression qu'elle écrivit à Hamann pour l'assurer de son soutien et le presser de venir si possible à Münster. Hamann, déjà disposé à faire le voyage, s'y décida au vu des

---

[8] Gildemeister, *Hamann Studien*, p. 10.
[9] NB, p. 424.
[10] Gildemeister, *Hamann Studien*, p. 12.
[11] NB, p. 424.

efforts persistants de la Princesse qui intercédait en sa faveur auprès du roi Frédéric Guillaume II.[12]

Le voyage dura presque un mois. Hamann et son fils firent une halte à Berlin chez son ami Johann Friedrich Reichardt, directeur de la Symphonie royale. Hamann loua son hospitalité. Ils firent la connaissance du jeune Lindner qui les accompagna ensuite à travers les villes de Magdebourg, Braunschweig et Bielefeld. Ils arrivèrent enfin à Münster, le 16 juillet 1787, Hamann ayant les pieds enflés, signe d'une santé qui se détériorait. La réception dans la famille de Buchhotz fut un joyeux évènement, mais Hamann tomba bientôt malade et dut garder la chambre. Comme il le confia à Jacobi, l'hospitalité et les soins exceptionnels qu'il reçut alors lui donnèrent l'impression d'être « dans le sein d'Abraham » et dès le troisième jour il allait assez bien pour recevoir des visiteurs.[13] La princesse, décrite comme « une merveille du genre féminin, »[14] fut parmi les premiers à lui rendre visite. Quelques jours plus tard, il fit enfin la connaissance de Jacobi, et ayant recouvré la santé, il le suivit à Pempelfort qu'il compara à « l'Elysée. » Il écrivit à Kraus : « A celui qui goûte *ces* lieux il sera donné de voir dans les *lieux* célestes à quel point le SEIGNeur de l'univers est un ami, »[15] et encore, dans la même lettre : « Si seulement vous saviez de quels mets, objets exquis, de quels trésors, livres, documents, je suis entouré, et comment, tel un nouveau Tantale, je suis contraint de voir et de sentir beaucoup plus de choses que je n'en peux apprécier... »[16]

LES « DICTATEURS DE LA RAISON PURE »

En novembre Hamann était de retour à Münster, où il passait son temps avec la princesse et ses amis, qu'il accompagnait quelquefois dans leurs voyages. En décembre, il tomba malade de nouveau mais se remit une fois encore avec l'aide de Lindner. Pendant sa convalescence,

---

[12] NB, pp. 424s.
[13] ZH VII, p. 251.
[14] ZH VII, p. 303.
[15] ZH VII, p. 304.
[16] ZH, p. 305.

il mit en chantier un dernier ouvrage destiné à son vieux justicier Starck et à trois adeptes berlinois des *Aufklärer* nommés Johann Erich Biester, Friedrich Gedike et Friedrich Nicolai. Sa guérison lui inspira fort opportunément son dernier pseudonyme : « Ahasverus Lazarus Elias Redivivus, » ainsi que son dernier titre ironique « Ni *en faveur* ni *à propos* du plus récent Triumvirat de l'universelle Jézabel française et de son puissant et même très puissant Dictateur, mais *pour* au moins XCV lecteurs cachés que Dieu connaît et comprend mieux que moi. »[17] Mise à part la référence à Starck, alias le puissant [*starck*] dictateur et la dénonciation prophétique de Nicolaï et des deux autres partisans des *Aufklärer* qui avaient convolé en justes noces avec « la Jézabel française » (code régulièrement appliqué par Hamann à la philosophie des Lumières française et à ses *philosophes*), il est difficile de savoir ce que Hamann voulait vraiment dire. En toile de fond, il y avait cependant un transfert ironique d'alliances : Nicolai et les autres s'étaient soudain déclarés les défenseurs du protestantisme contre Starck, accusé d'être jésuite; Starck en avait alors appelé à son orthodoxie de luthérien.[18] C'était très exactement l'occasion dont Hamann jugeait l'ironie et l'hypocrisie irrésistibles; il ne pouvait s'empêcher de réagir, même s'il ne disposait que de trois devises et de deux citations. La première est un panaché à partir de Romains 2:1,28-29 et souligne l'hypocrisie du Triumvirat : « Qui que tu sois tu es donc inexcusable, ô homme! – Car le Juif n'est pas celui qui en a les apparences – mais plutôt celui qui l'est intérieurement – par le cœur, selon l'esprit et non selon la lettre, et la louange reçue ne vient pas des hommes mais de Dieu. »[19] La deuxième est une parole d'Elihu tirée du livre de Job (32:21-22) : « Je n'aurai pas égard à l'apparence et ne comparerai pas DIEU à l'homme; car je ne sais combien de temps je vivrai, ni si mon Créateur ne m'enlèverait pas bien vite pour une broutille. »[20] La troisième provient d'un cantique de Paul Gerhard, « Ô

---

[17] N IV, p. 460.
[18] NB, p. 427.
[19] Ibid.
[20] Ibid. Etant donné que la traduction par Hamann de ce passage diffère de celle de Luther (ainsi que des traductions anglaises régulières), j'ai traduit la propre traduction, apparemment libre, à partir de l'hébreu, de Hamann.

amour! Amour! Tu es fort! » qui lui offre l'occasion d'un autre jeu de mots ironique autour du nom de Starck. Tout cela démontre la manière typique qu'avait Hamann de conjuguer le comique et le prophétique.

Le reste de l'ébauche ne contient que quelques idées pour une page de couverture et quelques fragments; elle n'en représente pas moins sous une *forme condensée* la somme de son œuvre. La vignette du titre, par exemple, devait ironiser sur la bonne volonté du Triumvirat qui défendait la cause du protestantisme contre Starck au moyen d'un autel vide dédié à « la déesse inconnue de la pure doctrine et de la pure raison. » Il fallait laisser entendre que toute tentative pour défendre le protestantisme selon l'esprit des Lumières et « la pure raison » ne servirait pas la cause protestante (ni le christianisme en général), mais conduirait à en éliminer tout contenu objectif. Autrement dit, en croyant soutenir Starck, le Triumvirat ne réussirait qu'à réduire le christianisme au paganisme (comme justement Starck l'avait fait), d'autant que la plus grande œuvre de contemplation élaborée par le paganisme consistait en un divin « Quelque Chose » et en un autel portant l'inscription « A un Dieu inconnu » (Actes 17:23). En réalité, une telle entreprise n'aboutirait qu'au retour de la culture chrétienne vers le paganisme – non pas un paganisme vivement désireux de s'accomplir dans le christianisme (possibilité encore envisagée par les « dictateurs » de la raison pure), mais un paganisme postchrétien n'ayant plus rien d'autre à étreindre que le nihilisme. Hamann explique alors que toute son œuvre avait jusqu'ici été dirigée contre ces « dictateurs de la raison pure. »

> J'ai moi aussi connu l'Arcadie de la littérature, et me suis mêlé aux bataillons d'auteurs anonymes affublés de pseudonymes qui ont tenté par de petits pamphlets, avec leurs soupçons et leurs intuitions, de s'élever contre les dictateurs de la doctrine pure et de la raison pure – contre les démagogues des tabernacles éphésiens et des faiseurs de miracles. J'ai moi aussi sacrifié massivement à 'personne,' aux célébrités, comme l'un de mes frères qualifiait le public hellénistique de notre siècle éclairé – non sous la forme de jeunes taureaux et bœufs engraissés, mais sous forme de gaufres consacrées, *petits pâtés* et fines galettes, non pas par de grands sacs pleins de monnaie courante, mais

par des λεπτοις de pièces commémoratives, d'*urceis* [fragments] de poteries brisées, mais non pas dans les *amphores* débordantes de faiseurs de légendes grands voyageurs et très savants.[21]

En d'autres termes, Hamann faisait, lui aussi, des offrandes au public instruit, non pour en recevoir des louanges, encore moins pour devenir célèbre – la notion même d'écrivain chrétien excluait à ses yeux ce genre d'appétits – mais pour vaincre ses préjugés et si possible renverser les dictateurs de la raison pure. Ses recherches ne portaient pas sur un style, une écriture normative, mais sur de petites pilules, amères selon le goût de l'époque, pilules qui, tel un révulsif, poussaient les *Aufklärer* à rendre gorge, de telle sorte que, débarrassés de leurs pensées *confuses*, ils fussent prêts à recevoir la chair de l'Evangile qu'il espérait leur apporter.

UN EXEMPLE TYPE DE LA GRANDEUR DU CHRISTIANISME DANS LE *KNECHTSGESTALT*

Au cours des derniers mois de sa vie, de l'hiver au printemps 1788, malgré toutes ses protestations de « pécheur corrompu » (à la suite de l'apôtre Paul), nous avons enfin un aperçu de la véritable stature spirituelle de Hamann, si longtemps dissimulée sous de nombreux pseudonymes (choisis) « par obéissance à la Croix. »[22] C'est en effet maintenant, après s'être épuisé dans une œuvre littéraire admise sans doute comme la plus rigoureusement chrétienne des temps modernes – à la fois par son contenu et sa *forme* de renoncement à soi – que devient visible le fruit spirituel de sa vie au travers d'une moisson spirituelle de fils et de filles, telle une confirmation providentielle de la logique de l'Evangile (Jean 12:24). Buchhotz, par exemple, se considérait comme un « fils spirituel, » ou encore Jacobi (plus proche de lui en âge) qui l'appelait le « père de son cœur, » et à la même époque un jeune homme du nom de Druffel écrivait pour le remercier « d'avoir rompu les chaînes de son âme, » ajoutant qu'il était

---

[21] N IV, pp. 460–461.
[22] N III, p. 234.

merveilleux de voir Christ dans un être humain, qui plus est ignorant en apparence de sa propre grandeur spirituelle.[23] Enfin, la princesse elle-même, devenue par définition en quelque sorte, la fille spirituelle de Hamann. Certes, il y avait aussi Hemsterhuys, Fürstenberg et Jacobi et même Goethe, qui chacun avaient joué un rôle dans sa vie. Mais de son propre aveu, c'était Hamann qui lui avait ouvert les yeux et enseigné « la véritable humilité, la véritable piété » :

> Finalement, Hamann m'a fait connaître le ciel de la véritable humilité et de la piété – l'attitude de l'enfant devant Dieu. Il m'a saisie avec la religion de Christ, au-delà de tout ce que j'avais perçu auparavant. Car il m'a permis de voir sous l'angle le plus sublime, c'est-à-dire en sa propre personne, un vivant portrait de ses vrais disciples. Lui seul... a été rendu capable d'ôter les écailles épaisses de mes yeux. De plus, il a tout de suite vu ce qui m'aveuglait. Tous mes autres amis, y compris Fürstenberg, voyaient dans mes efforts vers la perfection la chose la plus digne d'être aimée, la plus digne d'admiration, la plus belle qui soit. Loin donc de voir une erreur dans cette constante attitude, je m'y accrochais comme à un oreiller confortable à opposer à l'abattement, à la dépression. Hamann n'y vit que de l'orgueil, et m'en avertit. Son explication me donna l'impression d'être écorchée vive. Je me sentais comme une infirme dessaisie de sa béquille, mais je l'aimais et le respectais trop pour ne pas prendre ses paroles à cœur. En effet, sa dureté paternelle augmenta mon affection pour lui. Je réfléchissais sérieusement à ses propos, et découvris qu'ils étaient justes. En conséquence, notre confiance l'un dans l'autre ne cessa de se développer.[24]

En bref, Hamann lui transmit la compréhension que Luther avait de la grâce, laquelle crée précisément ce sentiment de délivrance expérimenté par Luther à la lecture de l'Epître de Paul aux Romains, et que John Wesley connut à son tour à la lecture de Luther. Hamann a transmis l'unique et très pure notion offerte par le luthéranisme à celui ou celle que le poids de son propre perfectionnisme accable : La notion

---

[23] ZH VII, pp. 249, 355.
[24] Gildemeister, *Hamann Studien*, p. 13.

que la sanctification est en dernière instance l'œuvre de Dieu. Luther a expliqué son point de vue au moyen d'une poignante métaphore agricole empruntée à Jacques, non sans ironie au vu des préjugés de Luther contre son Epître : « Si je sème une graine, je ne reste pas là à chercher à l'entendre et à la voir pousser; je vais plutôt semer davantage, et laisse à Dieu le soin de sa croissance et de son développement. »[25] La princesse avait été fortement troublée par l'argumentation de Hamann: « J'ai été touchée au plus profond de mon être, et frappée par cette sublime maxime comme si une brillante clarté avait pénétré dans mon âme et m'avait soudain révélé un obscur pressentiment qui était là depuis longtemps. »[26]

Mais ce fut surtout l'exemple de la vie de Hamann qui la persuada de la vérité de ses paroles, car elle avait vu en lui, comme dans un tableau vivant, l'humilité d'un vrai disciple de Christ. « A Welbergen, » écrivit-elle, « j'ai expérimenté de nombreux moments éclairants face à l'auto-dépréciation de Hamann, qui me semblait parfois exagérée; à une certaine occasion, en particulier, j'eus la chance de l'apercevoir et sa personne me donna une image exaltée de la grandeur du christianisme sous la forme de haillons et d'oripeaux [*Lumpengestalt*], une image de force dans la faiblesse qui a tout à la fois inspiré et humilié mon âme, car je voyais toute la distance qui me séparait encore de ce grand homme. »[27] En d'autres termes, elle voyait se refléter précisément ce que Hamann contemplait et décrivait dans toute son œuvre comme la *forme* kénotique – le *Gestalt* – appliquée à la révélation divine dans la création, l'Ecriture, et par-dessus tout à la personne de Christ. En particulier, eu égard à son apparence « sous la forme d'un serviteur, » elle notait ceci :

> Cet effet d'humilité ne provenait pas de l'orgueil; aucune personnalité n'aurait pu davantage offenser l'orgueil que celle-ci, constituée dans tous les sens du terme d'une authentique *Knechtsgestalt* – soit une complète *inversion* par laquelle l'homme est intérieurement ce qu'il tend à être *au dehors* et tourne vers *l'extérieur* ce qu'il essaye de

---

[25] Ibid., p. 17. Cf. Jacques 5:7.
[26] Gildemeister, *Hamann Studien*, p. 17.
[27] Gildemeister, *Hamann Studien*, p. 14.

cacher à l'intérieur de lui-même. Oh ! Seul est pleinement *chrétien* celui qui parvient à cette complète inversion !²⁸

Elle ajoute ensuite dans un hommage magnifique à Hamann (le luthérien) et à Fürstenberg (le catholique) :

> J'ai peu à peu pris conscience que Hamann est le chrétien *le plus authentique* que je connaisse... Il évite surtout de se présenter comme un homme vertueux, *instruit* et très à la page. Son humilité est aussi peu affectée que la droiture de Fürstenberg. Car tout comme ce dernier tend à défendre même ses ennemis au point de convaincre même son auditoire, le premier montre ses *vraies faiblesses*, qu'il ne dissimule jamais en aucune façon, de sorte que ceux qui le voient sont tout aussi *réellement* convaincus. Rien en effet ne le heurte plus que l'hypocrisie, et même *l'humilité* peut être un faux-semblant si elle ne convainc pas; il s'agit alors d'une attitude plus subtile, pire, en fait une hypocrisie satanique. Il parle de son *orgueil*, mais il se *montre* humble.²⁹

De tout évidence, l'humilité et la faiblesse de Hamann donnaient force et puissance à son discours (2 Corinthiens 12:10). Mais là encore, la parole empreinte d'humilité, marquée par sa « faiblesse » apparente répond surtout à la perfection de Dieu lui-même, perfection appréhendée – dès l'époque de son illumination à Londres – dans la création, en Christ, dans l'Ecriture (et donc, en tant que telle, comme un attribut constitutif de chaque personne de la Trinité).

Chose curieuse, parmi tant de grands esprits réunis, de Kant à Königsberg, de Herder à Goethe (à Weimar), avec Jacobi et les autres membres du cercle de Münster – seule la princesse semblait avoir saisi la *raison d'être* de « l'existence symbolique » de Hamann.³⁰ Tout naturellement donc, elle était la seule à qui il transmettait directement « l'Alpha et l'Omega de toute sa philosophie. »³¹ Une fois encore il réfère à Jacques 5:7 : « Soyez donc patients, frères jusqu'à l'avènement

---

[28] Gildemeister, *Hamann Studien*, p. 14.
[29] Ibid.
[30] Cf. N II, p. 139.
[31] ZH VII, p. 376.

du Seigneur. Voici, le laboureur attend le précieux fruit de la terre, prenant patience à son égard, jusqu'à ce qu'il ait reçu les pluies de la première et de l'arrière-saison, » et à la parabole du semeur (Marc 4:1-20; Matthieu 13:1-23) pour souligner que sa personne et son œuvre ne peuvent se comprendre sinon dans le respect de deux conditions présupposées. La première implique que « vous avez préparé le champ conformément aux *diverses propriétés* du sol »; la seconde, que « vous avez accepté la même semence *bonne* et *pure* » (Matthieu 13:24).[32] Hamann conçoit que cette parabole semble désuète aux philosophes d'aujourd'hui qui n'apprécient plus la connexion symbolique entre la loi naturelle et les lois morales. A ses yeux, cette parabole ne contient rien de moins pourtant que la logique de son existence et de son œuvre symbolique. Car si sa vie est une longue période de préparation du terrain (Jacques 5:8), ses publications ont tenté de préparer les cœurs de ses lecteurs potentiels, mais toujours avec un sens aigu des diverses facettes de leur mode de penser, ce afin d'y semer la Parole de Dieu.

Dans la pratique, cela signifiait les délivrer de leurs préjugés au moyen d'une bonne dose de savante ignorance, afin que l'application de ce « remède universel » leur fasse voir ce que la raison seule ne peut accomplir. La « *bonne* et *pure* semence » n'est autre que « la sûre parole prophétique » de la révélation (2 Pierre 1:19), plus fiable, plus logique même que toute rationalité en désaccord avec elle, car elle procède directement du Logos. Selon ses propres paroles,

> Le lait pur, la logique de l'Evangile est une sûre parole prophétique dont la lumière disperse les ténèbres de notre destinée avant que le jour ne pointe et que n'apparaisse l'étoile du matin. Nous avons un médiateur qui parle pour nous, qui nous a rachetés des vaines manières de vivre avec un soin paternel, et dont le sang parle mieux que celui du premier saint et martyr [c'est-à-dire Abel].[33]

Il dit ensuite à la princesse : « Croyez en lui, car Il produira à la lumière et rétribuera richement chaque *œuvre* de *foi*, chaque *œuvre* d'*amour*, et la *patience* liée à notre *espérance*. Voilà l'Alpha et l'Omega

---

[32] Ibid.
[33] ZH VII, p. 376. Cf. 1 Pierre 1:18.

de toute ma philosophie... Je ne sais rien de plus, et il n'y a rien d'autre que je désire savoir. »[34]

UNA SANCTA ECCLESIA

Même si Hamann avait été très peu en contact avec le catholicisme avant son arrivée à Münster, vers la fin de 1786, Buchholtz (le premier catholique qu'il connaissait vraiment) l'avait introduit auprès de quelques auteurs contemporains et dans le mouvement œcuménique de l'époque. La lecture d'un ouvrage de Johann Nikolaus Masius qui proposait d'unir les églises, ostensiblement sous l'égide de Rome, ne rencontra pas d'opposition de sa part.[35] Hamann postule lui-même l'existence d'un seul *corpus Christi mysticum*, auquel tous les chrétiens appartiennent, et confesse même à Jacobi qu'il est catholique eu égard à la célébration liturgique de Marie et des apôtres.[36] Dans le même temps, pourtant, il déclare clairement que l'unification des chrétiens est du ressort de Dieu seul. Témoin cette lettre à Masius :

> La foi en une Eglise chrétienne unique, peut, à l'instar de la foi en son Chef invisible mais omniprésent, apporter du réconfort au plus petit de ses membres, aussi bien en raison des déficiences et imperfections de la communion au niveau des assemblées, qu'en raison d'insuffisances naturelles et personnelles. Laissons donc au bon berger le soin de rassembler son troupeau dispersé et d'accomplir la glorieuse promesse [de Jean 10:16] : γενησεται μια ποιμην, εἰς ποιμην.[37]

Mais même si la *una sancta* restait pour Haman une espérance eschatologique, les derniers mois de sa vie furent une sorte de garant de sa réalité – un témoignage très marquant, au cœur d'une visible désunion, à l'invisible unité sous-jacente de l'Eglise (comparable à la reconnaissance réciproque des saints de différentes confessions). Il est

---

[34] ZH VII, p. 376. Dans la marge de sa lettre, Hamann indique 2 Thessaloniciens 1:3.
[35] NB, p. 430.
[36] ZH VI, p. 252. N.d.t. : Cette devotion à Marie n'est cependant pas conforme à l'Ecriture, et l'on ne peut que regretter que Hamann ait suivi cette voie.
[37] ZH VII, pp. 51s.

frappant de voir à quel point Hamann (pourtant un luthérien grand teint) et ses nouveaux amis (fervents catholiques) s'aimaient les uns les autres (Jean 13:34s), de sorte que le philosophe pouvait sembler être catholique (grand amateur de livres de piété catholiques), et eux-mêmes paraître à ses yeux presque luthériens. Hamann rapporte, par exemple, avoir lu, chose impensable, François de Salles, un saint de la Contre-Réforme et s'être passionné pour le livre de prière de Johan Michael Sailer, admiré pour sa piété « luthérienne » et dont il fit son livre de chevet : « Si Luther n'avait pas eu le courage d'être un hérétique, Sailer n'aurait pu rédiger un aussi beau livre de prière, livre que je lis chaque matin pour mon édification personnelle. »[38] Plus stupéfiant encore, il semble une fois au moins avoir reçu l'eucharistie.[39]

UN MYSTÉRIEUX TESTAMENT FINAL

Vers la fin de mai 1788, Hamann approchait de sa fin. Absent de Königsberg depuis presque un an, il était anxieux de rentrer chez lui, mais via Weimar où il espérait encore voir Herder et Goethe. Il semblait pourtant avoir conscience que sa santé ne le lui permettrait pas. Le 17 mai il rédigea donc un texte, son ultime testament littéraire, sa prétendue « page finale » – d'une extrême densité, véritable monument mystique consacré au décryptage de sa personnalité d'auteur chrétien.[40] Le texte se présente dans sa plus grande partie comme un panaché de passages de la Vulgate, truffé de références en français et en grec, et se lit mot pour mot – verbatim – dans la version transcrite à l'intention de Jacobi :

> Si. q. Sages de ce monde sont parvenus par leurs Etudes de la Nature (speculum in aenigmate) à la vision d'un Etre des Etres de raison, d'un

---

[38] ZH VII, pp. 445, 461.
[39] NB, p. 431.
[40] Originellement, la « page finale » était une continuation d'une entrée dans le *Stammbuch* de la fille de la princesse, rédigée en octobre 1787. Pour l'édition critique définitive, voir Oswald Bayer et Christian Knudsen, *Kreuz und Kritik : Johann Georg Hamanns Letztes Blatt* (Tübingen: Mohr-Siebeck, 1983), dorénavant cité sous le nom de *Kreuz und Kritik*.

Absolu personnifié : Dieu a revelé (facie ad faciem) l'humanité de Sa vertu et de sa Sagesse dans les Origines etymologiques de l'Evangile Judaeis Scandalum; Graecis Stultitiam 1 Cor. 1.23.24. XIII. - Vetera transierunt ecce facta sunt omnia nova 2 Cor. V 17 per EUM qui dixit: Ego sum A et Ω Apoc. XXI.6. Prophetiae evacuabunt[ur], Linguae cessabunt, Scientia destruetur, evacuabitur quod ex part[e] est - Non est *Judaeus* neque *Graecus:* non est servus neque liber: non est masculus neque femina. OMNES - UNUS Gal. III.28. DEUS erat verbum - et vita erat lux hominum, quam tenebrae non comprehenderunt et mundus per IPSUM factus non cognovit, Ip[se] *didicit* ex iis quae *passus* est Ebr. V.8. παθηματα, vera μαθηματα et *Magna Moralia* Sicuti aliquando - ita et nunc - Rm. XI.30, 31. L'hypocrite renversé, le Sophiste arctique, Philologus Seminiverbius Act. XVII.18. Π. et Ψ. et λοσοφος cruci (furci) fer, Metacriticus bonae spei et *voluntatis,* Pierre à deux poles - et parfois fungens vice cotis, exsors ipse secandi - à Munster ce 17 May la veille du Dimanche de la S. Trinité 88.[41]

Dans un post-scriptum à sa lettre, Hamann déclare alors qu'il a oublié d'inclure deux éléments présumés très importants pour l'ensemble de son œuvre : Les paroles de Sancho Panza, « Dieu me comprend! » et le verset tiré de 1 Corinthiens [4]:9-10 : « être un spectacle pour le monde, » et « fou à cause de Christ. »[42] Il va sans dire que ce monument cryptique est remarquablement dense, même comparé à ses autres ouvrages. De fait, au moment même où nous espérons avoir une clarification finale, atteindre à une certaine compréhension de son œuvre, Hamann nous replonge davantage encore dans la familière obscurité de son style. Néanmoins, elle contient aussi, mot pour mot - de nouveau en miniature - la logique

---

[41] ZH VII, p. 482 (*Kreuz und Kritik,* pp. 62s). Des versions alternées du texte (sous la forme d'ébauches antérieures) peuvent être trouvées dans Nadler (N III, p. 410; N IV, p. 462).
[42] ZH VII, p. 482. Dans sa lettre originale à Jacobi, Hamann oublia d'inclure la mention du chapitre de 1 Corinthiens; à la lumière d'autres manuscrits, Bayer et Knudsen ont montré qu'il s'agissait du quatrième chapitre. Voir *Kreuz und Kritik,* p. 147.

même de sa vie et de sa pensée. Voilà pourquoi, sans oublier l'éclairage rétrospectif possible sur ses ouvrages reconnus les plus difficiles, ce témoignage demande quelque considération de notre part.

A la suite de Bayer et Knudsen, il est possible de diviser le texte en cinq parties. La première réfère aux *Etudes de la Nature* du naturaliste français Jacques Henri Bernardin de Saint-Pierre (né en 1737) et résume plus ou moins la pensée de Hamann sur la relation entre raison et révélation : Sans la lumière de la grâce, la raison ne peut parvenir qu'à un concept métaphysique d'*ens entium* et s'avère incapable de statuer sur le contenu exact de la révélation chrétienne, « pierre d'achoppement pour les Juifs et folie pour les Grecs » (1 Corinthiens 1:23), sans parler de le découvrir pour elle-même. La deuxième partie stipule que Christ est l'Alpha et l'Omega, le principe et le couronnement de la nouvelle création, que vivre en Christ équivaut à vivre « entre les temps, » entre la Chute et l'eschaton - la fin des temps - lorsque la prophétie, les langues et la connaissance s'achèveront dans l'amour (1 Corinthiens 13:8-10) et que Christ est le principe d'unité en qui tous sont un (Galates 3:28.).[43] La troisième partie fait état du contenu réel de la révélation : Le Fils de Dieu s'est incarné en Christ, et cela échappe totalement à l'examen par la raison (Jean 1:1-14). De plus, si la raison veut devenir sage, elle doit « supporter » sa propre « faiblesse » selon le modèle présenté en Christ. Christ est à l'évidence pour Hamann le modèle de toute véritable formation intellectuelle car « Il a appris... au travers de ce qu'il a souffert » (Hébreux 5:8).[44] Il en va de même de l'éthique

---

[43] La référence aux Galates reprend une citation précédente de saint Pierre, que Hamann transcrit dans sa première entrée dans le *Stammbuch* du 17 octobre 1787, et qui est la suivante : « Les Sexes se denaturant, les hommes s'efféminent et les femmes s'hommassent. » La citation de Hamann tirée des Galates est donc destinée à répondre à l'effacement moderne des différences entre sexes. Dans ce contexte, ce dont il semble vouloir parler, ce n'est pas d'une similarité univoque, qui abolirait les différences véritables, mais d'une union nuptiale christologique des sexes, sans division, ni confusion, reflétant l'union des natures divine et humaine de Christ. Voir *Kreuz und Kritik*, pp. 21, 97–100.

[44] Ainsi, pour Hamann, ce passage de l'épître aux Hébreux correspond à l'ancien appariement grec παθήματα - μαθήματα, qui apparaît dans la littérature grecque aussi précocement qu'avec Hérodote. Toutefois, comme Bayer et Knudsen le soulignent, la

(comme l'indique l'allusion à la *Magna Moralia* d'Aristote) où s'applique le même principe d'éducation par la souffrance (de là une conception luthérienne inverse de celle d'Aristote qui prône justement le développement de la vertu par l'action). Autrement dit, pour les êtres humains déchus, il existe un parallèle entre le raisonnement authentique né d'une douloureuse « insuffisance » de l'intellect jointe à un besoin reconnu de la lumière de la foi et de la révélation - et la véritable éducation morale. Tout commence ici aussi par la conscience douloureuse de la faiblesse alliée à un besoin reconnu de la grâce. La quatrième partie constitue un aveu implicite de Hamann qui a lui-même été exercé par la souffrance : Lui aussi, selon les termes de Paul, a un jour désobéi; lui aussi a expérimenté la miséricorde, précisément de façon à pouvoir, lui aussi, avoir compassion des autres (Romains 11:31-31). D'où l'aversion de Hamann pour la moindre manifestation d'hypocrisie.

Toute l'œuvre de Hamann peut, en effet, être comprise comme une recherche prolongée d'équilibre, une action dont les brusques écarts (ceux d'un penseur fortuit ou d'un saint bouffon au gré de son auditoire rationaliste) signalent, en fait, l'étroitesse du chemin choisi (cf Matthieu 7:13) : Des méthodes indirectes visant à débarrasser les *Aufklärer* de leur vanité et de leur hypocrisie (par exemple, leur attachement aveugle à la tradition et l'inexorable nihilisme qui résulterait de leurs efforts pour s'en séparer) et ce, sans recourir aux éventuels discours édifiants, directs similaires à ceux que Kierkegaard écrirait finalement. Ajoutez à cela l'étrange « économie de style » chez Hamann face aux paroles de Christ en Matthieu 12:36 – « Je vous le dis, au jour du jugement les hommes rendront compte de toute parole vaine qu'ils auront proférée, car par tes paroles tu seras justifié et par tes paroles tu sera condamné » - et le tout aboutit à une collection d'écrits non seulement *sui generis* jusqu'à nos jours, mais comptant

---

signification de l'appariement grec est inversée dans le christianisme : Alors que dans la tragédie attique, le protagoniste souffre de sa proximité présomptueuse avec les dieux, dans le christianisme Dieu souffre en raison de sa proximité aimante avec les êtres humains. Tandis que la première souffrance est le fruit d'un orgueil démesuré, la seconde est une fonction kénotique, le motif central, tant au niveau de la forme que du contenu, de l'œuvre de Hamann. Voir *Kreuz und Kritik*, pp. 109s.

sans nul doute parmi les plus originaux et les plus fantastiques de toute la littérature occidentale.[45]

La cinquième partie du texte est la plus indéchiffrable, avec une liste d'auto-descriptions destinées à livrer le sens secret de l'œuvre littéraire de Hamann. *L'hypocrite inversé, le Sophiste arctique, Philologus Seminiverbius,* Π. et Ψ. λοσοφος *cruci (furci) fer, Metacriticus bonae spei et voluntatis, Pierre à deux pôles.* La première expression en appelle, pour être comprise, aux fréquentes critiques de la rationalité « hypocritique » de ses contemporains, comme par exemple les propos de Kant sur la « pureté » de la raison. Toute l'œuvre de Hamann se veut justement une tentative pour « inverser l'hypocrisie, » retourner les arguments de ses contemporains, si possible dans leurs propres termes. En même temps, cette tournure implique Hamann lui-même, comme le suggère l'usage contemporain qu'en fait, entre autres auteurs, Bolingbroke pour dépeindre la personnalité de Jonathan Swift. Aux dires de Thomas Shéridan, en effet,

> Cette personnalité bizarrement assumée, cette nouvelle espèce fort justement taxée par Bolingbroke d'*hypocrisie inversée* l'empêchait d'apparaître sous ce jour aimable – et largement mérité au vu de sa bienveillance – si ce n'est aux yeux de quelques élus. En matière d'amitié il était chaleureux, zélé, constant, et aucun homme n'a peut-être jamais rassemblé un aussi grand nombre d'amis sélectionnés avec autant de bonheur et d'une manière aussi judicieuse. Il était partout porté aux nues en raison de cette vertu prédominante, aussi primordiale que rare, par des correspondants dont beaucoup se distinguaient à cette époque par leurs talents et leur valeur.[46]

---

[45] Voir à nouveau sa lettre à son fils, ZH V, p. 88 : « Mon cher enfant, je te recommande la *loi évangélique d'économie* dans le parler et l'écriture : Rendre compte de tout mot *vain* et *superflu* – et *économiser le style*. Dans ces deux mots mystiques, se trouve tout l'art de penser et de vivre. Tout ce à quoi Démosthène pensait lorsqu'il répétait trois fois un même mot est pour moi contenu dans les deux mots *économie* et *style*. » Cf. ZH V, p. 177.

[46] Thomas Sheridan, *The Life of the Rev. Dr. Jonathan Swift, Dean of St. Patrick's, Dublin* (1784), p. 430; cité dans *Kreuz und Kritik*, pp. 122s. C'est moi qui souligne.

Le rapprochement avec Hamann s'impose ici de façon étonnante, jusqu'à son extraordinaire aptitude à l'amitié. Et plus encore eu égard au jugement de Shéridan sur la tournure d'esprit de Jonathan Swift : « Une disposition étrange qui le poussait non seulement à dissimuler ces qualités au public (c'est-à-dire la bonne volonté, l'amour de l'humanité, l'amitié, la libéralité, la charité, le bon caractère), mais souvent à les travestir sous l'apparence de leurs contraires. »[47] De fait, son humilité (calquée sur celle de Dieu) l'apparentait, lui aussi, à « un hypocrite inversé, » car il déguisait sa bonne nature, selon l'expression de Luther, *sub contrario*. Il disait à E. F. Lindner : « Paraître plus mauvais qu'en réalité, (mais) être en réalité meilleur qu'il n'y paraît, voilà ce que je considère comme un devoir et un art. »[48] Hamann y voyait un devoir, car Dieu lui-même a coutume d'apparaître sous des déguisements, dépouillé de sa gloire, et même *sub contrario*, comme dans la formule paradoxale « Dieu sur la croix. » En conséquence, *l'hypocrite inversé* correspond exactement à ce qu'il appelait auparavant « l'obéissance esthétique à la Croix, » et dont le sens devient enfin clair : Il s'agit d'une sorte de purge ou méthode d'élimination – une discipline spirituelle qui enseigne au chrétien à introduire le bien et chasser le mal au travers d'une défiguration endurée volontairement, à l'exemple de Christ.[49]

Dans la même veine, Hamann s'est à peine qualifié d'hypocrite « à l'envers » ou « inversé » qu'il décrète le sens de l'expression le *Sophiste arctique* qu'il s'applique à lui-même. De prime abord, cette attitude ne s'explique pas. Pourquoi Hamann, le Socrate de Königsberg, se qualifierait-il de sophiste, quand l'ensemble de son œuvre a été conçu précisément pour faire pièce à la philosophie sophiste des *Aufkärer*? Au vu cependant de ses précédentes appellations et de son désir avoué – à la conclusion d'*Entkleidung und Verklärung* (*Dévêtement et Transfiguration*) – de ne pas être vénéré à l'égal d'un saint (« ne me mettez pas d'auréole »), son intention est claire. Par humilité ou « obéissance esthétique » à la Croix, il préférait être connu sous le nom de *Sophiste arctique* que sous celui de *Mage*

---

[47] Thomas Sheridan, *Life*, p. 429.
[48] ZH V, p. 43.
[49] Ibid. Cf. N III, p. 234.

du Nord – dans le souci d'imiter au plus près le Christ qui ne connut pas le péché mais devint péché (2 Corinthiens 5:21); lui, « la justice de Dieu » (2 Pierre 1:1), pourtant déclaré « ami des publicains et des pécheurs » (Matthieu 11:19), en bref celui qui est apparu *sub contrario* de son plein gré. En toute logique, le *Sophiste arctique* pointe vers l'appellation suivante de Hamann, le *Philologus Seminiverbius*. L'évocation de l'un de ses premiers pseudonymes signifie que cet amoureux des mots et des langues aime aussi le Christ, le Verbe incarné. De plus, étant serviteur de Christ, il donne délibérément l'image, au travers de son *Autorhandlungen* et à l'exemple de Paul pour les Athéniens, d'un « discoureur » (*seminiverbius*) dont ses contemporains ne comprennent pas le langage (cf. Actes 17:18).

La désignation suivante, Π. et Ψ. λαοχποθ est plus obscure. Elle est certes assez proche du terme de « philosophe. » Mais Hamann convoque ce terme dans l'intention de le réencoder à l'aide d'un accouplement dialectique entre deux néologismes dérivés du nom grec πῖλος (« qui se sent couvert ») et de l'adjectif grec ψιλος (« nu, » « dénudé, » « dépouillé, » « découvert, » etc.). Curieux rapprochement assurément mais dont ses autres ouvrages semblent éclairer le sens. Au terme « philosophe » apparu *sous rature,* il substitue un symbole dialectique représentatif d'une nouvelle catégorie de philosophe à l'origine d'une sagesse supérieure, plus authentiquement spirituelle : La sagesse du « dévêtement et de la transfiguration, » *Entkleidung und Verklärung*. Cette nouvelle espèce de philosophe a interprété le logos prophétique de Genèse 3 disant que nous sommes vêtus « d'habits de peau » comme d'un type de « revêtement » du Saint-Esprit (Actes 1:8; Luc 24:49), non au prix de pitoyables tentatives pour couvrir ou excuser notre péché et notre nudité (efforts qui font davantage encore ressortir notre nature pécheresse et notre nudité, quitte à les rendre plus ridicules encore), mais en confessant notre péché dans la présence de Dieu - *coram Deo* – et en nous soumettant au jugement divin. Alors, revêtus du Consolateur (Matthieu 5:4), nous pouvons attendre avec espérance ce revêtement final d'immortalité (1 Corinthiens 15:53; 2 Corinthiens 5:2-5).[50] Ainsi, pour Hamann,

---

[50] Pour une lecture alternative de cette dialectique en tant que dialectique entre la *psilosophie* [*sic*] qua la philosophie purement rationnelle de « l'esprit d'observation »

l'absence de prétentions (*Entkleidung*) et la transfiguration (*Verklärung*) vont de pair. Les termes Π. et Ψ λοσοφος essayent de ne communiquer rien d'autre hormis la logique de l'Evangile et le royaume de Dieu tel que démontré en Christ (Jean 12:24; Philippiens 2:6ss) et fidèlement illustré par le plus véridique des philosophes, le publicain : « Je vous le dis, cet homme descendit dans sa maison justifié plutôt que l'autre (le pharisien); car quiconque s'élève sera abaissé, et celui qui s'abaisse sera élevé » (Luc 18:14; cf. 14:14).

Le terme *cruci (furci) fer* en découle; car celui qui voudrait suivre Christ et tenter de vivre selon la logique du Logos incarné sera invariablement un « crucifer, » celui qui « porte sa propre croix » (Luc 14:27); et même, à supposer que l'*imitatio Christi* soit menée jusqu'à sa conclusion logique, le disciple aura l'air d'un « misérable » (*furcifer*) enfermé dans un « pilori »(*furca*) et exposé publiquement au ridicule (Luc 23:11, 36). Mais si difficile qu'il soit de porter cette croix, Hamann continue de se donner le nom de *Metacriticus bonae spei*, le « métacritique de la bonne espérance, » en référence à la parole de Paul aux Thessaloniciens : « Que notre Seigneur Jésus-Christ lui-même et Dieu notre Père, qui nous a aimés et qui nous a donné par sa grâce une consolation éternelle et une bonne espérance, console vos cœurs et vous affermisse en toute bonne œuvre et en toute bonne parole » (2 Thessaloniciens 2:16-17). Car Christ est ressuscité, et « si nous sommes devenus une même plante avec lui par la conformité à sa mort, nous le serons aussi par la conformité à sa résurrection » (Romains 6:5).

Comme le notent cependant Bayer et Knudsen, cette auto-désignation présuppose une autre sorte d'espérance, celle de Hamann pour ceux qu'il critique.[51] Cela se remarque car ses critiques ne sont jamais frontales mais indirectes – si possible au travers de leurs propres discours – de sorte que lui-même ne juge jamais, ou du moins jamais dans l'idéal (en raison du risque permanent d'hypocrisie). Le

---

et la *philosophie* [*sic*] qua la sagesse poétique de « l'esprit de prophétie, » voir *Kreuz und Kritik*, p. 133. D'après cette lecture, l'esprit d'observation (lorsqu'elle est purifiée de l'esprit de prophétie) laisse les choses nues, privées de toute signification ultime, tandis que l'esprit de prophétie les transfigure, c'est-à-dire les revêt d'habits.

[51] Voir *Kreuz und Kritik*, pp. 143ss.

jugement vient plutôt de ses adversaires au moment où ils sont indirectement confrontés, à l'exemple de David par la parabole de Nathan (2 Samuel 12:1-15), aux incongruités et sournoiseries de leur position. Là se trouve en fait le centre de gravité de la métacritique de Hamann formalisée en une sorte de « métaschématisme. »[52]

Sa métacritique correspond ainsi à une sorte de déconstruction *compatissante*, qui laisse aux interlocuteurs toute liberté de penser. Pour lui, cet art consiste précisément à renoncer à soi, c'est-à-dire à un effacement de sa personne derrière ses messages pour permettre aux interlocuteurs de se les approprier d'autant plus librement (toujours à l'imitation de la forme, du « style »de la révélation et du message divin). Dans une ébauche de l'ouvrage *Entkleidung und Verklärung*, il dira : « Tout comme chaque individu confronté à la lumière de la vérité est à la fois son propre législateur et son propre juge, chaque écrivain et chaque œuvre sont aussi leur propre juge. La *lectio* d'un vrai critique consiste à décomposer le texte de son aîné en ses divers éléments, sans interférer de façon autoritaire dans son habileté à consentir. »[53]

Dans le cas de Hamann, la métacritique a deux significations : En premier lieu, il n'impose aucun système personnel à son opposant, mais se contente d'être un « post-lecteur » (μετά, au sens de « après ») qui parle le langage du texte afin d'en induire une plus grande clarté à partir de l'intérieur, par une lecture comparable à une espèce de dialectique christo-socratique. En second lieu, contrairement à un

---

[52] Pour plus d'informations sur ce terme, voir le Chapitre 2.
[53] Cité dans *Kreuz und Kritik*, pp. 145s. Il est certain que, pour Hamann, la « métacritique » implique une dissolution ou un « secouement » du texte en main, une sape rigoureuse de ses propres certitudes; et, à cet égard, Hamann pourrait être considéré comme un précurseur de Derrida. Mais il ne s'agit pas, par conséquent, d'une déconstruction négative, impitoyable, postmoderne, c'est-à-dire d'une dissolution de la signification d'un texte conduisant à l'extirper de tout but ultime – excepté la démonstration de l'absence de tout sens ou de toute signification finale identifiable. Au lieu de cela, Hamann entreprend sa métacritique précisément dans la *bonne espérance* qu'en « privant » ses lecteurs visés de leurs prétentions, ils puissent reconnaître la pauvreté de leurs propres positions; et qu'en souffrant cette *docta ignorantia*, ils puissent s'ouvrir davantage à la foi et éventuellement être « transfigurés » par la réception de la nouvelle et plus grande lumière qu'elle apporte.

lecteur hypo-critique, il ne se prétend pas « au-dessus » ou « au-delà » de la critique (ὑπέρ, dans le sens de « au-dessus » ou « au-delà »); mais comme métacritique (μετά au sens de « avec » ou « à côté » ou « en compagnie de »), il se tient aux côtés des auteurs, d'autant que toute critique humaine est en dernier ressort soumise au jugement de Christ (2 Corinthiens 5:10). Voilà ce qui le distingue en permanence de Kant et de son célèbre postulat selon lequel « tout doit se soumettre à *notre* raison, à *notre* Critique. »[54] Hamann, lui, ne pouvait qu'être surpris devant cette inversion séculière et si illusoire de la réalité; car il n'existe en définitive qu'un critique, un seul « Méta-critique » dont le jugement compte. Voilà pourquoi, vivant « à l'ère de la critique » et « aux jours de Noé » (Matthieu 24:36ss), Hamann, joyeusement oublieux de toute haute critique ou de tout jugement supérieur, imprime à son œuvre une direction eschatologique.

Dans la version finale de la « page finale, » il ajoute alors, non sans insistance, que lui, le métacritique de la ébonne espérance, est aussi le métacritique de la « bonne *volonté*. » D'une part, cela supposerait une lecture métacritique empreinte de « bonne volonté » envers ses adversaires. A Nicolai, vraisemblablement le chef de file des Berlinois des *Aufklärer*, il confie : « La vérité est l'aune de l'amitié – *et* l'épée fraye le chemin d'une paix dans la liberté - *hanc veniam petimusque damusque vicissim.* »[55] Par ailleurs, Hamann réfère sans doute à sa propre personne au titre de métacritique de ce concept présent dans la philosophie morale kantienne, et déjà assimilé à une « idole » allant de pair avec la « raison pure. » A propos du « *Grundlegung zur Metaphysik der Sitten,* » il déclare à Herder : « En fait de *raison pure,* le discours s'attache ici à une autre chimère et idole, celle de la *bonne volonté.* »[56] Et à Jacobi : « Quel bon pendant à *la raison pure* ! Ne méritent-elles pas toutes deux une meule de moulin autour du cou ? La miséricorde de Dieu est la seule religion qui soit source de bénédiction. »[57] Autrement dit, si la *Critique de la Raison Pure*

---

[54] Voir Kant, *Critique de la Raison Pure,* A, p. xii.
[55] ZH II, p. 194. Traduction : « Nous demandons cette faveur et la donnons aussi à notre tour. »
[56] ZH V, p. 418. Voir *Kreuz und Kritik,* p. 145.
[57] ZH VI, p. 440.

transférait le droit de juger de Dieu à la raison, Kant transfère ici de manière séduisante et idolâtre le fondement de la morale de la volonté de Dieu à la « bonne volonté » humaine. D'autre part, ce fondement-là se situe précisément dans la « bonne volonté » de *Dieu* (Luc 2:14) – formulée dans une révélation plus sûre qu'aucune chimère de la raison – puisque « la bonté de Dieu est ce qui nous amène à la repentance » (Romains 2:4) puis à une vie morale.

La dernière auto-désignation de Hamann, la *Pierre à deux pôles*, requiert aussi des éclaircissements. Elle comporte d'abord une référence eschatologique implicite. Hamann, en effet, vit « entre les temps, » c'est-à-dire entre les « deux pôles » de la Chute et de l'eschaton.[58] Car nous ne vivons pas à l'ère de « la brillante étoile du matin » (Apocalypse 22:16), mais à l'ère des ombres et des attentes, l'ère du « déjà mais pas encore. » D'où l'absence actuelle de vision claire, limitée à une connaissance « partielle » « au moyen d'un miroir, d'une manière obscure » (1 Corinthiens 13:9, 12). Hamann oppose donc aux Lumières sa métaphore temporelle favorite, les heures du « crépuscule » ou « *entre chien et loup*, » qui accompagnait la plus grande partie de son travail et servait souvent de date à ses lettres. La *Pierre à deux pôles* décrit tout aussi exactement l'homme lui-même, dépeint par Schelling (sur la foi de ses lettres) comme « un vrai πᾶν d'harmonie et de discorde, de lumière et d'obscurité, de spiritualité et de matérialisme. »[59] En effet, même ses intimes le décrivent comme une personnalité très contrastée. Selon les mots du poète du *Sturm und Drang*, Friedrich Leopold, Comte de Stolberg, qui raconte ainsi leur première rencontre :

> Hamann arriva enfin, un homme extraordinaire et très intéressant. Par moment, il semble ne pas pouvoir compter jusqu'à trois; l'instant d'après, il déborde de génie et d'énergie. Si enfantin par nature, parfois d'une simplicité si colorée, et en même temps si profond, si authentiquement philosophe – une telle chaleur, une telle naïveté, une telle ouverture d'esprit - et si étranger à tout ce qui s'appelle le *monde*

---

[58] Voir *Kreuz und Kritik*, pp. 149ss.
[59] F. W. J. Schelling, *Sämtliche Werke*, édité par K. F. A. Schelling (Stuttgart et Augsburg: J. G. Cotta'scher Verlag, 1856–1861), I, volume 10, p. 171.

que je finis par le trouver très attachant et captivant.[60]

En bref, aux yeux de ses connaissances, « l'imbécillité et la profondeur de pensée » semblent avoir coïncidé en lui.[61] Tout cela s'accorde d'ailleurs avec les propos de Hamann dits à Jacobi en 1787 : « Tout est *bon* – tout est *vanité* ! Quelle joie est la mienne de pouvoir ressentir avec la même intensité à la fois l'*imbecillitatem hominis* et la *securitatem DEI*. »[62] Ultimement, la *Pierre à deux pôles* semblerait ainsi définir son intelligence du christianisme lui-même comme une coïncidence hyper-rationnelle entre des contraires, unissant la sagesse de Paul à sa folie, sa force à sa faiblesse, voire son être à son non-être (1 Corinthiens 1:27-28), la dialectique luthérienne du péché et de la justice (*simul iustus et peccator*), jusqu'à sa vision dialectique de la gloire divine et de la *kénose*, de la majesté et de l'abaissement - au point que Paul voyait de la sagesse *dans* la folie, de la force *dans* la faiblesse, et Hamann la gloire de Dieu *dans* son humilité, etc. Vue sous cet angle, la référence à Pierre prend tout son sens; car il affiche aussi un contraste frappant. Sa grandeur d'apôtre d'entre les apôtres provient justement du petit nombre de ses sujets de gloire et il le sait. Ainsi, nonobstant le discours sur Hamann, la *Pierre à deux pôles*, symbolise à tout prendre la logique paradoxale du royaume : « Car le plus petit parmi vous tous, c'est celui-là qui est le plus grand » (Luc 9:48.)

Hamann rajoute alors un complément en français et en latin (le latin étant une citation tirée d'*Ars poetica* d'Horace), « et parfois fungens vice cotis, exsors ipse secandi, » qui peut être traduit comme suit : « Et quelquefois fonctionnant à la place d'une meule, qui n'a aucune part dans ce qui doit être coupé. » En d'autres termes, Hamann indique, une fois de plus, qu'il ne s'engage pas directement dans la polémique. Il comprend plutôt son œuvre comme une meule abrasive – alternativement, il se voit lui-même comme un taon socratique.

---

[60] Stolberg, *Briefe*, p. 188, cité dans ZH VI, p. xii.
[61] *Kreuz und Kritik*, p. 149.
[62] ZH VII, p. 339; cf. N III, p. 189, où il dit (par la voix d'Abigaïl) qu'il aspire à cette « *sagesse* stoïque qui unit de manière interchangeable l'*imbecillitatem hominis* et la *securitatem DEI*. »

Pour Hamann, tout a une signification; même le moindre trait de lettre ou iota. Il date sa lettre « de Münster ce 17 mai, la veille du Dimanche de la S. Trinité 88, » veille de la fête de la Trinité. Au premier abord, elle ne révèle aucune signification particulière; mais dans le contexte d'*opposition* aux Lumières où se situent toute la vie et l'œuvre de Hamann, cette date dit tout. Et, par exemple, que ce n'est pas une philosophie de l'aube, moins encore du plein midi quand tout est clair, mais à nouveau une philosophie du soir, - du crépuscule. A l'inverse de Kant, il ne prétend pas occuper définitivement un espace eschatologique (propice à une critique « autoritaire » pouvant faire autorité sur toute la tradition religieuse et métaphysique). Car pour Hamann il s'agit là justement du πρῶτον ψεῦδος de la philosophie kantienne qui rend d'emblée sa propre critique du christianisme, en butte aussi à celle des Lumières, tout aussi illégitime que la leur. Comble d'ironie, Hamann apparaît ainsi plus honnête que Kant eu égard aux limites de la raison : Il a en effet conscience de connaître « en partie seulement » et ne prétend pas en savoir plus – assez, disons, pour usurper le jugement divin au nom de « la seule raison. » Contrairement donc à sa philosophie « hypo-critique, » la philosophie métacritique de Kant ne représente pas « l'aube, » mais une sobre philosophie de la *veille*, celle de l'attente et de la « bonne espérance. » En fin de compte, cette pensée de « veille du dimanche de la fête de la Trinité » peut se qualifier d'attente. L'attente de « cet éternel dimanche » - selon les termes de Bayer et Knudsen – quand le temps s'accomplira tout entier dans le Dieu trinitaire.[63]

Il va de soi qu'étant donnés la forme et le contenu étranges de ses écrits, sans parler des préjugés intellectuels de l'époque, Hamann savait qu'il serait incompris, considéré soit comme un « enthousiaste, » soit comme un « anti-rationaliste. » Sa lettre à Jacobi donne deux références en annexe : L'une à Sancho Panza, le sieur comique et troublion de Don Quichotte, qui s'écrie à plusieurs reprises dans le texte de Cervantès : « Dieu me comprend! »[64] et l'autre à

---

[63] *Kreuz und Kritik*, p. 154.
[64] Cf. la remarque de Hamann à Herder en 1781 : « La philosophie transcendentale de Sancho Panza m'est aussi salutaire que l'huile et le vin du Samaritain » (ZH IV, p. 340); et sa lettre à Jacobi de mars 1788, à peine quelques mois avant sa composition

l'apôtre Paul, dans une note hâtive écrite quelques jours auparavant : « nous sommes devenus un spectacle pour le monde, les anges et les hommes. Nous sommes fous à cause de *Christ*, mais vous êtes sages en Christ. Nous sommes faibles, mais vous êtes forts » (1 Corinthiens 4:9-10).[65] Hamann s'applique à l'évidence ce verset; lui-même est devenu fou à cause de Christ. Quelques jours plus tard, au cours d'une ultime clarification, il redit à peu près la même chose à Jacobi : « Ô cher Jonathan! Il nous serait presque impossible de comprendre la vérité s'il n'y avait ni *enfants* ni *fous* dans le monde ! » Et il ajoute, en un résumé approximatif de sa pensée au sujet des Lumières : « L'aveuglement d'un [enthousiaste] m'est plus utile que la splendide Lumière répandue par les prétendus *beaux- esprits* et *esprits* forts qui, malgré leur apparence de moralité, sont à mes yeux des apôtres menteurs déguisés en anges. »[66]

LE VOYAGE DE RETOUR À LA MAISON

Vers la fin de mai 1788, Hamann projetait dèjà de rentrer à Königsberg, et avait, en attendant, écrit à sa fille aînée, Elisabeth Regina, la dernière lettre en somme adressée à sa famille. C'est un ultime témoignage de son amour pour Anna Regina et leurs enfants, et il exprime sa hâte de les revoir. Il rappelle aussi son rôle dans la vie

---

de la « page finale » : « Que cet honnête écuyer d'un chevalier errant soit pardonné entièrement s'il laisse s'échapper de si nombreux soupirs contre sa connaissance et sa volonté – de peur qu'il ne se comprenne pas lui-même et, ce qui est pire, qu'il soit incompris par des critiques impatients. Au moins [je puis dire que] je vis [rempli de] bon espoir dans la *conviction* que je suis *véritablement* compris par Dieu » (ZH VII, p. 419). A la lumière de ces remarques, dont la première fut faite peu après que Hamann eut fait une recension de la *Critique de la Raison pure* de Kant, il est clair qu'il exprime implicitement ici son opposition à la philosophie *transcendantale* de Kant. Tandis que cette dernière prétend trouver une sécurité pour la philosophie et pour lui-même en délimitant ce qu'il est possible de savoir sur la base de la raison seule (« Que puis-je savoir ? »; « Que devrais-je faire ? »; « Que puis-je espérer ? »), la « philosophie *transcendantale* » de Hamann est fondée non pas sur ce que *nous* pouvons comprendre (sur nous-mêmes ou le monde) sur la base de la raison seule (aussi maigre que celle-ci soit), mais plutôt sur ce que *Dieu sait et comprend de nous*.
[65] N IV, p. 461. C'est Hamann qui souligne.
[66] ZH VII, pp. 485s.

spirituelle de ses enfants et sa tendresse de père. A sa fille il dit :
« Que Dieu soit toujours devant tes yeux et dans ton cœur, et tu
pourras résister à toutes les tentations; à cette fin, Dieu, en accord avec
son saint conseil, peut employer des amis ou des ennemis pour nous
affermir dans le bien, nous établir de façon décisive contre tout mal,
afin que nous obtenions finalement la victoire à sa gloire et notre salut,
salut qu'Il peut seul accomplir, car il se trouve entre ses mains
paternelles. »[67] Ce mode d'écriture est un exemple type de sa
correspondance avec sa famille, différente évidemment de tous ses
autres écrits, même de ses échanges avec ses amis. Nous voyons ici ce
que le monde ne voyait pas: Un père chrétien qui communique avec
ses enfants en termes directs et simples. Il adresse en conclusion ses
salutations à tous, et demande à Elisabeth d'embrasser sa chère mère,
qu'il n'a pas oubliée, dans l'espoir de son retour.

Même si écrire lui était devenu aussi difficile que de marcher –
Sprickmann lui faisait faire quelques tours dans le jardin de la
princesse – Hamann écrivit le 1er juin sa dernière lettre substantielle,
cette fois à son ami « Crispus » Jacob Kraus, son ami de très longue
date et collègue de Kant à l'université de Königsberg. Il y parle des
bénédictions reçues au cours de son séjour à Münster :

> [Mon] cercle d'amis se limite à Frantz et Jonathan Jacobi. Frantz,
> Diotima, Périclès et Sprickmann constituent tout mon *Universum*...
> Quel dernier souper la providence n'a-t-elle pas préparé, mis en
> réserve pour moi à la fin de ma délicieuse vie de tâcheron ! .... Quelle
> n'est pas mon émotion de pouvoir dire avec le berger de Virgile :
> *DEUS nobis haec otia fecit !* Sa providence n'a jamais rien négligé,
> non! Pas une seule fois ! Ce qu'Il fait et permet arrive toujours à bonne
> fin. Tout est bien qui finit bien.[68]

Hamann sentait visiblement que la fin approchait, mais il restait
optimiste. Pendant son séjour chez Buchholtz, il continua de faire des
projets. Il partirait avec son fils le 20 juin, exactement un an après leur
départ de Königsberg. Ils gagneraient d'abord Pempelfort pour dire

---

[67] ZH VII, p. 495.
[68] ZH VII, pp. 501s.

adieu à Jacobi, puis Weimar pour voir Herder. Le 19 juin, tout semblait normal – ou presque. Buchholtz et son épouse partirent les premiers à Pempelfort où ils devaient se retrouver le lendemain, et Hamann passa la matinée chez la princesse. Bien que faible, son état n'était pas alarmant. Selon le récit de la princesse :

> Je passai donc la dernière matinée en compagnie de cet homme béni, le seul, l'unique [Hamann...]. Il était très faible, mais je l'avais déjà vu ainsi, et selon lui la cause en était l'agitation de ces dernières semaines; lui et moi avons cru qu'au moment où il monterait dans la voiture pour rejoindre Düsseldorf, tout changerait et qu'il se rétablirait vite et merveilleusement, comme si souvent par le passé. Bien que sans cesse sur le point de s'endormir, il parlait beaucoup mais, semblait-il, avec difficulté, et je ne cessais de chercher à le retenir. Sa pipe, préparée avec sa valise le matin même lui donnait une joie d'enfant; et surtout l'inscription de mon nom qui y figurait, avec l'année. Avec des larmes dans les yeux, il me dit : « Vous voulez donc que je me souvienne de vous toujours; eh bien! J'ai maintenant assez de sujets pour cela. » Je repris : « Priez à l'occasion pour votre fille, et dans vos lettres, ne m'appelez pas Votre Altesse. » « Non! Je vous appellerai plutôt Amalie ! Quant à mes prières, elles ne valent rien, mais nous avons tous un Avocat qui intercède constamment pour nous, avec des soupirs incessants. » Je continuai : « Aujourd'hui après le départ de Hans (Johann Michael), vous serez seul; voulez-vous que Mikeln, Poïs et ... » Il répondit : « Non ! Je n'ai besoin de rien et je ne suis jamais seul; vous ne le serez jamais non plus; Quelqu'un est constamment à nos côtés et en nous » (il avait des larmes). Je lui pris les mains avec un indicible chagrin et les embrassai longtemps. « Vous me rendez humble, chère Amalie. »[69]

La princesse ajoute qu'ils parlèrent longuement de leur sujet préféré, la Bible, et en arrivèrent bientôt à la question de la dignité ou de l'indignité de l'acte de communier. Hamann répondit par une interprétation de la parabole du festin des noces en Mathieu 22 : « Tout nous a été donné pour communier dignement, à l'image de

---

[69] Cité dans Gildemeister, *Hamann Studien,* pp. 20–21.

l'habit de noces qui, selon la coutume ancienne, était donné aux invités. La seule chose à ajouter est le problème de notre volonté. »[70] Vers dix heures la princesse dut prendre congé, mais fut saisie d'une « indescriptible peur » quant à l'état de Hamann. Il la rassura et lui demanda de ne pas dire aurevoir, car il s'attendait à la revoir quelques jours plus tard à la résidence de Jacobi à Düsseldorf. A ce moment-là son fils était présent (à l'évidence plus réaliste que son père) et le contredit durement; Hamann répondit aimablement : « Mon cher fils, tu n'en sais rien; je veux errer; *errare humanum est.* »[71]

Après quelques moments d'inquiétude, la princesse s'en alla, et prit des mesures pour le départ de Hamann le lendemain. Le matin suivant elle retourna le voir, le trouva endormi avec sur le visage « un indescriptible et doux sourire, » et s'éloigna, assurée qu'il se rétablirait.[72] Hamann était en fait sur le point de mourir, et à son réveil, il put à peine parler. Il insista cependant pour faire le voyage. Fürstenberg, arrivé bientôt avec les docteurs, le persuada de rester une nuit de plus, et la princesse mise au courant revint en hâte passer la journée avec lui. Dans la soirée, elle fit parvenir un message à Jacobi, pour l'avertir de l'état de Hamann, mais c'était trop tard. Le 21 juin au matin, il reconnut encore son fils et Fürstenberg; à l'arrivée de la princesse il était inconscient. Les docteurs tentèrent de la dissuader de le voir, mais elle insista : Elle devait voir « le cher saint homme » encore une fois. Quelques heures plus tard, entouré de la princesse, de Fürstenberg et de son fils, il s'éteignit « les yeux tournés vers le ciel. »[73]

La question pertinente fut alors de savoir où Hamann serait enterré : Dans Münster la catholique ou Düsseldorf la protestante ? Hamann ne semble pas avoir pris de décision à cet égard. La princesse avait cependant une solution adéquate : Elle proposa de l'enterrer dans son jardin, à l'endroit où le 22 mai, soit un mois auparavant, ils avaient eu une conversation qui lui avait laissé une impression indélébile. Hamann avait discouru de façon « inimitable » sur la folie divine selon 1 Corinthiens 1, « avec un tel sentiment de plénitude qu'il

---

[70] Gildemeister, *Hamann Studien,* p. 21.
[71] Ibid.
[72] NB, p. 450.
[73] NB, p. 451.

fallait l'avoir expérimenté personnellement pour pouvoir l'exprimer ainsi.»[74] Alors Fürstenberg et Overberg, tous deux prêtres catholiques, enveloppèrent son corps de tissus de laine et l'amenèrent dans la résidence de la princesse où, le 21 juin 1788, il fut enterré officiellement, sans doute selon le rite catholique. Le soir même Hemsterhuys arriva de la Hague, mais la princesse n'était pas d'humeur à supporter son « hellénisme prétentieux »; elle était trop absorbée par le souvenir de son vrai Socrate et de « sa sublime simplicité d'enfant »; rappelons ses propos : « Le brave homme ne pouvait aucunement deviner que la noble simplicité de Hamann, en apparence méprisable (aux philosophes de son bord), m'en avait plus appris sur la dignité intérieure que tous les beaux ouvrages philosophiques et autres de Hemsterhuys.»[75] Hemsterhuys ne manquait pourtant pas d'admiration envers Hamann, dont il avait lui-même préparé la pierre tombale. Il proposa d'abord d'y graver les mots « *philosopho theologo.* » Mais Jacobi eut le mot de la fin. L'inscription plus simple et plus appropriée serait celle-ci : « *viro christiano* »; et au dos de la pierre seraient gravées les paroles de 1 Corinthiens 1:23,25, paroles de louange à Dieu données un jour à la princesse à cet endroit même.

---

[74] NB, p. 452; Gildemeister, *Hamann Studien*, p. 23.
[75] Gildemeister, *Hamann Studien*, pp. 22s. Comme la princesse le nota l'année suivante : « Toutes les fois où mon âme est vide et toute empêtrée, c'est le souvenir de Hamann qui m'apporte le mieux la plénitude et la liberté... Je suis en train de rassembler les écrits de Hamann sur l'Ancien Testament, et les heures qui j'y passe s'envolent comme des minutes; c'est un commentaire plein de perspectives et d'intuitions merveilleuses ! Ô cher homme béni, quelle source de plaisir et de bénédiction vous avez déjà été pour moi. Dieu vous a certainement pris dans son royaume, dont les voies vous étaient familières et dans les chemins desquels vous avez marché si fidèlement. *Ora pro nobis.* »

AU LENDEMAIN DES LUMIERES

Conclusion

Après la postmodernité : Hamann devant le triumvirat postmoderne

Ne sois pas inquiet, mon cher ami !... Si l'homme naturel possède cinq sens, le chrétien, lui, est un instrument à dix cordes. Et sans passions l'homme ressemble plus à un airain qui résonne qu'à un homme nouveau.

Hamann à Johann Gotthelf Lindner[1]

Wie mag der Schöpfer nicht in seiner Allmacht lachen, Wenn sich das Nichts zu Was und Ihn zu Nichts will machen!

Hamann à Jacobi[2]

La raison et l'écriture [Schrift] sont fondamentalement une et la même chose = le langage de Dieu. Mon souhait et le punctum saliens *de mon modeste travail d'écrivain consiste à présenter cette thématique sous la forme d'un épitome...*

Hamann à Jacobi[3]

Après la lecture des chapitres précédents et l'image qu'ils nous présentent de la vie et de l'œuvre de Hamann, nous sommes enfin en mesure d'examiner de plus près sa « vision postlaïque. » Malgré une forme monolitique, tout d'un bloc, et une origine qui remonte à la conversion de l'auteur à Londres, cette vision autorise grosso-modo une scission en deux parties, l'une métacritique et donc déconstructive, l'autre constructive, avec un aspect positif – la

---

[1] ZH I, p. 339.
[2] ZH VI, p. 277 (Hamann cite ici un proverbe prussien traditionnel).
[3] ZH VI, p. 296.

première à dominance philosophique, la seconde de nature essentiellement théologique. Eu égard au premier aspect, le « génie pénétrant » de Hamann (selon la formule de Hegel) nous permet de discerner, par-delà le vernis philosophique des Lumières en tant que système de pensée autonome, les présupposés fallacieux aux effets imprévus – et de voir ultimement le trou noir latent derrière leurs efforts pour tout arrimer – depuis l'art et la religion jusqu'à la morale et la politique – au soubassement laïque de la « raison seule. »[4] Hamann fait ici figure de prophète; il avait en effet prévu que la philosophie des Lumières, après avoir déraciné les fondements de la foi et la tradition au profit exclusif d'une doctrine de la raison hautement suspecte sur laquelle elles se tiendraient, aboutirait au nihilisme, défini dans ce cas précis comme l'absence de tous fondements théoriques, puis moraux selon l'ordre des choses. En bref, Hamann avait prévu la fin de la modernité et l'émergence de la postmodernité. D'où mon objectif premier dans ce qui va suivre : La comparaison de sa métacritique avec la pensée postmoderne, à bien des égards héritière de ses intuitions, à défaut même de partager sa perspective théologique. Je tenterai ensuite de résumer quelques-unes des composantes positives et constructives de sa vision.

HAMANN ET LA POSTMODERNITÉ

Mis à part l'anachronisme patent de ce rapprochement entre Hamann et la postmodernité, la première observation porte sur l'échec de ce genre de tentative en raison d'une incohérence interne à la « postmodernité » elle-même - dans la mesure où elle n'est pas vraiment « postmoderne, » mais plutôt, en réalité, la conclusion logique de la modernité, et non pas, de ce fait, une réelle alternative à la modernité en fin de compte.[5] En effet, alors que celle-ci est, sous le vernis de la saine raison, porteuse d'un nihilisme latent, la postmodernité, du moins dans ses modalités philosophiques, rend

---

[4] Voir *JGH*, pp. 150–168.
[5] Nulle part cette continuité n'est-elle plus évidente que dans la doctrine hyper moderne de la postmodernité, qui décrète l'autonomie radicale de l'individu, comprise maintenant en l'absence de toutes normes rationnelles et traditionnelles comme une pure fonction de la volonté de puissance.

CONCLUSION

simplement explicite le nihilisme dèjà à l'œuvre implicitement dans la séparation fondatrice opérée en continu par la modernité entre la raison d'une part, et la foi et la tradition d'autre part. Pour les besoins de la cause, je m'attacherai donc en particulier aux aspects de la postmodernité, entendue dans un sens large, qui peuvent prétendre à davantage de légitimité comme éléments innovants par rapport à la modernité (et ainsi adjuger quelque mérite au préfixe « post »), mais qui ont été anticipés par Hamann deux siècles auparavant.

Envisager délibérément la « postmodernité » comme une constellation plus ou moins fixe d'idées nous permet de signaler les connexions les plus évidentes avec la pensée de Hamann. Tout d'abord, dans le sillage de Hamann, mais de façon virtuelle, la postmodernité rejette tous les systèmes de pensée dont la validité serait supposée éternelle en dehors des contingences du langage, de l'histoire et de la culture – comme si la raison n'en était pas la résultante inévitable. A propos de Kant, Hamann parle à Jacobi d'un « *masque* ou d'un *malentendu*, une nette *incompréhension* (du langage et de la raison) à la racine [de sa philosophie]; mais il est difficile et peut-être impossible de les découvrir si [ses] *prises de position conceptuelles* ont déjà été *entérinées*. » Autrement dit, Kant manque de franchise, de simplicité en esquivant la question du langage, ou alors il n'a pas mesuré ses capacités d'influence sur la raison. Par ailleurs, par son inaptitude à reconnaître le rôle de la foi dans ses présupposés, il a effectivement barré la route à une quête philosophique honnête. Et Hamann d'ajouter alors dans la même lettre : « Tout système est dèjà en soi un obstacle à la vérité. »[6] Cette idée trouvera un écho chez Nietzsche un siècle plus tard : « Je me méfie de tous les bâtisseurs de système. Vouloir instaurer [un] système [trahit] un manque d'honnêteté. »[7]

En second lieu, il en découle que la postmodernité a hérité de la « disposition linguistique » propre à Hamann qui voit d'abord et avant tout dans la raison une fonction du langage nécessairement rivée aux contingences historiques, culturelles et métaphoriques auxquelles la

---

[6] ZH VI, p. 276.
[7] *KSA*, volume 6, p. 63.

philosophie moderne a cru pouvoir échapper sous de très nombreux camouflages transcendentaux, tous identiques depuis Descartes jusqu'à Husserl. Nietzsche, conscient de cette illusion, déclarait : « Nous devons cesser de penser si nous refusons de le faire dans la demeure en forme de prison du langage... »[8] Mais avant Nietzsche et même avant Wittgenstein, Hamann affirme non seulement que le langage est une condition buttoir pour la raison et la pensée elle-même, mais également qu'il est la principale source des erreurs et illusions congénitales de la philosophie.[9] D'où les axiomes de sa *Métacritique* : « Aucune déduction n'est requise pour démontrer la priorité généalogique du *langage*... Non seulement la faculté de penser repose tout entière sur le langage ... mais le langage est de plus au *centre du désaccord interne à la raison* ... »[10]

En troisième lieu, la postmodernité, à la suite de Hamann, va examiner en profondeur les conséquences radicales de cette disposition linguistique dans le domaine métaphysique. Dès 1784, en effet, Hamann fait part de ses réflexions à Jacobi :

> La métaphysique dispose d'un langage scolastique et policé, peaufiné; je me méfie des deux... A partir de là, je soupçonne presque toute notre philosophie de consister davantage en un langage qu'en la raison; et en d'innombrables termes porteurs de contre-sens et faux-sens, avec une prosopopée des abstractions les plus arbitraires, des antithèses της ψευδωνυμου γνωσεως; en fait, même les figures de style les plus courantes du *Sensus communis* ont donné lieu à tout un monde de problématiques dont la présentation et les solutions offertes sont également dépourvues de tout fondement.[11]

Ainsi, longtemps avant l'émergence de la postmodernité, Hamann

---

[8] Cité comme l'épigraphe à Fredric Jameson, *The Prison-House of Language: A Critical Account of Structuralism and Russian Formalism* (Princeton, New Jersey: Princeton University Press, 1972); voir Nietzsche, *Ueber Wahrheit und Lüge im aussermoralischen Sinne, KSA*, volume 1, pp. 875ss; *KSA*, volume 3, p. 592.
[9] N III, p. 288
[10] N III, p. 286.
[11] ZH V, p. 272; cf. p. 470 : « Depuis la chute d'Adam, toute *gnosis* m'est suspecte, tel un fruit défendu. »

CONCLUSION

avait clairement vu que la prise en compte de la médiation linguistique de la pensée n'a pas pour seul effet de nuire à la doctrine moderne de la raison (ce qui constitue une remise en cause radicale de ses prétentions idéologiques à la pureté et à l'autonomie), mais conteste aussi la possibilité même de la métaphysique – la possibilité d'une science apte à transcender le langage en tant que « condition limite épistémique. »[12] Katie Terezakis nous livre ici un commentaire perspicace : « La force de la 'métacritique' linguistique de Hamann appliquée à Kant est due à l'importance accordée au caractère inconditionnellement immanent du langage, considéré comme le tronc commun génétiquement originel que se partagent la sensibilité et l'intellect, donc adjugé comme frontière idéale et réelle de la conscience subjective. »[13]

Suggérer de ce fait, avec Terezakis, que le philosophe Hamann est voué à un total « rejet de l'ontologie et de la théologie » pose un problème traité plus loin en rapport avec ce qui pourrait être appelé, en l'absence d'un meilleur terme, « l'idéalisme linguistique » de Derrida. Disons simplement pour le moment, qu'en regard du radicalisme de Hamann avec sa « perspective linguistique immanente » – résultante inévitable de sa métacritique de Kant – la possibilité de la métaphysique, de la théologie, voire de toute confiance en la vérité comme telle est étroitement liée à sa doctrine correspondante de la condescendance divine [*Herunterlassung*], longuement débattue au chapitre 2. En d'autres termes, pour Hamann, la métaphysique et la théologie (de la connaissance de Dieu et des vérités supra-sensibles) dépendent d'une « immanence de la Parole » tout aussi radicale, et ce Logos qui « condescend à l'aveuglement d'Adam, »[14] s'ajuste à sa sensibilité et à ses capacités limitées. Ce faisant, Il franchit, par le renoncement kénotique, toutes les conditions limites épistémiques et le scepticisme concomitant auxquels nous serions autrement sujets. Tout dépend en somme d'une théologie de la grâce venue compenser la déchéance de la raison. Finalement, il

---

[12] Katie Terezakis, *The Immanent Word: the Turn to Language in German Philosophy*, 1759–1801 (New York et Londres: Routledge, 2007), p. 4.
[13] Ibid.
[14] *LS*, p. 77 (N I, p. 18).

appartient de même au langage de ne pas servir de « prison » gnostique où nous sommes lamentablement confinés, mais d'être tout ensemble humain *et* divin au titre d'instrument sacramentel de Dieu qui ainsi se révèle « à la créature à travers la créature. »[15] La lecture de Hamann par Teresakis montre dans tous les cas de figure que, malgré « la fin de la raison » ou « la fin de la métaphysique » hardiment proclamées par les postmodernes – dans la mesure où la raison est fonction du langage que la métaphysique, comble d'ironie, ne peut « dépasser » – leurs déclarations ne s'en inscrivent pas moins – *mutatis mutandis* – consciemment ou non, dans la perspective hamannienne.

Il existe par conséquent de profondes ressemblances entre Hamann et la postmodernité. En effet, il pourrait être défendu que le point de départ de celle-ci – une fois admis l'effondrement des fondements théoriques des Lumières, c'est-à-dire une fois que l'on réalise l'impossibilité d'un retour à une croyance naïve au pouvoir de la raison d'instaurer ses propres principes a priori – pourrait être précisément d'accepter les conditions de la *Métacritique* hamannienne, et « cette perspective linguistique immanente » selon la formule trés heureuse de Terezakis.[16] Dans le même temps, des discordances cruciales entre Hamann et la postmodernité n'en apparaissent pas moins du fait, bien évidemment, que Hamann était un penseur chrétien en rupture totale avec la pensée postmoderne, qui est laïque dans sa structure – sinon dans son essence – et qui perpétue l'incroyance moderne de l'époque des Lumières.

Comme dit précédemment, ces discordances apparaissent d'abord dans leurs conceptions respectives du langage. L'alternative ici est claire: Le langage est-il une « prison » gnostique qui piège la pensée incapable d'échapper à la régression sans fin du sens vers un « signifié transcendantal » ultime, susceptible de conférer du sens à ce qui resterait autrement un « mauvais infini » affublé d'un « supplément » absurde ? Ou le langage est-il un instrument sacramentel de communication personnelle de Dieu, dont la régression infinie illustre l'infini de Dieu lui-même et dont la richesse métaphorique offre un

---

[15] N II, p. 198.
[16] Terezakis, *The Immanent Word*, p. 4.

CONCLUSION

avant-goût de sa plénitude ? En bref, s'agit-il d'une construction purement humaine ou également – au travers de la créativité et de l'expression personnelle humaines – d'un véhicule de la révélation divine ? Ces deux options sont à l'évidence radicalement différentes : Si la première rend impossible la métaphysique et la théologie, la dernière en maintient la possibilité, à condition de pouvoir affirmer l'origine divine du langage, et partant son aptitude à révéler Dieu.[17]

Ensuite, tandis que Hamann parle aussi de la « fin » de la raison, plus précisément dans une « savante ignorance, » comme vu précédemment, sa métacritique vise sous forme de « réfutation » un objectif « elenctique » plus élevé, à savoir le salut de la raison par son ordination au service de la foi – domaine dans lequel sa compréhension métacritique de la raison et son *telos* reflètent précisément l'intelligence paulinienne des finalités de la loi, ce « pédagogue » qui conduit à Christ (Galates 5:24). La déconstruction postmoderne, de son côté, ne poursuit ostensiblement aucun objectif, hormis la réduction des notions métaphysiques de permanence, d'ordre, de présence, d'identité et de raison aux facéties sans fin de l'interprétation, jusqu'à l'ultime (in)différence. Concrètement, la métacritique de Hamann cherche surtout à sauver la raison d'un suicide théorique, c'est-à-dire d'une auto-destruction de type nihiliste – en l'attirant, par-delà ses propres supputations dialectiques, vers le roc fondateur, le substrat d'une tradition inspirée. A contrario, la déconstruction postmoderne laisse la raison s'enfoncer dans l'abîme même – jusqu'à célébrer cet abîme et la perte de sens dont Hamann veut la sauver. En somme, alors que Hamann applique le levier de la métacritique à la raison laïque afin d'amener la vraie raison de l'orgueil à la foi comme le support indispensable et la lumière qui participe à son perfectionnement, la déconstruction postmoderne

---

[17] C'est pourquoi la théologie a beaucoup trop fait cas du prétendu « problème » du langage religieux. Certes, par révérence à la transcendance et l'aséité divines, un intervalle analogique doit être observé entre nos mots à propos de Dieu et la nature divine qu'ils voudraient dire; mais l'on ne devrait pas non plus, par fausse humilité, prétendre court-circuiter les chemins de la condescendance divine, comme si Dieu n'était pas capable de se révéler précisément dans et à travers ce qui nous est le plus proche et familier.

mène la raison à sa propre ruine, sans possibilité de rachat et sans autre horizon qu'une forme ou une autre de nihilisme.

En troisième lieu, pour s'en tenir à une dernière différence, tandis que la postmodernité rejette tous les « métarécits, » Hamann ne s'oppose qu'aux systèmes d'origine purement humaine, bâtis sur les sables des spéculations humaines, pour embrasser avec bonheur le « système » inspiré et le « métarécit, » le récit des récits, préfiguré dans la Torah sous forme prophétique, annoncé par les prophètes, proclamé par les apôtres, les martyrs et les saints : Celui du salut du monde – du Juif d'abord, puis du Grec (Romains 1:16) – par la foi en Jésus-Christ, le « grand *architecte* et la *pierre d'angle* d'un *système* qui survivra au ciel et à la terre... »[18]

Chacun est libre, certes, de se détourner d'une tradition en autorité depuis deux-mille ans au profit d'une autre, qu'elle soit d'inspiration moderne ou postmoderne, voire auto-produite (si faible que soit le potentiel de sagesse investi); chacun est libre de refuser la lumière surnaturelle du témoignage prophétique pour ne se fier qu'à la lumière naturelle de son propre jugement (même si cette lumière diminue et devient moins « naturelle » en proportion de l'éloignement de sa source).[19] Hamann veut surtout faire observer ici que dans ce cas, il ne faut pas se bercer de l'illusion que le refus de la tradition prophétique vous place d'emblée sur le terrain ferme et solide de la « rationalité, » comme si un laïque endurci était en quelque sorte plus rationnel et mieux « fondé » qu'une personne de foi. Au contraire, c'est peut-être là

---

[18] N III, p. 23.

[19] D'après la doctrine augustinienne de l'illumination, non seulement raisonnons-nous par la lumière du Logos, « qui éclaire tout homme » (Jean 1:9), mais aussi raisonnons-nous d'autant mieux que nous sommes illuminés par lui, c'est-à-dire que nous nous tournons vers lui et la lumière de son visage. Inversement, notre raisonnement est d'autant plus médiocre que nous nous détournons de lui : « Si donc, en vous approchant vous êtes illuminé, et en vous retirant vos pensées s'obscurcissent, alors votre lumière n'est pas en vous, mais dans votre Dieu » (« si ergo accedendo illuminamini et recedendo tenebramini; non erat in vobis lumen vestrum, sed in Deo vestro ») (*In evangelium Ioannis tractatus centum viginti quattuor*, 19, 12). La même chose reste vraie à un niveau ontologique que celle qui l'est ici à un niveau noétique : Car en se détournant de Dieu, non seulement s'éloigne-t-on de la source de toute lumière intellectuelle et de la raison, mais aussi de la source de tout être.

l'intuition la plus fondamentale de Hamann que d'affirmer qu'il existe une plus *grande* certitude dans la tradition prophétique de la « sûre parole prophétique » (2 Pierre 1:19) – laquelle affirme que certaines personnes ont été inspirés par Dieu pour communiquer des choses divines – et que cette tradition commune aux prophètes, aux apôtres et aux martyrs procure un substrat plus solide pour la culture humaine que les mythologies spéculatives forgées par les tenants de la seule raison. Voici à ce sujet l'illustration saisissante de Hamann : « Quiconque ne croit pas Moïse et les prophètes deviendra toujours un poète, à son insu et sans le vouloir... »[20] Ici Hamann assigne de fait aux Lumières un destin poétique, car la raison sans la foi en appelle non seulement à la vacuité du nihilisme, mais se confond, en fin de compte, avec les fictions spéculatives et idéologies requises pour le combler. Un siècle plus tard, dans une veine assurément moins prophétique, Nietzsche décrit de manière similaire le destin poétique de la philosophie avec ses diverses tentatives d'ancrage de la réalité dans la raison, lorsqu'il dit : « Toutes les superstitions imaginables sont positionnées dans le vide. »[21]

Mais si Hamann et Nietzsche ont raison – si la raison laïque, incapable d'établir un fondement ultime, se réduit à une forme ou une autre de mythologie spéculative, dont le fondement ultime est la volonté de puissance – alors nous sommes confrontés au choix suivant: Soit assumer le nihilisme avec Nietzsche, selon la croyance absurde que le sens peut être créé *ex nihilo* par des « esprits forts, » des « surhommes » ayant assez de puissance créatrice pour façonner une culture dotée ensuite d'un sens en regard de l'obscurité et du chaos dont eux seuls ont une perception aiguë; soit alors partager avec Hamann la même perception de la menace que constituent les ténèbres et le chaos, c'est-à-dire du nihilisme embusqué derrière la raison laïque, mais affirmer en même temps que Dieu, après être dèjà venu au secours de la raison, s'est fait connaître, puis a cherché à structurer la culture humaine et à lui octroyer une finalité par l'intermédiaire « des esprits forts » d'une tradition inspirée. En bref,

---

[20] N II, p. 64.
[21] Voir « Nachgelassene Fragmente » dans *KSA*, volume 7, p. 466.

au lendemain des Lumières, l'option principale se résume à une forme ou une autre de postmodernité laïque ou à une théologie postlaïque : La première est dépourvue de tout objet de croyance, hormis l'idéologie ou l'intérêt privé; elle a, en effet, rejeté d'un même mouvement la rationalité universelle des *Aufklärer* et l'*unamn sanctam ecclesiam catholicam* dont l'autorité est attestée par les prophètes, les apôtres, les martyrs et les saints. La seconde, tout aussi lucide quant aux revendications excessives des Lumières, croit cependant qu'une authentique révélation capable de soutenir, d'inspirer, voire d'assurer le progrès de la raison, est déjà devenue réalité.[22]

Mais nous pouvons, bien sûr, continuer de rêver à une troisième option; continuer de croire à un possible salut auto-produit par la raison, éventuellement que la grande tentative laïque pour donner une sûre assise à la science et à la morale au moyen de la raison seule (dans une version moderne de la Tour de Babel) n'a pas totalement échoué. Ainsi, par exemple, pourquoi ne pas regarder avec espoir aux ultimes efforts de nos derniers philosophes pour consolider la tour à l'aide d'une sorte d'éthique sur fond de rationalité « pragmatiste, » « communautariste » ou encore « communicative » ? Mais celui qui s'est tenu aux côtés de Hamann et de Nietzsche et a vu la futilité de toutes ces entreprises voit ausi réapparaître le même choix inexorable: Ou bien vous baissez pavillon devant la postmodernité, laquelle ne peut sauver ni la raison, ni le sens, ni la moralité, ni même, comme nous le verrons, la substance des phénomènes eux-mêmes; ou bien vous admettez la possibilité que la lumière provienne d'une autre source, non sous la forme d'une auto-illumination, ni d'un « feu allumé sans cause extérieure » (Livre de la Sagesse 17: 6), mais tel un don venu d'en-haut, du « Père des lumières » (Jacques 1:16), expérimenté de l'intérieur (par tous ceux qui viennent à Christ) comme un torrent d'eau vive (Jean 7:37-39). Voilà pour Hamann et pour les saints la véritable lumière; voilà pourquoi Augustin parle en

---

[22] Dans ce sens, voir Phillip Blond (éditeur), *Post-Secular Philosophy: Between Philosophy and Theology* (Londres et New York: Routledge, 1998), tout spécialement l'introduction de Blond, pp. 1–66.

CONCLUSION

termes si limpides de « boire la lumière de Dieu. »[23]

Mais si la métacritique de Hamann exclut la possibilité d'un retour aux Lumières, l'exclusion s'étend aussi – surprise pour la théologie – à tout retour à une *néo*-scolastique (distincte, à bien des égards, de la scolastique médiévale) visant à isoler dans des compartiments hermétiques la raison de la foi, la nature de la grâce, avec l'idée (propre aussi à certains partisans religieux des *Aufklärer*) que la raison peut à elle seule, sans risque d'erreurs, établir non seulement certains principes métaphysiques, mais même l'origine et la fin théologiques de toutes choses.[24] En d'autres termes, la métacritique de Hamann agit dans deux directions. Si, d'un côté, il lutte contre la démesure de la doctrine de la raison, privant les *Aufklärer* de leurs illusions les plus chères (dont le rêve d'une utopie laïque fondée sur la raison), il réclame aussi une estimation plus modérée des potentialités d'une métaphysique purement rationnelle ou d'une théologie purement naturelle (ou philosophique). Admettons-le, il serait souhaitable, sur les pas de Descartes, père du projet moderne, que la seule raison – sans l'instruction de la foi ni l'éclairage du témoignage prophétique – *puisse* démontrer de façon incontestable l'existence de Dieu et l'immortalité de l'âme, ou discerner parfaitement les limites de la loi naturelle au point de prêter la force de la certitude aux douces incitations de la conscience. Vous pourriez tout aussi bien *vouloir* croire à un certain fondement rationnel et à un terrain commun permettant à la théologie de négocier avec un monde de plus en plus laïque. Pour Hamann toutefois, l'état détérioré postlapsarien de la raison est précisément ce qui pose problème et l'empêche d'accomplir seule cette tâche de façon *adéquate* sans la grâce et la lumière de la foi.

---

[23] Voir, par exemple, Augustin, *De moribus ecclesiae catholicae* I, §11.

[24] Bien que ce ne soit pas ici le lieu de développer une généalogie de la raison laïque, l'on pourrait dire, à la suite de John Milbank, que la doctrine moderne de la raison découle ultimement non pas de l'humanisme de la Renaissance mais des distinctions médiévales tardives entre la philosophie et la théologie, qui cédèrent à la philosophie (et à la raison) de bien plus grandes capacités que ce que les traditions augustinienne et plus tard luthérienne leur octroyaient, et chacune de ces traditions resta plus profondément marquée par l'idée de la déchéance de la volonté, qui affecte la raison à un certain degré.

Cela ne veut pas dire que la raison soit pour autant inapte. Elle peut démontrer, comme en témoignent les « Cinq Voies » de Thomas d'Aquin; ou montrer le *caractère raisonnable* de l'existence de Dieu, de l'immortalité de l'âme, etc.; ce que Kant lui-même d'ailleurs soutient (ce qui empêche, du même coup, de voir en lui un laïque radical). Mais, sauf le respect dû à Anselme (et à la suite de Thomas d'Aquin), elle ne peut rendre ces notions si évidentes en soi que leurs contraires équivaudraient à une contradiction implicite. A preuve les raisonnements très différents sur de nombreuses choses des individus « rationnels » qui parviennent souvent à des conclusions opposées, ce qui semble attester à nouveau (comme nous l'avons vu au chapitre 11) d'une dialectique invétérée de la raison.[25] Trouver un terrain d'entente est rendu encore plus complexe, car le fonctionnement de la raison elle-même est de type analogique; la cohérence du raisonnement est en effet à la mesure de l'éclairage donné par le Logos (qui est l'image analogique première), dont nos propres déviances peuvent nous priver. En bref, rien ne garantit que les raisonnements de deux individus ou de deux groupes puissent bénéficier du même niveau de lumière dans leurs raisonnements. Enfin, le terrain commun de la raison ne suffira pas sur le marché des idées dans la mesure où la foi, don de Dieu selon Hamann et donc un genre différent de la raison, « ne peut être un objet d'échange à l'exemple d'une marchandise. »[26] En effet, Hamann s'est rendu compte avec Kant qu'en matière de foi, les individus ayant tendance à argumenter – fût-ce le plus « rationnel » des philosophes – ne se laissent pas tous raisonner.[27] Au lieu, par conséquent, de communiquer avec Kant ou ses contemporains en termes discursifs, il a plutôt choisi cette singulière

---

[25] Voir, par exemple, la discussion des arguments moraux rivaux d'Alasdair MacIntyre dans *After Virtue,* 2nde édition (Notre Dame, Indiana: Notre Dame Press, 1984), pp. 6ss.
[26] ZH VII, p. 176.
[27] Voir ZH I, p. 370, où Hamann parle précisément de sa relation avec Kant : « La question demeure de savoir s'il est possible de trouver dans le monde entier une seule personne éveillée capable de convaincre un homme enfoui dans ses rêves qu'il dort, aussi longtemps qu'il dort ? Non – Même si Dieu lui-même parlait à cet homme, Il serait contraint d'envoyer la parole de puissance par avance et de l'accomplir : 'Réveille-toi; toi qui dors…' » Cf. Ephésiens 5:14.

CONCLUSION

écriture prophétique qui le caractérise.

Admettons-le, la métacritique de Hamann est radicale – elle taille au vif du rationalisme néo-scolastique et moderne, sans laisser aucune place aux illusions kantiennes sur « la raison pure » ou aux illusions théologiques sur une raison qui servirait de tremplin ferme et irréfragable à la foi. D'une part, sa métacritique détruit les fondements laïques (ce qui contraint les laïques à reconnaître qu'ils ne possèdent aucun tel fondement); d'autre part, elle tempère la confiance éventuelle en la raison perçue comme une ressource apologétique. Elle a surtout comme vertu d'éclairer sur le destin de la raison jusque-là obscurci par les Lumières. Sans s'attarder aux illusions quant à la capacité de la raison de fournir des fondements, la métacritique oblige chacun à reconnaître, sous le couvert de la prophétie, l'alternative suivante : Soit l'illumination (c'est-à-dire le soutien et le perfectionnement de la raison à la lumière de la foi), soit le nihilisme. Telle est en effet l'option primordiale *au lendemain des* Lumières. L'illumination, je le concède, vient par degrés, et le nihilisme marque une destination finale. Mais la question-clef de Hamann, la voici : Chacun ne devrait-il pas savoir sur quel chemin il s'engage ? Chacun ne devrait-il pas savoir que la raison en rupture avec la foi (en la tradition prophétique) aboutit, par voie de conséquence noétique ultime, au nihilisme – chacun devant savoir que le péché a pour ultime conséquence ontologique la mort ? La question paraît assez simple et s'imposer d'elle-même; à l'époque de la raison laïque, cependant, laquelle dans son ensemble se satisfait des illusions concernant la suffisance de la raison, ce type d'interrogations a fait de Hamann « un philosophe radical des Lumières, » selon l'expression de Bayer.

Après avoir anticipé la déroute de la raison laïque, Hamann nous amène à une croisée des chemins décidément postmoderne, d'où il est possible de choisir le chemin de la foi qui lui-même conduit, la tradition inspirée en témoigne, à une illumination croissante; mais nous pouvons aussi opter pour la voie de l'incroyance postmoderne qui mène au nihilisme. En termes simples, l'alternative se situe entre Hamann et la postmodernité. Dans la mesure toutefois où les diverses tensions de la philosophie postmoderne représentent des permutations de la pensée de Nietzsche, de Heidegger et de Derrida – lesquels se voient chacun proposer par Hamann une alternative qu'il a déjà anticipée – cette alternative pourrait revêtir des termes plus concrets, plus personnels, afin d'opposer à ce « triumvirat postmoderne » et dominant le philosophe Hamann, peut-être le premier prophète postmoderne. En conséquence, la tâche la plus pressante sera de comparer Hamann, au moyen d'une série de brèves descriptions, à chacun de ces penseurs, afin, si possible, de les dépasser – d'accéder, *par-delà* la postmodernité, aux potentialités constructives et positives de sa pensée pour la théologie postlaïque.

HAMANN FACE À NIETZSCHE

Même si Nietzsche était peu loquace à propos de Hamann qu'il cite et approuve une fois dans l'ouvrage inachevé de 1873, *Die Philosophie im Zeitalter der Griechen*[28] – Hamann représente, à plusieurs égards, son alter ego, le genre de voie qu'il *aurait pu* choisir s'il était resté luthérien. Le silence de Nietzsche semble plus insolite encore au vu d'un certain nombre de ressemblances frappantes entre eux, dont la plus évidente est le fait que ces deux philosophes étaient avant tout d'éminents philologues versés dans les langues et la littérature de l'Antiquité. Dotés, par conséquent, d'un sens aigu des connexions entre la pensée, le langage et la généalogie des concepts, aucun des deux ne pouvait un seul instant encourager une notion aussi absurde que « la raison pure. » L'influence de la *Metacritik* de Hamann amena Nietzsche à formuler sa position ainsi : « Prenons garde... aux affabulations de l'intellect introduites par une 'source de connaisance pure, intemporelle, une entité sans volonté, ignorante de toute douleur'; prenons garde aux tentacules de concepts aussi contradictoires que la 'raison pure', l'"esprit absolu", la 'connaissance intrinsèque'. »[29] Tous deux rejettent, pour cette même raison également, toute distinction binaire tranchée entre philosophie et poésie, logique et esthétique, toute dévalorisation subséquente de la créativité humaine – comme si la logique et la philosophie relevaient d'un domaine de vérité invisible et privilégié, face à la poésie et à l'art, qui seraient des produits du monde déchu des apparences; comme si

---

[28] *KSA*, volume 1, p. 811; cf. N II, p. 65. Voir le Chapitre 3, n. 40.
[29] Nietzsche, *Genealogy of Morals* III, §12; *KSA*, volume 5, p. 365. Cité par Johannes von Lüpke dans Oswald Bayer (éditeur), *Johann Georg Hamann. 'Der hellste Kopf seiner Zeit'* (Tübingen: Attempto Verlag, 1998), p. 203. Cf. la parabole de Hamann adressée à Kant à propos du caractère fantomatique de la vérité en l'absence des données de l'histoire et des sens, ZH I, p. 381.

la connaissance n'était pas affectée par « notre propre modalité de création, » ou comme si la créativité n'était pas en soi un genre de connaissance.[30] En bref, les deux hommes appréhendent la poétique comme partie intégrante de la vérité.[31]

Cela étant, dans la mesure où pour Hamann et Nietzsche la pensée, loin de précéder le langage, a été façonnée, structurée et d'une certaine manière *produite* par le langage, leur intérêt excessif, voire obsessionnel pour leur style ne devrait pas nous étonner. D'où une citation de Buffon par Hamann : « Le style est l'homme même. »[32] Ainsi également, profondément conscients du degré d'acculturation par le langage considéré comme moyen d'expression de la culture, les deux philosophes s'inquiétaient beaucoup de son appauvrissement, une fois livré à la tyrannie de la « correction » orthographique – à laquelle pourraient s'ajouter de nos jours les effets potentiellement irritants du « politiquement correct. » Hamann déclare donc : « La purification d'une langue la dépouille de ses richesses, tout comme l'excès de correction trop stricte lui ôte sa force et son humanité. »[33] Et Nietzsche d'ajouter de même : « La pauvreté du langage correspond à la pauvreté des opinions...; je réclame un langage plus attrayant et plus puissant, une doctrine du style qui veillerait à la correction et aux conventions serait bien la dernière chose dont *nous* avons besoin... »[34]

Les conventions orthographiques ne sont pas les seules à priver le langage de sa force; le même effet est associé dans les deux cas à des abstractions philosophiques. « Δος μοι που στω » - pour Hamann,

---

[30] Voir John Milbank, « The theological critique of philosophy in Hamann and Jacobi, » dans John Milbank, Catherine Pickstock et Graham Ward (éditeurs), *Radical Orthodoxy: A New Theology* (Londres: Routledge, 1999), p. 29.

[31] Dans le cas de Nietzsche, cela est vrai dans la mesure où nous seuls donnons un sens au monde, le créant *ex nihilo*; dans le cas de Hamann, parce que Dieu lui-même est poète, parce que la création elle-même est une sorte de poésie, et parce que le langage humain, interagissant avec le monde, est fondamentalement une construction poétique analogique – langage grâce auquel Adam, en tant qu'image du divin poète, reçoit la capacité, pour ainsi dire, de finir la poésie de la création (cf. Genèse 2:19).

[32] N IV, p. 424.

[33] N II, p. 136.

[34] *KSA*, volume 7, pp. 830, 833.

« pas de mots vides, purifiés, ni abstraits; je les évite comme l'eau dormante et la glace à la surface lisse. »[35] Ou comme Nietzsche l'exprime, manifestant son dégoût particulier pour l'abstraction qui a pour nom « apparence » : « Le terme apparence [*Erscheinung*] est porteur de nombreuses séductions, et je tâche de l'éviter à tout prix... »[36] De là le style radicalement différent que les deux écrivains opposent à celui de leurs contemporains; un style clairement prophétique et déclamatoire, plein de passion et de puissants aphorismes; un style destiné non à informer, mais à faire effet, à enclencher une sorte de réveil, pour aider les lecteurs – toujours les « quelques-uns » en ce qui les concerne – à voir quelque chose de nouveau. Leurs styles méritent ainsi les qualificatifs légitimes de sublimes, d'éblouissants, traversés, selon Hamann, « d'éclairs monosyllabiques, » ou de foudroyants « coups de marteau, » selon Nietzsche[37] – dans un effort pour éveiller les « somnanbules » de leur temps, ici (avec Hamann) d'un rationalisme futile et stérile, là (avec Nietzsche) d'un nihilisme quotidien, impensé, mais qui se rejoignent pour ne former qu'une même chose, comme tous deux en avaient étonnamment pris conscience.

Dans ce but et comme antidote à la stérilité des temps modernes – ceux de la raison laïque et des « derniers hommes » de Nietzsche, – les deux philosophes font appel au culte du génie, invoquant librement Dionysos pour défendre leur cause.[38] Leur style est de plus foncièrement dithyrambique, pour protester contre la mise à l'écart

---

[35] ZH V, p. 266. La phrase : « Donne-moi une place où me tenir » est attribuée à Archimède (dans le sens d'un point archimédien).
[36] *KSA*, volume 1, p. 884.
[37] Voir *Götzen-Dämmerung oder Wie man mit dem Hammer philosophirt* (*KSA*, volume 6, pp. 55ss).
[38] Comme Hamann l'exprime dans *Aesthetica*, en citant Tibulle : « Viens Bacchus! avec tes doux raisins pendant de tes cornes... » (N II, p. 201); de manière similaire, Nietzsche s'appelle lui-même « le dernier disciple du philosophe Dionysos » (*KSA*, volume 6, p. 160; cf. p. 258). Avec le culte du génie, le XIXe siècle a vu un renouveau général d'intérêt pour les éléments dionysiaques en poésie et en philosophie. Mais tout cela commence sans doute avec Hamann et finit avec Nietzsche. Voir Max L. Baeumer, "Die Romantische Epiphanie des Dionysos," dans *Monatshefte* 57/5 (octobre 1965), pp. 225–236.

des sens, des passions et même de toutes les valeurs esthétiques, généralement dominés par ce qu'ils estiment être un rationalisme invalide, décadent, par trop « apollinien, » et en dernier ressort opposé à la vie. En somme, tous deux voient dans cette rationalité des Lumières une « castration » de nos facultés créatrices.[39] Dès lors, Hamann ne cesse d'identifier les *Aufklärer* à des *castrati*; d'où ses virulentes satires des stoïciens et sa critique de la castration supposée d'Origène; d'où les plaintes incessantes de Nietzsche à propos de la stérilité, de la décadence, de la haine du corps et du *ressentiment* à l'égard de la vie.[40]

De tout cela découle une autre ressemblance entre les deux hommes qui tendent à juger l'histoire de la philosophie en termes de pathologie: Du *Phaedon* de Platon (doctrine gnostique de l'emprisonnement de l'âme dans le corps) à Descartes avec sa lubie d'automutilation décrite dans les *Méditations* (l'acte pervers, fondateur de la philosophie moderne) et jusqu'à la méthode transcendantale de Kant à l'œuvre dans sa philosophie critique (qui s'extrait du monde sensible jugé « impur » et dans tous les cas un obstacle à la « pureté » des enquêtes de la raison) - une tradition existe dont la dernière instance notable s'observe, *mutatis mutandis*, dans la « réduction phénoménologique » de la phénoménologie de plus en plus transcendantale de Husserl. En bref, ils sont enclins à voir dans cette tradition de pensée qui fait méthodiquement abstraction des sens, des passions et de nos propres « modalités créatives »[41] soit une pathologie puritaine, soit « une haine gnostique de la matière » tout-à-fait digne de mépris.[42] Il est certain que ce genre de méthode, loin d'être une fin en soi, est admis dans l'espoir d'accéder à un primat plus sûr en vue de quelque *topos noetos* (modèle intellectuel ou

---

[39] Voir à cet égard James C. O'Flaherty, "The concept of knowledge in Hamann's Sokratische Denkwürdigkeiten and Nietzsche's Die Geburt der Tragödie," dans *The Quarrel of Reason with Itself: Essays on Hamann, Michaelis, Lessing, Nietzsche* (Columbia, Caroline du Sud: Camden House, 1988), pp. 148ss.
[40] Voir spécialement *Wolken* (N II, p. 97) ou l'*Aesthetica* de Hamann's (N II, p. 208).
[41] Voir John Milbank, « The theological critique of philosophy, » p. 29.
[42] Voir N III, p. 285; et voir Nietzsche, *Genealogy of Morals* III, §§4, 28; *KSA*, volume 5, pp. 343, 412.

d'abstraction) – que ce soit un monde de formes (Platon), des idées claires et distinctes (Descartes) ou de purs concepts a priori (Kant). Car les sens, après tout, peuvent tromper; et parce qu'ils *peuvent* tromper, il semblerait impératif de procéder méthodologiquement selon cette tradition de pensée comme si les sens étaient *fondamentalement* trompeurs et n'étaient jamais fiables. Mais pour Hamann et Nietzsche, cette notion même désignait la tromperie originelle – cette idée selon laquelle le monde des sens est en soi un monde d'apparences, déchu, vide de toute vérité intrinsèque susceptible d'être révélée, et qu'il faut donc chercher cette vérité ailleurs « méta-physiquement. » Comme aucun des deux hommes ne croyait possible l'accès à de tels fondements – et en aucun cas par la seule raison - ces exercices intellectuels leur paraissaient d'abord un usage perverti de la raison et ensuite « un amour de la forme » dépourvu de signification, ou une fascination nihiliste pour le vide, ce que Nietzsche appelait « l'attraction du vide. »[43]

Néanmoins, mis à part les aspects pathologiques et la nette erreur philosophique que Hamann et Nietzsche voyaient dans cette tradition, ils rejetaient cette impulsion métaphysique pour plusieurs autres motifs. Tout d'abord, au niveau de ses implications morales (ou nihilistes), ils réalisaient que l'effet brut des purismes de la raison, c'est-à-dire le résultat brut de son abstraction méthodologique des sens, comme aussi des « accidents » de l'histoire (et de la tradition), au lieu d'assurer un fondement stable aux sciences et à la morale, serait de créer un vide moral impossible à combler.[44] Autrement dit, ce genre d'abstraction méthodologique ferait surgir le spectre du nihilisme sans pouvoir le faire disparaître. Car selon leur apparent génie de l'intuition, la morale perd tout appui dès lors qu'elle dépend de la *seule* raison – et que la tradition historique est rapidement congédiée, à la légère et de manière déraisonnable, au motif qu'elle peut transmettre une révélation suprasensible; il ne reste désormais plus qu'à *supposer* simplement (ce qui se révèle être une erreur épouvantable) l'indépendance de la raison à l'égard de l'histoire, de la tradition, et

---

[43] N III, p. 285.
[44] A propos de la compréhension qu'avait Nietzsche du nihilisme, voir spécialement *KSA*, volume 12, pp. 211ss. Voir aussi *KSA*, volume 6, p. 72.

donc sa capacité d'accéder à des certitudes théoriques et morales selon ses propres critères.[45]

En second lieu, en plus du problématique nihilisme qu'ils voyaient dans cette impulsion métaphysique de la raison pure, Hamann et Nietzsche étaient profondément soucieux de ses répercussions esthétiques débilitantes. Pour Nietzsche, tout cela est bien entendu lié à sa vision de ce monde dans laquelle le monde des sens est le seul réel. Toute forme de métaphysique est à ses yeux une fraude. En particulier dans la mesure où la vérité lui paraît non seulement liée à la créativité humaine (comme pour Hamann, dans un certain sens), mais constitue essentiellement une création de facture humaine. Chercher la vérité ailleurs – dans un autre monde – signifie pour lui ne pas savoir reconnaître la source première (ultimément dans *The Wille zu Macht*) dont elle procède. Pour Hamann, en revanche, le problème esthétique de la « raison pure » rend surtout impossible la perception d'une religion authentique. Elle exclut, en d'autres termes, la possibilité d'une expérience où religion et esthétique se conjugueraient, la possibilité, en somme, de « goûter et voir » (Psaumes 34:8) le Seigneur *dans* ses œuvres.

Les deux philosophes attribuaient de toute façon aux aspects esthétiques de la « raison pure » des effets aussi problématiques et débilitants que ses conséquences morales. Et tel était justement l'objectif de Hamann dans son *Aesthetica* : Montrer qu'une approche purement rationnelle des choses nous rend *insensibles* au langage kénotique de Dieu, car nous passons à côté du mouvement même qui signale une totale *adaptation* systématique de Dieu à la sensibilité humaine tout entière. En conséquence, nous n'*entendons* plus synesthétiquement la Parole dans ce que nous *voyons*, que ce soit dans la création, dans le Christ ou dans l'Ecriture. De ce fait, Hamann parle ailleurs de la « πρωτον ψευδος de la *tentative originelle* de détourner nos sens [*verrücken*] de la simple foi dans la *Parole* et d'affaiblir la paix sur la terre en nous faisant goûtant, de manière adultère, à la

---

[45] Car ce qui est requis ici, c'est précisément un terrain théorique *au-delà* des certitudes dianoétiques immanentes des mathématiques, que même Platon n'avait pas la prétention de pouvoir communiquer en dehors de certains récits et mythes, c'est-à-dire en dehors d'une forme de médiation parabolique sensible.

raison. »[46] En d'autres termes, les « Lumières » de l'époque moderne ne sont autre chose qu'une version revue et corrigée du premier mensonge (Genèse 3:4-7), version qui, au lieu de nous éclairer, a empêché notre sensibilité de percevoir Dieu dans la création. Il n'y a rien de tout cela évidemment dans Nietzsche. Selon lui, les sens ne révèlent que la nature et, derrière elle, le *metaphysicum* de la volonté de puissance. Il avait pourtant assez de sensualisme pour tenir des propos étrangement semblables à ceux de Hamann, tel celui-ci : « La 'raison'... nous amène à falsifier [ou dénaturer] le témoignage des sens. »[47]

Toutes leurs similarités vont cependant de pair avec de profondes différences, dont, par exemple, des idées radicalement divergentes sur Socrate,[48] sur les causes du nihilisme et sur ses différentes appréciations. Hamann conçoit le nihilisme comme une fonction de la raison, quand elle fait abstraction de la sensibilité, de l'histoire et de la tradition, puisque tous ces moyens sont précisément ceux par lesquels Dieu se fait connaître, et sans lesquels il ne reste rien hormis les spéculations de la raison pour combler le vide. Mais pour Nietzsche, en revanche, malgré une connexion à peu près certaine avec ce processus d'abstraction, le nihilisme relève, en dernier ressort, de la croyance à la transcendance comme telle. De plus, pour Nietzsche, nonobstant les cris et les pleurs de son homme fou, le nihilisme représente plus encore qu'une crise, une opportunité, une « nuit d'indifférence » d'où le « surhomme » émergera. Mais par-dessus tout, c'était de façon patente le christianisme – si cher à Hamann et si abhorré par Nietzsche – qui provoquait leurs désaccords insurmontables. Et pourrait-il exister antagonisme plus radical que le leur? Hamann écrit en tant que serviteur et prophète de Christ; Nietzsche, lui, se veut le prophète autoproclamé de l'Antéchrist – donc avec la profonde antipathie et le *ressentiment* amer contre tout ce qui est chrétien. Nietzsche s'accroche, par ailleurs, à l'illusion d'un christianisme essentiellement gnostique, mortifère, pleinement identifiable au bouddhisme ou au *Phaedon* de Platon, blasé, fatigué du monde; en

---

[46] N III, pp. 378, 223.
[47] *KSA*, volume 6, p. 75.
[48] Voir, par exemple, O'Flaherty, « The concept of knowledge, » pp. 145–161.

vertu de quoi, « Dionysos » et « le Crucifié, » tous deux participants de son débat imaginaire, ne peuvent être réconciliés.[49]

Les préjugés de Nietzsche pouvaient sans nul doute recevoir l'aval de certains ascètes chrétiens. Au vu de la vie et de la doctrine de Hamann, la critique traditionnelle de Nietzsche portant sur une religion chrétienne mortifère, hors du monde, ne réussit cependant pas à convaincre. Car loin de pousser Hamann à fuir le monde, sa perception profondément kénotique, attachée à l'Incarnation et antignostique le conduit précisément à trouver Dieu *dans le monde*. De fait, dans une perspective qui passe d'abord par la Croix, révélatrice des profondeurs de l'amour divin, Hamann contemple la gloire de Dieu, qui semble sans cesse « descendre » sous une apparence ou une autre, dans les expériences les plus ordinaires, les plus « insignifiantes des circonstances, » les « événements courants de la vie humaine. »[50] Hamann, peu après sa conversion, le formulait ainsi : « Chaque *phoenomenon* [sic] de la vie civile et naturelle, chaque manifestation du monde visible n'est rien d'autre qu'un *mur* derrière lequel Il se tient, une *fenêtre* ouverte devant lui, un *treillis* au travers duquel Il scrute; Il observe nos caprices, à l'instar du roi des Philistins. »[51] Le plus frappant ici, en contraste d'ailleurs avec les préjugés de Nietzsche, c'est que, dans le droit fil de la vision de Hamann, précisément l'humilité divine (vertu si abhorrée par Nietzsche) dont témoigne la Croix (le scandale *par excellence* pour Nietzsche) revêt ce monde d'une très haute et très choquante signification, au point de transformer ses phénomènes courants en « phoenomena, » c'est-à-dire de changer un

---

[49] Voir la conclusion de Nietzsche, *Ecce Homo*, dans *KSA*, volume 6, p. 374.
[50] Voir *LS*, p. 95 (N I, p. 36) : « L'on doit s'émerveiller de voir comment Dieu s'introduit dans toutes les circonstances insignifiantes et préfère révéler son royaume dans les événements courants de la vie humaine plutôt que dans les événements rares et extraordinaires. » Quant au rôle de la Croix dans l'esthétique de Hamann, qui réintroduit remarquablement la gloire perdue d'une *theologia gloriae* dans la *theologia crucis* de Luther, de telle sorte que la gloire de Dieu apparaît ici, dans la Croix, plus qu'ailleurs, voir ZH I, p. 395 : « Celui qui est sur la Croix est la clé qui ouvre tous les attributs divins, *notamment celui de l'omniprésence.* » C'est moi qui souligne en italique.
[51] ZH I, p. 352; cf. Genèse 26:8.

monde de pures apparences (peut-être douteuses aux yeux des inconvertis) en une expérience synesthétique continuelle d'un Dieu « qui parle à la créature à travers la créature. »

Hamann pouvait donc dire, à la suite encore de sa conversion : « Dieu a rendu la voix de l'argile, de la terre et de la cendre aussi agréable et mélodieuse que la jubilation des chérubins et des séraphins. »[52] Et encore dans une tournure de phrase évocatrice du poète Blake : « Dieu est là où est la fleur. »[53] Sa théorie esthétique atteint ici son apogée, sans être pour autant immédiatement accessible. Elle repose plutôt, comme le montre son *Aesthetica*, sur une restauration des sens en Jésus-Christ, le dispensateur de la vue (Jean 9) en qui les domaines spirituel et physique s'unissent à la perfection pour nous révéler le mystère de toutes choses.

Quoi qu'il en soit, il n'y a pas trace chez Hamann d'une nostalgie d'un autre monde, mais l'on trouvera plutôt un plaisir de vivre, une affirmation jubilatoire de la vie en ce monde, qui se prolongent jusqu'à la fin. Loin donc de souhaiter la quitter au plus tôt, il l'exalte devant Jacobi en ces termes :

> Mon pâturage est partout! ... C'est une *bénédiction* que d'avoir plus de goût pour le *présent* que pour tout ce qui existe ici-bas ou dans l'au-delà; même si tout était illusion ou une illusion mêlée de fiction : Mon intention n'en est pas moins d'en profiter comme du meilleur *intermezzo* de mon pélerinage. Les dieux sont là aussi – dans la cuisine comme dans le temple; dans l'étable comme au palais.[54]

Et à Kraus qui lui avait inocemment recommandé plus de frugalité, compte tenu de sa santé chancelante, il répond : « Comment peux-tu recommander le jeûne à un *filio thalami* [un fils du royaume] ... A celui qui *goûte* sur la terre il sera donné de *voir là-haut* à quel point le *Seigneur* de l'univers est bon. »[55] L'attachement de Hamann pour ce monde d'*ici bas* va jusqu'à lui inspirer ces mots à l'adresse de Herder :

---

[52] *LS*, p. 188 (N I, p. 127).
[53] ZH I, p. 395.
[54] ZH VII, p. 339.
[55] ZH VII, p. 304.

CONCLUSION

« Plus je vieillis, plus je découvre la sagesse de ce proverbe : *Quae supra nos, nihil ad nos.* »[56]

La différence entre Hamann et Nietzsche se résume donc à deux conceptions radicalement antinomiques du christianisme : Là où Nietzsche y voit une fuite gnostique hors du monde, doublée d'un refus nihiliste de la vie (ce au mépris des siècles de polémique entre chrétiens et gnostiques), Hamann le conçoit à la lumière kénotique de l'Incarnation (« car Dieu *a tant aimé le monde...* ») au point que la Croix même justifie ce qu'une juste interprétation permettrait d'appeler une *mondanité* radicalement chrétienne.[57]

« La Croix, » dit-il à Reichardt, « recèle une grande *jouissance* de notre existence... »[58] Pour lui, c'est précisément au moyen du « bois vert » de la Croix que Christ ouvre grandes les portes du paradis, et nous permet ainsi un retour festif aux sens, une toute nouvelle jouissance du monde dans une liberté véritable et dans la simplicité enfantine (Romains 8:15-16; Galates 4:6-7), alors que Nietzsche devait se contenter d'une parodie dans son rêve du « surhomme. »[59] Hamann peut ainsi dire à Jacobi, s'opposant à la tendance de ce dernier à porter son attention sur l'autre monde – en raison justement des avantages acquis par le Christ : « Le premier commandement est : Tu pourras

---

[56] ZH IV, p. 385. Traduction : « Ces choses qui se trouvent au-dessus de nous sont comme un rien pour nous. » Ce qui importe de retenir, c'est que Hamann peut prononcer un tel adage, non pas parce que Dieu n'est pas transcendant, mais parce que, à ses yeux, le Dieu *transcendant* « descend » toujours, saturant l'immanence de la présence kénotique de la transcendance. Pour l'exprimer autrement, cet adage est une façon d'affirmer, avec Luther, une *theologia crucis*, par opposition à une *theologia gloriae*, qui tenterait de chercher Dieu en dehors de la révélation qu'Il donne de lui-même « à la créature à travers la créature. »

[57] Par ce terme, soyons clairs, il ne faut pas entendre un amour du monde dans le sens de Jacques 4:4, ni un amour pour l'ordre déchu présent qui est assujetti au « dieu de ce monde » (2 Corinthiens 4:4; cf. 1 Jean 1:15s; 5:19) et « hait » les disciples de Christ, qui ne sont « pas du monde » (Jean 15:18s; 17:14), mais un amour du monde, même au milieu de sa déchéance, au sens où il reste la bonne création de Dieu et que Dieu nous parle continuellement à travers ce dernier et à travers les événements les plus ordinaires de la vie humaine.

[58] ZH IV, p. 391.

[59] N III, p. 378.

manger (Genèse 2); et le dernier : Viens, tout est prêt. Mangez, mes bien-aimés, buvez, mes amis, et soyez intoxiqués. »[60] Nietzsche voit assurément le christianisme en termes presque exclusifs de renoncement à soi. Pour Hamann, en revanche, l'appel même à se charger de sa croix signifie, en définitive et précisément, partager les joies de Christ. En conséquence, alors que Nietzsche prétend confronter le Christ *à* Dionysos, Hamann ne voit en Dionysos rien d'autre qu'une préfiguration mythique *de* Christ, et considère le Christ comme le vrai Dionysos, le véritable pourvoyeur de vin (Jean 2:1ss; Actes 2:13), Celui qui, par le don du Saint-Esprit (Jean 4:10-14), apporte la paix (Jean 14:27; 20:21), la joie (Romains 14:17), la vie abondante (Jean 10:10) et – selon les récits de nombreux saints – même l'ivresse. Son commentaire du Cantique des Cantiques va dans le même sens : « Je suis assise à l'ombre de celui que je désire, dit ma muse, et son fruit est doux à mon palais. Il m'emmène dans le *cellier*, et déploie au-dessus de moi la bannière de l'amour. Il me réjouit avec des *fleurs* et me rafraîchit avec des *pommes*. »[61]

Il va de soi que les émules postmodernes de Nietzsche, étrangers à de telles expériences, ont coutume d'égrener sans cesse le refrain usé qui dit que toute croyance à une transcendance dévalorise ce monde comme tel (à l'inverse en fait de ce qui se passe, car c'est l'incroyance et le déni de transcendance qui rendent justement ce monde superficiel jusqu'à le priver de sens). Pour Hamann, dont les motivations sont connues, la transcendance ne soustrait rien mais *ajoute* plutôt au contentement humain. A preuve ses confidences à Jacobi : « Tout ... même l'*Ens entium* est pour nous matière à jouissance... »[62] Mais ces critiques post-modernes révèlent surtout une imagination appauvrie – une inaptitude à imaginer que les êtres humains sont faits pour un avenir plus glorieux que ce que ce monde offre, et dont même les païens avaient l'intuition. « Si [l'âme], » dit Hamann

---

[60] ZH V, p. 275. Voir Oswald Bayer et Christian Knudsen, *Kreuz und Kritik: Johann Georg Hamanns Letztes Blatt* (Tübingen: Mohr-Siebeck, 1983), pp. 92s.
[61] ZH I, p. 410; cf. Cantique des cantiques 2:3–5.
[62] ZH V, p. 265.

CONCLUSION

n'est elle-même, par comparaison avec Dieu, qu'un souffle divin, que sera notre épanouissement au travers de lui... que dire des bénédictions en réserve .... [si nous pensons] aux limites de nos membres, de nos organes sensoriels, avec leurs sensations, comparés à l'envol dont nos âmes sont déjà capables, quels ne devraient pas être les débordements d'imagination à propos d'un être – destiné à devenir Un en Dieu, comme le Père est dans le Fils et le Fils dans le Père (Jean 17: 21).[63]

Telle est, pourrait-on dire, la version hamannienne du « surhomme » présenté dans la doctrine de Nietzsche comme une apothéose créatrice, mais qui reste cependant un pâle reflet du surhomme de Hamann. Dans la tradition de l'Eglise (comme cela a été discuté plus à fond au Chapitre 2), cette transformation porte le nom de « déification en Christ »[64] - notion plus réelle et plus puissante que les auto-transformations esthétiques des disciples de Nietzsche. Voici en termes prophétiques, la pensée de Hamann :

> Avec leurs yeux de porcelaine ils ne peuvent faire la différence entre des artistes aveugles et les enfants de lumière... Ils ne verront jamais l'aube d'un jour rafraîchissant aussi longtemps qu'ils ne croiront pas à une résurection de la chair, car ils cherchent déjà à transfigurer leurs propres corps (dans cette vie) par le truchement des arts les plus beaux, de sorte qu'ils s'arrogent une clarté pareille à celle des lucioles, pourvues d'une lumière comparable à un rayon de l'étoile du soir.[65]

En d'autres termes, après la première pseudo-lumière (Genèse 3:7) et celle d'aujourd'hui, le fruit de nos propres efforts pour nous

---

[63] *LS*, p. 370 (N I, p. 268).
[64] Voir Panayiotis Nellas, *Deification in Christ* (Crestwood, New York: SVS Press, 1987).
[65] N II, p. 347. « Le rayon de l'étoile du soir » est une référence au mythe grec dans lequel Zeus s'approche d'une jeune fille sous la forme d'un scarabée et lui fait alors l'amour. Le prenant en flagrant délit, Héra impose une punition à la jeune fille en la transformant en ver auquel elle ajoute une lueur d'un rayon venant de l'étoile du soir. Voir Martin Seils, *Johann Georg Hamann: Eine Auswahl aus seinen Schriften* (Wuppertal: Brockhaus Verlag, 1987), p. 386.

reconstruire et nous restructurer est si maigre en dehors de Christ – « la véritable lumière qui éclaire tout homme » (Jean 1:9), dont « la face brillait comme le soleil » et aux vêtements « d'un blanc éclatant » (Matthieu 17:1ss); Il promet aussi de vêtir ceux qui croient en Lui (Luc 24:29; cf. Matthieu 2:11-12) et attendent avec ferveur son apparition, quand ils seront « semblables à lui » (1 Jean 3:2), brillants comme les étoiles, toutes différentes les unes des autres par l'éclat de leur gloire (1 Corinthiens 15:40ss).

En bref, au vu du texte précédent, Hamann était peut-être le seul chrétien que Nietzsche *devait* ignorer, précisément parce que c'était le genre de personne que par ailleurs Nietzsche admirait : Pleine de passion et d'énergie, d'inspiration et de créativité, remplie d'espoir et de joie de vivre. Après Nietzsche il y eut de nombreux prophètes laïques partisans de la pure immanence, parmi lesquels Jean-François Lyotard et Gilles Deleuze, d'autant plus radicaux dans leur affirmation de ce monde qu'ils ont résolument nié l'existence de tout autre, comme si l'amour de ce monde exigeait le rejet de la transcendance. Il est même possible de reconnaître une certaine importance à ces affirmations dans la mesure où quelqu'un a cru au christianisme comme à une sorte de puritanisme austère ou d'ascèse sans joie, dans la parfaite ignorance de ce que signifie se réjouir dans le Saint-Esprit (Luc 10:21; cf. Romains 14:17; Éphésiens 5:18). Toutefois, devant Hamann, ce *Dionysos* chrétien, ces arguments sonnent creux, désespérément creux.

HAMANN FACE À HEIDEGGER

Même si Hamann présente par anticipation une alternative chrétienne convaincante à Nietzsche, sa relation à Heidegger est du même ordre, mais pour des raisons différentes. Bien entendu, avec le temps qui accroît la distance et l'influence d'un bon nombre des idées de Hamann sur la tradition philosophique allemande, les connexions sont obscures et difficiles à cerner entre Hamann et Heidegger; elles existent néanmoins tout comme Hamann se profile derrière toute la tradition philosophique post-kantienne. Une enquête plus serrée révèle ainsi de nombreuses et frappantes ressemblances : Que ce soit la critique existentielle de la philosophie moderne ou la critique de l'historicisme, de la raison instrumentale, du Dieu abstrait de la métaphysique, sans oublier leurs réflexions sur le langage, la temporalité, la nature de la poésie en tant que révélation.

En matière d'existentialisme, Heidegger pouvait s'inspirer de

Kierkegaard, parmi d'autres. Mais nous avons vu que Kierkegaard emprunte aussi à Hamann, vraisemblablement à l'origine du « tournant existentiel » de la philosophie allemande. Dans *Doutes et ideés*, par exemple, Hamann déclare : « Notre *existence* est bien antérieure à notre *raison* » et : « Le primat de la religion remplit *toute notre existence* et hors même de la sphère de nos facultés cognitives, ce qui dans l'ensemble constitue pour chacun de nous le mode d'existence le plus arbitraire et le plus abstrait. »[66] Il conseille donc à un Jacobi assez méditatif « de ne pas oublier le noble *sum* au profit du *cogito*. »[67] Il remet ainsi en cause le primat épistémologique de la philosophie moderne présent chez Descartes : « Non pas *Cogito, ergo sum*, mais vice versa et plus hébraïque : *Est; ergo cogito*, inversion d'un principe simple qui va peut-être réorienter tout le système avec un nouveau langage. »[68] Il souhaite, en somme, déconstruire ce qu'il estime être le ὕστερον πρότερον de la philosophie moderne, née avec Descartes, qui donna la primauté au sujet pensant, rendit la priorité à l'être, c'est-à-dire à la révélation du « Je Suis » (Exode 3:14), au titre de *prérequis* de la pensée. A cet égard, Heidegger ne se distingue de Hamann que par son extirpation de l'être de toute détermination théologique, comme s'il était allergique à toute notion d'origine hébraïque.

Avant Heidegger, Hamann critique, par conséquent, la tendance transcendantale moderne à se détourner des choses dans leurs apparences (comme si elles étaient intrinsèquement suspectes) pour se réfugier dans la forteresse de la pure raison (dont les cogitations solitaires, sans rapport aucun avec la sensibilité, y gagnaient en certitudes); Hamann partage jusque-là la critique par Heidegger de l'épistémologie moderne et de l'humanisme qui font de l'homme, spécifiquement, la « norme de la pensée, » « la mesure de toutes choses. »[69] Tous deux reconnaissent que dans la mesure où

---

[66] N III, p. 191.
[67] ZH VI, p. 230.
[68] ZH V, p. 448.
[69] Pour Heidegger, cependant, cette critique s'applique non seulement à la philosophie moderne, mais également à l'histoire entière de la métaphysique. Voir « Platons Lehre von der Wahrheit » dans *Wegmarken*, 2nde édition (Frankfurt am Main: Vittorio

l'épistémologie moderne s'appuie d'entrée de jeu sur les conditions *logiques* da la *possibilité* de l'expérience, la pensée devient inévitablement étrangère à la *réalité* – l'être – des apparences. Dès 1764, Hamann rejetait par avance la sagesse de la position critique de Kant, expliquant que « la sagesse du monde a commencé à permuter d'une science universelle du possible vers une ignorance universelle du réel. »[70] Autrement dit, si l'être peut apparaître uniquement comme un objet de conscience transcendentale – dans le cas de Kant, sous la forme finale d'une unité transcendentale de l'aperception – l'être n'a pas de réalité comme tel, mais se trouve toujours soumis à une opération de synthèse quelconque par le sujet moderne. Heidegger observe, en conséquence, que l'ontologie est intégrée à une « philosophie transcendentale, » de sorte que l'interrogation sur l'être des êtres, si elle apparaît, se trouve réduite à une sous-catégorie de la logique. »[71]

Hamann est certainement moins concerné que Heidegger par « l'oubli » d'une différence ontologique entre l'être et les êtres, *Sein* et *Seiendes*. Il n'anticipe pas moins la critique par Heidegger du point d'ancrage subjectif de la philosophie moderne, laquelle va jusqu'à transformer l'être, et ultimement l'être divin, Dieu, en un simple « idéal de la raison pure, » évacuant de l'être, du même coup, tout contenu objectif et excluant la possibilité pour Dieu de se révéler comme un Être. Il le dit en termes assez sententieux à Jacobi :

> L'être constitue à la fois l'*un* et la *totalité* de chaque chose. Malheureusement, le Τὸ ὄν de l'antique métaphysique s'est transformé en un idéal de la raison pure, raison qui ne peut en extraire ni être ni non-être. L'*être* originel [*Seyn*] est la vérité; l'être qui se communique, c'est la grâce. Le non-être [est] un manque, une illusion qui plus est... de sorte que dans le rien multiforme [toute] unité et [tout] centre disparaissent de la vue.[72]

Klostermann, 1978), pp. 201–236.
[70] N IV, p. 271.
[71] Heidegger, « Kants These über das Sein, » dans *Wegmarken*, pp. 455s.
[72] ZH V, p. 271.

CONCLUSION

Cela signifie que, sans accès à l'être originel en dehors du don d'auto-communication de l'Être lui-même (par l'intermédiaire de la nature et de la grâce d'une tradition inspirée), les tentatives pour représenter l'être ou la vérité *séparément* de ce qui est communiqué, autrement dit, par la seule raison, plongent inévitablement celle-ci dans un abîme dont elle ne peut rien faire émerger. Hamann poursuit le même raisonnement avec Herder : « L'A et l'Ω [c'est-à-dire Dieu comme *principium et finis*] se réduisent, au fond, à un *idéal de raison pure*, ouvrant un champ infini où peuvent se déployer les imaginations les plus arbitraires; disons que toute vérité se meut alors en une absurdité délirante » [*Schwärmerei*].[73] En d'autres termes, avec le transcendantalisme de Kant, pour lequel Dieu, à la fin de la journée, est une simple fiction qui régule la « raison pure, » la vérité varie au gré de la mythologie spéculative ancrée dans le vide – vide créé par la raison elle-même, après avoir eu la prétention de se prendre comme unique *principium* à l'exclusion de Dieu ou de l'objectivité inhérente au don de l'être.

Mais cela ne signifie pas que Hamann prône un retour à la métaphysique clasique, ce que ne fait pas non plus Heidegger. Il est certain qu'à ses yeux cette métaphysique peut être préférable à celle de la subjectivité, car elle possède à tout le moins un « quelque chose » d'objectif, aussi primaire que soit cette notion, comme *principium et finis* de ses réflexions, alors que l'idéalisme transcendantal de Kant nous laisse avec une affirmation transcendantale de type « quelque chose = x, » qui, aux dires de Hamann, pourrait aussi bien n'être rien.[74] En l'absence de révélation, cependant, le Dieu de la métaphysique et de la théologie naturelle est lui-même une abstraction, un simple *ens entium*, dans tous les cas, comme Heidegger le remarque, fort justement, et non le Dieu devant qui vous pouvez « faire de la musique ou danser. »[75] Hamann, après Pascal dont il rappelle la distinction entre le Dieu des philosophes et le Dieu d'Abraham, d'Isaac et de Jacob, entre le « dieu » de Platon et celui de

---

[73] ZH VI, p. 339.
[74] Cf. *Konxompax*, N III, p. 226.
[75] Voir Heidegger, « Die onto-theo-logische Verfassung der Metaphysik, » dans *Identität und Differenz*, 10ᵉ édition (Stuttgart: Günther Neske Verlag, 1957), p. 64.

la Bible, décrit Dieu ainsi : « Il n'est pas un potier, un sculpteur de formes plastiques, mais un père à l'esprit ardent et au souffle puissant. »[76] Jusque-là, au nom du Dieu de la Bible, et sans même mentionner son aversion pour les abstractions du genre *causa sui*, il pouvait sembler plausible d'associer – *mutati mutandis* – la pensée de Hamann à la critique par Heidegger de la métaphysique.

Mai si, au vu des apparences, la métacritique hamannienne de « la raison pure » et la « destruction » heideggerienne de la métaphysique semblent présenter un caractère purement négatif (comme si Hamann était simplement opposé à la raison et Heidegger à la métaphysique), il faut comprendre que chacun des deux est, à proprement parler, porté par l'intention positive de retrouver une forme de *révélation* accessible au langage humain, mais obscurcie par un vernis de termes abstraits et par des concepts métaphysiques. Voilà pourquoi, dans un aparté rhétorique, Hamann déplore les effets neutralisants du rationalisme moderne : « Comme si nous manquions des documents originaux qui *sont scellés* (Esaïe 29:11-12), *car personne ne sait plus lire* (depuis que le *Methodus* de Divi Renati Cartesii et l'*Ars Critica* de B. Joannis Clerici sont devenus les *manuels élémentaires*, le *machiavélisme* et le *wolffianisme* en vêtements de brebis, le *patois* trompeur de notre *Pédagogue* gaullois)... »[77] En d'autres termes, si l'exégèse purement rationnelle rend insensible aux mystères de l'Ecriture, qui reste toujours « scellée » face aux lectures profanes, une approche purement rationnelle de la réalité ne peut pas davantage non plus déchiffrer la nature ni le « dialecte » de Dieu dans ses œuvres. La même chose se vérifie pour Hamann et Heidegger au niveau des approches uniquement rationnelles ou historicistes de l'histoire, lesquelles méconnaissent fondamentalement la nature de l'histoire valant révélation, avec pour conséquence que leurs propres lectures de l'histoire obscurcissent toutes révélations passées ou présentes dont elle est porteuse. Dans ces moments-là, en effet, comme Hamann le souligne, quand « l'esprit d'observation » se sépare de « l'esprit de prophétie » (la « temporalité authentique, » selon l'expression de Heidegger), toute appréhension de l'histoire en tant que révélation (ou

---

[76] N II, p. 28.
[77] N III, p. 221.

CONCLUSION

de la *Geschischte* comme destinée ou *Geschick* de l'être) est *ipso facto* perdue de vue. Aussi, anticipant l'insistance de Heidegger sur la temporalité authentique supposée être la clef d'une véritable compréhension de l'Être, Hamann interroge : « Est-il possible de comprendre le passé sans comprendre un seul instant le présent ? – – Et qui oserait prétendre construire des théories pertinentes sur le présent sans une certaine connaissance de l'avenir ? L'avenir détermine le présent, et le présent le passé, exactement comme la fin détermine la nature et l'emploi des moyens. »[78]

Ainsi donc, comme nous l'avons vu au Chapitre 10, Hamann aussi est préoccupé par un mode de connaissance purement scientifique et rationnel, sans aucune dimension prophétique ni poétique; selon cette démarche, le présent est isolé, réduit à un instant abstrait contrôlable, ce qui empêche de le voir dans toute son authenticité, à la lumière du passé et du futur. Cette perspective lui permet même d'anticiper la préoccupation de la technologie moderne chez Heidegger. Dans l'*Aesthetica*, il discerne la présence d'une dialectique au cœur même de la raison laïque : « Chaque créature deviendra alternativement votre offrande sacrificielle et votre idole. »[79] En clair, en l'absence d'une compréhension prophétique de la nature et de l'histoire, la nature deviendra soit un moyen de parvenir à une fin (c'est le cas de la technologie), soit une fin en soi, servie par un culte idolâtre (dans le cas des spiritualités du panthéisme moderne ou du « Nouvel Âge »). Dans tous les cas de figure, la nature admise au rang de totalité immanente et de ce fait sujette à la vanité (cf. Romains 8:20) ne révèle plus rien au-delà d'elle-même; cessant d'être perçue en tant que « parole adressée à la créature à travers la créature, » elle tombe alors, telle une idole muette, dans un étrange silence (cf. Psaumes 19:1).

Il va de soi que la révélation recherchée respectivement par Hamann et Heidegger ne pouvait être la même : Pour Hamann, c'est la révélation du Dieu trinitaire; Heidegger s'intéresse, lui, à la révélation de *Sein als Nichts*. Les similitudes n'en sont pas moins ici surprenantes sous la forme kénotique que la révélation est censée

---

[78] N II, p. 175.
[79] N II, p. 206.

revêtir. Le point central du christianisme est pour Hamann l'apparition de Dieu le Fils *sub contrario* en *Knechtsgestalt*; pour lui, le Saint-Esprit, de même, n'apparaît pas dans sa gloire, mais caché aux yeux de la raison sous le vêtement – « les haillons » – de l'Ancien Testament; et le Père, enfin, ne se révèle pas non plus directement, mais plutôt « comme le rien » dans sa création par laquelle Il se révèle.[80] Comme nous l'avons abondamment vu maintenant, Hamann décrète la forme divine de révélation de soi comme essentiellement kénotique. Or, chose curieuse, la même définition peut s'appliquer à la pensée de Heidegger pour qui l'Être [*Sein*], dans son cas, non seulement apparaît comme le « rien » par rapport aux « êtres, » mais également, dans le sillage d'une logique presque christologique, « se vide » et « s'annihile » dans des êtres, condition pour que quelque chose – savoir le monde des êtres [*Seiendes*] – puisse apparaître. Tout cela fait de Heidegger, sous certains aspects *formels*, un « philosophe chrétien » – malgré ses protestations de pureté eu égard à sa philosophie, assimilée à une ontologie fondamentale (comme si sa propre pensée n'était pas en quelque sorte et en réalité profondément influencée par ce christianisme qu'il rejette), et malgré son refus explicite de la notion de « philosophe chrétien, » perçue comme une *contradictio in adjecto*.[81]

Une autre ressemblance entre les deux philosophes, qui laisse supposer, plus que toute autre chose, une pénétration des idées de Hamann, est l'extraordinaire importance qu'ils accordent tous les deux au langage conçu comme le médium de notre expérience du monde. Heidegger le définit comme « la demeure de l'être »; Hamann y voit « la *mère* de la raison et de ses révélations, son A et son Ω, » voire « ce

---

[80] N II, p. 204.
[81] A cet égard, Heidegger répète les mêmes prétentions hypocrites à la pureté philosophique que celles que Hamann a critiquées chez Kant. La seule différence est que la philosophie prétendument pure de Heidegger est bien plutôt, en quelque sorte, une théologie hétérodoxe, qui comprend son analyse existentielle initiale de « l'état de déchéance » de *das man*, sa doctrine de la *kenosis* de l'Être dans les êtres (en tant que substitut du récit de la création), son « eschatologie » des « bergers-poètes » attendant la « venue » de l'être (cf. Luc 2:8), ses propres prophètes favoris tels Hölderlin et Trakl. En effet, toute sa philosophie, pourrait-on avancer, est formellement une théologie laïcisée, et en aucun cas une alternative claire à la théologie elle-même.

qui est à l'origine de toutes choses » (cf. Jean 1:3).[82] Rien d'étonnant alors à ce que Heidegger s'inscrive précisément dans cette connexion et cite les propos de Hamann dans une lettre à Herder :

> Si mon éloquence égalait celle de Démosthène, je n'aurais qu'à répéter une seule et même phrase trois fois. La raison, c'est le langage, Λόγος. Voilà l'os à moëlle que je ronge, et que je rongerai sans relâche, jusqu'à en mourir. Cette région profonde reste obscure : J'attends encore l'ange de l'Apocalypse qui détient la clef de cet abîme.[83]

L'interprétation de Heidegger est la suivante : « Pour Hamann, cet abîme consiste en ce que la raison et le langage sont une seule et même chose. Hamann revient au langage pour essayer de définir la nature de la raison, mais cette conception du langage constitue une plongée dans les profondeurs de l'abîme. S'agit-il simplement, en effet, de la sujétion de la raison au langage, ou bien le langage lui-même prend-il la forme de l'abîme en question? »[84] Autrement dit – comme le reconnaissait Heidegger – après avoir compris avec Hamann ce que le langage implique pour la raison, après avoir nous-mêmes, pour ainsi dire, plongé dans les eaux du langage comme dans les eaux d'un baptême métacritique, il ne nous est simplement plus possible de continuer à raisonner à la manière ancienne, celle des *Aufklärer* et des rationalistes de notre époque contemporaine. Il ne nous est simplement plus possible de continuer à prétendre à la pureté de la pensée dont le langage serait l'instrument. La perception de cet abîme doit au contraire nous amener à voir dans la pensée, d'une certaine façon, le produit du langage, lequel est antérieur à la raison et échappe donc en dernière instance à tout examen de la raison. En conséquence, Hamann ne pouvait prendre au sérieux la philosophie par ailleurs impressionnante de Kant; voilà pourquoi aussi la philosophie de Heidegger, à commencer par ses premiers cours sur Hölderlin, est à maints égards une méditation élargie sur la mystérieuse relation entre

---

[82] Heidegger, *Wegmarken*, p. 311; ZH VI, p. 108.
[83] ZH V, p. 177.
[84] Heidegger, « Die Sprache, » dans *Unterwegs zur Sprache,* 9ᵉ édition (Pfullingen: Günther Neske Verlag, 1990), p. 13.

le langage et l'être.

Mais aux ressemblances génériques que souligne l'attachement général au langage des deux philosophes vient s'ajouter un autre trait commun : Leur insistance particulière à corréler la révélation et la poésie. Car tous deux font du langage poétique un site unique pour la révélation; ce langage-là révèle notre « être dans le-monde » et y fixe notre « demeure » d'une manière dont la seule raison en rade, malgré toute sa quête obstinée de fondements (Hamann, en effet, attribue la puissance de révélation propre à la poésie en premier à l'Ecriture, alors que Heidegger l'attribue plutôt à Hölderlin et Trakl ou d'autres), est incapable. Enfin, pour ne mentionner qu'un dernier point commun entre eux, au vu de l'importance du pouvoir de révélation du langage pour chacun d'eux, cela va presque sans dire que le langage ne saurait en aucun cas être manipulé. Il serait même difficile de trouver deux penseurs ayant une conception plus haute du langage, et qui pareils aux gardiens de ce « temple, » de cette « matrice sacrée, » seraient plus hostiles aux incursions profanes (effectuées au nom de la raison ou du pragmatisme) par l'orthographe moderne.

Les similitudes certes nombreuses entre Hamann et Heidegger n'empêchent pas des différences tout aussi nettes (comme avec Nietzsche d'ailleurs). Car le premier est un chrétien postlaïque, et le second un philosophe postchrétien. Cette distinction éclate surtout dans leurs conceptions respectives de la révélation : Si Hamann cherche à retrouver un sens supra-rationnel de la révélation personnelle du Dieu trinitaire dans la création, en Christ et dans l'Ecriture, Heidegger recherche une révélation (de l'être en tant qu'être) dégagée non seulement des fausses conceptions et préjugés métaphysiques, mais encore de tout ce que la théologie pourrait vouloir en dire en toute légitimité. Somme toute, si Heidegger veut maintenir la « pureté » de l'ontologie (par des efforts analogues à ceux de Kant pour maintenir « pure » l'épistémologie), la seule méthode pour faire de la philosophie est de ne plus penser en termes de théologie. Heidegger retient, certes, pour son ontologie philosophique pure une notion théologique formelle de la révélation (sous le couvert de termes nouveaux comme *Lichtung* ou *Unverborgenheit*); mais il retient aussi une conception christologique formelle de l'être par le moyen de la *kénose*; et même une notion évangélique des « bergers-poètes » en attente de l'avènement de l'être – sans oublier son « canon inspiré » des poètes allemands, canon où sont consignées leurs expériences de l'être. Pourtant, aux dires de cet ancien novice jésuite, il faut se résoudre à une rupture radicale entre l'être et Dieu. Il n'existe donc pas d'assimilation possible entre son idée de « l'Être » [*Sein*] et un Créateur ou attribut divin (fût-ce le simple terme d'« unicité » ou celui, sublime, de « bonté »). Car de telles intimations porteraient atteinte à « la pureté » de notre expérience de « l'être comme tel. » Dès lors, d'après le principe de la « rigueur » philosophique, le *Sein* de Heidegger n'est *stricto sensu* ni créateur, ni bon; en effet, le philosophe lui-même ne lui concède aucune consistance – il n'est *rien* que l'être *des êtres*.[85] Il en résulte pour Heidegger, l'anti-augustinien – l'étrange paradoxe par lequel le « Rien » « Est » réellement, et que ce « Rien » devient la source de l'éthique, de la révélation et de l'inspiration poétique. Tel est le fruit insolite, non convaincant, mais au vu des évènements horribles du XXe siècle, également glaçant au plan de l'éthique, qui est issu de la tentative de Heidegger d'affranchir la philosophie de la théologie, entreprise qui, pour l'essentiel, reproduit dans le domaine ontologique la même erreur décelée par Hamann au cœur de l'épistémologie kantienne et qui a amené l'histoire de la philosophie (séparée de la théologie) à sa conclusion explicitement nihiliste.[86]

HAMANN FACE À DERRIDA

Le dernier membre de ce que j'ai appelé le « triumvirat postmoderne » est Jacques Derrida, qui mérite considération à la fois par son influence au cours des dernières décennies du XXe siècle, et par sa continuité évidente avec Nietzsche et Heidegger. Il ne serait pas exagéré de dire, en modifiant l'une des observations de Hamann, que sans Nietzsche il n'y aurait pas eu de Heidegger, ni de Derrida sans

---

[85] Pour une critique plus approfondie de Heidegger à cet égard, voir John R. Betz, « Beyond the sublime: the aesthetics of the analogy of Being (Part One), » *Modern Theology* 21 (juillet 2005), pp. 367–411.
[86] Voir *Phenomenology and Theology* (1927) de Heidegger, dans *Wegmarken*, pp. 45ss, où il classifie, comme par hasard, la théologie dans la catégorie des sciences « positives » *de la foi* (plus ou moins dans la lignée de Schleiermacher), et non d'après la compréhension traditionnelle de la théologie comme une science de la *révélation*, puisque cela mettrait en question cette distinction tendancieuse entre la subjectivité de la foi et l'objectivité de sa propre ontologie fondamentale.

Heidegger.[87] La connexion entre Hamann et Derrida, si tant est qu'il en existe une, est toutefois moins évidente encore qu'avec Heidegger et en tout cas beaucoup plus indirecte. La comparaison n'aura donc pas ici pour but de déterminer des zones d'influence claires, mais simplement de mettre en relief quelques-unes des méthodes de Hamann pour anticiper et présenter une alternative théologique à sa pensée. Nous avons déjà bien avancé dans cette direction, car les points communs entre Hamann et Derrida recoupent pour une grande part ceux qui rattachent ce dernier à la pensée postmoderne en général, depuis sa méfiance à l'égard de la métaphysique et de toute allégation d'une « pensée pure, » son insistance correspondante sur les métaphores du langage, jusqu'à sa nouvelle métacritique proto-déconstructionniste.

L'une des différences les plus visibles entre Hamann et Derrida concerne le vocabulaire fondamental. A la critique hamannienne de la « raison pure, » Derrida oppose celle du « discours pur »; quand Hamann attire l'attention sur les implications métacritiques du langage, Derrida souligne « la structure originelle différentielle » de « l'écriture » ou *différance*. Cela dit, leurs démarches, respectivement métacritique et déconstructive, se rejoignent de façon étonnante. Car tout comme la métacritique de Hamann dissout les prétentions de la « raison pure » dans le langage et la tradition, la déconstruction de Derrida dissout toute prétention métaphysique à la stabilité et à la présence dans la nature réitérable de « l'écriture. » En bref, tous deux dénient l'immédiateté de la vérité ou du sens que la « pureté de la raison » et « la pureté de la parole » sont respectivement supposées communiquer. Il n'existe pas davantage de différence substantielle dans leur emploi des termes « raison pure » et « parole pure. » Car la forme la plus pure de parole conçue par Rousseau et autres, à savoir « s'entendre parler dans l'absolu, » n'est rien d'autre qu'un monologue intérieur de la raison avec elle-même, sans intermédiaire.[88] De fait, c'est justement cette infatuation, cette vanité « monologique » de la

---

[87] Cf. ZH IV, p. 376 : « Une chose est certaine : Sans *Berkeley*, il n'y aurait pas eu Hume, tout comme sans ce dernier, il n'y aurait pas eu *Kant*. »
[88] Jacques Derrida, *Of Grammatology*, traduit par Gayatri Chakravorty Spivak (Baltimore, MD: Johns Hopkins University Press, 1974), p. 89.

philosophie occidentale – c'est-à-dire la notion d'une appréhension logique de la vérité dans les recoins de l'âme en dehors de toute médiation extérieure ou esthétique sous forme de sons ou de lettres, en bref l'idée de connaissance portée par l'immédiateté d'un concept – que Hamann et Derrida ont beaucoup de mal à déconstruire. Dans cette perspective, il serait possible de soutenir l'idée selon laquelle la postmodernité commence à l'endroit même où Hamann concentre son attaque contre la certitude propre, dépourvue de toute médiation, qui caractérise le sujet moderne.

Au-delà d'une similitude portant sur l'*objet* de leur critique, une similitude supplémentaire se manifeste dans leur façon de mener la critique. Et à cet égard, en raison précisément de leur déni de tout accès philosophique pur à la vérité en dehors des contingences du langage et d'une tradition textuelle, tous deux mettent explicitement un point d'honneur à lire les textes philosophiques en tant que critiques *littéraires*. Exprimé de manière plus spécifique, que l'un l'appelle « métacritique » ou que l'autre l'appelle « déconstruction, » chacun d'eux procède à travers une lecture attentive, en faisant ressortir les ambiguïtés d'un texte donné, et en soulignant les éléments indéterminés, aléatoires et « abjects, » comme, par exemple, les sentiments, l'histoire, le langage, une tradition textuelle, qu'une grande partie de l'histoire de la philosophie – dans sa quête chimérique de pureté transcendantale, de certitude apodictique et de maîtrise épistémologique de ce qui est, selon l'expression de Kant, « un *a priori* complet dans nos facultés [*Gewalt*] »[89] – a soit négligés par aveuglement, soit ignorés volontairement, soit encore niés hypocritement. Et pour Hamann, comme nous l'avons vu, le plus grand aveuglement dans l'histoire de la philosophie a consisté, après son déni du rôle de la foi dans nos conceptions, à ne pas accorder une attention suffisante à la question du langage et de son influence sur ce que nous appelons la « raison. » Pour Hamann, effectivement, le langage est non seulement la « mère » de la raison (et, en tant que telle, un « complément originel » de la raison), mais également ce qui explique qu'il est impossible de prétendre atteindre tout fondement

---

[89] Kant, *Critique of Pure Reason*, B, p. 871.

conceptuel ferme et toute appréhension de la réalité totale. C'est un abysse, affirme Hamann, dont la raison ne possède pas la clef.[90] Par conséquent, lorsque Derrida dit que « *nous pensons uniquement au moyen de signes,* » il ne dit rien de nouveau, mais se contente de répéter ce que Hamann a soutenu plusieurs siècles plus tôt.[91]

Quelque chose de similaire pourrait être dit de l'invocation par Derrida d'une science de l'écriture ou d'une « grammatologie. » En 1784, Hamann, s'adressant à Jacobi, l'exprimait déjà comme par une sorte de prescience : « Une *grammaire* de la raison nous fait toujours défaut, comme celle de l'écriture, et de leurs éléments communs... »[92] Et encore, en 1787 : « Comprenez-vous maintenant, mon très cher Pollux, mon *principium* de la *raison, connecté au langage,* et que, avec Luther, je transfère l'ensemble de la φφy [c'est-à-dire de la philosophie] vers une *grammaire*, vers un manuel de connaissances, vers une algèbre et une construction suivant des équations et des signes abstraits, qui ne signifient *rien per se*, et tout ce qui est possible et réel *per analogiam*? »[93] En d'autres termes, à la suite de Luther, pour lequel la théologie est essentiellement une grammaire de l'Ecriture (c'est-à-dire un langage inspiré), la philosophie devrait être comprise, de façon analogue, comme une grammaire, une science du langage en tant que telle, dont les signes ne signifient rien en eux-mêmes, mais «tout le possible et le réel » suivant leurs positions relatives à l'intérieur d'un système sémiotique donné. Dès 1759, Hamann poursuivait une réflexion dans cette ligne argumentative. Anticipant Saussure, il affirme ce qui suit : « Les mots, tout comme les nombres, reçoivent leur valeur des positions où ils se tiennent, et comme l'argent, les déterminations et les relations de leurs significations changent suivant le lieu et l'époque. »[94]

Bien entendu, ce que Hamann entend par une grammaire du langage ne se rapproche que de très loin de la signification qu'assigne Derrida au terme « grammatologie. » Néanmoins, il se dirige

---

[90] ZH V, p. 177.
[91] Derrida, *Of Grammatology*, p. 50.
[92] ZH V, p. 272.
[93] ZH VII, p. 169.
[94] N II, p. 71.

CONCLUSION

clairement dans cette direction dans la mesure où il comprend le sens comme étant fonction de la relation des mots à l'intérieur d'un système linguistique-culturel donné. Ainsi, pour Hamann, même un concept aussi imposant (ou vide) que l'« être » n'a aucune signification en et par lui-même, mais uniquement parce que le mot est en relation avec d'autres mots à l'intérieur d'un réseau linguistique. Comme il l'exprime de manière saisissante à Jacobi, « l'*être* ou l'*être soi-même* est-il un réel objet ! Non, mais plutôt la *relation* la plus universelle... »[95] Derrida partage cette même conviction. Citant Valéry, il dit la chose suivante : « Quoi que puissent être les mots – des Idées ou l'Être ou le Noumenon ou le Cogito ou l'Ego – ce sont tous des *messages codés* dont la signification est déterminée uniquement par le contexte... »[96] En somme, pour Hamann et Derrida, il n'existe pas un seul concept, pris isolément, dont le sens univoque puisse interrompre la complémentarité infinie et le jeu polysémique du langage. En ce sens, il pourrait même être dit que Hamann anticipe la critique par Derrida du « logocentrisme, » c'est-à-dire sa critique de la tentative métaphysique d'arrêter métaphysiquement le flux et d'ancrer le jeu du langage au moyen d'un concept situé au niveau le plus élevé et qui contrôlerait tout.

Il semblerait, certes, intenable théologiquement, à première vue, de nier que la raison puisse établir un terrain ou une présence métaphysique stabilisante. Cependant, d'après la perspective de l'orthodoxie radicale de Hamann, plutôt que de saper la foi, cela ne conduit à aucune crise de sens du tout – et Derrida n'aurait pas pu parler de manière plus vraie, ni involontairement plus prophétique – étant donné que notre capacité de raisonner est aussi faible que notre capacité de connaître Dieu sans le « supplément originel » de la Parole (dans les deux sens du mot !). En d'autres termes, lorsque Derrida dit : « Au commencement, était le supplément, » avec Hamann tous les chrétiens peuvent dire : « C'est bien vrai ! » « Au commencement était la Parole » (Jean 1:1). Ainsi, assez curieusement, à la « fin » de l'histoire de la philosophie, quand la philosophie semble avoir achevé

---

[95] ZH VII, p. 169.
[96] Jacques Derrida, *Margins of Philosophy,* traduit par Alan Bass (Chicago: University of Chicago Press, 1982), p. 292.

sa course sans pouvoir aller nulle part ailleurs, et que l'on pourrait avec raison désespérer à propos de la « fin de la raison, » la philosophie postmoderne prend le relai en affirmant précisément la complémentarité de la parole, logos, ce qui est la doctrine la plus fondamentale de la foi chrétienne.

Une autre similitude frappante entre Hamann et Derrida est que l'écriture est bien plus qu'une représentation de la parole d'où elle puise sa source. « Les lettres, » explique Hamann, « ne sont pas simplement des signes aux *sonorités articulées* ... »[97] En fait, comme nous l'avons vu, sa *Nouvelle Apologie de la Lettre h* est précisément une tentative de dire que le langage écrit ne se réduit pas à une représentation de la parole, mais porte en lui un signe supplémentaire obscur. Et, bien entendu, pour ne mentionner qu'une dernière similitude entre les deux philosophes, il y a l'exemple de la propre écriture inimitable de Hamann, son *bricolage*, plein de fragments, d'extraits de citations, d'insertions métaschématiques, d'allusions elliptiques, de plaisanteries et de jeux de mots cryptiques, et de sens qu'aucun de ses contemporains (ni, dans la matière, aucun lecteur fini) ne pouvait espérer déterminer ni comprendre de manière exhaustive. En effet, étant donné leurs liens par association infinie et leur caractère allant à l'encontre de toute signification unique, la nature insaisissable des textes de Hamann incarne ce que Derrida veut dire par la « réitérabilité » et la « complémentarité » de l'« écriture. » Tout cela nous fait regretter que Derrida n'ait rien dit sur Hamann.

Toutefois, la différence de toute importance entre les deux se situe dans la manière de comprendre la célèbre phrase de Derrida : « *Il n'y a pas de hors-texte.* »[98] A première vue, cela signifie exactement ce que Hamann affirme, savoir que notre expérience du monde passe toujours par le canal du langage et que la vérité ne peut pas être accédée en dehors de ce dernier. En bref, il est impossible d'aller « au-delà du langage. » Dans l'usage qu'en fait Derrida, néanmoins, le mot « texte » signifie non seulement le langage dans le sens générique, mais aussi le langage dans le sens plus spécifique d'« écriture » *en tant que différance*; et en ce sens cette expression porte avec elle la

---

[97] N III, p. 93.
[98] Derrida, *Of Grammatology*, p. 158.

CONCLUSION

connotation anti-métaphysique supplémentaire qu'il n'y a pas de vérité identique à elle-même et auto-présente – et, par voie d'implication, pas de fondement métaphysique ni théologique – «en dehors du texte» de la *différance*. En d'autres termes, l'expression porte avec elle l'affirmation *métaphysique* encore plus radicale – telle qu'elle devrait le faire, puisqu'il s'agit d'une affirmation au sujet de ce qui est « au-delà » de notre expérience – selon laquelle il n'y a réellement « *rien* hors texte, » c'est-à-dire ni Dieu, ni fondement métaphysique, ni « signifié transcendant, » en bref, pas de point d'Archimède qui soit « là, » indépendant du langage, et qui pourrait servir à ancrer le jeu du langage. Telle est l'implication nihiliste implicite (ou explicite) de la phrase : « Il n'y a pas de hors-texte. »

Il peut être concédé que, dans le monde textuel de Derrida, il se trouve un simulacre de transcendance, un *in infinitum* d'adjonctions interminables, mais il n'y a aucun *infinitum* positif réel – aucun *infinitum* transcendant réel dont la richesse métaphorique du langage, pris comme un tout, puisse être un reflet, et auquel les répétitions débordantes de la prière aspirent. Au contraire, tout se termine ici dans un « mauvais infini, » pour reprendre l'expression de Hegel, qui, à la fin de la journée, n'est même pas véritablement infini, puisqu'il se courbe, se replie sous la forme d'un circuit de pure immanence. Car d'après les propres mots de Derrida – en l'absence de toute ouverture réelle à la transcendance à travers le langage religieux, et en dépit de son langage d'adjonction « non finie » – « il n'y a rien hors-texte » signifie en définitive « un système fermé de signes qui ne réfèrent qu'à d'autres signes sans jamais se rapporter à [un] référent. »[99] Vu sous cet angle, le langage est pour Derrida indéniablement une espèce de « demeure-prison, » puisqu'il n'y a rien d'autre au-delà ou en dehors de lui.

Jusqu'à présent, nous avons vu que la phrase « il n'y a rien hors-texte » possède au moins deux significations radicales. La première est son nihilisme implicite (ou explicite); la seconde est que le langage est par là transformé en une totalité immanente close, une « demeure-

---

[99] Geoffrey Bennington, *Jacques Derrida* (Chicago: University of Chicago Press, 1993), p. 99.

prison » dont il est impossible de s'échapper. Mais ce n'est pas tout. Car dans une signification encore plus radicale et assurément encore plus perverse de la phrase, tout comme il n'y a rien en dehors du texte, il n'y a non plus aucune « chose » à l'intérieur. Toute la *différance* de Derrida (en tant que concept le plus élevé et simultanément ontologie nihiliste) porte entièrement sur le déni de tout point de contact avec des « substances » que nous pourrions appeler « réelles » ou de toutes « choses » qui pourraient « correspondre » à nos mots pour les désigner, selon une correspondance traditionnelle ou une théorie désignative de la vérité. Comme même un ami de Derrida tel Geoffrey Bennington l'a fait remarquer, nous sommes donc ici à un pas seulement de l'idéalisme « fantomatique » – dans le sens que, pour Derrida, il n'y a rien en dehors de notre expérience linguistique qui soit réellement « là » et que nous pourrions appeler « réel, » ou dans le sens qu'« il n'y a jamais rien eu d'autre que l'écriture » et une chaîne interminable d'« adjonctions » et de « significations substitutives. »[100] Pour sa part, Derrida semblerait rester allègrement impassible face aux conséquences effroyables de sa position, c'est-à-dire le fait que la *différance* fait « disparaître » les choses et les personnes réelles, forcées, pour ainsi dire, par une magie spectrale obscure, de renoncer à toute prétention à la réalité, et de s'évanouir comme des fantômes privés de toute corporalité, pour rejoindre une chaîne ininterrompue de significations, où rien n'a de signification ultime.[101] « Se risquer à n'avoir aucune signification, » dit-il, « c'est commencer à jouer, et premièrement entrer dans le jeu de la *différance* qui empêche tout mot, tout concept, toute énonciation majeure de venir résumer et de gouverner, à partir de la présence théologique d'un centre, le mouvement et l'espacement textuel des différences. »[102] Par conséquent, loin de reculer devant les implications nihilistes de sa

---

[100] Ibid.; Derrida, *Of Grammatology*, p. 159. Bennington, cela mérite d'être souligné, ne pense pas que Derrida finisse par devenir un « idéaliste » ou « relativiste » linguistique, bien que cette possibilité ne soit pas entièrement évidente. Voir son *Jacques Derrida*, p. 101ss.
[101] Voir Conor Cunningham, *Genealogy of Nihilism: Philosophies of Nothing and the Difference of Theology* (Londres: Routledge, 2002).
[102] Jacques Derrida, *Positions*, traduit et annoté par Alan Bass (Chicago: University of Chicago Press, 1981), p. 14.

pensée, Derrida les célèbre; car c'est là que gît la condition du « jeu, » « que l'écriture ne signifie littéralement rien. »[103]

Il va sans dire que, comprise à la lumière de ses implications ultimes, la maxime de Derrida est incompatible avec toute forme de théologie orthodoxe, même si l'on essayait de la comprendre en termes d'apophatisme radical, puisque cela impliquerait encore un Dieu réel qui ne peut pas être « positionné. » Tandis que Dieu, le Créateur *ex nihilo*, appelle toutes choses qui ne sont pas à l'existence, le démon de la *différance* – refusant de reconnaître un quelconque Créateur – ferait retourner toutes choses vers le Néant d'où elles viennent, et dont elles sont (d'après cette vision des choses), de manière toujours fugace, un reflet. Nous voyons donc ici en Derrida, prenant sa source dans l'inversion du « monde réel » chez Nietzsche et de l'anti-augustinisme de Heidegger, la conclusion logique du nihilisme postmoderne. Pour Nietzsche, il reste la *metaphysicum* de la volonté de puissance, et avec elle une espèce de naturalisme; pour Heidegger, Rien n'est réellement, mais paradoxalement se révèle quand même; pour Derrida, qui renonce à l'absurdité de la révélation de Heidegger, rien signifie tout et n'importe quoi, c'est-à-dire le point du langage et de la vie qui doit précisément ne rien signifier et ne rien adorer. Par conséquent, pour revenir à notre comparaison, malgré les profondes similitudes entre Hamann et Derrida quand ils critiquent la « raison pure » et la « parole pure, » et alors que la pratique des métacritiques par Hamann préfigure de nombreux aspects de la déconstruction de Derrida, leurs visions positives de la nature et du but du langage sont, en fin de compte, radicalement différentes. Cette différence provient ultimement de la foi de Hamann et de l'incrédulité de Derrida.

A ce stade, esquissons brièvement leurs visions respectives du langage. D'un côté, pour Hamann, comme nous l'avons vu, le langage est originellement et essentiellement une réponse pleine de *gaieté* aux mots prononcés par la Parole dans la création, même si cette origine est maintenant si obscure qu'elle ne peut être présentée qu'en termes mythologiques. « Avec cette Parole dans sa bouche et dans son cœur, » dit Hamann, « l'origine du langage était aussi naturelle qu'un jeu

---

[103] Ibid.

d'enfant, du fait de sa proximité et de sa facilité. »[104] Pour Hamann, le langage est *essentiellement* un phénomène religieux sous forme de dialogue, et, spécialement dans ses formes poétiques (qui retiennent une part de cette « gaieté » créatrice originelle), porte les traces de « l'adjonction originelle » de la Parole. En effet, pour Hamann, si le langage est véritablement inspiré, il n'est jamais simplement humain, mais quelque chose d'humain *et* de divin en même temps, une construction poétique, *et également* – dans et à travers les signes créateurs du langage – une révélation. C'est là que pour Hamann se trouvent à la fois l'extraordinaire dignité de l'être humain en tant qu'être linguistique et l'expression la plus haute de nos capacités en tant qu'*imago Dei*, savoir le fait que nos propres mots ont la capacité de devenir un canal de la révélation non seulement pour les choses humaines, mais aussi pour les choses divines. En bref, dit-il, « nous sommes tous capables d'être prophètes. »[105]

Pour Derrida, de l'autre côté, le langage n'a pas d'extérieur, pas de commencement, ni de fin, pas de signification ultime, et rien n'est communiqué de façon ultime par son canal. En un mot, il est vide de sens – c'est une diffusion dénuée de sens sans possibilité de communion réelle ni de communication rédemptrice, puisque la *différance* déconstruit aussi toute notion de « personnes, » c'est-à-dire d'identités subjectives qui pourraient être présentes l'une pour l'autre depuis le départ. Bien sûr, un semblant de similitude existe ici entre, d'un côté, la vision de Hamann du langage originel et racheté qui serait une espèce de réponse innocente et « pleine de gaieté et d'entrain » au Logos, et, de l'autre, ce qui constitue une parodie de cette vision dans la volonté de Derrida de comprendre pareillement le langage en termes de jeu. Mais dans ce dernier cas, il s'agit d'une réponse « ludique » précisément à Rien – un jeu qui, parodiant le paradis, est censé précéder « l'alternative de la présence et de l'absence. »[106] C'est

---

[104] N III, p. 32.

[105] N III, p. 417 (N I, p. 308).

[106] Voir spécialement Jacques Derrida, *Writing and Difference*, traduction d'Alan Bass (Chicago: University of Chicago Press, 1978), pp. 289ss. L'implication perverse ici est que seuls les athées savent véritablement jouer, quand, en fait, leur « jeu, » pour pouvoir vaincre leur désespoir secret, implique d'affirmer, avec Nietzsche, la vanité de leur propre existence.

là que Derrida s'approche le plus d'une sorte de « retour rédempteur. »[107] Mais, comme Milbank l'indique, pour Derrida, ce jeu ne peut s'empêcher de rester intrinsèquement violent, dans la mesure où le langage est essentiellement un « mécanisme de dissimulation. »[108] Cela ne veut pas dire qu'il faille nier l'argument de Derrida selon lequel le langage est toujours déjà marqué par une « structure de trace, » ou qu'un signe complète toujours un autre. La question consiste plutôt à savoir comment interpréter cette structure. Et dans ce sens, ce qui équivaut à un choix métaphysique se présente à nous (dans la mesure où nous continuons d'émettre des affirmations sur la « nature » du langage qui ne peut pas être déterminée rationnellement) : Ou bien, à la suite de Hamann, le langage est *essentiellement* prophétique et porte la révélation, et alors l'absence n'est pas considérée comme quelque chose de ténébreux et de sinistre, mais comme un excès positif de ce qui, par grâce, se donne et se présente lui-même à la pensée et à la perception; ou bien, suivant la perspective de Derrida, le langage est *essentiellement* régi par la violence de l'occultation, dans le sens qu'un signe ne peut être présent qu'au détriment d'un autre.

Le choix entre Hamann et Derrida devient encore plus radical lorsque l'on considère ce que chacun d'eux veut dire par « écriture. » Pour Derrida, pour que l'écriture soit l'écriture, elle ne doit avoir aucun élément de parole ni de présence vivante en son sein. Elle doit, dans un sens, être morte.[109] Pour Hamann, en revanche, la parole et l'écriture vont main dans la main – l'une vivifiant l'autre. Cela *ne* signifie *pas* que l'écriture soit une simple représentation de la parole : « Car, » comme le déclare Hamann, « de même que le *but* de la *parole* ne consiste pas simplement dans l'articulation et les modifications de

---

[107] John Milbank, *The Word Made Strange: Theology, Language, Culture* (Oxford: Blackwell, 1997), p. 61.
[108] Ibid. En même temps, la compréhension qu'avait Derrida du langage peut être vue comme une application linguistique de l'ontologie violente de Heidegger. Voir, par exemple, « Der Ursprung des Kunstwerkes » dans *Holzwege*, 6ᵉ édition (Frankfurt am Main: Vittorio Klostermann, 1980), p. 41.
[109] Voir Catherine Pickstock, *After Writing: On the Liturgical Consummation of Philosophy* (Oxford: Blackwell, 1998).

sonorités aveugles, le *but* de l'*écriture* consiste encore moins dans le comptage, le soupesage et la ponctuation de ses substituts muets... »[110] Pour Hamann, au contraire, « le but véritable, naturel et supérieur » du langage unit « à la fois la *parole* et l'*écriture* – sous la forme d'une *shekhina*, un tabernacle et un chariot-trône de nos sensations, pensées et concepts à travers les *signes* audibles et visibles du langage. »[111] En d'autres termes, le langage est pour Hamann un tabernacle de la gloire de Dieu ; l'arche, pour ainsi dire, de l'alliance de Dieu avec les êtres humains, le trône-*Merkabah* sur lequel la Parole efficace, qui condescend à parler « à la créature à travers la créature, » est assise et se déplace. C'est pourquoi Pierre, qui a reçu un éclairage sur l'inspiration, dit : « Si quelqu'un parle, que ce soit comme annonçant les oracles de Dieu » (1 Pierre 4:11).

Mais, répétons-le encore une fois, mettre l'accent sur l'aspect divin du langage humain ne signifie pas nier que le langage soit une construction humaine libre et par conséquent pleine de signes contingents, poétiques et métaphoriques, et d'adjonctions polysémiques. Car nous avons vu tout au long de cet ouvrage que Hamann comprend le langage précisément en termes christologiques, et donc comme quelque chose à la fois d'humain (une construction poétique libre) et de divin (en tant que véhicule de l'inspiration divine). En effet, pour Hamann, tout comme le Christ a pleinement (et non docétiquement) endossé la nature humaine, le Saint-Esprit a, de manière analogue, endossé le langage humain – non pas superficiellement donc (comme une compréhension docétique correspondante de l'inspiration divine nous aurait fait croire), mais en profondeur, jusqu'au point de s'approprier la créativité même, l'individualité, l'excentricité et la personnalité des prophètes et auteurs de l'Ecriture. En fait, pour Hamann, tout comme Dieu condescend, dans l'histoire du salut, à employer des instruments ingénus et faillibles (par exemple, Moïse, Gédéon, Pierre et Paul), nos erreurs mêmes, qui sont les « lignes tordues » de notre « écriture symbolique, » peuvent être des véhicules de l'inspiration divine. Il l'exprime par ces mots remarquables :

---

[110] N III, p. 237.
[111] Ibid.

> Si les cheveux de notre tête, jusqu'à la variation de leur couleur, appartiennent au *Datis* de la providence divine, pourquoi les lignes et traits *droits* et *tordus* de notre écriture symbolique et typologique (mais non hiéroglyphique) ne seraient-ils pas les images spéculaires et le miroir d'une *théopneustie* (2 Timothée 3:16), d'une force centrale, que nous ignorons, par laquelle nous avons *la vie, le mouvement et l'être* [?][112]

Malgré toutes leurs similitudes, le choix entre Hamann et Derrida est maintenant finalement clair. Soit, à la suite de Derrida, le langage est essentiellement, en dépit de toutes ses adjonctions non finies, une construction purement immanente, qui ne révèle rien en dehors de lui-même; soit, avec Hamann, le langage est essentiellement une révélation prophétique de la transcendance, du divin *dans et à travers* l'humain, incorporant toutes les contingences et les indéterminations, ainsi que la créativité et l'excentricité du langage humain qui découlent de cette fonction révélationnelle. Mais peut-être plus en rapport avec ce point, le choix entre eux deux se résume à une variation finale de l'alternative entre illumination et nihilisme. Et c'est un choix qui est d'autant plus pressant que, au lendemain des Lumières, le problème de la raison, à la suite de Hamann et maintenant de Derrida, s'assimile au problème du langage. En bref, il se résume à un choix entre le langage inspiré et le langage non-inspiré, entre soit le langage inspiré par le Saint-Esprit en réponse au Logos, soit le langage inspiré par Rien du tout.

UN POST-SCRIPTUM EN GUISE DE CONCLUSION FACE À LA POSTMODERNITÉ

Jusqu'à présent, nous avons discuté des aspects « métacritiques-déconstructeurs » de ce que j'ai appelé la vision postlaïque de Hamann. Nous avons vu sa réduction radicale du problème de la raison au problème du langage, ce qui, de fait, prépare la scène à la postmodernité. Nous avons également vu comment non seulement il

---

[112] N III, p. 240. Cf. Actes 17:28.

anticipe la pensée postmoderne, mais y présente également une alternative véritable dans ses traits les plus saillants. Désormais, finalement, nous sommes en mesure de résumer les aspects « positifs-constructifs » de sa vision, ayant en perspective les possibilités qu'elle offre pour une théologie postlaïque – une espèce de théologie qui espérerait aller non seulement au-delà des Lumières, mais également au-delà de la postmodernité. Il est vrai que c'est une chose que de dépasser la raison laïque des Lumières, ce que Hamann a accompli avec plutôt une certaine aisance – du moins dans son œuvre de démolition de ses fondements. Cependant, il semblerait que ce soit une tout autre chose que de dépasser la « postmodernité. » Et pourtant, pour les raisons que nous avons déjà vues – dans la mesure où le nihilisme de la postmodernité n'est que le revers et le résultat inévitable de la « raison pure » de la modernité – la différence entre les deux est sans doute minime. En effet, la postmodernité rend simplement explicite ce qui était implicite dans la rupture moderne de la raison d'avec la tradition prophétique (et d'avec la lumière supérieure qu'elle communique). Mais en ce sens, précisément en raison de sa continuité avec les Lumières, la postmodernité peut nous aider à voir ce qui était en jeu dans tout le débat qu'avait Hamann avec ses contemporains, savoir un choix radical entre l'illumination et le nihilisme (qui sont les destinées respectives de la foi et de la raison laïque).

De manière plus spécifique, la pertinence de Hamann au regard de la théologie postlaïque pourrait être résumée dans les termes suivants. Premièrement, et ce qui est peut-être la chose la plus importante, il reconnaissait que la raison ne peut pas tenir d'elle-même, c'est-à-dire qu'elle ne peut atteindre aucune certitude morale ni épistémologique au-delà, dirons-nous, de la sphère des jugements analytiques et mathématiques, mais qu'elle s'effondrera inévitablement dans le nihilisme en dehors du soutien de la foi et de l'inspiration de la tradition prophétique. En bref, comme le percevait Hamann, la raison réduite à la raison laïque n'a aucun fondement; elle ne peut pas non plus se fonder elle-même, ni offrir aucun terrain stable pour soutenir la culture humaine. Au contraire, bien inapte sans la foi, la raison a besoin de la foi et de l'autorité d'une tradition prophétique pour qu'elles lui disent ce qui est, c'est-à-dire que sa lumière n'est pas simplement une conséquence aléatoire de causes matérielles, ni simplement pragmatiques et instrumentales, ni simplement fonction de la volonté de puissance, mais une participation à la lumière d'un Logos trancendant que la raison reflète, ce qui autorise divers degrés

CONCLUSION

de luminosité. Cela ne constitue en rien un endossement du fidéisme, ce qui serait l'erreur opposée; car, comme Hamann l'exprime lui-même : « La *foi* a tout juste autant besoin de la raison que cette dernière a besoin de la première. »[113] Il faut plutôt comprendre que le *Scheidekunst* de la modernité, le principe qui la fonde de séparation de la raison d'avec la foi et d'avec la tradition ne réussit qu'à saper la raison elle-même et à accélérer l'émergence du nihilisme. Car, d'après Hamann, la raison n'a jamais été faite pour être « seule, » séparée de la foi et séparée de la tradition prophétique – pas plus que l'homme n'était destiné à être séparé de la femme (Genèse 2:18), ni l'homme de Dieu. Et c'est pourquoi l'attitude de Hamann envers les Lumières – et la faiblesse ultime de leur rationalité laïque – pourrait être résumée par l'expression « *ob fugam vacui.* »[114]

Deuxièmement, comme corollaire, Hamann reconnaissait que la raison séparée de la foi ne peut même pas établir la substance ni la véracité du monde phénoménal. En effet, comme John Milbank et Conor Cunningham l'ont mis en exergue, les diverses tentatives de la philosophie moderne, débutant avec Descartes, de commencer avec la raison comme point de départ et d'établir ensuite le monde externe sur la raison seule – c'est-à-dire de commencer avec ce que le sujet moderne peut « clairement et distinctement » saisir – ont non seulement rendu le monde illusoire, mais ne peuvent pas non plus empêcher le monde phénoménal de se dissoudre et de s'évanouir devant nos yeux, pour ainsi dire.[115] Bien au contraire, de telles tentatives pour « sauver les phénomènes » par la raison seule ne font qu'accélérer leur disparition – ce qui est précisément la raison pour laquelle Descartes, après d'abord avoir douté des phénomènes, avait désespéremment besoin de Dieu pour les faire revenir. Mais si l'expérience de pensée de Descartes rend le monde suspicieux alors qu'il ne l'a jamais été auparavant, en l'absence de son *Deus ex machina*, l'athéisme postmoderne, comme nous l'avons vu, nous laisse avec un monde qui est encore plus vide et caverneux, un monde hanté

---

[113] ZH VII, p. 165.
[114] ZH III, p. 45.
[115] Voir John Milbank, « Theological critique, » pp. 25s; Cunningham, *Genealogy of Nihilism.*

par des fantasmes qui manquent réellement de substance. Lyotard l'exprime candidement : « La modernité, quelle que soit l'époque à laquelle elle apparaît, ne peut pas exister sans un éclatement des croyances et sans la découverte du 'manque de réalité' de la réalité... »[116] Il est bien vrai que l'*irréalité* squelettique des choses est maintenant ce qui apparaît, que cela soit dû à la *suspension* moderne de la foi ou à l'*absence* postmoderne de la foi (à travers soit le doute cartésien, soit l'idéalisme transcendental kantien, soit la réduction phénoménologique de Husserl, soit l'ontologie nihiliste de Heiddeger, soit enfin la *différance* de Derrida). Hamann l'exprime dans des mots remarquables : « Quel Néant, quelle fumée, quel Néant pestilentiel sont [de nos jours] à nos yeux quand la raison les compte ! » Mais « Quel Tout, quel trésor, quelle éternité, lorsqu'ils sont comptés par la foi ... »[117] Ainsi, pour Hamann, la foi non seulement sauve le monde phénoménal de la vanité ultime et de l'insignifiance, mais, formulée positivement, est également la clef qui nous permet de percevoir ici, dans ce monde, y compris dans les apparences les plus éphémères, le poids de la gloire de Dieu et les traces de sa providence.

Un troisième apport de Hamann, qui découle de ce qui précède, et que les auteurs postmodernes préfèreraient ignorer, est que la foi seule constitue un fondement pour une expérience esthétique véritable – une véritable *sensualité*. Car en dehors de la foi, lorsque la raison est laissée à l'impossible tâche de fonder la réalité, les choses tendent à devenir de *simples* apparences, et dans ce sens elles tendent à manquer de toute profondeur réelle qui puisse soutenir l'intérêt ou inspirer un plus profond désir. Mais, bien entendu, c'est bien là que se trouve précisément la nature de l'expérience esthétique : Les belles choses exhalent une mystérieuse profondeur qui ne peut pas être réduite à la chose elle-même. En d'autres termes, dans les œuvres d'art, et plus particulièrement dans l'œuvre d'art qu'est la création, il y a toujours quelque chose *de plus* à voir. Et cela, à son tour, comme Grégoire de Nysse le fait remarquer dans *La Vie de Moïse*, indique la

---

[116] Jean-François Lyotard, *The Postmodern Condition: A Report on Knowledge*, traduit par Geoffrey Bennington et Brian Massumi (Minneapolis: University of Minnesota Press, 1993), p. 77.
[117] *LS*, p. 131 (N I, pp. 70s).

CONCLUSION

nature de la véritable expérience religieuse, à savoir que, une fois que l'on a expérimenté la beauté *divine* et goûté à sa profondeur, le désir de Dieu n'est jamais étanché (voir Psaumes 105:4). Ainsi, pour Hamann (tout comme pour Grégoire de Nysse), la religion et l'expérience esthétique vont naturellement de pair, l'une offrant le fondement du plein plaisir sensuel de l'autre. Comme Milbank l'observe, ici « l'adoration de Dieu et la célébration de la corporalité et de la beauté sensuelle se requièrent mutuellement absolument »[118] – à tel point que, pour Hamann, seul le croyant peut véritablement et profondément jouir du monde comme Dieu avait l'intention qu'il en jouisse. Sinon, en l'absence d'une profondeur transcendante, « si les choses sont considérées *uniquement* comme étant finies, leur solidité s'envole paradoxalement. Egalement, certaines propriétés apparemment réelles des choses, comme les couleurs, qui ne sont pas pleinement compréhensibles par la raison, auront tendance à s'évanouir aussi. »[119] Par conséquent, Hamann pouvait dire, en guise de critique de ses contemporains, qui ont extirpé la Parole hors du monde : « Toutes les couleurs du plus beau monde pâlissent dès que l'on éteint cette lumière, le premier-né de la création. »[120] En effet, comme Milbank l'exprime de manière frappante, pour Hamann, « nous ne *voyons* les choses que lorsqu'elles nous *parlent*, » c'est-à-dire que « nous ne pouvons avoir la vue si nous sommes sourds. »[121] Par conséquent, ceux qui perçoivent les choses en dehors de la foi sont pour Hamann (comme pour Bonaventure) ultimement sourds et aveugles. Par ailleurs, ils sont muets, puisque, n'entendant pas et ne voyant donc pas, ils ne répondent pas – ils n'utilisent pas leur langue native et leur créativité linguistique – en glorifiant « Celui qui a fait les cieux et la terre, la mer, et les sources d'eau ! » (Apocalypse 14:7).[122]

Un quatrième apport de Hamann, qui découle du précédent, est que, pour lui, non seulement n'y a-t-il pas de *connaissance* réelle sans la foi, ni de *perception* véritable sans la foi, ni de jouissance véritable

---

[118] John Milbank, « Theological critique, » p. 26.
[119] John Milbank, « Theological critique, » pp. 26s.
[120] N II, p. 206. Cf. Colossiens 1:15; 2 Corinthiens 4:6: Jean 1:3.
[121] John Milbank, « Theological critique, » p. 27.
[122] N II, p. 217.

de la plénitude de l'expérience esthétique sans la foi, mais n'y a-t-il pas non plus de véritable *création* sans la foi, dans la mesure où, en dehors de la foi en Christ, l'inspiration poétique qui vient de l'Esprit créateur fait défaut. Certes, il existe bien un art sans Dieu ou une esthétique de « l'art pour l'art. » Dans la perspective de Hamann, toutefois, le véritable génie et la véritable créativité viennent de l'inspiration divine. Il l'exprime comme suit de manière drastique, en pensant à la stérilité décadente d'une culture sans la foi, qui a perdu sa volonté de créer ou même de procréer et ne « ressent » plus l'analogie créatrice entre Dieu et l'*imago Dei* : « Un monde sans Dieu est un homme sans tête – sans cœur, sans viscères – sans organes *créateurs* [*pudenda*]. »[123] En bref, le monde moderne, dans la mesure où il est un monde laïque, qui ne possède rien de plus grand pour lequel il vaille la peine de vivre, est non seulement privé de raison, de cœur et d'entrailles, mais également impotent, parce qu'il a nié toute analogie avec le *Créateur*.

Un dernier éclairage de Hamann, qui découle des autres, étant donnés ses aspects esthétiques et poétiques, concerne le langage humain : Si ce dernier ne doit pas connaître la déchéance mais être racheté, il doit aussi dépendre de la foi, par le moyen de laquelle nos propres mots, par l'inspiration divine, deviennent les tabernacles des « énergies et idées divines. »[124] Comme nous l'avons vu, le langage est effectivement pour Hamann un type de « sacrement, » dans la mesure où il est dans et à travers les signes visibles et audibles du langage que Dieu transmet kénotiquement au monde à travers ce qui est, aux yeux de la raison seule, une simple construction humaine.[125] Il est certain que les postmodernes tendent à ne voir dans le langage rien d'autre que la volonté de puissance ou simplement une chaîne interminable de signification, mais la raison en est qu'ils ne voient pas *l'*adjonction de la Parole dans les mots du langage humain. En bref, ils ne saisissent pas l'idée fondamentale de Hamann, savoir que le Dieu *transcendant* est kénotiquement caché *au sein du* langage – tout comme Il est kénotiquement caché au sein de la création, tout comme Il est

---

[123] ZH V, p. 326. C'est moi qui souligne.
[124] Voir N III, p. 32.
[125] N III, p. 289.

kénotiquement caché au sein de l'histoire humaine, tout comme Il est kénotiquement caché au sein de l'humanité avec Christ, et tout comme le Saint-Esprit est kénotiquement caché dans les « haillons » de l'Ecriture. En somme, sur la base de cette vision de la *kénose* de la transcendance, qui est capable de trouver le Dieu *transcendant dans* ce monde sous les divers couverts de son amour, Hamann indique la voie d'une restauration théologique de la nature, de l'histoire, du langage et de l'art, nous ouvrant les yeux et les oreilles à une perception plus affinée de « l'adjonction originelle » de la Parole qui parle dans et à travers ces derniers.

Bien entendu, il est peut-être impossible de recouvrer la pensée de Hamann dans son intégralité. Mais étant donné que sa compréhension de l'incarnation culturelle-linguistique et historique de la raison a triomphé, étant donné que ses prophéties à propos de la fin de la raison laïque dans le nihilisme se sont accomplies, étant donné, en outre, la richesse de son esthétique théologique – sa vision d'un monde rempli de la gloire de Dieu dans l'abaissement – n'est-il pas temps de prêter attention à la voix de ce prophète ? A cet égard, le sobre conseil de Friedrich Schlegel donné il y a deux siècles est tout aussi pertinent aujourd'hui : « Avec le kantisme, nous avons gâché des années qui ... ne reviendront jamais. Ce penseur profond d'une immense *sagesse*, ce voyant [Hamann], nous ne l'avons pas reconnu et ne lui avons pas prêté attention. »[126]

---

[126] Friedrich Schlegel, *Deutsches Museum* III, dans *Kritische Neuausgabe*, édité par Hans Eichner (Munich: Verlag Ferdinand, Schöningh, 1961), volume 6, p. 628.

AU LENDEMAIN DES LUMIERES

Index

A

Abel, 72, 87, 124, 570
Abraham, 92, 96, 105, 109, 110, 121, 183, 508, 513, 523, 543, 544, 551, 563, 619
Académie de Berlin, 64, 177, 204, 269, 270, 275, 302, 310, 314, 442
Adam, 138, 254, 344, 349, 400, 444, 482, 483, 594, 595, 605
Aesthetica in nuce, 55, 83, 84, 158, 171, 177, 178, 183, 186, 190, 191, 215, 216, 235, 236, 239, 242, 243, 244, 245, 246, 247, 248, 249, 251, 252, 253, 254, 255, 256, 257, 261, 262, 263, 265, 266, 267, 268, 278, 347, 447, 463, 482
affaire Senel, 71
Alain de Lille, 240
Alexandre le Grand, 189
allégorie, 84, 100, 106, 110, 115, 119, 120, 121, 128, 168
Allgemeine deutsche Bibliothek, 422
Allgemeine Deutsche Bibliothek, 322, *364*
alliance de la raison, 346, 399, 401
Altmann, Alexandre, 496, 502, 507, 508, 509, 553
Amalia von Gallitzin, Princesse, 57, 559, 561
âme, 88, 90, 93, 111, 112, 113, 120, 122, 139, 181, 187, 211, 222, 248, 252, 253, 254, 278, 291, 320, 336, 342, 345, 368, 373
amitié, 15, 67, 69, 76, 77, 78, 79, 80, 136, 137, 167, 170, 199, 200, 207, 419, 576, 577, 581

amour de soi, 117, 118, 365, 399, 401, 402, 526, 527
Ancien Testament, 86, 117, 194, 195, 227, 258, 264, 327, 395, 423, 589, 622
apocryphe, 135, 392, 542
Apulée, 240, 283, 380, 381
apuléenne, 283
arbre de la connaissance, 374, 403, 470, 483
Aristippe, 134, 135
Aristophane, 185
Aristote, 116, 117, 136, 157, 177, 230, 258, 266, 273, 285, 286, 288, 303, 359, 412, 434, 463, 475, 476, 575
athéisme, 27, 251, 421, 499, 505, 511, 640
Aufklärer, 9, 28, 31, 32, 37, 48, 127, 128, 152, 157, 222, 251, 270, 272, 273, 310, 317, 319, 320, 332, 340, 345, 359, 362, 363, 364, 367, 368, 371, 372, 374, 375, 386, 387, 388, 391, 394, 396, 398, 416, 442, 458, 492, 499, 510, 525, 533, 541, 553, 564, 566, 575, 581, 600, 601, 607, 623
Augustin, 84, 124, 138, 263, 264, 343, 344, 364, 377, 395, 398, 399, 401, 495, 526, 546, 600, 601
augustinien, 117, 377, 598, 625, 633
autodéification, 404, 405
avortement, 510, 534

B

Baader, Franz von, 482
Bacon, Francis, 66, 136, 149, 234,

645

238, 244, 246, 247, 260, 261
Balthasar, Hans Urs von, 51, 52, 53, 83, 93, 95, 101, 107, 207, 215, 217, 253, 254, 284, 285, 350, 482, 521
Bar, Georg Ludwig von, 144
Barth, Karl, 47, 51, 52, 53, 551
Baumgarten, Alexander Gottlieb, 191
Bayer, Oswald, 15, 19, 23, 34, 48, 50, 53, 84, 89, 203, 218, 240, 241, 247, 258, 303, 363, 433, 443, 446, 454, 456, 459, 464, 468, 469, 471, 472, 474, 478, 485, 488, 491, 494, 572, 573, 574, 575, 579, 584, 603, 604, 614
Beiser, Frederick, 9, 52, 55, 165, 168, 204, 205, 267, 268, 421, 437, 438, 443
Bengel, Albrecht, 89
Bennington, Geoffrey, 631, 632, 640
Berens, Catharina, 75, 201
Berens, Christoph, 55, 68, 69, 73, 74, 75, 76, 77, 78, 80, 81, 82, 86, 127, 128, 131, 132, 133, 135, 136, 151, 155, 160, 190, 379
Berkeley, George, 463, 626
Berlin, Isaiah, 22, 35, 47, 49, 554
Bible, 68, 71, 72, 73, 76, 84, 88, 91, 93, 95, 97, 98, 99, 100, 110, 120, 122, 143, 218, 220, 221, 233, 234, 237, 248, 249, 257, 261, 267, 320, 348, 352, 411, 456, 517, 545, 546, 588, 620
Biester, Johann Erich, 554, 564
Blake, William, 219, 279, 471, 612
Böhme, Jacob, 34
Boileau, Nicolas, 41, 265
Bolingbroke, Henry St John, 66, 139, 140, 149, 203, 576
Buber, Martin, 303
Buchholtz, Franz, 431, 434, 561, 562, 571, 587
Buffon, Georges-Louis Leclerc, 33, 646

145, 605
Bultmann, Rudolf, 227, 330, 358, 372
Büsching, Anton Friedrich, 351, 354

C

Caïn, 72, 87, 88, 124, 344
Campe, Joachim Heinrich, 329
cartésianisme. *Voir* Descartes, René
catholicisme romain, 319
cercle de Münster, 559, 560, 561, 569
Cercle de Vienne, 440
Cervantès, Miguel de, 585
Chladenius, Johann Martin, 65
Christ
   humilité, 95
christianisme
   création, 85
   et judaïsme, 68
   et les Lumières, 82
   et rationalisme, 101
   histoire, 92, 94
   style, 94
christologique
   Hamann/Kant, 345, 442, 456, 485, 487, 488
   kénose, 422, 483, 517, 624
   langage, 274, 310, 312, 490, 636
   philosophie, 291, 482, 552, 622
   poétique, 215, 221, 261
   rationalisme, 246, 342, 366, 394, 574
Cinq Lettres Pastorales, 165
Cinq Lettres Pastorales sur la Tragédie de l'Ecole, 197
cinq mille personnes nourries, 197
circoncision, 528
Claudius, Matthias, 37, 340, 353, 354, 379, 421, 561
Clément d'Alexandrie, 342, 478

INDEX

Cohen, Hermann, 496
Colbert, Jean-Baptiste, 178, 179
communication indirecte, 130, 184
compréhension, 239
condescendance, 66, 83, 112, 167, 197, 550, 595, 597
Condillac, abbé, 203, 270, 271, 285
connaissance, 130, 155, 203, 249
connaissance de soi, 86, 90, 117, 118, 153, 154, 160, 445, 458
conscience, 15, 48, 81, 117, 142, 162, 201, 256, 275, 288, 298, 306, 347, 350, 380, 392, 399, 409, 416, 424, 435, 445, 501, 510, 516, 524, 525, 527, 528, 529, 562, 569, 572, 575, 584, 595, 601, 606, 618
contrat social, 523, 524, 530
conversion, 54, 68, 69, 70, 72, 73, 74, 75, 82, 83, 84, 85, 86, 87, 92, 93, 99, 128, 154, 157, 218, 320, 352, 379, 517, 560, 591, 611, 612
Cook, James, 179
Cramer, Friedrich, 44
création, 29, 30, 31, 54, 83, 92, 94, 107, 108, 109, 114, 116, 143, 145, 167, 169, 170, 171, 185, 190, 209, 211, 215, 216, 218, 219, 220, 221, 226, 239, 240, 241, 242, 243, 244, 249, 256, 257, 259, 260, 261, 262, 267, 278, 279, 289, 292, 294, 303, 306, 312, 313, 327, 339, 344, 346, 347, 406, 408, 429, 471, 515, 519, 548, 550, 568, 569, 574, 605, 609, 610, 622, 624, 633, 641, 642, 643
Ecriture, 11, 55, 244, 249, 256, 265
ex nihilo, 88
kénose, 278
langage poétique, 84, 236, 239, 248, 255, 265, 268
Logos, 85, 145, 244, 254, 256
créativité, 91, 158, 212, 216, 218, 219, 246, 251, 254, 268, 270, 344, 428, 597, 604, 605, 609, 616, 636, 637, 641, 642
crépuscule, 582, 584
critique, 260, 355, 362, 363, 384, 393, 445, 447, 451, 457, 459, 461, 462, 476, 528, 534, 572, 581, 584, 607, 611, 614, 616, 617, 618, 620, 626, 627, 629, 633, 641
Critique, 355, 362, 445, 447, 448, 449, 450, 457, 472, 474, 478, 479, 490, 581, 582
Criton, 151
Croisades du philologue, 188, 215
Croisades du Philologue, 55, 173, 185, 187, 245, 302, 340
Croix, 125, 138, 139, 169, 186, 188, 192, 198, 210, 227, 228, 259, 264, 337, 341, 357, 364, 373, 375, 402, 483, 517, 518, 519, 520, 548, 550, 566, 577, 579, 611, 613, 614
Cunningham, Conor, 100, 429, 632, 639
Cyrile d'Alexandrie, 213, 214

D

Damm, Christian Tobias, 208, 209, 210, 300
Dangueil, Plumard de, 68
Daniel, 135, 143, 469, 542
Daphné (périodique), 64, 65
David, 87, 95, 96, 104, 105, 110, 139, 151, 546, 548, 580
Dawkins, Richard, 258, 306
déconstruction, 48, 208, 358, 467, 537, 580, 597, 626, 627, 633
déification, 110, 138, 154, 279, 373, 397, 403, 404, 405, 406,

647

551, 615
Deleuze, Gilles, 616
Delphes, oracle d'Apollon de, 153
Démosthène, 34, 186, 196, 437, 489, 576, 623
Derham, William, 119
Derrida
   déconstruction, 208, 633
   différance, 632, 640
   écriture, 333, 630, 635
   et Hamann, 57, 333, 475, 580, 603, 625, 626, 630, 633, 637
   et Heidegger, 626
   grammatologie, 626, 628, 629, 630, 632
   langage, 595, 626, 627, 628, 629, 634, 635, 637
   logos, 629
   métaphysique de la présence, 430
   nihilisme, 430, 633
   pas de hors-texte, 630, 631, 632
   sur Rousseau, 522
Descartes, René, 65, 89, 92, 145, 162, 216, 217, 246, 249, 341, 357, 361, 385, 393, 394, 429, 439, 446, 458, 468, 479, 594, 601, 607, 608, 617, 639
Deutsches Museum, 21, 43, 44, 643
Deux piécettes, 317, 329, 331, 333, 336, 337, 486
Dévêtement et transfiguration, 415, 422
Dévêtement et Transfiguration, 56, 518, 577, 578
dialogue judéo-chrétien, 57, 496, 498, 553
Diderot, Denis, 66, 78, 165, 198, 561
Dieu
   Abraham, 523
   caché, 106, 144, 440, 577
   condescendance, 167, 190, 636
   Créateur, 211, 633

   création, 239, 346, 347, 371, 429, 500, 548, 610, 612, 620, 624
   et les dieux grecs, 101
   et les hommes, 349, 503, 504, 506, 530, 549, 550, 551, 636
   gloire de, 83, 117, 192, 258, 263, 348, 494, 583, 611, 636, 640, 643
   humilité, 106, 567, 577
   kénose, 609, 642, 643
   langage, 194, 237, 253, 276, 279, 304, 305, 334, 591, 597
   Logos, 31, 256, 310, 337
   Parole de, 41, 55, 74, 84, 88, 90, 91, 94, 96, 99, 100, 105, 187, 188, 210, 231, 237, 241, 267, 311, 336, 337, 423, 512, 541, 570
   qui se révèle, 121, 124, 142, 143, 257, 268, 313, 367, 371, 378, 494, 500, 515, 546, 548, 550, 573, 596, 599, 610, 621
   transcendant, 405, 443, 499, 500, 506, 643
dieu Pan, 185
dieux grecs, 101
différance, 430, 626, 631, 632, 633, 634, 640
différence sexuelle, 344, 348
Dilthey, Wilhelm, 21, 47, 92, 113, 175
Dionysos, 221, 245, 341, 606, 611, 614, 616
Dohm, Christian Wilhelm von, 509
Doutes et idées, 322, 332, 364, 366, 367, 369, 373, 375, 378, 390, 461

E

Eberhard, Johann August, 212, 384

INDEX

Eberhard, Nestle, 89
Ebner, Ferdinand, 303
Ecrits de Londres, 10, 44, 54, 55, 73, 81, 83, 84, 85, 87, 100, 127, 128, 130, 137, 256, 259, 313, 502, 551
Eglise luthérienne, 287, 318, 374, 433, 502, 505, 519
élégie, 140, 301
Elie, 134, 135, 232, 259, 322, 389, 390, 423, 424, 425, 519
Encyclopédie (Diderot), 78, 133, 152, 282, 283
entendement, 23, 115, 158, 242, 247, 297, 343, 439, 448, 450, 452, 454, 455, 456, 474, 480, 481, 486, 487, 489, 490
épicurisme, 250, 251, 306
épistémologie, 115, 345, 347, 624
   de Kant, 529, 625
   moderne, 482, 617, 618
   transcendante, 272
Erasme, 144, 240, 412
erder, Johann Gottfried
   Lessing à, 379
Essai d'une sibylle sur le mariage, 348
Essai sur une question académique, 176, 280
Essais à la Mosaique, 196
esthétique, 22, 23, 49, 51, 52, 53, 55, 57, 80, 83, 84, 99, 100, 105, 120, 137, 154, 178, 186, 188, 189, *190*, 191, 192, 215, 216, 220, 221, 225, 249, 253, 254, 255, 256, 264, 265, 267, 268, 337, 347, 424, 462, 480, *481*, 611
eucharistie, 117, 388, 443, 572
eunuques, 248, 375
Euripide, 132, 153, 230
Euthyphron, 237, 238, 244, 246
exégèse, 33, 54, 84, 89, 104, 122, 128, 142, 190, 218, 219, 221, 224, 230, 238, 248, 389, 390, 396, 397, 411, 620
existentialisme, 330, 616
expérience, 38, 45, 73, 80, 88, 90, 101, 105, 113, 122, 128, 129, 130, 154, 161, 181, 220, 256, 357, 364, 373, 420, 437, 439, 440, 445, 446, 447, 451, 453, 454, 457, 458, 467, 468, 470, 472, 475, 477, 480, 481, 482, 486, 491, 493, 527, 609, 611, 612, 614, 618, 622, 624, 625, 630, 631, 632, 639, 640, 641, 642

F

Fichte, Johann Gottlieb, 52, 165, 204, 429, 438, 440, 443, 454
fidéisme, 48, 639
foi, 33, 47, 48, 53, 64, 67, 73, 74, 77, 80, 82, 83, 87, 90, 92, 99, 104, 115, 116, 121, 125, 127, 129, 130, 140, 150, 158, 163, 164, 178, 179, 182, 183, 184, 185, 227, 253, 264, 284, 303, 306, 322, 327, 330, 368, 369, 370, 375, 379, 394, 396, 397, 398, 410, 430, 445, 453, 457, 468, 491, 498, 500, 501, 508, 509, 510, 511, 512, 513, 516, 521, 523, 524, 531, 537, 540, 541, 542, 543, 544, 545, 546, 549, 551, 552, 553, 571, 592, 593, 597, 598, 599, 601, 602, 603, 609, 633, 638, 640, 642
   Abraham, 110, 508, 513, 523, 543, 544
   alliance, 402, 530
   chrétienne, 114, 127, 128, 130, 140, 158, 364, 542, 544, 630
   connaissance, 130, 156, 163, 164, 460, 642
   Créateur, 306
   création, 145, 255, 370, 642

649

esthétique, 100, 253, 640, 642
Hume, 79, 80, 101, 129, 161, 368, 453
humilité, 37, 48, 129
Kant, 80, 416, 484, 640
raison, 14, 25, 27, 29, 30, 31, 32, 37, 48, 54, 55, 117, 127, 130, 157, 162, 163, 164, 180, 181, 236, 299, 320, 345, 347, 362, 369, 370, 376, 386, 397, 439, 441, 445, 453, 460, 465, 479, 483, 484, 488, 500, 507, 527, 536, 601, 602, 603, 627, 629, 638, 639, 640
révélation, 30, 66, 130, 149, 461, 492, 500, 575, 641
Socratic Memorabilia, 82, 135
fragments, 184
Fragments, 85, 97, 114, 117, 357, 388
franc-maçonnerie, 56, 376, 390, 406, 542
Frédéric Guillaume II, 563
Frédéric le Grand, 68, 71, 82, 175, 196, 270, 308, 394, 397, 399, 423, 424, 425, 510, 532, 560
Freud, 409
Freud, Sigmund, 130
Fürstenberg, Franz Friedrich von, 560, 561, 562, 567, 569, 588, 589

G

Gedike, Friedrich, 564
génie, 24, 33, 40, 43, 45, 78, 80, 143, 156, 157, 606
genre dans les langues, 354
Gerhard, Paul, 564
Glose Philippique, 196
gnosticisme, 119, 248, 457, 477
Goethe, Johann Wolfgang von, 23, 38, 39, 40, 41, 42, 45, 46, 264, 322, 366, 380, 420, 559, 561, 562, 567, 569, 572
Gogarten, Friedrich, 551
Golgotha et Scheblimini, 418, 419, 420, 422, 427, 491, 493, 494, 495, 497, 498, 501, 517, 518, 520, 522, 533, 537, 550
Göttingsche Anzeigen, 528
grâce, 118, 119, 120, 523
grammaire, 365
grammatologie, 629
Griffith-Dickson, Gwen, 10, 13, 51, 248, 301, 349, 457, 471
Grignotages, 189
Guerre de Sept Ans, 69

H

H. A. Salmony, 34
Hamann, 43, 44
  éducation, 66
Hamann, Johann Georg, 46
  arrière-plan familial, 61, 62
  attitude face à la publication de ses œuvres, 432
  collection d'ouvrages, 323
  éditeur, 202
  éducation, 63, 64, 65
  enthousiasme chrétien, 75
  épitaphe, 589
  mort de, 588
  santé déclinante, 560, 563
Hamanns Schriften, 24, 45, 493
Händel, Georg Friedrich, 62
Hartknoch, Johann Friedrich, 339, 340, 348, 350, 356, 416, 417, 419, 420, 444
Haynes, Kenneth, 10, 13, 51, 250, 308
Hegel Hegel, Georg Wilhelm Friedrich
  Phénoménologie de l'Esprit, 35
Hegel, Georg Wilhelm Friedrich
  et Hamann, 24, 45, 493
  et Herder, 279

INDEX

et Kant, 442, 473
histoire, 130, 149, 494
langage, 442
Les Principes de la philosophie du droit, 494
mauvais infini, 631
mort de, 45
vers le nihilisme, 454
Heidegger, Martin
  anticipé, 57, 333, 430
  Fragment d'Anaximandre, 430
  langage, 313
  ontologie, 145, 618, 624, 640
  temps, 231, 620
Hemsterhuys, Franz, 562, 567, 589
Hennings, Samuel Gotthelf, 64
Héraclite, 140, 325
Herder, Johann Gottfried, 295
  concours, 204, 269, 298
  Document le plus ancien de la race humaine, 213
  écrits de Hamann, 322
  et Hamann, 21, 42, 45, 199, 201, 206, 207, 269, 299, 356, 378, 434
  humanité, 295
  langage, 269, 270, 471
  Lessing à, 35
  liberté, 287
  naturalisme, 274, 289
  parodié, 285
  Preisschrift, 205, 206, 275, 277, 285, 286, 295, 298
  sur Golgotha, 496
  Urmensch, 297
Herderschriften, 55, 203, 204, 329
herméneutique, 137, 143, 190, 193, 261, 262
Hérode, 107, 182, 189
Hervey, James, 86, 203
histoire

christianisme, 149
Hegel, 130, 494
Konxompax, 56
Mémorables socratiques, 371, 546
mythologie, 373
raison, 127, 529, 549
révélation, 130, 142, 149
historiographie, 144, 146, 361
Hobbes, Thomas, 66, 503, 535, 536
Homère, 133, 157, 230, 248, 265, 266, 267, 353, 394, 395, 547
Horace, 32, 88, 236, 285, 423, 583
humanité, 26, 36, 110, 112, 124, 132, 200, 241, 269, 374, 397, 399, 400, 403, 407, 573, 577, 605, 643
Hume, 553
Hume, David, 57, 69, 79, 80, 101, 163, 203, 463, 472, 626
humilité, 13, 42, 62, 85, 92, 94, 95, 103, 105, 106, 107, 108, 114, 116, 123, 129, 138, 155, 156, 157, 158, 159, 169, 171, 198, 226, 228, 229, 257, 260, 283, 337, 434, 459, 475, 520, 567, 568, 569, 577, 583, 597, 611
humour, 38, 42, 46, 64, 81, 114, 122, 135, 138, 180, 192, 193, 198, 208, 210, 233, 235, 280, 295, 354, 355, 381, 424, 432, 478
Hunter, Thomas, 203
Husserl, Edmund, 246, 249, 385, 440, 594, 607, 640
hypocrisie inversée, 576

I

idéalisme, 289, 291, 440, 452, 483, 484, 488, 489, 490, 492, 632, *Voir* idéalisme allemand
  Berkeley, 463, 464
  linguistique, 595

transcendantal, 56, 246, 428, 619, 640
idéalisme allemand, 52, 98, 442, 443, 454, 484
idées abstraites, 465
Idées Chimériques, 185
Idées Philologiques et Doutes concernant un Essai récompensé par un Prix Académique, 206
idolâtrie, 102, 266, 390, 404, 427, 469
Ignace d'Antioche, 113
ignorance, 26, 28, 37, 40, 57, 79, 129, 138, 151, 152, 153, 154, 155, 156, 157, 158, 159, 160, 161, 188, 266, 404, 422, 458, 460, 461, 493, 551, 553, 570, 597, 616, 618
illumination, 29, 30, 32, 38, 95, 120, 130, 180, 228, 283, 355, 364, 367, 374, 385, 386, 411, 426, 430, 445, 448, 461, 470, 487, 491, 512, 533, 569, 598, 600, 603, 637, 638
imago Dei, 27, 118, 122, 220, 254, 255, 265, 267, 274, 278, 292, 342, 343, 347, 349, 510, 634, 642
immortalité de l'âme, 320, 352, 383, 391, 513, 562, 601, 602
Incarnation, 94, 103, 111, 116, 210, 227, 253, 254, 319, 364, 373, 379, 397, 403, 404, 405, 406, 550, 551, 611, 613
index pour la seule lettre p, 189
inintelligibilité, 34, 35
inspiration, 84, 94, 103, 120, 175, 211, 212, 229, 231, 233, 234, 238, 243, 261, 266, 294, 334, 335, 337, 346, 347, 352, 356, 404, 410, 424, 537, 547, 636, 637, 638, 642
instinct, 281
instruction, 281

intuition, 84, 108, 115, 152, 252, 345, 452, 455, 467, 473, 474, 477, 480, 484, 485, 486, 487, 488, 489, 490, 565, 599, 608
invention, 123, 205, 273, 288, 289, 293, 296, 307, 314, 429, 438
Invention, 282
ironie, 29, 41, 46, 55, 104, 129, 132, 137, 138, 139, 152, 153, 154, 157, 180, 198, 205, 208, 210, 223, 249, 261, 269, 282, 285, 293, 294, 297, 299, 355, 425, 467, 469, 521, 533, 564, 568
Ironie, 34, 35
irrationalisme, 9, 49, 222
islam, 26, 27, 67
Israel, Menasseh ben, 501
Israélites
  religion révélée, 514

J

Jacobi, Friedrich Heinrich, 24, 42, 46
  à propos de l'obscurité de Hamann, 36
  à propos de Mendelssohn, 554
  arbre de la connaissance, 483
  Babel, 82
  cercle de Münster, 561
  Dieu, 339, 346, 586
  et Amalia, 562
  et Buchholtz, 431
  langage, 312, 441, 471
  métacritique, 433
  nihilisme, 420
  oeuvre de Hamann, 415
  raison/loi, 461
  Schelling, 98
  termes abstraits, 465
  titres des œuvres de Hamann, 131
Jean-Baptiste, 13, 116, 129, 236
Jefferson, Thomas, 195

INDEX

Jésus-Christ
  Adam, 350
  archétype, 262
  Aufklärer, 388
  consécration personnelle à, 93
  Ecrits de Londres, 260
  Ecriture, 262
  esthétique, 268
  Golgotha et Scheblimini, 518
  humilité, 114
  jugement de, 185, 220
  langage, 256, 257, 336
  seconde venue, 185
Joseph, 95, 110, 517
judaïsme
  accomplissement dans le christianisme, 101
  Aufklärer, 499
  et le christianisme, 49, 68, 103, 125, 319, 352, 377, 403, 537, 540
  et le paganisme, 101, 370, 547
  histoire du, 549
  prophétie, 500
  raison, 537, 538
  religion révélée, 513
Jünger, Ernst, 140
Jupiter *Optimus Maximus*, 391
justice, 182, 524, 543, 583
Justin Martyr, 129, 157, 342

K

Kant
  raison, 290
Kant, Emmanuel, 23, 26, 131
  alchimie, 468, 469, 477
  Critique de la raison pure, 56, 115, 203, 362, 368, 417, 444, 445
  et Berkeley, 463
  et l'histoire de la raison pure, 472
  livre de physique pour enfants, 165, 166
  méthode analytique, 455, 456
  préface, 479
Kanter, Johann Jakob, 184, 199, 202, 206, 317, 318
kénose, 107, 111, 112, 192, 256, 279, 422, 517, 583, 643
Kierkegaard, Søren, 22, 24, 45, 46, 47, 52, 96, 117, 121, 122, 134, 159, 163, 169, 179, 181, 183, 184, 189, 264, 357, 368, 551, 575, 617
Kleuker, Johann Friedrich, 561, 562
Klopstock, Friedrich Gottlieb, 74, 181, 191, 265, 267, 322, 329, 337, 338
Knudsen, Christian, 50, 433, 572, 573, 574, 575, 579, 584, 614
Knutzen, Martin, 64
Königsberg, 23, 61, 63, 69, 76, 77, 82, 85, 165, 175, 176, 199, 202, 208, 223, 283, 317, 328, 420, 444, 446, 569, 572, 577, 586, 587
Königsbergsche Gelehrte und Politische Zeitungen, 199
Konxompax, 56, 323, 361, 376, 377, 378, 379, 403, 410, 451, 619
Kraus, Christian Jacob, 29, 42, 325, 420, 432, 554, 563, 586, 612
Kypke, Georg David, 223, 230

L

La Mettrie, Julien Offray de, 306
Lactance, 67, 129, 214, 305
laïcité, 275, 401, 409, 511
langue hébraïque, 232, 233, 237
langue/parole, 276
Laplace, Pierre Simon, 306
Lavater, Johann Kaspar, 43, 325,

379, 498, 561
Lazare, 82, 431, 522
Le Chevalier de la Rose-Croix, 206, 301, 302, 304, 308, 310, 312, 318, 485
Lessing, Gotthold Ephraim, 179, 493
Lessing, Gotthold Ephraim, 36, 50, 363, 377, 379, 388, 405, 406, 410, 411, 412, 492, 496, 497, 514, 527, 538, 548
Lettre perdue d'un sauvage du Nord à un financier de Pe-Kim, 196
lettres hiérophantiques, 317, 320
liberté, 27, 117, 118, 240, 241, 267, 268, 278, 287, 288, 289, 303, 304, 322, 375, 387, 401, 408, 409, 589
liberté d'expression, 178
Lindner, E. F., 197, 200, 215, 323, 328, 420, 577
Lindner, Gottlob Emmanuel, 560
Lindner, Johann Gotthelf, 64, 560, 591
Locke, John, 176, 438, 452, 503
logocentrisme, 629
Logos
  Bible, 218
  création, 219, 254
  Dieu, 274, 310, 311
  Ecriture, 244
  éternel, 549
  historiographie, 145
  incarné, 455, 466, 487
  Jésus-Christ, 310
  monde, 312
  mythos, 145, 432, 491
  nature/histoire, 99
  prophétie, 578
  raison, 286, 386
Longine, 39, 41
Lowth, Robert, 41, 195, 218, 219, 220, 221, 222, 226, 236, 237
Lubac, Henri de, 30

Lucien, 353
Lucilius, 132
Lucrèce, 186, 190, 191, 223, 250
Lumières, 9, 11, 29, 30, 31, 32, 37, 47, 48, 54, 55, 64, 66, 68, 69, 75, 77, 79, 82, 84, 92, 96, 105, 106, 113, 127, 128, 129, 131, 133, 135, 136, 138, 143, 148, 149, 150, 151, 152, 154, 155, 156, 157, 158, 159, 160, 161, 164, 165, 175, 180, 186, 190, 195, 198, 203, 210, 211, 230, 253, 267, 284, 362, 365, 400, 401, 419, 460, 494, 495, 496, 521, 529, 564, 582, 584, 585, 592, 596, 600, 601, 603, 610, 638
  Anti-Lumières, 9, 12
  en tant que culte religieux, 49, 56, 125, 319, 320, 352, 363, 419
  honte, 331
  mysticisme, 390
  nihilisme, 11, 359, 371, 384, 531, 592, 599, 603, 637, 638
  prophétie, 9, 33, 346, 388, 397, 426, 428
  rationalisme, 11, 47, 103, 128, 129, 361, 362, 363, 368, 372, 378, 420, 438, 442, 484, 495, 508, 516, 565, 607, 638, 639
  satire, 399, 458, 469
Lumpp, Hans-Martin, 119, 190, 193, 194, 195, 237, 238, 240, 243, 244
Luther, Martin, 39, 47, 90, 111, 130, 241, 258, 265, 319, 321, 322, 363, 519, 521, 549, 567, 568, 572, 577, 628
Lyotard, Jean-François, 616, 640

M

Mackenzie, Henry, 216
Marc Aurèle, 359
Martin-le-boiteux, 365

INDEX

martyrs, 129, 426, 598, 599, 600
Masius, Johann Nikolaus, 571
Massorètes, 249
Maupertuis, Pierre-Louis Moreau de, 177, 204
Méditations bibliques, 85, 86, 97, 102, 108, 109, 121, 123, 124
Meiners, Christoph, 391
Mendelssohn, Moses, 9, 25, 37, 46, 49, 56, 69, 82, 185, 187, 322, 327, 352, 353, 377, 379, 386, 406, 417, 418, 419, 420, 421, 422, 426, 427, 494, 495, 496, 497, 498, 499, 500, 501, 502, 503, 504, 505, 506, 507, 508, 509, 510, 511, 512, 513, 514, 515, 516, 521, 522, 523, 524, 525, 526, 527, 528, 529, 530, 531, 532, 533, 534, 535, 536, 537, 538, 539, 540, 541, 544, 545, 548, 549, 550, 552, 553, 554, 555
métacritique, 337, 579
  Bayer, 50
  de Herder, 295
  déconstruction, 522
  postmodernisme, 592
Métacritique, 418
Métacritique du purisme de la raison pure, 236, 242, 347, 418, 444, 447, 464, 467, 468, 469, 470, 472, 474, 475, 476, 477, 478, 479, 480, 482, 485, 486, 488, 489, 490, 492
Metakritik. Voir Métacritique du purisme de la raison pure
métaphores sexuelles, 251, 340, 341
métaphysique, 430, 594, 619
métarécits, 598
métaschématisme, 151, 580
méthode historico-critique, 234, 235
Michaelis, Johan David, 25, 55, 179, 190, 192, 193, 194, 195, 217, 219, 221, 223, 226, 232, 233, 235, 236, 237, 238, 261, 262, 263, 317, 497
Milbank, John, 15, 50, 52, 53, 98, 150, 164, 183, 203, 222, 260, 605, 607, 635, 639, 641
Milosz, Czeslaw, 339
miracle des cinq mille personnes nourries, 114
miracle des cinq pains d'orge et deux poissons, 114, 115, 197
miracles, 67, 74, 80, 87, 91, 116, 148, 149, 357, 474, 543, 565
Miscellaneous Notes, 176, 178
modèle prophétique, 31
modernité, 12, 22, 51, 53, 102, 148, 153, 217, 288, 291, 299, 330, 346, 358, 409, 429, 438, 537, 539, 592, 638, 639, 640
Moïse, 521
Montesquieu, Charles Louis de Secondat, 145
Moore, George Edward, 47
Mörschel, David Ernst, 508, 513, 515
Moscati, Pietro, 307
Moser, Friedrich Carl von, 36, 379
mystères, 137, 340, 378, 384, 408
Mysterienschriften, 54, 56, 214, 318, 321
mysticisme, 112, 113, 381, 451, 452, 542
mythos, 145, 432, 491

N

Nadler, 67
Nadler, Josef, 13, 50, 61, 64, 65, 66, 69, 73, 77, 78, 83, 132, 152, 185, 200, 201, 207, 212, 213, 269, 300, 320, 323, 325, 328, 329, 340, 352, 432, 573
naturalisme, 206, 207, 270, 271,

285, 305, 522, 633
nazisme, 49
New York Review of Books, 22, 49
Newton, Thomas, 85, 122, 124
Nicolai, Friedrich, 82, 185, 186, 197, 206, 322, 364, 374, 497, 564, 581
Niebuhr, Karsten, 179
Nietzsche, Friedrich, 33, 57, 130, 138, 145, 146, 148, 152, 169, 264, 326, 327, 332, 342, 357, 365, 402, 409, 479, 526, 593, 594, 599, 600, 603, 604, 605, 606, 607, 608, 609, 610, 611, 613, 614, 615, 616, 624, 625, 633
nihilisme, 376, 565
   comme aboutissement des Lumières, 592
   mystère, 364, 378
   Nietzsche, 146, 599, 609
   postmodernité, 592, 603
   raison, 364, 376
   tradition, 412
Nouveau Testament, 86, 89, 109, 190, 193, 223, 224, 226, 229, 230
Nouvelle apologie de la lettre h, 283, 300, 329, 365
Nouvelle Apologie de la Lettre h, 208, 630
Nuages, 184

O

O'Flaherty, James C., 13, 15, 33, 36, 37, 38, 50, 61, 69, 76, 141, 161, 179, 197, 210, 342, 347, 465, 607, 610
Observations sur le Traité de Newton, 85
ontologie, 595, 618, 622, 624, 625, 632, 635
Origène, 155, 214, 251, 357, 607
Orphée, 241, 382

Overberg, Bernhard, 561, 589

P

paganisme
   et le christianisme, 491
Pannenberg, Wolfhart, 53
paralogismes, 300, 439, 451, 459
parodie, 28, 142, 206, 282, 285, 294, 296, 297, 308, 358, 400, 409, 463, 613, 634
paroles oraculaires, 38
Pascal, Blaise, 92, 619
Paul, Jean, 21, 24, 36, 39, 43
Pensées nocturnes d'un sceptique, 203
perception, 256
Pères de l'Eglise, 129, 213, 252, 258, 304, 342, 392, 401, 545
Perse, 462
phallique, 310
Phèdre, 94, 380, 381
phénomènes/noumènes, 442
phénoménologie, 607
philologie, 63, 64, 190, 224, 298, 353, 410, 465
Philon, 80, 129, 213, 553
philosophie, 21, 25, 27, 29, 31, 32, 33, 50, 53, 56, 57, 65, 80, 97, 98, 106, 116, 133, 141, 142, 143, 144, 148, 149, 153, 156, 179, 184, 185, 193, 197, 213, 216, 224, 230, 244, 245, 246, 247, 248, 249, 252, 256, 272, 291, 298, 312, 320, 345, 346, 352, 365, 366, 368, 371, 372, 375, 378, 384, 385, 386, 390, 401, 404, 410, 416, 418, 419, 420, 421, 427, 430, 438, 439, 440, 441, 442, 443, 446, 448, 449, 450, 451, 453, 454, 457, 458, 460, 461, 463, 466, 467, 468, 469, 470, 472, 473, 474, 475, 477, 479, 482, 483, 484, 485, 487, 490, 491, 493, 494, 495, 496,

498, 501, 503, 507, 522, 523,
525, 529, 538, 540, 541, 552,
555, 564, 569, 577, 579, 581,
584, 585, 592, 594, 599, 603,
604, 606, 607, 616, 617, 618,
622, 623, 624, 625, 627, 628,
630, 639
physique pour enfants, 55, 81, 165, 166, 171
Pickstock, Catherine, 11, 50, 98, 605, 635
Pierre le Grand, 131, 141, 143
Pierre, saint, 121
piétistes, 186, 359
Pilate, Ponce, 46, 107, 161, 246
poésie hébraïque, 41, 221, 222
postmodernisme
  et la métacritique, 592
  métarécits, 598
postmodernité
  volonté de puissance, 642
Projet français, 184, 196
Prolégomènes à toute métaphysique future, 417, 467, 468, 471
prophétie, 374, 428, 516, 548, 579
prose cabalistique, 190, 192, 215, 216, 219, 235, 236, 239, 243, 244, 245, 246, 247, 248, 249, 251, 252, 253, 254, 255, 257, 261, 262, 263, 265, 266, 267, 268, 278, 302, 347, 482

R

RAISON, 444, 489, 581
rationalisme, 246, 331, 438, 531, 540
rationalité, 164, 210, 442
réforme orthographique, 330
Reichardt, Johann Friedrich, 324, 563, 613
Reimarus, Hermann Samuel, 377, 388, 395, 396, 397, 410, 411, 508
Reiners, Ludwig, 35
rhapsodie, 192, 193, 235
Richelieu, cardinal, 141, 142
Ringleben, Joachim, 98, 100, 218, 240
Robinet, Jean-Baptiste, 189, 199
Rose-Croix, 302, 318
Roth, Friedrich, 44, 45
Rousseau, Jean-Jacques, 55, 69, 118, 168, 185, 203, 231, 270, 272, 522, 523, 626
Russell, Bertrand, 440, 465

S

sabellianisme, 357
Sailer, Johann Michael, 561
Saint Esprit
  langage, 314
Saint-Esprit
  action prophétique, 212, 541
  allégorie, 105
  condescendance, 195, 226
  Ecriture, 88, 90, 622, 643
  et l'interprétation de la Bible, 120, 143
  humilité, 92, 103
  illumination, 355, 411
  langage, 636
Saint-Pierre, Jacques Henri Bernardin de, 574
Salles, François de, 572
Salmony, H. A., 34, 71
Salomon, 82, 177, 196, 197, 380, 381, 532, 534, 546, 548
Saussure, Ferdinand de, 276, 466, 628
scepticisme, 80, 128, 129, 151, 162, 164, 345, 368, 444, 445, 453, 461, 464, 473, 595
Scheffner, Johann George, 434
Schelling, F. W. J., 24, 43, 46, 47, 61, 97, 130, 149, 314, 368, 369,

421, 422, 440, 442, 443, 454, 582
Schlegel, Friedrich, 21, 24, 34, 36, 39, 43, 44, 643
Schleiermacher, Friedrich, 47, 52, 212, 625
Schönaich, Christoph Otto, 191
Schoonhoven, E. Jansen, 318, 340, 380, 385, 388, 390, 406, 412
Schreiner, Lothar, 112, 520, 531, 551
Schumacher, Anna Regina, 201
Schumacher, Eckhard, 34, 35
Sebon, Raymond, 66, 240
Semler, Johann Salamo, 300, 388
sentiments, 13, 78, 186, 187, 267, 336, 339, 342, 450, 495, 505, 627
sexualité, 54, 339, 340, 342, 359
Shaftesbury, comte de, 65, 66, 103, 139, 140
Shakespeare, William, 157, 251, 258, 266
Sheridan, Thomas, 576
sibylle, 323, 339, 341, 347, 348, 350, 355, 376, 378, 380, 385, 387, 389, 390, 391, 392, 393, 394, 395, 396, 397, 399, 400, 401, 402, 403, 404, 405, 408, 410, 411, 412
Sibylle, 323, 340
Sigismond, Empereur, 227
Simonide, 472
sola fide, 130, 441
spiritualité, 582
Sprickmann, Anton Matthias, 561, 562, 586
Starck, Johann August
  Apologie de l'ordre des Francs-maçons, 376
  christianisme, 213, 318
  franc-maçonnerie, 56
  Freimüthige Betrachtungen über den Christentum, 415

Hephästion, 352
occulte, 397
œuvre finale de Hamann, 564
Rose-Croix, 207
Steinbart, Gotthelf Samuel, 377, 397, 401, 416
stoïcisme, 246, 250, 251
Stolberg, Friedrich Leopold de, 559, 582, 583
Sturm und Drang, 21
subjectivité, 84, 89, 258, 267, 619, 625
sublime, 37, 38, 39, 40, 41, 91, 191, 192, 210, 221, 222, 223, 423, 451, 475, 520, 547, 567, 589, 625
Sully, Maximilien de Béthune, 178, 179
superstition, 479
Supplément aux Memorabilia du Socrate Béni, 212
surnaturalisme, 270, 271, 305
Süßmilch, Johann Peter, 206, 270, 305, 307, 311
Swedenborg, Emanuel, 294, 447
Swift, Jonathan, 576, 577
syncrétisme, 320

T

Taylor, Charles, 25, 272, 275
Telemann, Georg Philipp, 62
Terezakis, Katie, 595, 596
Tertullien, 214, 304, 305
Teutsche Merkur, 36, 322, 353
textes gnostiques, 147
The Magi from the East, at Bethlehem, 179, 186
théologie subjective, 52
theosis, 111, 112
Thérèse d'Avila, 113
Tibulle, 245, 606
Tiedemann, Dietrich, 205, 206, 280, 284
tolérance religieuse, 501

INDEX

Torah, 100, 104, 193, 244, 515, 517, 519, 598
traductions, 10, 13, 50, 65, 66, 203, 242, 243, 244, 361, 564
transcendance, 30, 84, 119, 240, 405, 443, 489, 597, 610, 613, 614, 616, 631, 637, 643
transcendantalisme, 385, 474, 478, 619
transsubstantiation, 443, 487, 488
Trinité, 48, 54, 67, 92, 107, 108, 226, 228, 260, 319, 344, 345, 348, 349, 356, 358, 359, 569, 573, 584
typologie, 128, 218, 243, 551

U

Un/tout, 100
Urmensch, 297

V

Valéry, Paul, 629
Véda, 67
Virgile, 186, 462, 586
Voltaire, 66, 103, 107, 195, 196, 227, 258, 393, 499, 508
Voß, Johann Heinrich, 352, 354

W

Wachter, 243
Wachter, Johann Georg, 242, 243, 478
Warburton, William, 203, 383
Ward, Graham, 50, 98, 164, 605
Weissenborn, Bernd, 50, 61, 84, 87
Welbergen, Herr von, 561, 568
Wesley, John, 567
Wieland, Christoph Martin, 74, 351, 353, 354, 359
Winckelmann, Johann Joachim, 74, 266
Wittgenstein, Ludwig, 47, 310, 441, 594
Wizenmann, Thomas, 483, 561
Wochentliche Königsbergische Frag - und Anzeigungs-Nachrichten, 82

X

Xénophon, 128, 139, 328

Y

Young, Edward, 87, 100, 118, 176, 471

659

AU LENDEMAIN DES LUMIERES

www.ingramcontent.com/pod-product-compliance
Lightning Source LLC
Chambersburg PA
CBHW070259010526
44108CB00039B/1184